Explaining Social Behavior

EXPLAINING SOCIAL BEHAVIOR

Copyright © Jon Elster 2015

Korean translation copyright © Greenbee Publishing Co. 2020

All Rights Reserved.

This translation is published by arrangement with

Cambridge University Press through Shinwon Agency.

사회적 행위를 설명하기 2: 사회과학의 도구상자

발행일 초판1쇄 2020년 8월 24일 | **지은이** 욘 엘스터 | **옮긴이** 김종엽

펴낸곳 (주)그린비출판사 | **펴낸이** 유재건 | **주소** 서울시 마포구 와우산로 180, 4층

주간 임유진 | **편집** 신효섭, 홍민기 | **마케팅** 유하나

디자인 권희원 | **경영관리** 유수진 | **물류·유통** 유재영, 이다윗

전화 02-702-2717 | **팩스** 02-703-0272 | **이메일** editor@greenbee.co.kr | **신고번호** 제2017-000094호

ISBN 978-89-7682-643-5 94300   978-89-7682-641-1(세트)

이 도서의 국립중앙도서관 출판예정도서목록(CIP)은 서지정보유통지원시스템 홈페이지(http://seoji.nl.go.kr)와 국가자료
공동목록시스템(http://www.nl.go.kr/kolisnet)에서 이용하실 수 있습니다.(CIP제어번호: CIP2020031764)

철학과 예술이 있는 삶 **그린비출판사**

그린비 크리티컬 컬렉션 19

사회적 행위를 설명하기 2

사회과학의 도구상자

그린비

차례 **1권**

2권

| 일러두기 |

1 이 책은 Jon Elster, *Explaining Social Behavior: More Nuts and Bolts for the Social Sciences*, Cambridge University Press, 2015를 완역한 것이다.

2 이 책의 주석은 모두 각주이다. 옮긴이가 추가한 주는 내용 끝에 '―옮긴이'라고 표시했다.

3 단행본·정기간행물의 제목에는 겹낫표(『 』)를, 논문·기사·영화·미술작품 등의 제목에는 낫표(「 」)를 사용했다.

4 외국어 고유명사는 2002년에 국립국어원에서 펴낸 외래어표기법을 따라 표기하되, 관례가 굳어서 쓰이는 것들은 그것을 따랐다.

III부

행동

나는 대체로 '행동', '행위', '결정', 그리고 '선택'을 동의어로 사용하겠지만, 구별하는 것이 유용할 수도 있다. 가장 넓은 범위는 **행위**이다. 그것의 기원이 (산사태에 쓸려 내려오는 때처럼) 행위자에 외적이지 않고 내적인 한에서 어떤 신체적 운동도 행위로 볼 수 있다. **행동**은 의도적 행위이며, 행위자의 욕망과 믿음에 의해서 야기된 것이다. 따라서 반사 행위는 행동이 아니다. 발기하는 것도 행동이 아니다(그러나 그것이 비아그라 복용 등에 의해 유도된 것이라면 행동이다). 잠드는 것도 행동이 아니다(그러나 수면제 복용으로 유도될 수도 있다). 의식적인 **결정**이 행동에 선행할 때도 있고, 그렇지 않을 때도 있다. 출근을 위해 통상적 경로로 차를 몰고 있을 때, 각각의 행동이 의도적이거나 목표 지향적일지라도 나는 의식적으로 여기서 우회전하고 저기서 좌회전하겠다고 결정하는 것은 아니다. 내가 처음 또는 처음 시기 차를 몰고 출근할 때는 명시적인 결정이 행동에 선행한다. 사실 대안적 경로들 가운데 어떤 경로의 명시적인 **선택**이 행동에 선행한다. 모든 선택이 결정이기는 하지만, 그 역이 참이지는 않다. 내가 읽고 있었던 책을 집는 결정을 할 때, 마음속에 어떤 명시적인 대안이 떠오를 필요는 없다. 나는 탁자 위에 있는 책을 보았고, 내가 그 책을 읽고 즐거웠던 것이 기억났고, 그것을 집어 들기로 결정했다. 어떤 선택도 관련되지 않는다.

　3부의 초점은 선택이다. 나는 선택 개념이 사회과학에서 가장 근본적인 발상이라고 여긴다. 2부에서 나는 선택의 주관적 전조, 즉 선호(욕망, 동기화), 믿음, 감정, 그리고 편견을 다루었다. 그뿐 아니라 이런 전조들의 어떤 전조도 다루었다. 이어지는 장에서 나는 이런 전조들이 선택을 그리고 통상 행동을 생성하는 메커니즘을 살필 것이다. 나는 "통상"

이라고 했는데, 그렇게 말한 이유는 **모든 선택이 행동으로 나아가진 않기** 때문이다. 사람들은 어떤 것을 하지 않기로 결정할 수 있다. 예를 들어 구조작업이 자신에게도 상당히 위험한 일이라면, 물에 빠진 사람을 구하지 않기로 결정할 수 있다. 어떤 사람이 물에 빠졌고, 관련된 제3자가 전혀 없다면, 결과에 대한 어떤 인과적 책임도 내게는 없다. 하지만 도덕적 책임이 내게 있고, 어떤 나라에서는 법적 책임이 있을 수도 있다. 그러나 그것은 또 다른 문제이다.[1] 그러나 제3자가 또는 키티 지노비스 경우처럼 다수의 제3자가 있었다고 해보자. 내가 물에 빠진 사람을 구조할 위치에 있었는데 그렇게 하지 않았다는 것을 제3자가 목격했다면, 그는 상황이 보기보다 심각하지 않아서 구조를 자제했다는 식의 합당한 추론을 할 수도 있다. 그런 경우 아무 일도 하지 않기로 한 나의 결정은 다른 사람이 아무 일도 하지 않기로 한 결정의 원인이 된 셈이다. 따라서 결정은 그것이 행동을 생성하지 않을 때조차 인과적 효력을 발휘할 수 있다.

제약과 **선별**은 행위 설명을 향한 두 대안적 경로를 제공한다. 10장과 11장에서 나는 이런 객관적인 두 요인의 설명력을 검토할 것이다. 주관적인 요인은 시간적으로 일정하거나 여러 행위자에 걸쳐서 불변적이다. 이에 비해 행위자들이 직면하는 제약의 변화나 차이는 그들의 행위 변화나 차이를 설명할 수 있다. 더 일반적으로는, 주관적 요인과 제약

---

1 미국에서는 좁게 규정된 조건을 제외하면 선한 사마리아인이 될 의무가 없다. 유럽에서는 돕는 사마리아인이 겪을 위험이 도움이 필요한 인물이 겪는 위험에 비해 작으면, '위험에 처한 사람에 대한 무-원조'는 심하게 처벌될 수 있다. 어떤 미국의 법학자는 미국 법이 더 효율적이라고 주장한다. 왜냐하면, 일반적 원조 의무는 잠재적 구조자가 법적 책임의 위험 때문에 구조가 필요할 일이 잘 생길 것 같은 장소를 피하게 하는 유인요인이 되기 때문이다. 그럴 수도 있고 안 그럴 수도 있다 (안 그럴 가능성이 더 큰 듯하다). 확실해 보이는 것은 미국 시스템이 효율성 때문에 등장한 것은 아니라는 것이다.

이 복잡한 방식으로 상호작용해서 행동을 산출한다. 선별 기제는 선택의 개입 없이 (대체로) 무작위 변이 그리고 그렇게 무작위적으로 생성된 변이들 사이의 (대체로) 결정론적 선별에 의존한다. 그러나 어떤 경우에 변이의 원천과 선별 메커니즘 또한 선택을 포함한다. 선별이 생물학에서는 엄청나게 중요하지만, 내 보기에 사회과학에서는 주변적이다. 인간은 동물이기 때문에 어떤 기본적 행동 경향을 조형한 것은 자연선별이다. 그러나 몇몇 예외가 있긴 하지만, 인간의 행동 경향은 개인적 또는 집합적 선택이 조절하거나 억제한다.

13장에서 15장까지는 합리적 선택 이론과 그것에 대한 대안들을 중심으로 짜여 있다. 여기서는 개인적 행동만 다뤄질 것이다. 18장과 19장에서는 합리적 선택 설명을 복수의 행위자들 사이의 상호행동 속에서 고찰할 것이다. 14장과 결론에서 논의하겠지만, 지금의 나는 행동을 합리적 선택으로 설명하는 것에 이전보다 더 회의적이다. 그러나 많은 행위가 이러저러하게 비합리적이라고 하더라도, 한 가지 의미에서 합리성은 선차적인 것으로 남을 만하다. 인간은 합리적이길 **원한다**. 우리는 합리성을 깜빡한 것에 자부심을 느끼진 않는다. 오히려 그랬다는 것의 인정을 자존심이 가로막지 않는다면, 우리는 그런 실수를 피하거나 교정하려고 노력할 것이다.

나는 3부 끝에서 예술작품, 주로 소설과 연극을, 다른 행동을 설명하는 것과 같은 선상에서 설명할 수 있는 **행동**으로 다룰 것이다. (이 주제에 대한 몇몇 고찰은 10장에도 제시된다.) 이런 접근의 좋은 점은 그 덕분에 주어진 설명이 옳으면 옳고 그르면 그르다고 할 수 있는 **확정적 사실**이 있다는 점이다.

10장_ 제약: 기회와 능력

행위를 특징짓고 설명하기 위해서, 우리는 때로 "그는 할 수 있는 최선을 다했다"고 말하곤 한다. 여기서 "최선"은 행위자의 욕망 또는 선호가 정해 준다. 행위자가 "할 수 있는" 것은 그가 가진 **기회**와 **능력**이 정해 준다. 옥스퍼드 영어사전에 따르면, 기회는 "특정한 행동이나 목적을 허용하거나 그것에 우호적인 시간, 조건 또는 일련의 상황"이다. 능력은 "행동을 가능하게 하는 인물 또는 사물의 자질이다. 즉 적합하거나 충분한 힘 또는 능숙함"이다. 모호성이 없지 않지만, 이런 정의는 기회가 행위자 외부의 가능 요인인 반면, 능력은 행위자 내부의 가능 요인임을 시사한다.

통상, 행위자가 욕망을 실현하기 위해서는 기회와 능력 모두가 필요하다. 말이 있고 급히 갈 곳이 있지만 말 타는 법을 모른다면, 낭패한 기분일 것이다. 내게 마술과 욕망이 있지만 말이 없으면, 나는 아무 데도 가지 못할 것이다. ("말 한 마리, 말 한 마리, 말 한 마리면 내 세상인데!") 농구선수는 다른 사람이 패스로 기회를 마련해 주지 않거나, 기회가 있어도 실력이 너무 모자라면, 득점할 수 없다.

군대 어법으로 하면, **역량**이라는 발상은 대체로 기회와 능력을 모두 포함하며, 통상 덧셈보다는 곱셈 방식으로 행동에 관여한다. 지휘관은 적의 가용 무기와 그것을 사용할 수 있는 기술 모두를 평가해야 한다. 운용 훈련이 되지 않은 병사들 손에서는 쥐어진 무기는 선진적인 것이라 해도 아무 쓸모가 없다. 몇몇 철학자들은 "가치 있는 결과물을 산출할 수 있는 개인의 기회와 능력"(위키피디아)으로 정의된 역량이 분배적 정의 이론의 중심 개념이어야 한다고 주장한다. 어떤 목적을 위해서는 역량이 정말로 가장 적합성 있는 요인일 수 있다. 하지만 논의의 목적에 맞게 역량의 두 구성 요소를 별도로 다룰 것이다.

내가 논의할 사례들 대부분에서, 욕구, 기회 그리고 능력은 하나의 행동을 산출하는데 함께 작용하면 충분조건이고, 개별적으로는 필요조건이다. 행위자가 어떤 행동을 취하지 **않는** 것을 보고 그 이유를 알고자 할 경우(1장에서 다룬 비사건에 관한 '왜-설명' 논의 참조), 세 요소 가운데 하나가 빠졌다는 사실이 답이 된다. 둘 이상의 요소가 없다고 언급하면, 중복 설명이 될 것이다. 토크빌은 『미국의 민주주의』에서 세 가지 요인이 모두 없어서 일어나지 않는 일의 놀라운 사례를 제시한다. 다른 관찰자들과 마찬가지로, 그는 선출된 미국 정치인들의 지적 및 도덕적 질이 낮은 것을 보고 깜짝 놀랐다. 그는 그렇게 된 이유가 미국 시민들이 훌륭한 지도자를 선출할 **기회**도 없고(자질을 갖춘 사람은 직무를 맡으려 하지 않기 때문에) 좋은 지도자를 선출하려는 **욕망**도 없고(우수한 사람들에 대한 시기심 때문에), 그럴 **능력**도 없기(인지적 식별능력의 결핍) 때문이라고 주장한다.[1] 두 요인이 빠진 사례도 있다. 나중에 논의하겠지만, 토크빌과 제임스 매디슨은 어떤 비사건을 설명하기 위해 두 요인 —— 욕망과 기회 —— 의 부재를 인용한다(1장 참조).

표준적 사례에서는 욕구, 기회 및 능력은 서로 독립적으로 주어진다. 그러나 때때로 이런 요인들은 공통 원인을 통해 서로 관련되거나 그중 하나가 다른 요인에 직접 영향을 줄 수도 있다. 나는 두 경우 모두 예를 제시할 것이다.

욕망과 기회

기회는 행위자가 사용할 수 있는 선택지 또는 수단이다. "왜 그가 그것을 했지?" 하고 물으면, "그것이 최선의 선택지였기 때문이다"라는 대답이 행위에 대한 초보적인 합리적 선택 설명이다. 많은 경우, 만족스러운 합리적 선택 설명을 제공하기 위해서는 더 많은 것이 필요하다. 그런 복잡해진 문제는 13장의 주제이다. 여기서는 욕망-기회라는 단순한 얼개에 근거해서 어디까지 나아갈 수 있는지, 그것의 한계는 무엇인지 논할 것이다. 특히 행위자는 자신에게 열린 기회를 **인지**하고 있다는 통상적인 암묵적 가정이 항상 정당화되는 것은 아니다.

이 문제를 보는 또 다른 등가적 방법이 있다. 행위의 이해를 위해, 개인이 수행할 수 있는 추상적으로 가능한 모든 행동에서 시작할 수도 있

---

1 요인들은 서로 독립적이지 않을 수 있다. 유권자들이 훌륭한 지도자를 원하고, 그런 지도자를 분별할 실력을 갖추었다면, 더 많은 사람이 선거에 나섰을 수 있다. 나중에 나는 이런 종류의 몇 가지 상호작용 효과를 인용할 것이다. 또한 두 번째와 세 번째 설명은 어느 정도 긴장 상태에 있다는 것을 지적해 두고자 한다. 뛰어난 사람들을 시기심 때문에 거부하려면, 시민들이 뛰어난 사람을 식별할 능력이 있어야 한다.

다. 실제로 관찰된 행동은 두 개의 연속 여과 작업의 결과로 볼 수 있다. 첫 번째 여과장치는 행위자가 직면한 모든 ── 물리적, 경제적, 법적 등등의 ── 기회 제약으로 이뤄진다. 이런 모든 제약에서 벗어난 행동들이 기회 집합을 구성한다.[2] 두 번째 여과장치는 기회 집합 안에 있는 어떤 행동이 실제로 수행될지 결정하는 메커니즘이다. 여기서 나는 행위자가 그의 욕구(또는 선호)에 의해 평가될 때 최선의 결과를 가져올 행동을 선택한다고 가정한다. 이후 장에서는 다른 두 번째 여과 메커니즘을 고려할 것이다.

여과장치 접근법은 다음과 같은 문제를 제기한다. 제약이 너무 강해서 두 번째 여과가 작동할 여지가 하나도 없으면 어떻게 되는가? 제약이 그것에 부합하는 행동을 딱 하나만 남길 정도로 결정적이라면 어떻게 되는가? 부자와 빈자는 모두 파리의 다리 밑에서 잘 기회가 있지만, 빈자는 그 외의 다른 기회가 없다.[3] 가난한 소비자의 경우, 경제적 제약과 열량상의 제약이 특정한 상품 묶음을 택하도록 함께 결정할 수 있다.[4] 사회과학에서 **구조주의**라는 발상을 변호하는 사람들은 제약이 일반적으로 선택의 여지가 거의 없거나 전혀 없을 정도로 강하다고 말하는

---

2 법적 제약을 언급할 때 내가 뜻하는 바는, 특정 행동을 하는 것이 다른 행동을 하는 것보다 더 비용을 높이는 효과(두 번째 여과장치에 속한다)가 아니라 특정 행동을 가능하거나 불가능하게 하는 효과이다. 선거일이 아닐 때 투표하거나, 법적으로 정해진 바를 벗어나서 결혼할 수는 없다.
3 기회 집합을 더 세밀하게 보면, 가난한 사람들도 어느 다리 아래에서 잠잘지 정도의 선택권은 가진다고 할 수 있다. 이것이 일반적 요점이다. 선택지에 대한 어떤 서술도 행위자에게 실행 가능한 선택지가 하나만 있는 상황을 특정할 수 있다. 하지만 그 어떤 상황에서도 하나 이상의 선택지가 있다는 서술 또한 가능하다.
4 그러나 일반적으로 겨우 생존만 유지하는 수준에서라도 살아남는 전략이 예닐곱 가지는 있게 마련이다. 어떤 다리 아래에서 잘지 택하는 것과 달리, 이것들은 그리 간단치 않은 방식으로 서로 다르다. 맑스의 노동 가치 이론의 결함 중 하나는 이 사실을 이해하지 못한 데서 연원한다.

것으로 이해될 수 있다.[5] 그러나 왜 그렇다는 것인지는 해명되지 않는다. 예를 들어, 부유한 권력자들이, 가난한 피억압자들에게 그들을 위해 일하는 것 외에 다른 선택의 여지가 전혀 없게 만들었다는 주장은 불가능하다. 이 진술은 부유한 권력자들이 적어도 하나의 선택을 한다는 것을 전제하기 때문이다(다음 단락 참조).

제약이 너무 강해서 어떤 행동도 그것을 충족할 수 없을 수도 있다. 이 경우, 제약은 비사건에 대한 왜-설명을 제공할 수 있다. 예를 들어, 시간 제약과 공간 제약은 함께 작용하며 행동을 방해할 수 있다. 19세기 중반 매사추세츠주에서는 "민주당원들에 의하면, 보스턴에서 일해도 거주지인 케임브리지에서 투표해야 했던 노동자들의 투표권 행사를 막기 위해 일몰이 되면 투표소를 닫아 버렸다. 그들이 집으로 돌아왔을 때, 투표는 마감되었다". 하지만 이런 설명도 민주당원의 투표를 막기 위한 공화당의 선택을 원인으로 인용한다.

행위가 욕망과 기회의 결합 결과일지라도, 시간에 걸쳐 나타나는 행위의 변이는 대개 기회에 의해 설명된다. 일반적으로 알코올 소비는 다른 욕망과 대비할 때 그것을 마시고 싶은 욕망의 강도 그리고 경제적 구매 여력 모두에 의해 결정된다. 예를 들어 전쟁 중에 술 가격이 급격히 인상되면, 소비는 급격히 감소한다.

한 가지 설명은 무차별 곡선과 관련이 있을 수 있다(그림 10.1). 소비자가 자신의 소득을 알코올과 일반 소비재 묶음 사이에 할당해야 한다고 가정하자. 상대 가격과 그의 소득은 처음에는 그가 삼각형 OAA′ 내

---

5 이와 무관한 다른 종류의 구조주의에 대한 발상은 1장에서 논의되었다.

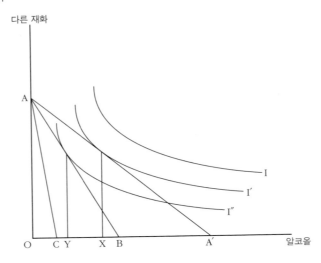

그림 10.1

부에 있는 기회집합에 직면하게 한다. 그가 소득을 전부 소비한다고 가정하면, 예산 라인을 AA′로 잡을 수 있다.[6] 소비재 묶음 대비 알코올에 대한 그의 욕망의 강도는 **무차별 곡선 I, I′ 및 I″**의 형태로 표시된다. 무차별 곡선이라는 용어는 주어진 어떤 곡선 위에 있는 알코올과 여타 제품의 모든 조합에 대해 소비자가 무차별적이라는 발상을 반영한다. 또한, 아래 있는 곡선의 어떤 조합보다 위에 있는 곡선의 조합을 더 선호한다는 것도 뜻한다.[7] 가능한 선택지 가운데 최선을 선택하기 위해서, 소비자는 무차별 곡선에 접하는 예산선 위의 점을 선택해야 한다. 왜냐하면, 그

---

6 달리 말하면, 여기서는 그 사람이 초과 근무, 알코올 자가 제조, 또는 밀수품 구매 등을 할 가능성을 제외한다. 하지만 정책 영역에서는 이런 쟁점이 중요하다.
7 곡선의 모양은, 행위자가 현재 소비하는 알코올이 많을수록 소비재 묶음의 주어진 곡선에 대해 (같은 수준의 복지를 유지하려면) 더 많은 알코올을 보상해야 한다는 사실에 조응한다.

지점이 그가 감당할 수 있는 조합을 포함하는 곡선 중에서 가장 높이 있기 때문이다. 그림 10.1에서, 이것은 알코올 소비량을 OX로 정해 준다.

알코올 가격이 올라서 소비자가 예산선 AB를 마주해야 한다고 가정해 보자. 접선 지점이 왼쪽으로 이동함에 따라 소비자는 이제 OY를 소비한다. 추가 가격 인상으로 예산선이 AC로 이동하면 같은 추론을 수행할 수 있다. 그러나 우리가 무차별 곡선이 어떤 모양을 취할지 전혀 모른다 하더라도, 그 상황에서 소비자가 OC 이상을 소비하지는 않으리라고 예측할 수 있다. OC는 그가 모든 수입을 알코올에 소비한 경우이기 때문이다. 기회 집합만으로도 시간에 걸친 변이를 상당히 많이 설명할 수 있다. 사실 두 번째 여과장치가 어떤 것 —— 최적화 행위, 알코올에 대한 참을 수 없는 갈망, 습관 등등 —— 이든, 소비자는 여전히 첫 번째 여과장치에 의해 심각하게 제한된다.

이런 특정한 예를 선택한 이유는 약물 남용자, 골초, 또는 알코올 중독자의 중독물질에 대한 '억누를 수 없는' 욕망 문제에 대해 논의하기 위해서이다. 중독성 약물은 당뇨병 환자가 가격 불문하고 구매하는 인슐린에 가까운가, 아니면 가격이 오르면 소비자가 통상 구매를 줄이는 설탕에 가까운가? 약물이 설탕에 가깝다는 증거로, 가격이 상승할 때 약물 소비가 감소한다는 사실이 인용된다. 그러나 우리가 보았듯이, 그것은 단순히 중독자가 예산을 넘어 소비할 수 없기 때문이다. (인슐린 가격이 오르면, 당뇨병 환자조차 필요한 만큼 살 수 없을 수 있다.) 전쟁 중 알코올 소비의 감소는 구하기 어렵기 때문일 수 있다. 따라서 그것은 억누를 수 없는 욕망 대對 억누를 수 있는 욕망 문제 해결을 위한 논의의 예로 적합하지 않다. 그러나 우리는 다른 이유로 알코올 소비가 가격에 민감하다는 것을 알고 있다. 가격이 오르면 소비자는 이전 수준의 소비를 유지할 여력이 있어도 그렇게 하지 않는다.

다른 측면에서도 기회가 더 기본적이라고 주장할 수 있다. 기회는 사회과학자들뿐 아니라 사회 속의 여타 개인들도 쉽게 관찰할 수 있다. 군사 전략의 기본 격언은 상대방의 (확인할 수 없는) 의도가 아니라 (확인 가능한) 기회를 기반으로 계획을 세워야 한다는 것이다.[8] 상대방이 적대적인 의도를 **가졌을 수도** 있다고 믿을 이유가 있다면, 이 격언은 상대방이 우리를 해칠 수 있다면 해칠 것이라는 최악의 가정으로 이어질 수 있다. 상황은 다음과 같은 사실로 인해 더 복잡해진다. 상대방의 적대적인 의도에 대한 우리의 믿음은, 우리에게 그를 해칠 수단 그리고 추정컨대 의도 또한 있다고 그가 생각하고 있다는 인식에 근거한 것일 수 있기 때문이다. 이런 주관성의 수렁 속에서, 객관적 기회는 계획을 위한 유일하게 확고한 기초로 보일 수 있다. 1964년 가을에 있었던 베트남 전쟁 전략 논쟁에서, 굿패스터Andrew Goodpaster 중장은 맥나마라 장관에게 항의했다. "장관님, 당신은 적을 프로그래밍하려고 하고 있습니다. 그것은 우리가 결코 해서는 안 되는 일입니다. 그를 위한 그의 생각을 우리가 할 수는 없습니다."

기회가 욕망보다 더 근본적으로 보일 수 있는 또 다른 이유는 행동

---

8 그러나 소련과 이라크의 군대에 대한 과대평가를 보면, 기회를 확인하는 일도 어려울 수 있음을 알 수 있다. 행위자에게 자신의 의도와 선호를 허위재현할 만한 이유가 있을 수 있는 것처럼, 상대방에게 자신이 처분할 수 있는 수단이 실제보다 많거나 적게 보이려고 자신이 가진 기회를 허위재현할 만한 유인요인이 있을 수 있다. 로마 군대에서 "일반적인 군사 전략 가운데 하나는 포로수용소의 규모를 확대하거나 축소하는 것이다. 그렇게 함으로써 더 큰 힘이 있는 척해서 적을 겁줄 수도 있고, 자신의 힘을 과소평가하도록 적을 부추길 수도 있다".

에 영향을 미칠 가능성과 관련이 있다. 보통 사람들의 마음보다 상황과 기회를 바꾸기가 더 쉽다.[9] 이것은 상호 대안적인 정책의 금전적 효과성에 대한 비용-편익 논증이지, 상대적 설명력에 대한 논증은 아니다. 정부가 예측뿐 아니라 설명도 해주는 좋은 이론을 가졌다고 해서, 통제력이 큰 것은 아닐 수 있다. 왜냐하면, 정부가 작용을 가할 수 있는 요소들이 인과적으로 중요한 것이 아닐 수도 있기 때문이다. 경제성과가 나쁜 것은 위험 회피적인 사업가와 강한 노조 때문이라고 정부가 확신했다고 해보자. 경영자들의 정신적 태도가 더 중요한 원인이라는 확신이 분명해도 그것과 관련해서는 할 수 있는 일이 전혀 없다. 대조적으로, 레이건과 대처가 보여 주었듯이, 노조는 정부 행동으로 파괴할 수 있다.

중요한 예로 자살 행위를 살펴보자. 자살하기 위해서는 자신을 죽이려는 욕망만으로 충분치 않다. 자살 수단도 있어야 한다. 예를 들어, 의사들의 자살률이 높은 것은 그들이 자살 수단으로 선호하는 치명적 약물에 쉽게 접근할 수 있기 때문이다.[10] 정부는 자살 의도를 억제해 보려고 할 수 있다. 상담 전화를 제공하고, 모방 자살을 유발할 수 있는 자살 보도를 줄이도록 미디어를 설득할 수 있다. 그런데도 가장 효과적인 결과를 얻을 수 있는 것은 자살 수단에 대한 접근을 더욱 어렵게 하는 것이다.[11] 그런 정책에 포함되는 것으로 교량이나 고층 빌딩에서 뛰어내리

---

9 그리고 나중에 논의되듯이, 마음을 바꾸는 가장 좋은 방법은 상황을 바꾸는 것이다.
10 놀랍게도 경찰은 총에 쉽게 접근할 수 있음에도 불구하고 다른 집단보다 더 많이 자살하지는 않는다.
11 1970년대 영국에서 자살률이 뚝 떨어졌을 때, 그 변화의 원인이 처음에는 선한 사마리아인 센터가 개설한 상담 전화 덕분으로 여겨졌지만, 나중에 밝혀진 바에 의하면 가정용 오븐 원료가 치명적인 석탄 가스에서 덜 치명적인 천연가스로 바뀐 것이 원인이었다.

기 더 어렵게 하는 장벽, 특정 처방 약물에 대한 더 엄격한 통제, 권총 판매 제한, 주방 오븐 연료를 치명적인 일산화탄소 대신 천연가스로 바꾸는 것 그리고 자동차 배기가스의 일산화탄소 배출량을 줄이는 촉매 변환기 설치가 있다. 장래에 우리는 '자살 지원' 인터넷 사이트 금지를 보게 될 수도 있다. (엄밀하게 말하면, 이 조치는 기회를 없애지 않고 단지 그들에 대한 지식만 제거한다.) 약병 대신 개별포장 플라스틱 포장으로 바꾸는 간단한 변화가 자살 빈도를 줄이고, 파라세타몰[12] 중독으로 인한 심각한 간 손상을 막는 데 이바지했다. 자신을 죽이려는 충동은 강력할 수 있지만 금세 사그라지기도 하므로, 포장을 눌러 알약을 하나하나 꺼내는 동안에 진정되기도 한다. 개별 조제에 사용할 수 있는 최대 알약 수를 줄이는 것도 심각한 중독 가능성을 줄여 준다. 충분한 양의 약을 사기 위해 약국을 돌아다니는 동안, 충동이 가라앉을 수도 있다.[13] 중국에서는 부패 혐의 공무원의 심문은 1층 방에서 행해지는데, 그 이유는 창밖으로 뛰어내려 자살하는 것을 막기 위해서이다(『파이낸셜 타임스』, 2014년 10월 17일).

물론 단호한 개인은 늘 방법을 찾아낸다. 목숨을 잃게 하는 일반적 수단 하나가 제거되면 그로 인해 자살률이 어느 정도는 내려가지만, 효과는 일시적이다. 그러나 적어도 몇몇 경우에는 효과가 예상만큼 지속

---

12 아세트아미노펜을 부르는 다른 이름. 해열진통제 성분이며, 이 성분의 대표적 의약품은 타이레놀이다. 파라세타몰을 과잉 복용하면 급성 간 손상이나 급성 신부전증에 걸릴 위험이 크다.―옮긴이
13 "자살 시도에서 살아남은 사람들에 관한 한 연구에 따르면, 그들 가운데 거의 절반이 자살에 대한 생각에서 최종 행위에 이르는 전 과정에 걸린 시간이 10분 이하였다."(『뉴욕 타임스』, 2015년 3월 10일)

된 것 같다. 자신을 죽이려는 충동이 확고하게 자리 잡은 것이 아니라 일시적이면, 그런 충동은 적절한 수단을 강구하는 동안 사라질 수도 있다.[14] 따라서 충동적인 자살을 막는 데는, 수단에 접근하는 것을 (막기보다) **지연시키는** 것만으로도 효과가 있다. 권총 구매 요건으로 대기시간을 부과하는 것은 살인율뿐 아니라 자살률도 줄일 수 있다.[15] 이 문제는 15장에서 더 자세히 다룰 것이다.

욕망-기회 상호작용의 더 복잡한 예는 『연방주의 교설』#10에 나오는 매디슨의 분파 분석에서 볼 수 있다. 그는 분파적 다수가 소수를 억압하는 것을 막기 위해 다음과 같이 주장한다. "다수가 동시에 같은 열정이나 이익을 갖는 것은 모두 금지되어야만 한다. 그렇지 않으면 수나 국지적 상황에 따라 열정이나 이익을 공유한 다수가 억압적 체제를 발동하고 실행하는 것이 가능하지 않아야 한다. 애석하게도 충동과 기회가 일치하면, 도덕적 또는 종교적 동기가 믿을 만한 좋은 통제 수단이 되지 못하는 것을 우리는 잘 알고 있다." 객관적으로 분파적 다수는 소수를 억압할 기회를 갖는다. 그러나 매디슨이 이어서 주장했듯이, 그들이 기회를 가진 것을 모른다면, 일치된 행동은 어려울 것이다. 당신이 공화국의 규모를 확장한다면, "전체 가운데 다수가 다른 시민들의 권리를 침해하려는 공통의 동기를 가질 가능성이 줄어들 것이다. 또는 그러

---

14 나는 수단을 찾는 데 드는 **비용**의 증가가 자살을 막을 수 있다고 생각하지 않는다. 행위자가 자신의 고통을 덜어 주려는 타자에게 가할 고통의 무게를 측정하는 식의 비용-편익 고려는 있을 수 있다. 그러나 단호한 개인은 적절한 수준을 찾는 비용은 무시해 버릴 것이다.

15 사실, 권총 구매 전에 숙려기간을 부과하는 미국의 주들 대부분은 구매자를 진정시키는 기간을 두기 위해서가 아니라 주 정부가 장래의 구매자에게 범죄 기록이나 정신질환 병력이 있는지를 확인할 시간을 주기 위한 것이다.

한 공통 동기가 존재한다고 해도, 그것을 자각한 모두가 그 자신의 힘을 발견하는 것 그리고 서로 하나로 뭉쳐서 행동하는 것은 더 어려울 것이다."[16] 말하자면, 매디슨의 주장은 연속적이다. 즉 큰 공화국은 분파적 다수가 발생하는 것을 막을 뿐 아니라, 그런 다수가 출현한다고 해도 일치된 행동을 하지 못하게 막는다는 것이다. 반대로, 작은 공화국에서는 이러한 다수가 생기기 쉬울 뿐 아니라 스스로를 조직할 가능성이 크다.

토크빌의 『미국의 민주주의』에서, 우리는 이런 '뿐만 아니라' 구조를 가진 많은 주장을 발견한다. 예를 들어, 노예제가 노예 소유자에게 미치는 영향에 대한 그의 논의를 살펴보자. 우선, 노예제는 자유 노동보다 수익성이 낮다. "자유로운 노동자는 임금을 받고, 노예는 양육, 음식, 약 그리고 옷을 받는다. 주인은 노예를 지원하기 위해 적은 돈을 조금씩 계속 쓴다. 그는 그것을 거의 알아채지 못한다. 노동자의 임금은 한꺼번에 지불해야 하고, 받은 노동자만 풍요로워질 뿐으로 보인다. 그러나 사실 노예는 자유인보다 비용이 더 들고, 그의 노동은 덜 생산적이다."[17] 그러나 "노예 제도의 영향은 훨씬 더 널리 퍼져서, 주인의 영혼을 관통하고 그의 생각과 취향에 특별한 방향을 부여한다". 노예제가 노동을 연상시키기 때문에, 남부 백인들은 "일 자체뿐만 아니라 성공을 위해서는 일이 필요한 사업까지도 경멸한다". 그들은 부유해질 기회와 욕망 모두를 잃는다. "노예제는 … 백인들이 재산을 쌓는 것을 방해할 뿐 아니라 그렇게 하기를 원하지조차 않게 한다." 토크빌이 옳다면, 노예 사회의

---

16 내가 강조 표시한 주장은 뒤에서 다룰 다원적 무지라는 현상에 해당한다(22장).
17 이 주장은 평소의 그답지 않게 불투명하다. 더 간단한 주장은, 노예에게는 맡은 일을 열심히 할 유인요인이 없기 때문에 몇몇 농업 부문을 제외하면 노예제에 수익성이 없다는 것이다.

경제적 정체에 대한 고전적인 논쟁은 쓸데없는 짓이었던 셈이다. 투자 욕구 부족이 맞는 설명인지 투자 기회 부족이 맞는 설명인지 물을 필요도 없다. 둘 다 맞는 설명이니 말이다.

다른 맥락에서 토크빌은, 어떤 사회에서는 욕망의 결핍이 비사건에 대한 왜-설명을 제공할 수 있지만, 다른 사회에서는 기회의 결핍이 제공할 수도 있다고 주장한다. 고대 노예와 현대 (미국) 노예를 비교하면서, 그는 다음과 같이 썼다. "고대에 사람들은 노예가 그를 묶은 사슬을 끊는 것을 막으려고 했다. 요즘은 그런 욕구를 없애려고 노력한다. … 더욱이 오래전부터 알려져 있듯이, 해방된 흑인이 존재한다는 사실이 부자유민들의 영혼을 어렴풋이 흔들어 놓는다는 것, 그들 마음속에 권리에 대한 생각을 불붙이기 시작한다. 그래서 미국 남부 대부분의 주에서 노예주는 자신의 노예를 해방할 수 있는 권한을 박탈당했다." 토크빌의 주장을 예상이라도 한 듯이, 버지니아의 한 정치인은 다음과 같이 말했다. "흑인들이 그들과 같은 피부색의 노예 전부를 본다면, 그것은 그들에게 섭리의 처분으로 보일 것이며, 현실에 만족할 것이다." 같은 이유로 많은 백인이 자유민인 흑인들을 아프리카 식민지로 강제 송환하고 싶어 했다. 그래야 그들이 미국 노예들의 눈과 마음에서 벗어날 것이기 때문이다.

이 주장은 폭넓게 적용된다. 1800년에 버지니아 주지사 먼로James Monroe는 그해 일어난 노예 반란에 당황해하며 다음과 같이 썼다. "노예가 일치단결해서 이런 새롭고 전례 없는 일에 착수했다는 것이 정말 이상하다. 혁명 이후로는 그들에 대한 대우도 한결 좋아졌는데 말이다." 그래서 그는 외부 선동가가 준동하는 게 틀림없다고 결론 내렸다. 토크빌은 『구체제와 프랑스혁명』이라는 저술에서 난제를 풀었다. "불가피해 보여서 사람들이 참아냈던 악은 그것을 제거할 수 있다는 생각이 드는 순간 견딜 수 없는 것이 된다. 그러면, 제거된 모든 학대는 아직도 그런 학대를 받는 타자를 두드러져 보이게 할 뿐이며, 그들이 겪는 쓰라림을 더욱 고통스럽게 만들 뿐이다. 고통은 확실히 줄었지만, 고통에 대한 감수성은 더 높아진다." 100년이 훌쩍 지난 뒤에도, 『월스트리트 저널』(1966년 7월 18일)은 같은 종류의 당혹감을 표하며 다음과 같이 썼다. "어느 정도 이해가 가긴 해도 여전히 놀라운 것은, 법전에 더 많은 시민권이 쌓여 갈수록, 흑인의 처지 개선을 위해 연방 자금이 더 많이 퍼부어질수록, 분노도 더 커진다는 것이다."[18] 그러나 1800년과 1966년의 예는 욕망이 그것을 충족시키는 수단보다 더 빠르게 상승하는 경향을 반영하는 것일 수 있다. 이런 발상은 종종 토크빌의 것으로 여겨지지만, 그가 처음 주장한 것은 아니다.

욕망과 기회의 관계

매디슨과 토크빌이 했던 주장 가운데 일부는 공통 구조로 되어 있다. 제3의 동일 변수가 욕망과 기회 모두를 조형하고, 그 둘이 함께 행동을 형성한다(혹은 사례에 따라서 행동을 막는다). 추상적으로는 네 가지 가능성이 있다(더하기 및 빼기 기호는 긍정적 및 부정적 인과 효과를 나타낸다. 그

---

18 몇몇 경우에, 개혁은 더 많은 개혁에 대한 요구를 자아낸다. 왜냐하면, 개혁이 정부 측이 가진 약점의 표지로 보이기 때문이다. 이 메커니즘은 개혁이 그 체제의 아직 개혁되지 않은 부분을 더욱 견딜 수 없게 만드는 경향과는 다르다. 하지만 그 경향과 공존할 수 있다.

그림 10.2

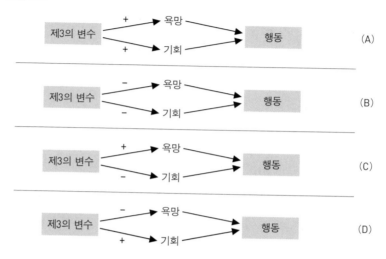

림 10.2 참조).

사례 (A)는 매디슨의 직접 민주주의 또는 소규모 공화국 분석이 그 예시이다.

사례 (B)는 대규모 공화국에 찬성하는 그의 주장과 노예제가 노예 소유자에게 미치는 영향에 대한 토크빌의 분석으로 예증된다.

사례 (C)는 자원 부족이 상황을 개선하는 쪽으로 유인요인을 강화 하는 동시에 그렇게 할 기회는 줄이는 이중적 효과를 가진 여러 사례에 서 관찰된다. "필요는 발명의 어머니"라고 말하지만, 곤경이 혁신 동기 를 강화하는 한해서만 그렇다. 그러나 혁신에는 종종 ("발명의 아버지"라 고 불릴 수 있는) 자원이 필요하므로, 동기부여만으로는 어딘가로 나아 갈 수 없다. 혁신은 종종 불확실하고 지연된 보상을 대가로 비용이 많이 드는 투자를 요구하는데, 파산 위기에 처한 회사가 감당할 수 없는 것이

바로 그런 투자이다. 잘나가는 기업은 혁신의 여력을 가지고 있지만, 그렇게 하려고 애쓰지 않을 것이다. 경제학자 존 힉스John Hicks가 말했듯이, "독점적 수익의 제일 좋은 면은 조용한 삶이다".

마찬가지로, 이주 욕망은 제 나라의 빈곤 때문에 커지지만, 바로 그 빈곤 때문에 여행 경비를 마련하지 못해 이주하지 못할 수 있다. 19세기 초까지 미국으로 간 이민자들은 그들의 몸을 담보로 사용할 수 있었다. 그들의 미래의 고용주들은 계약 기간의 예속적 노역을 대가로 이주경비를 지급했다. 오늘날, 밀입국 브로커들은 불법 이민자들이 이주 국가에서 번 노동 수입으로 이주경비를 갚겠다는 약속을 지키게 하려고 그들의 이민국에 대한 공포를 이용할 수 있다. 그러나 1840년대에 아일랜드인들이 기근을 피해 이주할 때도, 가장 가난한 사람들은 떠나지 못하고 집에서 죽었다.

농민반란에 관한 연구에서 사례 (C)의 또 다른 예를 찾을 수 있다. 가난한 농민에게는 반란에 참여할 강력한 인센티브가 있지만, 그렇게 할 자원이 없을 수도 있다. 집합행동에 참여하려면, 생산적 활동에 쓸 시간을 일부 할애할 여력이 있어야 하거니와, 그것이야말로 아주 빈곤한 농민이 갖지 못한 것이다. 조금이라도 비축한 것이 있는 중간층 농민들은 반란에 동참할 여유가 있지만, 동기가 그리 강하지 못하다. 맑스는 온대 지역에서만 문명이 발생한 것은 오직 그런 지역에서만 개선 욕망이 개선 기회를 만날 수 있기 때문이라고 주장했다. 자연이 너무 풍요로운 곳에서는 욕망이 없고, 너무 척박한 곳에서는 기회가 없다. 욕망과 기회가 행동을 생성할 만큼 충분하게 발전시켜 주는 자원의 범위가 있겠지만, 그것이 얼마나 넓거나 좁은지, 심지어 그런 것이 존재하기는 한

그림 10.3

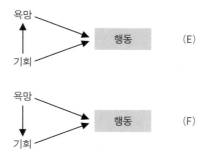

지에 대해 경험에 앞서 말하는 것은 불가능하다.

우리는 2장에서 사례 (D)의 예를 보았다. 그림 2.1의 윗부분은 토크빌의 주장, 즉 출판 및 결사의 자유와 같은 민주주의 제도가 기회를 제공하는 무질서한 행동에 끼려는 욕망을 (종교를 매개로 해서) 민주주의가 억제하는 방식을 보여 준다. 토크빌의 좀 더 상투적인 관찰로는 (C)와 (D)가 나이와 같은 제3의 변수와 결합하는 것과 관련된다. "미국에서는 가장 부유한 사람도 가난한 상태에서 시작한다. 유한계급에 속하는 사람도 대부분 젊은 시절에는 부지런했다. 결과적으로 학업에 취향을 가질 만한 나이에는 시간이 없다. 그리고 시간이 생겼을 때는 취향이 사라지고 없다."

욕망과 기회가 직접 서로에게 영향을 줄 수도 있다. 그림 10.3의 첫 번째 사례(E)를 살펴보자. 2장에서 나는 기회가 욕망에 영향을 줄 수 있는 몇 가지 방식에 대해 다뤘다. 사람들은 결국은 자신이 얻을 수 있는 것을 가장 원하거나 자신이 갖지 못한 것보다 가진 것을 선호하게 된다. 다시 한번 노예제에 대한 토크빌의 말을 인용해 보자면, "사람들에게는 자신을 괴롭히는 것의 원인에 끌리는 일종의 타락한 취향이 있다. 이런 취향을 낳는 영혼의 성향은 하느님의 축복인가 아니면 마지막 저주인가?" 이런 메커니즘은 선호보다는 기회가 더 기본적이라고 생각할 이유가 더 있다는 것을 시사한다. 기회와 욕망은 함께 작용해서 행동의 근인을 이루지만, 동시에 기회는 적응적 선호 형성 메커니즘을 통해서 부분적으로 욕망을 조형한다.

그럼에도 불구하고 정의상 기회 집합 안에 없는 선택지는 택할 수 없기 때문에, 이 메커니즘이 행위에 **작용했는지는** 따져 볼 문제이다. 행위자가 처음에 선택지들을 A, B, C, D 순으로 순위를 매긴 다음 A는 가용하지 않다는 것을 알았다고 가정해 보자. 적응적 선호 형성 때문에, 그는 이제 순위를 B, A, C, D의 순으로 매긴다. 그는 B를 택할 텐데, 그것은 그의 선호가 바뀌지 않았어도 그랬을 일이다. 그러나 새로운 순위가 C, B, A, D라고 해보자. 이 경우에는 C의 선택이 유도되어야 한다. 이런 일은 제한된 기회에 대한 '과잉적응' 과정에서 생길 수 있다. 토크빌은 이것이 프랑스인의 독특한 특징이라고 했다. "그들은 비굴한 상태에 처해도 비굴한 태도를 보이지 않는다." 아마도 이런 경향은 여러 신분 사회에서 일반적으로 관찰되는 일일 것이다. 또한, 새로운 선호도 순위는 B, C, D, A일 수도 있다. 만약 아름다운 여성들이 나의 구애를 거부한다면, 그렇게 나르시시즘이 강한 여성들은 전혀 바람직하지 않은 파트너라는 생각으로 나 자신을 위로할 수 있다(앞 장 참조). 나의 파트너 선택은 영향을 받지 않지만, 아름다운 여성 일반을 향한 나의 행동은 바뀔 수 있다(9장의 마음의 자기 중독에 대한 논평 참조).

마지막으로 사례 (F)를 살펴보자. 여기서는 욕망이 기회 집합을 조형한다(특히 제한한다). 관련된 예는 15장에서 많이 다룰 것인데, 거기서 나는 행위자 스스로 미래의 선택 기회를 미리 신중하게 제한하는 방식을 다룰 것이다. 그런 경우 행위자들이 그렇게 하는 이유는 자신의 비이성적이거나 감정적인 결정을 예방하거나 방지하기 위해서이다. **예술가는 그와는 다른 이유로 선택 집합을 제한할 수 있다.** 몽테뉴는 "트럼펫 소리는 좁은 관을 통해 불어질 때 더 명확하고 강하게 울리듯이, 말도 시적 리듬으로 압축될 때 더 열정적으로 뿜어 나온다"라고 썼다. 프루스트는 그의 어머니가 어떻게 대화를 중단할 수밖에 없었는지 언급하면서 다음과 같이 썼다. "위대한 시인들이 운율의 폭정 덕에 최고의 시어를 찾았을 때 그렇게 하듯이, 그녀는 그런 제약 자체를 기회 삼아 더 정돈된 생각을 뽑아내곤 했다."

칸트는 이런 발상을 매우 일반적으로 공식화했다.

모든 자유로운 예술에도 여전히 무언가 강제적인 것etwas zwangsmässiges, 또는 말하자면 메커니즘이라고 할 만한 것이 필요하다는 것을 상기하는 것은 … 권할 만한 일이다. 이런 것이 없으면, 예술 안에서 자유로워야 하고 홀로 작품에 생기를 불어넣는 정신은 아무런 실체를 갖지 못한 채 완전히 증발해 버릴 것이다. 이런 점을 계속 상기하는 것은 필요하다(예를 들어 시에서는 운율 및 음보와 마찬가지로 언어의 정확성과 풍부함이 필요하다). 왜냐하면 모든 강제Zwang를 제거할 때 자유 예술을 최고로 만들 수 있고 그것을 노동이 아니라 유희 자체로 바꿀 수 있다고 믿는 교육자들이 최근 들어 더욱 많아졌기 때문이다.

아마도 다음과 같은 논쟁적인 말을 할 때, 맑스도 칸트의 마지막 말을 염두에 두었을 것이다.

이마에 땀을 흘리며 일할지라!가 여호와가 아담에게 내린 저주이다. 이것이 스미스에게는 노동, 즉 저주이다. '평온'은 적절한 상태로, 즉 '자유' 그리고 '행복'과 같은 상태로 등장한다. '보통의 건강, 힘, 활동, 기술, 설비 상태'를 갖춘 개인에게 보통 노동량과 평온의 중단이 필요하다는 것은 [애덤 스미스의] 마음과는 거리가 멀다. 확실히 노동은 외부로부터 즉, 달성하려는 목표와 그것을 달성하기 위해 극복해야 할 장애물을 통해서 척도를 얻는다. 그러나 스미스는 이런 장애물 극복이 그 자체로 해방적 활동성이라는 것을 알아채지 못한다. [노동은] 매혹적인 작업이며, 개인의 자기실현Selbstverwirklichung이다. 그렇다고 그것이 단순한 재미나 오락 거리가 된다는 뜻은 전혀 아니다. 정말 자유로운 작업, 예컨대 작곡은 분명 가장 끔찍한 진지함, 가장 강렬한 분투이다.

제약이나 장애물은 1927년 이전 무성 영화가 그랬듯이 매체가 부과한 것이거나, 스트라빈스키Igor Stravinski가 발레 음악 작곡을 요청받고는 "좋소, 몇 분짜리요?"라고 답했을 때처럼 발레단 단장이 부과한 것일 수 있다. 그러나 나는 그것을 예술가가 **선택한다**고 가정한다. 부과된 제약도 창조성을 발휘하게 해줄 수 있지만, 지금 나의 주제인 욕망-기회 상호작용을 예증하지는 않는다.

이런 관찰에 근거해 이제 주제를 자연스럽게 기회에서 능력으로 옮겨 보자. 예술 분야에서는 기회의 제약 없이 능력이 번창할 수 없다. 반

그림 10.4

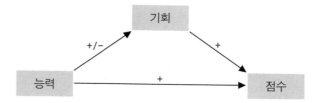

대로 이러한 제약의 극복을 위해서는 능력이 필요하다.

능력

외재적인 능력부여 요소가 필요 없다면, 능력과 욕망만으로도 충분히 행동을 생성할 수 있다. 3옥타브 높은 '도'를 발성하고 싶은 가수는 그렇게 할 수 있는 능력만 있으면 된다. 여기서는 그런 경우는 따지지 않고, 능력과 욕망이 기회와 상호작용하는 경우만 다룰 것이다.

앞에서 언급했듯이, 능력은 주어진 기회에 대한 승수로 작용할 수 있다. 득점할 기회가 10번일 때, 훌륭한 농구선수는 6번 성공할 수도 있고, 평균 수준의 선수는 4번만 성공한다. 그것에 더해 능력은 기회의 수에 대해 승수로 작용을 할 수도 있다. 평균 능력의 기준선과 비교해서 우수한 선수에게 팀원들이 더 자주 패스해서 그가 더 많은 득점 기회를 얻게 된다면, 승수는 1보다 클 것이다. 상대 팀이 뛰어난 선수를 철저히 막으면, 그는 평균 수준의 선수보다 더 적은 패스를 받을 수 있고, 그 경우 승수는 1보다 작을 수 있다. 두 가지 효과가 모두 발생하면, 기회에 미치는 순효과는 불확정적이다. 가능성은 그림 10.4와 같이 표현될 수 있다.

그러나 기회에 대한 순효과가 부정적이라 하더라도, 더 뛰어난 득점 능력이 득점 기회의 감소를 넘어서는 영향을 발휘한다면, **득점**에 대한 순효과는 긍정적일 수 있다. 더 나아가서, 자기 득점에 대한 순효과는 부정적이라 하더라도, 그를 막기 위해 배정된 상대 팀 선수가 그 팀을 위해 득점할 기회를 잃게 된다면, 그의 **팀**은 혜택을 얻을 수 있다.

이 문제의 한 측면을 해명하기 위해, 농구에서 때때로 '핫 핸드'hot hand가 있다는 주장을 반박하고자 했던 유명한 논문을 살펴보자. 농구 선수, 코치 그리고 팬 모두가 자기편 선수가 매우 어려운 위치에서 득점하면, '승세를 타서' 던지는 족족 공이 들어간다고 생각하는 경향이 있다. 논문 저자들은 그런 믿음은 신화이며, 우연의 작동에 대한 오해에서 비롯된 것이라고 주장했다. 통계 분석에 따르면, 슛의 결과와 이전 시도의 결과는 매우 독립적이다. 그러나 상대 팀이 상승세인 선수를 정확히 파악해서 그 선수의 기회를 줄여서 높은 득점 능력을 발휘하지 못하게 했다면, 연구 결과는 핫 핸드의 존재와 양립할 수 있다.[19]

뛰어난 능력이 기회를 늘리는 것이 명백한 상황들이 꽤 있다. 뛰어난 대학 지원자는 5개 학교에서 입학허가를 받을 수 있지만, 그만 못한 학생은 한 곳 정도에서 입학허가를 받거나 아무 곳에서도 받을 수 없다. 개인 스포츠와 마찬가지로, 상황은 경쟁적이어도 지원자는 경쟁자의

---

19 논문 저자들은 이런 이견을 예상하고 그들의 주장이 반대 팀의 수비가 불가능한 자유투를 통해 입증된다고 주장한다. 이들의 대답은 나의 개념적 요점에는 영향을 미치지 못한다. 어쨌든 나는 논란의 여지 없이 존재하는 (아마도 말 그대로 감기 때문일) '콜드 핸드'가 '핫 핸드'의 존재도 함축한다고 보는 비판자들과 같은 의견이다.

기회에 영향을 줄 기회를 얻지는 못한다. 일부 사회와 하위 문화권에서는 뛰어난 개인을 배척하거나 모든 문을 차단해 버림으로써 탁월성을 징벌하기도 한다. 24장과 25장에서 그런 예를 몇 가지 제시할 것이다.

욕망과 능력의 관계는 여러 형태를 취할 수 있다. 강한 욕망은 능력을 약화할 수 있고, 약한 능력은 욕망을 감소시킬 수 있으며, 강한 능력은 욕망을 끌어올릴 수 있다.

첫째 효과는 몽테뉴가 인용한 예에서 잘 보여 준다. "뛰어난 궁수가 사형선고를 받았다. 그러나 그가 자신의 재주를 제대로 입증한다면, 살 기회가 있다. 하지만 그는 과도한 긴장 때문에 활을 제대로 쏘지 못할까 봐 시험대에 오르기를 거부했다. 그는 목숨을 구하기는커녕 궁수로서의 명성만 잃을 것이 두려웠다." 사실 자주 이야기되듯이, 활쏘기와 사격에는 심장 박동이 거의 선禪의 경지로 느려지는 것이 필요하다. 그래야 사수는 심장 박동과 박동 사이에 시위를 놓거나 방아쇠를 당길 수 있다. 판돈이 커지면, 이런 상태를 성취하기는 어려워진다.

둘째 효과는 '신 포도' 메커니즘의 다양한 예를 통해서 해명된다. 우리가 보았듯이 X를 할 기회의 결핍이 X를 할 욕망도 꺼 버릴 수 있다. (주어진 기회 아래에서) X를 할 능력의 결핍도 같은 효과를 낼 수 있다. 우리는 자연스럽게 자신이 뛰어난 성과를 낼 수 있는 활동의 중요성과 가치를 추켜세우고, 잘하지 못하는 활동은 깎아내리려고 하게 마련이다. 어떻게 짝 지어져도 각각의 개인은 상대방보다 더 잘할 수 있는 활동이 하나는 있게 마련이기 때문에, 이런 '거짓 삶'(9장)의 변환 또한 시기심을 상쇄할 수 있다. 그렇다 해도 장기적으로는 우리의 사소한 성취를 타자가 인정해 주지 않으면, 우리의 자존심은 침식되고 말 것이다.

셋째 효과는 과도한 능력으로 고통받는 예술가들에 의해 예증된다. 그들은 그들의 예술을 희생하면서까지 그들만이 할 수 있는 것을 추구한다. 재즈 가수 세라 본Sara Vaughan은 달인적 능력의 위험을 보여 주는 수많은 예 가운데 하나이다. 여러 고대 철학 —— 아리스토텔레스와 세네카가 예이다 —— 에서, 인간은 오직 인간만이 가진 능력을 개발하고 전개해야 한다고 여겨졌다. 맑스도 이런 발상을 이어받았다. 그래서 그는 창조적 작업(앞의 인용문 참조)을 통한 자기실현이 인간성의 본질 —— '유類적 존재' —— 이라고 주장했다.[20] 이것들은 설명적이라기보다 규범적인 주장이지만, 행위자가 그것을 진심으로 받아들이고 그것에 따라 활동한다면 행위를 설명할 수 있다.

능력은 또한 기회를 **대상**으로 삼을 수 있다. 기회가 있다는 것을 모르면 기회가 있어도 소용이 없다. 행위자는 어느 정도는 기회를 식별할 수 있어야 한다. 의대를 졸업한 후에도 의학 문헌을 계속 탐구하지 않은 의사는 개입 기회를 찾아내는 데 있어 최신 지식을 갖춘 의사만 못할 것이다. 예를 들어, 신약이 시장에 출시되었을 수 있다. 또한, 기회를 택했을 때 일어날 결과를 모른다면, 기회가 있어 봐야 소용없다. 행위자는 그런 결과를 어느 정도는 평가할 수 있어야 한다. 같은 예가 이 점을 예증한다. 예를 들어 의학 문헌을 따라 읽지 않은 의사는 주어진 약물의 부작용도 모를 수 있다. 이런 인지적 능력은 우리가 통상 육체적 기술로 생각하는 것, 즉 복잡한 수술을 수행할 능력이나 농구 숫의 득점 능력

---

20 이 주장은 자기실현의 구현물인 책을 읽거나, 그림을 보거나, 음악 작품을 듣는 활동을 평가 절하하는 것처럼 보인다는 점에서 다소 역설적이다. 그렇지 않으려면 관객은 동료 예술가들로 구성되어야 할 것이다.

같은 것과는 다른 것이다.

참고문헌

매사추세츠에서의 투표 제한은 C. Williamson, *American Suffrage* (Princeton University Press, 1960), p. 273에서 인용했다. '억누를 수 없는 욕망'이라는 개념은 G. Watson, "Disordered appetites: addiction, compulsion, and dependence", in J. Elster (ed.), *Addiction: Entries and Exits* (New York: Russell Sage, 1999)에 의해 제대로 논박되었다. 모든 개인이 동일한 선호를 가지고 있고 그들이 직면한 기회만 다를 뿐이라는 주장은 G. Stigler and G. Becker, "De gustibus non est disputandum", *American Economic Review* 67 (1977), pp. 76~90에 잘 논의되어 있다. 나는 로마 군사령관이 제기했던 기회의 전략적 허위재현이라는 발상을 S. Phang, *Roman Military Service* (Cambridge University Press, 2008), p. 68에서 가져왔다. 적응적 선호 그리고 특히 제약에 대한 과잉적응이라는 발상은 P. Veyne, *Le pain et le cirque* (Paris: Seuil, 1976)(이 책의 부분 영역본은 *Bread and Circuses*, New York: Penguin, 1982)에서 빌렸다. 영국의 석탄 가스에서 천연가스로의 전환에 이어진 (전반적) 자살률의 감소는 N. Kreiman, "The coal gas story", *British Social and Preventive Medicine* 30 (1976), pp. 86~93에 기록되어 있다. 한 자살 수단에 대한 접근할 기회 감소가 얼마나 다른 수단을 더 많이 사용하는 것으로 이어지는지는 C. Cantor and P. Baume, "Access to methods of suicide: what impact?", *Australian and New*

Zealand Journal of Psychiatry 32 (1998), pp. 8~14에서 논의된다.
파라세타몰의 포장방식 변경의 효과의 두 가지 예는 D. Gunnell et al.
(1997), "Use of paracetamol for suicide and non-fatal poisoning
in the UK and France: are restrictions on availability justified?",
Journal of Epidemiology and Community Health 51 (1997), pp.
175~179, 그리고 J. Turvill, A. Burroughs, and K. Moore, "Change
in occurrence of paracetamol overdose in UK after introduction
of blister packs", *The Lancet* 355 (2000), pp. 2048~2049에서 가
져왔다. 매디슨의 기회-욕망 구별의 사용은 M. White, *Philosophy*,
The Federalist, and the Constitution (New York: Oxford University
Press, 1987)에서 분석되었다. 나는 *Alexis de Tocqueville: The First
Social Scientist* (Cambridge University Press, 2009) 5장에서 토크빌의
기회-능력-욕구 구분에 대해 논의했다. 구 남부의 노예제에 대한 관
찰은 A. Taylor, *The Internal Enemy* (New York : Norton, 2013), pp.
100, 402에서 발췌한 것이다. 예술 분야에서의 '유익한 제약'에 관한
연구로는 나의 *Ulysses Unbound* (Cambridge University Press, 2000)
의 3장 그리고 T. Osborne, "Rationality, choice, and modernism",
Rationality and Society 23 (2011), pp. 175~197이 있다. 농구에서 '핫
핸드'에 대한 연구는 T. Gilovich, R. Vallone 및 A. Tversky, "The hot
hand in basketball: on the misperception of random sequences",
Cognitive Psychology 17 (1985), pp. 295~314가 있으며, K. Korb와 M.
Stillwell이 "The story of the hot hand: powerful myth or powerless
critique?", *International Conference on Cognitive Science* (2003)

에서 비판적으로 논의되었다. 폴 벤느가 아리스토텔레스와 세네카의 '동물학적 속물주의'라고 부르는 것에 대해서는 *Sénèque* (Paris: Robert Laffont, 1993), pp. 814, 925, 1178의 주석을 참조하라. 재즈에서 달인적 능력의 위험에 대해서는 나의 *Ulysses Unbound*, pp. 247~252에서 다뤘다.

11장_ 강화와 선별

사회과학에서 설명의 기본 벽돌로 선택을 강조하는 것은 행동의 **의도된** 귀결에 대한 강조와 같이 간다.[1] 그러나 이 장은 행동의 **객관적** 귀결에 근거해서 행동을 설명하는 것에 대해 논의하려고 한다. 이것은 전도양양한 발상이 못 된다. 모든 설명은 인과적 설명이고, 우리는 원인을 인용함으로써 사건을 설명하며, 원인은 시간상으로 결과에 선행하므로, 사건, 즉 행동을 그것의 귀결로 설명할 수는 없기 때문이다.

그러나 피설명항이 반복적인 행위 **패턴**이라면, 한 사태에서 그 행위의 귀결이 이후 사태에서 사건의 발생을 만들 원인으로 진입하는 일이 일어날 가능성이 상당할 수 있다. 이것이 일어날 수 있는 두 가지 주된 방식이 있다. 하나는 **강화**이고, 다른 하나는 **선별**이다. 우리의 논의 목적상 더 중요한 것은 후자지만, 전자에 대한 약간의 논의로 시작할 것이다.

---

1 4장에서 나는 결과주의적 행동과 비결과주의적 행동을 구별했다. 현재 논의의 목적을 위해서는, 행동 자체를 그 귀결에 포함할 수 있다. 이것은 순수한 용어 문제이다.

강화

주어진 행위의 귀결이 즐겁거나 보상적이라면, 우리는 그런 행위에 더 자주 참여하려 할 것이다. 그것이 불쾌하거나 징벌적이면, 참여는 줄어들 것이다. 우리가 유쾌하거나 불쾌한 귀결에 대해 **알아채고** 그 경험을 반복하거나 피하려고 미래의 행동을 **결정한다면**, 기저 메커니즘은 의식적인 합리적 선택일 수 있다.[2] 그러나 강화는 종종 이런 의도적 선택 없이 일어난다. 아기들은 우는 것을 배울 수 있다. 자기가 울면 부모가 자신을 돌본다는 보상이 생기기 때문이다. 그렇다고 해서 그들이 처음부터 울면 혜택이 있다는 것을 의식적으로 알아차렸고 그래서 그때부터 혜택을 얻어야겠다 싶으면 운다고 생각할 이유는 없다. 제법 큰 아이가 제 하고 싶은 대로 하려고 떼를 쓰면, 부모는 그것이 진짜가 아니라는 걸 안다.

강화학습은 동물 실험을 통해 광범위하게 연구되었다. 전형적인 실험의 하나는 동물에게 어떤 지렛대를 누르거나 여러 지렛대 중 하나를 누를 기회를 제공하는 것이다. 지렛대 누르기에 대한 보상은 마지막 보상 이후 지렛대를 누른 횟수나 마지막 보상 이후 지나간 시간의 함수이다. 두 방식 모두 함숫값은 고정된 것일 수도 있고 확률적일 수도 있다. **고정 비율** 일정에서는, 동물이 지렛대를 고정된 횟수만큼 누르면 보상을 받지만, **가변 비율** 일정에서는 보상을 생성하는 데 필요한 누르기 횟수

---

2 그러나 우리는 두 경험 중 어느 편이 더 고통스러운지 늘 잘 식별하는 것은 아니라는 것을 상기하라(6장).

가 무작위로 변한다.

어느 경우든, 각각의 누르기가 이전 점수에 추가된 '보상 점수'를 만들어 낸다. **고정 간격** 일정에서는, 누르기가 마지막 보상이 제공된 후 일정 시간 안에 보상해 주는 반면, **가변 간격** 일정에서는, 새로운 보상이 제공되는 데 걸리는 시간이 무작위로 변한다. 두 경우 모두 보상 시점은 누르기 횟수와 무관하다. 각 강화 일정은 학습 시간이 지난 후, 특정한 안정적 행동 패턴을 생성한다. 더 나아가 강화요소(보상)가 사라지면 그 특정 패턴은 소멸한다. 예를 들어, 모든 지렛대 누르기를 보상함(연속 강화로 알려진 고정 비율 일정의 특별한 경우)으로써 학습되는 반응은 임의의 가변 비율 일정에서 학습된 것보다 빨리 소멸한다. 연속 강화가 더 강한 습관을 낳는 것처럼 보이기 때문에 직관적으로는 그 반대가 맞을 것 같지만, 종종 그렇듯이 직관은 오류를 낳는다.

이런 결과가 실험실 바깥에서 적합성을 가질지는 목적에 달려 있다. 만일 목표가 예를 들어 교실 상황, 카지노 또는 작업장에서의 행동을 특정 행태로 **조형하는** 것이라면, 설계자는 원하는 행동을 생성하기 위한 보상 일정을 (다소간 자유롭게) 부과할 수 있을 것이다. 예를 들어, 교사가 아무 때나 시험을 치르겠다는 방침을 고지할 때처럼, 가변 간격 일정이 종종 행위를 조형하기 위해 사용된다. 도박장에서 많이 사용되는 가변 비율 일정에서는, 첫 번째 보상이 일찍 발생하면 행위 수립이 더 쉬워진다.[3] 카지노와 경주대회 관리자는 초보자에게 큰 승리를 제공함으로써

---

3 도박장에서는 기술적으로 이길 뻔한 가능성을 허용하면, 특정 행위를 유도하기 더 쉬워진다. 이길 뻔한 것보다 실제로 이긴 것이 강화를 더 잘 일으키지만, 이길 뻔한 경험은 여러 번 제공할 수 있다.

초보자를 끌어들이는 기술이 없기 때문에, 확률적 법칙에 따라 몇몇 도박꾼은 초보자의 행운을 얻는다는 사실에 의존해야 한다.[4] 그러나 사기꾼은 종종 표식을 해서 조기 승리를 신중하게 유도하는 작업을 한다. 교실과 카지노에서 보상 일정은 학생이나 도박꾼의 '배후에서' 작동한다. 즉, 명시적 인센티브를 통해 행동을 끌어내지 않고, 우는 아기의 경우처럼 무의식적 과정을 통해서 작동한다. 이와는 대조적으로, 정해진 목표 (고정 비율 일정)를 달성할 때나 월 단위(고정 간격 일정)로 관리자가 직원에게 급여를 지급하면, 인센티브 시스템을 단순하게 설계하는 것이다(25장). 직원의 행동은 **기대되는** 보상으로 적절히 설명될 수 있으므로, 실제 보상에 호소할 필요는 없다.

　　실제 귀결에 따라 행위 패턴을 **설명하는** 것이 목표라면, 보상 일정은 그것이 자연적으로 발생하는 경우에만 그리고 더 나아가 명시적 인센티브를 창출할 수 없을 만큼 불투명할 때에만 적합성을 가진다. 그것이 고정 비율 및 고정 간격 일정에서 자주 발생하지는 않을 것이다. 일상 생활에서는 반응의 횟수가 보상에 결정적인 경우가 별로 없다. 친구가 나를 어떻게 대할지를 규정하는 것은 내가 친구에게 보낸 친근한 미소의 횟수가 아니라 그것의 일관성과 적절성이다. 자연적 환경에서는, 월급처럼 매달 꼬박꼬박 주어지는 보상은 거의 없다. 두 가지 가변 일정이 더 중요하다. 이성(또는 동성)과 '밀고 당기기'(가변 비율 일정)를 하는 사람이 항상 친절하게 행위하는 사람보다 훨씬 더 매력적일 수 있다. 당신이 누군가에게 전화했는데, 그때 상대가 통화 중이면, 가변 간격 일정이

---

4 이 경우에 그들의 행운은 그들의 불운이며 카지노의 행운이다.

발생한다. 조만간 다시 걸기를 통해 문제를 해결할 수 있다는 것은 알지만, 그것이 언제일지는 모른다. 이 상황에서는 계속되는 다시 걸기가 이뤄지며, 따라서 합리적 선택 이론의 유일한 예측에 해당하지 않는다. 대신 여러 개의 패턴을 예측할 수 있지만, 그것이 몇 개일지는 전화 건 사람이 상대와 얼마나 오래 통화하리라고 예측하는지에 달려 있다. 그러나 사람들이 그러한 문제에 대해 안정적인 믿음을 갖고 있을 가능성은 별로 없다.

강화가 생성한 응답 패턴은 일반적으로 의식적·합리적 선택이 산출한 것이 아니다. 예를 들어 동물이 가변 비율 일정에 따른 보상과 가변 간격 일정에 따른 보상이라는 두 지렛대 가운데 하나를 누르는 것을 선택할 수 있다고 가정해 보자. 전체 보상을 최대화할 수 있는 합리적 패턴은 대부분 가변 비율 지렛대를 눌러서 보상 점수를 누적하는 동시에 이따금 가변 간격 지렛대를 눌러서 새로운 보상이 제공되는지 확인하는 것이다. 그러나 강화학습이 그런 패턴을 하지는 않는다. 그 대신, 동물들은 가변 간격 지렛대를 최적 수준보다 훨씬 자주 누른다. 그렇게 하면서, 동물들은 합리성 원리에 부합하는 **한계** 보상 평준화에 이르지는 못하고, 이 지렛대 저 지렛대를 눌러 **평균** 보상을 평준화한다. 다른 일정 조합의 경우에도 강화학습은 합리적 선택을 이따금 모방하지만 일관된 방식으로 그렇게 하지는 못한다. 믿을 만하게 합리성을 흉내 낼 수 있는 어떤 비의도적 메커니즘이 있다 해도, 그것을 찾아야 할 곳은 강화가 아닌 다른 영역일 것이다.

자연 선별

이 책의 대부분에서, 나는 행위자가 어느 정도 합리적인 방식으로 자신의 환경에 적응한다고 가정함으로써 행동을 설명할 수 있는 방식에 대해 논의한다. 전혀 다른 관점에서, 즉 행위자가 환경에 의해 선별되었다는 가정 아래서, 행동을 설명하는 것도 가능하다. 선별은 의도적 행위자의 작업일 수 있다. 개가 가축으로 온순하게 키워지거나, 쥐가 실험실에서 더 영리하게 키워질 수 있다. 하지만 많은 선별 메커니즘이 의도적 행위자와 무관한 인과적 과정을 따른다. 특히, 행위 패턴에 따른 유기체의 **차별적 생존**은 최적화를 추구하는 선택이나 의도가 없는 경우에도 개체군 내에서 (재생산을 위한) 최적 행위를 초래할 수 있다. 100개의 유기체 개체군에서 10%의 유기체가 아주 효율적으로 식량을 획득해서 성체까지 생존할 자손 10을 남기고, 나머지 90%는 5만 남긴다고 해보자. 부모의 행위가 (어떤 메커니즘에 의해서든) 자손에게 전달된다면, 차세대 성인 유기체는 더 효율적인 행위를 나타내고, 따라서 그런 행동이 100/550 = 2/11, 즉 약 18%가 될 것이다. 그리고 몇 세대만 거치면 사실상 모든 유기체가 그런 행위를 보여 줄 것이다. 왜 그것이 보편적으로 나타나는지 묻는다면, 답은 그편에 더 나은 귀결이 있다는 것이다. 이런 메커니즘은 세대를 거쳐서 작동한다. 강화학습과 달리, 그것은 주어진 개체의 행동을 수정하지 않고, 개체들로 구성된 연속적 세대들에서 무엇이 전형적 행위가 될지만 규정한다.

이 이야기는 왜 어떤 유기체가 다른 유기체보다 더 효율적으로 식량을 획득하는지에 대해 말하지 않는다. 일반적으로 받아들여지는 답은,

유기체의 구조 또는 (이 예에서처럼) 행위의 변화는 유전자가 한 세대에서 다음 세대로 복제될 때 발생하는 유전 물질의 돌연변이로 인해 일어난다는 것이다. 돌연변이에는 네 가지 중요한 특성이 있다. 첫째, 그들은 다소 무작위로 발생한다. 시력이 좋지 않은 조판자가 더 많은 실수를 범하는 것처럼 돌연변이 유발요인이 돌연변이의 빈도를 증가시킬 수는 있다. 하지만 태만한 조판자의 실수가 그가 조판한 텍스트를 체계적으로 개선하는 것보다 더 유익하거나 유용한 돌연변이를 골라낼 메커니즘은 없다. 둘째, 대부분의 돌연변이는 사실상 해롭다. 돌연변이 된 유전자 코드와 관련된 단백질은 생식 적합도를 낮춘다. 조판자가 저지른 실수는 대부분 혼란을 낳는다. 셋째, 전형적인 돌연변이는 마치 조판자가 '365일'을 '366일'로 잘못 넣듯이 유전자 코드 안의 한 '문자'(4개의 뉴클레오타이드 분자 중 하나)를 다른 것으로 치환한 사소한 일이다. 넷째, 일부 돌연변이는 적합도를 개선해 낸다. 윤년에는 조판자의 실수가 개선을 가져올 수 있다. 자연 선별은 이런 종류의 행복한 우연에 근거한 것이다.

돌연변이는 작게 일어나기 때문에, 자연 선별은 한 번에 한 단계씩밖에 진행되지 않는다. 각 단계에서 생존 가능성이 확보되어야 한다. 그렇지 않으면 돌연변이가 발생한 유기체는 자손을 남길 수 없다. (이 고전적 그림에서) 자연 선별은 작은 점진적 개선을 통해서만 일어난다. 유기체는 **국지적 최댓값**_local maximum_에 도달할 때까지 적합도 비탈길을 따라 올라간다. '적응의 풍경' 속에는 더 높은 정상이 엿보이지만, 한 단계씩의 변화로는 그곳에 도달할 수 없다.

이 과정은 세 가지 측면에서 의도적 선택과 다르다. 6장 내용을 상기

그림 11.1   그림 11.2

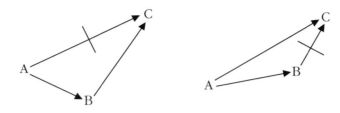

하자면, 의도성 덕분에 인간은 (1) 간접 전략을 사용할 수 있고 (2) 기다릴 수 있고 (3) 움직이는 목표물의 앞을 겨냥할 수 있다. (1)과 관련하여, 자연 선별은 더 나은 **도약**을 위해 **되돌아가기**를 할 수 없다. 1보 후퇴(해로운 돌연변이)한 유기체는 유리한 돌연변이(2보 전진)를 할 수 있는 자손을 남기지 못하기 때문이다. 그림 11.1은 이런 경우를 보여 준다. A에서 C로 직접 이동하는 것은 불가능하다. 두 개의 뉴클레오타이드가 동시에 돌연변이를 일으켜야만 하기 때문이다. A에서 B로의 한 단계 이동은 가능하지만, 추가로 B에서 C로의 한 단계 이동하는 것은 차단된다. B 상태의 유기체는 두 번째 단계를 수행하기 위해 자손을 남기지 못하기 때문이다.

　(2)와 관련해서, 자연 선별은 **기다릴** 수 없다. A에서 B로의 변화는, A에서 직접 도달할 수는 있어도 B에서 도달할 수는 없는 전역적 최댓값global maximum C로의 이동을 막는다. 그러나 자연 선별은 A에서 B로의 유익한 돌연변이를 거부할 수 없다. 그림 11.2는 이런 경우를 보여 준다.

　(3)과 관련하여, 개체군이 끊임없이 변화하는 환경에 적응하고 있다고 해보자. 예를 들어 계절 또는 낮의 길이 같이 변화가 규칙적이면, 개체군은 그것에 적응한다. 급격한 기후 변화와 같은 일회성 사건이 발생

하면, 그 이전에는 국지적 적합도 최대였던 행위가 최적에 미치지 못하게 될 수 있다. 그 경우 전에는 해로웠던 돌연변이가 유리해질 수도 있다. 기후가 긴 시간에 걸쳐 추워지거나 더워질 때처럼 변화가 오래 걸려서 일어난다면, 이 과정은 새로운 국지적 최대치에 도달하지 못할 수도 있다. 개체군이 환경의 변화를 효과적으로 따라잡을 수 있을지는 두 과정의 상대 속도에 달려 있다. 동물과 식물에서 관찰된 놀랍도록 잘 조율된 적응은 동물이 환경 자체가 변화하는 것보다 훨씬 빠르게 그것에 적응한다는 것을 시사한다. 그러나 유기체는 환경 변화를 **예상할 수 없기** 때문에, 늘 약간 뒤처질 것이다. 대조적으로, 인간은 지구 온난화와 같은 미래의 변화를 인식하고 그런 일이 실제로 발생하기 전에 예방 조치를 하거나, 그것이 인간 행동 때문에 생기는 것이라면, 그것을 막을 수 있다.

개체군의 환경에는 여러 가지가 있지만, 그 가운데서도 먹이-포식자 관계에 있을 수 있는 다른 종의 개체군이 중요하다. 먹이에 해당하는 개체군에서는 더 나은 회피 전략이 진화할 것이다. 포식자에 해당하는 개체군에서는 더 나은 사냥 전략이 진화할 것이다. 개별 여우와 토끼가 들판을 가로질러 서로를 쫓는 것처럼, 종으로서의 여우와 토끼는 여러 세대에 걸쳐 서로를 쫓는다. 그러나 자연 선별의 논리에 따르면, 여우는 수천 년이 걸려도 토끼가 어디로 갈지 예측하지 못하지만, 어떤 포식자는 먹이의 도피 경로를 미리 지킬 수 있다(그림 6.1). 마찬가지로, 자연 선별에 의한 국지적 최대화 과정이 인간 존재에게서 발견되는 전역적 최대화의 능력을 산출하기도 했다.

이런 자연 선별에 대한 고전적인 상은 수많은 방식으로 단순화된다.

첫째, 일부 행위 패턴은 유전자가 아닌 문화에 의해 세대를 넘어 전수된다. 유전자의 문화적 유추인 '밈' 이론은 너무 빈약하게 특정화되어 유용하지 못하다. 하지만, 예컨대 어떤 나라의 여성이 낳은 자녀의 수가 왜 유전자 수준에서 작동하는 선별에 비춰 볼 때 생물학적 최대치보다 적은지 설명해 줄 설득력 있는 모델이 될 수는 있다. 현대 이탈리아에서 여성 1인당 평균 자녀 수는 약 1.4명이다. 생물학적 최대치를 정의하긴 어렵지만, 그보다는 훨씬 높은 게 확실하다. 둘째, 대량의 돌연변이가 발생하고, 그중 일부는 작은 규모의 돌연변이로는 가능하지 않은 발전의 원인일 수 있다. 또한, 열등한 형태라고 해서 경쟁 때문에 즉시 제거되지는 않는다. 그림 11.1에서, B로의 돌연변이가 잘 살아남기 힘든 유기체를 산출한다는 것이 엄격한 의미에서 생존할 수 없다거나 생식할 수 없다는 의미는 아니다. 상태 B의 일부 유기체는 살아남아서 상태 C의 유기체를 생산할 수도 있다. 그림 11.2에서, 상태 A의 일부 유기체는 상태 C로의 돌연변이가 일어날 수 있을 만큼 오랫동안 상태 B의 더 효율적인 유기체와의 경쟁에서 살아남을 수 있다. 전역적 최댓값의 발생 여부는 두 가지 과정의 상대 속도, 즉 열등한 변이의 멸종과 유리한 돌연변이가 발생하는 속도의 문제이다. 그러나 의도를 가진 존재intentional beings가 보유한 선취, 대기 또는 간접 전략 구사 역량을 **체계적인 방식으로** 모방할 수 있는 메커니즘은 없다.

선별 단위

자연 선별은 기회주의적이고 근시안일 뿐 아니라 내가 곧 논의할 두 가지 예외가 있기는 하지만 강력하게 **개체주의적이다.** 그것은 종이나 개체 군이 아니라 개별 유기체에 우호적이다. 돌연변이로 인해 생긴 특성이 유기체의 상대적 적합도를 높이면, 그것이 절대적 적합도를 감소시키 더라도 개체군 안에 고정된다. 포식자에게 노출된 물고기 집단이 처음 에는 흩어진 형태로 헤엄치는 것을 상상해 보라. 돌연변이가 발생해서 물고기가 무리의 중심으로 이동하게 되면, 포식자에 대한 취약성이 완 화되고 결과적으로 더 많은 자손을 남기게 될 것이다. 하지만 이런 행위 가 개체군 안에 널리 퍼지면, 무리는 더욱 응집하게 되고 그로 인해 포 식자에게 더 쉬운 목표가 된다. 과정의 각 단계에서, 무리 외곽에 있는 것보다 중앙을 찾아 들어가는 것이 더 좋다. 절대적 적합도 측면에서 결 과는 모든 물고기가 초기 조건보다 더 나쁜 상태에 있게 된다. 상대적 적합도는 바뀐 것이 없다 해도 말이다. 마찬가지로, 폭주형 성 선택은 일부 사슴 종에서 발견되는 크고 역기능적인 뿔에 대해 그럴듯한 설명 을 제공한다.

개체주의의 예외 가운데 하나가 ('하위 개체주의'subindividualism의 한 형태인) **친족 선별**이다. 여기서는 개체가 아닌 유전자가 선별 단위이다. 개체군 내의 유전자의 현존과 유기체의 자손 수 양면에서, 해당 유전자 와 특정 행태를 보이는 자손이 동시에 동일 비율로 증가하는 것으로 유 전자의 효과가 나타난다면, 단위 선택이 중요하지 않다. 예를 들어, 더 효율적인 먹이 조달의 진화가 그런 경우이다. 그러나 어떤 경우에는 유 전자가 유발하는 특정 행태가 유전자 자신에게는 혜택이 되지만, 그것 을 담지한 유기체에게는 혜택이 되지 않을 수도 있다. 한 유기체가 같은 유전자를 가질 가능성이 큰 근친近親을 위해 자신을 '희생하는' 경우가 그런 경우이다. 어떤 동물이 포식자를 발견하고 경고 신호를 내면, 그 동물의 생존 가능성은 줄어드는 반면, 근친의 생존 가능성은 올라갈 것이다. 이런 친척 또는 그들 중 일부는 '경고 유전자'를 가질 것이기 때문에, 더 높아진 생존 가능성이 신호를 방출한 동물의 낮아진 생존 가능성을 상쇄한다면, 그런 유전자는 개체군 내에 퍼져 나갈 것이다.

또 다른 예외는 ('초 개체주의'supraindividualism의 한 형태인) **집단 선별**이다. 중심 지향적 돌연변이가 발생한 물고기 집단과 그렇지 않은 물고기 집단을 살펴보자. 시간이 지남에 따라, 전자는 후자보다 적은 자손을 남기다가 궁극적으로 퇴출될 것이다. 이 경우 선별이 개인이 아닌 집단 수준에서 작동하는 것으로 보인다. 그러나 두 집단이 공존한다면, 두 번째 집단은 첫 번째 집단에서 온 침입자에 취약하다. 중심 추구 행동의 원인이 돌연변이이든 내부로의 이주이든, 결과는 마찬가지이다. 즉, 그런 식으로 행위하지 않은 개체의 축출이다. 이와 유사하게, 개체군 안에 과식을 방지하는 유전자를 가진 유기체가 있으면 '공유지의 비극'을 피할 수 있지만, 이런 유기체는 그런 유전자가 없어서 자제력이 없는 유기체보다 번식 면에서 불리할 것이다. 이런 점에 비춰 볼 때, 집단 선별을 협동 또는 자제력을 생성하기 좋은 메커니즘으로 생각하기는 어려웠다. 그러나 5장에 제시된 이타적 처벌 이론은 그런 생각에 대한 설득력 있는 반박이 될 수도 있다. 개체군 안에 비협동자를 처벌하는 유전자를 가진 유기체들이 있다면, 비협동자는 무임승차를 해도 재생산에서 유리하지 못할 것이다.[5]

친족 선별과 집단 선별은 협동적 행위의 출현을 위한 두 가지 메커니즘을 제공하는데, 전자는 공유 유전자에 근거하고, 후자는 이타적 처벌에 근거한다. 세 번째 메커니즘은 반복적 상호행동에서 **호혜적 이타주의** 또는 '맞대응'이다. (말 그대로 일부 동물에게서 나타나는) "나는 네 등을 긁어 주고, 너는 내 등을 긁어 준다"라거나 "나에게 여분이 있으면 너에게 주고, 너에게 여분이 있으면 나에게 준다"가 그런 예이다. 동전의 다른 면은 상대방이 호혜적으로 행동하지 않을 때, 처벌 또는 적어도 협동 자제를 표하는 것이다. 이 메커니즘이 작동하기 위해서는 충분한 상호행동이 있어야 한다. 그래야 다시 만났을 때 다른 사람을 알아볼 수 있고, 그가 이전에 했던 일을 기억할 수 있고, 협동을 자제하는 것이 그럴 만한 가치를 갖는다.

자연 선별과 인간 행위

자연 선별은 명백히 인간의 신체 구조를 조형했다. 그리고 신체 구조는 행동에 대한 제약뿐 아니라 기회도 제공한다. 자연 선별과 관련해서 인간 행위를 설명하려는 사람들은 때때로 더 강력한 주장을 한다. 그들은 단순히 행위 패턴을 가능하게 하는 구조가 아니라, 행위 패턴 자체를 자연 선별로 설명하고자 한다.

가장 그럴듯한 메커니즘은 진화가 특징적 행동 경향으로 가진 **감정**을 산출했다는 것이다. 남성은 자손의 아버지인지 확신할 수 없지만, 여

---

5 그러나 협동적 비처벌자가 협동적 처벌자 집단을 침범할 위험은 없는지, 의문이 제기될 수 있다. 왜냐하면, 처벌한다는 것은 처벌자에게 비용이 드는 행위이기 때문이다. 협동적 비처벌자들도 비협동자들의 침범을 받을 수 있으며, 그럴 경우, 새로운 주기가 시작될 것이다. 내가 아는 한, 이 난제는 완전히 해결되지 않았다.

성은 어머니임을 의심하지 않으므로, 예상컨대 자연 선별은 여성보다 남성이 더 강한 성적 질투심을 갖는 경향을 산출하리라는 것이다. 이것은 여러 살인 통계에 의해 확인된다. 캐나다에서는 1974~1983년 사이에 1,060명의 배우자 살인 사건이 있었는데, 그 가운데 812명은 남성이, 248명은 여성이 저지른 살인이다. 그리고 그 가운데 질투에 의한 살인은 남성이 195명이고, 여성은 19명에 불과하다. 또한, 자연 선별 이론이 예측하는 바에 따르면, 부모는 의붓자식보다 자신의 유전자를 담지한 생물학적 자식에 정서적으로 더 헌신적이다. 이 예측도 데이터로 확인된다. 따라서 1976년에 한 명 이상의 대리 부모와 함께 사는 미국 어린이는 두 명의 친부모와 함께 사는 어린이에 비해 약 100배 더 학대당했다. 자연 선별은 감정의 **결핍**에 우호적일 수도 있다. 인간과 기타 영장류들은 근친 관계가 아니더라도 함께 자라는 동년배 사이에는 성적 매력이 결핍되는데, 이는 근친 교배의 위험을 억제한다.[6]

개체가 아니라 집단 수준에서 작동하는 자연 선별은 협동 규범을 위반한 사람들에 대한 분노와 분개의 감정에 우호적으로 작동하며, 그럼으로써 처벌자가 다소 비용을 감내하고라도 처벌에 나서도록 동기화한다. 더 풀기 어려운 질문은 선별이 도덕 규범이 아니라 사회 규범을 위반한 사람을 향하는 **경멸**의 감정에 우호적으로 작동하는지, 만일 그렇다면 왜 그런지, 하는 것이다. 여러 사회 규범이 자의적이고 심지어 역기능적이기 때문에, 집단 선별이 그것을 어떻게 유지하는지 알기 어렵

---

6 그러므로 근친상간 금기는 생각보다 드물게 존재하는 유혹을 다룬다고 할 수 있다. 이와 달리, 프로이트는 근친상간 금기가 가까운 친척과 성관계를 갖고 싶은 무의식적 욕망을 막기 위해 생겼다고 생각했다.

다. 사람들에게 사회 규범 위반자 배척 경향이 있고, 배척당하는 비용이 규범 위반의 혜택을 능가하면, 규범 존중이 재생산 적합도를 높이는 데 도움이 될 것이다. 수수께끼는 그런 경향이 처음 발생한 이유이다. 예를 들어 사람들은 왜 간음을 거부하는가? 간음을 비난하는 사회 규범에는 성적 질투라는 당사자 반응이 아닌 제3자 반응이 관련된다. B가 A의 배우자에게 구애하는 것에 대한 C의 반감이 A에게 도움이 되긴 하겠지만, A가 얻을 혜택 때문에 C가 반감을 표하도록 하는 선별 압력이 생긴 것은 아니다. 집단 선별이 무임 승차자에 대한 '제3자 처벌'을 유도하는 유전자에 우호적일 수 있지만, 간음에 대한 제3자 처벌이 집단에 어떤 혜택을 줄지는 분명하지 않다. 여성 간음을 비난하는 규범이 남성 간음을 비난하는 규범보다 더 강한 경향은 진화론적인 설명을 시사하지만, 그 메커니즘이 무엇인지 알기는 어렵다.

다른 주장은 더 사변적이다. 예컨대 인간의 **자기기만**은 그것의 진화적 혜택 때문에 진화했다는 발상 같은 것이 그렇다. 논증은 다음과 같이 진행된다. 종종 다른 사람을 기만하는 것은 유용하다. 그러나 고의적이거나 위선적인 기만은 성공하기 어렵다. 따라서 사람들이 다른 사람을 성공적으로 속이기 위해서 자기기만이 진화했다. 이런 논증의 약점은, 만일 자기기만으로 갖게 된 허위 믿음을 행위의 전제로 삼으면, 비참한 귀결에 이를 수 있다는 데 있다. 자기기만이 진화론적 적합도를 높일 것이므로 이런 상반된 효과들의 순효과는 경향적으로 양의 값일 것이라고, 누구도 자신 있게 주장할 수 없다.

훨씬 더 사변적이지만, 단극성 **우울증**이 여러모로 파업과 유사한 협상 도구로 진화했다는 주장도 있다. 예를 들어, 노동자들이 고용주와 이윤을 공유하기 위해서 파업을 하는 것처럼 산후 우울증은 다른 사람도 자녀 양육에 끌어들이는 기능을 한다고들 한다. 이런 관점에서 보면, 우울증에 의해 유발된 자살은 신빙성 있는 자살 위협의 대가이다. 말하자면 그것은 실패에 실패한 자살 시도인 셈이다. 불면증은 우울증이 대응하려고 하는 위기를 해결하는 데 인지 자원을 할당함으로써 생긴 것으로 설명되는 반면, (정상 이상으로 잠을 자는) 과면증은 생산성을 낮추고 그럼으로써 우울증의 협상 효력을 끌어올리는 방안이라고 설명된다. 이 주장은 우울증에 대한 알려진 사실과 일치하지만, 다른 많은 사실을 무시한다. 예컨대 자살과 마찬가지로 우울증도 가족 내에서 벌어진다는 사실, (협상 상대가 없는) 이혼한 개인이 결혼 상태이거나 결혼한 적 없는 사람보다 더 우울증 경향이 크다는 사실, 또는 스트레스 가득한 인생의 사건이 우울증의 필요조건도 충분조건도 아니라는 사실이 무시된다.

우울증을 협상 도구로 설명하는 것은 명백히 무의미하거나 역기능적인 행위에서도 어떻게 해서든 **의미**나 **기능**을 찾으려는 시도의 또 다른 예이다(9장 참조). 의미 추구는 어느 지점까지는 좋은 조사 전략이다. 그러나 그 지점을 넘어서면, 그것은 억지스럽고 일부 인용된 예에서 그렇듯이 궁극적으로 터무니없다. 해로운 특성도 개체군 내에서 아주 여러 가지 방식으로 보존될 수 있다. 따라서 빈번하게 발생하는 행위는 당연히 행위자의 재생산 적합도를 높일 것이라고 봐서는 안 된다.[7] 자연

---

7 주어진 어떤 유전자가 여러 가지 행동을 코딩할 수 있고(다면 발현), 그 경우 여러 행동 가운데 하나가 준 최적일지라도 존속할 수 있다. 또한, 준 최적 특징은 다양한 여타 유전 메커니즘에 의해 유지될 수 있으며, 그런 메커니즘은 유성생식을 하는 유기체는 유전자당 2가지 다른 변이체(대립 유전자)를 갖는다는 사실과 관련된다.

그림 11.3

	의도적인 변이의 원천	비의도적인 변이의 원천
의도적 선별	농업과 축산업에서의 인위 선별	선박의 점진적 개선 우생학 선별적 낙태와 영아 살해
비의도적 선별	시장경쟁력에 따른 회사의 선별	자연 선별

선별은 확실히 육체적 고통을 제대로 느끼는 성향에 우호적으로 작용한다. 그리고 정신적 고통을 느끼는 경향에 우호적일 수 없는 선험적 이유는 없다. 그러나 우울증에 기능이 있다고 주장하기 위해서는, 질병의 알려진 특징 중 일부를 해명하는 그럴-법한 이야기를 제공하는 것으로는 충분치 않다. 결정적으로는, 가설은, 그것이 설명하려고 목표한 것들 이상의 사실을 설명해야만 한다(1장). 그리고 바람직하기로는, 가설이 예측하기 전에는 알려지지 않았던 '참신한 사실'을 설명해야만 한다.

변이와 선별

지금까지 나는 무작위 변이와 맹목적인 결정론적 선별이라는 표준적인 생물학적 경우를 가정했다. 그러나 선별 모델은 의도적 변이나 의도적 선별 또는 둘 다와 관련된 형태를 취할 수 있다(그림 11.3 참조).

① 의도적 변이, 의도적 선별

『종의 기원』에서 다윈은 "자연은 연속적인 변이를 제공한다. 그리고 인간은 자신에게 유용한 특정 방향으로 그것들을 더해 간다"라고 썼다. 그러나 그것이 단지 "자연은 제안하고 인간은 처분하는" 경우만은 아니다. 왜냐하면, 그가 관찰했듯이, 인간 행위는 입력도 수정할 수 있기 때문이다.

선별의 대상이 될 재료를 마음껏 제공할 수 있다는 점에서, 변이가능도 variability가 높은 것이 명백히 유리하다. 극도의 주의를 기울여도 단순한 개체 간 차이는 어느 쪽이든 원하는 방향으로 대규모 수정을 축적할 수 있을 만큼 넉넉하지 못한 것은 아니다. 그러나 인간에게 명백하게 유용하거나 반가운 변이는 이따금 나타나기 때문에, 보유한 개체 수가 많을수록 출현 확률은 훨씬 높아질 것이다. 그래서 이 점이 성공에 가장 중요하다. 이 원칙에 따라 마셜은 요크셔 지역의 양들과 관련하여 "일반적으로 가난한 사람들의 것이고, 대부분 작은 크기의 농장에 있기 때문에, 결코 개량될 수 없다"라고 말했다. 다른 한편 새롭고 귀중한 품종을 얻는 데 있어서, 같은 식물을 대규모로 경작하는 묘목장 주인이 아마추어보다 훨씬 성공적이다.

오늘날에는, 돌연변이를 유도함으로써 인위 선별을 향상시킬 수 있다는 점을 덧붙일 수 있다. 또한, '유전자 도서관'의 유지 덕분에 특정 성질 선별의 필연적 결과인 유전자 변이의 감소를 방지할 수 있다. 선별 과정 자체와 관련하여, 다윈은 **두 가지 수준의 의도성을 구분**했다.

현재 저명한 육종가들은 독특한 목적을 가진 방법론적 선택을 통해 그 나라에 존재하는 어떤 것보다 우수한 새 종자나 하위 품종을 만들려고 노력하고 있다. 그러나 우리의 목적상, 무의식적이라고 할 수 있는 종류의 선별, 즉 최고의 동물 개체를 소유하고 번식시키려는 모든 사람의 시도에서 연원하는 선별이 더 중요하다. 따라서 포인터 품종을 지키려는 사람은 당연히 가능한 한 좋은 개를 얻으려고 노력하고 그런 다음에는 그가 가진 최고의 개를 번식시킬 것이다. 그러나 그는 품종을 영구적으로 변경하려는 소망이나 기대를 품지는 않는다.

② 비의도적 변이, 의도적 선별

새로운 유기체 또는 새로운 형태가 우연히 발생하고, 그런 것들이 의도적 선별에 따라 수용되거나 거부되는 경우가 많이 있다. 자연 선별은 대략 같은 수의 남성과 여성 유기체를 생산하는 반면, 성 편향적 영아살해와 최근의 성 편향적 낙태는 성비 불균형을 야기할 수 있다. 인도와 중국에서만 약 8천만 명의 여성이 이런 이유로 '없어지고' 있다. 정신병자 및 정신지체자가 자손을 남기는 것을 막기 위해 우생 정책이 광범위하게 사용되었다. 나치 독일에서는, 약 30~40만 명의 사람들이 이런 이유로 강제 단종되었다. 태아 검진 기술이 향상됨에 따라, 선별적 낙태는 인구 구성을 결정하는 중요한 요소가 되었다. 이런 기술이 임신 시점에 아이의 성별을 결정하는 것이 가능할 정도로 발전하면, 선별은 의도적 선택으로 대체될 것이다.

의도적 선별과 결합된 무작위 변이는 인공물의 발전을 규정할 수도 있다. 1862년 노르웨이 장관이자 사회학자인 에일릿 순트Eilert Sundt가 영국을 방문했을 때 (1859년에 출간된) 다윈의 자연 선별 이론에 대해 배웠고, 그것을 변형해서 선박 건조에 적용해 보았다.

선박 둘을 똑같이 만드는 일은 아주 솜씨 좋은 선박 건조자가 애를 써도 결코 이룰 수 없는 일이다. 이런 식으로 생기는 변이를 **우연적**이라고 부를 수 있다. 그러나 항해 중에는 아주 작은 변이조차도 눈에 뜨인다. 선원들이 자신의 목적에 맞게 개선되거나 더 편리해진 보트를 **알아차리는** 것은 우연이 아니다. 그리고 그들은 그것을 **모방할** 대상으로 **선택**하라고 추천한다. (…) 사람들은 이렇게 해서 만들어진 선박 하나하나가 완벽하다고 믿을 것이다. 그것은 특정한 방향으로의 일방적 발전에 의해 완벽함에 이르렀기 때문이다. 그러나 각종 개선은 그것의 이익을 상쇄할 정도의 결점을 낳을 때까지 진행될 수도 있다. (…) 그리고 내 생각에 과정은 다음과 같이 진행될 것 같다. 새롭고 개선된 형태에 대한 발상이 처음 떠오르고, 이어서 매번 아주 작은 변화를 수반하는 **일련의 신중한 실험들이 오랫동안 이뤄지고**, 그 결과 행복하게도 선박 건조자 작업장에서 모두가 욕망하는 것과 같은 배가 등장하는 것이다.

이 텍스트에서 순트는 결정적인 측면에서 다윈을 개선했다.[8] 다윈은 변이의 기원에 대해 무지하다고 고백한다. 반면에 순트는 오타나 (이제는 우리가 알고) 유전 물질의 돌연변이와 유사한 **복제 오류**에 그 원천이 있다는 발상에 도달한 것이다. 선박 건조자의 불완전성 ── 완벽한 사본

---

8 개선이 가능했던 것은 물론 그가 다른 문제를 고심했기 때문이다. 1862년에는 아무에게도 유기**체**의 변이 원천이 무작위적인 복제 실수일 수 있다고 상상할 수 있는 개념적 수단이 없었다. 그런 발상의 도약은 멘델이 유전 단위(유전자)의 불연속성을 보여 준 후에나 가능했다. 그리고 왓슨(James Watson)과 크릭(Francis Crick)은 유전과정이 복제와 관련되어 있음을 입증했다. 순트가 다윈에게 생물학적 변이의 원인이 생식 장치의 불완전성에 있는 것 아닌지 물었다면, 다윈이 무엇이라고 답했을지 궁금하다.

을 만들 능력의 결핍 — 은 최종 결과의 완벽함을 위한 조건이다. 순트는 과정의 결과물이 국지적 최댓값이므로 점진적 변경으로는 더는 개선할 수 없다는 것을 주의 깊게 지적한다. 마지막 문장에서, 그는 사람들이 우연히 변화가 일어나도록 내버려 두지 않고 신중한 실험에 참여한다면 그 과정이 인위 선별로 바뀔 수 있다고 제안한다. 다윈이 그랬듯이, 그는 지성이나 의도가 두 가지 수준에서 작용할 수 있다고 제안했다. 먼저 사람들이 한 모델이 이전 모델보다 항해에 더 적합하다는 사실을 **알아챌** 때 작용하고, 다음으로 우연한 변이가 체계적 실험으로 대체되면 개선이 가속화될 수 있다는 것을 **이해할** 때 작용한다.[9]

③ 의도적 변이, 비의도적 선별

경제 시장의 작동에는 자연 선별과 공통되는 몇 가지 특징이 있다. 유추에는 두 가지 판본이 있는데, 하나는 자연 선별에 비교적 가깝고, 다른 하나는 멀다. 둘 다, 인간의 합리성의 여러 가지 한계 때문에 이윤을 최대화할 생산 및 마케팅 결정을 계산할 수 없다는 의미에서, 회사 또는 경영자가 **비효율적**이라는 전제를 공유한다. 그런데도 시장 메커니즘은 비효율적 회사를 퇴출하므로, 일정한 시점에서 관찰되는 것은 주로 효율적 회사들이다. '마치' 경영자가 효율적인 것처럼 모든 일이 진행된다.

　가장 간단한 첫 번째 판본에서는, 모든 회사는 모방과 혁신을 통해 이윤을 늘리려고 지속적으로 애쓴다. 모방만으로는 선별 작업의 대상

---

9 이런 식으로 하면, 선박 건조자가 전혀 실수하지 않을 만큼 훌륭할 때 생기는 불운한 상황을 예방할 수도 있다.

이 될 새로운 입력이 생성되지 않지만, **불완전한** 모방은 언급한 바와 같은 결과를 가질 수 있다. 이에 비해 혁신은 정의상 새로운 입력의 원천이다. (단순한 행운을 거쳐 들어온) 혁신이나 불완전한 모방 덕분에 기업이 생산비용을 더 낮출 수 있게 되면, 기업은 물건을 경쟁업체보다 싸게 팔 것이다. 그러면 경쟁업체도 효율적인 방법을 채택하지 않는 한, 해당 분야 사업에서 쫓겨날 것이다. 효율적 기술은 파산, 인수 및 모방의 메커니즘에 의해 기업 개체군 안에 퍼져 나갈 것이다. 모방과 혁신은 대체로 조금씩 단계적으로 발생하고, 경쟁은 다른 요인이 없는 한 일정한 환경에서 발생한다고 가정하면, 균형 이윤의 국지적 최댓값이 산출될 것이다.

　두 번째 판본은 기업이 언제나 이윤을 최대화하고자 한다는 것을 부인한다. 그 대신 이윤이 '만족스러운' 수준에 있는 한 유지되는 **관행**이나 경험칙을 활용한다는 것이다. 신조어를 사용해서, 회사는 최대화한다고 하지 않고 '만족화한다'satisfice고 말한다. 이것이 무엇을 의미하는지는 여러 가지 요인에 달렸다. 그러나 우리는 단순화를 위해서 이윤이 지속적으로 만족스러운 수준보다 낮은 회사는 파산하거나 적대적 인수의 위협에 시달릴 것이라고 가정할 수 있다. 가장 간단한 관행으로는 이윤이 '만족스러운' 수준에 있는 한 모든 것을 하던 대로 하는 것이 있다. 더 복잡한 관행에는 비용에 따라 일정하게 가격을 인상하도록 설정하거나 일정 비율의 이윤을 새로운 생산에 투자하는 것이 포함될 수 있다. 만족화라는 발상은 "승리하는 팀은 교체하지 않는다"거나 "파산할 상황이 아니면, 고치지 말라" 같은 말에 반영되어 있다. 어떤 관점에서 보면, 만족화는 최적일 수도 있다. 앞서 인용한 말마따나, "독점 이윤의 제일 좋은 면은 조용한 삶이다".

이제 이윤이 만족스러운 수준 아래로 떨어졌다고 가정해 보자. 매년 같은 일을 해온 회사는 녹銹이나 경화증에 유추될 수 있는 조직의 결함으로 어려움을 겪을 수 있다. 유가 상승 또는 주요 통화의 환율 변동과 같은 외부 충격은 비용을 올리거나 수익을 줄일 수 있다. 소비자 수요도 변할 수 있다. 경쟁상대가 더 나은 방법이나 새로운 제품을 내놓을 수도 있다. 또는 노동자가 회사 편에 대가가 큰 파업을 할 수도 있다. (회사가 알지도 못하는) 원인이 무엇이든, 불만족스러운 이윤은 혁신과 모방을 조합하여 새로운 관행을 찾도록 유도할 것이다. 그럴 경우, 어떤 절차든 기존 관행에 가까운 대안으로 제한된다는 의미에서 대체로 국지적일 가능성이 크다. 어떤 종류든 큰 변화는 재정 상황이 나쁜 회사에는 비용이 너무 많이 드는 일이고(10장), 비점진적 혁신은 생각해 내기에도 벅찬 일이다.

모방은 명백히 성공적인 경쟁상대의 행위를 추종한다. 혁신이 무작위적일지 방향성 있는 것일지는, 혁신을 촉발한 위기의 원인을 어떻게 지각하느냐에 달려 있다. 유가 상승으로 인해 허용 수준 이하로 이윤이 감소할 경우, 회사는 석유를 절약할 방법을 찾는 쪽으로 기울어질 것이다.[10] 만약 유가 상승이 달러와 유로 사이의 환율 변화로 인한 것이라면, 회사는 무작위적으로 탐색할 가능성이 크다. 그러나 모든 경우에, 회사의 행위에는 강한 의도적 요소가 있다. 현재 관행을 바꾸려는 결정은 혁

---

10 유가의 추가 상승이 예상되지 않는 한, 합리성은 회사가 석유 절약적 혁신을 찾으라고 요구하지 않는다. 왜냐하면, 실행 가능한 혁신의 집합이 무엇인지 아무도 모르기 때문이다. 그러나 유가 상승 때문에 이런 혁신이 더욱 두드러져 보일 것이다.

신이나 모방에 얼마나 투자할지에 대한 결정과 마찬가지로 의도적이다. 모방할 모델의 선택은 의도적인 것이며, 방금 언급한 바와 같이, 회사는 의도적으로 특정 방향에서 새로운 관행을 찾는 쪽으로 기울 수 있다.

이 과정의 결과인 새로운 관행은 시장경쟁이라는 맹목적 힘에 노출된다. 새로운 관행 덕에 회사가 만족스러운 수준의 이윤을 얻을 수 있으면, 새로운 위기가 발생할 때까지 탐색은 중단된다. 새로운 관행에도 불구하고 만족스러운 이윤을 얻지 못한다면, 회사는 다시 시도하거나 파산을 선언해야 할 수도 있다. 만족화에 실패한 회사는 조만간 제거된다. 이 과정 자체에는 이윤 최대화 지향적 회사를 산출하는 경향이 없다. 어떻게 그런 경향이 발생하는지 알기 위해서는, **경쟁**을 전체 그림 안에 더 명료하게 도입해야 한다. 회사가 새로운 생산에 일정 비율의 이윤을 관행적으로 투자한다고 가정해 보자. 순전히 운으로 경쟁상대보다 더 좋은 관행을 찾게 된 그 회사가 확장될 것이고, 시간이 감에 따라 그 회사의 관행이 개체군 내에서 아주 폭넓게 나타나게 될 것이다.[11]

선별과 마치-합리성

이런 모델의 유용성은 다음과 같은 단순한 경험적 질문에 달려 있다. 즉, 환경 변화율에 따른 비효율적 기업의 퇴출 비율은 얼마인가? 앞 장에서 나는 자연 선별과 관련하여 같은 질문을 제기했고, 유기체가 환경

---

11 이 판본에서는, 그런 회사가 예컨대 높은 수익률을 등에 업고 다른 회사가 포기할 때까지 비용보다 싸게 팔아서 경쟁사를 시장에서 추방하려고 하지 않는다. 그들은 '만족스러운 이윤 이상의 것'에 관심이 없기 때문이다.

에 잘 맞게 적응하기 위해서는 환경이 비교적 느리게 변해야만 한다고 주장했다. 경제 환경의 경우, 더 직접적인 평가를 할 수 있다. 현대 세계에서 회사는 전례 없는 변화율에 노출되어 있다. 회사가 환경을 점진적으로 추적하기만 한다면, 만성적으로 부적합할 것이다. 성공하는 회사는 변화를 **예상**하고 목표물 앞을 겨냥할 역량을 갖췄을 가능성이 크다. 이런 전략 역시 상당한 시간 동안 실패를 겪지만, 적어도 항상 실패하지는 않는다. 또한 대기업은 정치적 영향력을 행사해서 자신의 활동 환경을 **조성**할 수도 있다. 작은 회사들 사이의 경쟁이 치열했던 초기 자본주의 시대에는, 내가 묘사한 종류의 선별 메커니즘이 중요했을 수도 있고 중요하지 않았을 수도 있었다. 그것에 대해 우리는 모른다. 그 시대의 회사들이 오늘날 우리가 관찰한 것들 가운데 많은 부분을 설명해 줄 것 같지는 않다.

더 일반적인 쟁점도 관련된다. 합리적 선택 이론가들은 그들의 가정이 현실성이 없다는 비판을 받을 때면 관행적으로 다음과 같이 주장한다. 즉 사람들이 '마치' 효용(또는 이윤, 또는 그 외의 여러 목표)을 최대화하려는 듯이 행동한다는 가정에 따라 행위를 설명할 뿐이라는 것이다. 밀턴 프리드먼은 독자들에게 최대화 계산에 의존하지 않는 최대화 행위가 실재한다는 것을 설득하기 위해 유혹적이고 영향력 있는 유추를 둘 제시했다. 첫째, "[나무에 달린] 각각의 잎은 이웃하는 잎의 위치가 정해진 한에서 마치 받을 수 있는 햇빛의 양을 의도적으로 최대화하려는 것처럼 자리 잡는다. 즉, 잎들은 마치 다양한 위치에서 받을 수 있는 햇빛의 양을 결정하는 물리 법칙을 알고서, 한 위치에서 원하는 다른 빈 위치로 빠르게 또는 즉시 이동하는 것 같다". 둘째, "탁월한 예측이 다음과 같은 가설에 근거해서 산출된다. 즉, [전문] 당구 선수는 마치 최적의 이동 방향을 제공할 복잡한 수학 공식을 알고 있는 듯이 당구공을 친다. 그는 눈으로 각도를 정확하게 평가할 수 있고, 공의 위치를 기술하기 위해 순식간에 공식에 따라 계산할 수 있고, 그런 다음 공식이 알려 주는 방향으로 공이 굴러가게 한다".

이런 유추는 매혹적이긴 하지만 설득력은 없다. 자연 선별이 그렇지 않은 나무를 제거했기 때문에 잎이 최대화를 추구하는 것처럼 보이게 하는 것이다. 유사한 메커니즘이 경제 행위에 존재한다고 가정하는 것은 질문거리를 만들어 낼 뿐이다. 당구 선수가 전문가인 것은 그가 1만 시간의 연습을 거쳐 (우리는 모르지만) 어떤 식으로든 직관에 기초해서 올바른 샷을 할 수 있게 되었기 때문이다. 체스 대가는 즉시 5만 개의 수순手順을 즉시 인식할 수 있지만, 그것은 엄격하게 제한된 상황에서 이뤄지는 일이다. 유동적이고 불투명한 환경 속에서 이뤄지는 사업상의 의사 결정에 이런 논증을 갖다 붙이는 것은 부당한 일이다.

나의 반박을 가장 일반적인 방식으로 제기한다면 다음과 같다. 즉, 시장경쟁이 비효율적인 회사를 제거함으로써 효율성을 향상시킨다는 것을 보여 줄 수 있더라도, '효율 개선'으로부터 경제 모델에 따르면 회사가 가졌다는 초정밀 마치-최대화as-if maximization로 나아가는 것은 엄청난 비약이다.[12]

---

12 가벼운 반박이긴 하지만, 팀스포츠의 경제학도 선별에 의해 이윤 최대화가 이루어질 수 있다는 생각에 대한 반론을 제기할 수 있다. 야구팀이나 축구팀이 이윤 극대화를 위해 리그에서 활동하는 선수 가운데 최고의 선수를 모으는 데 이윤을 모두 쓴다면, 그 팀의 기량이 너무 압도적이어서 게임의 불확실성이 크게 줄어들 것이다. 하지만 우습게도 그렇게 되면 게임이 [재미없어져서—옮긴이] 이윤도 줄어들 것이다.

정치 영역에서는, 선거 경쟁으로 인해 우리가 관찰할 수 있는 정치인이 당선자나 재선출자로만 한정된다. 따라서 사람들은 '마치' 모든 정치인이 자신의 선거 전망에만 관심이 있는 것처럼 행동한다고 가정할 수 있게 된다. 그러나 선거에 관심이 있는 것에서 선거에만 관심이 있는 것으로 비약하는 것은 정당하지 않다. 방법론적으로 편견 없이 정치를 보면, 다음과 같은 세 종류의 정치적 행동자가 있다. (당선과 재선에만 관심이 있는) 기회주의자, (정책 시행에 관심이 있는) 개혁가, ('성명 발표'에 관심이 더 많은) 활동가나 과격파.[13]

각 정당 안에서 ── 그리고 정당 사이에 ── 이 세 집단 사이에서 벌어지는 상호행동에 근거해 정치를 조망하는 것은 정치에 대한 '아이스크림 가게' 모델(18장)보다 분명히 훨씬 더 현실주의적이다. 아이스크림 가게 모델에서는 득표 최대화를 추구하는 정당들이 모두 중앙으로 수렴한다. 정치가들의 동기가 재선에 관한 관심뿐이라는 주장에 대한 강력한 반박을 위해서, 장 조레스Jean Jaurès에서 시작하여 레옹 블룸Léon Blum을 거쳐, 피에르 망데스-프랑스Pierre Mendès-France 그리고 미셸 로카르Michel Rocard에 이르는 프랑스 정치인의 노선을 살펴보자. 이들 모두의 동기는 명백히 사회 정의와 경제적 효율성이라는 공평한 가치를 증진하려는 욕망이었다. 심지어 로카르의 경우, 선거 정치에 대한 염증 때문

---

13 세 그룹은 다음과 같이 좀더 형식적으로 구별될 수 있다. 기회주의자들은 야당이 정책 C에 상당 정도 고정되어 있다는 조건에서 정책 A가 정책 B보다 이길 확률이 높으면 B보다 A를 제안하는 것을 선호한다. 과격파는 평균적 당원들의 기대 효용이 B보다 A에서 더 높으면, (C가 무엇인지와 무관하게) B보다 A를 제안하는 것을 선호한다. 개혁가들은 야당이 C를 제안한다는 조건하에서 평균적 당원들의 기대효용이 B보다 A에서 더 높으면, B보다 A를 제안하는 것을 선호한다. 기회주의자는 확률에만 관심이 있고, 활동가는 효용에만 관심이 있고, 개혁가는 둘 다에 관심이 있다.

에 정치적 효능감에서 멀어진 면이 있다고들 한다.

경쟁의 경기장 밖에서는, '마치'-합리성의 정당성이 더욱 떨어진다. 소비자 선택, 투표 행위, 교회 출석, 직업 선택 그리고 그 외의 많은 행위가 합리성을 모방하는 선별 메커니즘에 종속되지 않는다. 그런 행위들이 선택 일반의 중요성 그리고 특히 합리적인 선택의 의의를 감쇄할 수 있는 제약에 처하는 것은 분명하다(10장). 제약은 특정 선택을 불가능하게 하는 식으로, 즉 사전적으로 작동한다. 선별은 특정 선택을 한 사람들을 제거하는 식으로, 즉 사후적으로 작동한다. 두 메커니즘 모두 행위 설명에 도움을 주지만, 공동으로든 또는 단독으로든 모든 행위를 설명할 수는 없다. 선택이 여전히 사회과학의 핵심 개념으로 남는다.

참고문헌

"Selection by consequences", *Science* 213 (1981), pp. 501~504에서 B. F. Skinner는 행동이 귀결로 설명할 수 있는 다음 세 방법의 중요성에 관해 주장했다. 첫째, 개인에 작용하는 자연 선별, 둘째, 강화, 그리고 마지막으로 (그는 이런 용어를 사용하지는 않았지만) 집단 선별. 강화 이론에 대한 유용한 입문서로 J. E. R. Staddon, *Adaptive Behavior and Learning* (Cambridge University Press, 1983)이 있다. 강화 이론이 행동(을 설명하기보다)의 양상을 조형하기 위해 어떻게 사용될 수 있는지에 대한 연구로 D. Lee와 P. Belflore, "Enhancing classroom performance: a review of reinforcement schedules", *Journal of Behavioral Education* 7 (1997), pp. 205~217이 있다. 자연 선별 이

론 특히 선별의 개체주의적 성격에 관한 주장의 고전적 해설은 G. Williams, *Adaptation and Natural Selection* (Princeton University Press, 1966)을 보라. 비탈길 오르기에 대한 논의와 '적합도 풍경이라는 은유'에 대한 설명은 S. Gavrilets, *Fitness Landscapes and the Origin of Species* (Princeton University Press, 2004) 2장과 4장을 보라. 선별 단위로서 유전자를 강조하는 해설은 R. Dawkins, *The Selfish Gene*, 2nd edn (Oxford University Press, 1990)이다. 동물 신호에 대한 훌륭한 입문서는 S. A. Searchy and S. Nowicki, *The Evolution of Animal Communication* (Princeton University Press, 2005)이다. 이타적 처벌이 어떻게 집단 선별을 가능하게 하는지에 대한 논의는 E. Fehr & U. Fischbacher, "Social norms and human cooperation", *Trends in Cognitive Sciences* 8 (2004), pp. 185~190을 참조하라. 친족이 아닌 동물들 사이의 '맞대응' 협동에 관한 기본적 연구는 R. Axelrod and W. Hamilton, "The evolution of cooperation", *Science* 211 (1981), pp. 1390~1396이다. 살인 통계 및 아동 학대에 관한 데이터는 M. Daly 와 M. Wilson, *Homicide* (New York: Aldine de Gruyter, 1988)의 것이다. 이들의 설명에 대한 반박으로는 D. Buller, *Adapting Minds* (Cambridge, MA: MIT Press, 2005) 7장을 보라. 자기기만 논증의 양면에 대해서는 (진화적 설명에 우호적인) R. Trivers, *Social Evolution* (Menlo Park, CA: Benjamin-Cummings, 1985)과 (진화적 설명에 대해 비판적인) V. S. Ramachandran and S. Blakeslee, *Phantoms in Brain* (New York: Quill, 1998)을 참조하라. 우울증의 적응적 성격의 양면에 대해서는 (진화적 설명에 우호적인) E. H. Haggen, "The bargaining model of depression", in P. Hammerstein (ed.), *Genetic and Cultural Evolution of Cooperation* (Cambridge, MA: MIT Press, 2003)과 (진화적 설명에 대해 비판적인) P. Kramer, *Against Depression* (New York : Viking, 2005)을 보라. 자연 선별에 입각한 시장 분석은 A. Alchian, "Uncertainty, evolution, and economic theory", *Journal of Political Economy* 58 (1950), pp. 211~221에서 시작되었다. ('마치'-최대화를 지원하지 않는) 그것의 가장 정교한 버전은 R. Nelson and S. Winter, *An Evolutionary Theory of Economic Change* (Cambridge, MA: Harvard University Press, 1982)이다. '만족화' 이론은 H. Simon, "A behavioral theory of rational choice", *Quarterly Journal of Economics* 69 (1954), pp. 99~118에서 연원한다. 팀 스포츠의 경제학은 D. Berri, M. Schmidt and S. Brook, *The Wages of Wins* (Stanford University Press, 2006)의 주제이다. 기회주의자, 개혁가, 운동가의 구별은 J. Roemer, *Political Competition* (Cambridge, MA: Harvard University Press, 2001) 에서 발췌한 것이다.

12장_ 인물과 상황

수치와 죄의식 켤레는 인물의 **성격**을, 경멸과 분노 켤레는 **행동**을 겨냥한다는 점에서 서로 다르다(8장). 마찬가지로 자존감은 자신이 우월한 인물이라는 믿음에 근거하고 자부심은 자신이 어떤 뛰어난 행동을 했다는 믿음에 근거한다. 그러나 우리가 행동을 비난하거나 칭찬하는 것은, 그 행동이 행위자의 성격을 반영한다고 믿기 때문이지 않은가? 행동이 성격 아니면 다른 무엇에 귀속되겠는가?

민속 심리학(folk psychology)이 틀렸을 때

이 책은 행위에 대한 칭찬이나 비난에 관한 것이 아니라 그것의 **설명**에 관한 것이다. 이런 맥락에서 문제는 인격이 행위를 설명할 힘을 어느 정도나 가지고 있는가이다. 보통 미덕(정직, 용기 등)이나 악덕(일곱 가지 대죄 등)뿐 아니라 인격 특성(내향성, 소심함 등)은 사람들이 가진 것으로 가정된다. 여러 나라와 시대에 걸쳐 민속 심리학은 이런 특질들이 안정적이라고 가정한다. 모든 나라의 속담이 이런 가정을 증언한다. "한 명에게 거짓말하는 사람은 백 명에게도 거짓말한다." "거짓말쟁이는 도둑질도 한다." "바늘 도둑이 소도둑 된다." "작은 일에 신의를 지키는 자는 큰일에도 그렇다." "한 번 손에 피를 묻힌 사람은 언제나 불신받을 것이다."[1] 민속 심리학이 옳다면, 행위를 예측하고 설명하는 일은 쉬워야 한다. 딱 한 번의 행동으로 기저 특성이나 성향을 알 수 있고, 그 성향이 드러날 무한한 수의 다른 사태에서 어떻게 처신할지 예측할 수 있으니 말이다. 이런 절차가 동어반복적인 것은 아니다. 만일 시험에서의 부정행위를 부정직의 증거로 간주한 다음 그것을 설명하기 위해서 부정직의 특성을 활용한다면, 동어반복적이다. 외도의 원인이 되는 특징(부정직성)의 증거로 시험 부정행위를 사용한다면, 그렇지 않다. 그러나 모든 덕은 동행한다는 식의 더 극단적인 민속적 이론을 받아들이면, 시험 부정행위를 전투에서의 비겁함이나 과도한 음주를 예측하는 데 쓸 수도 있다.

사람들은 때로 타자의 소박한 사적 품행으로부터 너무 많은 추론을 한다. 영국 정치가 조지 랜즈버리George Lansbury는 "히틀러에 대해 호의적인 인상을 받았다. 그렇게 본 이유는 그에게 허장성세가 없고, 완전 금주자이고, 비흡연자이고, 채식주의자이고, 도회지보다는 시골에 산다는 것 때문이었다. 그는 독신자이고, 아이들과 노인을 좋아한다". 프랑스 아카데미의 한 성원은 드골Charles de Gaulle에게 투표했다는 것을 밝혔

---

1 이런 주장을 패러디하여 토머스 드 퀸시(Thomas de Quincy)는 다음과 같이 썼다. "사람이 살인에 빠지면, 금세 강도질 생각이 나지 않고, 강도질 다음은 음주와 안식일 깨는 짓이고, 그 다음에는 무례함이나 꾸물거리는 습관이다."

는데, 그 이유는 그의 사생활에서 보인 품위 때문이었다는 것이다. 이런 말의 은밀한 전제는 아내를 배신하는 사람은 조국을 배신할 공산이 크다는 것이다. 베트남에서 공산주의 지도자들은 대중의 마음과 정서를 붙잡을 수 있었는데, 그 이유는 그들이 자신의 이기심을 잘 억누르지 못하는 다른 정치 집단의 조직자들과 선명하게 대조될 정도로 부패와 결별한 면모를 보였기 때문이다. 마피아 단원들 사이에서는 바람피우는 것은 무질서하고 약한 성격의 징후로 생각되었다.

고대 그리스인들이 남긴 법정 변론에 비추어 보건대, 그들은 성격의 통일성과 교차 상황적cross-situational 일관성을 강하게 믿었다. 기소에 대한 전형적 방어 논리는 "그는 하지 않았다"가 아니라 "다른 경우에 그의 행동이 보여 준 그의 탁월한 성품을 볼 때, 그는 그런 일을 했을 리 없다"였다. 한 역사가가 썼듯이, "증인은 거짓말을 하는 것으로 알려져 있다. 그들은 공평한 관찰자가 아니라, 에우리피데스의 말에 따르면, 경쟁자이다. 그래서 그들을 불러 준 당파를 지지하는 증언을 한다. 다른 한편, 한 남자의 품행과 그의 사회관계는 (적어도 원칙적으로) 그가 사는 지역 사회에 알려져 있으며, 그의 진정한 성격을 드러낸다고 생각된다". 단리 경Lord Darnley의 암살에서 스코틀랜드 여왕 메리가 공모했다고 주장하며 당시에 널리 퍼진 14가지(!) 논거를 검토하면서, 흄은 딱 하나의 반대 논거 그리고 그 반대 논거에 대한 논박을 언급하였다. "이 모든 추정이나 증거에 반대하는 유일한 상황은 그녀의 이전 행동의 호의와 선량함이었다. 그것에 비춰 보면 그녀가 그런 끔찍한 비인간성을 품고 있다고 의심하기 어렵다. 그러나 인간의 성격은 너무나 다양해서, 최악의 행동으로 유죄를 선고받은 인물이 언제나 최악이자 최고의 범죄적 성격을 가진 것은 당연히 아니었다." 흄은 그렇게 말하지 않았지만, 나는 그가 논박을 지지했다고 추측한다.

민속 심리학은 어느 정도 자기실현적이다. 만일 타자가 A 유형의 상황에서 사람들이 한 행위에 기초해서 B 유형의 상황에서 그들이 할 행위를 예측한다고 사람들이 **믿는다면**, 그들은 A 유형의 상황에서 B 유형의 상황을 염두에 두고 행동할 것이다. 사적 도덕과 공적 도덕 사이의 연결에 대한 믿음이 널리 퍼져 있다면(그렇다고 알려져 있다면), 어떤 나쁜 짓이든 유권자가 알게 될 것을 배제할 수 없는 한, 정치가들은 사생활에서 정직하게 행동할 이유가 있는 것이다. 혹은 사람들이 모든 상황에서 같은 비율로 시간을 할인한다는 믿음이 광범위하다고 가정해 보자. 자기 몸매를 관리하지 못할 정도로 미래에 관심이 적다면, 그들은 (민속 심리학에 따르면) 큰 단기적 이득을 위해 약속을 깰 공산이 크다. 따라서 쌍방에 유익한 장기적 협동에 대해 믿을 만한 약속을 할 수 있으려면, 날씬하고 건강한 외모를 가꾸어야만 한다.

그러나 대체로 민속 심리학은 **명백히 그르다**.[2] 민속 심리학 자체의 효과를 제거할 수 있다면, 그래서 교차 상황적 일관성에 대한 기대감을 키울 유인요인이 없다면, 그런 일관성은 거의 나타나지 않는다. 자녀가 집에서 하는 행동만 관찰한 부모는 자녀가 학교나 친구 집을 방문했을 때 너무 훌륭하게 처신한다는 얘기를 듣고 깜짝 놀랄 때가 많다. 더 나아가 어떤 개입도 없었던 통제 집단과 비교할 때, 가족 안에서 행위를 개선하

---

2 민속 심리학만 그런 것은 아니다. 행위자가 행위를 통해 자신이 '좋은 유형'인지 '나쁜 유형'인지 드러낸다고 주장하는 경제학자들 또한 일관성을 과대평가하는 것이다.

려는 개입이 학교에서 개선된 적응을 끌어내지 못하는 것으로 나타난다.[3] 실험실 내 실험에서, 실험 도우미가 참석하고 있으면, 대다수(피험자의 약 2/3)가 심한(심하다고 믿어지는) 전기 충격(약 450V)을 가하라는 요구를 비정하게 수행한다. 그러나 그들의 행위가 사디즘, 잔인성, 또는 타자의 고통에 대한 무관심 같은 기저 특성에서 기인한다고 믿을 이유는 없다. 사실 이런 식으로 행동한 여러 피험자가 자신이 한 일에 속상해하고 마음 아파했다. 지연되는 큰 보상과 즉각적인 작은 보상 모두가 시야에서 사라지면, 어린이들은 기다리려는 의욕을 더 많이 보이고 전자를 훨씬 더 많이 선택한다. 대학에 있는 학자들은 누구나, 동료 학자들이 연구에는 양심적이지만 강의나 행정적 과제에는 그렇게까지 양심적이지 않다는 것을 안다. 점심 식사 때 수다스러운 것은 다른 일에서 수다스러운 것과 별 상관관계가 없다. 어떤 인물이 집 청소를 미뤄도 업무는 전혀 그렇지 않을 수 있다.[4]

「우리 행동의 줏대 없음에 대해」라는 글에서, 몽테뉴는 소小 카토의 처신을 동류의 평범한 사람이 지닌 품행과 다음과 같이 대비했다. "[카토의] 건반 가운데 하나를 눌러라. 그러면 그대는 그의 건반 모두를 누

---

3 이러한 결과에는 약간의 왜곡(twist)이 있다. 중재 전문가의 조언을 준수한 부모의 자녀는 그렇지 않은 부모의 자녀보다 학교에서 더 잘 처신한다는 것은 가정에서 학교로의 파급효과를 지지하는 몇몇 학자들이 인용하는 사실이다. 그러나 그 결과는 단순히 준수가 유전적인 속성이기 때문일 수 있다. 중재 전문가의 지시를 성심껏 따르는 부모는 교사의 지시를 성심껏 따르는 자녀를 가질 가능성이 크다.

4 한 교수는, 윤리학자 랜디 코헨(Randy Cohen)에게 보낸 편지(2006년 1월 15일자 『뉴욕 타임스 매거진』)에서, 정년을 보장받지 못한 동료가 아직 회원자격이 없는 교수 클럽에서 할인을 청구했다는 사실을 "그의 부정직 그리고 그것이 연구로까지 연장될 가능성"으로 보고, 그의 정년보장 심사에서 반대표를 던질 이유가 되는지 물었다. 코헨은 "어떤 상황에서 행실이 나쁜 사람이 다른 상황에서는 종종 잘 처신한다"고 주장했다.

른 것이다. 그의 내면에는 누구도 부인할 수 없을 정도로 완벽한 조화를 이룬 화음이 있다. 이와 달리 우리의 경우에는 행동 전부가 각각 판단되어야 한다. 내 생각에 가장 확실한 방도는 행동 각각을 그것이 처한 직접적 상황에 참조하는 것이다. 그것에서 더 확장해서 보지 말아야 하고 어떤 확정적 추론도 하지 말아야 한다." 몽테뉴가 또 말했듯이, "[어떤 사람의] 모략은 견딜 수 없지만, 가난은 견딜 수 있다. 그가 이발사-의사 barber-surgeon의 수술칼lancet은 못 견뎌도 적의 큰 칼에는 굴하지 않을 수 있다. 찬양받을 자격은 사람이 아니라 행함에 있다".[5]

몇몇 학자에 따르면, **과체중**은 자기 통제(또는 높은 시간 할인율) 능력이 신통치 않다는 것을 드러내며, 다른 사람들도 그런 인물은 약속을 지키지 못하거나 장기적인 사업에 성공하기 어려우리라고 예측할 수 있다. 하지만 금방 반례가 생각난다. 루이 18세는 심한 과체중이었다. 한번은 앉은 자리에서 굴 180개를 먹어치우기도 했다. 그러나 그는 25년의 망명 생활 동안 프랑스의 왕좌를 되찾으려고 끊임없이 노력하기도 했다. 요즘 사례를 들자면, 뉴저지 주지사 크리스티Chris Christie는,

최근 몇 주 동안 그의 체중에 대한 논란이 분분했지만, 그런 농담이 자신을 성가시게 한 것은 아니라면서 "나는 이런 문제에 별로 신경 쓰지 않는다"고 말했다. 그러면서 "내가 과체중이라는 것이 내게는 속보성 뉴스가 아니다"

---

5 그러나 그는 "한 번 진짜 바보였던 사람은 다시는 진짜로 현명해지지 않을 것"이라고 말하기도 했다. 그것이 맞는 말일까? 서구 사회에서 이전의 스탈린주의자와 마오주의자들 가운데 일부는 이성의 공동체에 합류했지만, 끝내 그러지 않은 이들도 있다. 어떤 사람들은 한 종류의 어리석음에서 또 다른 종류의 어리석음으로 가 버렸다.

라고 덧붙였다. 크리스티는 자기 체중에 대한 농담들이 재미있기는 하다고 말하면서도, 그가 체중 때문에 대통령이 될 수 없다고 말했던 "진지한 논평 가연하는 사람들"을 미국인들은 경멸해야 한다고 했다. 크리스티는 "그렇게 쓴 사람들은 무지한 사람들"이라고 말했다. 그리고 "당신은 과체중이니까 규율도 없다고 말들을 하는데, 나는 규율 없는 사람들이 우리 사회에서 훌륭한 지위에 이를 수 있다고 생각하지 않는다"라고도 했다. (『워싱턴 포스트』, 2011년 10월 5일)

예술과 예술가에서 몇 가지 예를 들어 보자. 프루스트는 『회복된 시간』Le temps retrouvé에서 쥐피앙의 매음굴 손님에게 상해를 입힌 것에 대해 보상을 했던 청년들에 대해 이렇게 쓴다. "사람들은 그들이 근본적으로 나쁜 사람이지만, 전쟁 중에는 훌륭한 군인, 진정한 '영웅'일 뿐 아니라 민간인 생활에서도 친절하고 관대한 때가 많았다고 생각했던 것 같다." 그는 "버킹엄 궁전 초대장을 정교하게 모사한" 스완의 행동과 하급 공무원의 아내가 스완 부인을 방문한 것을 뽐내는 그의 모습 사이의 겉보기 모순에 대해 다음과 같이 논평한다.

주된 이유는 (이것은 모든 인류에 해당하는 것이다) 우리의 미덕조차 우리가 언제나 뜻대로 처리할 수 있는 외면적이고 부유浮游하는 것이 아니기 때문이다. 사실 미덕은 우리 마음속에서 행동 상황과 너무 밀접하게 연결되어 있다. 그 상황에서 달리 행동했다면 우리는 깜짝 놀랐을 것이기 때문에 그렇게 했어야만 한다고 느낀다. 그래서 달리 행동하는 것도 바로 그 미덕이 발휘된 바일 수 있다고는 생각조차 하지 못하는 것이다.

재즈 연주자 찰리 파커Charlie Parker를 알았던 한 의사는 그를 두고 "순간을 살아가는 사람, 쾌락원리, 음악, 음식, 섹스, 약물을 위해서 산 사람. 유아 수준에 포박된 그의 인성[sic]"이라고 묘사했다. 또 다른 재즈 연주자 장고 라인하르트Django Reinhardt는 일상생활에서 훨씬 더 극단적인 현재 지향적 태도를 보였다. 그는 일해서 번 돈을 전혀 저축하지 않고 변덕스럽게 쓰거나 비싼 차를 사는 데 썼다. 그리고 그렇게 산 차는 곧장 사고로 부서졌다. 여러 면에서 그는 '집시'에 대한 고정관념의 화신이었다. 그러나 당신이 **모든** 면에서 순간 속에서 산다면, 결코 파커나 라인하르트 같은 재주를 가진 음악가가 되지 못할 것이다. 능란함에는 수년에 걸친 철저한 헌신과 집중이 필요하다. 라인하르트의 경우 이것은 그가 왼손에 심한 화상을 입었을 때 극적으로 발휘되었다. 그는 다른 연주자들이 네 손가락으로 하는 것보다 더 뛰어난 연주를 두 손가락으로 해낼 수 있을 때까지 자신을 다시 훈련했다. 이 두 연주자가 모든 면에서 충동적이고 무신경했다면 — 그들의 '인성'이 일관되게 '유아적'이었다면 — 그들은 결코 그런 정상급 예술가가 될 수 없었을 것이다.

2차 대전 시기 나치에 부역했던 노르웨이의 소설가 크누트 함순Knut Hamsun은 1945년 이후 재판을 받을 정신적 능력이 있는지(그 당시 그는 86세였다)를 결정하는 정신의학적 검사를 받았다. 정신의학과 교수가 그에게 자신의 '주된 성격 특성'을 묘사해 보라고 했을 때, 그는 다음과 같이 답변했다.

이른바 자연주의 시기 — 졸라Émile Zola와 그의 시대 — 에는 인물을 그의 주된 성격 특성으로 묘사했다. 그들은 미묘한 심리를 그려 낼 줄 몰랐다. 사람들은 그들의 행동을 통치하는 하나의 지배적 능력을 갖추고 있다는 것이다. 도스토옙스키Fyodor M. Dostoevsky 같은 사람들은 우리에게 사람에 대해 무언가 다른 것을 가르쳐 주었다. 바로 그때부터 지배적인 단일 능력을 갖춘 인물이 내 글쓰기에서는 한 사람도 등장한 적이 없다고 생각한다. 그들은 모두 말하자면 성격이라는 것이 없다. 그들은 분열되고 파편화된 존재이며, 선하지도 악하지도 않고, 그 둘 다이다. 그들의 마음과 행동은 미묘하며 계속 변한다. 의심의 여지 없이 나도 이 점에서는 마찬가지이다. 공격적인 나, 물론 가능하다. 교수가 제시한 여타 특성 —— 상처 입기 쉽고, 의심 많고, 이기적이고, 관대하고, 질투심 많고, 의롭고, 논리적이고, 섬세하며, 냉정한 품성 —— 을 내가 얼마만큼씩 지닌 것도 당연히 가능하다. 이 모든 것은 인간의 특성이지만 나는 그 가운데 어떤 것이 내게서 우세한 것이라고 지적할 수 없다.

16장에서 나는 소설에서 나타나는 성격 문제 또는 '성격의 결여' 문제를 다룰 것이다. 여기서 내가 지적하고 싶은 것은, 함순이 예컨대 한 유형의 상황에서는 일관되게 관대할 가능성 그리고 또 다른 유형의 상황에서는 일관되게 이기적일 가능성에 대해서는 말하지 않았다는 것이다. 이제 그 문제를 살펴보자.

상황의 힘

'돈에 환장함'과 '음악에 매진함', '점심 식탁에서의 수다스러움' 또는 '연구에 양심적임'은 물론 성격 특성이다. 그러나 이런 것들은 모든 상황에서 두루 자신을 현현하는 전역적인 인성 양상이라기보다 상황 특수적이거나 **국지적 특성**local traits이다. 체계적인 연구가 찾아낸 것은, 민속 심리학의 주장과 달리 성격 특성의 교차상황적 일관성 수준은 매우 낮다는 것이다. 상관관계가 존재한다고 해도, 늘 그렇듯이 '맨눈으로는' 찾기 어려울 정도로 낮다. 사이코패스는 전반적으로 무자비한 행위를 일삼고,[6] 소小 카토는 일관되게 영웅적이지만, 대부분 이런 양극단 사이에 있는 개인에게서 그런 일관성을 기대하기는 어렵다. 모든 미덕은 동행한다는 식의 더 극단적인 민속 심리학적 관념은 엄밀히 검증된 적이 없는데, 아마 그 이유는 너무 신빙성이 떨어져서일 것이다. 그러나 '환자 대하는 태도'가 좋은 의사가 의료 기술도 좋을 것이라는 우리의 확신이 보여 주듯이, 민속 심리학은 여전히 우리 마음속에서 힘을 발휘한다. 고전 고대에는 한 영역에서의 탁월성은 다른 영역에서의 탁월성의 틀림없는 예견요소 또는 '지표'라는 생각이 일반적이었다. 심리학자들은 이런 생각을 '후광 효과'halo effect라고 말한다.

그러므로 행위에 대한 설명은 인물보다는 **상황**에서 찾는 것이 더 낫다. 예를 들어 어떤 독일인이 나치 체제에서 유대인들을 구조하기 위해서 나섰다는 사실을 생각해 보자. '성격학적' 이론에 근거할 경우, 사람들은 구조하는 사람은 구조하지 않는 사람이 결여한 이타적 유형의 인성을 갖고 있다고 가정할 것이다. 그러나 가장 강력한 설명력을 가진 요소는 누군가를 구해 달라는 **요청을 받았다는** '상황적' 사실인 것으로 입

---

6 미래를 돌보는 지적인 이기주의자는 종종 타자에 대한 배려를 신경 써서 흉내 내기 때문에(5장), 사이코패스적 행위에 대한 궁극적 설명은 미래에 대한 과도한 할인에서 찾을 수 있을 것이다.

증되었다. 인과적 연계는 두 가지 방식으로 일어날 수 있다. 한편으로는 구조자로서 행동할 필요가 있다는 것은 요청받아야 비로소 획득할 수 있는 **정보**이다. 다른 한편 면대면 상황에서 요청을 받았을 때 수용하게 되는 이유는 거절할 경우 밀려올 **수치심** 때문이다.[7] 첫 번째 설명은 이타주의를 가정하지만, 그것만으로 행위를 설명하기에 충분하다고 보지는 않는다. 두 번째 설명은 이타주의를 거부하고, 도덕 규범을 사회 규범으로 치환한다. 어느 쪽이든 구조자와 비구조자를 구별하는 것은 그들의 인성이 아니라 처한 상황이다.

'키티 지노비스 사례'는 상황의 힘을 보여 주는 실제 삶 속의 또 다른 예이다. 그들의 무행동을 근거로 그녀가 살해당하는 것을 본 모든 목격자가 인간의 고통에 냉담하고 무관심하다고 명토 박는 것은 설득력이 없다. 오히려 그들 가운데 다수는 누군가가 경찰에 전화할 것이라고 믿었거나, 아무도 조치를 취하지 않은 것으로 보아 상황이 보기보다 심각하지 않다("아마도 그냥 가정불화인가 보다")고 생각했을 수 있다. 또는 타자의 무행동이 직접적 개입은 위험하다는 것을 암시한다고 생각했을 수도 있다.[8] 이런 노선의 추론은 수동적 방관자 수가 늘어날수록 설득력이 커진다. 한 실험에서는, 실험 도우미가 간질 발작 시늉을 하고, 피험자들에게 인터컴을 통해 발작자가 있다는 이야기를 들려주었다. 자신

---

7 마찬가지로, 사람들의 기부를 끌어올린 텔레톤[자선기금 모금을 위한 장시간 텔레비전 방송─옮긴이]의 성공은 이타적 동기에 대한 호소력이 아니라 누군가 문을 두드리고 대면적으로 기부를 요청하는 행위를 동반했다는 사실에 있다. 이 경우, 정보 기반 설명은 명백히 적합성이 떨어진다.
8 피해자를 공격자로부터 보호하기 위해 물리적으로 개입하는 것을 두려워한 사람도 여전히 경찰에 전화할 수 있었다. 그러나 당시 경찰은 익명의 신고 전화를 받지 않았기 때문에, 방관자는 말썽에 휘말리는 것을 두려워했을 수도 있다. 이런 종류의 다른 상황에서는, 경찰에 신고하는 것 같은 선택지가 없을 수도 있다.

이 유일한 청취자라고 믿었던 피험자의 85%가 돕기 위해 개입했다. 자기 말고도 다른 사람 한 명이 들었다고 믿었을 때는 62%가 개입했다. 4명이 더 들었다고 믿었을 때는 31%가 개입했다. 또 다른 실험에서는 혼자인 구경꾼의 70%가 개입했지만, 무덤덤한 표정을 짓고 있는 실험 도우미 옆에 앉아 있었을 경우, 피험자의 7%만이 개입했다.[9] 두 명의 소박한 피험자가 있었던 경우, 곤경에 처한 사람 가운데 도움을 받은 사람은 40%였다. 따라서 구경꾼 가운데 **누구라도** 개입할 확률은 그런 구경꾼이 많을수록 줄어들 뿐 아니라, **어떤** 구경꾼이 개입할 확률 또한 구경꾼 수에 달려 있다. 달리 말하면, 타자의 현존으로 인한 개입 책임의 희석은 잠재적 개입자 수가 커지는 것에 의해 상쇄될 수 없을 만큼 급격하게 일어난다.

또 다른 실험에서 신학과 학생들은 옆 건물에서 짧은 설교를 할 준비를 하라는 지시를 받았다. 절반은 '선한 사마리아인의 우화'(!)에 대해 이야기하라는 지시를 받았고, 다른 절반은 좀 더 중립적인 주제를 받았다. 한 집단은 옆 건물에서 사람들이 기다리고 있으니 서둘러야 한다는 이야기를 들었고, 또 다른 집단은 시간 여유가 있다고 들었다. 옆 건물로 이동 중에 피험자들은 문 앞에서 넘어진 사람을 만났다. 분명 곤경에 처한 사람을 만난 셈이다. 늦었다는 이야기를 들은 학생 가운데 10%만

---

9 이것은 적어도 이런 류의 수많은 실험에서 나타난 일반적 경향이다. 방금 인용한 (간질 발작 소식을 인터컴을 통해 듣는) 실험에서, 다른 청취자가 (실험 도우미나 허구적 피험자가 아니라) 동일 정보를 청취한 실제의 소박한 피험자라고 가정하면, 그들 가운데 적어도 한 명이 개입할 가능성은 약 85%로 거의 일정하게 나타난다. 피험자가 5명일 경우(주된 피험자 한 명과 네 명의 청취자), 그들 각각이 개입하지 않을 확률은 0.69이다. 그들 모두가 기각할 확률은 0.69^5 또는 0.156이며, 따라서 적어도 한 명이 개입할 가능성은 0.844[약85%]이다.

이 도움을 주었던 반면, 시간 여유가 있다고 들은 집단은 63%가 도움을 주었다. 선한 사마리아인의 우화를 준비했던 이들도 다른 절반의 사람과 전혀 다르지 않다. 학생들은 종교에 관한 관심이 개인적인 구원에서 비롯했는지 아니면 타자를 돕는 것에서 비롯했는지 측정하기 위한 질문지에 답했는데, 학생들의 행위는 그것에 대한 답과도 아무 상관이 없었다.[10] 성향 요인보다 상황 요인 —— 바쁘냐 바쁘지 않냐 —— 이 훨씬 더 큰 설명력을 보였다.

'바쁜 범주'에 속한 학생들은 시간 제약 때문에 그렇게 행동했다고 말했는데, 그것만으로 이 분석을 앞 장의 분석에 포섭하는 것은 그렇게 정확하지 않다. 그들의 제약은 객관적인 또는 '견고한' 것은 아니다. 사실 바쁜 집단 학생 가운데 10%는 도움을 제공했다. 오히려 상황은 경쟁하는 욕망 가운데 무엇이 두드러질지에 영향을 줌으로써 행위를 조형한다. 대면적 요청은 타자 배려적 동기의 힘을 끌어올린다. 반면에 서둘러야 한다는 이야기를 듣는 것은 그런 동기를 약하게 만든다. 금방 보상을 얻을 수 있다는 것을 볼 수 있는 상태라면, 그것이 지연을 거쳐야 얻을 수 있는 보상에 훨씬 더 매력적으로 다가온다. 그것은 거리에 보이는 거지가 빈곤에 대한 추상적 지식과 달리 관대함을 촉발하는 것에서 알 수 있다. '키티 지노비스' 상황은 도움의 비용과 그것이 줄 혜택에 대한 지각 모두를 바꾸었다. 고통스러워 보이고 치명적일 수도 있는 전기 쇼크 주는 일을 "계속하세요"라고 지시하는 무뚝뚝한 실험자에 동조하려는

---

10 감전 버튼을 눌렀던 피험자들과 마찬가지로, 곤경에 처한 사람 때문에 다급해진 사람 자신이 그런 사람을 만나서 완연한 곤경에 처한 것이다.

욕망이 불필요한 고통을 주고 싶지 않은 욕망을 압도한다.

상황이 행위에 영향을 주는 일반 메커니즘이나 공통 메커니즘은 없다. 상황은 유대인을 구조해 달라는 면대면 요구에서부터 공중전화의 동전 반환구멍에서 25센트짜리 동전을 발견해서 기분이 좋아지는 일이나 길거리에 떨어진 서류 뭉치를 주워 담고 있는 낯선 사람(실제로는 실험 도우미)을 돕는 것 같은 가장 사소한 사건들에 이르기까지 다양하다. 이런 관찰에서 얻은 가장 중요한 교훈은 실제 생활이든 실험실 상황이든 **행위는 보통 그것을 조형하는 상황만큼만 안정적이라는 것이다.** 오랜 동료들과 편안하게 나누는 점심에서 사람들은 수다스러워지지만, 낯선 사람과 있을 때는 혀가 굳는다. 어떤 사람은 거지에게는 일관되게 적선하지만, 그 외에는 빈곤층에 대해서 전혀 생각하지 않는다. 어떤 사람들은 아무도 돕지 않는 상황에서는 변함이 없이 남을 돕지만, 다른 잠재적 원조자가 있으면 늘 수동적일 수도 있다. 어떤 사람은 아내에게 일관되게 공격적이고 신랄한 말을 하지만, 다른 사람들에게는 평정하고 관대할 수도 있다. 그의 아내 역시 같은 이중 행위를 할 수 있다. 그의 공격성이 그녀의 공격성을 촉발하고, 반대 과정도 역시 일어난다.[11] 배우자가 예컨대 직장 같은 곳에서 다른 성인과 상호행동하는 것을 거의 볼 수 없다면, 그들은 배우자가 자기가 있는 상황에서만 공격적인 것이 아니라 성격적으로 공격적이라고 믿을 것이다.

---

11 은유적으로 말해서, 그들은 '나쁜 심리적 균형' 속에 있다. 그러나 공격이 (게임이론적 평형 개념에서 요구되는 바와 같이) 공격에 대한 '최상의 반응'일 필요는 없다. 그것은 단지 심리적으로 이해 가능한 일일 뿐이다.

자동적으로 성향에 호소하기

마지막에 든 예를 더 살펴보면, 결혼생활 상담가들은 도움을 요청하는 배우자에게 하는 말투를 성격 언어에서 행위 언어로 교체해 볼 것을 자주 권한다(8장). 희망과 변화의 여지를 남기지 않는, "이 나쁜 놈아"라고 말하는 대신, "당신이 잘못했어"라고 말하려고 노력해 보라는 것이다. 뒤의 말은 문제가 되는 행위가 특정한 상황 요인에 의해 촉발되었을 가능성을 열어 둔다. 상담가가 이런 식으로 갈등을 재설정reframing하는 데 성공하지 못하는 (여러 이유 가운데) 한 이유는, 사람들이 행위에 대한 상황 기반situation-based 설명보다 성격 기반character-based 설명을 자동적으로 특권화하기 때문이다. 어떤 사람이 '동성애 권리' 운동에 헌신한다는 이야기를 듣게 되면, 우리는 그가 거절하기 어려운 **요청을 받았다**기보다, 그가 게이이거나 자유주의적이라고 가정한다. 취업 지원자를 면담할 때, 우리는 그가 하는 말이나 행동을 면담 상황이 가진 특수성보다는 우리가 (지나치게 자신감을 가지고) 그에게 귀속시킨 성향에 비추어 설명하는 경향이 있다. 언어 자체가 이런 성향주의적 편향을 반영한다. 행동에 적용하는 형용사('적대적인', '이기적인' 또는 '공격적인')는 행위자에게 적용될 수 있지만, 상황에 적용되는 식으로 행위를 특정하는 말은 거의 없다('어렵다' 정도가 예외이다).

　심리학자들은 성향주의적 설명의 부적절한 사용을 **근본적 귀인 오류**fundamental attribution error라고 부른다. 그것은 상황에 의해 유도된 행위를 행위자의 지속적 성격 특성에 의해 야기된 것으로 설명하는 것이다. 피험자에게 곤경에 처한 사람을 만난 신학과 학생의 행위를 예측해 보라고 하면, 그들은 타자를 도우려는 욕망에 기초한 종교를 가진 사람들은 선한 사마리아인으로 행동할 것이라고 (그릇되게) 생각한다. 그리고 바쁜지, 바쁘지 않은지는 전혀 상관없다고 (다시 한번 그릇되게) 생각한다. 다른 피험자가 본래 실험에 있는 상황적 요인이 빠진 조건에서도 전기 쇼크를 줄 것이라고 과잉 예측한다면, 그것은 그의 성향주의적인 설명에 대한 믿음을 드러내는 것이다. 일부 학생들이 카스트로에 우호적인 에세이를 쓴 이유가 교사의 지시 때문이고, 그렇다는 사실을 알고 있을 때도 다른 학생들은 그 에세이에 학생 자신의 친카스트로적 태도가 드러나 있다고 해석한다. 학생들에게 보수를 낮거나 높은 과제에 자원할 것을 요구하면, 보수에 따라 적거나 많은 수의 학생이 자원한다. 하지만, 관찰자는 모든 자원자가 비자원자보다는 무보수의 대의를 위해서 더 많이 자원봉사할 것으로 예측한다. 다시 말해, 관찰자는 자원적 행동을 상황의 보상 구조보다는 자원 성향에 귀속시키는 것이다.

어떤 사회의 사람들은 다른 사회 사람들보다 근본적 귀인 오류에 덜 빠진다. 실험이 보여 주는 바에 따르면, 미국인보다 아시아인들이 행위 설명에서 상황에 더 큰 중요성을 부여하고, 인격적 성향에 더 적은 중요성을 부여한다. 실제 삶에서도 이런 차이가 드러난다. 1991년에 실패한 중국인 물리학과 학생이 교수와 몇몇 동료 학생들을 총으로 쏘고 자살했다. 같은 해에 실직한 미국인 우체부가 그의 상관과 동료 노동자와 지나가는 사람들을 쏜 뒤 자살했다. 두 사건은 영어 신문과 중국어 신문에 널리 보도되었는데, 영어 신문은 그들을 일관되게 성향주의적 용어("장애가 있는"disturbed, "나쁜 기질"bad-temper, "정신적으로 불안정한")로 설명했고, 중국어 신문은 상황주의적 용어("쉽게 총을 구할 수 있는", "방금 실직한", "성공에 대한 압박에 희생된")로 설명했다. 다른 연구 결과도 이런 차이를 확증해 준다. 그러나 그것은 아시아인들의 행위를 생성하는 데 있어서 상황주의적 요인들이 실제로 더 큰 역할을 한다는 사실에 기인하는 면도 있다. 아시아인들은 성향주의적 편향을 극복하는 데 더 뛰어나다기보다 극복할 편향 자체가 적거나, 아니면 두 요인 모두가 작용한 것일 수도 있다.

근본적 귀인 오류를 극복하는 것은 해방적일 수 있다. 신입생 대부분이 처음엔 성적이 나쁘지만 나중엔 점점 좋아진다는 이야기를 들은 대학 신입생은, 그런 정보를 듣지 못한 학생보다 실제로 다음 해부터 약간 성적이 좋아진다. 그런 정보를 듣지 못한 학생들은, 그들의 성적이 나쁜 것이 대학 환경에 익숙하지 않고 집중이 잘 되지 않은 탓보다 능력이 모자란 탓으로 생각하기 십상이다. 더 잘할 수 있다고 믿지 않기 때문에, 더 열심히 해볼 동기가 부여되지 않는 것이다. 피억압 집단은 압제자의 본질주의 ── 여성, 흑인 또는 유대인들은 내재적으로 열등하다는 관념 ── 를 떨칠 때, 그들에게 채워진 족쇄도 더 쉽게 떨칠 수 있다.

근본적 귀인 오류는 뜨거운가, 차가운가? 동기화된 실수인가, 아니면 시각적 환영과 같은 성질의 것인가? 귀인 과정에 동기화가 개입하는 만큼, 성향을 과도하게 중시한 쪽으로만 일관되게 나갈 이유는 없다. 자기 위안적인 이유로 인해, 우리는 성공을 우리의 지속적 성격 특징에 귀인하고, 실패는 불운한 상황 탓으로 돌린다.[12] 프랑스 도덕주의자들을

---

12 그렇지만 때때로 우리는 우리의 실패를 우리의 품성에 귀속하는 쪽으로 동기화될 수 있다. 도박꾼이나 알코올 중독자는 중독행위를 지속하는 것을 변명하기 위해서 "나도 어쩔 수 없어"라고 자신에게 즐겁게 속삭일 수 있다. 9장에서 언급했듯이, 학생들은 실제로는 숙제를 하고 싶지 않

믿어도 좋다면, 우리는 틀림없이 타자의 성공을 그들의 행운 덕으로 돌리고, 실패는 그들의 성향 탓으로 돌릴 것이다.[13] 인지적인 면에서 보면, 상황보다 인물을 선호하는 경향은 부동의 배경보다는 동적인 전경에 주목하는 더 일반적 경향의 한 예일 수 있다. 따라서 아시아 문화가 그렇듯이 전경과 후경에 더 골고루 주목하는 문화에서는, 이런 오류가 그렇게 빈번하지 않다.

인물의 복권(The Rehabilitation of the Person)

내가 서술한 연구 결과들은 인성 연구에서 '조야한 본질주의'라고 불리는 것을 침식한다. 사람들이 전반적으로 공격적이다, 참을성이 없다, 외향적이다, 수다스럽다는 말이 틀린 것만은 아니다. 또한, 여러 연구 결과가 함축하는 바는, 상황이 행위를 설명하는 데 전능하다는 것도 아니다. 그보다는 '단일한' 성격"the" character을 우연적인 반응 경향의 집합으로 분해해야 한다는 것이다. 어떤 인물을 이타적이라고 규정하는 대신에, 그를 "요구가 있으면 돕지만, 자발적으로 돕지는 않는다"는 문구 또는 "스트레스가 없는 상황에서는 돕지만, 스트레스 상황에서는 남을 돕는 데 소홀하다"는 문구로 서술할 수 있을 것이다. 이런 각각의 문구는 어떤 인물의 한 측면을 특징지으며, 그렇게 함으로써 좀 더 섬세한 형태의

을 뿐이면서도 할 수 없다고 주장할 수 있다.

13 그렇지만 때때로 우리는 다른 사람들의 성공을 그들의 성격적 결함에 귀속하는 쪽으로 동기화될 수 있다. 반유대주의가 기대는 신화에 따르면, 유대인이 성공하는 것은 남보다 앞설 수 있는 수단이라면 가리지 않고 채택하는 부도덕한 성격 덕분이다.

본질주의를 작성해 간다. 어떤 인물이 집 주변을 전혀 청소하지 않는 것 때문에 배우자를 비난할 수 있다("이 게으른 인간아"). 또는 요청하지 않으면 절대 청소하지 않는다고 비난할 수도 있다("왜 이렇게 아무 생각이 없냐"). 후자의 경우, 다른 문제 예컨대 자녀의 건강을 챙기는 것 같은 문제에서는 배우자가 반응적이지 않고 주도적일 수도 있다. 반응성이 일률적 특징은 아닌 셈이다.

이런 관점에서는, 상황과 행위 경향성 사이의 인물 특수적 관계를 개별 상황에 더한 것에 근거해서 행위 설명이 이뤄진다. 어떤 인물은 그가 권력을 휘두를 수 있는 사람들에게는 아주 공격적이지만, 그에게 권력을 행사할 수 있는 사람에게는 놀라울 정도로 친절할 수 있다. 반면에 어떤 사람은 반대 패턴을 보여 줄 수 있다. 이 두 사람이 서로 친절하게 대하는 것을 관찰하게 되면, 우리는 둘 다 친절한 성향이라는 결론에 끌릴 수 있다. 그러나 지금까지의 논의로 분명해졌듯이, 행위의 유사성은 상황의 차이와 반응 우연성의 차이가 정확하게 서로 상쇄한 때문일 수도 있다.

참고문헌

'인격의 통일성을 과대평가하는 경향'은 G. Ichheiser의 "Misunder-standings in human relations: a study in false social perception", *American Journal of Sociology* 55 (1949), Supplement에서 명료하게 논의되었다. '인물'을 강조하지 않는 최근 저작은 W. Mischel, *Personality and Assessment* (New York : Wiley, 1968)에서 비롯된

다. 이 글의 해석은 L. Ross와 R. Nisbett, *The Person and Situation* (Philadelphia: Temple University Press, 1991) 그리고 J. Doris, *Lack of Character* (Cambridge University Press, 2002)에 크게 의존하고 있다. 히틀러에 대한 조지 랜스베리^{George Lansbury}의 논평은 그의 저 서 *The Quest for Peace* (London: Michael Joseph, 1938), p. 141에 있 다. 베트남 공산주의 조직가와 이탈리아 마피아에 대한 언급은 각각 S. Popkin, *The Rational Peasant* (Berkeley: University of California Press, 1979)와 D. Gambetta, "Trust's odd ways", in J. Elster et al. (eds.), *Understanding Choice, Explaining Behavior: Essays in Honour of Ole-Jørgen Skog* (Oslo: Academic Press, 2006)에 있다. 개입의 영향 에 대한 언급은 J. R. Harris, *No Two Alike* (New York : Norton, 2006)에 서 발췌했다. 전기 충격을 가하려는 의향은 S. Milgram, *Obedience to Authority* (New York : Harper, 1983)의 고전적 연구에 설명되어 있다. 그의 설명에 대한 유용한 관점은 G. Perry, *Behind the Shock Machine* (New York: The New Press, 2012)이다. 두 음악가에 관한 정보는 R. Russell, *Bird Lives: High Life and Hard Times of Charlie (Yardbird) Parker* (New York: Charterhouse, 1973)와 M. Dregni, *Django: The Life and Music of a Gypsy Legend* (Oxford University Press, 2004)를 보라. 함순의 진술은 G. Langfeldt and Ødegård, *Den rettspsykiatriske erklringen om Knut Hamsun* (Oslo: Gyldendal, 1978), p. 82를 번 역한 것이다. 행위를 '지표'로 사용하는 고대의 관행은 P. Veyne, *Le pain et le cirque* (Paris : Seuil, 1976), p. 114와 p. 773 그리고 역시 그 의 "Pourquoi veut-on qu'un prince ait des vertus privées?", *Social*

Science Information 37 (1998), pp. 407~415를 참조하라. 유태인 구출 의향에 대한 '성격학적' 설명은 K. Monroe, M. C. Barton, and U. Klingemann, "Altruism and the theory of rational action: rescuers of Jews in Nazi Europe", *Ethics* 101 (1990), pp. 103~122에서 주장된다. '상황주의적' 설명은 F. Varese and M. Yaish, "The importance of being asked: the rescue of Jews in Nazi Europe", *Rationality and Society* 12 (2000), pp. 307~324에서 논증된다. 행동을 통해 성향을 추론하는 경향에 대한 회의주의적 논급은 J. L. Hilton, S. Fein, and D. Miller, "Suspicion and dispositional inference", *Personality and Social Psychology Bulletin* 19 (1993), pp. 501~512에 있다. 미국인과 아시아인의 대조는 R. Nisbett, *The Geography of Thought* (New York: Free Press, 2004)에 요약되어 있다. 내가 '인물의 복권'이라고 부르는 것은 W. Mischel, "Towards an integrative science of the person", *Annual Review of Psychology* 55 (2004), pp. 1~22에서 논증된다.

13장_ 합리적 선택

합리적 행동의 구조

이 장과 18장에서 나는, 무엇이든 가능한 한 목표를 실현하기 위해서는 어떻게 행위해야 하는지에 관한 몇 가지 규범적 원리를 이야기할 것이다. 사회적 행위자들이 그런 원리를 준수한다고 가정하면, 그것이 설명력도 가질 수 있다. 14장과 19장에서 나는 이런 가정을 경험적 관찰과 대조할 것이며, 그럼으로써 그것이 부분적으로는 근거가 취약하다는 것을 보여 줄 것이다.

합리적 선택 이론가들은 행위자가 합리적이라는 앙상한 전제에 근거해 행위를 설명하고자 한다. 이런 가정은 행위자가 합리적 믿음을 형성한다는 가설을 포함한다. 그 믿음에는 그들이 얻을 수 있는 선택지에 대한 믿음도 포함된다. 따라서 행위의 결정요인들을 주관적(욕망)이나 객관적(기회)으로 분류할 필요는 없다. 합리적 선택 이론은 철저하게 주관적이다.

그림 13.1

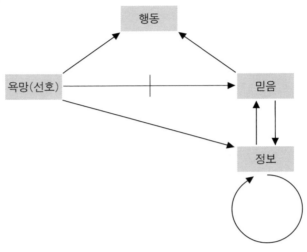

합리적 선택 설명의 구조는 그림 13.1에 제시되어 있다. 이 도식에 의하면, 한 행동은 세 가지 **최적성 요구**를 충족할 때 합리적이다. 즉, 행동은 주어진 믿음 아래서 최적이어야 하고, 믿음은 주어진 증거에 의해 가능한 한 잘 뒷받침되어야 하며, 증거는 정보수집에 최적의 투자를 거쳐 얻어진 것이어야만 한다. 그림 13.1에서 화살표는 이중적으로, 즉 최적성뿐 아니라 인과성과 관련해서 해석된다. 예를 들어 행동을 합리적이게 하는 욕망과 믿음은 행동의 원인이기도 해야 한다. 요행히 옳은 일을 한 것으로는 충분치 않다. 어떤 믿음이 서로 정확히 상쇄되는 두 가지 상반된 편향적 과정의 결과물이라면, 그 역시 합리적이지 않다. 예를 들어 비흡연자와 마찬가지로 흡연자도 흡연의 위해를 실제보다 더 큰 것으로 정보 처리할 수 있다. 동시에 흡연자는 위험을 할인해 주는 자기 위안적 편향에 빠진다. 결과적으로 그들이 편향 없는 관찰자들이 가진 것과 같은 믿음을 형성할 수도 있다. 그렇다고 해서 그들이 합리적이라고 할 수는 없다.[1] 사회과학에서 합리성에 대한 가장 영향력 있는 논의 가운데 하나를 막스 베버가 다음과 같이 썼을 때, 그는 '결과물의 최적성'으로부터 '과정의 합리성'을 추론하는 실수를 저질렀다.

> 유형론적인 과학적 분석이라는 목적을 위해 모든 비합리적이고 감정적으로 결정된 행위 요소들을 개념적 순수 유형인 합리적 행동으로부터의 편차 요인으로 다루는 것이 편리하다. 예를 들어 주식 시장에서의 공황심리는 다음과 같은 것을 먼저 결정해 봄으로써 분석하는 것이 가장 편리하다. 즉 주식 시장이 비합리적인 감정에 의해서 영향을 받지 않았다면, 어떤 행동 경로를 따랐을까를 결정하는 것이다. 그럴 때 이 가설적 경로로부터의 관찰된 이탈을 설명하기 위해서 비합리적 요인을 도입할 수 있다. 정치적 또는 군사적 캠페인에 대해서도 이와 유사하게 참여자들의 목표와 모든 상황에 대한 적절한 지식이라는 조건 아래서 합리적 경로가 무엇일지 먼저 정하는 것이 편리하다. **오직 이런 식으로만** 비합리적 요소의 인과적 의미가 이런 유형으로부터의 이탈을 설명하는 데 있다고 평가할 수 있다.

베버가 생각했듯이, 합리적 행동 경로로부터의 이탈이 비합리성이 작동하기 위한 충분조건이라는 것은 옳지만, (내가 강조 표시한 구절에서 보듯이) 그가 그것을 필요조건이라고 주장한 것은 오류이다. 유사한 실수가 본능적 공포 반응이 합리적이라는 주장에서도 나타난다. 그런 반응에 대해 할 수 있는 모든 말은 그것이 **적응적**이라는 것이다. 내가 길에

---

1 사실상 흡연자의 두 번째 편향이 첫 번째 편향을 완벽하게 보충하지는 않는다.

서 뱀인 듯도 하고 막대기인 듯도 한 물체를 보았을 때, 정보를 더 수집
하지 않고 즉시 도망치는 것은 합당한 일이다. 인간은 사실 그렇게 하도
록 고정 배선되어hard-wired 있는 듯하다. 이런 도피행위는 엄격한 의미에
서 합리적이지 않다. 합리적 의사결정 장치에 의해 산출되지 않았기 때
문이다. 그러나 그 상황에 그 장치가 적용되었다면 산출했을 것과 똑같
은 행위라는 의미에서 도피행위는 합리성을 흉내 낸다. 정보수집의 기
회비용(14장)이 높을 때, 합리적 행위자는 정보를 많이 수집하지 않을
것이다. 그러나 도피 경향은 대체로 그런 계산에서 비롯된 것이기보다
그런 계산에 우선한다.[2]

선호와 서수적 효용

더 상세히 말하자면, 첫 번째 최적성 요구는 획득 가능한 선택지와 그것
의 귀결에 대한 믿음이 주어져 있는 상태에서 행동이 행위자의 욕망을
충족시키는 최선의 수단이어야 한다는 것이다. '가장 좋음'이 무엇인지
는 '더 좋음' 또는 선호와 관련해서 정의된다. 최선은 행위자가 판단컨
대 어떤 것도 그보다 더 좋지 않은 것이다. 이때 욕망이 이기적이라는 함
의는 전혀 없다. 합리성과 이기주의 사이의 혼동은 일부 합리적 선택 이
론가들의 논의 관행으로 촉진되긴 했지만, 아무튼 조잡한 오류이다. 최
소한 일시적인 선호 변화를 배제하려는 것일 때도, 욕망이 안정적이어
야 한다는 요구를 내걸 필요는 없다. 다른 상황에서라면 A보다 B를 선

---

2 쥐의 경우, 생각 없는 반응과 성찰적 반응 사이의 틈새는 약 1/100초이다.

호할 테지만, 지금 감정이나 약물의 영향으로 B보다 A를 선호하는 행위자가 A를 선택하는 것은 합리적 행동이다. 논점이 되는 하나의 사례는 행위자가 현재 선택이 가져올 미래의 귀결에 할당한 가중치가 그런 영향의 결과로 약해질 때 일어난다(6장을 보라).

순조로운 이륙을 위해서는 분석자가 '최선' 관념을 잘 정의해야만 한다. 세부사항을 제외하면, 두 가지 조건이 그것을 보장한다. 첫째, 선호가 이행적*transitive*이어야 한다. A, B, 그리고 C라는 세 가지 선택지가 있다고 가정해 보자. 어떤 사람이 A가 최소한 B만큼 좋고, B가 최소한 C만큼 좋다면, A가 최소한 C만큼 좋다고 생각해야 한다. 이행성이 작동하지 않으면, 예컨대 B보다 A가 좋고, C보다 B가 좋은데, A보다 C가 좋다면, 그는 '최선의' 선택지를 가질 수 없다. 더 나아가서, 누군가 이런 사실을 이용해서, 일정 액수의 돈을 대가로 덜 선호되는 것에서 더 선호되는 것으로의 이동을 제안할 수도 있다. 선호순환 때문에 이런 작동은 무한히 반복될 수 있으며, 그 결과 어떤 사람을 일련의 단계적 개선을 거쳐 파산하게 만들 수 있다.[3]

이런 상황은 행위자가 '셀 수 있는 측면'에서 선택지에 등급을 매길 때 생길 수 있다. 내가 한 사과를 다른 사과보다 선호하는데, 그 이유가 가격, 맛, 신선도라는 세 가지 측면 가운데 최소한 두 측면에서 그 사과가 더 낫기 때문이라고 가정해 보자. 사과 A가 사과 B보다 가격과 맛 측면에서 앞서고, 사과 B가 사과 C보다 가격과 신선도 면에서 앞서고, 사

---

3 미래를 쌍곡선형으로 할인하는 행위자는 이런 식의 덫에 걸릴 수 있다. '스스로를 죽음에 이르게 하는 개선'의 또 다른 방식은 9장을 보라.

과 C가 사과 A보다 맛과 신선도 면에서 앞선다면, 타당성은 깨진다. 이런 가능성은 개인의 선택에서는 상대적으로 덜 중요하다. 개인 선택의 경우 그것은 경험칙의 실패를 반영할 뿐이다. 그러나 우리가 보겠지만 (24장), 집합적 선택에서 그것에 더 큰 의의가 있다.

무차별성이 이행적이지 못하면, 또 다른 문제가 생긴다. 각각의 켤레 내에서 차이가 눈에 띄지 않을 정도로 작을 경우, 나는 A와 B 사이에 무차별적이고, B와 C 사이에 무차별적이지만, A와 C 사이에는 감지할 수 있는 차이가 있어서, A보다 C를 선호할 수 있다. 그렇다면 '최선인' 선택지 C가 있는 것이다. 그러나 행위자에게 —— C를 B와 바꾸고, B를 A와 바꾸라는 식의 —— 일련의 제안을 할 수 있다. 그럴 때 행위자는 제안을 거절할 이유가 없고 따라서 쉽게 수용할 수 있는데, 그렇게 해서 행위자가 더 나빠질 가능성이 여전히 있는 것이다. 비이행적 선호를 가진 행위자를 비합리적이라고 부르는 것을 정당화하는 것은 '최선의' 선택지의 결여가 아니라 그가 자신을 더 나쁘게 할 제안을 수용할 수도 있다는 사실이다.

'최선'이라는 관념이 언제나 의미가 있으려면, 선호가 **완전한**complete 것을 요구해야만 한다. 어떤 두 가지 결과물에 대해서든 행위자는 둘째보다 첫째를 선호하는지, 첫째보다 둘째를 선호하는지, 둘 사이에 무차별적인지 말할 수 있어야만 한다. 그가 만일 이 셋 가운데 하나의 반응을 할 수 없다면, 그는 어떤 선택지가 최선인지 결정할 수 없다. 나는 이 장의 끝에서 불완전성에 대해 좀 더 논의할 것이다. 여기서는 다만 이행성의 결핍과 달리 완전성의 결핍은 전혀 실패가 아니라는 점을 지적하고 싶다. 내가 두 아이 가운데 아이스크림을 더 좋아하는 아이에게 그것을 주고 싶다고 해보자. 내가 두 선택지 가운데 어느 하나를 선호하기 위해서는, 아이스크림을 받았을 때 **그들의** 선호 만족 수준을 비교할 수 있어야 한다. 그러나 그것이 불가능한 과제일 때가 많다. 그것을 수행하지 못하는 것은 내가 더 잘할 수 있었지만, 삶의 그러함을 반영한다는 의미에서 실패가 아니다.

여러 가지 목적에 비추어 볼 때, 선호의 이행성과 완전성은 우리가 합리적 행위를 확인하는 데 필요한 모든 것이다. 그러나 선호를 선택지에 할당된 **효용 값**으로 불리곤 하는 숫자로 재현하는 것이 편리할 때가 많다. 이런 가능성을 확보하려면, 선호에 **연속성**^{continuity}이라는 추가 조건을 부과해야 한다. A_1 A_2 A_3 ···로 연속되는 선택지들이 B보다 선호되고 A_1 A_2 A_3 ···진행 과정이 A로 수렴한다면, A는 B보다 선호되어야 한다. 만일 진행 과정 속 각각의 선택지들보다 B가 선호된다면, A보다 B가 선호되어야 한다. 반례로는 '사전辭典식 선호'가 있다. $A_1 > A_2$이거나 ($A_1 = A_2$이고 $B_1 > B_2$)이라면 그리고 그런 한에서$^{if and only if}$ 일정 수량의 상품 A와 B의 묶음 (A_1, B_1)은 또 다른 상품 묶음 (A_2, B_2)보다 선호될 것이다. 이런 선호 등급 속에서 $(1, 2)$가 $(1, 1)$보다 선호되는데, $(1.1, 1)$, $(1.01, 1)$, $(1.001, 1)$, ··· 모두는 $(1, 2)$보다 선호된다. 느슨하게 말해서, 묶음의 첫 번째 성분이 두 번째보다 비할 데 없이 중요한 것이다. 왜냐하면, 상품 B의 추가된 양이 얼마가 되든, 상품 A의 가장 작은 양조차 상쇄할 수 없기 때문이다.[4] 또는 더 간단하게 말하면, 어떤 맞교환도 가

---

4 따라서 비교 불가능성이라는 직관적 개념은 불완전 선호 또는 불연속적 선호라는 두 가지 뚜렷이 다른 방식으로 해명될 수 있다.

능하지 않은 것이다. 따라서 이런 선호들은 무차별 곡선에 의해서 재현될 수 없다. 그러나 일상적인 소비재에 대해서는 사전식 선호가 있다 해도 아주 드문 반면, 정치적 선택에서는 중요한 문제가 되기도 한다. 낙태 문제에 있어서, 만약 그리고 그런 한에서[if and only if] 후보 A가 강한 반대론자라면, **또는** 이 문제에 대해서는 입장이 같지만 후보 B보다 후보 A가 더 많은 세금인하를 제안한다면, 투표자는 B보다 A를 선호할 수 있다. 그런 투표자에게 생명의 '신성한 가치'는 화폐의 세속적 가치와 맞교환될 수 없다.

　행위자의 선호가 완전하고, 이행적이고, 연속적이면, 우리는 그것을 연속 효용함수 u로 재현할 수 있다. 즉 각각의 선택지 (A)에 대해 u(A)라는 수를 할당할 수 있다. 합리적 행위자가 실행 가능한 선택지 가운데 최선을 선택했다고 말하는 대신, 우리는 행위자가 **효용을 최대화한다**고 말할 수 있을 것이다. 이 문장에서 "효용"은 어떤 속성을 가진 선호를 나타내는 단순한 약칭이다. 이 점을 보여 주기 위해서, 함수 u가 선호 질서를 재현하기 위해서 충족해야 할 단 하나의 요구조건이 u(A)>u(B)라면 그리고 그런 한에서만 A가 B보다 선호된다는 것임을 언급해 둔다. u가 언제나 양의 값이라면, v=u²도 같은 선호 순서를 재현할 수 있다. 이것은 v가 u보다 큰 수를 할당하거나, (u<1인 경우) u보다 더 작은 수를 할당할 때도 그렇다. 절댓값은 의미 없다. 상댓값 또는 **서수적 값**만을 가질 뿐이다. 그러므로 '효용 최대화'라는 관념은, 행위자가 어떤 심적 '물건'을 가능한 한 많이 얻으려고 한다는 것을 함축하지는 않는다. 그러나 그것은 사전식 선호가 체현하는 종류의 가치 위계를 배제한다. 사전식 선호는 사실 효용함수에 의해서 재현될 수 없다.

기수적 효용과 위험 태도(Risk Attitudes)

때로 행위자는 위험한^{risky} 선택지, 확률은 알고 있지만 가능한 결과물이 하나 이상인 선택들에 직면한다. 합리적 행위자는 가장 큰 기대 효용 $^{expected\ utility}$을 가진 선택지를 택할 것임을 직관적으로 알 수 있다. 즉 각각의 결과물의 효용과 발생 확률을 함께 고려한다. 그는 먼저 선택지 각각에 따른 귀결의 효용에 확률에 근거한 가중치를 부여하고, 가중치가 부여된 모든 효용을 더할 것이다. 그런 다음 합이 최대인 선택지를 택할 것이다.

하지만 서수적 효용으로는 이런 관념을 상세히 풀어낼 수 없다. A와 B, 두 선택지가 있다고 가정해 보자. A는 O_1 또는 O_2를 각기 1/2과 1/2의 확률로 산출할 수 있고, B는 O_3 또는 O_4를 각기 1/2과 1/2의 확률로 산출할 수 있다. 이제 O_1, O_2, O_3, O_4에 대해 각각 3, 4, 1, 5라는 값을 할당하는 효용함수 u를 가정해 보자. A의 '서수적 기대효용'은 3.5이고, B는 3이다. 대신 우리가 함수 $v = u^2$를 사용한다면, 값은 12.5와 13이 된다. 두 함수는 모두 선호를 재현한다. 그러나 그것들이 '최선'으로 식별하는 선택지는 서로 다르다. 분명히 이런 접근은 쓸모가 없다.

약간 개념적 비용을 치른다면 더 잘하는 것이 가능하다. 존 폰 노이만$^{John\ von\ Neumann}$과 오스카 모겐스턴$^{Oskar\ Morgenstern}$이 수립한 접근은 기수적이어서 단순히 서수적이지 않은 의미를 지닌 효용값을 선택지에 할당할 수 있다. 기수값 할당의 한 예는 온도이다. 온도를 섭씨로 측정할지 화씨로 측정할지는 "파리의 평균 기온은 뉴욕의 평균 기온보다 높다"는 진술에 영향을 주지 않는다. (온도가 서수적으로 측정된다면, 이 진술은 의미가 없을 것이다.) 이와 대조적으로 "파리가 뉴욕보다 2배 덥다"는 진술의 진리값은 척도 선택에 의존한다. 이런 강도에 대한 특수한 진술의 진리값은 척도에 영향을 받는다. 하지만 다른 것은 그렇지 않다. 예를 들어 "파리와 뉴욕의 기온 차이는 파리와 오슬로의 차이보다 크다" 같은 진술의 진리값은 척도 선택에 의존하지 않는다. 이와 비슷하게 우리는 선호 강도를 반영하지만, 단순히 선택지의 서수적 등급화는 반영하지 않는 기수적 효용 측정을 구성할 수 있다. 그것에 의해서 우리는 x에서 (x+1)까지 나아가는 효용 이득(또는 손실)을 (x+1)에서 (x+2)로 가는 효용 이득(또는 손실)과 비교할 수 있다. 즉 한계 효용 — 서수적 효용 측정에서는 의미 없는 개념이지만 — 체증 또는 체감에 대해서 말할 수 있다.

기수적 효용 측정법 구성의 기술적 세부는 우리의 관심이 아니다. 그것의 기본 관념은 단순하고 그것만으로 현재 목적에 충분하다. 우리는 행위자가 선택지에 대해서뿐 아니라 선택지의 **제비뽑기**(기본 선택지를 확실히 뽑을 수 있게 구성된 '열성劣性 제비뽑기'degenerate lottery를 포함해서)에 대한 선호도 가지고 있다는 가정에서 출발한다. 기본 선택지 집합이나 '경품'prizes의 집합이 어떤 것이든, 제비뽑기는 각각의 경품에 대해 그것을 획득할 확률을 정하며, 그 확률의 총합은 1이 된다. 행위자는 그런 제비뽑기에 대해 완전하고 이행적인 선호를 가진 것으로 가정된다. 선호는 또한 '독립성 공리'를 준수한다고 가정된다. 즉, p와 q, 두 제비뽑기가 제3의 제비뽑기 r과 결합해 있어도 결합된 방식이 같다면, p와 q 둘 사이의 선호는 영향을 받지 않는다. 그러나 7장에서 인용되었고 14장에서 더 논의될 '확실성 효과'는 이 공리를 위반한다.

마지막으로 선호는 다음과 같이 정의되는 연속성 형태를 드러낼 것으로 가정된다. 기본 선택지가 최선의 요소 A와 최악의 요소 B를 포함한다고 가정해 보자. 우리는 그것들에 자의적으로 효용값을 1과 0을 부여한다. 연속성은 어떤 중간 선택지 C에 대해서도 확률 p(C)가 존재한다는 것을 의미한다. 이 확률 p(C)는 확실하게 C를 얻는 것과 확률 p(C)로 A를 주거나 1-p(C)의 확률로 B를 줄 제비뽑기에 참여하는 것에 대해 행위자가 무차별적이게 만들어 준다.[5] 그럴 때 우리는 **기수적 효용** u(C)를 p(C)와 동치라고 정의한다. 이 수는 확실히 자의적이다. 왜냐하면, 종점 효용이 자의적이기 때문이다. 효용 수 M과 N을 각각 A와 B에 할당해 보자(M>N). 그럴 때 우리는 C의 효용을 다음과 같은 제비뽑기의 기대효용으로 정의할 수 있다.

$$pM + (1-p)N = Mp + N - Np = (M-N)p + N$$

이런 식으로 발생하는 효용함수 클래스는 서수적 효용함수 클래스보다 훨씬 작다.[6] 하나의 함수에 따라 선택지 X가 Y보다 훨씬 큰 기대효용을 갖는다면, 다른 어떤 함수를 따를 때도 더 큰 기대효용을 가질 수 있다는 것을 쉽게 알 수 있다. 따라서 우리는 모호성 없이 합리적 행위자는 기대효용을 최대화한다고 주장할 수 있다.

기수적 효용함수는 **확률적으로 선형적**_linear in probability_이라는 중요한

---

5 이 확률을 **식별하는** 것은 2부 서론에서 인용한 정박 문제를 야기한다.
6 어떤 것이든 이런 두 가지 함수의 관계는 사실 물의 비등 및 동결 온도에 (본문의 M 및 N에 상응하는) 상이한 값을 할당하는 섭씨 척도와 화씨 척도의 관계와 마찬가지이다.

속성을 갖는다. X를 얻을 확률 p와 Y를 얻을 확률 1-p를 제공하는 제비뽑기를 XpY로 표기해 보자. 1~0의 종점 척도를 사용할 경우, 효용 u(X)는 행위자가 X와 AqB의 제비뽑기 양자에 대해 무차별적일 확률 q와 같다. 마찬가지로 u(Y)는 Y와 ArB의 제비뽑기 양자에 대해 행위자가 무차별적일 확률 r과 같다. 따라서 XpY는 확률 q로 A를 얻을 기회 p와 확률 r로 A를 얻을 기회 1-p에 등가인 효용을 제안한다. 그러므로 XpY의 효용은 pq+r(1-p)이다. 그것은 p 곱하기 X의 효용 더하기 (1-p) 곱하기 Y의 효용과 같다. 예를 들어 X를 얻을 기회 3/5과 Y를 얻을 기회 2/5의 확률적 조합은 3/5q+2/5r이다.

어떤 사람은 다음과 같이 반박할 수도 있다. 농부가 두 곡물 가운데서 하나를 선택한다고 가정해 보자. 전통 품종은 날씨에 따라 수확량이 좋을 가능성과 평균적일 가능성이 비슷하고, 현대 품종은 날씨에 따라 수확량이 아주 뛰어날 가능성과 형편없을 가능성이 비슷하다. 전통 품종에 대한 기수적 선호는 3 또는 2이고, 현대 품종에 대해서는 5 또는 1이라고 해보자. 신품종의 기대효용이 높기 때문에, 농부는 그것을 택하는 것이 마땅하다. 그러나 ─ 반론을 제기하자면 ─ 그것은 농부가 위험 회피적이고, 1처럼 낮은 수준의 효용의 가능성이 있는 선택지를 받아들이려 하지 않는다는 것을 무시하는 것 아닌가? 이런 반론은 위험 회피가 이미 기수적 효용 구성에 포함되어 있다는 점에서 이중 계산을 하는 것이다. A, B, C가 각각 100, 0, 60이라는 가치를 취한다고 가정할 때, u(C)가 위험 회피적인 인물에게는 0.75일 수도 있다. 이것은 그가 60을 확실히 얻는 것 그리고 아무것도 얻지 못할 확률 25%와 100을 얻을 확률 75%를 가진 제비뽑기 사이에서 무차별적이라는 것을 뜻한다. 유

그림 13.2

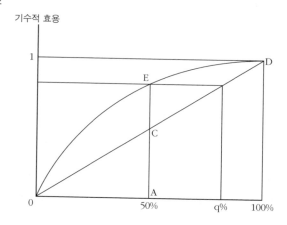

사한 논증이 농작물의 물리적인 양에 서수적 효용 가치를 할당하는 것에 적용된다.

또 다른 예로 양육권 배분을 살펴보자(그림 13.2를 보라). 수평축은 두 가지 방식으로 이해될 수 있다. 양육권의 물리적 배분(아이와 보낼 수 있는 시간의 비율) 또는 확률적 분할(법정에서 완전 양육권을 얻을 기회)이 그것이다. 동일 시간 배분의 기수적 효용은 AE이다. 그것은 50% 확률의 완전 양육권의 효용인 AC보다 크다. (여기서 우리는 기수적 효용은 확률에 대해 선형적이라는 사실에 호소한다.) 그 이유는 이런 상황에 부닥친 사람들 대부분이 위험 회피성을 드러내기 때문이다. 사람들은 아이를 전혀 볼 수 없을지 모를 확률 50%를 견딜 수 없기 때문에, 공동양육권을 수용한다. 한쪽 부모가 단독 양육권을 가질 확률이 q%보다 크다고 믿을 때만, 공동양육권보다 소송을 선호할 수 있다. 양육권 소송이 상당히 많다면, 그것은 부모들이 위험 선호자들risk lovers이어서가 아니라 희망 사고 때문에 단독 양육권을 얻을 기회를 과장해서 생각하기 때문이다.

위험 회피와 한계 효용 체감

앞의 논증은 정확하지만, 오도의 위험도 있다. 일부 문헌들은 위험 회피와 한계 효용 감소 사이의 구별을 흐리는 경향을 보인다. 이런 점을 밝히기 위해 측정 문제까지 (그렇게 멀리까지) 나아가지는 않더라도, 직관적으로 의미 있는 개념을 도입할 필요가 있다. 재화의 **내재적 효용***intrinsic utility*이라는 관념이 그것이다. 그것은 행위자의 선호 강도를 반영한다. 내성內省이 우리에게 강력히 말해 주는 바는, 어떤 재화나 경험은 엄청나게 신나지만, 어떤 재화는 그냥 만족스럽고, 또 어떤 재화는 약간 실망스럽고, 또 다른 재화는 지독하게 끔찍하다는 것이다. 이들 사이의 차이를 서수적 선호로만 재현하는 것 ─ "나는 사과 세 개보다 네 개를 선호하듯이, 지옥보다 천국을 선호한다" ─ 은 분명 복지나 효용에 대한 매우 빈약한 관념에 갇힌 것이다. 서로 다른 개인들의 만족 수준을 양화하고 비교할 수 없다는 것이 복지의 상호인격적인 비교 관념이 무의미하다는 것을 보여 주는 것이 아니듯이, 만족이나 불만족의 내재적 수준에 숫자를 할당할 믿을 만한 방법이 없다고 해서 그 관념이 의미 없다는 것이 입증된 것은 아니다.

많은 재화가 한계 효용 체감적이라는 생각은 이런 관점에서 이해될 수 있다. 가난한 사람에게 첫 1달러는 큰 효용이 있다. 그러나 추가되는 달러 각각은 주관적으로 가치가 더 작다. 모든 흡연자는 안다. 아침의 첫 담배가 최고라는 것을. 따라서 페이스를 조절해서 너무 자주 담배를 피우지 않는다면, 각각의 담배를 더 즐길 수 있다. 흡연에는 사실 두 가지 효과가 있다. 현재의 향유를 산출하기와 미래 담배의 향유를 감축하

그림 13.3

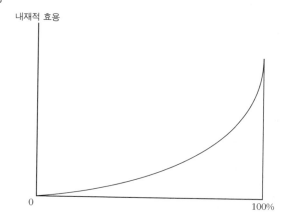

기가 그것이다.

그러나 두 번째 효과가 부정적인 것만은 아니다. 다시 한번 양육권 사례를 살펴보자. 부모에게 아이와 2주마다 한 번씩 주말 오후 시간을 함께 보내는 것은 만족보다 좌절을 줄 수 있다. 매 주말 한 번의 오후는 두 배 이상 만족스럽다. 왜냐하면, 더 빈번한 만남은 감정적 유대를 더 강하게 해줄 것이고, 더 강한 감정적 유대는 만남 각각을 더 만족스럽게 해주기 때문이다. 시간 스펙트럼의 다른 극단에는 일주일에 6일보다 7일 아이와 함께 있는 것이 주는 추가적 만족은 5일보다 6일 함께 있을 때의 추가적 만족을 능가한다. 왜냐하면, 단독 양육권은 무제한적 계획수립이라는 혜택을 주기 때문이다. 아이와 함께 있는 것은 사실 그림 13.3에서 보듯이 한계 (내재적) 효용 체증이 있다.

여기서 수평 축은 아이와 보낸 시간의 비율로 해석된다. 방금 제시한 이유 때문에, 각각의 추가 시간은 그 이전 시간보다 더 가치 있다. 이런 진술은 그림 13.2의 기저에 있는 분석과 완전히 양립가능하다. 아이와 보낸 시간의 한계 효용은 효용이 기수적인 것으로 이해되는 한에서 체감적이지만, 내재적 효용으로 이해되면 체증적이다. 이 진술의 앞부분만 측정 가능한 해석이 가능하다는 사실이 뒷부분은 무의미하다는 것을 함축하는 것은 아니다.

기수적 효용함수는 언제나 두 가지 기저 심리 요인, 즉 위험 태도와 내재적 가치에 의해서 생성되지만, 이 둘은 분리해서 측정될 수 없다. 엄격히 말해서 그림 13.2의 OED 곡선이 아이와 보내는 시간의 내재적 한계 효용 체감에 결부된 위험 중립성에서 도출된 것인지 아니면 아이와 보내는 시간의 내재적 한계 효용 체증에 결부된 위험 회피에서 도출된 것인지 알 수 없다. 주어진 사례에서 이런저런 해석 가운데 어떤 것이 더 설득력 있는지는 직관적으로 알 수 있다. 어떤 부모들에게는 아이와 보낸 시간이 상당수 조부모의 경험, 즉 짧으면 좋지만, 금세 지치는 체험과 유사할 수 있다. 동시에 이런 부모들은 아이와 어떤 시간도 보내지 못하게 될 위험에 대해 그렇게 걱정하지 않는다(위험 중립성). 다른 부모들은 기수적 효용함수로는 똑같이 표현되지만, 위의 두 가지 측면 모두에서 다르다. 반복하자면 또는 재반복하자면, 이런 진술들은 (그렇게까지) 엄격할 수 없다. 그러나 의미는 자명하다.[7]

---

7 그러므로 온도계와의 유추는 부분적으로만 타당하다. 이 척도는 온도의 강도만 측정한다. 기수적 효용함수는 선호 강도와 위험 태도의 결합 결과를 측정한다.

합리적 믿음

이것이 합리적 선택의 첫 번째 구성요소, 즉 주어진 믿음하에서 자신의 욕망을 실현할 최선의 수단을 선택하기에 대한 결론이다. 분명히 이것은 합리성의 필요조건일 뿐, 충분조건은 아니다. 내가 이웃을 죽이길 원하고, 누군가를 죽이는 제일 나은 방법이 그를 닮은 꼭두각시를 만들어서 핀으로 찌르는 것이라고 믿는다면, 그렇게 하는 것은 (첫 번째 구성요소에 관한 한) 합리적으로 행동하는 것이다. 그러나 특별한 상황을 제외하곤, 그런 믿음은 거의 합리성이 없다.[8]

합리적 믿음은 장기적으로 그리고 평균적으로 참된 믿음을 산출할 개연성이 가장 높은 절차에 따라 획득 가능한 증거를 처리하여 생성된 것이다. 오늘부터 한 주 뒤인 11월 29일에 비가 내릴 가능도에 대한 믿음을 형성하고 싶다고 가정해 보자. (기대되는) 미래가 과거와 비슷할 것이라고 가정하고, 지난해 강우 통계를 살펴보는 것보다 더 나은 것이 많지 않다. 그러나 11월 29일이 다가오면, 그즈음의 강우 상황에 따라 우리의 기대는 수정될 것이다. 11월에 비가 잦았고, 구름 없는 맑은 하늘을 하루하루 경험한다면, 고기압 덕에 11월 29일에 비 올 가능성이 다소 낮아졌다고 추론할 수 있다.

이런 믿음 수정의 과정은 (18세기 목사 베이즈Thomas Bayes의 이름을 따

---

8 저주받은 사람이 저주의 효력을 믿고 그냥 삶의 의지를 잃어버린다면, 마녀의 주술에 대한 믿음은 자기실현적일 것이다. 이 경우, (원격 작용 이론과 같이) 행위자가 작동 메커니즘을 특정할 수 없을지라도, 저주의 관찰된 효력이 마녀의 주술에 대한 믿음을 합리적으로 만들어 줄 수도 있다. 또한, 존 던과 홉스가 제시한 것처럼(2부 서론 참조), 단지 범의(犯意)에만 근거하기보다는 실제 결과에 근거하여 마녀의 주술을 처벌할 수도 있다.

서) 베이즈적 학습이라고 불리곤 한다. 우리가 다양한 세계 상태에 대한 시초의 ('사전'prior) 주관적 확률 분포를 가진다고 가정한다. 주어진 예에서 사전 분포는 과거 빈도에서 도출된다. 이와 달리 단순한 짐작인 경우도 있다. 예를 들어, 나는 직관에 기초해서 수상首相이 능력 있다는 쪽에 60% 확률을 그리고 무능하다는 쪽에 40% 확률을 할당한다. 그런 다음 그가 재직 중에 한 행동과 경제성장률 같은 결과물을 관찰할 수 있다. 수상의 **능력이 주어져 있는** 조건에서 우리는 이런 관찰의 가능도에 대한 평가를 형성할 수 있다고 해보자. 능력 있는 수상에 대해 우리는 좋은 결과물이 있을 확률 80%를 기대한다. 그리고 무능한 수상에 대해서는 30%만 기대한다. 베이즈는 **관찰이 주어진** 조건에서 우리가 수상의 능력에 대한 시초 확률을 어떻게 갱신할 수 있는지 보여 준다.

좋은 것과 나쁜 것, 딱 두 가지 가능한 결과물만 있으며, 우리가 좋은 것만 관찰한다고 가정해 보자. A가 얻을 수 있는 확률을 p(A)라고 쓰고 B를 얻는 한에서 A가 얻을 **조건부 확률**을 p(A | B)라고 써 보자. 그럴 경우, 우리는 p(수상이 능력 있다) = 60%, p(수상이 무능하다) = 40%, p(좋은 결과 | 수상이 능력 있다) = 80%, 그리고 p(좋은 결과 | 수상이 무능하다) = 30%를 가지게 될 것이다. 우리가 결정하고 싶은 것은 p(수상이 능력 있다 | 좋은 결과)이다. A와 B를 각각 능력과 좋은 결과를 나타내는 것으로 쓸 수 있다. 그럴 때 우선 처음 표시할 수 있는 것은,

$$p(A \mid B) = \frac{p(A \cap B)}{p(B)} \qquad (*)$$

이다. 말로 하면, 조건부 확률 p(A | B)는 A와 B 양자가 얻을 수 있는

확률을 B의 확률로 나눈 것과 같다. 이것은 더 직관적인 관념인 $p(A \cap B)$ 는 $p(B)$에 $p(A \mid B)$를 곱한 것과 같다, 에서 도출된다. 이 등식의 양변을 $p(B)$로 나누면 우리는 등식 (*)를 얻는다.

다시 등식 (*)를 이용하되, A와 B를 뒤집으면 우리는 다음과 같은 등식을 얻는다.

$$p(B \mid A) = \frac{p(A \cap B)}{p(A)}$$

또는 동등하게 다음 등식을 얻는다.

$$p(A \cap B) = p(B \mid A) \times p(A)$$

(*) 안의 뒤 항을 위의 것으로 대치하면, 다음 식을 얻는다.

$$p(A \mid B) = \frac{p(B \mid A) \times p(A)}{p(B)} \qquad (**)^9$$

이제 B(좋은 결과)가 일어나기 위한 두 가지 방법이 있다. 하나는 능력 있는 수상이라는 조건이거나 무능한 수상이라는 조건에서이다. 두 가지 상호 배타적인 사건 가운데 하나가 일어날 확률은 각 사건에 대한 확률의 합이라는 사실에 근거해서 우리는 다음과 같이 쓸 수 있다.

$$p(B) = p(B \cap A) + p(B \cap A^c)$$

---

9 원문은 $p(A \mid B) = p(A \mid B) \cdot p(A)/p(B)$이지만, 엘스터의 실수 또는 오식으로 보인다.—옮긴이

이 식은 (*)에 이어진 문단에서의 추론에 의해 다음과 등가이다.

$$p(B) = p(B \mid A) \times p(A) + p(B \mid A^c) \times p(A^c)$$

p(B)에 대한 이 표현을 (**)에 대입하면, 우리는 **베이즈 정리**를 얻을 수 있다.

$$p(A \mid B) = \frac{p(B \mid A) \times p(A)}{p(B \mid A) \times p(A) + p(B \mid A^c) \times p(A^c)} \quad {}^{10}$$

이제 이 등식의 우변에 확률 수치를 대입하면, $p(A \mid B)$=80%이다. 즉 성공적인 결과물의 관찰은 0.3으로 수상이 능력 있는 사람일 가능도를 60%에서 80%로 올린다. 두 번째 긍정적 관찰은 그것을 91%로, 세 번째 긍정적 관찰은 97%로 올린다. 다른 인물이 시초에 $p(A)$=0.6이 아니라 0.3으로 평가되었다면, 세 번의 긍정적인 관찰은 그에 대한 평가를 처음엔 0.53, 두 번째는 0.75 그리고 마지막엔 0.89로 올릴 것이다. 그러므로 시초 추정이 신뢰할 만하지 않다는 것은 그렇게 큰 문제가 되지 않는다. 왜냐하면, 점점 더 많은 정보가 들어옴에 따라 갱신된 믿음은 더욱더 믿을 만해질 것이기 때문이다. 시간이 감에 따라 새로운 증거가 시

---

10 $p(A)$=1인 경우, 수식은 어떤 B에 대해서도 $p(A \mid B)$=$p(A)$를 낳는다. 달리 말하면, 완전한 확실성에는 새로운 증거가 스며들 수 없다. 특히 **광신자들**은 그들이 틀렸음을 설득할 수 없다. 흄의 예를 들자면, "구교도 음모 사건(popish plot)이 진짜라고 주장한 영국의 휘그당원, 1641년의 학살을 부인하는 아일랜드 가톨릭 신자, 그리고 메리 여왕의 결백을 고수하는 스코틀랜드 자코바이트[제임스 2세와 그 자손을 지지하는 집단]는 논증이나 이성의 범위를 넘어서서 자신의 편견에 넘어간 사람들로 간주되어야 한다".

초의 의견 차이를 뒤덮어 버린다.[11] 미래 준거future reference와 관련해서 (22장) 지적해 두고 싶은 것은 각각의 새로운 정보 하나하나는 그 이전 것보다 영향력이 줄어든다는 것이다.

정보 수집에서의 최적 투자

합리적 행동의 세 번째 구성요소는 더 많은 정보를 획득하는 데 있어서 — 돈이나 시간 같은 — 자원을 합리적으로 투자하는 것이다. 그림 13.1이 보여 주듯이, 이런 최적성을 결정하는 몇 가지 요소들이 있다. 첫째, 얼마나 많은 정보를 획득하는 것이 합리적인지는 행위자의 욕망에 달려 있다.[12] 예컨대 원遠 미래의 보상에 대해서 신경을 많이 쓰지 않는 행위자는 내구성 소비재의 기대 사용 연한을 결정하는 데 많은 투자를 하지 않을 것이다. 똑같이 비싼 포도주 가운데 하나를 고를 때보다 집을 사는 것 같은 중요한 결정을 하기 전에 더 많은 정보를 수집하는 것이 합당하다는 것은 명백하다. 포도주 구매에서는 (값이 같은 포도주들의 질

---

11 수렴이 발생하려면, 연속적인 새 정보 단편이 통계적으로 서로 독립적이어야 한다. 베이즈적 믿음 형성의 교과서적인 예로 다음을 들 수 있다. 어떤 사람이 80%의 검은색 공과 20%의 흰색 공 또는 20%의 검은색 공과 80%의 흰색 공을 담고 있을 확률이 같은 항아리에서 공을 꺼낸다. 그럼으로써, 그는 항아리에 공이 담긴 방식이 전자와 후자 가운데 어느 쪽일 가능성이 더 큰지 결정하고자 한다. 공 꺼내기는 무작위적이며, 꺼낸 공은 다시 항아리에 넣기 때문에, 꺼내기 각각의 결과는 이전 꺼내기에 독립적이다. 본문에 설명된 것과 같은 정치적 상황에서는 독립성을 확인하기가 훨씬 더 어려울 수 있다. 또한, 수렴은 기저 상황이 동일하게 유지되거나 최소한 너무 빠르게 변하지 않는다고 전제한다. 환경이 빠르게 변하면 믿음을 갱신하는 과정은 움직이는 과녁을 겨냥하는 과정을 닮게 된다(6장).

12 "바라는 바가 생각의 아버지"가 되는 희망사고는 분명 비이성적이다. 이와는 대조적으로, 그림 13.1에 나타난 과정에는 비이성적인 것이 없다. 거기서 욕망은, 말하자면 믿음의 할아버지이다.

적 차이의 범위에 대한 사전 지식에 근거해서) 어떤 것이 더 좋은지 결정하는 데 드는 기대 비용이 열등한 포도주보다 더 좋은 포도주를 마셔서 얻을 기대 혜택을 넘어선다면, 마땅히 동전 던지기로 골라야 한다.

새로운 정보에서 얻을 수 있는 기대 혜택은 욕망과 선행 믿음이 함께 결정한다. 특정 암 검사를 시행함으로써 얼마나 많은 생명을 추가로 구할 수 있을지 또는 행위자 수준으로 번역하자면 그의 삶을 구할 가능성이 얼마나 되는지 극히 정확하게 얘기하는 것이 가능할 때가 가끔 있다. 생명의 가치는 행위자가 그것을 다른 바람직한 목표와 어느 선에서 교환 거래할지에 달려 있다. 한 계산에 의하면, 사고사 가능성이 매년 1/1,000 정도인 석탄 채광 같은 위험한 직업에 사람들을 유인하기 위해서는 매년 약 이백 달러 정도의 추가 임금이 요구된다고 한다. 그러므로 이 계산이 이루어진 시점에서 삶의 가치는 약 이십만 달러이다.[13] 사전 믿음에 의해서 결정되는 새로운 정보의 기대 비용은 이따금 명확하게 확정될 수 있다. 장암腸癌을 찾기 위해서 보통 6번의 대변 검사를 연속해서 한다. 처음 두 검사의 혜택은 의미 있는 수준이다. 그러나 (치료는 고사하고) 암 사례를 찾기 위해 추가되는 마지막 네 검사 각각의 비용은 49,150달러, 469,534달러, 4,724,695달러 그리고 47,107,214달러라고 한다.

정보의 최적 탐색은 탐색의 결과 자체에 달려 있다(이것은 그림 13.1의 회돌이로 표현되어 있다). 새로운 의약품이 검사 중일 때, 한 집단에게

---

13 그런 계산에는 많은 함정이 있지만, 일반적 요점을 부인하는 것은 불가능하다. 즉, 우리는 모두 삶에 유한한 가치를 부여한다. 그러지 않는다면, 우리가 하는 신나거나 수익성 있는 모든 위험한 활동에 참여하지 못할 것이다.

는 의료적 처치를 제공하고, 다른 집단에게는 일정 기간 그것을 유보하는 사전 결정이 있다. 그러나 그 제품이 놀라울 정도로 성공적이라는 것이 일찌감치 분명해지면, 통제 집단에게는 그것을 사용하지 않는 것이 비윤리적인 일이 된다. 같은 논증이 단일한 합리적 행위자에게도 적용된다. 내가 딸기를 따러 숲에 갔다고 해보자. 나는 딸기가 군락을 짓는 경향이 있다는 것을 안다. 그래서 나는 딸기를 따기 전에 군락을 찾는 데 상당한 시간을 보낼 준비가 되어 있다. 내가 운이 좋아서 풍성한 군락을 금방 찾는다면, 계속 찾는 것은 바보짓일 것이다.

우리는 정보 수집을 일차적 행동을 동반하는 **그림자 행동**으로 볼 수 있다. 무엇을 할까 결정하기 전에 우리는 얼마나 많은 정보를 수집할지 결정해야만 한다. 때때로 **그림자 행동과 일차적 행동은 일치할 수도 있다.** 최소한 부분적으로는 그렇다. 한 나라의 지도자들이 다른 나라와 전쟁을 할지 가늠하고 있다고 가정해 보자. 1940년 독일의 프랑스 침공이 그 예이다. 공격할지를 최종적으로 결정하기 위해서는 정보가 결정적이었다. 지도자들은 (독일의 『작전 참모 교범』에 기초해서) "적군의 조직, 관례와 습관"뿐 아니라 미래의 적이 가진 객관적 능력을 알 필요가 있다. 이런 정보 가운데 많은 것이 첩보 활동 같은 통상적 수단으로 모을 수 있었다. 그러나 군대의 사기 ── 그들의 전투 의지 ── 가 어느 정도인지 평가하기 위해서는 그들과 실제로 전투를 해보는 것 이외에는 선택지가 없었다.

불확정성

마지막에 제시한 예들 ── 딸기 채취와 전쟁 준비 ── 은 합리적 선택 이론의 한계, 또는 두 한계 가운데 하나를 보는 데 도움을 준다. 설명적 도구로서 이론은 두 가지 방식 가운데 하나로 인해 실패한다. 한편으로 그것은 주어진 상황에서 사람들이 무엇을 할지에 대해 유일한 예측을 산출하는 데 실패할 수 있다. 다른 한편으로는 예측이 유일하든 그렇지 않든 사람들이 그것에 부응할 수 없어서 실패한다. 두 번째 실패, 즉 **비합리성**은 다음 장의 주제이다. 첫 번째 실패는 **불확정성**이며, 그것이 지금 다룰 주제이다.

어떤 행위자가 두 가지 이유 가운데 하나 때문에 실행 가능한 집합 안에서 최선의 요소를 확인하지 못할 수도 있다. 소비자는 두 가지 선택지가 똑같이 최대치로 좋아서, 둘에 대해 **무차별적**일 수 있다. 간단한 예로, 소비자가 슈퍼마켓에서 같은 통조림 수프 두 통 가운데 하나를 고를 때처럼 두 선택지가 구별 불가능할 수도 있다. 간단치 않은 예로는, 두 선택지가 여러 차원에서 다르지만, 차이들이 서로 정확히 상쇄되는 것이다. 이런 류의 사례는 드물고, 어쩌면 없을 수도 있다. 가격, 쾌적함, 외관, 속도 등 여러 차원에서 다른 두 차 사이의 선택과 관련해서, 여러 속성 사이에 무차별성이 없다면 (그 이유로 인해) 나는 어떤 것을 다른 것보다 선호할 수 없다. 무차별적이라면, 단돈 100원의 할인만으로도 그 차에 대한 선호를 끌어낼 수 있다. 이런 일이 일어나기 쉽지 않다는 것은 직관적으로 알 수 있다.

사실 소비자의 선호는 **불완전**할 수도 있다. 내가 A, B, C, D, E, 이렇

그림 13.4

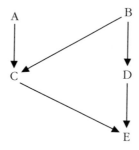

게 차 모델 다섯 가지를 검토했다고 해보자. 그리고 그것들을 그림 13.4
에 보이는 것처럼 등급을 매겼다고 해보자(화살표는 선호관계를 표시한
다). 내가 C와 D를 비교해 볼 수 없었다는 것은 문제가 되지 않는다. 왜
냐하면, 나는 아무튼 그 가운데 어떤 것도 사지 않을 것이기 때문이다.
대조적으로 A와 B를 비교해 볼 수 없다는 것은 나에게는 곤란한 문제
이다. 정말로 나는 더 많은 정보를 수집했어야 할 수도 있다. 그러나 애
써서 그럴 가치가 있는지 어떻게 아는가? 잠시 후 이 문제로 돌아올 것
이다.

　우선 불완전 선호의 또 다른 원천, 아마 더 중요한 원천부터 살펴보
자. 대체로 결과물 선호가 선택지 선호를 유도한다. 내가 어떤 선택지를
선호하는 이유는 그것의 결과물, 즉 그것의 기대효용을 다른 선택지의
기대효용보다 선호하기 때문이다. 그러나 상황이 위험이 아니라 불확
실성이나 무지 상황이라면(7장), 결과물을 비교할 수 없다.[14] 존슨 박사

---

14 불확실성 아래서의 의사결정에서, 한 선택지의 최악의 결과물이 다른 선택지의 최상의 결과물보
　다 나을 때만 선택지 사이의 비교가 가능하다. 무지 상황에서의 의사결정에서는, 이러한 온건한
　비교조차 불가능하다.

가 했던 불멸의 격언을 빌리자면, "삶은 길지 않으니, 삶을 어떻게 보낼지 게으르게 숙고하는 데 그 삶의 상당 부분을 써서는 안 된다. 숙고, 사람들이 신중하게 시작하고 섬세하게 이어가는 숙고는 오랫동안 생각한 끝에 결론은 우연히 내려 버리고 만다. 정당한 이유에만 근거해서 장래의 생활양식으로 어떤 것을 다른 것보다 선호하는 데는 능력이 필요하지만, 그것은 우리에게 그것을 준 창조주도 기뻐하지 않을 능력이다".[15] 이 못지않게 기념비적인 케인스의 말도 있다. "아마 그 귀결이 모두 드러나는 데 여러 날이 걸리는 우리의 결정 대부분은 양적 편익에 양적 확률을 곱해서 얻어진 가중 평균의 결과물이 아니라 동물적 감각animal spirits, 그러니까 행동하지 않기보다는 행동하려는 자연스러운 충동의 결과로 볼 수 있다."

또 다른 불확정성은 정보 수집에 최적 투자를 결정하는 것의 어려움에서 생긴다. 잘 모르는 지역에서 딸기를 채취하고 있을 때, 딸기 밀집 군락을 얼마나 오랫동안 찾아야 하는가? 언제부터 딸기를 따기 시작할 것인가? 딸기가 풍성한 영역을 바로 찾지 못할 때, 둘러보는 데 어느 정도 시간을 쓰는 것은 의미 있다. 하지만 해 질 때까지 찾는 것만 계속하고 싶지는 않을 것이다. 그때가 되면 빈 바구니를 들고 집으로 돌아가야 하기 때문이다. 찾는 데 쓸 시간의 상한선과 하한선 사이에 폭넓은 불

---

15 그러나 '결론은 우연히 내린' 다음, 선택된 선택지의 속성 가운데 명백히 우수한 것에 더 큰 가중치를 부여함으로써 '정당한 이유'를 지어낼 수 있다. 이것은 바람직하지 않은 귀결을 초래할 수 있다. 법학전문대학원에 가는 것과 임업학교에 가는 것 사이에서 선택한다고 가정해 보자. 이유 기반 선택을 할 수 없기 때문에, 나는 다소간 우연적으로 법학전문대학원에 진학한다. 그리고 두 경력의 소득 차원에 더 큰 가중치를 부여함으로써, 그 결정을 사후적으로 정당화한다. 하지만 이런 새로 도입된 선호는, 내가 선택 전 선호에 기초해서 했을 수 있었을 결정과 다른 결정을 내리는 쪽으로도 작용할 수 있다.

확정성의 대역이 있다. 전쟁 준비의 경우에는 다른 문제가 생긴다. 일차 결정과 그림자 결정이 일치한다면, 계획 입안자는 (적어도 부분적으로는) 불확실성 상태에 머무를 수밖에 없다. 이런 상황에서는 합리적 선택 이론이 우리를 잘 인도할 수 없다. 이 이론은 암 검사처럼 많은 것이 알려진 고도로 구조화된 상황에서는 도움이 된다. 그러나 알려지지 않은 환경에서는 그렇지 못하다.

하한선보다 적게 시간을 쓰는 것과 상한선보다 많은 시간을 쓰는 것은 비합리적인 반면, 그 범위 안에서 행위자가 한 선택은 어떤 것도 비합리적이라고 규정할 수 없다. 그러므로 아마 사람들은 합리성 관념을 버리고 그 대신 **비−비합리성**$^{non-irrationality}$을 받아들이는 것에 대해 생각해 볼 수도 있다. 이런 수정된 판본의 이론은 훨씬 더 큰 범위의 행위를 이해할 수 있게 해준다. 하지만 예측력은 떨어질 것이다. 이 이론으로 작업하는 사람들 대부분이 그런 노선을 따른 이론 수정을 꺼릴 것이라고 나는 믿는다. 그들을 합리적 선택 이론으로 이끄는 것은 무엇보다 그것이 유일한 예측을 생성한다는 약속을 고수하고 있기 때문이다. 그런 예측을 할 수 있는 것은, '전형적'$^{well-behaved}$ 기회 집합에 근거해서 정의된 어떤 '전형적' 효용함수도 그 집합의 유일한 원소에 대해 최댓값을 얻는다는 기초적인 수학적 사실 덕분이다. 그림 10.1 안의 기회 집합과 무차별 곡선 사이의 상호작용은 이런 관념, '할 수 있는 만큼 잘하기'라는 관념의 선명한 단순성을 보여 주는 좋은 예이다.

불확정성은 혁신 추구의 경우에서처럼 실행 가능한 집합이 무엇인지 모르거나 알 수 없는 경우에도 생긴다. 몇몇 경제학자들이 기술변동에 대한 합리적 선택 설명을 제시해 내기 위해서 설정한 '혁신−가능

곡선'innovation-possibility frontier은 본질적으로 무의미한 개념이다. 일반적으로, **창조성은 합리적 절차로 환원될 수 없다.** 이 명제는 예술적 창작의 경우 자명하며(16장), 다른 사례에도 적용될 수 있다. 학자들은 한편의 손실이 다른 편의 이득인 제로섬 활동으로부터 양편 모두 혜택이 되는 활동으로 옮겨 가기 위해 **통합적 협상**이라는 발상을 제안해 왔다. 자주 인용되는 예는 오렌지를 반으로 나누어 가지는 협상을 벌이고 있는 두 자매의 경우이다. 주스만 원하는 언니는 오렌지를 짜서 마시고 껍질은 내버릴 것이다. 케이크를 굽기 위해서 껍질만 필요한 동생은 과육을 버릴 것이다. 그러니 분명 둘은 더 잘할 수도 있었다. 그러나 주어진 상황에서 서로 혜택이 되는 이런 종류의 해결책이 없을 수도 있다. 영리한 중재자가 해결책을 생각해 낼 수도 있지만, 그렇지 못한 경우도 있다.

끝으로 믿음의 불확정성이 생기는 중요한 또 하나의 원천은 전략적 상호행동이다. 거기서는 각각의 행위자는 상대방이 **그**의 믿음에 근거해서 할 법한 것에 대한 믿음을 형성해야만 한다. 그럴 때 행위자는 타자도 그와 유사한 추론을 한다는 것을 알면서 그렇게 해야 한다. 18장에서 더 다뤄질 몇몇 사례의 보상구조는 공동으로 보유한 믿음의 집합으로 행위자들을 모아들이지 않는다.

불확실성 아래서의 합리적 선택

불확실성 상황 속에서 행위자는 합리적 선택을 할 수 없을 때가 많다. 그럼에도 불구하고, 몇몇 사례에서는 불확실성 아래서의 합리성이 잘 규정되어 있다. 1797~8년 영국에서는 임박한 프랑스 침공에 대한 두려

표 13.1

	프랑스가 침략한다	프랑스가 침략하지 않는다
국채를 산다	가난하게 죽는다	큰돈을 번다
국채를 사지 않는다	부자로 죽는다	아무 돈도 벌지 못한다

움 때문에 콘솔(국채)의 가치가 절반으로 떨어졌다. 현명한 투자자였던 헐의 토머스 톰슨Thomas Thompson of Hull은 "프랑스가 상륙하면, 자기 운명이 부자가 되는 쪽인지 빈자가 되는 쪽인지 중요하지 않다"라고 결정하고, 국채 기금에 많은 투자를 했다. 침략 위협이 사라지고 콘솔 가치가 살아나자, 그는 거금을 벌 수 있었다. 상황은 아마도 표 13.1과 같이 재구성될 수 있을 것이다.

　경제학적으로 표현하면, 콘솔을 구매하는 선택지는 **추계적**stochastic **지배성**을 갖는다. 그것은 구매하지 않는 것보다 결코 나쁠 수 없으며, 더 나을 수 있을 뿐이다. 이런 진술은 확률에 호소하지 않기 때문에, 침략이라는 완전한 불확실성 상태에 있는 투자자의 상황에 부합한다. 알려진 치료법이 없는 치명적인 질병을 실험적으로 치료할 때, 성공적인 결과에 이를 전망을 알지 못한 채 "도움이 될 것이고, 그렇지 않더라도 더 아프게 하지 않을 것"이라는 원칙을 적용하는 것도 합리적이다. 체포될 경우 사형을 선고받을 살인자는, 한 번 저지르나 두 번 저지르나 사형은 매한가지니, 자신이 한 짓을 본 증인은 누구든 죽이겠다는 합리적 결정을 내릴 수 있다. 여러 번 살인을 저지르면 더 강력한 수색을 촉발해서 체포될 확률이 높아진다는 암묵적 가정을 제외하면, 이 결정 역시 아무런 확률적 추론이 필요하지 않다. 그 가정이 정당하지 않다면, 합리적 선택 이론은 살인자에게 무엇을 할지 말해 주지 않을 것이다. 그는 한 번의 살인을 저지른 경우와 여러 번 살인을 저지른 경우의 기대 가치를 비교할 수 없다. 둘 가운데 하나를 선택할 경우, 그가 알 수 있는 것은 서수적 체포 확률뿐이기 때문이다(7장). 기댓값을 계산하려면, 기수적 효용과 기수적 확률이 모두 필요하다.

합리성은 철저히 주관적이다

나는 합리적 선택 이론에 대한 논의의 결론으로 합리적 선택의 **급진적인 주관적 속성**_radically subjective nature_을 다시 한번 강조하고자 한다. 확실히 사람들은 '합리적'이라는 말을 객관적 의미로 받아들일 수 있다. 즉, 합리적 행위자는 건강, 수명, 또는 수입 같은 객관적인 기준으로 판단하건대 인생을 개선하는 결정을 하는 사람이라고 생각할 수 있다. 그러나 그렇게 사용되면, 합리성 관념은 전혀 설명력을 가질 수 없다. 내가 강조했듯이, 어떤 결정의 **귀결**이 그 결정을 설명할 수 없다. 결정에 선행하는 정신적 상태만이 행위자의 관점에서 어떤 행동들을 최적이라고 **설명해 준다**. 외적 관찰자(또는 나중 시점의 행위자)의 관점에서 행동들이 유용하다거나 유익하다고 하는 것은 그것을 설명하는 것이 아니라 **특징짓는**_characterize_ 것이다.

내가 만족을 지연하는 데 있어서 심하게 무능해서, 그러니까 현재 행위의 미래 귀결을 고려할 수 없어서 괴로움을 겪고 있다고 해보자. 그리고 과학자들이 현재 결정에 대한 미래 보상의 무게를 올려 주는 시간 할인 치료제를 출시했다고 해보자. 약을 먹으면, 내 인생은 더 좋아질 것이다. 내 부모는 내가 약 먹는 것에 행복해할 것이다. 되돌아보면, 나는 약을 먹은 것에 감사할 것이다. 그러나 약 복용 여부에 대해 선택권을 갖고 있다면, 나는 합리적인 한에서 약을 먹지 않을 것이다. 약이 유도하는 어떤 행위도 이미 내 관할 범위 안에 있다. 나는 담배를 끊을 수도 있고, 운동을 시작할 수도 있고, 지금 바로 저축을 시작할 수도 있다. 그러나 나는 그렇게 하지 않는다. 나는 그러기를 원치 않기 때문에, 내가 그렇게 하게 만들 알약을 먹고 싶지 않은 것이다. 마찬가지로 이기적인 개인은 '이타주의 알약'을 거부할 것이고, 이타적 개인은 더더욱 '이기주의 알약'을 거부할 것이다. 내가 가족을 사랑하고 그래서 그들을 위해 내 쾌락적 복지의 일부를 포기하고자 한다면, 1단계에서 가족의 복지를 낮추는 효과를 낳는 어떤 선택지(예컨대 나를 위해 비싼 음식을 사 먹는 것)도 거부하듯이, 그들의 복지를 낮추는 2단계 효과를 가진 알약을 거부할 것이다.

논쟁을 정교화하기 위해서, 어떤 인물이 오늘 x를 소비하고 y를 내일 소비하며, 그의 한 주기one period 할인율이 0.5라고(그가 내일의 1단위 효용과 오늘의 0.5단위 효용에 대해 무차별적이라고) 가정해 보자. 단순화를 위해서 u(x)=x이고 u(y)=y라고 가정하자. 그의 소비 흐름의 할인된 가치는 x+0.5y이다. 그 인물이 0.5의 요인으로 작동해서 소비 효용을 감소시킬 두통 때문에 내일 괴로워하게 되리라는 것을 미리 알았다고 가정해 보자. 할인된 현재 소비 가치는 이제 x+0.25y이다. 합리적 행위자에게 두통을 없애 줄 무료 아스피린이 제공된다면, 그는 분명 그것을 복용할 것이며, 그렇게 해서 본래의 현재 가치를 복구할 것이다. 그가 (아스피린을 복용하지 않고) 1의 할인율을 유도하는 알약을 복용했다면, 아스피린 경우와 알약 경우든 x+0.5의 2주기 흐름과 1주기 효용에 대해 그가 무차별적이라는 의미에서 결과물은 같을 것이다. 행위자가 아스피린을 복용할 것이고, 그것의 효과가 할인 알약과 같다면, 왜 그는 할인 알약을 복용하지 않는가? 이유는 할인 알약을 선택하기 위해서는 **약 복용 이전의 선호로 판단컨대** 알약 없는 소비보다 알약이 유도하는 소비가 우월해야 한다는 조건이 충족되어야 하기 때문이다. 아스피린 선택에는 유사한 제약이 없다. 왜냐하면, 아스피린 이전과 이후 선호 사이에 차이가 없기 때문이다. 아스피린이 없을 때조차도 나는 고통스러운 내일에서 자유롭기를 선호하기 때문이다. 그런 상태가 나의 레퍼토리의 범위 안에 있으면, 나는 두통 없는 상태를 이루기로 선택한다. 이와 달리 할인 알약에 의해 유도된 효용 흐름은 이미 내 레퍼토리 안에 있다. 그러나 나는 그런 상태를 이루지 않기로 선택한다.[16]

달리 말하면 선택은 행위자의 눈에 보일 필요가 있다. 근시안인데 안경을 잃어버린 사람은 근시안이어서 안경을 찾기 힘들다. 그는 '덫에 걸린' 셈이다.[17] 마찬가지로 합리적 행위자는 그를 잘못된 믿음에 묶어

---

16 쌍곡선형 할인을 하면, 행위자가 할인 알약을 수락할 수 있다. 6장에 제시된 수치를 활용하면, 알약의 효과는 k값을 1에서 0.3으로 낮추는 것으로 가정할 수 있다. 더 작은 보상이 제공되는 시점에서 현재 가치는 단순히 10(할인 없이)이다. 더 큰 보상의 현재 가치는 $30/(1+0.3\times5)=12$이다. 따라서 알약 복용 형태의 서약 전략은 평정하고 성찰적인 판단에 따라 행동할 수 있게 해주며, 그럼으로써 (넓은 의미의) 의지박약을 방지한다. 비용이 (효용과 관련해서) 2보다 작을 때만 약을 사야 할지라도 이 진술이 참이다. 서약전략에 지연된 보상의 가치를 줄이는 효과가 있는 경우에도 (아마도 할인 알약은 향유 능력을 약화하는 부작용이 있을 것이다) 손실이 5보다 작은 한에서 이 진술은 여전히 참이다. 우리가 심리치료를 할인 알약으로 대체한다면, 이런 사실들은 참조할 만한 가치가 있을 것이다.

17 안경을 주면, 안경을 착용하지만, 할인 알약을 주면, 그것을 복용하지 않을 것이라고 나는 주장했다. 차이점은, 할인 알약을 복용하면 할 수 있는 일은 그것 없이도 이미 할 수 있지만, 안경을 끼면 할 수 있는 많은 일이 안경 없이는 할 수 없다는 데 있다.

두는 '믿음의 덫'에 빠질 수 있다. 즉 그가 믿음을 검증하는 데 드는 비용을 너무 높은 것으로 믿고 있다면 말이다. 성기 할례를 실행하는 여성은 믿음의 덫에 빠진 것일 수 있다. 말리의 밤바라족은 성행위 중에 클리토리스가 남성 성기와 접촉하면, 그것이 남성을 죽일 것이라고 믿었다. 나이지리아의 어떤 집단은 출산 중에 아기 머리가 클리토리스에 닿으면 아기가 죽는다고 믿는다. 폴란드에는 디설피람(술을 마시면 구토가 나게 하는 약) 피하주사를 맞은 채 술을 마신 사람은 죽는다는 믿음이 널리 퍼져 있다. 사실 주사된 디설피람은 약리적으로는 비활성 상태이다. 그럼에도 불구하고 잘못된 믿음은 그것을 검증하는 것을 억제한다.

믿음의 **합리성**은 믿음의 **진리**와 완전히 다른 문제이다. 진리는 믿음과 세계 사이의 관계의 한 양상이다. 반면에 합리성은 믿음과 행위자가 가진 증거 사이의 관계의 한 양상이다. 합리성이 행위자에게 새로운 정보를 수집하는 데 투자하라고 요구할지라도, 투자는 언제나 그것의 기대, (즉 **믿어진**) 비용과 혜택에 의해서 제약된다. 위험이 임박했을 가능성에 직면했을 때 그렇듯이, 더 많은 정보를 모으는 것의 **기회**비용이 높다고 믿는다면, 투자를 자제하는 것이 합리적이다. 디설피람 주사를 맞고 술을 마시는 것이 치명적 효과를 낳는지 검증하는 것이 그렇듯이, **직접** 비용이 아주 많이 들면 비합리적인 사람이나 검증에 투자할 것이다. 좀 더 일반적으로 말하면, 많은 믿음이 액면가에 미치지 못한다는 것을 염두에 두어야만 한다. 왜냐하면, 모든 믿음을 검증하는 일은 일생이 걸려도 이룰 수 없는 일이기 때문이다.

행위에 대한 어떤 선택 기반 설명도 주관적이다. 하지만 모든 주관적 설명은 행위자의 자신에 대한 투명성을 가정한다. 그리고 합리적 설명의 특징인 최적성에 대한 무자비한 추구를 전제한다. 다음 장에서는 두 가지 이유 가운데 하나 또는 둘 모두로 인해 합리적 선택 이론에서 벗어나는 수많은 설명을 검토해 볼 것이다.

참고문헌

나는 콜레주 드 프랑스 취임 강연, *Raison et raisons* (Paris : Fayard, 2006)에서 이성과 (4장의 의미에서) 합리성의 관계에 대해 논의했다. 베버와 합리성에 대한 자세한 내용은 S. Turner (ed.), *Cambridge Companion to Weber* (Cambridge University Press, 2000)에 수록된 나의 "Rationality, economy, and society"를 참조하라. 효용 이론에 대한 고전적인 해설은 R. D. Luce and H. Raiffa, *Games and Decisions* (New York : Wiley, 1957)에서 볼 수 있다. J. von Neumann과 O. Morgenstern의 *The Theory of Games and Economic Behavior*, 2nd edn (Princeton University Press, 1947)은 여전히 참고할 가치가 있다. 합리적 선택 이론(및 그 문제)의 뛰어난 해설로는 R. Hastie와 R. Dawes, *Rational Choice in an Uncertain World* (Thousand Oaks, CA: SAGE, 2001)가 있다. 나는 양육권 문제에 대해서 *Solomonic Judgments* (Cambridge University Press, 1989)의 3장에서 상세히 다뤘다. 베이즈 이론의 훌륭한 입문서로는 R. Winkler, *An Introduction to Bayesian Inference and Decision* (Gainesville, FL : Probabilistic Publishing, 2003)을 보라. 나는 *Explaining Technical Change* (Cambridge University Press, 1983), pp. 104~105에서 '혁신 가능 곡선'이라는 발상에 대해 논의하고 비판

했다. 토머스 톰슨에 관한 이야기는 J. Uglow, *In This Times* (London: Faber and Faber, 2014), p. 223에서 인용했다. 합리적인 사람이 할인 알약을 먹지 않을 것이라는 나의 주장은 게리 베커 그리고 피터 다이아몬드와의 의견 교환에서 도움을 받았다. 또한, O. J. Skog, "Theorizing about patience formation: the necessity of conceptual distinctions", *Economics and Philosophy* 17 (2001), pp. 207~219도 참조하라. 나는 믿음의 덫이라는 발상을 G. Mackie, "Ending footbinding and infibulation: a convention account", *American Sociological Review* 61 (1996), pp. 999~1017에서 얻었다. 전쟁 준비에서 첩보의 중요성에 대한 유용한 연구로 E. R. May, *Strange Victory: Hitler's Conquest of France* (New York : Hill & Wang, 2000)가 있다. 폴란드에서의 피하 디설피람 주입에 관한 정보는 W. Osiatynski, *Alcoholism: Sin or Disease?* (Warsaw : Stefan Batory Foundation, 1997)에서 얻었고, 그것의 비효율성에 관한 데이터는 J. Johnsen and J. Mørland, "Depot preparations of disulfiram: experimental and clinical results", *Acta Psychiatrica Scandinavica* 86 (1992), pp. 27~30에서 도움을 얻었다.

14장_ 합리성과 행위

결정 비용을 무시하기

합리성 관념은 강한 규범적 호소력을 갖는다. 우리는 자신이 한 일에 이유 ─ 행위가 합리적이었음을 드러내 줄 욕망과 믿음 ─ 가 있기를 원한다. 사실 어떤 이유로 인해 행동하려는 욕망 ─ 합리성에 대한 우리의 경의 ─ 이 너무 강해서 그 때문에 비합리적 행위가 초래되기도 한다. 우리는 **과합리성**_hyperrationality_을 추상적으로 최적인 결정, 즉 결정 과정 자체의 비용을 무시한다면 최적일 결정을 추구하는 경향으로 정의할 수 있다. 그 비용은 다음 세 종류이다. (1) 결정 수단의 비용, (2) 결정에 따른 부수 효과의 비용, (3) 결정의 기회비용, 즉 결정 과정을 통과하는 대신 할 수 있었던 다른 일의 가치. 이들에 대해 간단히 살펴보자.

(1)의 무시로 인한 과합리성은 **비교 구매** 때 일어날 수 있다. 즉 최저 가격을 찾을 때 (기대되는) 절약이 이 가게 저 가게를 돌아다니는 교통비용보다 적을 때 일어난다. 싼 담배를 사러 스페인 국경을 넘어 남프랑

스로 가는 여행객은 연료비는 무료인 듯이 구는 것이다.[1] (2)의 무시는 양육권 분쟁에서 과합리성을 끌어들일 수 있다. 법원은 어떤 부모가 양육에 더 적합한지를 결정함으로써 아이의 이익을 증진하려고 한다.[2] 일단 이 기준을 통과하면, 법정은 그 부모에게 양육권을 줄 이유를 갖게 된다. 상대 적합도를 확증하려는 법적·심리적 과정에서 아이는 헤아릴 수 없이 커다란 손상을 입을 수도 있다. 주어진 목표에 비추어 볼 때, 더 합리적 절차는 동전 던지기나 어머니에게 양육권을 주는 전통적 관행일 것이다.

기회비용의 무시는 아이에게 어떤 과목을 가장 먼저 가르쳐야 하는가, 하는 주제로 보즈웰James Boswell과 나눈 대화에서 존슨 박사가 했던 말에 잘 표현되어 있다. "선생님, 당신이 그들에게 무엇을 먼저 가르칠지는 바지 입을 때 어느 다리부터 넣느냐와 마찬가지로 아무 문제가 되지 않습니다. 물론 선생님은 어느 다리부터 넣느냐를 두고 계속 논쟁할 수 있지만, 그러는 동안에 아랫도리는 벌거벗은 채일 겁니다. 선생님, 당신 아이에게 두 과목 중에 무엇을 먼저 가르치는 것이 최선일지 생각하는 동안, 다른 집 아이는 두 과목 공부를 모두 마쳤을 것입니다."[3] 다

---

1 볼티모어에 있는 한 식당에서, 웨이트리스가 앞으로 5분 동안 모든 음료가 반값에 판매될 것이라고 발표했다. 내가 가장 비싼 품목의 가격에 관해 묻자, 그녀는 조니 워커 블루를 가리키며, 1잔에 35달러라고 했다. 이어서 나는 위스키를 좋아하지 않는 일부 고객도 그것을 주문했는지 물었다. 그녀는 그렇다고 답했다. 그러니까, 이런 고객은 효용보다는 절약을 최대화하려고 한 셈이다. 이들의 반응은 나중에 논의될 실험에서 효용을 최대화하기보다 쓰레기를 최소화하려고 한 피험자들의 반응과 비교될 수 있다.
2 사실 '아이의 최고 이익'은 대부분의 어린이 양육권 관련 법률의 기준으로 사용된다.
3 셰익스피어 학자인 존슨은 『햄릿』(Hamlet), 3막 2장[엘스터의 실수이다. 실제로는 3막 3장의 유명한 왕의 독백에서 나오는 말이다.—옮긴이]에 나오는 다음과 같은 말을 염두에 둔 것 같다. "한꺼번에 두 일을 하려는 사람처럼, 어디에서 먼저 시작할지 망설이며, 둘 다 하지 못한다."

시 강조하건대, 동전 던지기가 더 합리적일 것이다. 또는 사고 현장에 도착해서 어떤 처치를 해야 할지 결정해야 하는 의사를 생각해 보자. 그는 분명 환자를 검사할 필요가 있지만, 검사에 시간을 너무 많이 써서 그런 과정에서 환자가 죽는다면, 그의 행위는 자기 패배적인 셈이다. 눈에 화학적 손상을 입은 환자가 왔을 때, "안과의사는 그의 병력기록부터 검토해서는 안 된다. 대신 '처치부터 하고 질문은 나중'이다. 부상 경위는 상처 소독을 하면서 또는 하고 나서 물어도 된다". 다른 예로 딸기 채취 경험도 들 수 있다. 최고의 장소를 찾느라 시간이 너무 흘러, 찾고 보니 밤이 되어 버린 경험 말이다. 비교 구매로 절약한 돈이 교통비보다 크다고 해도, 허비한 시간을 생각하면 그 행위는 비합리적이다.

합리성의 몇 가지 규준적 원리들

나는 여기서 '수수께끼'puzzle라는 말을 합리적 행위 설명이 다루기 까다로운 (관찰된) 행위라는 뜻으로 쓸 것이다. 어떤 수수께끼는 꼼꼼히 살펴보면 수수께끼로서의 특성을 잃지만, 그렇지 않은 것도 많다. 실험과 실제 생활에는 합리성 규준canons을 침범하는 수많은 사례가 있다. 다음은 이런 규준적 원리들 가운데서 고른 목록인데, 좀 더 근본적인 것에서부터 좀 더 구체적인 것으로 나아간다. 여기서는 개인적 선택과 관련된 것만 다루고, 상호행동적 선택에서의 변칙 현상anomalies은 4부에서 논의할 것이다. 목록은 7장에서 논의한 몇 가지 인지적 변칙 현상에 의해 보충될 것이다.

1. 행동하는 것과 아무것도 하지 않는 것 사이의 선택에서, 행동하는 것에서 기대되는 효용의 비용이 혜택을 능가하면, 합리적 행위자는 행동하지 않을 것이다.

2. 나쁜 것들 사이의 선택에서, 합리적 행위자는 덜 나쁜 것을 택할 것이다.

3. 합리적 행위자는 기회비용과 직접 비용에 같은 가중치를 부여한다.

4. 합리적 행위자는 선택지의 완전한 집합을 갖는 것보다 부분집합을 갖는 것을 결코 더 선호하지 않을 것이다.

5. 합리적 행위자가 반쯤 찼다고 묘사된 잔보다 X를 선호한다면, 그는 반쯤 비었다고 묘사된 잔보다 X를 선호해야 한다.

6. 순수 확률 게임에서, 합리적 도박사는 내기를 걸면서 이전 게임의 결과물에 주의를 기울이지 않을 것이다.

7. 어떤 프로젝트를 계속할지 내버릴지 결정할 때, 합리적 행위자는 이런 두 선택지로부터 나오는 미래 효용 흐름의 현재 가치에만 주목할 것이다.

8. 합리적 행위자가 시점1에서 시점2일 때 행동 X를 수행하기로 계획한다면, 그는 자신의 욕망이나 믿음이 그 과정에서 바뀌지 않은 한, 시점2에서 X를 할 것이다.

9. 위험한 선택에서, 합리적 행위자는 최선(또는 최악)의 사례 시나리오만 따르지 않고, 기대된 결과물에 따라 수단을 선택할 것이다.

10. 합리적 행위자들이 참여한 시장에서는 모든 자산의 수익률이 (거의) 같아야 한다.[4]

---

4 "거의 같다"고만 예상할 수 있는 이유는 두 가지이다. 첫째, 외부 충격은 항상 등가로부터의 편차를 유발한다. 둘째, 위험 회피로 인해 변동성이 높은 자산은 가치가 낮게 평가될 수 있다(따라서 높은 수익률이 요구될 수 있다).

11. 합리적 행위자가 (A, B, C) 집합에서 A를 선택한다면, 그는 (A, B) 집합에서도 A를 선택할 것이다.

12. 합리적 행위자는 원인을 제압하기 위해서 결과에 작용을 가하려고 하지 않을 것이다. (그는 폐렴을 치료하기 위해서 항생제를 복용하지 아스피린을 복용하지는 않는다.)

13. 합리적 행위자가 확률 q를 가진 보상 Y를 얻는 것보다 확실한 보상 X를 얻는 것을 선호한다면, 그는 또한 확률 pq를 가진 보상 Y를 얻는 것보다 확률 p를 가진 보상 X를 선호할 것이다. (기수적 효용 이론의 독립성 공리)

14. 합리적 행위자가, 상황 C가 존재한다는 것을 알 때 X를 하고(또는 C가 존재할 것이 기대될 때, X를 할 의도가 있고), 상황 C가 존재하지 않을 때도 X를 한다면(또는 C가 존재하리라 기대되지 않을 때도, X를 할 의도가 있다면), 그는 그런 상황에 무지할 때조차도 X를 하거나 그런 의도가 있어야 한다.

15. 제안 수용이 그 거래의 기대 가치를 낮추는 정보를 암시할 수 있다면, 합리적 행위자는 그런 제안을 전혀 하지 않을 것이다.

16. 공격당해서 복수 욕망이 생겼을 경우, 그는 합리적이라면 복수에 성공하기 가장 좋을 때까지 또는 위험이 가장 적을 때까지 기다릴 것이다.[5]

17. 펜싱 결투신청을 받았고, 도전을 받아들여야 하는 상황이라면, 합리적 행위자는 펜싱 수업을 받을 것이다.

---

5 이 문장에서 어떤 사람들은 "또는"을 "그리고"로 바꾸고 싶을 수도 있다. 그러나 요행이 아닌 한, 두 목표를 동시에 최대화할 수는 없다. 더 정확하게 말하면, 행위자는 기회 집합과 일군의 무차별 곡선(10장)에 의해 재현된 두 목표의 실행 가능한 최적 혼합을 추구할 것이다.

18. 합리적 행위자는 청혼하기 전에 대상자의 행위 성향이나 감정 성향에 대한 정보를 수집할 것이다.

19. 믿음을 개신할 때, 합리적 행위자는 정보를 수신한 순서와 관계없이 같은 결론에 도달해야 한다.

규준 위반

이런 규범적으로 강력한 원리의 위반은 상례常例로 입증되었다. (위반된 원리에 상응하는 개수만큼의) 예들은 아래와 같다.[6]

1. **투표의 역설.** 어떤 전국 선거도 1표 차이로 승리할 수 없다. 따라서 한 개인의 투표는 결과물에 차이를 가져오지 못하고, 유권자에게 상당히 성가신 일이다. 그런데도 많은 사람들이 투표한다.[7]

2. **더 적은 고통보다 선호되는 더 많은 고통.** 한 실험의 피험자들은 두 계열의 매우 불쾌한 소음에 노출되었다(6장). 두 계열 모두 심한 수준의 소음에 35초간 노출된다. 첫 번째 계열의 경우에는 이 노출 뒤 소음이 15초에 걸쳐 서서히 감소했다(그러나 여전히 불쾌한 소음이다). 다시 겪는다면, 어떤 계열의 소음이 낫겠냐는 질문에, 피험자들은 분명히 덜 유쾌한 것[첫 번

---

6 많은 예가 이전 장들에서 인용되었지만, 편의를 위해 여기에 요약해서 제시했다. 이 예들은 속담, 고전적 작가, 사고 실험, 실험실 실험 그리고 실제 관찰 같은 다양한 출처에서 가져왔다. 처음 세 가지 범주의 예도 이 장의 뒷부분에 검토되는 잘 확립된 이론을 기반으로 한다.

7 이 역설은 유권자의 유일한 목표가 후보 선출이나 공약 실행일 때 발생한다. 민주주의 체제의 활력에 기여하거나, 후보자에게 '권한'을 부여하는 것이 목표일 때는 일어나지 않는다. 이 경우 투표가 결정력을 갖지 않더라도 투표 자체가 중요하기 때문이다. 그러나 민주주의를 지지하려는 동기를 가졌을지라도, 설명은 나중에 논의될 비이성적 메커니즘 중 하나에 있을 수 있다.

째 계열]을 선택했다.

3. **잔디 깎기 역설.** 작은 교외 마을에 사는 H씨는 자기 마당의 잔디를 깎고 있다. 그의 이웃집 아들은 12달러에 그의 집 잔디를 깎아 주었을 것이다. 그러나 H씨는 같은 크기의 이웃집 마당 잔디를 20달러에 깎지 않는다.

4. **크리스마스 클럽 수수께끼.** 이 시스템에서 고객은 매달 일정 액수를 저리 또는 무이자로 예치하고, 인출은 오직 크리스마스에만 가능하다. 하지만 정상적인 이자와 상시 인출 가능한 예금 또한 고객들에게 선택지로 제공된다.

5. **신용카드 역설.** 신용카드가 도입되었을 때, 신용카드 회사는 현금 손님과 신용카드 손님 간의 어떤 차이도 신용카드 할증이 아니라 현금 할인으로 표시해 달라고 로비를 했다. 두 가지 표시는 논리적으로 등가이지만, 고객은 차이가 현금 할인으로 서술될 때 카드를 더 많이 쓰는 경향이 있다.

6. **두 도박사의 오류.** 빨강이 연이어 5번 나오면, 도박사의 절반은 다음번에 검정이 나올 확률이 50% 이상이라고 믿고, 다른 절반은 검정이 나올 확률이 50% 미만이라고 믿는다.

7. **매몰 비용 오류.** 당신이 어떤 이벤트 티켓을 샀는데, 폭설이 내려서 거기 가는 것이 매우 힘들어졌다. 그런데도 누가 공짜로 주었다면 받지 않았을 그 티켓을 살리려 눈을 뚫고 거기에 간다.

피험자에게 다음과 같은 질문을 했던 실험이 이 오류를 예증한다.

"미시간으로 가는 주말 스키 여행 이용권을 사는 데 100달러를 썼다고 가정해 보시오. 몇 주 뒤에 위스콘신으로 주말 스키 여행을 가기 위해 50달러짜리 이용권을 삽니다. 당신은 미시간 스키 여행보다 위스콘신 스키 여행이 더 재미있으리라고 생각합니다. 방금 구매한 위스콘신 스키 여행

이용권을 지갑에 넣다가, 두 여행의 날짜가 같다는 것을 알았습니다! 두 이용권을 다시 팔기엔 너무 늦었고, 환불도 불가능합니다. 당신은 한 이용권만 사용할 수 있는 상황입니다. 당신은 어디로 스키 여행을 가시겠습니까?"

33명의 피험자가 미시간으로의 여행을 선호했고, 위스콘신으로의 여행은 28명이었다. 그러나 합리적 선택 이론에 따르면, 모든 사람이 위스콘신으로 가는 것을 선택해야 한다. 절반 이상이 효용을 최대화하기보다는 낭비를 최소화하려는 것처럼 행동한 것이다.

8. **치과의사 수수께끼.** 3월 11일에 나는 치과 진료 예약을 4월 1일로 잡는다. 3월 30일에 나는 전화를 해서 (지어낸) 가족 장례식 때문에 예약 일자에 갈 수 없다고 의사에게 말한다. 그저 시간이 흐른 것 말고는, 그 사이에는 아무 변화도 일어나지 않았다. 특히 치통은 똑같은 상태이다.

9. **최선의 그리고 최악의 사례 시나리오.** 말기 암 환자는 자신의 생존 확률을 과대평가할 때가 많다. 고통을 덜어 주는 치료보다 별로 도움도 안 되는 공세적이고 고통스러운 화학요법을 선택한다. 확률이 낮은 재난의 발생 가능성을 더 낮추기 위해서 어느 정도 비용을 치를지 물으면, 천만 번의 한 번으로 줄이기 위해서 드는 비용만큼을 백만 번의 한 번으로 줄이는데 지불하고자 한다.

10. **주식 프리미엄 수수께끼.** 역사적으로 주식 수익률이 채권 수익률보다 훨씬 높았다. 1928년 1월 1일에 1달러를 주식에 투자한 사람은 1998년 1월 1일에 1800달러를 벌었지만, 채권에 투자한 사람은 15달러를 벌었을 것이다. 수수께끼는 왜 이런 편차가 주식 수익을 채권 수익에 근접할 만큼의 주식 가치 상승으로 나아가지 않았는가 하는 것이다.

11. **관련성 없는 대안의 효과.** A와 B, 두 선택지 각각이 관련된 두 차원 가운데 한 측면이 다른 것보다 우월하다면, 사람들은 선택이 어렵게 느껴진다. 따라서 선택지에 대해 더 많은 정보를 모으기로 할 것이다. (1) 앞에서 언급한 두 차원에서 A보다 열등하고 (2) 한 차원에서는 B보다 열등하고 다른 한 차원에서는 B보다 우월한 세 번째 선택지 C가 도입되면, 사람들은 더 이상의 조사 없이 A를 선택하는 경향이 있다.

12. **찬물 수수께끼**(7장). 한 실험에서, 피험자들에게 시릴 정도로 찬 물에 팔을 담그고 참을 수 있는 시간의 길이가 피험자의 장수 여부를 알려 주는 가장 좋은 지표라고 알려 준다. 그런 피험자들은 이 (허위) 정보를 듣지 않은 사람들보다 더 오래 물속에 팔을 담그고 있었다.

13. **확실성 효과**(7장). 실험에서 다수는 50%의 기회가 있는 3주간의 영국, 프랑스, 이탈리아 관광보다 1주일간의 확실한 영국 관광을 택했다. 그러나 다수는 10% 확률의 두 번째 선택지와 5% 확률의 첫 번째 선택지 사이에서 첫 번째 선택지를 택했다.

14. **분리 효과**_Disjunction Effect_. 한 실험의 피험자들이 미래의 도박에서 딸 것이라고 예상할 때, 도박에 계속 참여하는 것에 동의하는지 물으면 그럴 것이라고 말한다. 그들이 잃을 것이라고 예상할 때도 같은 질문을 해보면, 같은 의도를 표한다. 하지만 그들이 잃을지 딸지 모르면, 도박을 계속할 가능성이 더 작아진다. 같은 효과가 일회성 죄수의 딜레마에서도 관찰된다. 다른 사람이 배신할지 알 때보다 협동할 것을 알 때 협동할 가능성이 올라간다. 그리고 — 이것이 분리 효과인데 — 타자의 선택을 모를 때 협동할 **가능성이 훨씬 더 커진다.**[8]

15. **승자의 저주.** 이 실험에서, 피험자들은 토지 경매에 입찰을 권유받았다.

그러면서 판매자는 그 땅의 가치를 정확하게 안다고 말해 주었다. 반면에 피험자들은 땅의 가치가 일정한 범위 안에서 떨어지리라는 것만 안다. 그 범위 안에서 모든 수치는 같은 가능성을 가지고 있다. 구매자는 또한 그들이 그 땅을 획득한다면 그 땅을 더 효과적으로 활용할 수 있을 것이므로, 판매자가 소유하고 있을 때보다 50% 이상 가치가 상승할 것이라는 이야기를 듣는다. 일단 제안이 수용되면, 합리적 구매자는 **그 사실로부터** 그 땅이 그들에게 갖는 기대 가치가 그들이 입찰한 가격에 미치지 못한다는 것을 추론해 낼 수 있을 것이다. 가치가 0에서 1,000까지 범위 안에 있고, (말하자면) 600의 입찰이 수용되었다면, 구매자는 그것이 판매자에게 갖는 진짜 가치가 0에서 600 사이에 있으며, 따라서 기대 가치는 300이라는 것을 추론할 수 있다. 따라서 그것이 구매자에게 갖는 기대 가치는 450이 될 것이며, 그것은 그가 지급하려고 했던 것보다는 적은 액수이다. 동일한 논증이 수용된 입찰 모두에 적용될 수 있으므로, 합리적 행위자는 결코 입찰할 수 없다. 그러나 (실제 사례를 차용한) 실험에서 입찰하지 않는 사람이 하나도 없다.

16. **복수로의 돌진**. "복수는 잘해야 차갑게 식은 요리일 뿐이다"라는 속담이 있다. 또 다른 속담에 의하면, "지연된 복수가 더 큰 타격을 준다". 아마도 둘 다 피 끓는 복수에 대한 거부 반응에서 생긴 말인 동시에 그것의 존재를 증언하고 있는 것 같다.

17. **효율성 무시**_Disregard for efficiency_. 몽테뉴는 "전투의 명예는 솜씨의 경쟁

---

8 감정에도 이런 효과가 작용한다. 사람들이 비행기 폭발이 틀림없이 테러 행위 아니면 정비 불량 때문이라고 믿고 있다가, 어느 하나로 설명이 확정되면, 그때 사람들의 분노가 폭발한다.

이 아니라 마음의 경쟁에 있다"고 썼다. 그것이, 과거에 펜싱 마스터였던 내 친구들 몇몇이 결투에 임했을 때, 그들의 장점이 발휘할 무기를 포기하고 전적으로 운과 견실함에만 의존해야 하는 무기를 선택했던 이유였다. 그래야 누구도 그들의 승리를 용기가 아니라 펜싱 실력으로 돌릴 수 없기 때문이다.

18. **급하게 결혼하면, 후회하기 마련.** 이 격언은 말 그대로 결혼에만 적용되는 것은 아니다. 사람들은 집이 아주 마음에 들면, 지나치게 서둘러 계약을 체결할 때가 많다. 그 결과 나중에 드러날 숨은 결점을 찾아내지 못한다. 프랑스에서는, 마음을 바꿀 시간 여유를 일주일 준다. 노르웨이에서는 결정을 번복할 수 있다.

19. **순서 효과.** 베이즈적 원리과 달리, 믿음의 갱신은 정보가 수신되는 순서와 관련해서 중립적이지 않다. 초기 정보가 과대 평가되거나 과소 평가될 수 있기 때문이다(초두효과와 최신효과). 또한, 강력한 유죄 증거에 이어 약한 유죄 증거가 뒤따르면, 배심원의 믿음은 베이즈주의 이론과 달리 유죄로부터 멀어진다.

합리적 선택 이론에 대한 대안들

이런 수수께끼를 풀기 위해서 합리적 선택 설명 대신 얻을 수 있는 대안적 설명의 광범위한 레퍼토리가 있다. 그것들에 대해 개별적으로 논의하기 전에, 내가 다룰 대안적 해명의 핵심 메커니즘을 적어 볼 것이다(괄호 안은 관련된 수수께끼의 번호들이다). 어떤 수수께끼는 한 번 이상 목록에 등장하는데, 그 이유는 그것을 설득력 있게 설명할 수 있는 방식이 하나 이상이기 때문이다.

- 손실 회피 (3, 5, 7, 10)
- 결과물에 대한 비확률론적 가중치 부여 (13)
- 쌍곡선형 할인 (4, 8)
- 편향과 어림법 (2, 6, 19)
- 희망사고 (9, 12)
- 투사 능력 결핍 (15)
- 행동의 이유를 가지고 싶은 욕망 (11, 14)
- 주술적 사고 (1, 12, 14)
- 정언 명령 (1)
- 감정 (3, 7, 14, 18)
- 사회 규범 (1, 3, 16, 17)

최근 논의에서, 가장 유명한 메커니즘은 아마도 손실 회피와 쌍곡선형 할인일 것이다. 전자는 **기대효용** 관념을 침식하고, 후자는 **할인된 효용** 관념을 허문다. 내 견해는, 직접적으로 작용하든 사회 규범을 매개로 해서 작용하든 감정이 비합리적 행위의 훨씬 더 중요한 원천이다. 감정은 여러 가지 방식으로 합리성을 어그러뜨리지만, 가장 중요한 것은 아마 희망사고, 평정-흥분 공감 격차, 그리고 긴급성을 통해서 믿음 형성에 영향을 주는 것이다.

'손실 회피'는 준거점과 관련해서 정의된다. 즉, 사람들이 변화 후에 획득되는 종결 상태보다 주어진 기준선으로부터의 변화에 가치를 부여한다는 가정에 근거한다. 준거점은 피험자가 다른 준거점을 선택하도록 유도될 때조차도, 통상 현상 유지status quo로 간주된다. 손실 회피는, 사람들이 준거 수준 이하의 손실에 (절댓값으로) 같은 크기의 이득보다 더 큰 가치를 부여하는 경향이다.[9] 경험적으로 보면, 손실 대 이득 비율은 대략 2.5 : 1 정도로 나타난다. 따라서 이어지는 논의에서 나는 그 정도로 가정할 것이다. 가치함수의 또 다른 중요한 속성은 그것은 이득에 대해서는 오목하고 손실에 대해서는 볼록하다는 것이다. 그것은 이득의 추가분 각각이 이전 추가분보다 더 낮게 평가된다는 것과 손실의 추가분 각각이 이전 추가분보다 덜 고통스럽게 느껴진다는 것을 뜻한다.

손실이 득보다 커 보인다는 단순한 사실이 수수께끼 두 개를 설명해 준다. 잔디 깎기 수수께끼를 풀기 위해서는, 손실 회피의 예측에 따르면, 기회비용과 직접 지출이 다르게 평가된다는 것을 관찰하기만 하면 된다. 집주인에게 20달러의 가치는 8달러의 손실의 가치와 등가이기 때문에, 그는 주머니에서 12달러를 꺼내서 지급하기보다 이득을 포기하는 것을 선호할 것이다. 같은 추론이 신용카드 수수께끼를 설명해 줄 수 있다.

주식 프리미엄 수수께끼는 추가적 가정이 필요하다. 즉, 사람들이 단기적 시간 지평 안에서는 채권과 주식의 혼합을 선택한다는 것이다. 주식 수익은 불안정한 데 반해 채권 수익은 매년 일정하기 때문에, 주식

---

9 재화(돈도 포함)의 한계 효용이 감소하고 있다고 가정할 때, 표준적인 합리적 선택 이론은 같은 기준선으로부터 측정한 동일 규모의 이익보다 손실을 더 크게 계산할 것으로 예측한다. 그러나 효과의 크기는 일반적으로 훨씬 더 작다. 또한, 표준적인 효용 이론은 A에서 B로 이동하는 효용 이득을 B에서 A로 이동하는 효용 손실과 같다고 본다. 이런 차이는 단순히 두 상태의 효용 수준을 비교하여 도출되기 때문이다.

보유를 위험한 도박으로 간주할 수 있다. 우리가 어떤 사람에게 50% 확률로 200달러를 딸 수 있지만 50%의 확률로 100달러를 잃을 수 있는 주식에 투자할 것을 제안한다고 해보자. 이때 준거점은 채권 고정 수익률이다. 손실 회피를 가정한다면, 이것은 화폐가치가 x>0이면 x와 등가이고 x<0이면 2.5x와 등가라는 말이다. 100달러 손실이 (절댓값에서) 250달러 이득과 등가이기 때문에, 200달러의 이득 전망은 같은 확률 전망의 100달러 손실을 보상할 수 없다. 따라서 그는 제안을 거절할 것이다. 우리가 이제 내기 둘을 패키지로 제안한다고 해보자. 그리고 그것은 연속적인 두 시기에 실행될 것이다. 이 복합 도박은 25% 확률로 400달러 이득, 50%의 확률로 100달러 이득, 그리고 25% 확률로 200달러 손실로 이루어진다.[10] 이득과 비교하기 위해서 손실에 2.5를 곱해서 기대 가치를 계산하면, 그 값이 25인 것을 쉽게 알 수 있다. 따라서 그는 복합 도박을 수용할 것이다. 경험적인 연구는 투자자가 자신의 포트폴리오를 너무 자주 재평가하는 경향이 있다는 것을 제시하고 있다. 그것은 그들이 주식에 너무 적게 투자하고 채권에 너무 많이 투자하는 근시안적 관행에 빠져 있다는 것을 말한다.[11]

매몰 비용 수수께끼는 가치함수의 곡률(볼록 또는 오목)만으로 설명

---

10 전망이론은 결정 가중치가 확률과 다르다고 가정하기 때문에, 이 계산은 근사치의 정확성만을 갖는다. 이런 단순화나 선형 가치함수 가정은 분석의 결론에 중요한 의미를 갖진 않는다.

11 '근시안'이라는 용어가 여기서는 시간 할인 분석(6장)에서와 같은 의미를 갖지 않는다. 그것은 행위자가 미래 소득 흐름의 현재 가치를 계산하는 방식이 아니라, 연속적인 결정을 하나의 전체적 선택으로 '묶어 내기'보다 개별적으로 내리는 경향을 지칭한다. 그래서 그것을 '결정 근시안'이라 부르기도 한다. 그런 근시안은 다른 맥락에서도 작동할 수 있다. 따라서 사람들이 연속적인 선택을 함께 '다발 짓기' 함으로써 쌍곡선형 할인을 통제하려고 할 때(15장), 성공 여부는 그들이 포함한 선택의 수에 달려 있다.

가능하다. 다음과 같은 예를 살펴보자. 어떤 가족이 60마일 떨어진 곳에서 열리는 경기 입장권을 p원에 샀다. 경기가 있는 날에 폭설이 내렸다. 그래도 가기로 마음먹는다. 그러나 만일 입장권이 공짜로 생긴 것이었다면, 집에 머물렀을 것이다. 이득의 가치함수를 v로 표기하면, 경기에 가는 것의 가치는 $v(g)$가 된다. v^*는 손실의 가치함수를 표시한다. p원을 잃는 것의 가치는 음수의 함수 $v^*(-p)$이다. 폭설에도 불구하고 경기에 가는 비용은 c이다. 우리는 $v(g) = -v^*(-c)$라고 가정할 것이다. 그것은 입장권을 공짜로 얻었다면, 집에 있는 것과 경기에 가는 것에 대해 그 가족이 무차별적이었을 것임을 뜻한다. 그러나 그들은 이미 p원을 지출했기 때문에 경기에 가는 것을 선호한다. 이것을 보기 위해서는, 먼저 v^*가 볼록하므로 $v^*\{-(c+p)\} > v^*(-c)+v^*(-p)$라는 것에 주의해야 한다.[12] 이것은 $v^*\{-(c+p)\}-v^*(-c) > v^*(-p)$로 다시 쓸 수 있다. 그리고 이 식은 앞서 언급한 가정에 근거해서 $v^*\{-(c+p)\}+v(g) > v^*(-p)$와 동치이다. 부등식의 좌 항은 경기에 가는 것의 순 이득 또는 순 손실이다. 그리고 우 항은 가지 않는 것의 손실이다. 좌 항 값이 크므로 그들은 경기에 가는 것을 선호한다.

손실 회피는 행동을 설명할 수 있다. 그러나 직관적이지 않기 때문에, 그 자체로 설명이 필요하지 않을까? 손실 회피의 발견자들은 "고통이 쾌락보다 더 긴급하다"는 말로 그것을 설명한다. 『도덕 감정론』에서 애덤 스미스는 다음과 같이 썼다. "고통은 … 거의 모든 경우에 같은 크

---

12 이것은 두 음수의 비교이므로, 부등식이 말하는 바는 전자가 0에 가깝다는 것, 즉 절댓값이 더 작다는 것이다.

기지만[?] 방향은 정반대인 쾌락보다 훨씬 신랄한 감각이다. 전자가 우리를 평범함, 즉 행복의 자연 상태라고 불리는 것 아래로 내리누르는 정도는 후자가 우리를 그 상태 이상으로 높이는 정도보다 훨씬 가혹하다." 그러나 그것이 이야기 전부는 아니다. 어떤 쾌락은 어떤 고통보다 확실히 더 긴급하고 신랄하다. 스미스는 『법학 강의』에서 이 비대칭성에 대해 다른 설명을 제안했다. "흔히 하는 말로, 내게 진 빚을 갚지 않는 사람은 나에게 절도나 강도질로 많은 것을 빼앗아 간 사람만큼 큰 피해를 준다. 손실이 크다는 것은 분명 사실이다. 하지만 우리는 당연히 그 피해를 악랄한 것으로 보지는 않는다. 사람들은 자기 재주에만 의존하는 것만큼 자기 수중에 있는 것이나 다른 사람의 선의에 크게 의존하지 않는다." 현금 지불 경비는 확실하지만, 실험실 외부의 지나간 이득은 정신적 실감이 매우 흐릿할 때가 많고, 그런 이유로 동기 부여의 힘도 약하다.[13]

'결과물에 대한 비확률론적 가중치 부여'. 손실 회피의 출처는 합리적 선택 이론의 영향력 있는 대안인 **전망이론**이다. 그 이론의 또 다른 함의는 사람들이 결과물에 대한 가중치를 기대효용 이론이 주장하는 바와 다르게 부여한다는 것이다. 그것에 따르면, 효용은 확률적으로 선형적이다(11장). 이와 대조적으로 전망이론은 사람들이 0(불가능성)과 1(확실성)의 자연적 경계 근처의 확률 변화에 가장 민감하다고 주장한다. 확

---

13 이 차이는 18세기 영국의 미국 식민지 정책에 대한 미국인의 반응에서 나타나는 외관상의 변칙 현상을 설명해 줄 수 있다. 그들은 항해법과 여타 정책들은 전혀 거부감 없이 받아들였다. 그런 법과 정책은 미국이 무역과 산업을 발전시키는 것을 가로막았거니와, 그것의 대표적 예는 면화와 아마포 제조용 장비의 미국 수출 금지 같은 것이었다. 하지만 그들은 과세로 세입을 늘리려는 (비교적) 미미한 시도에 대해서는 무기를 들고 봉기했다.

실성 효과는 1 주변에서의 비선형성을 입증한다. 전망이론의 창시자인 대니얼 카너먼Daniel Kahneman과 아모스 트버스키Amos Tversky는 0 근처의 비선형성에 대해 다음과 같은 예(그들이 리처드 젝하우저Richard Zechauser에서 빌렸다고 하는)를 인용한다.

당신이 러시안룰렛을 할 수밖에 없는데, 돈을 내면 장전된 총에서 총알 하나를 제거할 기회를 얻을 수 있다고 해보자. 총알을 1개에서 0으로 줄이는 데 낼 돈만큼을 4개에서 3개로 줄이기 위해서 내겠는가? 사람들 대부분은 죽음의 확률을 4/6에서 3/6으로 줄이는 것보다 1/6에서 0으로 줄이는 데 더 많은 돈을 낼 용의가 있다고 느낀다. 하지만 경제적 고려[즉, 기대효용 이론]는 전자에 더 많은 돈을 내는 쪽으로 이끌 것이다. 전자의 경우에는, 화폐 가치를 누릴 만큼 살지 못할 확률이 상당하고, 그로 인해 화폐 가치가 줄어들기 때문이다.

'쌍곡선형 할인'은 6장에서 논의되었다. 여기서는 수수께끼 8과 4 사이의 밀접한 관계에 대해서 언급할 것이다. 추정컨대 사람들이 크리스마스 클럽에 가입하는 이유는, 크리스마스까지 돈을 찾지 않겠다고 결심해도, 인출 가능한 일반 계좌에 예금하면 도중에 마음이 바뀌어 돈을 찾을 수 있다는 것을 알기 때문이다.

'어림법과 편향'. 어림법(경험칙)은 사람들을 헤매게 할 수 있다. 룰렛 바퀴가 기억력을 가지고 있다는 도박꾼의 믿음은 대표성 어림법("이제 빨강이 나올 시간이다")이나 가용성 어림법("빨강의 운세가 트였다")에서 온 것이다. 더 불쾌한 소음을 선호하는 것은 "정점-종점" 어림법의 사용에서 연원할 것이다.

'희망사고'. 이 현상은 7장에서 논의되었다. 보수는 좋아도 위험한 일에 종사하는 사람들은 그들이 감수하는 위험을 과소평가한다. 이런 경우에서 보듯이 단순한 욕망이 희망사고를 촉발할 수 있다. 욕망이 강한 감정에서 나온 것이면 희망사고는 훨씬 더 쉽게 일어난다. 예컨대 말기 암 환자는 유일한 효과가 고통의 가중일 뿐인 처치법도 선택한다.

'투사 능력 결핍'inability to project. 사람들이 수많은 상황에서 나쁜 결정을 하는 이유는 스스로를 미래에 투사해 볼 능력이 없기 때문이다. 이 말을 통해 내가 뜻한 것은, 현재 선택에 의존하는 미래 상황에서 자신이나 타자가 믿게 할 이유나 행동하게 할 인센티브가 무엇인지 상상하는 능력의 결핍이다. 승자의 저주는 이런 무능력으로 설명할 수 있다. 또 다른 예는 자크 시라크Jacques Chirac 대통령의 1997년 조기 총선 실시이다. 그 선거는 재앙으로 끝났는데, 그의 선거동맹이 패배한 이유는 시라크가 조기 총선을 원한다면, 그것은 그가 유권자가 모르는 무엇을 알고 있기 때문이며, 바로 그 무엇 때문에 그는 선거를 나중에 치르면 질 것이라고 믿는다는 것을 유권자들이 알았기 때문이다. 조기 총선을 실시함으로써, 그는 자신이 아는 것을 드러냈다. 아니 적어도 그가 어떤 마음에 들지 않은 일을 알고 있다는 **사실**을 드러냈다. 그리고 그것이 바로 유권자들이 그에게 반대하는 투표를 한 이유가 되었다. 여론조사는 그가 승리할 것이라고 말하고 있었다. **그러나 여론조사는 선거와 다르다.** 왜냐하면, 여론조사는 응답자에게 그것을 실시하는 사람이 무슨 생각을 하는지 아무것도 알려 주지 않기 때문이다.[14] 행위자가 신뢰성 없는 위협을 한다면, 투사 능력 결핍은 행위자 자신에게도 적용된다. 위협 대상이 순응하지 않으면, 위협을 실행할 인센티브가 자신에게 없다는 것을 행위자 자신이 모르고 있기 때문이다.

'행동의 이유를 가지고 싶은 욕망'. 나는 이 장의 맨 앞에서 이 메커니즘의 사례 몇 가지를 인용했다. 수수께끼 11에서, 행위자는 이미 가진 선택지 중 하나보다 명백히 열등한 제3의 선택지가 도입되면 행동을 수정하려는 욕망을 갖게 된다.[15] 선택지 추가가 어떤 결정이든 결정 내리는 것을 막는 사례는 또 있다. 똑같은 두 건초더미 가운데 어느 것을 먹을지 결정하지 못해서 굶어 죽은 뷔리당의 당나귀와 유사한 행동이 실제 생활 상황에서도 확인되는 것이다. 한 심리학자가 브로드웨이에 잼을 파는 가판대를 설치했다. 가판대에 여러 가지 상표가 붙어 있으면, 상표 수가 더 적을 때보다 지나가는 사람들이 그것을 더 자주 보기는 하지만, 구매는 더 적게 한다는 것이 밝혀졌다. 선택지가 많으면, 사람들은 "이게 최고야"라고 자신 있게 말하기가 어려워진다. 충족 이유율에 따라 선택하려는 사람들은 선택을 자제할 것이다.

수수께끼 14에서 제시되었듯이, 이유를 위해 행동하기 위해서는 단지 이유를 가졌다는 것을 아는 것 말고 이유를 **가져야** 한다. 내가 정확히 p 아니면 q 가운데 하나가 해당 사례라는 것을 알지만, 어느 것인지는 모른다고 가정해 보자. p가 사례라면 나에게는 X를 할 이유가 있다. q라

---

14 4부에서 내가 '동생 증후군'이라고 부르는 것의 사례로서 시라크의 행위가 논의된다.

15 이 구절은 약간 오해의 소지가 있다. 왜냐하면, 실험에서 첫 번째 선택 집합 (A, B)와 다음 선택 집합 (A, B, C)에 노출된 피험자는 **동일** 집단이 아니다. 서로 다른 두 피험자 집단을 선택 집합 각각에 무작위로 할당했던 것이다. 그러므로 결과에 대한 자연스러운 해석은 (A, B, C) 집단의 피험자들도 두 가지 선택지에만 노출되었다면 (A, B) 집단의 피험자들과 마찬가지로 **행위했을 것이다**, 라는 것이다. 따라서 '수정'은 실제가 아니라 반사실적인 기준선에 근거한다. 이런 논평은 이 책에 인용된 여러 실험에도 적용된다.

면 이때도 나에게 X를 할 이유가 있다. 따라서 나는 사례가 무엇이든 X를 할 이유가 있다. 그러나 나는 어떤 이유인지 모르기 때문에 X를 하기를 삼갈 것이다. 수수께끼 14는 이런 변칙 현상을 제공한다.[16] 또 다른 예로 예전의 영국 법이 있다. 그 법에 따르면 증거가 피고가 절도 또는 횡령 가운데 어떤 것이 입증되어 기소되었을지라도, 그 가운데 무엇을 저질렀는지 증거가 확실하지 않으면, 피고는 방면되었다. 유죄 판결을 받으려면, p의 유죄 또는 q의 유죄로 밝혀져야 한다. (p 또는 q)로 유죄라는 것은 충분하지 않다.

'주술적 사고'. 주술적 사고의 메커니즘(7장)이 찬물 수수께끼에서 나타나는 행위를 설명할 수 있다. 그것은 분리 효과의 몇몇 사례도 설명해줄 수 있다. 사람들이 죄수의 딜레마에서 타자가 협동할지 배신할지 모를 때 더 협동하려고 한다면, 그것은 자신의 협동이 타자의 협동을 불러일으킬 수 있다고 주술적으로 믿어서일 수 있다. 즉 "나와 같은 존재인 그는 나와 같이 행동하리라"는 것이다. 투표 의향 역시 이런 식으로 만들어진다. 나의 투표가 타자의 투표를 예견하는 요인일 뿐 아니라 어느 정도는 그들이 더 투표하게 만든다고 비합리적으로 믿는다면, 내 행동의 효능감 증가로 인해 투표가 합리적으로 보일 것이다.

'정언 명령'. 주술적 사고의 마지막 사례와 칸트의 정언 명령(의 일상적 판본) 사이에는 밀접한 관계가 있다. 칸트의 정언 명령에 따를 경우, 모두가 B를 하는 것보다 모두가 A를 하는 것이 우리 모두에게 좋다면 B

---

16 유사한 논증 선을 따라, 사람들이 두 선택지 사이의 제비뽑기에 기꺼이 지출하고자 하는 최대 금액은 선택지 가운데 덜 끌리는 쪽에 지출하고자 하는 최대 금액보다 적은 것으로 나타났다.

보다 A를 해야만 한다. 하지만 정언 명령에 따라서 행동하는 것은 비합리적이다. 합리성이 나에게 말해 주는 바는 B보다 A를 내가 하면 무슨 일이 일어나는가, 하는 함수 관계에 따라 선택하라는 것이다.[17] 정언 명령이 나에게 말해 주는 바는 **모두가** 한다면 무슨 일이 생기는가, 하는 함수 관계에 따라 선택하라는 것이다. 전국 선거에서는 주술적 사고에 종속되지 않는 사람들조차 "모두가 그렇게 했다면 무슨 일이 생기지?"라는 사고에 의해 "기권하기를 기권한다".

'감정'. 감정 기반 행위를 합리적 행위와 비교하기 위해서, 그림 13.1을 수정해서 (굵은 선으로) 도식 내의 요소들 각각에 감정이 미치는 영향을 표현했다(그림 14.1 참조).

의지박약의 경우에서 보듯이(6장), 감정은 **행동**에 직접 영향을 준다고 주장된다. 이아손에게 복수하기 위해서 자기 자식을 죽인 메데이아는 자신이 내린 최선의 판단에 반해서 행동할 때 **그렇게 하고 있다는 것**을 알면서 그렇게 했다. 나는 그런 생각에 유보적이지만, 그럴 가능성을 배제할 수는 없다. 감정은 두 가지 경로로 **욕망**에 영향을 준다. 첫째, 행동 경향과 결합해서 일시적인 선호 변화를 일으킬 수 있다. 상황으로 인해 행동하려는 결단이 이루어지는 시점과 행동하는 시점 사이에 지연이 있게 되면, 전혀 행동이 일어나지 않을 수도 있다. 2001년 9월 11일 이후 입대에 관한 관심 표현이 늘었지만, 그것이 실제 입대의 증가로 이어지진 않았다는 사실이 8장에서 예로 제시되었다. 즉각 행동을 취할

---

17 합리성은 내가 B가 아닌 A를 한다면 나에게 일어날 일을 함수로 선택하라고 말하지 않는다(13장 참조). 그것은 몇 가지 형태의 타자 배려적 도덕과 양립할 수 있지만, 정언 명령으로 대표되는 도덕과 양립할 수는 없다.

그림 14.1

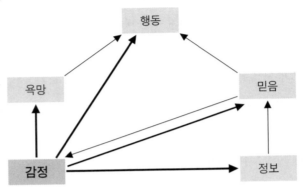

수 없다면, 감정이 누그러질 때 행동은 반대 방향으로 나아갈 수도 있다. 남북 전쟁 중에 아마도 두려움 때문에 북부군을 탈영했을 이만 명의 군인 가운데 10%는 자발적으로 복귀했다. 둘째, 감정으로 인해 형식적 선호, 시간 할인율 또는 위험 회피도가 일시적으로 바뀔 수 있고, 그래서 이전에 별로 선호하지 않던 선택지가 괜찮아 보일 수 있다.

감정은 희망사고와 역逆희망사고 같은 메커니즘을 통해 **믿음**에 직접 영향을 줄 수 있다. (22장에서는 공포가 유도한 공황심리의 예를 몇 가지 볼 것이다.) 자존감 또는 자존심은 실수를 저질렀다는 것을 인정하지 않으려는 태도의 원인이 될 수 있다. 그리고 이것이 최소한 몇몇 사례에서 사람들이 왜 그렇게 쉽게 매몰 비용 오류에 빠지는지 설명해 준다.[18]

마지막으로 조급함이란 특징 때문에(8장), 감정은 **정보**의 최적 획득

---

18 이런 맥락에서, 동물들이 매몰 비용 오류를 범하지 않는 것은 흥미로운 일이다. 아마도 동물에게 는 돌봐야 할 자기 이미지가 없기 때문일 것이다.

에 개입하고, 그렇게 해서 믿음에 간접적으로 영향을 준다. 분노(수수께끼 16)와 사랑(수수께끼 18) 때문에, 우리는 더 합리적인 정보수집 방책이 있었다면 하지 않았을 일을 한다. 세네카의 관찰은 이런 여러 가닥의 논의를 모으는 데 도움이 된다. "분노는 전혀 균형 잡혀 있지 않다. 그것은 가야 할 곳보다 더 멀리 내달리고 멈춰야 할 때보다 더 빨리 정지한다." 조급함은 선택지가 한참 뒤에 가져올 효과를 무시하게 하는데, 그 이유는 **장기적 귀결의 규정 자체에 시간이 걸리기 때문이다**. 그러므로 시간 지평의 단축이 일어나는 것은 알려진 귀결을 너무 할인하는 것 때문이 아니라 어떤 귀결은 행위자의 정신적 영사막 위에 등장하지조차 않기 때문이다.

  '사회 규범'. 경멸과 수치 같은 감정은 사회 규범 유지에 중요한 역할을 한다(21장). 복수로의 돌진은 분노의 조급함에서 기인한다. 그러나 그것은 복수를 스스로 지연하는 사람을 모두 겁쟁이로 낙인찍는 사회 규범 때문일 수도 있다. 결투자가 그에게 가장 능숙한 무기를 택하기를 거부하는 것 또한 명예보다 단순한 생존에 너무 애쓰는 것으로 보일까 두려워서라고 할 수 있다. 마지막으로 잔디 깎기 수수께끼는 손실 회피보다는 사회 규범의 작동으로 설명될 수 있다. 동네 주민은 이웃의 잔디를 깎아 주는 것을 생각조차 하지 않는다. 교외 공동체에는 어른이 돈을 위해서 그런 일을 하지는 않는다는 사회 규범이 있기 때문이다. 그것은 그냥 **행해지지 않는다**. 투표 역시 투표 활동을 타자가 볼 수 있고, 그들이 투표하지 않는 사람을 싫어한다면, 사회 규범의 작용을 반영한다. 하지만 대규모 익명 선거에서 투표는 그 자체로는 비합리적 측면을 가진(앞의 논의를 보라) **도덕** 규범의 결과로 보는 것이 더 설득력 있다.

참고문헌

안과 의사에 대한 조언은 N. Schrage and F. Kuhn, "Chemical injuries", in F. Kuhn (ed.), *Ocular Traumatology* (New York: Springer, 2008)에서 인용했다. 합리적 선택 이론의 기본 신조를 허무는 변칙 현상의 여러 사례에 대한 뛰어나고 포괄적인 조사로 D. Kahneman, *Thinking Fast and Slow* (New York: Farrar Strauss, and Giroux, 2011)가 있다. 행동경제학의 적용에 대해서는 D. Hough, *Irrationality in Health Care* (Stanford University Press, 2013) 그리고 H. Kunreuther, M. Pauly, and S. McMorrow, *Insurance and Behavioral Economics* (Cambridge University Press, 2013)를 보라. 다양한 응용 프로그램은 E. Shafir (ed.), *The Behavioral Foundations of Public Policy* (Princeton University Press, 2012)에서 논의된다. 합리적 선택 이론을 현재와 다소 다른 관점에서 비판적으로 평가하는 것은 D. Green and I. Shapiro, *Pathologies of Rational Choice Theory* (New Haven, CT: Yale University Press, 1994)에서 논의되며, J. Friedman (ed.), *The Rational Choice Controversy* (New Haven, CT: Yale University Press, 1996)는 유용한 보완이 되는 저서이다. 규범으로서의 합리성이라는 발상에 대해서는 D. Føllesdal, "The status of rationality assumptions in interpretation and in the explanation of action", in M. Martin and L. McIntyre (eds.), *Readings in the Philosophy of the Social Sciences* (Cambridge, MA: MIT Press, 1994)를 보라. 나는 *Solomonic Judgments* (Cambridge University Press, 1989) 3장에서 '아이의 최

고 이익'이라는 원칙의 과합리성에 대해 논증했다. 관련된 쟁점에 대한 유용한 논의로 J. Wiener, "Managing the iatrogenic risks of risk management", *Risk: Health, Safety and Environment* 9 (1998), pp. 39~82가 있다. 후속 수수께끼의 대부분은 7장의 참고문헌에 나오는 책에 수록된 논문에서 논의된다. 예외는 수수께끼 1이다. 그것에 대해서는 A. Blais, *To Vote or Not to Vote: The Merits and Limits of Rational Choice Theory* (Pittsburgh: University of Pittsburgh Press, 2000)를 보라. 수수께끼 2에 대해서는 D. Kahneman, "Objective happiness", in D. Kahneman, E. Diener, and N. Schwartz (eds.), *Well-Being: The Foundations of Hedonic Psychology* (New York: Russell Sage, 1999)를 보라. 수수께끼 16과 17에 대해서는 나의 *Alchemies of the Mind* (Cambridge University Press, 1999) 3장을 보라. 그리고 수수께끼 18에 대해서는 8장의 논의를 보라. 수수께끼 19에 대해서는 L. Lopez, "Two conceptions of the juror", in R. Hastie (ed.), *Inside the Juror: The Psychology of Jury Decision Making* (Cambridge University Press, 1993), pp. 255~262를 보라. 희망사고(7장), 감정(8장), 사회 규범(21장)을 제외한 대부분의 대안이 같은 참고도서로 포괄된다. 확실성 효과는 합리적 선택 이론에 대한 도전으로 명시적으로 제시된 최초의 수수께끼(1953년) '알레의 역설'Allais paradox과 밀접한 관련이 있다. '시라크 수수께끼'Chirac puzzle는 A. Smith, *Election Timing* (Cambridge University Press, 2004)에 나오는 많은 유사한 예들과 함께 토의된다. H. Arkes and P. Ayton, "The sunk cost and Concorde effects: are humans less rational than lower animals?", *Psychological Bulletin* 125 (1999), pp. 591~600은 동물들은 매몰 비용의 오류를 범하지 않는다는 주장을 옹호한다. 브로드웨이에서의 잼 판매라는 예는 S. Iyengar and M. Lepper, "When choice is demotivating: can one desire too much of a good thing?", *Journal of Personality and Social Psychology* 79 (2000), pp. 995~1006에서 발췌한 것이다. 구 영국 법률에서 횡령과 절도에 대한 언급은 J. F. Stephen, *A History of English Criminal Law* (London: Macmillan, 1883; Buffalo, NY: Hein, 1964), vol. III, p. 153에서 가져왔다. 영국 군대에서의 재입대에 관한 연구 결과는 D. Costa and M. Kahn, "Deserters, social norms and migration", *Journal of Law and Economics* 50 (2007), pp. 323~353에서 가져온 것이다. 감정에 의한 시간 할인 강화에 대한 증거는 D. Tice, E. Braslavsky, and R. Baumeister, "Emotional distress regulation takes precedence over impulse control", *Journal of Personality and Social Psychology* 80 (2001), pp. 53~67에서 제공한다.

15장_ 비합리성에 대응하기

차선의 합리성

앞의 두 장에서 나는 합리적 행위라는 관념과 합리성으로부터의 빈번한 탈선에 대해 고찰했다. 이런 탈선은 광범위하고 빈번하지만 불가피한 것은 아니다. 실수하는 자신의 성향을 이해한다면, 실수를 반복하지 않도록 조심할 수 있고, 실수하더라도 손상을 줄일 수 있다. 반복해서 말했지만, 우리는 합리적이기를 **원한다**. 우리는 이런 예방 전략을 불완전한 또는 **차선의 합리성** 형태로 생각할 수도 있다. 이것들은 단순한 학습과는 구별되어야 한다. 단순한 학습은 통찰력이 개선된 결과 성향의 힘이 서서히 약해진 것을 말한다. 예를 들어 투표의 의미가 분명치 않다고 느끼면 투표하지 않는다는 사실은 잘 알려져 있다.[1] 시각적 환영과 유사한 인지적 오류는 학습으로 극복할 수 있다. 막대기가 물속에 잠기

---

1 특히 경제학 학생들은 이런 식으로 처신하는 것 같다.

는 부분에서 꺾인 듯이 보이는 것은 무시해도 좋다는 것을 배우듯이, 어떤 도박꾼들은 아마도 주사위에는 기억력이 없다는 것을 배울 수도 있을 것이다. 내가 여기서 관심을 기울이는 것은 이와 달리 시간을 넘어 지속하는 성향들이다.

비합리적으로 행동하는 경향에 대처하기 위해서 우리는 심리 내적 전략이나 심리 외적 장치(서약 **전략**)를 사용할 것이다. 나는 먼저 이런 기법들이 쌍곡선형 할인과 그것이 초래하는 일관성 없는 행위에 대응하기 위해서 어떻게 활용되는지 보여 줄 것이다. 그런 다음 그것을 감정적 행위와 중독적 행위를 통제하기 위해 활용하는 것에 대해 논의할 것이다. 이런 다양한 전략이 모두 합리적인 것은 아니지만, 많은 부분 합리적이다.

동맹자로서의 미래 자아

쌍곡선형 할인에 종속되어 있으면서 그 사실을 아는 행위자는 **닳고 닳은** 사람이다. 기저 메커니즘을 이해하지 못한 채 반복해서 마음을 바꾸는 자신을 보게 되는 순진한 행위자와 달리, 닳고 닳은 행위자는 자신의 성향을 잘 아는 동시에 그것을 개탄한다. 자신이 직면할 미래 상황이 작은 조기 보상과 큰 만기 보상 사이의 선택이라는 것을 예감하면서, 그는 전자를 택하려는 성향을 이겨 내고 후자를 택하고 싶어 한다. 어떤 의미에서 그는 '미래의 자아들'을 유혹을 극복하는 공동 노력의 동맹자로 대한다. 다른 경우라면, 그는 미래의 자아들을 적수로 삼고 그들이 그의 '현재 자아'에 미칠 손상을 제한하려고 할 수도 있다. 이런 언어는 물론 은

유적인 것이지만, 은유에 머물지 않을 것이다.

먼저 작은 조기 보상과 큰 만기 보상 사이의 선택이 반복해서 일어나리라 예상할 수 있는 경우를 살펴보자. 행위자는 그럴 때 선택들을 **다발 짓기**(또는 묶어 내기)함으로써 지연된 보상 쪽으로 나갈 수 있다.

내가 가르치던 대학 가까운 언덕에서 살던 시절의 예에서 시작해 보자. 나는 매일 자전거를 타고 학교에 출퇴근했다. 돌아올 때는 좀 가파른 언덕길을 올라야 한다. 그럴 때마다 나는 자전거를 두고 걸어가고 싶은 유혹에 직면했다. 캠퍼스에서 출발할 때는 자전거로 길 전부 오르겠다고 굳게 마음먹지만, 오르막길 중간쯤에 이르면 "오늘은 걷고 내일 자전거를 다시 타면 안 될까?" 하는 유혹적인 생각이 떠올랐다. 그러던 중 우연하게도 생각이 더 나아갔다. "내일이 그렇게 특별한 게 무엇이 있는가? 내가 오늘 유혹에 굴복한다면, 내일 또 굴복할 것이 예측되지 않는가, 모레도 그다음 날도?" 생각이 여기에 미치자 나는 계속 자전거를 탈 수 있었다.

이런 심리 내적 장치는 상황의 **재설정**과 관련된다. 집으로 오는 여정을 **한 계열의 선택**으로 생각하기보다, **두 계열 사이의 선택**, 즉 언제나 자전거 타고 언덕을 오르기와 언제나 자전거를 끌며 걷기 사이의 선택으로 보기 시작한 것이다. 스스로에게 한 상황에서의 나의 행위는 다음 상황에서의 내 행위를 가장 잘 예측하는 요인이라고 말해 줌으로써 나는 판돈을 올리는 내면적 도미노 효과를 수립한 것이다. 그리고 불편함에서 벗어남이라는 조기 보상 대신, 건강 개선이라는 만기 보상으로 나아간 것이다. 그림 6.1을 참조하면, 이 점을 잘 보여 줄 수 있다. A 그리고 B와 같은 여러 보상 컬레를 지평선 위에 두고, 그런 다음 두 개의 곡선을 긋는다. 하나는 모든 작은 보상이 현재 가지고 있는 가치 곡선의 합을 나타내고, 다른 하나는 모든 큰 보상의 현재 가치의 곡선 합을 나타낸다. 이어지는 선택 기회가 충분히 많다는 조건 아래서 뒤의 곡선은 첫 번째 선택이 이루어지던 시점에서는 앞 곡선보다 위에 있다.[2] 달리 말하면, 선택 묶기 덕에 언제나 더 적은 보상으로 나아가는 선택지가 아니라 언제나 더 큰 보상으로 나아가는 선택지를 선호할 수 있게 된다. 확실히 오늘의 더 작은 보상과 모든 미래 경우에서의 더 큰 보상을 선택하는 것이 훨씬 더 좋다. 그러나 가정상 그런 선택지는 행위자의 기회 집합에서 제외된다.[3]

이런 가정이 정당화될 수 있는가? 오늘 나의 행위는 내일 나의 행위의 예측 인자인가? 제대로 된 인과 효과를 수반하는 사례에서는 그것이 참일 것이다. 오늘 자전거를 타는 것은 나의 근육을 강하게 유지해서 내일 자전거를 탈 수 있게 해준다.[4] 그러나 이 경우 나는 인과적 효력보다

---

2 이해를 돕기 위해서 미래의 t 시점에서 1단위 효용의 현재 가치가 $1/(1+t)$이고, 행위자는 작은 보상 3과 큰 보상 10 사이의 선택에 두 번 처한다고 해보자. 작은 보상은 0시에서 6시 사이에 가능하며, 큰 보상은 3시에서 9시 사이에 가능하다. 0시에 첫 번째 큰 보상의 현재 가치는 $10/(1+3)=2.5$이며, 이는 작은 보상의 현재 (즉시적) 가치보다 작다. 이 비교만을 기준으로 선택하면 작은 보상이 선택될 것이다. 같은 이유로 6시에도 같은 선택이 이뤄질 것이다. 두 가지 작은 보상의 현재 가치의 합이 $3+3/(1+6)≒3.43$이고, 두 가지 큰 보상의 현재 가치의 합은 $10/(1+3)+10/(1+9)=3.5$이며, 다발 짓기를 하면, 행위자는 두 개의 큰 보상을 선호하게 된다.

3 행위자가 '결정 근시안'(14장)에 시달리고 있다면, 다발 짓기는 작동하지 않을 수 있다. 즉, 행위자가 첫 번째 작은 보상을 얻기 전에 선택을 묶어 낸다고 가정해 보자. 다발 짓기 시점에서 큰 보상 흐름의 현재 가치는 작은 보상 흐름보다 높으며, 행위자는 첫 번째 큰 보상을 확고히 기다리고자 할 것이다. 그가 첫 보상을 얻는 때에 더 가까이 다가갔을 때, 그 의도는 유지될 수도 있고 그렇지 않을 수도 있다. 이러한 선호 역전은 쌍곡선형 할인 자체에서 기인하는 것이 아니라 결정 근시안 때문에 일어난다.

4 유추를 위해, 내가 투표를 함으로써 그렇지 않았다면 기권할 다른 많은 사람이 투표하게 영향을 미칠 수 있다고 가정해 보자. 이 가정에는 주술적 사고는 들어 있지 않고, 인과적 승수효과만 들어 있을 뿐이다.

는 주술적 사고에 의지했다. 많은 사람이 "내가 아니면 누가?"라고 생각하며 투표나 자선을 하듯이, 자전거를 계속 타게 한 것은 "지금 아니면 언제?"라는 생각이었다. 좀 더 정교하게 말하자면, "오늘은 특별할 게 없다. 오늘 자전거를 타지 않는다면, 내가 그렇게 하게 한 원인은 내일도 같은 행동을 하도록 작용할 것이다. 지금 노력하지 않는다면, 다시는 노력하지 않을 것이다." 하지만 제대로 된 인과 효과가 없는 경우에는 결론이 따라 나오지 않는다. 오늘 자전거를 **탈 수 있지만** 타지 않는다고 결정한다고 해도, 내일 그것을 탈 수는 있다. 허위이긴 하지만, 이런 추론은 강력하고 내가 아는 한 아주 광범위하다. 우리는 비합리성의 한 형태(주술적 사고)를 또 다른 비합리성(쌍곡선형 할인)에 대항하기 위해서 활용할 수 있다.[5]

그런 전략이 잘 작동하기 위해서는 언제나 그것을 하거나 결코 그것을 하지 않는다는 식의 2항 선택으로 틀이 잡혀야만 한다. 많은 사람에게 기권이 절제보다 쉬운 법이다. 보즈웰이 말했듯이 "존슨은 음식과 술에 대해서 엄격히 **절제할 수 있는** 사람이었지만 **절제된** 사람은 아니었다. 그는 아예 안 마실 수는 있지만, 적당히 마시지는 못하는 사람이었다."[6] 사람들이 자신이 빠져드는 소비를 그때그때 매번 제한하는 대

---

5 투표에서 주술적 사고의 효과는 비합리성을 막기보다는 사회적으로 해로운 합리적 행위 성향을 극복하도록 돕는 것이다.

6 몽테뉴에 따르면, 이런 문제는 매우 일반적이다. "아마도 아예 여자 없이 지내는 것이 아내와의 관계로 스스로를 합당하고 신중하게 제한하는 것보다 더 쉬울 것이다. 사람은 합당하게 통제된 풍요보다 가난하더라도 걱정 없이 살 방도가 더 많다. 그리고 이성에 의해 통치되는 행위가 금욕보다 더 까다로운 법이다." 그는 이성에 대한 관대한 개념을 가지고 있었다. "나는 육욕에 저항해 왔는데, 이제는 절제심으로부터 자신을 지켜 내고 있다. (…) 지혜에도 나름의 과잉이 있어서 광기 못지않게 중용이 필요하다."

신 소비 횟수를 제한하려고 한다면, 같은 문제가 발생한다. 정당한 경우로 꼽아 줄 것을 미리 정하려는 술책은 쉽게 삭아 버린다. 저녁 식사 전에는 술을 마시지 않겠다고 결심한 사람은 어느덧 자신이 점점 저녁 식사 시간을 앞당기고 있다는 것을 깨닫게 된다. 집에서 말고 음식점에서만 포도주를 마시겠다는 규칙은 점점 자주 외식을 하는 원인이 될 수도 있다.[7] 아침 식사 뒤에 한 파이프의 담배만 피운다는 칸트의 규칙(4장)은 꽤 모호한 구석이 있어서 자신을 면책할 수 있었다. 시간이 감에 따라 그는 점점 더 큰 파이프를 사들였다. 해내기만 한다면, "절대로 안 할 거야"라는 규칙은 안정적으로 유지될 수 있는 유일한 규칙일 것이다. 그러나 먹는 문제에는 이런 방책을 쓸 수 없다. 그래서 중독보다 비만이 사적 규칙으로 다루기 더 까다롭다.

그러나 2항 선택 설정은 부조리하게 경직된 행위를 유도할 수 있다. 매일 밤 이를 닦는 규칙을 단 한 번도 어겨서는 안 된다고 자신에게 말했다고 해보자. 어쩌다가 칫솔이 없는 상황이 닥쳤을 때, 눈보라를 뚫고 5마일을 걸어서 칫솔을 사러 가겠다고 결심한다. 그 결정을 고수하기 위해서, 이번 경우에 규칙을 어기면 나는 훨씬 더 사소한 이유에도 규칙을 위반하는 데 이르게 하는 미끄러운 경사면에 서게 될 것이며, 이어서 곧장 모든 규칙이 무너지고 나의 치아는 상해 버릴 것이라고 나 자신에게 속삭인다. 어떤 사람은 이런 종류의 매우 정교한 시스템을 구성한다. 그런 체계 안에서는 한 규칙을 준수하지 못한 것은 다른 규칙과 관련된

---

7 존 마셜 대법원 판사는 비 오는 날에는 법원에서 포도주를 마셔도 좋다는 규칙을 상당히 뻔뻔하게 우회했다. 그는 맑은 날 창밖을 보면서 이렇게 말했던 것이다. "우리의 사법권은 너무 큰 지역을 포괄하고 있어서, 그 지역 어딘가에서는 비가 오고 있는 게 확률적으로 확실하다."

실패를 예견하며, 그런 식으로 판돈을 훨씬 높인다.[8] 사적 규칙은 사람을 어처구니없게 만드는 효과가 있어서, 병보다 더 나쁜 약을 주기도 한다. 프로이트적 표현을 빌리자면(4장), 초자아의 경직된 충동 통제는 이드의 충동보다 더 큰 피해를 줄 수 있다.

적수로서의 미래 자아

이제 행위자가 미래의 여러 날 가운데 어느 날에 있을 보상들(또는 처벌들) 사이에서 선택해야 하는 사례를 살펴보자. (앞 사례와 달리 선택은 한 번만 하는 것으로 가정된다.) 행위자는 그럴 때 미래를 쌍곡선형으로 할인하는 '미래 자아들'의 성향을 알고 있으므로, 그런 성향에 전략적으로 대응하는 심리 내적 장치를 채택할 것이다. 내가 언제나 내일까지 일을 미루고 내일이 되면 다시 그다음 날로 미루는 '쌍곡선형 지연자'라고 해보자. 일단 내가 이런 성향을 따른다는 것을 이해하고 나면, 나의 최적의 행위는 바뀐다. 내가 세 시기 가운데 하나에 주어진 불쾌한 과제를 수행할 수 있으며, 시간이 갈수록 과제를 수행하는 비용이 올라간다고 해보자. 내가 천진하다면, 자신에게 이 과제를 내일 할 것이라고 속삭일 것이다. 내가 닳고 닳았다면, 내일 내가 이 과제를 마지막 시기까지 미룰 것을 안다. 만일 과제를 지금 바로 해내지 않는다면 그 비용이 매우 높아진다는 사실을 이해했기 때문에 나는 정확히 그것을 한다.[9]

---

8 그들은 교차 상황적 일관성이 교차 상황적인 붕괴를 촉발할 것이라고 믿을 수도 있다. 물론 그런 믿음은 잘못된 것이다(12장).

이런 사례에서는 닳고 닳았다는 것은 도움이 된다. 다른 사례에서는 천진한 것이 더 낫다. 당신이 세 개의 연속되는 시기들 가운데 어느한 시기에 보상을 받을 수 있으며, 그 보상이 시간이 감에 따라 커진다는 것을 안다고 가정해 보자. 3년까지는 시간이 갈수록 좋아지지만, 그뒤에는 나빠지는 포도주를 한 병 받은 사람을 예로 들어 보자. 천진한사람은 세 번째 시기까지 기다리기로 마음을 먹지만, 두 번째 시기에 마음을 바꿔서 포도주를 마셔 버릴 것이다. 닳고 닳은 사람은 자신이 결코 세 번째 시기까지 기다리지 못하리라는 것을 안다. 그래서 효율을 기하기 위해서 첫 번째 시기의 보상과 두 번째 시기의 보상 사이의 선택만마주한다. 그런 선택에서는 조기 보상이 이겨 버린다.[10] 유사한 종류의추론에 빠진 어떤 알코올 중독자는 다음과 같이 말한다. "나는 내가 유혹에 굴복하리라는 것을 알아요. 그럴 바에야 지금 바로 마시는 것이 낫지요." 또한, 처음 담배를 끊으려고 하는 천진한 끽연가가 여러 번 담배

---

9 이해를 돕기 위해서 미래 t 시점에서 1단위 효용의 현재 가치가 1/(1+t)이고, 치과의사 방문을 연기하면 고통이 점점 더 커질 것이라고 가정해 보자. 즉 만일 오늘 가면 나는 -2.75의 고통을 받고 내일 가면 -5의 고통을 받고 모레는 -9가 될 것이다. 오늘의 관점에서 그런 고통의 현재 가치는 각각 -2.75, -5/(1+1)=-2.5, 그리고 -9/(1+2)=-3이다. 그러므로 오늘의 관점에서 최적의 선택은 내일까지 방문을 연기하는 것이다. 그러나 닳고 닳은 사람인 나는 내일이 되면 그때 내일 가는 것의 가치가 -5가 되고 그 다음날 가는 것의 가치는 -9/(1+1)=-4.5가 되리라는 것을 오늘 아는데, 그 사실로 인해서 모레까지 방문을 미룬다. 그러나 오늘까지는 모레 가는 것보다 오늘 가는 것을 선호하기 때문에, 오늘 간다.

10 이해를 돕기 위해서 미래 t 시점에서 1단위 효용의 현재 가치가 1/(1+t)이고, 나는 포도주 한 병의 소비를 연기함으로써 점점 더 혜택을 볼 수 있다고 해보자. 내가 그것을 올해 마신다면, 나는 2.75의 쾌락을 얻고, 내년에는 5, 후년에는 9를 얻을 것이다. 오늘의 관점에서 현재 가치는 각각 2.75, 5/(1+1)=2.5, 그리고 9/(1+2)=3이다. 따라서 첫해의 관점에서 최적의 선택은 포도주를 후년에 마시는 것이다. 그러나 닳고 닳은 사람인 나는 내년이 되면 그때에 마시는 것의 가치가 5가 되고 그다음 해에 마시는 것의 가치는 9/(1+1)=4.5가 되리라는 것을 아는데, 그 때문에 [현재 시점에서] 내년에 마실 것에 이끌린다. 그러나 나는 첫해에는 내년에 마시는 것보다 올해 마시는 것을 선호하므로, 오늘 마신다.

를 끊으려고 해봐서 성공하지 못할 확률을 잘 아는 닳고 닳은 끽연가보다 더 오래 견딜 수 있게 마련이다. 다시 중독에 빠지는 것이 쌍곡선형 할인일 필요는 없지만, 일반적인 요점은 동일하다. 당신이 당신에게 최선인 계획에서 탈선할 것을 예측할 수 있다면, 당신은 실패하리라는 것을 모를 때보다 훨씬 멀리까지 또는 더 빨리 탈선하게 될 수 있다.

새해 결심

초점 이론(18장)의 예측에 따르면, 사람들은 1월 1일과 같이 어떤 두드러진 날에 나쁜 습관이나 중독을 끊고자 하며, 자신에게 "내일까지 기다리지 말아야 할 이유는 뭐지?" 하고 속삭이는 유혹에 저항한다. 한 연구에서는, 참가자 213명이 평균 1.8개의 새해 결심을 했다. 금연(30%)과 체중 감량(38%)이 결심의 3분의 2를 차지했다. 인간관계 개선(5%), 절주(2%) 그리고 저축(2%)도 인기 있는 결심 거리였다. 일차 서약의 23%에 해당하는 '기타' 범주에는 정서조절, 자신을 위한 시간 내기, 스스로 결정하기, '아니'라고 말하기 같은 다양한 범주의 개인 특유의 응답도 있었다. 이 연구는 성공률을 보고하고 일부 설명 변수를 제안하지만, 새해 첫날의 결심이 그날이 아닌 날에 중단하기로 한 결심과 비교해서 얼마나 효과가 있는지는 말하지 않고 있다.

그러나 그 효과에 대한 간접적인 증거는 있다. 담배 회사는 그런 효과의 존재를 믿는 것 같다. 사람들 대부분이 1월 1일에 금연을 시도하고, 입증된 바 있듯이 금단 증상은 대략 1개월 후에 최고조에 달하므로, 금연 시도자가 신호cue 촉발에 특히 취약한 때는 1월과 2월이다. 그러므로

1월과 2월에 담배 광고가 최고조에 달할 것으로 예상할 수 있다. 그리고 이런 예상은 3,024종의 잡지 뒤표지 분석을 통해 확증되었다. 연구자들은 세 가지 대안적 설명을 검토하고 반박한 뒤, 광고의 시점 선택이 새해 결심을 막기 위한 의도적인 것이라고 결론 내렸다. 이 결론은 오직 전미총기협회에만 뒤질 뿐인 미국 담배회사의 위선 및 조작 문화에 대해 우리가 아는 것과 정확히 일치한다.

이런 발견은 3수준 모델을 제안한다. 첫째 수준으로, 개인이 흡연이나 여타 (합법적이지만) 과도한 행위를 하려는 욕망이 있다. 둘째 수준으로, 이런 행위를 하는 개인은 중단을 원한다. 셋째 수준으로, 소비자의 중단을 방해하는 행위에서 이윤을 얻는 기업의 욕망이 있다. 객관적으로, 첫째 수준과 셋째 수준 사이에는 동맹이 있다. 약한 순간의 사용자 욕망과 회사의 욕망은 동일하다. 그만두고 싶은 인격은 중간에서 압박받는다.

심리 외적 장치들

실제 상황에서는, 심리 내적 장치보다 지금 내가 다루려는 서약 장치가 더 중요할 것이다. 이것은 더 작은 이른 미래 보상을 선택하지 않도록 하려는 목적으로 외부 세계에 영향을 주는 것과 관련된다. 그래서 그것은 일단 실행되면 즉시 그리고 비용 들이지 않고 없던 일로 돌아가지 않는다. 여섯 가지 전략이 두드러진다. (1) 실행 가능한 집합에서 조기 보상의 선택을 제거하기, (2) 조기 보상의 선택에 벌금을 부과하기, (3) 지연된 보상에 웃돈 얹어주기*adding a premium*, (4) 선택과 실제 보상의 제공 사이를 **지연시키기**, (5) 선호 역전을 촉발하는 **신호**^{cues}**를 피하기** 그리고 (6) 즉각적 보상을 선택하는 원인이 되는 **정보를 피하기**. 저축 행위는 앞의 네 가지 선택지를 잘 보여 준다. 내가 크리스마스를 위해 저축을 시작했지만, 내 저축 계좌에 돈을 묵혀 두지 않고 인출하고 있다는 것을 깨닫는다면, 나는 조기인출을 허용하지 않는 크리스마스 저축 클럽에 가입할 수도 있다(14장). 다른 대안으로, 조기인출 하면 손실이 큰 대신 이자율이 높은 저축 상품, 즉 벌금과 웃돈을 결합한 저축 상품에 가입할 수도 있다. 노후를 위해 저축하고 싶다면, 주식이나 채권보다는 유동성이 없는 자산에 투자함으로써 인출 결정에서 현금화에 이르기까지 일정 시간이 걸리게 하는 것이 좋다.

다섯 번째 선택지는 시각적 신호에 디저트 욕구가 불붙는 사람을 예로 들 수 있다. 요령은 디저트 수레가 돌지 않는 시간에 레스토랑에 가는 것이다. 그럴 때 가면 메뉴를 보고 주문을 해야 디저트를 먹을 수 있다. 이런 사람을 쌍곡선형 할인 때문에 디저트 문제가 생기는 사람과 비교해 볼 수 있다. 그에게 최선의 선택지는 식사 시작 때 디저트를 주문해야 하는 식당에 가는 것이다. 두 전략 모두 공간적이든 시간적이든 **유혹의 근접성** 효과로부터 자신을 보호하는 것과 관련된다.

여섯 번째 선택지를 이해하기 위해서, 콘돔 없는 성관계를 고려하고 있는 사람을 살펴보자. 그는 AIDS 전파 위험에 대한 개략적 지식에 근거해서 그런 관계를 포기하기로 한다. 그는 더 정확한 정보를 쉽게 얻을 수 있다는 것을 알고 있지만, 다음과 같은 추론에 근거해서 그렇게 하지 않기로 한다. 위험이 생각보다 작다는 것을 알게 되면, 콘돔 없이 성관계를 가질 마음을 먹을 수 있다. 그런데 그것은 현재의 관점에서 최적성에 미치지 못하고, 미래의 관점에서 정확하지 못한 정보일 수 있다. (여기서, 나는 그가 미래를 쌍곡선형으로 할인한다고 가정한다.) 사람들이 실제로 얼마나 자주 이런 추론 연쇄를 의식적으로 경유하는지는 확실치 않다. 저울 위에 오르지 않으려는 것 같은 전략적 무지는 아마 사람들이 해로운 행위를 **고집할** 때 흔히 나타날 것이다.

주별 운동 프로그램에 가입한 사람은 한두 주 뒤에 중단하는 일이 많다. 이것을 막기 위해서 그들은 (최소한 이론적으로는) 정상 요금의 두 배를 지급하고 운동을 올 때마다 일부를 돌려받는 계약을 체력단련 센터와 맺을 수 있다. 체중 감량 프로그램에 등록한 사람들이라면, 예치금을 내고 그들이 명기한 감량 목표에 도달할 때만 그것을 돌려받을 수 있게 하는 것이다. 그리고 감량에 실패할 경우 예치금은 가장 싫어하는 정당에 기부될 것이라는 부칙을 달아도 좋을 것이다. 내가 이 책 1판의 토대가 된 강의를 시작했을 때, 나는 학생들에게 매주 말 이 책 초고의 해당 장을 제공하겠다고 서약했다. 그 약속을 지키지 못한다면, 나는 약간의 조롱이라는 비용을 감수해야 했다. 약속시간이 닥쳐 오면 치과 진료 예약을 취소하는 버릇이 싫다면, 나는 치과의사에게 내가 나타나지 않으면 통상 진료비의 두 배를 청구할 권한을 부여할 수 있다. 시간이 감에 따라 더 맛이 좋아지는 포도주의 경우, 때 이른 만족을 얻으려는 것을 막기 위해서 당신은 판매자에게 포도주를 보관해 달라고 요청할 수도 있다. 당신이 좋아하는 탐정소설가의 마지막 작품 결말을 알고 싶은 나머지 문단을 건너뛰며 빨리빨리 읽어 버릴 것이 걱정되면, 오디오북 (과 더불어 패스트 포워드 기능이 없는 재생기)을 살 수도 있다. 그러면 당신은 모든 단어를 들을 수밖에 없다.

앞의 두 문단에서의 예들은 두 종류의 유혹에 대항하는 서약과 관련된다. 한편에 **미루기**가 있다. 그것에 속하는 것으로 저축 실패, 고통스러운 치료 감행의 실패, 운동 실패 또는 초고 작성 실패가 있다. 다른 한편에 **조숙한 만족**이 있다. 너무 빨리 포도주를 마시거나 책의 뒷장으로 건너뛰는 것이 그 예이다. 이런 유혹의 직접적 출처는 쌍곡선형 할인이다. 관련된 것은 시간의 단순한 경과뿐이다. 이런 사례의 더 폭넓은 범주인 **과잉 행위**에서 쌍곡선형 할인은 다른 본능적 동기화와 상호작용할 수도 있다. 이런 것에는 과식, 강박적 도박, 그리고 중독적 행위가 포함된다. 그 경우, 선호 역전이 할인 구조에서 기인하는지 아니면 다른 요인들에서 기인하는지 알기 어렵다. 배가 불렀을 때 굶기로 결정한 것은 다시 배가 고파지면 깨지기 십상이다. 금연 결심은 남이 담뱃불 붙이는 모습을 보면 약해지기 쉽다. 이것이 **신호 의존성**이라는 현상이다. 즉, 중독물질 소비와 결합한 시각적 신호 때문에 촉발된 갈망이다. 가족에 대해 느낀 죄의식 때문에 도박을 끊는다는 도박사의 결심은 일단 감정이 누그러지면 함께 약해진다(8장). 우리가 미루기를 다루고 있는지 본능적 요소를 다루고 있는지도 말하기 어렵다. 정기적 치료를 받기로 한 결정은, 환자가 의사를 처음 찾을 때 원인이었던 강한 감정이 약해지면 더불어 약해진다.

일단 행위자가 이런 다른 메커니즘에 종속되어 있다는 것을 이해하면, 그는 그런 메커니즘의 작동을 미연에 방지하기 위해서 자신을 사전 구속할 것이다. 다이어트를 하겠다는 결심이 배고픔에 의해서 약해지는 것을 막기 위해 그는 음식에 대한 갈망을 약화하는 알약을 복용할 수도 있다. 더 대담하게는 그는 유동식만 먹을 수 있도록 턱을 철사로 잡아낼 수도 있다. 그가 자신의 디저트에 대한 욕망이 신호 의존적이라는 것을 안다면, 그는 디저트 수레가 돌아다니는 식당에는 가지 않을 것이다. 이전에 헤로인 중독자였던 사람은 그들이 마약을 하던 장소에서 떨어져 살 것이다. 예전의 도박꾼은 "그저 다른 사람이 도박하는 것을 보러" 카지노에 가서도 안 된다는 것을 배운다. 분노는 사그라들고 공격자를 처벌하기를 원하지 않게 되리라는 것을 예측할 수 있다면, 행위자는 그러기 전에 즉시 처벌하려고 할 수도 있다. 앞서 지적했듯이, 이런 행위가 2차 세계대전 직후 벨기에에서 나타났다.

중독과 싸울 때, 자신에게 비용을 부과하는 전략은 매우 흔하다. 드골 장군은 담배를 끊고 싶었을 때, 금연 실패 때 치를 비용을 올리기 위해서 모든 친구에게 금연 사실을 이야기했다. 덴버에 있는 코카인 중독센터에서, 의사들은 주 정부 의료검사위원회에 유죄인정 편지를 쓸 기회를 받는다. 편지는 약물 사용에 대해 고백하는 대신 의사 면허 복구를 요청하기 위한 것이다. 코카인 사용 테스트에서 환자가 양성이면, 편지는 자동 발송된다. 몇몇 예전의 알코올 중독자는 복용 상태에서 술을 마시면 급격히 몸이 아파지게 하는 약인 디설피람을 복용해서 금주 상태를 유지하고자 했다.[11]

스스로 부과한 지연도 갈망에 저항하는 데 효과적일 수 있다. 충동적인 음주를 막기 위해서 시간 설정 기능을 가진 금고에 술을 저장할 수 있다. 다른 대안으로 집에는 술을 보관하지 않고, 술을 마시려면 주류판

---

11 가장 흔한 형태는 복용이며, 알코올을 섭취하면 구토를 하게 만든다. (생리적으로는 효과가 없지만, 심리적으로 효과적인) 피하주사법은 별로 사용되지 않는다.

매점을 다녀와야 하는 것을 정책으로 삼을 수 있다. 디설피람 복용은 사실 비용 부과와 지연을 결합하는 것이다. 일단 복용하면, 아프지 않고 술을 마시기 위해서는 이틀이 지나야 하기 때문이다. 코카인 중독 센터 역시 비용과 지연을 결합한다. 센터와의 협약을 깨려면 인증된 협의 철회서를 제출해야만 하기 때문이다. 그런 절차에 2주가 걸린다. 철회 요청서를 제출하는 사람은 누구나 2주 후에 유죄인정 편지를 회수할 수 있다. 그러나 2주의 경과기간 동안 철회가 백지화되면, 또 다른 2주의 고지 기간이 필요해진다. 많은 환자가 철회 절차를 개시하지만, 철회를 철회하지 않고 2주가 지나가는 일은 없다.

시간 비일관성과 과잉 행위를 막는 서약전략에 관한 관심은 상대적으로 최근 일이다. 이 주제에 대해 고전적 작가들은 도취 상태나 정신병적 상태를 포함하는 넓은 의미에서의 **열정**을 막아 내는 서약에 초점을 두었다.[12] 『오뒷세이아』에서 호메로스는 서약전략의 표준적인 예를 제시했다. 오뒷세우스는 세이렌의 노래에 이끌리지 않기 위해서 자신을 돛대에 묶었다. 『분노에 대해서』에서 세네카는 이렇게 썼다. "우리가 멀쩡할 때, 우리가 우리 자신일 때, 우리가 자주 빠져드는 강력한 악에 저항할 수 있게 도와 달라고 하자. 포도주와 신중하게 동행할 수 없고 성급하고 무례하게 술을 마실까 봐 두려워하는 사람은 친구들에게 자신을 연회에 초대하지 말라고 이야기한다. 자신이 아플 때 이성적이지 못하다는 것을 배운 사람들은 자신이 아플 때는 복종하지 말라고 지시

---

12 본문에서 간략하게 언급된 것처럼, 열정에 사로잡히고 약해질까 두려워서 자신을 사전 구속하는 현상은 그리 흔치 않다.

해 둔다." 라파예트 부인Madame de La Fayette의 소설 『클레브 공작부인』*La Princesse de Clèves*에서 공주는 느무르 공작의 접근에 응하려는 유혹을 피하려고 궁정으로 도피한다. 한참 뒤 남편이 죽고 결혼할 자유가 있을 때도 그녀는 거리를 두었다. "환경이 가장 현명한 결심에 어떤 영향을 미치는지 알았기에, 그녀는 자신이 변하는 것을 보거나 사랑했던 사람이 살던 곳으로 돌아가는 위험을 감수하려고 하지 않았다." 스탕달의 소설 『루시앙 루웬』에서 샤스텔레 부인은 보호자를 대동한 경우에만 루시앙을 만남으로써 그에게 자신의 사랑을 표현하는 것을 금지된 것이나 다름없을 정도로 어렵게 만들었다.

이런 전략은 매우 흔하다. 사람들이 다리를 불태울 때, 거기엔 전략적인 이유가 있다(18장). 물론 때로 사람들은 공포의 나락으로 떨어지지 않으려고 그럴 수 있다. 과거의 경험으로 보아서 내가 술 한 잔 또는 몇 잔 마실 가능성이 꽤 있다는 것과 술의 탈억제 효과 때문에 깨고 나면 후회할 공격을 하거나 추근댈 것을 알기 때문에 회사 연회에 불참할 수도 있다. 다른 대안으로, 나는 그런 행동의 비용을 올리기 위해 배우자를 대동할 수도 있다. 술을 마시지 않기로 (또는 감정적으로 굴지 않기로) 단순히 **결심하는 것**은 '상황의 힘' 때문에(12장) 그리 효과적이기 어렵다. 이와 비슷한 것으로 말대꾸를 하거나 대들기 전에 열까지 세는 심리 내적 장치로 분노를 조절하는 것은 감정이 달아오른 순간에 갖기 어려운 초연함을 전제한다. 자조自助에 대한 일반적 조언은 사실 유혹 또는 도발에 직면해서 자기 통제력에 의존하기보다 "어서 사슬을 깨라"는 것이다. 마크 트웨인Mark Twain이 말했듯이, "밖으로 나가는 것보다 밖에 있는 것이 더 쉽다". 극단적인 경우로는, 다음과 같은 『뉴욕 타임스』 머리기사 표제(1996년 4월 5일)를 예로 들 수 있다. "텍사스는 한 아동 성추행범을 위한 수술에 동의했다. 곧 감옥으로 떠날 그 남자는 자신의 성충동을 제어하기 위해서 거세를 원했다."

감정 기반 비합리성을 다루는 가장 유망한 방책은 지연 전략인 것 같다. 감정은 반감기가 짧은 편이기 때문에, 한 행동 경향의 즉각적 실행에 장벽을 세우는 것은 효과적 처방일 수 있다. 나중에 언급하겠지만, 공공 기관은 감정의 이런 양상을 고려한다. 그래서 사람들에게 어떤 중요한 결정을 하기 전에 기다릴 것을 요구한다. 그러나 사람들이 열정에 역작용하기 위한 목적으로 스스로에게 지연을 부과하는 것을 보긴 쉽지 않다. 꼭 필요한 기법이 결여한 탓인 듯하다. 하지만 그런 예로 들 수 있는 것이 미국의 세 주(아칸소, 애리조나, 그리고 루이지애나)에서 시행되는 '서약혼'이다. 서약혼은 보통의 결혼보다 하기도 어렵고 깨기도 어려운 당사자 선택사항인 형태의 결혼이다. 통상 서약혼을 맺은 부부가 이혼하기 위해서는 6개월의 대기시간이면 가능한 일반적 결혼과 달리 2년의 별거가 있어야 한다. 이런 선택지를 수용한 극소수 부부(결혼하는 짝 가운데 1% 미만이다)는 서로에 대한 헌신을 표시하기 위해서 그리고 지속적이지 못한 열정과 유혹으로부터 자신들을 지키기 위해서 그렇게 한다.

서약은 다른 개인들, 조직들, 또는 공공 기관의 도움과도 관련된다. 그러나 이들은 서약 요청을 한 행위자로부터 독립적일 필요가 있다. 그렇지 않으면 행위자가 서약을 철회할 수도 있기 때문이다. 아편 중독과 싸우던 새뮤얼 콜리지Samuel Coleridge는 자신이 약물 가게에 들어가려고 하면 힘으로 막을 사람을 고용했다. 그 남자가 그를 제지하려고 할 때,

콜리지는 말했다. "이런 말도 안 되는. 긴급 상황이라니까. 쇼크가 오고 있어. 못 본 척하라고. 내가 예전에 당신에게 뭐라고 했든 상관없어, 지금 내가 당신에게 말하는 것이 중요해. 이 점잖은 약제사의 현관문을 막고 선 네 팔을 치우지 않으면, 당신에게 공갈 폭행을 행사할 이유가 충분해." 그와 유사하게 마오쩌둥毛泽东도 자신이 수면제를 먹은 뒤에 내리는 지시는 어떤 것이든 무시하라고 지시했다. 약을 먹은 후, 그가 비서에게 미국 탁구팀에게 중국을 방문하라는 초대장을 보내라고 지시했을 때(중-미관계의 시작), 비서가 물었다. "당신 말대로 해야 합니까?" 그가 답했다. "그렇소. 빨리하시오. 시간이 없소."

조직은 자기 구속을 위한 더 믿을 만한 도구이다. 덴버에 있는 코카인 진료소와 크리스마스 클럽은 개인들이 스스로 감당할 수 없지만 그들의 문제를 극복하는 데 도움을 주는[13] 동시에 그들의 처방을 해지하는 것을 막기 위해 신중하게 고안된 자기 구속적 선택지를 제공한다. 노르웨이에서는 심리건강 보호법 덕분에 개인들이 **자발적이지만 비가역적으로** 정신의학 시설에서 3주간 치료를 받아 볼 수 있다. 그러나 이 시스템은 잘 작동하지 않은 듯하다. 왜냐하면, 사람들이 일단 진료소에 들어오면, 의사들은 그들을 데리고 있을 의무가 아닌 권리를 가지기 때문이다. 그것이 효과적으로 작동하게 하려면, 환자들이 자신들의 요구로 그들을 일찍 내보내 준 병원을 상대로 소송을 걸 수 있게 해주면 된다.

1996년에 미주리주는 강박적 도박꾼에게 자기 배제 프로그램을 시작했다. 자기 배제 명단에 등록한 사람은 누구든 미주리의 선상 카지노

---

13 시간 설정 장치를 갖춘 금고는 사람들의 음주 문제 해결을 돕기 위해 만들어진 것이 아니다.

casino riverboats에 들어가는 것이 일생 금지된다. 금지를 무시하고 미주리 선상 카지노 중 하나에서 도박을 하려고 하면, 카지노에서 쫓겨난다. 그리고 "카지노 사업자는 그런 건수를 검찰 당국에 보고하는 것에서 수수료를 먹는 업체와 협력하며, 혐의가 … 범죄적 위반, 즉 B급 경범죄로 … 기록될 것을 요구한다". 스스로를 배제한 도박꾼은 어떻게 해서 선상 카지노에 올라 도박을 해서 칩을 따도 그것을 환전할 수 없다.

사실 국가(주 정부)는 낙태, 총기 구매 또는 이혼(그리고 결혼!)에 시간적 지연을 부과하거나 소비자가 열정의 순간에 했던 구매를 취소할 수 있게 해주는 3일 또는 1주일의 냉각 기간을 허용하는 식의 더 능동적 역할을 할 수 있다. 예를 들어, 1991년에 캘리포니아에서 권총을 구매한 238,292명의 사람에 대해 생각해 보자. 전체 인구의 사망자 중 총기 자살 비율이 한 해 0.9%인 데 비해, 구매 후 한 해 동안 구매자 가운데 사망자의 21.9%가 총기 자살이었다. 구매자들 가운데 자살자의 시간 프로파일은 감정의 반감기가 놀라울 정도로 짧다는 것을 보여 준다(8장). 구매 전 15일의 의무적 대기 시간이 지난 후 첫째 주 자살자 수는 넷째 주 자살자의 두 배, 첫째 달은 열두째의 다섯 배, 첫해는 여섯째 해의 여섯 배이다. 대기 시간이 없었다면 아마도 더 많은 자살이 있었을 것이고, 대기 시간이 길었다면 자살자는 더 줄어들었을 것이다.

더 부드러운 방법도 사용된다. 노르웨이의 가르데르모엔 공항은 담배 제품을 더는 면세점에 공개 전시하지 않고 별도의 방에서 판매한다. 추정컨대 그것은 담배를 끊으려는 흡연자들이 신호 촉발적 갈망에 시달리는 것을 막기 위한 것으로 보인다.[14] 노르웨이 술집에서는 위스키 더블(0.08*l*)을 주문할 수는 없지만, 두 개의 싱글을 연속해서 주문하는 것은 막지 않는다.[15] 블룸버그Michael Bloomberg 시장은 사이다병 크기에 유사한 제한을 두려고 시도했지만, 실패했다.

때때로 정치적 헌정은 서약 장치 또는 **집합적 자기 후견주의**collective self-paternalism의 한 형태로 이해된다. 존 포터 스톡턴John Potter Stockton이 1871년에 말하길, "헌정은 인간이 광란의 순간에 자살하지 않기 위해서 멀쩡한 순간에 자신을 묶는 사슬이다". 또 다른 흔한 메타포는 헌장이 술 취한 때의 피터에게 멀쩡할 때의 피터가 부과한 결박이라는 것이다. 양원제는 정치적 사전구속의 예로 자주 인용된다. 그것은 두 의회를 통해서만 모든 입법이 가능해지게 함으로써 충동적 열정이 식고 이성(또는 이익!)이 힘을 얻을 시간을 벌어 준다. 25장에서 나는 이 주장에 대해 회의적 의견을 제시한다. 개헌을 지연시키는 것도 같은 논증으로 정당화되어 왔다. 그러나 서약이 **자기 구속**으로 이해되면, 개인적 사례에서 집합적 사례로의 확장 그리고 세대 내 사례로부터 세대 간 사례의 확장은 매우 의심스러워진다. 공동체의 자기 구속 대신 우리는 소수를 구속하는 다수와 미래 세대를 구속하는 현재 세대를 보게 된다. 더 나아가서 헌정은 보통 격변의 시대에 작성되기 때문에, 헌법 기초자들 또는 설립자들은 열정의 손아귀에 사로잡혀 있다. 그들은 '취해' 있어서 도취에 저항해서 조심할 필요가 있음을 알지 못할 수 있다. 그래서 1789년 9월 7일 프랑스 제헌의회가 헌법에 단원제를 써넣을지 양원제를 써넣을지 토

---

14 신호 촉발의 중요성은 스웨덴에서도 확인되었다. 스웨덴에서는 매대 판매에서 셀프서비스 판매로 변경된 후 주류 판매가 10% 증가했다.

15 내 아버지는 정치평론가였을 때, 별로 성공적인 반응을 얻진 못했지만, 499.95달러 식으로 살짝 한 자릿수 낮은 액수를 제품 가격으로 광고하는 것은 소비자의 비합리성을 이용하는 것이기 때문에 정부가 금지해야 한다고 주장했다.

론했을 때, 대의원 아드리앵 뒤케누아Adrien Duquesnoy는 일기장에 다음과 같이 썼다. "확률 평가를 할 수 있다면, 의회 다수파가 양원제에 투표할 리가 전혀 없는 것이 분명해질 것이다. 이런 결과는 엄청난 손해이지만, 상황은 그렇다. 마음은 들떠 있고, 다른 것은 가능하지 않다. 아마도 몇 년 안에 바꾸는 것은 가능할 것이다. 단일 의회, 우리처럼 극단적으로 충동적인 나라에서 단일 의회는 가장 끔찍한 결과를 낳을 수 있다."

참고문헌

이 장은 나의 책 *Agir contre soi* (Paris: Odile Jacob, 2007)에 근거하고 있다. 선택지들을 묶어 내거나 다발 짓기 하는 심리 내적 장치는 특히 G. 아인슬리가 *Picoeconomics* (Cambridge University Press, 1992)에서 광범위하게 논의했다. 정보회피 전략은 J. Carrillo and I. Mariotti, "Strategic ignorance as a self-disciplining device", *Review of Economic Studies* 67 (2000), pp. 529~544에 의해서 제안되었고, T. Brown, R. Croson, and T. Eckel, "Intra- and inter- personal strategic ignorance: a test of Carrillo and Mariotti" (http://stiet.cms.siumich.edu/node/809에서 볼 수 있다)에 의해 실험적으로 확증되었다. 결정 근시안에 대한 논의는 O.-J. Skog, "Hyperbolic discounting, willpower, and addiction", in J. Elster (ed.), *Addiction: Entries and Exits* (New York: Russell Sage Foundation, 1999)에 근거하고 있다. 미래에 대한 쌍곡선형 할인 경향에 대해 자각하고 있는 닳고 닳은 개인의 전략적 대응은 T. O'Donoghue and M. Rabin, "Doing it now or later", *American*

Economic Review 89 (1999), pp. 103~124에서 논의된다. 새해 결심에 관한 연구는 J. Norcross, A. Ratzin, and D. Payne, "Ringing in the new year: the change processes and reported outcomes of resolutions", *Addictive Behaviors* 14 (1989), pp. 205~212가 있다. 담배 회사의 대책에 관한 연구는 M. Basil, D. Basil, and C. Schooler, "Cigarette advertising to counter New Year's resolutions", *Journal of Health Communication* 5 (2000), pp. 161~174가 있다. 비합리적 성향에 대처하기 위한 서약전략 또는 자기 구속 같은 발상은 T. Schelling, "Egonomics, or the art of self-management", *American Economic Review: Papers and Proceedings* 68 (1978), pp. 290~294 그리고 그의 그 이후 저술에서 논의된다. 나는 이 문제를 *Ulysses and the Sirens*, rev. edn (Cambridge University Press, 1984), *Ulysses Unbound* (Cambridge University Press, 2000), 그리고 "Don't burn your bridge before you come to it: ambiguities and complexities of precommitment", *Texas Law Review* 81 (2003), pp. 1751~1788에서 다뤘다. 처방약을 복용하지 않는 사례에 대한 긴 논의는 G. Reach, *Pourquoi se soigne-t-on?* (Paris: Éditions de Bord de l'Eau, 2005)이 있다. 콜리지에 관한 이야기는 Thomas de Quincy, *Confessions of an Opium Eater* (London: Penguin, 1968), p. 145에 있다. 마오쩌둥에 관한 이야기는 J. Chang and J. Halliday, *Mao: The Unknown Story* (New York: Knopf, 2005), pp. 580~581에 있다. 스웨덴의 알코올 판매 증가는 O.-J. Skog, "An experimental study of a change from over-the-counter to self-service sales of alcoholic beverages in monopoly outlets", *Journal of Studies on Alcohol* 61 (2000), pp. 95~100에 정리되어 있다. 캘리포니아의 권총과 자살에 관한 자료는 G. G. Wintermute et al., "Mortality among recent purchasers of handguns", *New England Journal of Medicine* 341 (1999), pp. 1583~1589에서 가져온 것이다. *Ulysses and the Sirens*에서 나는 서약 장치로서의 헌정이라는 발상을 열렬히 다뤘지만, *Ulysses Unbound*에서 그런 입장을 철회했다.

16장_텍스트 해석에 대한 함의

과학적 작업은 흔히 인문학, 사회과학 및 자연과학이라는 서로 구별되는 세 부분 또는 분야로 나뉜다.[1] 이것이 과학 분야를 분할하는 유용한 방법이지만, 목적에 따라서는 엄격한 구별이 타화수정他花受精을 막을 수 있다. 이 장에서 나는 인문학과 사회과학이 일반적으로 가정하는 것보다 공통점이 많다고 주장할 것이다. (11장에서 나는 사회연구에 자연과학이 적합성이 없는 것은 아니지만, 제한적인 면이 더 강하다고 주장했다.) 특히 예술 작품의 **해석**과 **설명**은 밀접한 관계가 있는 작업이라는 것을 보여 주고자 한다. 어떤 의미에서, 이것이 내게는 자명해 보인다. 예술 작품의 생산은 하나의 **행동** 또는 일련의 행동이다. 다른 행동과 마찬가지로, 그것은 원리상 의식적이든 무의식적이든 행위자의 선행 정신상태

---

1 소수의 엘리트 학술 기관에 대한 평상적인 관찰에 근거할 때, 나는 학자들의 위신 위계에서 제일 높은 것은 자연과학자와 수학자이고, 다음으로 인문학자, 그리고 맨 아래에 사회과학자들이라고 추정한다. 전체 기조를 설정한 첫 번째 집단 성원에 대해 두 번째 집단 성원은 찬탄할 만한 박식함과 유창함이라는 자질을 내세운다. 반면에 세 번째 집단의 성원은 이들이 하는 일의 빈약한 모방에 뛰어들 뿐이다.

와 관련된 설명에 민감하다. 해석에 대한 이런 관점에는, 해석이 옳다면 옳다고 하고 틀렸다면 틀렸다고 할 근거가 되는 **사태**가 존재한다는 장점이 있다. 대조적으로, '작품 자체'에만 초점을 둔 해석은 그러한 외부적 합성 기준이 없다. 우리가 가진 자기 암시 경향(II부 서론 참조)과 객관적 목적론 및 유추를 찾는 성향은 서로 결합해서 자의적 해석을 산출할 수도 있다.

성공적인 예술 작품은 저자의 수단 선택이 그의 목적에 적합하다는 의미에서 합리적 선택 설명의 대상이 될 수 있다. 다시 한번, 이것은 자명한 명제인 것 같다. 그러나 실제로는 부정적인 경우를 제외하고는, 이 적합성을 검증하지 못할 수 있다. 우리는 화음이 맞지 않는 음표를 확인할 수는 있지만, 여러 미학적으로 그럴듯한 선택지들 가운데서의 선택을 설명하지는 못한다. 화음이 맞지 않음이라는 특성 자체가 심미적 효과로서 추구된 것이라면, 화음에 맞지 않은 음표 — 비합리적 선택 — 를 확인하는 것조차 불가능할 것이다.[2] 따라서 나는 기준이 비교적 덜 모호한 예술 작품으로 논의를 제한할 것이다. 즉 고전(1850년 이전) 소설 그리고 연극은 묘사된 사건과 등장인물이 **실제일 수도 있었다**는 암묵적 관습을 따른다.[3]

먼저 소설이나 연극 **주인공들**의 동기로 합리성을 생각해 보자. 문학비평의 고전적 문제의 하나는 아버지의 죽음에 대한 복수를 햄릿이 연

---

2 내가 40여 년 전 샌프란시스코에서 구입한 청재킷의 라벨에 언급된 바와 같이, "이 의류의 결함이나 흠은 의도적이며 디자인의 일부이다".

3 이 관습 위반의 초기 사례로 들 수 있는 것은 입센의 『페르 귄트』(*Peer Gynt*, 1867)의 뒷부분이다. 거기서 주인공 페르가 익사를 두려워할 때, '이상한 행인'이 나타나서 그에게 "당신은 5막 중반까지는 죽지 않는다"라고 말한다.

기하는 이유이다. 많은 설명이 제시되었다. 그들 중 일부는 의지박약이나 임상적 우울증과 관련된 비합리성을 이유로 제시한다. 그러나 합리적 선택에 입각한 간단한 해명도 있다. 햄릿은 처음에 그의 아버지 유령이 클로디어스에 대해 그에게 말해 준 것을 믿었지만, 뒤이어 **정보를 더 모으기로** 결심하고, "왕의 양심을 잡기" 위해 연극을 상연한다. 왕의 반응이 그의 믿음을 확증해 주었지만, 그는 클로디어스가 지옥불 속에서 영원히 고통받게 하고 싶은 그의 욕망을 실현할 **기회가 없었다.** 비록 기도하고 있는 클로디어스를 죽일 기회가 있긴 했지만. 그 당대 신학에 따르면, 그렇게 하는 것은 클로디어스에게 저주가 아니라 구원을 보장한다. 나중에, 그는 커튼 뒤에 있는 폴로니어스를 죽였지만, 그를 왕이라고 믿어서 그런 것이니 **잘못했지만 비합리적인** 것은 아니다. 그가 가진 정보를 참작할 때, 커튼 뒤에 숨어 있는 자가 왕이라는 그의 믿음은 합리적이었다. 더 나아가서, 그는 여왕이 있는데도 커튼 뒤에 숨어 있는 자는 왕일 것이라고 합리적으로 추측할 수 있었기 때문에 더 많은 정보를 수집할 이유가 없었다.

나는 이것이 올바른 해석이라고 주장하지 않는다(사실, 나는 아직 해석이 '올바르다'는 것이 무엇을 의미하는지 말하지 않았다). 내 말의 요점은 간단하다. 내가 언급한 세 가지 일화는 일단 햄릿이 아버지가 살해된 것에 복수하려는 목표를 합리적으로 추구하고 있다는 생각과 일치한다는 것이다. 또 다른 질문은 그런 생각이 단호하게 복수하지 못한 것에 대한 햄릿의 반복적인 자기 고발과 일치하는가 하는 것이다. 많은 주석자가, 저 유명한 독백을 의지박약의 기호로 해석하고, 앞의 두 일화를 행동하지 않는 것에 대한 자기기만적인 변명이라는 관점에서 해석한다. (세 번째 일화는 이런 견해와 훨씬 더 어긋난다.) 의지박약과 자기기만은 합리성 규준을 위반하지만 완벽하게 **이해가능한** 현상이다(3장). 예술 작품의 내적 전개를 다룰 때는, 해석 작업에 가장 유용한 발상은 합리성이라기보다는 이해가능성이다.

우리는 내부 관점이 아니라 저자라는 외부 관점을 취할 수 있다. "햄릿은 왜 5막까지 복수를 연기하는가"라는 질문에 대해, "왕의 죽음은 연극이 끝날 때 발생해야 한다"고 답할 수 있을 것이다.[4] 이것은 심리학이 아니라 극적 구조의 문제이다. 이 답변은 그 자체로 만족스럽지는 않다. 셰익스피어가 단순히 연극 말미에서 일이 벌어지게 할 목적으로 일련의 자의적 사건이나 임시적인 우연으로 복수를 질질 끌었다면, 우리는 그것은 저자의 실패로 여겼을 것이다. 더 짚어서 말하면, 그것은 **저자의 비합리성**authorial irrationality의 사례였을 것이다.

저자의 합리성은 신에게 전가된 합리성과 같다. 신처럼 저자도 하나의 과정이 작동하도록 설정한다. 그 안에서 각 사건은 두 번 설명된다, 한번은 인과적으로 또 한번은 목적론적으로. 나는 이런 발상을 라이프니츠Gottfried Leibniz에게서 가져왔다. 그는 다음과 같이 썼다.

두 개의 왕국이 있다. 하나는 효과인efficient causes의 왕국이고, 다른 하나는 목적인의 왕국이다. 이들은 마치 다른 것은 존재하지 않은 듯이 서로 분리된 채로도 각각 전체에 충분히 상세한 이유를 제공할 수 있다. 그러나 그것

---

4 '이상한 행인'의 말을 통해서 입센이 그랬듯이(앞의 각주 3을 보라), 셰익스피어도 햄릿의 입을 통해 "5막까지는 왕을 죽일 수는 없다"고 말할 수는 없었을 것이다.

들의 기원을 고려하면, 어떤 것도 다른 것 없이 충분치 않다. 왜냐하면, 그것들은 효과인을 만드는 힘과 목적인을 통치하는 지혜가 통합된 하나의 근원에서 나왔기 때문이다.

신의 목표는 가능한 모든 세계 가운데 최선의 세계를 창조하는 것이다. 시간 차원을 포함해서 구체화하면, 그런 발상은 **가능한 모든 것 중 최선의 진행 과정**으로 이해될 수 있다. 우주의 한 상태에서 다음 상태로의 전이는 일반적인 물리적 인과성에 의해 발생하지만, 초기 상태와 인과 법칙은 진행 과정의 전체적 완전성을 최대화하기 위해 선택되었다. 고전 드라마나 고전 소설로 한정하면, 저자의 과제는 등장인물들이 때로 서로에게 반응하면서 말하고 행동한 것을 통해 플롯을 전개하는 것이다. 목표는 미적 가치를 극대화하는 방식으로 그렇게 하는 것이다. 따라서, 등장인물이 하는 행동 또는 진술 각각은 두 번에 걸쳐 설명될 수 있다. 이전 행동과 진술(또는 외부 사건)에 대한 반응인 동시에 독자의 놀라움, 긴장 그리고 궁극적인 긴장 해소의 생성자로서 말이다. 다음은 문학적 이론가가 제시한 예이다. "디킨스의 『위대한 유산』의 앞부분에서 예닐곱 살의 핍이 도망친 죄수를 돕는 '이유'를 우리가 알고 싶다고 가정해 보자. 두 가지 다른 대답이 가능하다. (1) (실제로 텍스트상에 눈에 띄는) 핍진성의 논리에 따르면, 아이는 겁에 질려 굴복한 것이다. (2) 플롯의 구조적 필요에 따르면, 그런 행동은 맥위치가 핍에게 감사하는 마음을 품도록 하는 데 필요하다. 그래야 그가 핍에게 보답하려는 소망을 갖게 되기 때문이다. 그 행동이 없으면, 플롯은 그런 종류의 플롯이 아니게 된다."[5]

작가(그리고 여타 예술가)가 만족하기 전까지 또는 펜이나 붓을 내려놓기까지 많은 습작이 있었다는 사실은, 그들이 **선택** 과정에 관여하고 있으며, 명시적이든 묵시적이든 더 나음의 기준을 갖고 있다는 확고한 증거이다. 프루스트는 『잃어버린 시간을 찾아서』 첫 장의 초고를 16가지나 썼다. 피카소Pablo R. Picasso는 「아비뇽의 여인들」을 준비하기 위한 밑그림 작업에 16개나 되는 스케치북을 썼다. 이런 습작들이 통상 작은 변이들을 수반한다는 사실은 그들이 추구하고 있는 더 나음의 형태가 어떤 것이든 그들이 **국지적 최대**를 목표로 한다는 것을 시사한다. 그러나 저자와 그저 비탈길을 올라가는 사람 사이의 차이는 전자의 **창조성**이 단순한 선택을 초월한다는 것이다(13장 참조). 문학작품의 창작이 합리적 선택으로 환원될 수 없는 이유는 단어를 의미 있게 연결해 나갈 방식의 가짓수가 너무 많아서 한 개인이 그 모든 것을 검토해서 '최선'을 선별할 수 없기 때문이다. '합리적 창작자'가 일부 진행 과정을 신중하게 배제함으로써 문제를 더 다루기 쉽게 할지라도(10장에서 언급했듯이, 이것이 시에서의 음보와 운율의 기능 가운데 하나이다), 선택이 실행 가능한 선별 메커니즘이 되기에는 늘 너무 많은 선택지가 남아 있게 마련이다. 그래서 저자는 그 대신 자신의 무의식적인 연상 장치associative machinery에 의존해야 한다.

따라서 합리적 창작은 대체로 소수점 둘째 자리에 정확히 도달하는 것에 관한 일이다. 또는 은유를 바꾼다면, 가장 가까운 언덕 꼭대기에

---

5 이 구절은 라이프니츠의 주장과 놀라울 만큼 유사하다. 뛰어난 신학자이기도 한 소설가에 따르면, 신이 자신의 형상대로 인간을 창조했다는 성서의 말이 뜻하는 바는 신이 창조한 인간은 창조하려는 욕망과 능력을 갖춘 존재라는 것이다.

오르는 것에 관한 것이다. 다른 언덕들 위로 우뚝 솟은 언덕을 찾는 과제는 합리성의 범위 안에 있지 않다. 그러나 미세 조정 과정으로 환원한다고 해도, 저자의 합리성은 중요하다. '소소한 걸작'a minor masterpiece 같은 표현이 암시하듯이, 더 높은 언덕 경사면에 머무르는 것보다는 낮은 언덕 꼭대기를 찾아내는 것이 더 낫다. 어떤 비교 판단도 함축하지 않고서 말하건대, 『예고된 죽음의 연대기』Crónica de una muerte anunciada 와 『천사여, 고향을 보라』Look Homeward, Angel는 두 가지 가능성을 예증하는 데 도움이 된다.

합리성이 저자에게 부과하는 몇 가지 요구사항을 열거하고 토론해 보자. 첫째, 등장인물의 활동과 발화는 이해할 수 있어야 한다. 둘째, 저자는 **충만함**과 **간결함**이라는 쌍둥이 요구에 부응해야 한다. 셋째, 사고와 우연에 대한 호소를 최소화한다는 의미에서 작업은 물이 흘러내리듯 아래로 흘러야 한다. 넷째, 그것이 제공하는 긴장 비축과 해소는 심리적으로 만족스러운 패턴이어야 한다.

이해가능성은 절대적이거나 상대적일 수 있다. 그리고 상대적이라면 전역적이거나 국지적일 수 있다. 절대적 이해가능성 문제는 **어떤** 인간 존재든 이런 식으로 행위할 수 있는가, 하는 것이다. 상대적인 전역적 이해가능성은 허구적 인물의 행위가 작품의 앞부분에서 드러낸 전체적 성격과 일치하는가, 하는 것이다. 상대적인 국지적 이해가능성은 허구적 인물의 행위가 작품 앞부분의 유사 상황에서 한 행위와 일치하는가, 하는 것이다. 절대적인 이해가능성과 그리고 상대적인 국지적 이해가능성은 저자의 합리성에 결정적인 제약인 반면, 상대적인 전역적 이해가능성 문제는 그렇지 않다. 어떤 것이든 후자의 제약에 대한 존중은 미학적 결함으로 보일 수 있다.

　몇몇 경우에, 합리성 과잉이 절대적 이해가능성을 침해하기도 한다. 에우리피데스의 메데이아나 라신Jean Racine의 페드르를 다시 살펴보자. 두 인물 모두 그들의 자기파괴적 열정에 대해 명료하게 자각한다. 그들은 엄격한 의미에서 의지박약에 종속된 것으로 그려진다. 즉, 그들은 그들이 하고 있는 것이 **행동하는 바로 그 순간**에 그들이 모든 것을 고려해서 내린 판단에 위배된다는 것을 알고 있다. 그들이 그런 판단에서 벗어나게 하는 원인은 열정이지만, 열정이 그런 판단 자체에 영향을 주지는 않는다. 라신의 에르미온은 더 현실성 있는 인물이다. 그녀의 판단은 감정에 의해 흐려지기 때문에, 그녀는 의지박약이라기보다는 자기기만적이다. 내 제안은 극단적인 감정과 완전한 인지적 명료성의 동시 현존은 우리가 인간 본성에 대해 아는 것과 어긋난다는 것, 그 이상도 이하도 아니다.

　너무 많은 합리성은 이해 불가능한 데 반해, 비합리성이 오히려 완벽하게 이해가능할 수도 있다. 스탕달의 『적과 흑』에서, 아내가 줄리앙 소렐과 바람을 피우고 있다는 강력한 신호에 직면해서도 아내의 정절을 믿기로 마음먹는 레날 씨보다 이해가 잘 가는 것이 어디 있겠는가? 소망이야말로 생각의 아버지 아닌가? 역설적인 것은 아내가 정절을 지켰기를 바라는 소망이 아내가 정절을 지키지 **않았다**는 믿음의 원인이 되는 경우이다. 『오셀로』에서는 "공기같이 가벼운 일도 질투에 사로잡힌 사람에게는 성서 구절만큼 강력한 증거이다". 첫 번째는 단락 사례이고, 두 번째는 혼선 사례이다(3장).

　'성격 설정을 벗어난' 연극이나 소설 속 인물이 위반한 상대적 이해

가능성은 다른 문제를 제기한다. 첫째, 우리는 성격 특성은 전역적이 기보다는 국지적 경향이 있다는 심리학자의 주장을 고려해야 한다(12장). 많은 저자(함순은 졸라를 예로 든다)가 교차상황적 일관성을 가정하는 민속 심리학을 따르지만, 훌륭한 저자(함순은 도스토옙스키를 예로 든다)는 그렇게 하지 않는다. 등장인물이 '성격 설정 안에서' 행위하기를 기대하는 독자들은 후자에 실망할 수 있지만, 그런 독자는 작품이 의도하는 독자가 아니다. 우리가 곧 보게 되겠지만, 훌륭한 저자조차 독자들 나름의 심리학이 가진 결함을 고려해야 할 수 있지만, 전역적 성격 특성에 대한 믿음은 저자가 존중해야 할 성질의 것이 아니다. 하지만 독자에게 국지적 일관성을 기대할 권리는 있다. 작가가 자신을 궁지로 몰아넣어서 계획된 대로 플롯을 전개할 유일한 방법이, 주인공이 국지적 일관성 없이 행동하는 것이라면, 그는 독자와의 암묵적 계약을 위반한 것이다. 플롯은 물이 내리막길을 따라 자연스럽게 흘러 내려가듯이 전개되어야지, 저자가 억지로 물길을 위쪽으로 끌어가지 말아야 한다.

이런 발상을 사후 출판된 미완성 소설 『루시앙 루웬』의 초고 여백에 스탕달이 남긴 주석을 통해 검토해 보자. 스탕달은 작품명과 동명인 주인공을 어린 미망인 샤스텔레 부인과 사랑에 빠지게 한다. 그의 감정은 응답을 얻지만, 그는 감히 그녀에게 손을 내밀지 못한다. 정신적 섬세함의 면에서 그는 "가장 교양 있는 돈 후안"보다 뛰어나고, 또 그런 점이 사랑을 불러일으킬 수 있지만, 바로 그 점 때문에 상황을 어떻게 처리해야 하는지 금세 알아채는 "본데없이 자란 파리 젊은이"보다 열등하다. 플롯을 전개해 나가기 위해, 스탕달은 그들을 만나게 해야 했지만, 어떻게 이야기를 전개해야 할지 잘 몰랐다. 그는 여백에 이렇게 썼다. "연대기 저자가 말하듯이, 유덕한 여성이 자신을 그냥 내줄 것이라고 기대할 수 없다. 그녀를 차지하는 행동이 필요하다. 최고의 사냥개도 사냥 대상을 사격 범위 안으로 가져오는 것 이상은 할 수 없다. 사냥꾼이 쏘지 않으면, 개도 어쩔 수 없다. 소설가는 주인공의 개와 같다." 이 주석은 소설 속 등장인물이 '성격 설정 안에서' 행위할 필요성을 분명하게 보여준다.

스탕달은 결국 루시앙과 샤스텔레 부인이 서로에 대한 사랑을 드러내고 납득해도 선포하지는 않는 상황을 설계한다. 그러나 그의 어려움은 거기서 끝나지 않는다. 소설에 대한 스탕달의 계획은 소년과 소녀가 만나고, 헤어지고, 재결합한다는 할리우드식 변증법을 따랐다. 우리가 방금 본 것처럼, 그는 테제(正) 정립에 문제가 있었다. 안티테제(反)를 만들기 위해, 스탕달은 말도 안 되는 명백히 목적론적인 장치를 사용한다. 루시앙이 매일 가까운 곳에서 보던 샤스텔레 부인이 갑자기 아이를 낳았다고 믿게 한 것이다. 그러나 정말로 그를 쩔쩔매게 한 것은 진테제(合)였다. 우리는 그가 왜 연인들이 재결합하는 세 번째 부분을 쓰지 않았는지는 알지 못하지만, 한 가지 추측은 애초에 그들의 만남이 그럴듯하지 않았다는 것이다. 두 사람이 헤어진 뒤에 해당하는 소설의 제2부에서, 루시앙은 약간 냉소적인 탕아로 변하는데, 그런 모습은 7월 왕정의 느슨한 도덕 기준에 비추어 보면 상당히 그럴듯한 것이지만, 확실히 샤스텔레 부인이 사랑에 빠졌던 서툴지만 섬세한 인물과는 아주 다른 모습이다. 스탕달은, 변해 버린 루시앙이 그녀의 연인이 되는 것은 상대적 이해가능성을 위반하는 것이라고 생각했을 수 있다.

아리스토텔레스는 다음과 같이 썼다. "이야기는 하나의 행동, 완전한 전체를 재현해야만 한다. 이야기 속의 여러 사건은 그 가운데 어느 하나의 전치 또는 철회도 전체를 해체하고 탈구시킬 정도로 밀접하게 연결되어야 한다. 어떤 사건의 존재 또는 부재가 아무런 인식 차이를 자아내지 못한다면, 그것은 전체의 현실성 있는 부분이 전혀 아니다." 우리는 이 구절을 **충만함**과 **간결함**이라는 두 미학적 이상을 표현하는 것으로 읽을 수 있다. 독자는 저자가 플롯 전개를 이해하는 데 필요한 모든 정보를 자신에게 제공했다고 생각할 권리가 있다.[6] 거꾸로, 등장인물이 집을 떠날 때 비가 내렸다고 작가가 말해 주면, 독자는 이어질 이야기에서 비라는 전제가 필요하기 때문이라고 기대할 권리가 있다. 또한, 독자는 한 등장인물이 한 말은 우리에게 그 인물에 관한 무엇인가를 말해 주기 위한 것이거나 그 말이 다른 등장인물이 행동하는 데 전제가 될 것이라고 믿을 권리가 있다.[7]

앞에서 나는 좋은 플롯의 '내리막' 특징의 한 예가 '성격 설정 안의' 연기라고 말했다. 더 일반적으로 말하면, 좋은 플롯은 개연성 없는 사건, 사고, 그리고 우연에 의존하지 말아야 한다. 『미들마치』*Middlemarch*에

---

6 확실히, 잠재적 관련성을 가진 세부가 독자의 상상력을 위한 여지를 남겨 두려고 의도적으로 생략될 수 있다. 합리적 창작은 독자가 채워 넣어야 할 약간의 공백과 양립할 수 (심지어 요구하기조차) 있다. (그것이 소설을 영화화한 판본이 책보다 만족스럽지 못한 이유이고, 영화를 먼저 보는 것이 소설을 읽는 즐거움을 떨어뜨릴 수 있는 이유일 수 있다.) 그러나 작가가 청중의 상상력을 과대평가하면, 그의 노력은 실패할 것이다. 소설가가 남자 주인공과 여자 주인공이 기질적으로 서로 맞지 않는다는 점을 그들이 사는 집 번지수가 서로 소(素)여서 공약수가 없다는 것으로 암시하고자 했다고 가정해 보자. 그럴 만한 특별한 정황이 없는 한, 독자가 그 사실을 파악할 능력이 있다고 생각하는 것은 작가로서 합리적이지 못하다.

7 확실히, 중복은 미학적 기능을 할 수 있기 때문에 항상 회피되는 것은 아니다. 지루한 분위기 전달을 위해서는 저자가 지루하다고 진술하는 것보다 중복이 더 효과적일 수 있다. 하지만 그럴 때조차도 반복이 인물의 권태로움을 환기하기보다 **독자**를 지겹게 하는 지점이 있다.

서 래플스와 벌스트로드 사이의 만남 ── 이야기의 전개에 결정적인 요소 ── 은 소설의 매끄러운 진행에서 벗어나기 위해 고안되었다. 확실히 사고는 소설에서 나름의 자리를 차지할 수 있다. 한 부모의 우발적인 사망은 플롯의 전개를 촉발하거나 형성할 수 있으며, 같은 사고로 부모 모두 사망한 것도 그럴 수 있다. 그러나 부모가 모두 사망하되, 플롯상 별개의 두 사고에 의해서 그래야 한다면, 신빙성은 한참 떨어져 버릴 것이다. 남자 주인공이나 여자 주인공이 진정으로 사랑하는 사람과 어려움 없이 결혼할 수 있게 해주려고 그들의 배우자를 죽이는 것은 저자가 욕 먹어도 할 수 없을 만큼 게으르다는 것을 드러낸다. 플롯이 꼬인다고 탐정 소설에 쌍둥이를 끌어들이는 것은 너무나 뻔뻔한 실패이다.

그러나 독자의 심리학이 확률 이론에 잘 맞춰져 있는 것은 아니다. 저자가 플롯상 A에서 B로 가는 것을 2단계로 할지 6단계로 할지 선택한다고 가정해 보자. 논의를 구체화하기 위해, 2단계 플롯은 각각 0.9와 0.2의 가능성을 가진 사건 둘이 필요하지만, 6단계 플롯에서는 각각 0.75의 가능성을 가진 사건들이 일어날 것이라고 가정하자. 각각의 차례에서 사건들이 서로 독립적이라고 가정하면, 2단계 진행이 발생할 가능성이 더 높다(0.18 대 0.178). 하지만 6단계 진행만 바람직한 내리막길 속성을 가진 것으로 볼 수 있다. 시나리오의 전반적 설득력은 링크의 수보다 가장 약한 링크의 타당성에 훨씬 더 의존한다. 저자는 독자의 이런 특수한 성벽을 존중해야 할 것이다. 그래야 저자가 기연奇緣에 손쉽게 의존하는 것에서 벗어날 수 있기 때문이다.

내리막길조차 바다까지 안전하게 흘러가기까지 여러 우여곡절을 겪는다. 그렇지 않다면, 그 경로를 조망하는 데서 풍부한 경험을 얻지 못할 것이다. 따라서 저자는 독자와 관객을 반드시 놀라게 해야 하고, 등장인물을 장애에 처하게 함으로써 청중의 생생한 관심을 유지해야만 한다. 그런 책략의 레퍼토리는 너무나 방대해서 다 살펴볼 수 없고, 심지어 분류조차 어렵다. 그들 중 일부는 장르와 밀접한 관련이 있다. 극장 내에서는, 희곡, 드라마 그리고 비극이 서로 다른 나름의 방법들을 구사한다. 희극은 종종 긴장을 불러일으키는 **오해**에 의존하는 반면, 드라마도 그렇지만 비극은 더욱더 **무지**에 의존한다. 오해가 풀리면, 행복이 뒤따른다. 무지가 걷히면 재난이 발생한다. 소설가들은 의도적으로 독자를 오도하는 것이 아닌 한, 자신의 목소리를 등장인물의 목소리에 더하여 불확실성을 생성할 수 있다.

이제 나는 텍스트의 '올바른 해석'이 의미하는 바에 대해 말할 위치에 이르렀다. 처음에 언급했듯이, 이것은 설명의 문제이다. (의도를 원인으로 인용하는 것을 포함해서) 모든 설명은 인과적이며, 원인은 결과에 선행해야 하므로, 작품에 대한 **현실**의 청중이 가진 인식은 엄격히 말해서 이 과정과 관련이 없다. 하지만 의도된 지각은 설명의 일부일 수 있다. 저자의 의도가 작품의 선행 원인의 전부는 아니다. 저자의 무의식적 태도도 영향을 줄 수 있다. 따라서 쥘 베른Jules Verne의 『신비의 섬』L'île mystérieuse은 그의 인종주의적 편견뿐 아니라 반인종주의적 의도에 의해 영향을 받았을 것이다. 그러나 간결함을 위해 여기서는 논의를 의식적 의도로 제한할 것이다.

어떤 문학작품에 대한 해석은, 작품의 중요 양상이 특정한 청중이 작품에서 기대하는 경험의 미학적 가치를 끌어올릴 목적으로 저자가 내린 결정에서 연원한다는 주장이다. 이런 종류의 주장을 하기 위해서,

문학 비평가는 다른 학자들과 마찬가지 방식으로 작업해야만 한다. 예를 들어, 초고가 존재하는 경우 그것에 근거로 삼을 수 있다. 예컨대 스탕달의 난외주석처럼 저자가 했던 진술을 근거로 삼을 수도 있다. 그들은 유사한 선택 패턴이 관찰되는지 보기 위해서 같은 저자의 다른 작품을 논거로 삼을 수도 있다. 그들은 선택을 틀 짓는 관습과 선택 자체를 구별하기 위해서 동시대 작품을 참조할 수도 있다. 그들은 저자를 제약할 수도 있는 청중의 기대가 무엇인지 규정하기 위해서 동시대의 여타 출처들에 의존할 수도 있다.

이 모든 것을 할 때, 그들의 방법은 다른 역사가의 방법과 전혀 다르지 않다. 다른 역사가들처럼 그들도 과거에 대해서 실험을 할 수 없기 때문에 데이터가 본질적으로 유한하다는 문제에 직면한다. 그리고 다른 역사가들이 했던 것처럼 그들도 오래된 데이터를 삼각 측량하고, 새로운 출처를 찾고, 증거에 반하는 것으로 검사된 그들의 해석에서 새로운 의미를 도출하는 '데이터 발굴'data mining의 유혹을 최소화하려고 노력할 수 있다(3장). 하지만 다른 역사가들과 다른 점도 있다. 그들의 해석은 늘 그렇지는 않더라도 더 자주 **가치판단**과 함께 진행된다. 저자는 미학적 가치의 국지적 최댓값을 창작하겠다는 목적을 성취했는가? 혹은 최소한 실패하지 않고 그런 목표에 근접했는가? 확실히, 어떤 작가들은 이 목표를 아예 세우지 않는다. 그들은 합리성 요구사항과는 다른 목표, 돈 버는 것이나 선전문 쓰는 것에만 관심을 쏟는다. 그러나 저자는 주로 미학적 가치 추구를 자처한다는 가설에 맞는 사례를 찾을 수 있다면, 다른 목표와 마찬가지로 그런 목표가 얼마나 잘 실현되었는지 질문하는 것은 의미 있는 일이다.

앞서 나는 저자의 실패는 이해가능하다고 했다. 이미 주장했듯이, 저자는 이중의 압력을 받고 있다. 그들은 플롯을 전개해야 하지만, 등장인물의 이해가능한 행동과 진술을 통해 그래야 한다. 저자가 전자를 위해 후자의 목표를 희생시킨다면, 즉 그들이 목적론을 위해 인과성을 희생시킨다면, 우리는 그들을 비난할 것이다. 하지만 왜 그가 그렇게 하는지 여전히 이해할 수 있다. 비록 인과적으로 설득력이 없더라도, 햄릿의 지연은 연극이 끝날 때까지 복수를 지연시켜야 하는 셰익스피어의 입장에서는 목적론적으로 이해가능하다고 볼 수 있다. 이 역시 해석의 한 부분일 수 있다. 햄릿의 심리 및 상황과 관련해서 본 지연에 대한 해석과는 분명 매우 다르지만, 그것은 같은 질문, 즉 "왜 지연하는가?"라는 질문에 답하고자 한다. 좋은 문학작품에서는 모든 것이 두 번 이상 설명될 수 있지만, 불완전한 작품은 한 번의 해석만 허용될 뿐이다.

동기 귀속

4장에서 나는 우리가 때때로 불신의 해석학에 근거해서 다른 행위자에게 동기를 귀속시키는 방식에 대해 논의했다. 불신의 해석학은 관찰된 행위와 양립 가능한 범위의 동기 가운데 가장 나쁜 것을 가정해 본다. 문학 비평도 때때로 이런 전략을 펼친다. 두 가지 예를 살펴볼 것이다. 하나는 폴 발레리Paul Valéry가 파스칼과 스탕달을 폭로하려고 한 시도이고, 다른 하나는 제인 오스틴Jane Austen의 『맨스필드 파크』*Mansfield Park*에 대한 최근의 몇몇 해석이다.

폴 발레리는 프랑스어로 된 가장 유명한 문장 중 하나인 "이 무한한 공간의 영원한 침묵이 나를 공포로 채운다"Le silence éternel de ces espaces infinis m'effraie는 파스칼의 말에 대해 고심했다. 발레리는 다음과 같이 논평했다. "모든 말에는 여러 가지 의미가 있다. 그 가운데서도 가장 주목할 만한 것은 분명 그 말을 하게 된 원인이다. (…) 영원한 침묵 어쩌고 하는 말을 한 것은, 나의 심오함으로 당신을 겁주고 나의 스타일로 당신을 놀라게 하겠다는 것을 분명하게 진술한 것이다." 다른 곳에서 그는 다음과 같이 주장하기도 했다. "조난 상태라면 글을 아주 잘 쓰는 것만으로 약간의 마음의 자유, 약간의 조화의 감각, 단어 자체가 말하는 바와 모순되는 약간의 논리와 상상력의 현시를 난파선으로부터 건져 내기 충분치 않다. (…) 나를 매혹하거나 나에게 감동을 주고 싶다면, 당신 손이 쓴 것보다 당신 손이 더 또렷하게 드러나지 않도록 주의하라. 나에게는 파스칼의 손이 너무 분명하게 보인다." 이런 진술은 문학적 또는 철학적 가치라는 발상 자체를 훼손한다. 어떤 감동적 성취도 감동을 주려는 의도의 증거일 뿐이기 때문이다.[8]

발레리는 자신의 의지와는 달리 스탕달의 『루시앙 루웬』에 매혹되었다. 그는 다시 읽으며 이렇게 말했다. "나는 [이렇게 깊이 감동받았다]는 것에 놀랐다. 왜냐하면, 나는 내 감정과 작가의 작품이 제안한 감정을 더 이상 명확히 구별할 수 없을 정도로 문학작품에 의해 현혹되는 것을 견딜 수 없었고 여전히 견디지 못하기 때문이다. 나는 펜과 그것을

---

8 발레리의 에세이는 상례에서 벗어난 독기와 악의에 찬 '적대적 독설'(philippic)로 가득하다. 그는 파스칼이 "데카르트의 명성을 너무 깊이 그리고 너무 독하게 미워하지 않았는지" 묻는다. 그리고 파스칼이 구원과 지식 사이의 대립을 확립하지 않았다면, 미적분학이나 비유클리드 기하학을 개시했을지도 모른다고 추정한다.

쥐고 있는 인물을 본다. 나는 그의 감정에 대해 신경 쓰지 않고 그럴 필요도 없다. 내가 그에게 요청하는 것은 다만 나도 작품이 쓰인 비밀스러운 과정 안으로 들어가 보게 해 달라는 것이다. 그러나 『루시앙 루웬』은 내가 그토록 싫어하는 혼란의 기적을 내게 보여 줄 뿐이다."

발레리는 **역행 추론**을 시도했다. 즉 유혹되었다는 느낌으로부터 유혹하려는 의도로 나아갔다. "나는 [내 안에서] 계산의 기질, 미래의 독자를 대상으로 도박을 벌이는 경향, 부주의와 명백한 즉흥성으로 매력을 발휘해 보겠다는 뚜렷한 결의를 발견한다. 그런 점은 저자와 내 편이 될 미지의 독자 사이의 '아무도 모르는 비밀스러운 관계'를 함축하고 시사한다." 그는 스탕달에게 다음과 같은 작법을 귀속시킨다. "역병을 피하듯 시적 스타일을 피하고, 당신이 그렇게 하고 있다는 것을 독자가 알게 하라." 그는 스탕달의 "악센트가 3~4배나 성실하다"는 것을 알게 된다. 그래서 이렇게 말한다. "나는 그 자신이고자 하는 단호함, 거짓의 지점에 이를 때까지 진정하려는 단호함을 느낀다." 그는 파스칼에 대한 자신의 비난을 반복한다. 왜곡은 불가피하다.

> 우리가 지금 작업하고 있는 진실로부터 가장 좋은 것을 선별하지 않으려면 어떻게 해야 하는가? 어떻게 밑줄긋기, 반올림rounding off, 손보기touching up, 색상 추가, 모델보다 더 선명하고 강렬하고 충격적이고 친밀하고 잔인하게 만들기를 피할 수 있는가? 문학에서 진실은 상상될 수 없다. 때로는 단순성 때문에, 때로는 특이성 때문에, 때로는 너무 멀리까지 나간 정확성 때문에, 때로는 부주의 때문에, 때로는 다소 부끄러운 것이지만 항상 선별된 ── 가능한 주의 깊게 선별된 ── 것의 고백 때문에, 그리고 파스칼이든,

디드로Denis Diderot든, 루소든, [스탕달이든] 저자의 힘이 닿는 모든 수단 때문에 그렇다. (…) 우리는 사람들이 하나의 효과를 위해서만 자신을 노출한다는 것을 잘 알고 있다.

다시 한번, 오류는 분명하다. 스탕달은 파스칼의 열렬한 찬양자였다. 이유는 스탕달의 『연애론』의 격언을 라 로슈푸코와 라 브뤼예르의 격언과 비교했던 또 다른 비평가에 의해 잘 표현되었다. "우리의 위대한 모럴리스트들의 화살이 더 아름답고 똑같이 견실하지만, 그것들은 이미 과녁에 꽂혀 있다. 스탕달의 화살은 날아가는 모습 전부를 보여 준다. 그것은 파스칼만이 더 큰 힘으로 전달할 수 있는 인상이다." 스탕달의 소설도 독자의 관심을 집중시키는 데 도움 되는 미니멀리즘적 박력을 지니고 있다. 선별 필요성에 대한 발레리의 뻔한 이야기는 스탕달이 어떤 효과를 달성하기 위해 썼다는 것을 증명하지는 않는다. **글을 잘 쓰고 싶은 유혹을 예증하는** — 아마도 루소가 실제 예일 것이다 — 작가들도 있다. 파스칼이 말했듯이, "단어 사용을 강제해서 안티테제를 구성하는 사람들은 대칭을 위해서라면 가짜 창문도 설치하는 사람들과 같다". 스탕달의 끊임없는 노력은 이런 유혹에 저항하고, 독자가 스탕달 자신이 아니라 작품에 집중하도록 한 것이었다.

해석이 설명 요구를 어떻게 위반하거나 무시할 수 있는지 보여 주는 최근의 예를 몇 가지를 인용함으로써 결론을 맺고자 한다. 몇몇 필자들은 『맨스필드 파크』의 패니 프라이스Fanny Price가 계획적이고 전략적이며, 그녀의 겸손해 보이는 모습은 단지 에드먼드 버트램을 얻기 위해 펼친 책략일 뿐이라고 주장했다. 더 나아가서 그들은 그녀의 이름이 '성매매'를 암시한다고 주장한다. 이런 주장들은 두 가지 의도성 테스트를 통과하지 못한다. 첫째, 패니 프라이스에게 책략적 의도가 있었다고 할 만한 증거가 소설 안에 없다. 그녀의 겸손은 실제로 보상을 받았지만, 그녀 행동의 귀결이 그것을 설명할 수는 없다. 또한 '돈 밝히는 패니 프라이스'라는 평판은 형편이 좋은 헨리 크로포드의 결혼 제안을 그녀가 거부한 것으로 반박된다. 둘째, 독자들이 패니 프라이스를 준매춘부로 보게 하려는 의도가 제인 오스틴에게 있었다고 할 만한 증거가 없다. 일부 현대 독자들은 텍스트에서 이런 연상작용을 할 수도 있지만, 독자들이 '패니'와 포르노 소설 『패니 힐』*Fanny Hill*의 주인공을 연결짓거나 '프라이스'를 '성매매'와 연결짓게 하는 것이 오스틴의 의도였다는 증거를 앞서 언급한 필자들은 제시하지 못했다. 이런 류의 '결과에 의한 해석'은 사회과학의 기능적 설명과 공통점이 많다. 그런 해석은 자의적 방법에 의존하며, 그런 자의적 방법은 사실이 아니라 그런 해석을 제안한 학자들의 기발함의 한계에 의해 제약될 뿐이다.

참고문헌

이 장에서 내가 취한 일반적인 접근 방식은 종종 '의도적 오류'를 보여 주는 예로 비난을 받는다. 나는 이 비판에 대한 캐럴N. Carroll의 반응, 특히 "Art, intention and conversation", in G. Iseminger (ed.), *Intention and Interpretation* (Philadelphia: Temple University Press, 1992)과 "The intentional fallacy: defending myself", *Journal of Aesthetics and Art Criticism* 55 (1997), pp. 305~309의 반응에 동의

한다. "Hermeneutics and the hypothetico-deductive method", in M. Martin and L McIntyre (eds.), *Readings in the Philosophy of the Social Sciences* (Cambridge, MA: MIT Press, 1994)에서 레스달D. Føllesdal 은 『페르 귄트』에 대한 해석을 제시한다. 이 해석은, 그 연극이 묘사된 사건과 등장인물이 실제로 있을 수 있었다는 관습에 의해 제약을 받지 않는다는 점을 제외하면 유사한 노선에 입각해 있다. 햄릿의 지연이 극작법적 고려 때문이라고 봐야 한다는 생각은 E. Wagenknecht, "The perfect revenge — Hamlet's delay: a reconsideration", *College English* 10 (1949), pp. 188~195에서 얻었다. 『위대한 유산』에 대한 논평은 S. Rimmon-Kenan, *Narrative Fiction* (London: Methuen, 1983)에서 가져왔다. 하나님이 사람을 자신의 형상대로 만드신 것에 대한 논평이 신적 합리성과 작가적 합리성 사이의 유추에 대한 기발하고 날카로운 탐구에서 나왔다는 것은 D. Sayers, *The Mind of the Maker* (London: Methuen, 1941)에서 따왔다. 나는 *Ulysses Unbound* (Cambridge University Press, 2000) 3장에서 예술작품을 국지적 최댓값으로서 보는 발상법에 대해 논의했다. 이 장에는 『루시앙 루웬』에 대한 상세한 논의도 들어 있다. 내리막길 대對 오르막길 플롯에 대한 아이디어는 D. Kahneman and A. Tversky, "The simulation heuristics", in D. Kahneman, P. Slovic, and A. Tversky (eds.), *Judgment Under Uncertainty* (Cambridge University Press, 1982)에서 영감을 얻었다. 파스칼과 스탕달에 대한 폴 발레리의 논평은 그의 *Œuvres*, vol. I (Paris: Pléiade, 1957), pp. 458~471 및 pp. 553~582에 있다. 다른 관련 문헌은 A. Rodriguez, *Paul Valéry et Pascal* (Paris: Nouvelles Éditions

Debresse, 1977)에 인용되어 있다. 발레리의 파스칼과 스탕달에 대한 비평에 대한 날카로운 비평은 J. Paulhan, *Paul Valéry, ou la littérature considérée comme un faux* (Paris : Gallimard, 1987)를 보라. 파스칼과 스탕달에 대한 비교는 J. Prévost, *La création chez Stendhal* (Paris: Mercure de France, 1971)에 있다. 내가 비판하는 『맨스필드 파크』해석은 J. Heydt-Stevenson, "'Slipping into the ha-ha': bawdy humor and body politics in Jane Austen's novels", *Nineteenth-Century Literature* 55 (2000), pp. 309~339와 J. Davidson, *Hypocrisy and the Politics of Politeness* (Cambridge University Press, 2004)의 해석이다.

IV부

상호행동

사회적 상호행동은 여러 형태를 취한다. (1) 각각의 행위자에 대해 결과물은 다른 행위자들에 대한 결과물에 의존한다. 타자의 물질적 또는 심리적 복지가 나의 심리적 복지에 영향을 줄 경우, 이런 결과물의 상호의존성이 발생한다(5장). (2) 각자의 결과물은 모든 사람의 행동에 의존한다. 이런 상황 의존성은 일반적 사회적 인과성을 반영하며(17장), (인간이 만들어 낸) 지구 온난화 같은 현상으로 예시된다. (3) 각자의 행동은 모든 사람의 (예상된) 행동에 의존한다. 이런 상호작용은 **게임이론의 특별한 주제이며**(19장과 20장), (1)과 (2)를 자기 얼개 안에 통합한다. (4) 각자의 믿음은 모든 사람의 행동에 의존한다. 이런 상호의존성은 '다원적 무지'나 '정보 폭포' 같은 여러 가지 메커니즘을 거쳐 일어난다(22장). (5) 각자의 선호는 모든 사람의 행동에 의존한다. 이런 상호의존성은 아마도 사회적 상호행동과 관련해서 가장 제대로 알려지지 않은 측면일 것이다. 나는 이 문제의 여러 측면을 여러 곳에서, 특히 21장에서 다루지만, 포괄적 해명을 제시하진 못한다.

이런 상호의존성은 서로 조직화된 관계에 있지 않은 개인들의 탈중심화된 행동을 통해서 발생한다. 그러나 많은 사회적 삶에 더 많은 구조가 있다. 많은 결과물이 집합적 의사 결정 절차 — 논증, 투표 그리고 협상 — 를 통해서 일어난다. 그런 것들을 통해서 개인들로 이뤄진 집단은 모두에게 구속력 있는 결정에 이른다(24장). 마지막으로 제도와 헌정은 사회적 행위자들을 제약하는 동시에 역능화하는 이중적 효과를 가진 **제약**뿐 아니라 개인의 인센티브와 조직의 목표를 서로 일치하게 해주는 **규칙**을 창조한다(25장).

17장_의도치 않은 귀결들

개인 행위의 의도치 않은 귀결들

사태가 언제나 우리가 의도한 대로 흘러가는 것은 아니다. 많은 사건이 의도 없이 일어난다. 우리가 브레이크 대신 가속 페달을 밟거나 실수로 '삭제' 버튼을 누를 때 그렇듯이, 때로 원인은 사소하다. 그러나 몇몇 메커니즘은 더 체계적이다. '의도되지 않은 귀결들의 일반이론'은 있기 어렵겠지만, 최소한 목록 작성 정도는 시작할 수 있다. 나는 귀결들이 의도치 않은 것일 뿐 아니라 예견되지 않은 사례도 살필 것이다. 예견된 '행동의 부작용' 자체는 의도된 것은 아니다. 특히 부정적일 경우에는 더욱 그렇다. 그래서 나는 그것은 '행동의 의도치 않은 귀결'로 간주하지 않을 것이다.

의도치 않은 귀결들은 사회적 상호행동만큼이나 개인 행위로부터도 생길 수 있다. 개인 행위로부터 시작하면, 10장에서 제시되었던(그림 10.1을 보라) 욕망-기회 얼개의 단순한 확장을 사용할 수 있다.

욕망(또는 선호)이 행동을 조형하지만, 행동이 욕망을 조형할 수도 있다. 따라서 때로는 행동의 의도된 결과물 이외에도 의도치 않은 것, 즉 욕망의 변화가 있기도 하다. 중독이 좋은 예이다. 중독 약물의 영향으로 사람들은 미래를 훨씬 크게 할인하기 시작하며, 그로 인해 중독이 야기하는 장기적 해악의 억지 효과가 약해진다. 이런 결과를 예견했다면, 행위자가 중독으로 가는 '환락의 길'을 시작부터 막아야 할 것이다. 그러나 통상은 그렇지 않다. 비슷한 현상이 일상적 상황에서도 관찰된다. 차를 몰고 집으로 돌아올 예정이라서 딱 두 잔만 마실 생각으로 파티에 간다. 그러나 두 번째 잔을 마시고 나자, 결심은 알코올 속에 녹아 버리고 세 번째 잔을 들이켠다. 그럴 줄 알았다면, 한 잔만 마셨을 것이다.

손실 회피(14장)에 함축된 것 가운데 하나인 '소유 효과'는 선택이 유발했지만 의도하지는 않았던 선호 변화를 보여 준다.[1] 많은 재화가 일단 구매한 후에는 구매 전보다 소유자에게 더 큰 주관적 가치를 갖는다. 소유자가 그것을 팔 때 제시하는 최소 가격이 구매할 때 최대 가격을 2~4배 정도 초과한다는 사실이 이 점을 잘 보여 준다. 실험이 보여 주는 바에 따르면, 장래의 구매자는 그가 수용할 수 있는 최소 재판매 가격을 낮게 평가한다. 이것은 선호 변화가 정말 예측되지 않는다는 것을 보여 준다. 이런 '격려 효과'bolstering effect, 그러니까 일단 해버린 선택을 긍정적으로 조명하는 또 다른 메커니즘은 인지 부조화 이론이 제시해 준다 (그림 17.1을 보라).

---

1 우연히도, '소유 효과'라는 용어는 소유하고 있는 물건에 대한 과대평가 경향뿐 아니라 과거에 경험한 효용에서 현재 끌어낸 효용을 지시하는 데도 사용된다. 두 의미는 전혀 관련이 없다.

그림 17.1

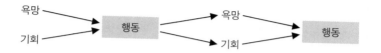

행동이 의도치 않고 예견되지 않는 방식으로 **기회**를 주조하는 방식의 한 예로 깡패를 살펴보자. 그는 다른 사람들이 그에게 맞서기보다 굴복하기 때문에 다른 사람과의 거래에서 제멋대로 굴 수 있다. 그의 행위의 의도치 않은 귀결은, 다른 사람들의 기피 대상이 되기 때문에 그가 다른 사람과 거래할 기회가 줄어든다는 것이다. 그는 일단 하게 되면 매번 자기에게 유리하게 거래할 수 있지만, 그럴 기회는 점점 줄어들 것이다. 이런 기회 감소는 의도치 않고 예견되지 않을 뿐 아니라 지각되지도 않는다. 그는 자신의 깡패 짓이 잘 돌아가고 있는 것만 보기 때문이다.[2] 자기 행위의 부정적 효과를 감지했을 때도, 그는 긍정적 효과가 더 크기 때문에 하던 짓을 계속할 것이다. 그 경우, 부정적 효과는 예견된 것이지만 의도된 것은 아니다.

오늘 한 선택지를 택하는 것이 미래의 실행 가능한 집합에서 어떤 선택지를 제거하는 것이 되는 일이 자주 있다. 이런 효과는 예견된다. 예컨대 예산 제약 때문에 차 한 대는 살 수 있지만 두 대는 살 수 없을 수 있다. 그러나 때로 행위자는 선택이 비가역적 귀결을 낳는다는 것을 모

---

2 이런 제약된 시각은 분노와 같은 감정이 '합리적'이라거나 최소한 적응적이라고 주장하는 사회과학자들도 공유하는 바이다. 왜냐하면, 그들은 행위자가 다른 사람들과 만나서 뜻대로 할 수 있게 해주기 때문이다.

를 수도 있다. 어떤 농부가 삼림과 밭으로 이루어진 땅을 가지고 있다고 해보자. 더 넓은 경작지와 땔감을 위해서 나무를 벨 수 있다. 그러나 벌채는 토양유실의 원인이 되고, 그 결과 농부는 시작할 때보다 더 좁은 경작지를 갖게 될 수 있다. 내가 간단히 다룰 일군의 사례에서 토양유실의 원인은 **집합행위**의 결과물이다. 예를 들어 유실이 농부 자신과 이웃 사람 둘이 벌채를 하는 한에서만 농부의 땅에서 유실이 발생한다면, 그렇다. 그러나 개인이 단독으로 부지불식간에 미래의 행동 기회를 악화시키는 것은 가능할 뿐 아니라 흔히 있는 일이다. 그런 일의 범인은 **인지적 결손**_cognitive deficit_, 즉 행위자가 현재 행위의 미래 귀결을 예측할 수 없다는 것이다. 다른 한편 그것은 **동기화 결손**_motivational deficit_ 때문에 일어날 수 있다. 즉, 행위자가 미래의 (알려져 있고 확실한) 귀결을 직접적 이득과 비교해 낮게 평가하는 것이다(6장).

외부성

이제 **상호행동**의 의도치 않은 귀결로 나아가 보자. 이 주제는 출현기의 사회과학, 특히 스코틀랜드 계몽주의의 핵심 발상 가운데 하나였다. 애덤 퍼거슨Adam Ferguson의 기억할 만한 말에 따르면, 역사는 "인간 행동의 결과이지만, 인간 설계의 실행은 아니다". 그와 동시대인인 애덤 스미스는 인간사를 주조하는 '보이지 않는 손'에 대해 말했다. 반세기 뒤에 헤겔은 역사에서 자유의 진보를 설명하기 위해서 '이성의 간지' cunning of reason를 불러들였다. 같은 시기에 토크빌은 민주주의의 진보와 관련해서 유사한 주장을 했다. 민주주의의 진보에 "모든 사람이 역할을 했다. 민주주의의 성공을 확보하기 위해서 애쓴 사람들만큼이나 민주주의를 위할 생각은 꿈에도 없는 사람들도 그랬다. 그것을 위해 투쟁한 사람들만큼이나 자신을 민주주의의 적으로 선포한 사람들도 그랬다". 몇 년 뒤에 맑스는 사람들이 자신의 행동으로부터 겪는 소외에 대해 말했다. "우리의 통제를 넘어서 성장하고, 우리의 기대를 꺾어 버리고, 우리의 계산을 무위로 돌리는 사회관계의 이 고착, 우리 스스로 생산한 것이 우리 위의 물질적 권력으로 안정화되는 현상이 지금까지 역사 발전의 주된 요인 가운데 하나이다."

이런 저자들 가운데 애덤 스미스와 맑스만이 의도치 않은 귀결들의 생산에 작용한 메커니즘을 특정했다. 요즘 표현으로 하면, 그들은 행위의 **외부성들**이 합쳐져서 행위자가 의도하지도 예견하지도 못한 결과물을 생산하는 방식을 강조했다. 양식화해서 표현하면, 다수의 똑같은 행위자들 각각이 자신의 이익을 증진하기 위해 모종의 행동을 한다고 해보자. 그런 행동의 부산물로, 그는 다른 행위자들 각각이(또는 자신이) 약간의 비용을 치르게 하거나 약간의 혜택을 얻게 해줄 수 있다(부정적 외부성 또는 긍정적 외부성). 그럴 때 각각의 행위자는 그런 많은 행동의 표적이다. 효과가 누적되고, 그것의 총합이 자신의 행동이 야기한 행위자의 사적 혜택에 추가되면, 우리는 행위자들이 자신들의 행동으로 생성한 최종 결과물에 이르게 된다. 우리는 행위자들이 똑같다고 가정하기 때문에, 그들의 초기 상태, 그들이 개별적으로 이루려고 했던 상태, 그리고 그들이 집합적으로 일으킨 상태를 각기 x, y, z라는 단일 숫자로 표시할 수 있다.[3]

먼저 $z > y > x$ 라고 가정해 보자. 이 경우는 긍정적 외부성이다. 이것이 애덤 스미스의 주요 관심사이다. 행위자가 "자기 생산물이 최대 가치에 이르도록 애쓸 때, 그는 단지 자신의 이득을 의도할 뿐이다. 그런 가운데 그는 다른 많은 경우에 그렇듯이 그의 의도에 전혀 들어 있지 않은 목적을 증진하는 보이지 않은 손에 의해 인도된다. 그는 자신의 이익을 추구하는데, 그것이 정말 사회의 이익을 증진하려고 의도할 때보다 더 효과적으로 사회의 이익을 증진할 때가 자주 있다". 시장경쟁 속에서 개별 기업들의 목표는 경쟁자보다 더 싸게 생산함으로써 이윤을 얻는 것이다. 그러나 그렇게 하는 중에 기업들은 또한 소비자를 이롭게 한다. 생산자나 경영자로서 역량을 발휘할 때는 소비자 역시 경쟁적 노력을 통해 타자에게 혜택을 주는 위치에 있다. 결과는 장대한 세속적 성장이었다. 효과는 예견될 수도 있고 아닐 수도 있지만, 확실히 그들의 의도가 "그런 구실을 한 것은 전혀 아니다".

다음으로 y > z > x 라고 가정해 보자. 이 경우는 약한 부정적 외부성이다. 행위자는 자기 노력의 결과로 더 좋아진다. 그러나 그들이 서로에게 부과하는 비용 때문에 그들이 기대한 것만큼 좋지는 않다. 대중교통 수단이 잘 발달하지 않았을 때는 대중교통보다 자가용 출근이 더 낫겠지만, 곧 교통체증과 공해 때문에 예상만큼의 혜택을 얻지 못한다. 외부성이 정체 때문이라면, 그들은 그것을 거의 눈치채지 못할 것이다. 그

---

3 많은 경제학자들이 내가 여기서 외부성으로 목록에 올린 현상 모두를 받아들이지 않을 것이다. 그들은 오염은 포함하지만, 케인스적 실업 같은 시장 생성적 효과는 포함하지 않을 것이다. 그러나 나의 목적상 문제가 되는 것은 그것들이 공통되게 가진 속성이다. 각 개인은 자신을 위한 혜택을 추구하다가 작은 비용이나 혜택을 다른 모든 사람 그리고 자신에게 부과한다. 노동자를 정리해고하거나 임금을 삭감하는 기업은 비록 작은 수준이나마 자신의 생산품에 대한 수요를 감소시킨다. 헨리 포드가 "내 직원들이 내 차를 살 여유가 있을 만큼 충분히 급여를 지급하고 싶다"고 말했다면, 그는 무엇인가 헷갈린 것이다.

러나 공해에 의한 것이라면, 시간이 좀 걸리긴 하겠지만 (말하자면) 공장 오염의 경우와 달리 서로가 서로에게 해를 입히고 있다는 것을 깨닫게 될 것이다.

마지막으로 y > x > z라고 가정해 보자. 이 경우는 강한 부정적 외부성이다. 모두가 더 좋아지려고 시도한 결과로 행위자들 모두가 더 나빠지는 것이다. 이것이 맑스가 탈중심화된 자본주의 경제에 대해 비난한 주요한 이유 가운데 하나이다. 자본주의 위기에 대한 맑스의 주된 설명인 '이윤율 하락 이론'은 이런 일반적 구조로 되어 있다. 그의 주장에 따르면, 이윤을 유지하거나 올리기 위해서 개별 자본가들은 노동을 기계로 대치할 유인요인을 가지고 있다. 하지만 모든 자본가가 동시에 그렇게 하면, 그들은 자신들이 앉을 나뭇가지를 집합적으로 잘라 내는 것이다. 왜냐하면, 이윤의 궁극적 원천은 노동이 생성하는 잉여가치이기 때문이다. 이런 논증은 매혹적이지만 꼼꼼히 분석해 보면 모든 면에서 잘못된 것으로 입증된다. 더 흥미로운 것은 맑스가 지나가면서 언급했고 나중에 존 메이너드 케인스가 규명한 실업 이론의 주춧돌이 된 또 다른 관찰이다. 맑스가 지적했듯이, 개별 자본가는 노동자와 모호한 관계를 맺는다. 한편으로 그는 **자신**이 고용한 노동자가 낮은 임금을 받기를 원한다. 그래야 그가 많은 이윤을 얻을 수 있기 때문이다. 다른 한편 그는 **다른** 모든 노동자가 높은 임금을 받기를 원한다. 그래야 그의 생산물에 대한 수요가 커지기 때문이다. 어떤 자본가가 이런 두 가지 욕망 모두를 충족하는 일은 가능할 수 있지만, 그것이 모든 자본가에게 동시에 일어나는 것은 논리적으로 불가능하다. 이것이 케인스가 아래와 같이 명료하게 말한 '자본주의의 모순'이다. 이윤이 떨어지는 상황에서 개별 자본가는 노동자 정리해고로 대응한다. 그렇게 해서 임금 비용을 절감하는 것이다. 그러나 노동자의 수요가 직간접적으로 기업을 유지하는 원천이기 때문에, 모든 자본가의 동시적인 노동자 정리해고의 효과는 이윤의 추가적 감소이며, 그런 감소가 더 많은 정리해고 또는 파산의 원인이 될 것이다.

일반적 종류에 속하는 사례는 많다. 어류 남획, 삼림 남벌, 그리고 과잉 방목('공유지의 비극')은 개별적으로는 합리적이다. 그러나 집합적으로는 준최적이거나 심지어 재앙일 때도 있다. 발전도상 국가의 개별 가족이 노년의 빈곤에 대한 보험으로 자녀를 많이 낳는다면, 과잉인구는 더 심한 빈곤을 낳을 것이다. 갈수기渴水期에 필수적이지 않은 일로 물을 쓰는 개인은 당국이 하루 중 몇 시간 동안 물 공급을 끊을 확률을 약간이지만 높인다. 그리고 그렇게 해서 필수적인 물 사용에도 영향을 준다. 이 범주의 의도치 않은 귀결의 결정적 양상은 그것이 예견될 때조차도 그런 행위가 행해진다는 것이다. 다음 장에서 설명하겠지만, 그 이유는 그것이 **지배적 전략**이기 때문이다. 즉, 타자가 무엇을 하는지와 무관하게 내가 그것을 선택하는 것이 합리적이기 때문이다.

내부성

부분적으로 유사한 논증이 '내부성'에도 적용된다. 그것은 어떤 시점에서 한 인물이 한 선택이 그가 나중의 선택에서 얻고자 하는 복지에 미치는 혜택 또는 해악으로 정의된다. 은유적으로 말해서 내부성은 한 인물이 자신의 '나중의 자아들'에게 부과한 외부성이다. 그림 13.1에서 요

그림 17.2

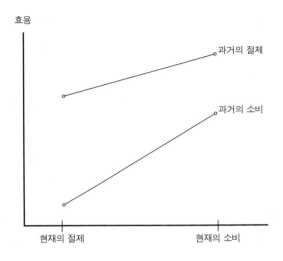

약한 양육권에 대한 논의에서 나는 아이와 보내는 시간이 부모에게 긍정적 내부성을 창출한다고 주장했다. 어떤 인물이 과거에 중독물질을 많이 소비했을수록, 그가 현재 소비에서 끌어낼 쾌락은 줄어든다. 이런 '내성' 효과는 비중독적 재화에서도 일어날 수 있다. 당신이 버터 피칸 아이스크림을 좋아한다고 할지라도, 하루에 다섯 번씩 그것을 먹는다면 만족스럽지 않을 가능성이 크다. 그러나 중독에서는 과거의 소비가 추가적 효과를 가지고 있다. 그것은 행위자가 과거에 소비하지 않았을 때보다 현재 소비의 즐거움을 떨어뜨릴 뿐 아니라, 지금 소비하는 것과 참는 것('금단') 사이의 복지 차이도 크게 만든다. 그림 17.2는 그것을 도식으로 제시한다.

과거에 절제했는지 소비했는지 상관없이, 행위자는 현재 시점에서 소비하는 것이 소비하지 않는 것보다 좋다. 소비가 지배적 전략이다. 하지만 아이를 많이 낳는 지배적 전략이 모든 사람을 더 나쁘게 만드는 것과 똑같이, 반복된 소비는 (처음 몇 번을 제외하면) 언제나 반복된 절제보다 나쁘다. 물론 외부성과 내부성 사이에는 명백한 차이가 있다. 하나는 시간적 비대칭성이다. 모든 개인이 다른 개인들에게 해를 미칠 수 있지만, 나중의 자아는 이전의 자아에 해를 입힐 수 없다.[4] 또 하나 다른 점은, 연속적으로 등장하는 자아들은 실제로는 **하나인** 의사 결정자의 시간적 단면들이지만, 서로 다른 개인은 하나인 초유기체의 공간적으로만 변별적인 부분이 아니다. 일단 (하나이고 유일한) 그 인물이 자신의 현재 선택이 나중의 선택에서 얻을 복지에 부정적 효과를 미친다는 것을 이해하면, 그에게는 그 행동을 바꿀 인센티브가 있다. 인센티브가 충분히 강한지는 금단 증상의 괴로움이 어느 정도인지 그리고 행위자가 미래의 복지를 얼마나 할인하는지에 달려 있다. 선택 귀결이 어떨지 알았다면 결코 첫발을 내디지 않았을 행위자도 일단 중독된 상태가 되면 끊지 않는 쪽을 택할 것이다.

동생 증후군

사회적 행동의 의도치 않은 귀결들은 내가 **동생 증후군** 메커니즘이라고 부른 것에 의해서도 생산될 수 있다. 이 말을 설명하기 전에, 경제이론에 나오는 유명한 예를 통해 그것을 이해해 보자. 그것은 '돼지 사이클'

---

4 혜택을 줄 수도 없다. "왜 미래 세대를 위해 내가 무언가를 해야 하지? 그들은 나를 위해 아무것도 한 적이 없는데." (그루초 막스Groucho Marx)

그림 17.3

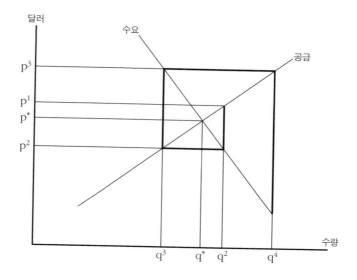

이라고도 불리는 '거미집 사이클'이다. 돼지 사이클로도 불린 이유는 돼지 사육량의 주기적 등락을 설명하기 위해 등장한 것이기 때문이다. 하지만 그것의 적용 범위는 훨씬 더 넓다. 선박건조 사업처럼 과잉 투자와 과잉 공급이 뒤따르는 판매자 시장에서의 등락은 같은 패턴을 보일 때가 많다. 학생들이 현재 졸업생 수요에 기초해서 경력을 선택하면, 그들은 자신들이 내린 결정의 토대를 집합적으로 무너뜨릴 수 있다.

　돼지 치는 농부들은 다음 해에 시장에서 그들의 돼지를 얼마나 출하할지 한 해 앞서서 결정해야만 하는데, 그것은 기대할 수 있는 돼지 판매가와 돼지 사육비용에 의해서 정해진다. 기대 가격이 오르면 농부는 돼지를 더 많이 치게 될 것이고, 그것은 그림 17.3의 우상향 공급 곡선으로 표현된다.

　첫 번째 해의 돼지 가격은 p^1이다. 가격이 두 번째 해에 같을 것이라고 기대한 농부는 다음 해에 돼지를 q^2만큼 출하할 것이다. 그러나 이 물량이 시장에서 소진될 수 있는 가격은 p^1이 아니라 p^2이다. 가격이 세 번째 해에 p^2에 머무를 것이라고 예상하면 농부는 그 해에 q^3의 양을 생산할 것이다. 이때 물량을 소진할 시장 가격은 p^3이 된다. 그러면 농부는 네 번째 해에 q^4를 생산할 유인요인을 갖게 되고, 그렇게 계속 진행되는 것이다. 이런 식으로 가격과 생산량은 그림에서 굵은 선으로 표시되는 외향적 나선 또는 '거미줄' 패턴을 보이게 된다. 즐거운 놀라움과 불쾌한 놀라움이 교대하지만, 기대된 결과는 절대 일어나지 않는다. 공급과 수요 곡선의 상대적 기울기가 조정되면, 균형가격 p^*과 균형생산량 q^*로 향하는 내향적인 나선형 수렴이 일어날 수도 있다.

농부의 행위에는 비합리적인 데가 있다. 개별 농부는, 그가 이윤을 최대화하기 위해서 산출량을 자유롭게 조절한다고 믿지만, 다른 사람들은 지난해 생산했던 것을 기계적으로 반복할 것이라고 은밀하게 가정한다. 확실히 비합리적이긴 해도, 행위 자체는 이해가능하다. 프랑스 철학자 메를로퐁티Maurice Merleau-Ponty는, 다른 사람들을 '동생' 취급 하는 것이 우리의 자연스러운 경향이라고 말했다.[5] 스스로를 들여다볼 때, 우리는 자신이 가졌다고 생각하게 되는 숙고와 성찰 능력을 타자도 가졌다고 쉽사리 생각하지 않는다. 같은 이유로, 우리가 겪는 내적 혼란, 의심 그리고 고뇌를 다른 사람들도 겪는다고 생각지 않는다. 다른 사람이 딱 우리 자신만큼 전략적이고 계산적이라고 봐야 한다는 발상이 우리에게 당연하게 다가오지 않는 듯하다.

---

5 메를로퐁티는 '남동생'이라고 적었다.

투표 행위와 관련된 세 가지 예가 이 생각을 잘 해명해 준다. 내가 내 나라의 사회당 내 좌파라고 가정하자. 나는 공산당보다는 사회당이 집권하는 것을 훨씬 선호한다. 그러나 여론조사가 사회당이 확실한 다수당이 될 것을 예측하면, 나는 사회당이 좀 더 왼쪽으로 이동하기를 원하기 때문에 공산당에 투표한다. 그러나 나는 잠시 멈춰 서서 나와 같은 다른 좌파들도 같은 노선을 취할지 자문해 보지 않는다. 그들 다수가 그렇게 하면, 공산당이 집권할 것이다. 가장 순위가 높은 결과물을 생산하려는 의도(강한 공산주의적 면모를 지닌 사회당의 집권)가 3순위 결과물(공산당의 집권)을 낳을 수 있는 셈이다. 아마 좀 더 흔한 각본은, 많은 유권자가 지지 정당의 승리를 확신하고 투표하러 가지 않기 때문에 선거에서 지는 것이다. 마지막으로 14장에서 거론한 시라크 사례를 상기해 보자. 그의 조기 총선 선포가 재앙이 된 이유를 설명하려면, 유권자들이 여론조사가 말하는 대로 기계적으로 단순하게 행위하지 않고, 시라크의 결정에서 시라크가 믿는 바를 추론한다는 것을 시라크가 예상하지 못했다는 점을 봐야 할 것이다.

몇몇 경우에 행위자는 실수를 통해 배우고, 근사치의 합리적 기대를 할 수도 있다(6장). 학습과 무관한 경우도 있다. 법대와 의대 사이의 선택을 고민하는 학생을 생각해 보자. 그의 동기가 오직 기대 수입이라고 가정하면, 3~6년 뒤에 얼마나 벌지 기댓값을 구하기 위해 두 직업의 현재 수입을 비교할 것이다. 그녀가 선택한 분야에서 학업을 마치고 보면, 거미집 모델을 만들어 낸 이유로 인해, 수입이 예상과 달리 상당히 적다는 것을 알게 된다. 그녀가 방향을 잘못 잡았다는 것을 이해한다고 해도, 그런 이해는 별 의미가 없다. 기회는 반복되지 않기 때문이다.

행위자들이 적응해 버리면 무너질 정책을 제안하는 입법자들이나 행정가들은 타자를 의도를 가지고 최대화를 추구하는 행위자로 보지 못하는 것을 보여 주는 예이다. 로마법에 따르면, 말이나 소 한 마리를 훔치는 것은 그를 가축 절도범으로 만들지만, 돼지 네 마리 이하나 양 열 마리 이하를 훔친 것은 범죄가 되지 않는다. 이 법에 대한 주석자註釋者는 이렇게 썼다. "그런 법률 아래서는 세 마리 돼지나 여덟 마리 양을 훔친 도둑이 비정상적으로 흔해질 것이다." 오늘날, 이 효과는 프랑스에서 관찰된다. 프랑스에서는 직원이 50명 미만인 회사는 여러 가지 부담스러운 행정 규정을 면제받는다. 그 결과 피고용인이 50~54명인 회사가 45~49명인 회사보다 24% 더 적다.[6] 고용 안정화를 위해 여러 나라가 2년이나 3년 이상 고용된 사람의 정리해고를 금지하는 법률을 채택해 왔다. 고용주들은 외주나 임시직 고용으로 그런 법률에 합리적으로 대응하는데, 그로 인해 고용 안정성이 더 나빠진다. 도시들이 교통체증을 줄이기 위해서 고속도로를 건설하지만, 그 결과로 마주하게 되는 현상은 더 많은 사람이 자가용으로 출근해서 도로가 전보다 더 막히고 공해도 더 심해지는 것이다. 정부는 이미 법적 국민인 사람과 결혼한 사람에게만 이민을 허용하려고 할 수 있지만, 그런 정책은 이민 목적 결혼을 늘릴 뿐이다. 대학생에 대한 징집면제는 대학진학의 장려요인이 된다. 베트남 전쟁 동안 치과 치료를 받는 사람들은 법적으로 징집이 면제되었기 때문에 로스앤젤레스의 치과의사는 징집대상자들에게 필요하지

---

6 프랑스 기업은 15개의 임계 수치를 지켜야 한다. 그것들 각각에 따라 고용주가 지킬 의무가 규정된다. 직원이 20명 이상인 기업은 최소한 6%의 장애인을 근로자로 고용해야 하며, 200인 이상을 고용하는 회사는 노동조합을 위한 공간을 제공해야 한다, 등등.

도 않은 교정기를 설치해 주고 1,000~2,000달러를 청구했다.

몇몇 예들이 보여 주듯이, 동생 증후군은 중요한 사회적 귀결을 낳을 수 있다. 토크빌이 지적했듯이, 프랑스혁명 이전 수십 년 동안 상층 계급은 체제의 악덕과 그로 인해 인민이 받은 고통에 대해 공공연히 비난했다. 그러면서 그들은 마치 인민이 그들이 말하는 바에 귀가 먹은 듯이 굴었다. 이런 행태에 대해 그는 이렇게 논평했다. "이 점에서는 나는 뒤 샤틀레Émilie du Châtelet 부인의 감성을 떠올리게 된다. 볼테르의 비서에 따르면 그녀는 시종도 인간이라는 것을 납득하지 못했는지 남자 하인 앞에서 거리낌 없이 옷을 벗었다." 볼테르의 비서는 "높은 신분의 아가씨들은 하인들을 자동기계쯤으로 여겼다"라고 실제로 그의 비망록에 썼다. 하층 계급을 경멸하는 동시에 그들의 비참함에 정부가 책임이 있다고 개탄한 것이 혁명을 향한 심성을 예비했다. 마찬가지로, 10장에서 언급된 1800년 버지니아주 노예 반란을 설명해 줄 원인으로 연방주의자들은 자유와 평등의 교리가 "우리의 하인들이 의자 뒤에 서 있는 동안 우리의 식탁에서 수년 동안 아주 부주의하게 전파되었다"는 사실을 인용했다. 최근의 예로는 '필립스 커브' 배후에 있는 논증을 들 수 있다. 그것에 따르면 정부는 원한다면 높은 인플레이션을 대가로 실업률을 낮출 수 있는데, 그때 전제되는 것은 사회적 행동자들이 그 정책에 대해 무지하다는 것이다. 그러나 정부가 이런 목표를 실현하려고 했을 때, 합리적인 노동조합이나 여타 행동자들에 의한 전략적 행위는 그들의 노력을 무너뜨리고 그 대신 '스태그플레이션', 즉 높은 인플레이션과 고실업률의 결합을 만들어 낸다.

베트남 전쟁 또한 동생 증후군을 설명하는 예로 쓸 수 있다. 미국의 의사결정자들은 남베트남 및 북베트남 정부가 자신들의 선택에 전략적으로 적응하리라는 것을 여러 번 인식하지 못했다. 미국인들은 동맹국이 변함없는 수준으로 군대를 유지할 것이라는 가정하에 지상군을 남베트남으로 보냈다. 하지만 남베트남 정부는 군대를 줄였고, 그래서 미국과 남베트남 군대의 합은 거의 변하지 않았다. (사이공 주재 미국 대사는 그럴 가능성을 경고했지만, 미국의 장군들은 무시했다.) 마찬가지로, 미국이 폭격으로 북베트남이 무릎을 꿇게 될 것이라는 가정하에 북베트남 석유 시설을 폭격했지만, 중국과 소련이 그 손실을 보충해 주었다.[7]

외부성이 산출하는 의도치 않은 귀결들과 달리 동생 메커니즘이 생산하는 의도치 않은 귀결은 행위자들이 그것을 이해하면 사라진다. 내가 서술한 사례에서는, 지배적 전략은 없고, 타자가 자신만큼 합리적이지 않다는 (통상 묵시적인) 전제 아래서만 최적인 전략이 있을 뿐이다. 일단 모든 행위자가 서로를 합리적이라고 보게 되면, 그들의 행위는 완전히 예측 가능한 결과물로 수렴한다. 모든 돼지 사육자는 균형가격이 이기는 것을 보게 될 것이다. 기대에 따라 행동함으로써 그들은 균형에 해당하는 만큼 생산할 것이다. 그들의 공유된 믿음은 자기실현적이다. 이런 발상이 다음 장의 주제이다.

---

7 그런 가정은 북베트남 폭격이 2차 세계대전 종전 무렵 독일 폭격과 유사할 것이라는 월트 로스토의 주장에 따른 것인데, 그런 주장은 독일은 다른 자원을 찾을 수 없는 상황이었다는 사실을 무시한 것이다.

참고문헌

중독이 시간 할인에 미치는 영향은 L. Gordano et al., "Mild opioid deprivation increases the degree that opioid-dependent outpatients discount delayed heroin and money", *Psychopharma-cology* 63 (2002), pp. 174~182에 잘 정리되어 있다. 안데르센의 이야기 모델을 제공하는 이 메모는 C. C. von Weiszäcker, "Notes on endogenous change of tastes", *Journal of Economic Theory* 3 (1971), pp. 345~372에서 영감을 얻었다. 의도하지 않은 귀결에 대한 맑스에 대한 논의는 나의 *Making Sense of Marx* (Cambridge University Press, 1985) 1장, 3장, 2장 그 외의 여기저기를 보라. 중독 모델은 G. Becker and K. Murphy, "A theory of rational addiction", *Journal of Political Economy* 96 (1988), pp. 675~700에서 가져왔다. 의도치 않은 귀결에 대한 훌륭한 개념적 연구로 T. Schelling, *Micromotives and Macrobehavior* (New York: Norton, 1978)가 있다. 내부성 개념에 대해서는 R. Herrnstein et al., "Utility maximization and melioration: internalities in individual choice", *Journal of Behavioral Decision Making* 6 (1993), pp. 149~185를 보라.

18장_ 전략적 상호행동

동시 선택이 이루어지는 전략적 상호행동

게임이론의 발명은 20세기 사회과학에서 단일한 것으로는 가장 중요한 발전으로 볼 수 있다. 이 이론의 가치는 부분적으로는 설명적인 것이지만, 주된 가치는 개념적인 것이다. 몇몇 경우에 그것은 그때까지 수수께끼로 보이던 행위를 설명해 준다. 하지만 더 중요한 것은 그것이 사회적 상호행동의 구조를 조명해 준다는 점이다. 일단 세계를 게임이론 —— 더 제대로 명명하자면 '상호의존적 결정의 이론' —— 의 렌즈를 통해서 보게 되면, 어떤 것도 다시는 전과 같아 보이지 않는다.

먼저 살펴볼 게임은 행위자들이 동시적인 결정을 하는 것이다. 목표는 n명의 행위자 또는 **참가자**가 자신들이 택한 **전략**이 강요되지 않은 방식으로 조정을 성취하는지, 성취한다면 어떻게 해내는지 이해하는 것이다. n=2인 특수 사례를 자주 보게 될 것이다. 포커 플레이어가 자기 패를 본 후 허세를 부리기로 결정했을 때처럼, 전략은 그저 **행동**의 선택일 수 있다. 하트7 카드를 돌릴 때만 허세를 부리기로 결정했을 때처럼, **규칙**의 선택일 수도 있다. 끝으로 참가자는 **혼합 전략**을 사용할 수 있다. 즉, 가능한 행동에 확률을 할당하고 할당된 확률에 따라 그 가운데 하나를 선택할 수 있다. 예를 들어, 축구 선수가 패널티킥을 찰 때 골대 오른쪽 또는 왼쪽을 겨냥하는 사이에 정신적 동전 던지기를 할 수 있다. 골키퍼도 오른쪽을 막을지 왼쪽을 막을지 결정할 때 같은 절차를 사용할 수 있다.

　참가자들은 서로 소통할 수 있지만, 구속력 있는 합의에 들어갈 수 없다. n조組의 전략들 가운데 하나를 각 행위자가 선택하고 그것에 어떤 **결과물**이 상응한다. 각 행위자는 자신의 **선호 순서**에 따라 가능한 결과물들에 등급을 매긴다. 필요하다면 선호를 기수적 효용으로 재현한다는 조건이 충족되었다고 가정할 수 있다(13장). **보상구조**는 어떤 n조의 전략에 대해서도 n조의 효용을 할당할 수 있는 함수이다. '보상'이라는 단어가 화폐적 결과물을 암시할 수 있지만, 심리적인 결과물(효용 그리고 궁극적으로는 선호)을 지칭할 때도 쓸 수 있다. 화폐적·물질적 보상구조와 심리적 보상구조가 갈라지면, 후자만 적합성을 갖는다.

　바로 앞 장에서 간단히 언급했듯이, 행위자는 타자가 무엇을 하든 상관없이 **지배적인 전략**을 가질 수 있다. 그것은 그가 다른 어떤 전략을 선택했을 때 얻을 수 있는 것보다 그에게 더 나은 결과물을 준다. 그가 얻는 **결과물**은 타자가 무엇을 하는지에 따라 달라질 수 있지만, 그의 선택은 그렇지 않다. 이와 달리 순수하게 상호의존적인 선택이 있다. 타자가 좌측통행을 하면, 최선의 반응은 나 역시 좌측통행을 하는 것이다. 그들이 오른쪽 길로 차를 몰면, 나 역시 오른쪽 길로 차를 모는 것이 최선의 반응이다.

균형은 어떤 참가자도 균형 전략에서 벗어남으로써 균형 결과물보다 확실히 선호하는 결과물을 일방적으로 얻을 수 없는 속성을 가진 n조의 전략이다. 이와 등가적으로, 균형에서는 각각의 참가자들이 선택한 전략이 타자가 선택한 전략에 대해 약한 의미에서 최선의 대응이다. 이때 약한 의미란 타자가 나름의 전략을 선택한 상황에서 균형 전략을 선택하는 것보다 더 나은 것을 할 수 없다는 것이다. 그 전략에서 일방적으로 이탈하면 더 나빠진다는 강한 의미에서 최적일 필요는 없다. 일반적으로, 게임은 여러 개의 균형점을 가지며, 곧 그런 예를 몇 가지볼 것이다. 하지만 여기서는 오직 하나의 균형점이 있다고 가정할 것이다. 더 나아가서 보상구조와 모든 참가자의 합리성은 공동 지식common knowledge 으로 간주할 것이다.[1] 이런 가정 아래서 우리는 모든 행위자가 균형 전략을 택하리라 예측할 수 있다. 그것이 다른 사람들이 행할 것에 대한 합리적 믿음에 근거한 유일한 것이기 때문이다.

유일한 균형을 가진 몇몇 게임은 지배적 전략이 존재하는지에 달려 있다. "지배적 전략이 존재하는지에 달려 있다"라는 말은 두 가지 가운데 하나를 의미하며, 그림 18.1의 표 A와 B에 예시되어 있다.[2] 차와 보

---

1 하나의 사실은 모든 사람이 그것을 알면, 다른 모든 사람이 그것을 안다는 것을 모두 안다면, 다른 모든 사람이 그것을 안다는 것을 다른 모든 사람이 안다는 것을 모두가 안다면, 등등일 때 공동 지식이다. 믿음의 무한 연쇄를 암시하는 "등등"이라는 말에 의존하는 것을 피하고자 다음과 같이 표현할 수 있다. 즉, 사실이 n 수준까지는 공동 지식이지만, n+1 수준에서는 공동 지식이 아닌 그런 n 수준은 없다. 간단한 예로, 교실에서 실현된 공동 지식을 보자. 교사가 학생들에게 하나의 사실을 말할 때, 그들은 모두 그것을 알고, 다른 사람들이 그것을 알고 있다는 것을 안다, 등등.
2 관습적으로 일반적으로 각 칸의 앞 숫자는 위와 아래 전략 가운데 하나를 선택하는 '행 참가자'가 받는 보수를 나타내고, 뒤 숫자는 왼편과 오른편 전략 가운데 하나를 선택하는 '열 참가자'가 받는 보수를 나타낸다. 맥락에 따라, 보수는 기수적 효용, 서수적 효용, 돈 또는 참가자가 최대화할 것으

그림 18.1

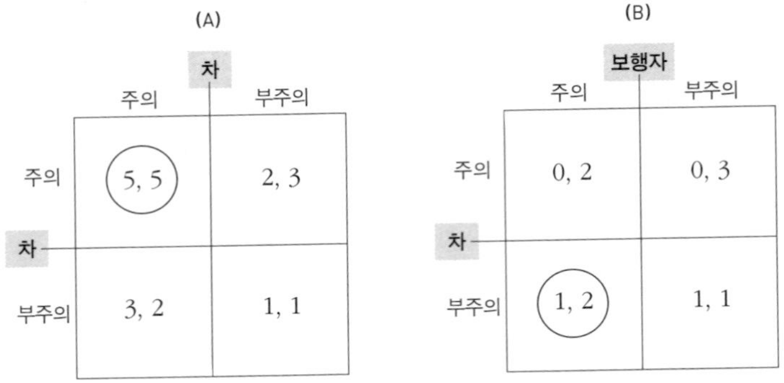

행자가 관련된 사고에서는 후자만 피해를 본다. 차 대 차 사고는 최소한 한 운전자가 부주의하면 발생한다. 둘 다 부주의하면 결과는 더 나쁠 것이다. 차-보행자 사고는 둘 다 부주의할 때만 발생한다. 주의한다는 것은 비용이 든다. 이런 전제로부터 차-차 경우에서는 주의하는 것이 운전자 각자에게 지배적 전략이라는 결론이 나온다. 차-보행자 경우에는 운전자에게는 부주의가 지배적 전략이다. 보행자는 지배적 전략이 없다. 주의하는 것이 부주의에 대한 최선의 반응이고, 부주의는 주의하는 것에 대한 최선의 반응이다. 그런데 그는 운전자의 지배적 전략이 부주의이며, 운전자가 합리적이라면 그렇게 할 것이라는 것을 안다. 그러므로 보행자는 주의를 선택해야 한다.[3]

로 가정되는 무엇이든 가능하다. 그림 18.1에서 보수는 결과물에 대한 선호도를 반영하는 서수적 효용을 나타내는 것으로 볼 수 있다. 여기서도 뒤에서도, 균형은 순환적이다.

3 몇몇 법률 분석에 따르면, 불법행위 법(tort law)의 중요 기능은 벌금과 손해 시스템을 사용하여 보상행렬을 변경함으로써 균형이 바람직한 속성(효율성 또는 공정성)을 갖춘 행태로 출현하도록 하는 것이다.

앞으로 보겠지만, 모든 참가자가 지배적 전략을 가진 게임이 상당히 흔하고 경험적으로 중요하다. 이론적으로 이런 게임들은 시간에 걸쳐 반복될 때를 제외하면 대체로 간단하다. 타자가 선명한 선택을 하도록 유도할 지배적인 전략을 일부 참가자가 가진 게임은 그리 흔하지는 않지만 중요하다. 하지만 그런 게임들은 더 강한 정보 요건을 충족해야 한다. 우리의 예에서 보듯이, 두 운전자는 자기 자신의 결과물만 알면 되지만, 보행자는 자신뿐 아니라 운전자에게도 가능한 결과물이 무엇인지 알 필요가 있기 때문이다. 우리는 흔히 큰 어려움 없이 지배적 전략을 타자에 귀속시킬 수 있다. 예를 들어 우리는 보통 일방통행로를 건너기 전에 양쪽을 모두 살피지는 않는다. 왜냐하면, 사고에 대한 두려움 때문에 운전자가 일방통행 규칙을 지키리라고 전제할 수 있기 때문이다.

흔히 '관습'convention이라고 불리는 **조정 균형**coordination equilibria이 있는 특별한 종류의 게임들이 있다. 이 게임에서는 각 참가자가 일방적으로 이탈할 유인요인이 없을 뿐 아니라 누구도 그렇게 하지 않는 것을 선호한다. 모두가 우측통행하는 균형에서 사고는 내가 이탈하거나 다른 누군가가 이탈할 때 일어날 수 있다. 이런 경우 균형은 유일하지 않다. 왜냐하면, 좌측통행 운전도 같은 속성을 지니기 때문이다.[4] 흔히 우리 모두 같은 것을 하는 한, 우리가 하는 것은 문제가 되지 않는다. 단어의 뜻 그대로 자의적이지만 일단 확립되면 그것은 관습이 된다. 하지만 다른 경우에는 우리가 하는 것이 문제가 된다. 그러나 우리 모두 같은 것

---

4 공식적 정의에서 비유일성이 도출되는 것은 아니지만, 현실 생활에서는 그것이 조정 게임의 일반적인 특징인 것 같다.

을 하는 것이 더 중요한 문제이다. 잠시 뒤에 관련된 몇 가지 예를 다룰 것이다.

두 가지 복점(Duopoly) 사례

어떤 게임들은 지배적 전략이 존재하는지와 무관하게 유일한 균형을 갖는다. 복점 행위가 그런 예 가운데 하나이다(그림 18.2 참조). 두 회사가 시장을 지배할 때, 한 회사가 적게 생산하면 가격 상승과 다른 회사의 생산 확장을 유도한다. 달리 말하면, 각 회사는 다른 회사의 생산 함수에 따라 얼마나 생산할지를 말해 주는 '최선의 대응' 일정을 가진다. 균형에서 각 회사의 산출은 다른 회사의 산출에 대한 최선의 대응이다. 이렇게 말하는 것이 그들이 더 잘할 수 없다는 것을 함축하지는 않는다. 만일 그들이 카르텔을 맺거나 그들의 생산을 균형점 아래로 제한할 수 있다면, 양자 모두 더 많은 이윤을 얻을 것이다. 그러나 이런 집합적으로 최적인 생산수준이 서로에 대해서는 최선의 대응은 아니다. 회사는 사실 (그림 18.2에서 정의되는) 죄수의 딜레마에 처한 것이다.

복점의 또 다른 사례로, 바닷가에 아이스크림 가게가 둘 있는 경우를 보자. 두 가게는 가장 좋은 자리를 찾으려고 한다. 이때 전제는 (해안가를 따라 균등하게 분포한다고 가정되는) 손님들이 가장 가까운 가게로 가리라는 것이다. 지배적 전략은 없다. 그들 중 하나가 바닷가 중앙에서 좀 떨어진 왼편에 자리 잡으면, 다른 편이 할 수 있는 최선의 대응은 바로 그 오른쪽에 위치를 잡는 것이다. 그러면 먼저 자리 잡았던 쪽의 대응은 두 번째 가게의 오른쪽으로 다시 옮기는 것이고, 그런 과정이 반복

그림 18.2

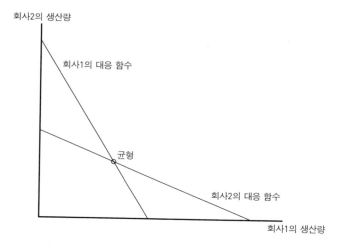

회사2의 생산량

회사1의 대응 함수

균형

회사2의 대응 함수

회사1의 생산량

될 것이다. 결국에는 두 가게는 바닷가 중앙에 나란히 있게 될 것이다. 이 유일무이한 균형은 명백히 전체 고객들에게 최선은 아니다. 그들에게 최선의 결과물은 두 가게가 각기 바닷가 중앙과 한쪽 끝의 절반 지점에 위치하는 것이다. 이것이 균형 결과물로서는 판매자들에게도 좋은 일이지만, 이들의 위치는 서로에 대해 최선의 대응은 아니다. 이 모델은 (양당 체제에서) 정당들이 정치적 스펙트럼의 중앙으로 쏠리는 경향을 설명하는 데 적용되어 왔다.

그러나 두 가게가 중앙에 있을 때 바닷가 양 끝 가까이에 있는 손님들은 아이스크림 사러 가는 것을 꺼릴 것이다. 그들이 걸어갔다가 돌아오는 동안 아이스크림이 녹을 테니 말이다. 만일 어떤 고객도 해변 길의 절반 이상은 걸으려고 하지 않는다면, 즉 1/4거리를 걸어서 갔다가 돌아오는 것 이상은 걸으려고 하지 않는다면, 고객에게 최적인 그런 결과물 또한 유일 균형이다. 왜냐하면, 누구도 자리를 새로 잡을 유인요인이 없기 때문이다. 바닷가 길이가 1,000미터라고 해보자. 750미터 위치에 있는 판매자가 가게를 700미터 자리로 옮겼다면, 그 판매자는 500미터 이상은 걸으려고 하지 않는 950미터에서 1,000미터 사이에 있는 고객 50명을 잃을 것이다. 대신 이 가게가 다른 가게보다 더 가까운 475미터에서 500미터 사이에 있는 고객 25명을 얻을 것이다. 결과는 순 손실이다. 유사한 논증이 왜 정치 정당들이 결코 완전하게 중앙으로 수렴하지는 않는지 설명해 준다. 양쪽 끝 어디든 극단주의자들은 중도파 정당에 투표하기보다 기권을 선호하기 때문이다. 추가로 11장 말미에서 언급했듯이, 득표 최대화가 정당의 유일한 목표라고 보는 것은 그렇게 설득력 있는 관점은 아니다.

몇 가지 자주 발생하는 게임들

그림 18.3과 같은 보수 행렬payoffs을 가진 몇 개의 간단한 상호행동 구조는 아주 다양한 맥락에서 매우 자주 발생한다. C와 D는 '협동'cooperation과 '배반'defection을 뜻한다. 전화 걸기 게임에서 열列의 참가자는 먼저 전화한 사람이다. 초점 게임focal point game에서 A와 B는 행동의 어떤 컬레도 될 수 있다. 이 경우 두 참가자는 조정이 안 되는 것보다 어느 쪽으로든 조정되는 것을 선호하며, 조정의 두 방식에 관해 무차별적이다.

　게임은 사회적 상호행동의 두 가지 중심 이슈인 **협동**과 **조정**의 구조를 조명한다. 상호 혜택을 위한 협동이 없는 사회에서 삶은 "외롭고, 빈곤하고, 형편없고, 야만적이고, 덧없다"(홉스). 삶이 나쁘지만 그나마 예**측이라도 된다**predictably bad는 것은 변변찮은 위안이다. 사람들이 서로

그림 18.3

	C	D
C	3, 3	0, 4
D	4, 0	(1.5, 1.5)

죄수의 딜레마

	C	D
C	(4, 4)	1, 3
D	3, 1	(2, 2)

사슴 사냥/보증 게임

	C	D
C	2, 2	(1, 3)
D	(3, 1)	0, 0

치킨 게임

	발레공연	권투경기
발레공연	(1, 2)	0, 0
권투경기	0, 0	(2, 1)

양성 대결 게임

	다시 건다	다시 걸지 않는다
다시 걸지 않는다	(2, 2)	0, 0
다시 건다	0, 01, 1	( )

전화 걸기 게임

	A	B
A	(1, 1)	0, 0
B	0, 0	(1, 1)

초점 게임

의 행동을 조정할 수 없는 사회에서는 의도치 않은 귀결들이 널려 있으며, 삶은 "바보들이 지껄이는, 소음과 분노로 가득 차 있고 아무 뜻도 없는 이야기"(『맥베스』) 같을 것이다. 협동과 조정 양자는 때로 성공하지만 혹독하게 실패하는 일이 잦다. 게임이론은 실패만큼이나 성공을 조명해 줄 수 있다.

죄수의 딜레마(PD), 사슴 사냥, 치킨 게임은 협동과 배반 사이의 이런저런 선택과 관련된다. 죄수의 딜레마는 그 문제에 대한 초기 토론에서 예증을 위해 쓰인 다음과 같은 이야기 때문에 붙은 이름이다. 즉, 동일 범죄에 연루되었지만, 지금은 분리된 방에서 조사를 받는 두 죄수는 각기 다음과 같은 이야기를 듣게 된다. 그가 다른 편의 죄를 부는 반면, 다른 편은 그에 대해 불지 않으면, 그는 무죄 방면되고 다른 편은 10년형을 받게 될 것이다. 둘 다 서로에 대해 불지 않으면, 둘 다 1년형을 살게 될 것이다. 그리고 둘 다 서로에 대해 불면, 둘 다 5년형을 살게 될 것이다.[5] 이런 상황에서는 아무도 불지 않는 것이 둘 모두에게 더 좋지만, 부는 것이 지배적 전략이다. 결과물은 '무임승차 유혹'(무죄 방면)과 '이용당하는 것의 두려움'(10년 형)의 결합으로 나타난다.

앞 장에서 논의된 부정적 외부성은 다자간 PD로 볼 수 있다. 몇 가지 예를 추가할 수 있다. (이기적 동기를 가진 것으로 가정된) 개별 노동자에게는 노조 가입보다 비가입이 더 낫다. 모두가 가입해서 더 높은 임금을 받는 것이 모두에게 더 나을 때조차도 그렇다. 카르텔에 가담한 회사

---

5 그림 18.3의 죄수의 딜레마 보수행렬은 인위적인 듯하다. 지금 논의를 위해서, 문제가 되는 모든 것은 결과물에 대한 (서수적) 등급으로 취급한다. 뒤에서는 보수가 화폐보상으로 재해석될 것이다.

들도 개별적으로는 다른 회사들의 생산 제한으로 높은 가격이 형성된 상황을 이용하기 위해 카르텔을 깨고 더 많이 생산하는 것이 더 낫다. 그러나 모두가 그렇게 하면, 가격은 경쟁수준으로 떨어질 것이고 각 회사의 이윤 최대화는 담합 이윤joint profits의 최대화를 무너뜨릴 것이다. 석유수출국기구(OPEC)의 카르텔도 마찬가지 이유에서 취약하다. 미국과 이전의 소련 사이의 군비 경쟁, 정치 광고, 또는 '상대평가'를 하는 선생에게 낼 보고서를 써야 하는 학생들처럼 모두가 같은 장소에 머무르기 위해서 가능한 한 빨리 뛰어야만 하는 상황도 그런 예이다. 23장에서는 다른 예들이 더 많이 제시될 것이다.

사슴 사냥이라는 발상은 흔히 장 자크 루소로 소급된다. 하지만 그의 말은 다소 불명확하다.[6] 좀 더 정식화된 형태로 말하자면, 이 게임은 사슴 사냥(C)과 토끼 사냥(D) 가운데 하나를 택해야 하는 두 사냥꾼과 관련된다. 토끼는 각자 혼자서 잡을 수 있지만, 사슴을 잡기 위한 필요(그리고 충분)조건은 공동의 노력이다. 사슴 반 마리는 토끼 한 마리보다 가치 있다. 둘이 모두 숲을 뒤지고 있으면 혼자 토끼 잡을 때보다 더 시간과 노력이 든다. 사냥하면서 내는 소음 때문에 토끼들이 놀라서 도망쳐 버리기 때문이다. 죄수의 딜레마에서는 이용당할 위험이 있다. 반면에 사슴 사냥에서는 다른 사냥꾼이 토끼를 잡으러 떠나 버릴 수 있지만, 무임승차 유혹은 없다. 그래서 이 게임은 왼쪽 위와 오른쪽 아래에 각각

---

6 "사슴을 잡는 데 성공을 하려면, 각자 자기 자리를 잘 지켜야 한다는 것을 모두가 안다. 그러나 그들 가운데 한 사람이 지키는 영역으로 토끼 한 마리가 지나가면, 그는 토끼를 잡으러 갈 게 틀림없다. 그럼으로써 토끼를 잡았을지라도 그 때문에 동료들이 사슴을 놓쳤다면 그는 너무 무신경했던 것이다." 이 말은 토끼를 쫓는 것이 지배적 전략이라는 것으로 읽을 수도 있다.

균형을 갖는다.

첫 번째 균형이 명백히 더 나음에도 불구하고 실현되지 않을 수 있다. 왜 그런 일이 일어나는지 보기 위해서는, 보수 구조가 공동 지식이라는 가정을 버리고, 행위자들이 이 타자의 보수 구조에 대해 잘못된 믿음을 가질 수 있다고 봐야 한다. 만일 각 행위자에 대해 타자가 취한 행동이 타자에 대한 그의 믿음을 확증해 준다면, 이런 믿음에 근거한 행동은 **약한 의미**에서 **균형**을 형성한다. 예를 들어 사슴 사냥에서 각각의 행위자가 서로 PD 선호를 지녔다고 오해하고 있다고 가정해 보자. 그렇게 믿고 있는 한에서 합리적 행동은 배반이지만, 그렇게 하는 것은 **그가** PD 선호를 지녔다는 타자의 믿음을 확증해 주는 것이다. 이런 사회는 결국 탈세와 부패로 심하게 얼룩진 사회가 되어 버린다. 22장에서 그런 '다원적 무지' 사례를 다시 다룰 것이다. 타자가 사슴 사냥 선호를 지녔다고 올바르게 믿는 또 다른 사회에서는 좋은 균형이 출현할 것이다. 그 균형 상태에서 사람들은 세금을 잘 내고 뇌물을 주지 않을 것이다. '부패 문화'는 동기 의존적인 현상이 아니라 믿음 의존적인 현상일 수도 있는 것이다.

국제적 전염병 통제는 사슴 사냥 구조로 되어 있다. 만일 한 나라가 적절한 조치를 취하지 못하면, 다른 나라 또한 자신을 보호할 수 없다.[7] 또 다른 예로 테러진압 조치를 보자. 두 나라 가운데 한 나라만 그런 조치에 투자한다면, 그것은 자신과 마찬가지로 다른 나라에도 유익할 것이다. 그러나 두 나라 모두 투자한다면, 정보수집 능력이 상승하게 되어

---

7 이것은 예증만을 위해 엄청나게 단순화한 것이다.

서, 한 나라가 다른 나라의 투자를 이용할 때보다 두 나라 모두 더 높은 수준의 안전을 확보할 것이다.

이런 예에서 보수 구조는 상황의 인과적 본질에서 발원한다. 사슴 사냥과 질병 통제에서 보듯이, '임계 기술'threshold technology에 관한 한 개별적 노력은 소용이 없다. 테러진압의 경우, 기저 원인은 규모의 경제와 같은 것이다. 즉 10단위 노력은 5단위의 2배 이상의 효과를 가진다. 여타 사례에서는 같은 보수 구조가 행위자가 물질적 보상이 아닌 다른 것에 관심을 두기 때문에 생기기도 한다. 그 경우 그 게임을 보증 게임 Assurance Game(AG)이라고 부르는 것이 더 일반적이다. 물질적 보수 구조는 PD 방식일지라도, 타자의 협동이 **보증되면** 각각의 개인도 협동하려고 할 것이다. 공정해지고 싶거나 무임승차자가 되기 싫은 감정 덕분에 타자의 협동을 착취하고 싶은 유혹을 이겨 낼 수도 있다. 다른 대안으로 이타적 선호가 PD를 AG로 변형할 수도 있다.

그림 18.3의 PD 보수행렬을 화폐보상으로 해석해 보자. 그리고 각 개인의 효용이 자신의 화폐보상 더하기 타자가 받는 화폐보상의 절반이라고 가정하자. 그럴 경우, 효용 보수행렬은 그림 18.4, 즉 AG가 된다. 제3의 메커니즘, 즉 외부자가 비협동적 전략 D의 선택에 벌금을 물릴 때도, PD는 AG로 변형될 수도 있다. 우리가 그림 18.3의 PD의 보상행렬을 화폐보상으로 재해석하는 **동시에** 그것이 행위자들의 유일한 관심거리라고 가정하면, 배반에 대한 보상에서 1.25를 제하면 PD는 AG로 변형된다. 예를 들어 노동조합은 비노조원에게 공식적 또는 비공식적 제재를 가한다. 마지막으로 사람들은 협동에 보상함으로써, 예컨대 협동자에게 1.25를 보너스나 뇌물로 줌으로써, PD를 AG로 변형한다.

그림 18.4

	C	D
C	(4.5, 4.5)	2, 4
D	4, 2	(2.25, 2.25)

그러나 보상 약속은 지켜야 하지만, 약속이 지켜지면 위협을 실행할 필요는 없다. 무임승차자의 보수가 아주 크면, 협동의 혜택이 뇌물을 제공할 정도로 크지 못할 것이다.[8] 몇몇 경우에는 그럴 때도 보상이 제공된다. 노조 가입 노동자는 통상 비노동자에게도 똑같이 주어지는 고임금뿐 아니라 연금 계획이나 저렴한 휴가 같은 편익을 추가로 얻는다. 23장에서 이것과 관련된 상세한 논의와 예가 제시될 것이다.

치킨 게임은 1955년 「이유 없는 반항」*Rebel Without a Cause*이라는 영화에 나온 청소년들의 의식儀式에서 유래한 명칭이다. 로스앤젤레스 청소년들은 훔친 차를 절벽을 향해서 몬다. 그리고 두 소년이 동시에 차를 절벽 가장자리로 몰고 가다가 마지막 순간에 멈추는 게임을 한다. 먼저 멈추는 소년은 게임에 지고 '쪼다'chicken가 된다. 또 다른 변종으로 두 차가 정면으로 서로를 향해 주행하는 게임이 있다. 여기서는 먼저 방

---

8 처벌을 사용하든 보상을 사용하든, 시스템 구축 그리고 대리자 감시 비용 또한 협동의 이익으로 충당되어야 한다. 실제로, 이런 것들이 그런 장치를 어렵지 않게 작동 불능이나 쓸모없는 것으로 만들 수 있다.

향을 트는 사람이 '쪼다'이다. 두 균형 각각에서, 행위자들은 각기 타자의 반대편이 된다. 보수 구조와 행위자의 합리성에 대해 공동 지식을 가지고 있어도, 우리는 (있다 해도) 어떤 균형이 선택될지 예측할 수 없다. 합리적 선택의 관점에서 볼 때, 상황은 **불확정적이다**(13장 참조). 게임의 두 번째 ('차의 방향을 트는') 판본에서, 한 참가자가 불확정성을 깨기 위해서 (남들이 볼 수 있게) 자기 눈에 눈가리개를 함으로써 상대방이 차를 틀도록 유도할 수 있다. 그러나 그렇게 하는 것은 '차를 트는 것'과 '틀지 않는 것' 사이의 선택을 '눈가리개를 하는 것'과 '하지 않는 것' 사이의 선택으로 바꿀 뿐, 곤경은 마찬가지일 수 있다.[9] 이것은 진정으로 좌절감을 안기는 상황이다.

군비경쟁을 이해하는 한 방식은 그것을 치킨 게임으로 보는 것이다. 쿠바 미사일 위기는 두 강대국이 치킨 게임 같은 대결 구조에 묶여버린 사례로 자주 인용된다. 그리고 소련이 "먼저 눈을 깜박였다". 또 다른 예는 관개 시스템을 함께 사용하는 두 농부의 경우이다. 관개 시스템 관리에는 한 사람이면 충분하지만, 편익은 두 농부가 똑같이 누릴 수 있다. 그런데 한 농부가 시스템 유지에서 제 몫을 다하지 않아도, 그 일을 하는 것이 다른 농부의 관심사로 남는다. 만일 이웃 사람들 각각이 다른 누구도 개입하지 않으면 그리고 그런 한에서 개입할 것이라고 가정할 수 있다면, '키티 지노비스' 사례 역시 이런 시각에서 조명될 수 있다.

이제 관심을 **조정** 문제로 돌려서, 양성 대결 게임을 살펴보자. 이 이

---

9 마찬가지로, 각 사람의 협력 약속으로 이룩된 죄수의 딜레마에 대한 '해'(解)는 다시 '약속 지키기'와 '약속 어기기' 사이의 선택을 가진 PD 게임을 만들어 낸다.

야기 뒤의 고정관념은 다음과 같다. 남편과 아내는 저녁에 외출하고 싶다. 그들은 발레공연 아니면 권투경기를 보러 가기로 정했고, 최종 결정은 전화 통화로 하기로 했다. 그렇지만 남편의 전화기가 고장 났다. 그래서 그들은 묵시적 조정으로 결정해야 한다. 함께 하는 것이 그들의 공동 이익이지만, 어디를 가야 할지와 관련해서는 이해관심이 갈린다. 치킨 게임처럼 이 게임도 두 개의 균형을 갖는다. 발레로 조정하기와 권투로 조정하기가 모두 균형이다. 그리고 그런 게임이 그렇듯이, 그들이 어디서 만날지 말해 줄 보수 구조와 합리성에 대한 공동 지식은 전혀 없다. 다시 한번 상황은 불확정적이다.

이런 종류의 게임은 조정이 여러 형태를 취할 수 있을 때 생긴다. 이때 어떤 형태든 모든 행위자에게 조정이 있는 것이 없는 것보다 더 낫다. 그러나 행위자들에게는 각자 더 선호하는 조정 형태가 있다.[10] 사회생활과 정치생활에서 이것은 예외라기보다 규칙이다. 모든 시민이 (가능한 범위 내의 체제들 가운데) 어떤 정치적 헌정도 헌정 부재보다 선호할 것이다. 그들이 장래를 계획하려면, 장기적 안정이 중요하기 때문이다. 법이 고정되고 변하기 어려울 때, 사람들은 그것에 따라 행위를 규율할 수 있다. 그러나 개별 이익집단은 일정 범위 내에서 특정 헌법을 더 선호할 수 있다. 채권자 집단은 헌법에 지폐 금지 조항을 넣기 위해 로비를 하고, 각 정당은 유리한 선거 제도를 채택하려 할 것이다. 유력 대통령 후보를 가진 정당은 행정부가 강력하기를 원할 것이다. 등등(25

---

10 나중에 보겠지만(24장), 협동의 편익을 분배하는 문제는 게임이론의 전문 분야인 협상 이론 안에서 연구될 수 있다.

장 참조).

여러 사회가 처음에 다른 도량형 표준을 발전시켰고, 그래서 다중조정균형이 생겼다. 공통 표준의 잠재적 편익이 크다는 것은 나중에 발견되었다. 유럽대륙 국가들과 앵글로 색슨 국가들은 이 영역에서 서로 다른 표준을 가지고 있다. 헌정의 다중 해법과 달리, 여기서 합의에 장애가 되는 것은 이익의 영속적 분기가 아니라 단기적 이행 비용이다. 그러나 표준 선택은 치킨 게임이 될 수도 있다. 그럴 일은 별로 없지만, 도량형 표준이 (수정 금지된) 보호 조항entrenched clause으로 헌법에 명문화된다고 가정해 보자. 그럴 때 각국은 다른 나라보다 먼저 그렇게 하려고 할 것이다.

전화 게임은 통화가 갑자기 끊겼을 때, 두 통화자가 무엇을 할지 정해 줄 수 있는 규칙의 필요성과 관련된다. 두 개의 조정 균형이 있다. 먼저 전화한 사람이 다시 거는 것과 받은 사람이 다시 거는 것이다. 어느 쪽이든 모두 걸거나 아무도 걸지 않는 것보다 낫다. 그러나 이 경우에는 양성 대결 게임과 달리 하나의 균형이 다른 것보다 양자에게 모두 좋다. 전화 건 사람이 다시 거는 것이 더 효과적이다. 왜냐하면, 그는 걸어야 할 전화번호를 알고 있을 확률이 더 높기 때문이다. 합리적이고 충분한 정보가 있는 행위자들은 우월한 조정 균형으로 수렴할 것이다. 그러나 이 진술은 다시 거는 비용을 무시한다. 그 비용이 많이 들면, 이 게임은 양성 대결 게임처럼 된다.

마지막으로 초점 게임을 보자. 그것은 양성 대결 게임의 변이형으로 설명해 볼 수 있다. 부부가 A 극장과 B 극장 모두에서 상영 중인 영화를 보기로 했는데, 극장 선택은 미뤄 둔 상태이다. 두 극장 가운데 어떤 것도 다른 것보다 더 가깝거나 편리하지 않다고 가정하자. 양성 대결 게임에서처럼 정보, 합리성, 그리고 공동 지식만으로는 그들이 어디로 갈지 말해 줄 수 없다. 그러나 조정을 위한 '초점'이 될 만한 상황적인 심리적 단서가 있을 수 있다. 부부가 A 극장에서 첫 데이트를 했었다면, 그 덕분에 그들은 A 극장에서 만나게 될 것이다. 이런 경우 단서는 순수하게 사적인 사건이다. 다른 경우에는 신호가 대중적으로 공유될 수도 있다. 예를 들어 뉴욕 사람들에게는 일행과 헤어지면 중앙역 중심 시계 아래서 12시에 만나라는 속설이 있다. 그런 속설이 없을 때도, 많은 사람들이 역으로 가곤 한다. 왜냐하면, 많은 경우 기차역은 오직 하나만 있는 가장 중요한 건물이기 때문이다.[11] 유일성 덕분에 그것은 초점으로서 매력적이다. 그리고 정오도 같은 속성을 가지고 있다.[12]

　이런 초점 효과는 실험으로도 쉽게 예증된다. 당신이 집단의 모든 성원에게 종이에 자연수 하나를 쓰라고 요구하면서 모든 사람이 같은 수를 적는다면 보상하겠다고 했다고 하자. 그러면 그 수는 변함없이 1로 수렴한다. 유일한 가장 작은 수는 존재하지만, 유일한 가장 큰 수는 없기 때문이다. 다른 맥락에서는 0도 유일한 초점으로 부상할 수 있다. 냉전 시기에 미국이 전면적 핵전쟁으로 치닫는 계기가 되지만 않는다면, 전술 핵무기를 사용해도 좋을지에 관한 토론이 있었다. 핵무기의 제한적 사용을 허용하는 '낙관적 노선'을 견지하는 여러 가지 발상이 제시

---

11 뉴욕에서는 그런 속담을 모르는 사람들은 그랜드 스테이션으로 가지 않을 것이다. 펜 스테이션의 존재로 인해 그랜드 스테이션이 유일한 역이 아니기 때문이다. 대신 그들은 엠파이어 스테이트 빌딩으로 조정할 수 있다.
12 자정도 초점이지만 불편하기 때문에 정오보다 열등한 초점이다.

되었다. 결국 **사용하지 않는** 것이 유일한 초점으로 결정되었다.

파스칼은 관습의 중요성에 대해 유사한 관찰을 했다. "왜 우리는 오래된 법과 오래된 의견을 따르는가? 그것들이 더 낫기 때문인가? 아니다. 그것들이 유일하고 다양성의 원천을 없애 주기 때문이다." 그는 다른 곳에서 다음과 같이 쓰기도 했다.

인간에게는 도무지 균형감이라곤 없기 때문에, 이 세상에서 가장 부조리한 일이 가장 합당한 일이 된다. 여왕의 가장 나이 든 아들을 국가의 지배자로 선택하는 것보다 더 비이성적인 것이 어디 있는가? 우리는 배에 탄 사람 가운데 가장 높은 신분 태생의 사람이라고 그를 선장으로 뽑지 않는다. 그런 법은 우스꽝스럽고 부당하다. 그러나 사람들이 그러하고 늘 그럴 것이기 때문에, 그것이 이성적이고 정당한 것이 된다. 그가 아니면 도대체 누가 선택될 수 있겠는가? 가장 덕 있고 가장 능력 있는 인간? 모두가 자신이 가장 덕 있고 능력 있다고 주장할 테니 그것은 우리를 뽑아 든 칼 앞에 세우는 것이다. 그러니 그런 자질을 논쟁의 여지가 없는 무엇에 부여하자. 그가 바로 왕의 장자이다. 그것은 명확하고 논쟁거리가 될 것이 없다. 이성이 그보다 조금도 더 잘할 수 없다. 왜냐하면, 내전은 가장 큰 악이기 때문이다.

로마제국 이래로 여러 나라가 계승 규칙의 부재 때문에 고질적으로 내전에 시달렸다. 왕정복고기 프랑스에서 탈레랑Charles-Maurice de Talleyrand-Périgord은 프랑스 마지막 왕의 정당한 후손이 분열적 갈등을 막는 유일한 초점이라는 것을 성공적으로 주장했다. 그가 비망록에 썼듯이, "옹립된 왕은 힘 아니면 음모의 결과일 것이다. 어느 쪽도 불충분하다. 반대 없이 수용되는 견고한 체제를 세우려면, 하나의 원리에 근거해서 행동해야만 한다". 나중에 맑스는 1848년 공화국의 수립은 그것이 왕당파 내의 두 분파 모두에게 차선이었다는 사실에 기인한다고 말했다. 토크빌도 나폴레옹 3세 지배의 안정성에 대해서 유사한 관찰을 했다. 민주주의 또한 초점 해결책으로 볼 수 있다. 사람들이 우월성을 주장할 수 있는 다수의 경합하는 질적 근거들 — 지혜, 부, 덕, 출생 — 이 있을 때, 다수결이라는 양적 해결책은 유일한 돌출성을 획득한다. 부족들이 다양한 언어를 사용하는 탈식민지 국가들에서는 식민 지배자들의 언어가 공식어로 선택되기도 했다. 소송 당사자들은 모두에게 차선인 제안으로 쉽게 수렴된다.

1989년에 너지 임레Nagy Imre의 이장移葬은 체제에 대한 불만을 표현하기 위해 부다페스트 거리를 행진하는 25만 명의 시민들에게 초점이 되어 주었다. 데모 참여 요청은 조직자들에게 위험한 일이었지만, 데모 장소는 조정자 없이 자연스럽게 영웅광장Heroes' Square으로 수렴되었다. 갈등 상황에서 초점은 전혀 다른 효과를 가질 수 있다. 크림전쟁에서 프랑스 장군 펠리시에Aimable Pélissier는 1855년 6월 18일 세바스토폴에 대해 두 번째 공격을 개시하기로 결정했다. 워털루 전투 기념일에 승리를 거둠으로써 나폴레옹 3세를 기쁘게 하고 싶었기 때문이다. 이날 그리고 그것이 프랑스인들에게 가지는 중요성은 공동 지식이었기 때문에, 러시아인들은 공격을 예상했고 그것을 물리쳤다.

지금까지의 개괄적 논의에서 얻을 수 있는 교훈은, 실제 세계의 주어진 상황이 약간의 전제를 추가하면 몇 가지 게임으로 모델화될 수 있다는 것이다. 군비경쟁은 PD로, 치킨으로, 그리고 AG로 모델화될 수 있다. 노조 가입은 PD나 AG일 수 있다. 전화 다시 걸기는 양성 대결이나 전화 게임으로 볼 수 있다. 도량형 조정은 치킨이나 양성 대결 게임일 수 있다. 상호행동 구조의 미세한 측면이 그대로 보이지 않을 수는 있다. 하지만 게임이론은 상호행동의 본질을 명료하게 해줌으로써 뜻밖의 미묘함과 도착성perversities을 드러내 줄 수 있다.

순차 게임(Sequential Game)

행위자들이 **순차적 결정**을 내려야 하는 게임을 잠시 다뤄 보되(그런 게임을 다음 장에서 더 길게 논의할 것이다), 이전에는 희미하게만 이해되던 상호행동의 구조를 명료하게 밝혀 준 게임이론의 힘을 보여 줄 간단한 예에서 시작해 보자.[13]

그림 18.5에서 두 군대는 국경에서 서로 대면하고 있다. 장군 I은 현상태(3, 3)를 유지하면서 후퇴하거나 공격할 수 있다. 그가 공격하면, 장군 II는 (1, 1)의 결과를 가져올 전투에 나서거나 전투 목표인 영토를 양보하고 (4, 2)의 결과를 얻을 수 있다. I이 결정을 내리기 전에 II는 아마도 공격한다면 싸울 의도라는 것을 알릴 수도 있다. 그럴 때 희망하는 것은 I이 (1, 1)이 아니라 (3, 3)을 택하는 것이다. 그러나 이런 **위협**은 신빙성이 **없다.** 장군 I은 일단 자신이 침공하면, 장군 II의 이익이 싸우는 것보다 양보하는 것에 있다는 것을 안다. 유일한 균형점은 (4, 2)인 것이다. 이 균형 개념은 우리가 지금까지 논의해 온 정태적인 '최선의 대응'

---

13 나는 합리성과 정보가 공유 지식이라는 가정을 유지한다.

그림 18.5

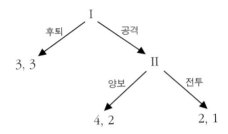

개념은 아니다. 그것은 오히려 게임의 나중 단계에서 시작해서 이전 단계로 돌아오는(기술적인 용어로는 '역행 추론'backward induction이라고 하는) 역동적 개념이다. 처음에 우리는 I이 침공하면 II는 무엇을 하는 것이 합리적인지 묻는다. 답은 '양보'해서 (4, 2)라는 결과물에 이르는 것이다. I의 선택은 따라서 (3, 3)에 이르는 행동 경로와 (4, 2)에 이르는 행동 경로 사이의 선택이다. 합리적이라면 그는 후자를 선택한다.

행위에 영향을 줄 수 있으려면, 위협과 마찬가지로 약속도 신빙성 있을 필요가 있다. 예를 들어 신탁 게임(20장)에서 피험자 간 소통을 허용하면 수탁자역의 피험자는 투자자역의 피험자가 큰 금액을 송금하도록 유인하기 위해 큰 금액의 상환을 약속할 것이다. 그러나 그가 약속을 지킬 것을 보증할 수 있는 것이 없다면, 그 약속은 신빙성이 없다. 중국의 경제 개혁도 이런 류의 문제에 취약했었다. 정부가 농업에 시장 개혁을 도입하면서, 농부들에게 생산 개선의 동기를 주기 위해서 15년간의 토지 임대를 약속했다. 독재적인 정부가 약속을 지키게 할 방법이 농부들에게 없었기 때문에, 농부들은 그것을 믿지 않았고 그래서 이윤을 소비해 버렸다. 독재 정부의 문제는 자신이 개입**할 수 없게 할 수 없다**는 것이다(24장 참조).

　신빙성 관념은 1975년경에 시작된 '2세대' 게임이론에서 중심적이다. (1세대는 1945년경에 시작했다.) 일단 우리가 이 발상을 진지하게 받아들이면, 행위자가 그들의 위협이나 약속의 효력을 확보하기 위해 **신빙성**에 어떻게 **투자할지** 묻게 된다. 몇 가지 메커니즘이 있다. 그 가운데 하나는 **평판 쌓기**이다. 예를 들면 다소간 또는 어느 정도 비합리적이라는 평판에 투자할 수 있다. 헨리 키신저Henry A. Kissinger가 부추겨서 닉슨Richard M. Nixon 대통령은 미치광이 스타일을 신중하게 구사했다. 소련이 도발하면, 그는 미국의 이익마저 무시하고 행동할 것이라고 소련이 믿게 하기 위해서였다. 닉슨뿐 아니라, 많은 사람이 자기 이익에 벗어날 때조차 강단 있다는 평판을 쌓기 위해서 위협을 구사한다. 그래야 나중에 그의 위협이 잘 먹히기 때문이다.

　또 다른 메커니즘은 14장과 15장에서 논의한 서약이다. 거기서 서약은 행위자가 가진 비합리적 행동 성향에 대한 차선의 합리적 반응으로 간주되었다. 전략적 맥락에서 서약은 완전히 합리적일 수 있다. 그림 18.5에서 묘사된 게임에서 장군 II는 침공당하면 상대 국가에 자동으로 핵 공격을 개시하는 '최후심판일 장치'Doomsday machine를 만들어 둘 수도 있다. 양편 모두에게 이 장치가 존재한다는 것 그리고 그것의 작동이 나라 II의 통제 범위 밖에 있다는 것이 공동 지식이면, 그것은 침공을 억제할 것이다. 다른 대안으로 장군 II가 '배수진' 전략, 즉 후퇴 가능성을 없애는 전략을 사용할 수도 있다. 공격을 받으면 싸우는 것 이외의 대안이 장군 II에게 없다면, 장군 I은 공격을 해도 2의 보수를 얻게 된다. 그런데 그것은 그가 후퇴할 때 얻는 보수보다 작다. 덜한 것이 더한 것일 수 있고, 덜한 것이 더한 것을 이긴다.

시간 불일치

포괄적 의미에서 '시간 불일치'는 어떤 행위자가 특정 시점에 나중에 어떤 것을 할 의도를 갖거나 전달한 다음, 막상 그때가 도래하면 **바뀐 것이라고는 시간이 흘렀다는 것밖에 없는데도** 그것을 이행할 인센티브가 없는 상태이다. 달리 말하면 의도 자체가 내적으로 결함이 있거나 일관성이 없는 것이다. 이런 비일관성은 투사 능력 결핍을 반영한다(14장).

시간 불일치를 생성할 수 있는 특정 메커니즘이 둘 있는데, 하나는 인격 내적이고 다른 하나는 상호 인격적이다. 첫째는 미래의 비지수적 할인(6장)도 예증되고, 둘째는 이 장에서 논의했고 24장에서 다시 논의할 신뢰할 수 없는 위협과 약속이 예시한다. 이런 두 종류의 시간 불일치는 공통점이 거의 없지만, 처방은 부분적으로 같다. 특히 사람들은 심리 외적 서약 장치를 사용하여 미래의 자아로부터 자신을 보호하는 동시에 다른 사람들과 잘 지낼 수 있다. 사람들이 자신에 대항해서 서약 장치를 사용하는 것은, 자신이 열정이나 여타 본능적 요인에 굴복할 수도 있음을 예상하기 때문이고, 때로는 시간 경과의 결과로 선호 역전을 겪을 수 있다고 믿기 때문이다. 금연이나 금주에 실패하는 것은 전자를 예증하고, 운동이나 저축을 시작하지 못하는 것은 후자를 예증한다. 사람들이 다른 사람과 상호행동할 때 서약 장치를 사용하는 것은 위협이나 약속의 신뢰성을 높이기 위해서뿐 아니라 다음 장의 시작 부분에서 자세히 논의될 이유 때문이기도 하다.

시간 불일치는 시간 **비항상성**, 특히 변화하는 시간 선호와 구별되어야 한다. 내용적 선호 못지않게 형식적 선호도 외부 또는 내부 원인의 영향에 따라 변할 수 있다. 음식 선호는 나이 듦에 따라 바뀐다. 4가지 또는 5가지 기본 맛 중 하나에 대한 민감도가 낮아질 수 있기 때문이다. 부분적으로 같은 과정으로, 나이 듦에 따라 기대 수명이 변한다는 사실을 사람들이 고려한다면, 시간 선호가 영향을 받을 것이다. x세의 기대 수명 표에 따르면, x+y세까지 살 것을 기대할 수 있고, x+2y세까지 살 확률은 아주 낮다. 따라서 나는 x+2y세에 돈이 하나도 남지 않도록 나의 기대 소득을 배분한다. 그러나, 실제로 x+y 나이에 도달하면, x+2y세까지 살 확률이 너무 높아져서, x+3y세에 자금이 소진되도록 계획을 수정한다. 이것은 불일치가 아니라, 내가 죽을 줄은 알아도 언제 죽을지 모른다는 단순한 사실에서 비롯된 결과이다. 달리 말하면, 일관되게 변하는 계획이 일관성 없는 계획과 비슷한 모습을 보일 수 있다. 그러나 비항상성은 인생이 단기에 그칠 장기 계획의 연속인 사람들을 쇠약하게 만들 수 있다. 대부분의 독자가 그런 사람을 만나 보게 될 것이다.

참고문헌

게임이론에 대한 초급 입문으로 A. Dixit and S. Skeath, *Games of Strategy*, 2nd edn (New York: Norton, 2004)가 있다. 더 발전된 논의로는 F. Vega-Redondo, *Economics and the Theory of Games* (Cambridge University Press, 2003)를 추천한다. 많은 응용 분야에 대한 백과사전적 조사로는 R. Aumann and S. Hart, *Handbook of Game*

Theory with Economic Applications, vols. I~III (Amsterdam: North-Holland, 1992, 1994, 2002)을 들 수 있다. 특정 주제에 대한 응용으로는 J. D. Morrow, *Game Theory for Political Scientists* (Princeton University Press, 1994) 그리고 D. Baird, H. Gertner, and R. Picker, *Game Theory and the Law* (Cambridge, MA: Harvard University Press, 1994)가 있다. 관습에 관한 고전적 연구는 D. Lewis, *Convention* (Cambridge, MA: Harvard University Press, 1969)이다. 이 저작은 초점에 대한 발상이 처음 제시된 또 다른 고전인 T. Schelling, *The Strategy of Conflict* (Cambridge, MA: Harvard University Press, 1960)에서 영감을 얻었다. 셸링의 연구는 또한 R. Selten, "Reexamination of the perfectness concept for equilibrium points in extensive games", *International Journal of Game Theory* 4 (1975), pp. 25~55에서 공식적으로 발전된 '제2세대' 게임이론의 직관적 토대를 제공했다. 정치게임에서의 다양한 서약전략 기법에 대해서는 J. Fearon, "Domestic political audiences and the escalation of international disputes", *American Political Science Review* 88 (1994), pp. 577~592를 보라. 임금 협상에 사용된 방식에 대해서는 나의 *The Cement of Society* (Cambridge University Press, 1989)를 보라.

19장_ 게임과 행위

의도와 귀결

게임이론의 개념적 구조는 계몽적이다. 그런데 그것이 **행위를 설명하는** 데도 도움이 되는가? 자신의 다리나 배를 불태우는 것의 게임이론적 근거를 살펴보자. 이런 행위는 앞 장에서 제시한 전략적 이유로 취해질 수 있지만, 다른 이유로 취해질 수도 있다. 가장 유명한 예로는, 에르난 코르테스Hernán Cortés가 1519년 멕시코 해안에 도착한 후 그의 배를 모두 파괴한 일이다. 그렇게 한 이유는 부분적으로는 배를 빼앗아 쿠바로 탈출하려는 일부 부하들의 음모를 막기 위해서이고, 부분적으로는 선원을 그의 부대에 추가로 편입시키기 위해서였다. 나중에 썼듯이, 그런 조치를 통해 그는 부하들에게 "그 땅을 정복하거나 그러다 죽을 수밖에 없다는 확신"을 불어넣었다. 하지만 내가 아는 한, 게임이론적 근거가 될 만한 일, 즉 그가 이런 사실을 아즈텍의 왕 몬테수마Montezuma 귀에 들어가게 하려고 했다는 증거는 없다.

사실, 그런 추론이 문헌으로 확인된 사례는 (다시 한번, 내가 아는 한) **전혀 없다.**[1] 정복자 윌리엄이 1066년 영국에 도착하자 배를 태웠다는 주장은 신화로 보인다. 1594년에 브라질 페르남부쿠에 대한 제임스 랭커스터James Lancaster의 공격에 대해 흄은 다음과 같이 말했다. "해안에 접근하자, 수많은 적이 해변을 따라 줄 서 있는 것이 그에게 보였다. 그러나 그는 그런 모습에 전혀 기죽지 않고 현혹되지 않았으며, 그의 부하들 가운데 가장 억센 이들을 보트에 태우고 그들에게 상륙지를 향해 거칠게 노를 저어 가서 그들의 대열을 갈라치라고 명령했다. 이 대담한 행동이 부하들에게서 승리에 도움 되지 않은 모든 요소를 없앴고 적을 두려움에 떨게 했다. 적은 잠시 저항하다가 도망쳐 버렸다." 적이 겁에 질렸다는 언급은 다른 자료에는 없지만, 그것이 정확하다고 해도 적의 도주가 합리적 행동에 대한 합리적 반응이라는 발상을 지지하지는 않으며 사실상 그것과 모순된다. (랭커스터는 부하들이 그럴 기회가 있다면 본능적 공포 때문에 후회할 수도 있다는 것에 신중하게 걱정했을 수도 있다.) 다른 유명한 배 불태우기 일화도 게임이론적 패턴에 잘 들어맞지 않는다. 기원전 3세기에 시칠리아의 폭군 아가토클레스Agathocles가 배를 불태웠던 것은 배가 적의 수중에 들어가는 것을 원하지 않았기 때문이었고, 배를 지킬 사람들을 구할 수 없었기 때문이었다. 기번에 따르면, 율리아누스 황제(361~363년 재위)는 "부대원들에게 전투에 이기는 것만이 안전을 얻을 희망이라는 확신을 불어넣기 위해" 배후의 교량을 파괴했으며,

---

1 (자신의 병사가 아니라) 제독이나 장군 자신이 두려움에 굴복하지 않기 위한 사전 조치로 배나 다리를 불태운 사례도 없는 것 같다.

적의 "수중에 함선이라는 귀중한 상을 안기는 것을 피할 유일한 조치"라는 이유로 함선을 불태웠던 경우도 있었다. 기번은 또한 노르망디의 정복자 로베르 기스카르Robert Guiscard 예를 인용했다. 그는 "겁쟁이들에게서 탈출 수단을 빼앗기 위해서" 추종자들에게 배를 불태우라고 재촉했다.[2]

나는 이러한 예화를 방법론적 목적으로 인용하는 것일 뿐, 그 가운데 어떤 것에 대해서도 정확성을 보증할 수 없다. 게임이론적 추론이 그의 자산 중 일부를 버리는 행위자의 외관상 역설적인 행위를 설명해 준다고 하더라도, 그것이 그럴-법한 이야기 이상의 것이 되기 위해서는 **의도에 대한 증거**가 필요하다. 후퇴 경로를 <u>스스로</u> 차단한 장군에 대해 적은 합리적으로 공격을 자제할 **것 같다**는 주장을 예증하기 위해 게임이론가들은 습관적으로 정복자 윌리엄과 코르테스를 언급한다. 그러나 (내가 아는 한) 그들은 누구든 그런 전략을 사용**한 적이 있다**는 것을 보여주려는 노력은 하지 않는다. 결론에서는 이 문제를 일반적인 수준에서 다룰 것이다.

확실히 몇몇 경우에 행위자들이 모델이 예측한 결과 산출을 **의도했다**는 증거가 있다. 24장에서, 나는 노동자들이 치르는 파업 비용을 올리기 위해 재고를 다량 비축하는 회사 같은 (게임이론의 한 분야인) 협상 이론의 예를 제시할 것이다. 그러나 이런 종류의 입증된 사례는 놀라울 정도로 드물다. 3장에서 언급했듯이, 사회적 행위자의 의도와 믿음을 밝

---

2 몽테뉴는 배나 다리를 불태우는 것 외에도 다음과 같은 예를 제공한다. "로마 대장들의 역사에는 보병이 도망갈 엄두도 내지 못하게 하려고 기병도 말에서 내려 걷게 한 사례들이 몇 번 있었다."

히는 것은 어렵기는 해도 불가능하지는 않다. 그러나 학자들이 어려움을 피하면, 연구에는 어려움이 있을 것이다.

　게임이론은 일부 행동자들이 귀결들을 도외시하는 상황도 다룰 수 있다. 예를 들어 유럽연합과 동유럽의 신규가입 국가 사이의 상호행동을 살펴보자. 오래된 유럽연합 소속 국가들은 새로운 국가에 같은 크기의 기존회원 국가의 농업보조금에 비해서 낮은 수준의 보조금을 영구적으로 고정하는 가입 조건을 부과하고 싶을 수 있다. 신규 국가는 물질적인 면에서 가입 혜택이 크기 때문에 비회원으로 남는 것보다 2급 회원국이 되는 것이 낫다. 비록 그것이 완전한 회원일 때만은 못하더라도 말이다. 하지만 심리적인 면에서 열등하게 취급받는다는 모욕감 때문에 그런 조건을 거부할 수 있다.[3] 이런 반응이 예상되기 때문에, 기존 회원국들은 완전 평등에 근거한 가입을 제안할 수 있다. 물질적인 면이 신규가입 국가들이 고려하는 전부는 아니라는 믿음 덕분에, 그들은 물질적으로도 더 나아질 수 있다.

　가입 협상을 들여다볼 권한이 내게 없으므로, 이런 언급은 추정일 뿐이다. 그러나 우리는 1787년 필라델피아 연방의회에서 있었던 장래 서부 주 가입에 관한 토론에서도 이런 종류의 논증이 있었다는 것을 알고 있다. 거버너 모리스Gouverneur Morris와 몇몇 사람들이 서부 주는 2급 주로서만 가입이 허용되어야 한다고 제안했다. 그래야 그들은 원原 13주를 투표로 결코 이길 수 없다는 것이다. 조지 메이슨은 이런 입장에

---

3 2003년 동유럽 정치가들이 미국의 대이라크 정책에 지지를 표명할 때, 시라크 대통령은 그들이 침묵을 지킬 좋은 기회를 놓쳤다는 말로 대꾸했는데, 그것은 이런 태도를 보여 주는 예이다. 그는 심지어 동유럽 정치인들이 성장 과정에 문제가 있다는 말까지 덧붙였다.

반대하며, 원 13주와 같은 권리를 갖고 가입해야 한다고 강력하게 주장했다. 우선 그는 원칙에 입각해서 이렇게 주장했다. 같은 조항에 근거해서 서부 주들을 받아들임으로써, 헌법 입안자들은 "우리가 그 자체로 옳다고 알고 있는 것"을 행할 것이다. 이어서 그런 논증을 받아들이지 않는 사람들에게, 그는 새로운 주는 어떤 경우에도 모멸적 제안을 수용하려고 하지 않을 것이라고 덧붙였다.

> 서부 주들이 성장함에 따라 연방에 가입하게 되면, 그들은 동등한 대우를 받아야지, 어떤 모욕적인 차별도 받아서는 안 된다. 그들은 우리와 마찬가지로 자부심과 이런저런 열정을 가지고 있다. 그들은 모든 면에서 형제들과 동등한 발판을 디디고 있지 않다면, 연방과 연합하지 않으려 하거나 재빨리 연방에 반항할 것이다.

메이슨은 새로운 주들의 "자부심과 열정"에 대해 말했지, 그들의 이익에 대해 말하지 않았다. 사실 불평등한 조항이 있더라도 연방에 가입하는 것이 연방 밖에 남는 것보다 그들의 이익에 더 맞는다. 그렇다 하더라도 그들은 원한 감정 때문에 여전히 연방 밖에 머무르는 것을 선호할 수도 있다. 동시에 그는 오래된 주들의 정의감이 아니라 자기 이익에도 호소했다. 4장의 용어법에 따르면, 그는 새로운 주들이 이익이 아니라 열정에 의해서 동기화되었기 때문에 이익이 아니라 이성에 의해 동기화된 것처럼 행동하는 것이 오래된 주들에게 이익이라고 그들에게 말했다.

이런 상황은 최후통첩 게임과 독재자 게임(그림 19.1)에 의해 실험적으로 연구되었다. 최후통첩 게임에서는 한 사람(제안자)이 자신과 다른 사람(응답자)에게 10달러를 분배하는 제안을 할 수 있다(x, 10-x). 제안은 전체 돈에 대해서만 가능하다. 응답자가 수용하면 분배가 이뤄진다. 응답자가 제안을 거절하면, 둘 다 아무것도 가질 수 없다. 다양한 변이 형태로 게임 연구가 이루어졌는데, 여기서는 익명 조건의 1회성 상호행동에 초점을 맞출 것이다. 피험자들은 컴퓨터 단말기로 상호행동하므로, 상대의 정체를 알 수 없다. 또한, 누가 어떤 선택을 할지를 실험자가 결정할 수는 없음을 그들에게 분명하게 알려 준다. 그렇게 함으로써 그들의 결정이 실험자를 기쁘게 하려는 욕망에 영향을 받을 가능성을 제거한다. 피험자들은 여러 번 게임을 해도 같은 상대를 결코 만날 수 없다. 따라서 학습은 가능하지만, 평판 쌓기는 가능하지 않다. 이런 조건에서는 자기 이익을 따라 무절제한 결정을 내릴 범위가 최대화된다.

두 행위자 모두가 합리적이고, 자기 이익을 추구하며, 보수 구조에 대한 완전한 정보를 가지고 있으며, 이런 사실이 공동 지식이라고 가정할 경우, 제안자는 (9, 1)을 제안하고 응답자는 수용할 것이다. 제안이 센트 단위까지 가능하면, 제안자는 (9.99, 0.01)을 제안할 것이며, 이 또한 수용될 것이다. 뭐라도 있는 것이 없는 것보다 낫기 때문이다. 실험에서는 제안이 대체로 (6, 4) 근처에서 이루어졌다. 응답자는 통상 제안이 2달러 이하면 거절했다.[4] 그들은 상대 얼굴에 침을 뱉을 수 있다면, 제 코가 떨어져 나가도 괜찮을 태세였다. 이런 실험 결과는 가정 가운데

---

4 실험 결과들 사이에 상당한 변이가 있기 때문에, "대체로" 그리고 "통상"이라는 표현을 썼다. 변이 가운데 일부는 성차로 인한 것이고, 일부는 문화적 차이로 인한 것이다. 대부분의 실험은 학생들을 피험자로 했기 때문에, 내가 아는 한 아무도 나이에 따른 차이에 주목하지 않았다.

그림 19.1

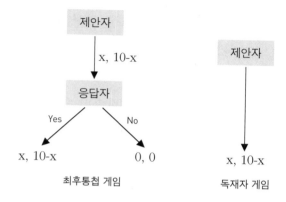

하나에 명백히 위배된다. 실험 설정 덕에, 우리는 정보 부족과 정보에 관한 공동 지식 결핍을 배제할 수 있었다. 그러나 우리는 합리성의 실패를 배제할 수 없고, 자기 이익이 아닌 동기화를 배제할 수 없다.

제안자는 자신이 모든 것을 갖는 편보다 어느 정도 동등한 분배를 선호하는 이타주의자일 수 있다. 자신과 아무 상관 없는 완전히 낯선 사람에게 이타주의가 발휘된다는 것은 다소 낯선 발상이다. 그래도 그것은 적어도 합리성에 어긋나지는 않는다. 그러나 우리는 최후통첩 게임에서의 행위를 독재자 게임에서의 행위와 비교함으로써 이런 가설을 기각할 수 있다. 사실상 전혀 '게임'이 아닌 후자에서는, 제안자가 자신과 응답자에게 일방적으로 돈을 배분할 수 있으며, 후자에게는 응답 기회조차 없다. 최후통첩 게임에서의 제안이 이타주의에서만 비롯된 것이라면, 독재자 게임에서의 분배와 아무 차이가 없어야 한다. 그런데도 실험에서 독재자 게임의 제안자는 훨씬 더 인색하게 행동한다. 분명히 최후통첩 게임의 제안자는 관대하지 못한 제안은 거부될 거라는 예상에 부분적으로라도 영향을 받는다.

　이런 거부를 설명하기 위해, 응답자가 **시기심** 때문에 낮은 액수의 제안을 거부할 수 있고 자기 이익을 추구하는 제안자는 그런 결과를 예견하고 딱 수용될 만큼 관대한 제안을 한다고 가정할 수 있다. 이런 설명이 옳다면, (8, 2)의 거부 빈도가 제안자가 어떤 분배든 자유롭게 제안할 때와 같아야 하고, 제안자가 할 수 있는 제안이 (8, 2)와 (2, 8)로 제한되어 있을 — 제한된다고 알고 있을 — 때와도 같아야 한다. 하지만 실제 실험에서 나타난 거부 비율은 후자일 때 더 낮다. 이런 결과는 응답자의 행위가 **공정성**에 대한 고려의 규정을 받는다는 것을 암시한다. 왜냐하면, 제안자가 (5, 5)를 제안할 수 있을 때 (8, 2)를 제안하는 것은, 자신에게 똑같이 불리한 (2, 8)이 유일한 대안일 때보다 훨씬 더 불공정해 보일 것이기 때문이다. 문제는 **의도**이지 결과물이 아니다.

　이런 해석은 다른 게임, 예컨대 신탁 게임(20장)처럼 강한 호혜성이 중요한 게임에서도 타당한 것으로 입증된다. 사람들은 때때로 비용만 들고 자신에게 혜택이 전혀 없어도 불공정하게 행동한 타자를 처벌하려는 의향을 보인다. 그런 처벌은 14장에서 열거된 합리성의 규준 가운데 하나를 위반하는 것으로 보인다. 예컨대 기대 비용이 기대 편익을 초과한다면, 합리적 행위자는 행동하는 것과 아무것도 하지 않는 것 사이에서 후자를 선택한다. 이타주의나 시기에 근거한 설명은 이런 원리를 위반하지 않는다. 자신에게는 약간의 비용이 들더라도 타자에게 혜택을 줄 수 있다면, 이타주의자는 그 결과물을 더 나은 것으로 받아들일 수 있다. 그리고 시기심 많은 사람은 약간 비용이 들더라도 타자에게 해를 끼칠 수 있는 경우가 그럴 것이다. 그런 행위는 자기 이익 가정을 위배하지만, 합리성 가정을 위배하지는 않는다. 이와 대조적으로, 공정성 설명은 합리성 규준을 위반하는 것 같다. 강한 호혜성은 우리가 돌에 걸려 넘어졌을 때 보복 삼아 그 돌을 걷어차는 것과 유사한 행위를 유도한다. 그렇게 하는 것은 아무 도움도 안 되고 고통만 가중할 뿐이다.

역행 추론

그림 18.5나 여타 순차 게임에서 나타나는 최후통첩 게임에서 균형은 역행 추론에 의해 도달된다. 최후통첩 게임에서 제안자는 응답자가 주어진 제안에 어떻게 반응할지를 예상한다. 그런 다음 그것에 따라 그의 행동을 조정한다. 이런 예에서 수반되는 계산은 매우 간단하다. 다른 실험에서 피험자들은 더 긴 추론 연쇄를 수행한다. 예컨대 두 피험자는 일정한 돈을 나누기 위해서 제안과 역제안을 세 차례에 걸쳐 진행할 것이라는 지시를 받는다. 이 돈은 차례를 거칠 때마다 50%씩 줄어든다.[5] 각 지점에서 행위자는 제안을 수용하고 "좋다"go "right"고 하거나 "싫다"go "down"고 하고 역제안을 할 수 있다. 그럴 때 합리성, 자기 이익 그리고 공동 지식은 다음과 같은 추론을 이끈다(그림 19.2).

첫 번째 제안을 한 사람(참가자 I)은 참가자 II가 자신의 제안과 더 작은 파이의 더 큰 몫 가운데 어떤 것을 택할지 고려해야만 한다. 동시에, 참가자 I은 참가자 II가 마지막 차례에 받을 제안보다 더 나쁜 제안을 그에게 하지 않을 걸 안다. 그림 19.2에서 참가자 I은 세 번째 차례에

---

5 줄어드는 것은 시간 할인의 효과로도 볼 수 있다(6장).

그림 19.2

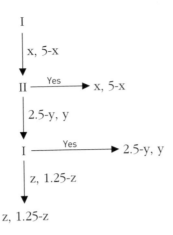

남아 있는 모든 것을 가질 수 있으니 게임 끝에서 최소한 1.25는 얻을 수 있다. 그러므로 참가자 II는 두 번째 차례에서 그에게 최소한 1.25보다 적게 제안할 수 없다. 그에게는 1.25가 최댓값이다. 이것을 아는 참가자 I은 (3.75, 1.25)를 제안할 것이고 II는 수락할 것이다.

실험에서 제안의 평균값은 (2.89, 2.11)이었다. 균형제안보다 한결 관대한 수치인 셈인데, 이런 결과는 분명히 가정 가운데 하나 또는 그 이상을 위반한다. (1) 첫 번째 참가자가 이타적일 수 있다. (2) 그는 다른 참가자가 역행 추론의 논리를 따라잡을 수 없어서, 균형제안을 거절할까 봐 걱정할 수도 있다. (3) 그 자신이 역행 추론의 논리를 따라갈 능력이 모자랄 수도 있다. (4) 그는 두 번째 참가자가 원한 감정 때문에 균형제안을 거절할까 걱정할 수도 있다. 첫 번째 역할을 하는 피험자들에게 그들이 최적 반응을 하도록 프로그램된 컴퓨터와 게임을 하는 것이라고 말해 줌으로써 첫 번째와 두 번째 그리고 네 번째 가설을 제거할 수 있다. 그 경우, 첫 번째 제안의 평균은 (3.16, 1.84)인데, 이 역시 균형보다는 꽤 관대한 셈이다. 상대에게 큰 액수를 제안한 피험자들이 컴퓨터에 이타적인 감정을 느꼈거나, 컴퓨터가 무능하다거나 원한 감정을 가졌다고 믿었을 것 같지는 않다. 피험자 자신이 무능력한 것이 틀림없다.

과제가 어려운 것은 아니다. 일단 피험자에게 역행 추론의 논리를 설명해 주면, 후속 게임에서는 나무랄 데 없이 잘 해낸다. 실험이 보여 주는 것은 오히려 이런 종류의 추론이 인간에게 그렇게 자연스럽게 다가오지 않는다는 것이다. 승자의 저주(13장)가 보여 주듯이, 단순한 순행 추론조차도 자생적으로 쉽게 이루어지진 않는 것 같다. '동생' 증후군(17장)도 같은 특성을 일부 보여 준다. 그것이 뜻하는 바는, 충분한 성찰을 거치고도 타자가 합리적이고 그들만큼 숙고 능력을 갖추고 있다는 것을 이해하지 못하는 것은 아니라, 타자가 환경에 적응하고 있기보다 습관적으로 행동한다고 생각하는 자연발생적 경향이 사람들에게 있다는 것이다.

합리적 선택 게임이론의 몇 가지 실패

게임이론의 예측 실패를 보여 주는 발견들은 그 외에도 많지만, 여기서는 '유한 반복 죄수의 딜레마', '연쇄점 역설', '지네 게임', '여행자 역설', 그리고 '미인대회' 정도를 논의할 것이다.

피험자가 서로 연속적으로 PD를 수행하고 어떤 차례가 마지막일지 알 때, C를 선택하는 실제 참가자 비율이 얼마인지 관찰할 수 있다. 직관적 설명에 따르면, 한 참가자가 어떤 차례에서 타자가 호혜적일 것이라

그림 19.3

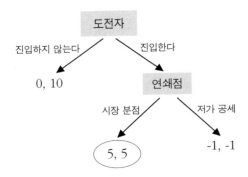

는 ('맞대응') 희망을 품고 C를 택할 수 있다. 그렇지만 참가자들이 역행 추론을 채택하면, 그들은 마지막 게임에서는 양자 모두 D를 택할 것을 알아챌 것이다. 그다음부터는 후속 게임의 행동에 영향을 줄 기회가 없기 때문이다. 끝에서 두 번째 게임에서도 참가자들은 D를 택할 것이다. 왜냐하면, 마지막 게임에서의 행위도 이전 논법과 이루어질 것이기 때문이다. 이런 논증은 첫 번째 차례까지 '지퍼 채우기'식으로 진행되고, 모든 게임은 배반으로 나아간다.

한 연쇄점이 20개 시에 지점을 가지고 있다. 그리고 각각의 도시에서 잠재적 도전자와 상대한다. 도전자는 연쇄점과 시장을 나눌 점포를 열지 아니면 그 도시를 포기할지 선택해야 한다. 연쇄점은 자신에게 미칠 손실을 감수하고 저가 공세를 펼쳐 경쟁자를 파산시키는 방법을 택할지, 시장 분점을 받아들일지 택할 수 있다. 보수행렬은 그림 19.3과 같다. 각 켤레의 앞 숫자가 잠재적 진입자의 보수이다.

단일 게임에서의 역행 추론은 균형 결과물 (5, 5)를 낳은 것이다. 경쟁자는 들어오고 연쇄점은 시장 공유를 수용하는 것이다. 그러나 나중에 이어질 도전을 미리 생각할 경우, 연쇄점은 비용을 좀 치르더라도 더

그림 19.4

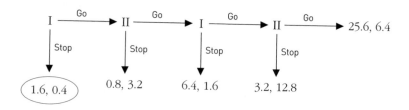

공격적으로 반응해서 신참자를 망하게 하기로 결정할 수 있다. 그러나 20차례의 게임에 역행 추론을 적용해 보면, 이 전략은 성공적인 것이지 못함이 드러난다. 20번째 게임에서는 공격적으로 굴어서 얻을 추가 혜택이 없다. 그러므로 회사는 신참자와 시장을 분점하는 것이 더 낫다. 그러나 그것은 19번째 게임에서도 저가 공세로 얻을 이득이 없다는 것을 함축한다. 실제 시장에서 어느 정도가 저가 공세인지는 논쟁적이지만, 실험적 시장에서 제시될 수 있다.

지네 게임[6]은 그림 19.4에 (달러 보수행렬로) 나타나 있다. 역행 추론에 따르면 참가자 I은 처음에 정지(Stop)를 선택해야 한다. 두 참가자가 얻을 수 있는 보수가 끝까지 게임을 진행해서 두 참가자가 얻을 수 있는 보수의 1/16에 불과하더라도 말이다. 한 전형적인 실험에서는 22%가 첫 번째 선택 마디에서 정지를 선택했고, 남은 사람의 41%가 두 번째 마디에서 정지를 선택했고, 거기서 남은 사람의 74%가 세 번째 마디에서 정지를 선택했고, 마지막 남은 사람들의 절반은 네 번째 마디에서 정

---

6 이 이름은 100개의 노드가 있는 판본의 게임을 지칭한 것에서 유래한 것이다.

지를 택하고 다른 절반은 진행(Go)을 선택했다. 역행 추론이 예측한 (동그라미 쳐진) 균형으로부터의 일탈은 참가자들의 이득이 증가하는 평균값 정도 된다.

이런 겉보기에 비합리적인 협동과 저가 공세 사례를 설명하기 위해서는 게임이 어떤 측면에 **불확실성**이 들어 있는지 꼼꼼히 보아야 한다. 실제 현실 생활에서 참가자들은 게임이 몇 차례까지 진행되고 언제 끝날지 아는 경우가 별로 없다. 그들은 종종 상호행동이 무한히 지속하리라고 믿는다. 그래서 역행 추론이 시작될 마지막 차례가 없다. 그 경우, 맞대응의 상호 채택은 반복 PD의 균형점에 이를 것이다. (그것이 유일한 것은 아니다. "항상 배반하고, 또 배반하라"도 하나의 균형이기 때문이다. 구조적으로 이것은 보증 게임과 약간 비슷하다. 거기에도 좋은 균형 하나와 나쁜 균형 하나가 있다.) 현실 생활에서 맞대응 행위를 채택할 상황에 처하곤 했던 행위자는, 그것이 최적이 아닌 실험실 상황에서도 맞대응 행위를 채택할 수 있다.

또는 행위자가 자신이 마주한 참가자가 어떤 유형인지 잘 모를 수도 있다. 모집단 속에 일부 비합리적 개인이 존재한다는 공동 지식이 있다고 해보자. 그 경우, 우리는 어떤 행위자는 언제나 협동하고, 어떤 행위자는 유한 반복 PD에서 맞대응을 사용하고, 또 어떤 행위자는 20번째 도시에서조차 신참자를 저지하기 위해 저가 공세를 할 것을 안다. 하지만 정확히 누가 그런 개인인지는 모른다. 어떤 행위자도 비합리적일 확률이 있는 셈이다. 연쇄점 역설에서 잠재적 신참자는 연쇄점 경영자가 비합리적일 것이라는 예상에 일정한 확률을 할당할 것이다. 그 확률이 충분히 크면, 그는 시장 참여를 자제할 것이다. 그런 사실을 아는 경영자에게는 다른 사람들이 그를 비합리적이라고 믿게 할 유인요인이 있다. 따라서 그는 첫 번째 신참자에게 저가 공세를 펼칠 것이다. 다른 도시의 잠재적 신참자들은 이런 행위를 관찰하며, 베이즈적 추론(13장)을 활용해서 그가 비합리적이라는 데 더 높은 확률을 할당한다. 그 확률이 그를 저지하기에 충분히 크지 않을 수도 있다. 그러나 그가 베이즈적 추론을 반복한다면, 결국은 입점하지 않는 것이 더 합리적인 수준에 도달할 것이다. 유사한 논증이 유한 반복 PD와 지네 게임에서 협동을 설명해 줄 수도 있다.

그러나 또 다른 가능성이 있다. 반복 죄수의 딜레마와 지네 게임에서 협동에 어떤 초점 특성이 있을 수도 있다. 합리적rational 개인들은 첫 사태에서 배반할 수 있지만, 이성적인reasonable 사람들은 배반하지 않는다. 이런 접근법(훨씬 뒤에서 다뤄질 것이지만)은 상당히 모호하다. 그렇지만 그것이 내게는 적어도 타자의 유형에 관한 무지에 기초한 논증보다는 더 진실에 가까운 것으로 다가온다. 무지에 근거한 논증은 참가자들이 교과서로도 몇 페이지는 차지할 정도의 엄청나게 복잡한 계산을 할 줄 안다고 가정한다. 또한, 내성과 인과적 관찰이 제시하는 바에 따르면, 우리는 일상생활에서 무언가를 결정할 때 다른 사람에 대해 이런 식으로 생각하지 않는다. 내가 적은 돈과 관련해서는 누군가를 신뢰하고 큰돈과 관련해서는 신뢰하지 않는다면, 그 이유는 내가 그를 무조건적으로 신뢰할 만하다는 쪽에 작은 확률을 할당하기 때문이 아니라, 판돈이 그렇게 높지 않을 때만 그를 신뢰할 수 있다고 판단하기 때문이다.

여행자 딜레마에서는, 두 참가자가 분실 수하물에 대해 80달러와 200달러 사이 액수로 동시에 보상을 청구할 수 있다. 과도한 청구를 막기 위해 항공사는 두 여행자의 청구액 가운데 낮은 액수를 지급하되, 낮은 액수를 청구한 사람에게는 R달러를 더해 주고 높은 액수를 청구한 사람에게는 그만큼을 제한다. (100, 150) 켤레의 청구액을 생각해 보자. 그것은 (100+R, 100-R)의 보수행렬을 낳을 것이다. 이 켤레는 균형일 수 없다. 왜냐하면, 첫 번째 참가자에게 149달러를 청구할 유인요인이 있기 때문이다. 그러면 그는 149+R의 보수를 얻을 수 있지만, 그것에 대응해서 두 번째 참가자가 148을 청구할 것이며, 그런 과정이 이어질 것이다. 이 예가 암시하듯이, 유일한 균형은 둘 모두 80을 청구할 때 이루어진다. 실험에서 이 결과물은 R이 클 때 관찰된다. R이 작으면, 피험자들은 상한선이 200에 접근하는 액수를 청구한다. 내 직감으로는, 초점 추론focal point reasoning 같은 것이 여기에 작동하고 있다. 여행자들은 안다. 높은 액수로 조정이 이루어질 때 얻을 이득을 생각하면, 균형전략을 채택하는 것은 바보짓이라는 것을. 그리고 여행자들은 상대방도 그것을 알고 있다고 생각한다.

존 메이너드 케인스는 주식 시장을 미인대회에 비유했다. 그는 그 당시 영국에서 상당히 인기 있는 대회를 염두에 둔 것이었다. 신문은 100장의 사진을 싣고, 사람들은 가장 마음에 드는 6명의 얼굴을 적어 넣었다. 가장 인기 있는 얼굴을 뽑은 모든 사람은 자동적으로 경품 추첨권을 받았다. 케인스는 이렇게 썼다. "그것은 최선의 판단에 따라 가장 예쁘다고 생각되는 얼굴을 뽑는 것도 아니고, 평균적인 의견이 가장 예쁘다고 생각하는 얼굴을 뽑는 것도 아니다. 우리는 제3열에 도달한다. 즉, 우리는 지적 노력을 다해서 평균적 의견이 평균적 의견일 것으로 예상하는 것을 예상해야 한다. 그리고 내 생각에 제4열, 제5열, 그 이상의 열을 실천하는 이들이 있다."

케인스의 언급에서 영감을 얻은 게임이 있다. 피험자들은 0에서 100 사이의 어떤 숫자를 고르라는 요구를 받는다. 자신이 고른 숫자가 피험자들이 고른 수 평균의 2/3에 가장 가까운 참가자가 정해진 상을 받는다. 평균은 100이거나 그보다 작을 수밖에 없으며, 평균의 1/3은 당연히 67이거나 보다 작을 것이다. 따라서 다른 참가자들의 선택에서 나온 어떤 평균에 대해서도 67은 그보다 큰 어떤 수보다 평균의 2/3에 더 가까울 것이다. 그러나 숫자가 67이나 그보다 작은 수로 제한되면, 평균의 2/3는 44이거나 그보다 작을 것이고, 이런 과정이 0이라는 유일한 균형에 도달할 때까지 계속될 것이다. 실험에서는 아주 적은 수의 피험자들만이 0을 골랐고, 평균은 35 정도였다. 어떤 사람이 이 수를 선택하기 위해서는, 다른 사람 대부분이 더 큰 수를 택할 것이라고 믿어야만 한다. 이것은 일종의 동생 증후군이다. 그 숫자가 전체 범위의 평균인 50의 2/3쯤이라는 사실은, 통상적인 피험자들이 타자는 숫자를 무작위로 선택하지만 자신은 최적화할 만큼 자유롭다고 믿는다는 것을 암시한다. 아니면 통상적인 피험자가 타자는 두 차례까지 소거 작업을 하지만, 자신은 세 번째 차례를 추가할 만큼 자유롭게 최적화한다고 믿는 것이다.

내가 제시했듯이, 사람들이 게임이론의 예측과 일치되게 행동하지 못한다면, 그것은 합리성에 미치지 못하거나 합리성을 초과하기 때문이다. 단순한 역행 추론을 해낼 수 없는 것도 그렇지만, 확실히 동생 신드롬도 합리성의 실패이다. 이성적이라면 합리성의 덫을 초월할 수 있다는 것이다. 즉, 두 참가자가 최선의 반응 논리를 무시할 때 오히려 이득을 얻을 수 있다는 사실에 집중력을 발휘하는 것이다. 내가 말했듯이, 후자의 발상은 어느 정도 초점 관념에 가깝다. 그러나 어느 정도만 그렇다. 초점은 균형이지만, 유한 반복 죄수의 딜레마, 여행자 딜레마에서의 높은 보상액 요구, 또는 지네 게임에서 진행을 선택하는 것은 균형이 아니다. 이런 선택과 초점 선택이 공통된 점은 자명함obviousness과 이성적임reasonableness이 가진 정의하기 어렵고 고도로 맥락 의존적인 속성이다.

이런 주장은 초점 추론보다 주술적 사고와 더 비슷해 보인다(7장). 합리성의 세이렌을 무시하는 것은 존 던John Donne이 「기념일」The Anniversary이라는 시에서 했던 경고를 따르는 것이다.

우리 중 하나를 제외하고는 아무도 우리에게
반역을 저지를 수 없는 곳에서, 누가 우리만큼 안전합니까?
참된 두려움과 거짓된 두려움 모두를 삼갑시다.

참된 두려움을 무시하는 것은 비합리적이거나 주술적으로 보인다. (같은 것이 이득에 대한 참된 전망을 무시하는 것에도 해당된다.) 아니면, 그리고 이것이 내가 선호하는 조망방식인데, 그런 행위는 단순한 합리성보다 더 높은 표준을 반영한다. 이것은 어려운 쟁점이다. 그리고 독자도 스스로 결심해야 하는 영역에 초대를 받은 것이다. 그런 문제 가운데 일부는 다음 장에서 논구될 것이다.

참고문헌

C. Camerer, *Behavioral Game Theory* (New York: Russell Sage,

2004)는 이 장에서 제시되는 대부분의 예의 출처이다. 표준적 게임 이론의 예측이 깨지는 조건에 대한 유용한 분석은 J. K. Goeree and C. A. Holt, "Ten little treasures of game theory and ten intuitive contradictions", *American Economic Review* 91 (2001), pp. 1402~ 1422를 보라. 역행 추론이라는 겉보기엔 단순해 보이는 발상은 깊은 역 설을 품고 있는 것으로 밝혀졌는데, 그 가운데 일부는 나의 *The Cement of Society* (Cambridge University Press, 1989) 서문에 제시되어 있다. 그림 19.2에 예시된 게임은 E. Johnson et al., "Detecting failures of backward induction", *Journal of Economic Theory* 104 (2002), pp. 16~47에서 발췌한 것이다. '여행자 딜레마'는 K. Basu, "The traveler's dilemma: paradoxes of rationality in game theory", *American Economic Review: Papers and Proceedings* 84 (1994), pp. 391~395 에서 가져왔다. 이성적인 것과 합리적인 것의 구별에 대해서는 R. D. Luce and H. Raiffa, *Games and Decisions* (New York: Wiley, 1957), p. 101을 보라.

20장_ 신뢰

방심하기

토크빌이 말했듯이, 이기주의는 "사회의 좀"이다. 같은 선상에서 신뢰는 "사회의 윤활유"라고 얘기된다.[1] 타자가 하겠다고 말한 것을 최소한 어느 정도라도 하리라고 신뢰할 수 없다면, 일상생활은 거의 불가능할 것이다. 학자들은 신뢰를 다양하게 정의해 왔지만, 나는 행위 중심의 단순한 정의를 사용할 것이다. 타자를 신뢰한다는 것은 방심한다는 것이다. 즉, 타자가 기회주의적이거나 무능력해서 그를 경계하는 것이 마땅하게 처신할 때조차, **상호행동 상대에 대해 경계를 푸는 것이다.**[2] '기회주의'는 윤리적이고 신중한 고려로 제어되지 않는 근시안적인 또는 '조잡한' 자기 이익을 뜻한다. 타자에 대한 경계를 정당화하는 전형적인 기회

---

1 경제 발전에 관한 오래된 문헌에서는 때때로 부패에 윤활유 역할을 할당했다.
2 따라서 신뢰는 이중의 자제와 관련이 있다. 한 편은 다른 편이 기회주의적 행동을 자제할 것이라는 희망 속에서 경계 조치를 자제하는 것이다.

주의적 활동에는 거짓말, 시험 부정, 약속 위반, 공금 횡령, 외도, 또는 죄수의 딜레마 게임에서의 비협동적 전략 선택이 포함된다.

사람들은 협상을 계속하기 위해서, 술을 끊기 위해서, 또는 세이렌이 노래할 때도 배를 똑바로 몰기 위해 **스스로**를 신뢰할 수도 있고 하지 않을 수도 있다. 자신에 대한 불신은 서약이나 사적 규칙의 구성(13장)으로 드러난다. 그러나 이런 전략은 신호전달signaling 효과로 인해 치를 비용이 클 수 있다. 타자가 미래의 자아를 향한 나의 경계 행위 사례를 하나라도 관찰하면, 그들은 내게 자기 통제력 일반이 결핍되어 있다고 추론할 수도 있다. 물론 이런 추론은 우리가 12장에서 보았듯이 정확한 것은 아니다. 그러나 어쨌든 그들은 다음과 같은 경우에 나를 신뢰하기를 꺼릴 것이다. (1) 나의 자기 통제력 결핍이 그들에게 비용이 될 수 있을 때, (2) 어떤 서약 장치도 사용할 수 없을 때, 그리고 (3) 일회성 만남처럼 사적 규칙이 적합성을 가질 수 없을 때. 그래서 만취를 금하는 규범뿐 아니라 아예 술을 통째로 금하는 규범이 있는 사회가 많은 것이다 (21장).

불신은 두 가지 형태 가운데 하나를 취한다. 한편으로, 상호행동으로 인해 자신이 무능력이나 기회주의에 **빠질** 수 있다면, 사람들은 단순하게 잠재적 상대와 상호행동하는 것을 자제할 것이다. 다른 한편, 상호행동에는 들어가지만 이런 위험에 대비해서 예방조치를 취할 것이다. 따라서 신뢰는 우선 상호행동에 들어가고 다음으로 상호행동 상대에 대한 감시를 삼가겠다는 연속하는 두 결정의 결과이다. 상호행동을 자제하는 결정은 그 특성상 관찰하기 어렵다. 따라서 사회 안에 퍼져 있는 불신의 규모는 과소평가되기 십상이다. 사람들은 남과 잘 어울리지 않는 사회보다 서로를 끊임없이 사찰하는 사회가 더 불신이 많다고 생각하기 쉽다. 그러나 좀 더 꼼꼼히 살펴보면, 전자가 더 비효율적이라는 것을 알 수 있다. 거기서는 서로에게 혜택이 되는 여러 협상이 아예 제기되지도 않기 때문이다.

몽테뉴는 신뢰 반응을 다음과 같이 묘사한다. "내가 여행 중일 때, 내 지갑을 가지고 있는 사람은 누구나 감독 없이 그것에 대해 전권을 가진다." 그 외의 신뢰 표명 사례로 다음과 같은 활동을 삼가는 것을 들 수 있다.

- 배우자의 일기 들여다보기
- 시험 시간에 감독관 배치하기
- 채용 후보자의 증빙서류 확인하기
- 세입자에게 보증금 요구하기
- 성문화된 법적 강제력을 가진 계약 고집하기
- 재산이 적은 약혼자에게 혼전 합의prenuptial agreement 요구하기
- 자신의 아이들을 피해 돈을 숨기기
- 집을 떠나기 전 현관문 잠그기
- 죄수의 딜레마 게임 배반자 응징을 서약하기
- 다른 의사에게 의학적 소견을 다시 요청하기 또는 다른 자동차 수리점에서 다시 견적 내기

이미 언급했듯이, 신뢰의 대상은 타자의 **능력**이나 **동기**일 수 있다. 양자의 구별은 레지스탕스의 역사에 생생하게 예시되어 있다. 2차 세계대

전 때, 독일 점령 국가에서 레지스탕스 요원들을 독일 첩자로 간주하여 살해한 일은 시시때때로 일어났다. 더 드물긴 하지만 자백하지 않고 버틸 수 있을 것이라는 신뢰를 받지 못해서 살해된 일도 있었다. 술주정뱅이로 판명되었던 어떤 사람은, 술 취한 상태에서 위험한 정보를 누설하지 못하게 하려고 처형되었다. 신뢰와 관련된 더 평범한 예로 자동차 정비 기술에 대한 신뢰 문제나 정직성 문제를 들 수 있다. 내가 두 번째 의학적 소견을 구한다면, 첫 번째 의사가 제 주머니를 채우려고 필요 없는 수술을 권하는 것은 걱정거리였겠지만, 우선은 첫 번째 의사의 능력에 대한 우려 때문일 것이다.

능력을 신뢰하는 것과 정직성을 신뢰하는 것의 구별은 기본적인 것이다. 하지만 이런 구별이 학술 문헌에서는 무시되는 편이다. 그 이유는 아마도 정직보다 능력이 더 관찰하기 쉽고, 제기되는 문제도 더 적기 때문인 듯하다. 물론 능력 평가에도 능력이 필요하다. 그러나 유능한 사람이라고 할지라도, 얼마나 능력을 발휘할지는 기회주의적인 이유로 인해 달라질 수 있다. 그래서 나는 이하에서 정직성에 대한 신뢰에 대해 주로 논의할 것이다.

신뢰의 이유들

사람들이 경계를 삼가는 이유는 많다.[3] (1) 주어진 사태에 대해서든 인생 전반에 걸쳐서든, 경계비용이 기대 혜택을 초과하기 때문일 수 있다. 우리 마을에 차 수리점이 하나 있고 내가 다른 견적을 받아 보기 위해서는 택시 타고 50마일을 가야 한다면, 그런 견적은 낼 가치가 없다. 좀 더 일반적으로 말하자면, 삶은 늘 이용당할지 걱정만 하기엔 너무 짧다. 신뢰성 없는 것을 신뢰한 것에서 생긴 일시적 손실은 걱정 없이 지내는 마음의 평화에 비하면 너무 작다. (2) 경계하는 바로 그 활동이 기회주의자들에게 이용당할 수 있는 정보를 제공할 수도 있다. 몽테뉴가 적합한 라틴 속담을 인용한 바 있다. **문이 활짝 열린 집이 아니라, 꽁꽁 잠긴 집이 도둑을 불러들인다.** *Furem signata sollicitant. Aperta effractarius praeterit.* (3) 경계한다는 관념은 행위자가 다른 사람에 대해 가진 감정적 태도와 양립하지 않을 수 있다. 사랑에 빠졌을 때, 사람들은 혼전 합의와 관련된 냉정한 계산에 관여하려고 하지 않는다. 19장에서 인용한 존 던의 시는 이 맥락에서도 적절하다. "참된 두려움과 거짓된 두려움 모두를 삼갑시다." (4) 나는 타자의 신뢰성에 대한 사전 믿음prior beliefs을 가졌을 수 있다. (5) 나는 타자를 신뢰함으로써 신뢰성trustworthiness을 **끌어내고자** 할 수 있다. (6) 이방인이라고 해서 신뢰하지 않은 것은 존중의 결여를, 즉 이방인을 대하는 방법에 대한 사회 규범에서 어긋난 태도를 보인 것일 수 있다.

다음에서 나는 (4)에 집중하고 (5)와 (6)은 간단히 다룰 것이다. 여러 학자가 신뢰를 (4)와 관련해서만 정의하지만, 나는 신중한 자제에 초점을 맞추는 것이 신뢰하는 자(신탁자)와 신뢰받는 자(수탁자) 사이의 **상호행동**을 강조하는 이점이 있다고 믿는다. 수탁자가 경계심의 결핍을 **인지**하면, 그 때문에 인지하지 않았을 때와 달리 행동할 수 있다. (2)

---

3 나는 "삼간다"를 신중한 포기를 뜻하는 표현으로 썼다. 내가 논의한 일부 사례에서, 예를 들어 예방조치 삼아 배우자의 일기를 들여다본다는 것은 마음에 떠올려 본 적도 없을 수 있다. 그러나 행위자에게 예방조치를 취할 기회가 있었다면, 뒤에서 정의를 제시하겠지만, 그것은 '맹목적 신뢰'는 아니다. 행위자가 자신이 가진 기회를 쓰지 않는다는 사실은, 그것이 신중해 보이든 그렇지 않든 관련된 타자에게 의미 있는 신호이다.

의 경우에도 그런 것에 해당하는데, 그렇게 된 이유는 도둑이 기회주의적 행위를 위한 기회는 없을 것이라고 추론했기 때문이다. 뒤에서 논의되겠지만, 인지가 그의 **동기**를 바꾸어 기회주의적으로 처신하게 만드는 사례도 있다. 이는 신뢰가 자기실현적인 속성을 가지고 있다는 전前 분석적 통찰과도 어울리는 사례이다. 같은 것이 불신에도 적용된다. 프루스트가 언급했듯이 "질투를 알아채자마자, 질투 대상이었던 그녀는 그런 신뢰의 결핍이야말로 그녀가 우리를 속인 이유라고 주장했다".

신뢰성의 이유

사람이 **신뢰성** 있게 보이는 이유는 아주 다양하다. 나는 다음 네 가지를 거론할 것이다. 과거 행위, 인센티브, 징후signs, 그리고 신호signals가 그것이다. 우리는 다른 사람을 관찰함으로써 그들이 일관되게 약속을 지키고, 거짓말을 삼가며, 자기 것이 아닌 소유물을 주의 깊게 다루는 것 등등을 안다 ── 또는 안다고 믿는다(12장). 더 나아가서 자기 자신이 신뢰성 있(없)다는 것을 아는 사람은 다른 사람 또한 신뢰성 있(없)다고 생각하는 경향이 있다. 라 브뤼예르가 말했듯이, "악당들은 다른 사람들도 자신들처럼 나쁘다고 쉽게 믿는다. 그들을 속인 일도 없고, 그들도 오래 속인 것은 아닌데 말이다".[4] 이런 메커니즘이 실제로 작동한다는 실험적 증거가 있다. A는 그가 신뢰하는 B가 C를 신뢰하기 때문에 C를 신뢰할 수 있다. 하지만 이런 추론은 타당하지 않을 수 있다. C에 대한 B의 신뢰

─────────

4 라 로슈푸코는 다르게 생각했다. "사람들은 남을 속이려고 나섰을 때만큼 쉽게 속을 때가 없다."

는 단순히 허위 합의 효과the false consensus effect에 기인하는 것일 수 있다. 이런 예들이 보여 주듯이, 우리는 사람들을 잘못된 이유로 신뢰하거나 불신하는 경우가 자주 있다. 즉, 타자가 실제로 그런 것보다 더 우리와 또는 '그들 자신과' 비슷하다고(행위 면에서 더 일관성 있다고) 믿는다.

국제적 다이아몬드 상인들의 작은 공동체에는 기회주의적 행위의 유혹이 어마어마하다. 그런데도 증인 없는 구두 합의가 문서 계약만큼 구속력을 갖는다. 합의를 어기는 상인은 일시적인 이득을 챙길 수 있지만, 그 후로는 다른 **모든** 상인이 **계속** 꺼리는 인물이 될 수 있다.[5] 그리고 다이아몬드 상인 공동체에서는 자녀에게 사업을 물려주는 경우가 빈번한데, 그렇게 할 수도 없게 된다. 대부분 극도로 정통주의적인 유대인 공동체 안에서 사는 뉴욕 다이아몬드 상인들의 경우, 사기꾼은 사회적 배척의 고통도 감수해야 한다. 이때 배척 메커니즘은 신뢰성을 견고하게 다지기는 하지만 신뢰성의 필요조건은 아니다. 그러나 정직하고 신뢰성 있다는 평판을 유지할 인센티브로는 충분하다.

징후는 옳든 그르든 신뢰성을 지시하는 것으로 생각되는 개인의 **특질**이다. 택시 운전사가 승객이 돈을 뺏거나 공격하지 않으리라 신뢰하는 근거를 조사한 연구에 따르면, 여성이 남성보다, 노인이 청년보다, 백인이 흑인보다, 부자가 가난한 사람보다, 자기에 몰입해 있는 사람이 이것저것 묻는 사람보다, 솔직한 사람이 구려 보이는 사람보다 더 신뢰성 있게 지각된다. 뉴욕의 스페인계 택시 운전사는 다른 인종 집단에 속

---

5 이것은 한 차례 배반하고 그다음 차례에서 벌을 받은 참가자가 협동 행위를 재개하면 용서받을 수 있는 간단한 맞대응 메커니즘이 아니다. 오히려, 그것은 한 번의 배반도 나중의 선한 행동으로 구제되는 것이 금지되는 '무자비 방아쇠'(grim trigger) 메커니즘이다.

한 사람보다 스페인계 승객이 더 신뢰성 있다고 생각한다. 벨파스트의 가톨릭 운전사는 가톨릭 승객이 프로테스탄트 승객보다 더 신뢰성 있다고 생각하며, 프로테스탄트 운전사에게는 그 역이 참이다. 신뢰감 가는 더 포괄적 특질에는 가운데로 몰리지 않고 대화 상대자를 똑바로 보는 눈도 있다.

신호는 신뢰성에 증거를 제공하는 **행위**이다. 신호는 징후의 신중한 생산 또는 흉내일 수도 있다. 예를 들어 솔직한 표정을 짓는 좋은 방법은 대화 상대자의 양미간을 바라보는 것이다. 타자가 그런 표정이 믿을 만한 행위 지표라고 믿으며 그런 시늉이 얼마나 쉬운지 모를 때만, 신호는 작동한다. 그 외에도 신뢰성 없는 개인들이 해내기엔 너무 비용이 많이 드는 행위가 신호로서 작동한다. 서명을 성공적으로 위조하기 위해서는 오랜 연습이 필요하다. 반면에, 자기 서명을 쓰는 일은 조금도 힘들지 않다. 가난한 남자가 택시 운전사에게 신뢰성 있게 보이려고 월스트리트의 은행가처럼 차려입을 수도 있다. 그러나 그러기에는 택시 강도로 얻을 수 있는 수입보다 비용이 더 많이 들기 때문에, 그럴 가능성은 별로 없다. 이에 비해 『월스트리트 저널』을 들고 흔들며 택시를 부르는 것은 누구라도 할 만한 일이다. 그래서 그것은 신뢰성 여부를 분별해 줄 기준이 못 된다. 신뢰의 토대가 상호행동 상대의 시간 지평이 장기적이라는(시간 할인율이 낮다는) 믿음이라면, 인격 특성으로서의 선견지명farsightedness이 여러 상황에 관철된다는 또는 전혀 그렇지 않다는 (잘못된) 믿음에 비춰서, 신체적 건강 및 날씬함의 값비싼 전시가 신호 역할을 할 수 있다.

우리는 자기 이익만이 사람들을 동기화하는 것은 아니라고 보기 때문에 그들을 신뢰하곤 한다. 그러나 때때로 자기 이익을 추구할 때에만 그들을 신뢰하기도 한다. 영화 「말타의 매」 *The Maltese Falcon*에서 거트먼 씨는 험프리 보가트에게 다음과 같이 말한다. "나는 자신을 돌보지 않는 사람을 신뢰하지 않습니다." 나폴레옹은 탈레랑을 신뢰하려니 그가 자기 가족을 위한 호의를 전혀 요구하지 않는 것이 마음에 걸린다고 말했다. 프랑수아 미테랑도 프랑스 대통령이던 시절에 그에게 호의를 전혀 바라지 않는 사람을 불신했다고 한다. 린든 B. 존슨은 야망이 크지 않은 사람을 이해하거나 신뢰하지 않았다고 한다. 일반적으로, 사기꾼과 협잡꾼의 주요 문제는 그들이 자기 이익을 벗어나서 행동하고 있다고 피해자가 믿게 하는 것이다. 내가 어떤 사람과 걸으면서 그에게 약간의 돈을 미리 투자해서 큰돈을 벌 수 있다고 속삭인다고 해보자. 그의 첫 번째 질문은 "그렇게 좋은 일이 있겠나?"일 것이다. 그리고 두 번째 질문은 "그게 사실이면, 왜 너 혼자 다 갖지 않고 나와 나누려고 하지?"일 것이다. 성공적인 사기꾼이라면, 일부 이득을 포기하는 것이 왜 자기에게 이익이 되는지 설명해 줄 그럴듯한 이야기를 들려줄 수 있어야 한다. 그래야 피해자의 신뢰를 끌어낼 수 있다. 상호행동의 전사前史가 없는 상태에서 호의적인 동기를 주장하는 것은 신빙성이 없다.

사람들은 많이 또는 적게 신뢰받을 만한 것(그렇다고 인지되는 것)과 마찬가지로, 많이 또는 적게 **신뢰하기**trusting도 한다. 즉, A와 B 양자가 C에 대해 같은 믿음을 가지고 있는데도(어떤 믿음도 가지고 있지 않은데도), A는 C를 신뢰하고 B는 신뢰하지 않을 수 있다. 공동으로 벤처 사업을 시작할 때는 타자를 신뢰하는 성향이 특히 중요하다. 반복되는 상호행동에서 협동은, 상호행동의 전사가 전혀 없는 **첫 번째 차례 빼고는** 호혜성에 의해 유지될 수 있다. 협동이 시작되기 위해서는 양편이 첫 번째 차례에서 무조건 협동해야만 한다. 신뢰하는 개인은 '맞대응 전략'을 따를 것이다. 즉, 첫 번째는 협동하고, 다음 차례들에서는 호혜적으로 행동한다. 속담이 말해 주듯이, "나를 한 번 속이면 네가 나쁜 놈이고, 나를 두 번 속이면 속은 내가 바보다". 불신하는 사람도 '맞대응 전략'을 따른다. 첫 번째 차례에서 배반하고 다음 차례부터는 호혜적으로 행동한다.

신뢰에 대한 실험

'신탁 게임'(TG)은 최후통첩 게임(19장) 그리고 공공재 게임(23장)과 더불어 행동경제학에서 가장 많이 연구되는 게임 가운데 하나이다. 일반적으로 한 피험자('투자자')는 (실험자가 제공한) 일부 자금을 다른 피험자('수탁자')에게 송금할 수 있다. 그러면 실험자는 송금된 액수에 일정 비율을 곱한 금액을 수탁자에게 보낸다. 예를 들어 투자자가 10의 화폐 단위(MU)를 양도하면, 수탁자는 30을 받는다. 그러면 수탁자는 일부 이익을 투자자에게 다시 양도할 수 있다. 합리적이고 이기적인 수탁자는 아무것도 되돌려 보내지 않을 것이다. 이 사실을 예상한 합리적이고 이기적인 투자자는 전혀 송금하지 않을 것이다. 그러나 투자자가 수탁자를 신뢰하고, 수탁자에게 신뢰에 대해 보상하면, 양자 모두 더 나아진다. 이 예에서, 수탁자는 자신과 투자자 모두에게 10의 순이익이 남도록 20MU를 돌려보낼 수 있다. 실험은 보통 투자자와 수탁자가 서로 모르게 설계되기 때문에, 수탁자가 신뢰성 있다고 믿거나 믿지 않을 별도 근거는 없다. 따라서 사람들이 서로를 신뢰하는 이유에 대한 설명 (4)는 제외된다. 신탁 게임은 낯선 사람들 사이에서 일어난다.

한 실험에서, 투자자는 평균적으로 자산의 2/3를 수탁자에게 송금했으며, 수탁자는 평균적으로 받은 것보다 약간 더 큰 액수를 반환했다. 신탁 송금이 클수록, 반환금도 커진다. 이런 조사 결과는 동기화에 대한 수많은 가정과 일치하지만, 두 행위자가 물질적 자기 이익에 의해 동기화되어 있고, 상대도 그렇다고 생각한다는 가설과는 **맞지 않는다.** 그런 가설에 따르면, 투자자는 한 푼도 반환되지 않으리라고 예상하고 한 푼도 보내지 않을 것이다. 그러나 투자자는 대체로 일정액을 송금하고 수탁자도 그렇게 한다. 몇몇 사례에서는, 수탁자들이 이타주의나 공정성에 의해 동기화된다. 즉, 그들은 받은 것보다 더 많이 돌려보내기도 하고, 딱 받은 만큼만 돌려보내기도 하는 것이다. 이런 행위의 배후동기는 수수께끼로 보인다. 나의 추측은, 수탁자가 ── 그들 자신 또는 투자자에게 ── 착취적으로 보이고 싶지 않기 때문에 받은 만큼 돌려보낸다는 것이다. 다음 장에서 논의하겠지만, 심지어 그가 다시 만날 일 없는 사람일지라도, 다른 사람이 보기에 불공평해 보인다는 것은 생각조차 하기 싫은 일일 수 있다.

또 다른 수수께끼는 투자자의 행동과 관련이 있다. 한 실험에서, 피험자에게 두 가지 위험한 선택이 제공되었다. 하나는, 그들은 항아리에서 공을 뽑아서 10달러를 따기 위해 5달러를 거는 도박 기회이다. 그 항아리 안에는 100개의 공이 들어 있는데, 5달러를 거는 도박 의욕이 생기려면, 따는 공이 몇 개나 들어 있어야 하는지 물었다. 평균 개수는 약 64개였는데, 이는 그들의 위험 회피 성향을 보여 준다(13장). 다른 한편으로, 그들에게 신탁 게임에서 5달러를 투자할 수 있는 선택지를 주었다. 동시에 수탁자가 10달러를 반환할 수도 있고, 한 푼도 반환하지 않을 수도 있다는 것도 알려 주었다. 투자자의 53%만이 수탁자가 10달러를 돌려주리라고 생각했지만, 투자하기로 결정한 사람은 71%였다. 이런 행위는 위험 회피와 일치하지 않는다. 설명(6)에 따르면, 투자자들은 '전혀 친분이 없을 때'조차 투자하지 않는 것이 수탁자에게 무례하게 구는 것으로 보일까 봐 돈을 송금한다.

투자자가 송금을 한다고 해서, 그들이 딱히 내가 쓰는 용어의 의미에서 신뢰를 보인 것은 아니다. 경계조치를 **취할** 기회가 없으면, 그것을 **삼갈** 수도 없다. 이 변수를 염두에 두고, 두 가지 조건 아래서 신탁 게임을 진행했다. 두 게임 모두에서 투자자는 액수가 얼마든 10MU를 수탁자에게 송금할 수 있으며, 수탁자는 액수가 얼마든 증대된 금액(30MU)을 반환할 수 있다. 명칭이 부적절한(또는 내 보기에 부적절한) '신뢰 조건'에서는, 송금을 결정한 투자자는 수탁자로부터 반환받았으면 하는 금액도 표명해야 한다.

'인센티브 조건'에서는, 투자자는 또한 송금에 대해 반환받았으면 하는 금액을 통지하면서 동시에 그가 소망하는 금액보다 적게 돌려보낸다면 수탁자에게 4MU의 벌금을 부과할 것이라고 표명하는 것을 선택지로 갖는다. 투자자가 표명하지 않으면, 수탁자는 그가 가지고 있는 선택지 사용을 자제했다는 것을 안다. 실험 결과에 따르면, 반환금은 수탁자가 벌금 부과를 통지받지 않은 인센티브 조건에서 가장 컸고, 벌금이 부과된다고 들은 조건에서 가장 작았다. 그리고 신뢰 조건에서의 반환금이 중간 수준이었다. 이런 효과는 투자자도 예상했다. 그들은 다른 두 조건보다 '벌금 없는 인센티브'라는 조건에서 약 30% 더 투자했다.

'벌금 없는 인센티브' 조건은 나의 신뢰 정의에 부합한다. 실험자들이 '신뢰 조건'이라고 부른 것은 **맹목적 신뢰**라고 부르는 것이 더 나을 것이다. 경계조치가 **배제된** 것은 **선택되지 않은** 경우와 다른 것으로 나타난다. 놀라운 실험 결과는 (맹목적이지 않은) 신뢰가 맹목적 신뢰보다 더 많은 협동을 끌어낸다는 것이다. 방어 자세를 푸는 것이 차이를 만들어낸다. 대부분의 신탁 게임에서, 피험자는 경계조치 기회가 없다. 내 추측으로는, 대부분의 현실 세계의 신뢰 상황에서는 그런 기회가 있다.[6] 내가 옳다면, 일부 실험 결과의 적합성은 제한적이다.

이제 신뢰의 생리학적 차원과 관련된 실험을 두 가지 더 살펴보자. 첫 번째 실험은 투자 규모를 옥시토신 호르몬 유무의 함수로 연구한 것이다. 이 호르몬은 설치류의 친親사회적 행동을 자극하고 인간 여성의 모유 분비를 촉진하는 것으로 알려져 있다. 실험 결과에 따르면 이 호르몬이 놀랍게도 인간에게서도 친사회적 행동 또는 신뢰를 촉진한다는 것이었다. 호르몬을 투여하면, 전체 자산을 수탁자에게 송금하는 투자자 비율이 21%에서 45%로 증가했다. 추가된 세 가지 발견이 흥미롭다. 첫째, 호르몬이 투여된 수탁자가 더 큰 금액을 반환하지는 않았다. 둘째, 호르몬이 투여된 투자자가 수탁자의 신뢰성에 대해 가진 믿음(즉, 반환금에 대한 예상)은 호르몬이 투여되지 않은 투자자와 마찬가지이다. 셋째, 실제 사람과 게임을 할 때와 같은 보수報酬 분포를 가진 무작위 메

---

6 몽테뉴는 자기 지갑을 책임지는 하인과 관련해서 다음과 같이 썼다. "내가 돈을 관리해도 그는 나를 속일 수 있다. 그가 악마가 아닌 한, 무모한 신뢰가 오히려 그를 정직하게 만들 수 있다." 몽테뉴는 그가 취할 수 있는 어떤 경계조치도 쓸모없을 것이라고 주장한다. 따라서 그는 내가 여기서 정의한 의미에서 신뢰가 아니라 '맹목적 신뢰'를 보인 것이다. 그러나 나는 아주 엄격한 경계조치를 취한다면 하인이 그를 속이는 것을 막을 수 있다고 생각한다.

그림 20.1

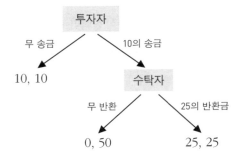

투자자

무 송금   10의 송금

10, 10

수탁자

무 반환   25의 반환금

0, 50   25, 25

커니즘이 반환금을 정한다고 투자자에게 말해 주자, 옥시토신은 투자금 규모에 아무런 영향을 미치지 못했다. 자연스러운 해석은, 호르몬이 투자자의 위험 회피 성향을 줄이는 것이 아니라 '배신 회피' 성향을 줄인다는 것이다. 배신 회피의 중요성은 생리학적 조작이 없는 다른 실험에 의해서도 확인된다.

두 번째 실험은 인색한 수탁자를 처벌할 수 있게 해준 투자자들이 실제로 처벌을 했을 때, 그들의 뇌에 무슨 일이 생기는지 연구했다. 이 투자 게임에서, 투자자는 자산 전부인 10MU를 수탁자에게 송금하거나 아무것도 송금하지 않을 수 있다. 송금할 경우, 실험자가 4배로 늘려서, 총 50MU —— 원 자산 10에 실험자가 늘려 준 40을 더해서 —— 를 수탁자에게 준다. 수탁자는 50 가운데 25를 투자자에게 반환하거나 아무것도 반환하지 않을 수 있다. 따라서, 가능한 세 가지 결과물은 (10, 10), (25, 25) 그리고 (0, 50)이다(그림 20.1 참조).

추가로, 수탁자가 결정을 내린 후, 두 참가자 모두 20MU의 추가금을 받았다. 투자자는 자기 자산을 이용해서 두 가지 조건 중 하나로 수탁자를 처벌할 수 있다.[7] '비용' 조건에서, 투자자는 최대 20점까지 '벌점'을 수탁자에게 부여할 수 있다. 벌점 1점당 투자자는 1MU를 잃고, 수탁자는 2MU를 잃는다. 따라서 최대 벌점을 발부하면, 투자자는 수탁자의 보수를 70(50+20)에서 30으로 줄일 수 있다. 반면에 자신의 자산은 20에서 0으로 줄어든다. '무비용' 조건에서는 수탁자만이 처벌의 영향을 받는다.

15명의 투자자 가운데 한 명을 제외하고는 모두 일관되게 송금을 택했다. 실험은 개별 투자자가 7명의 수탁자와 게임을 진행하도록 조정되었으며, 그들 가운데 3명은 반환을 했고 4명은 자신이 전액을 가졌다. 이런 이기적 수탁자가 실험의 초점이었다. 수탁자가 모든 투자금을 자기가 갖기로 한 결정을 발표한 뒤, 투자자는 수탁자에 대한 처벌 여부와 처벌 강도를 생각하고 결정할 시간을 1분여 가졌다. 그 시간 동안, 어디 부분이 이 문제와 관련되는지 확인하기 위해 그의 뇌 여러 영역을 스캔했다. 미상핵Caudate Nucleus이라는 한 영역이 보상 처리 과정과 밀접하게 연관되었다. 그 외에, 전전두엽과 안와전두엽 피질은 분리된 인지 과정의 통합, 예를 들어 비용과 편익의 맞교환과 연결된다. 이런 뇌 영역 각각의 활성화 패턴은 내가 이어서 논의할 처벌의 동기화에 대한 가설을 확인해 준다.

비용 조건과 무비용 조건 모두에서, 보상 관련 회로의 활성화와 실제 부과된 벌금 사이에 상관관계가 있다. 이 상관관계가 의미하는 바는, 처벌 결정이 만족을 유도하거나 처벌의 기대 만족이 처벌 결정을 유도

---

7 수탁자는 투자자가 처벌 선택지를 가졌다는 것을 알지 못했다.

한다는 것이다. 두 가설 가운데 어느 것이 타당한지 검증하기 위해, 실험자들은 '무비용' 조건에서 최대 벌점을 부과한 11명을 검토했다. 이 피험자들 가운데 보상 회로가 고도로 활성화된 사람들은 또한 '비용' 조건에서도 더 심한 처벌을 부과했다. 그들은 처벌하는 것이 더 신날수록, 더 큰 비용을 그것에 쓰고자 했는데, 이런 모습은 두 번째 가설을 지지한다. 이 해석은 피험자의 대뇌피질이 무비용 조건에서보다 '비용' 조건에서 더 많이 활성화된다는 사실에서도 확인된다. 그러기 위해서는 피험자가 처벌을 위한 물질적 비용과 심리적 편익을 맞교환해야 한다. 이런 실험 결과는 이런 특수한 형태의 이타적 행위에 대해서도 '내면의–빛' 이론(5장)이 적용될 수 있다는 것을 확인해 준다.

실험 결과가 탄탄하다는 확신이 내게는 없다. 신경경제학은 아직 갈 길이 먼 분야이다. 현재 상태로는 일종의 조숙한 환원주의에 불과하다. 확실히 뇌가 관여하고 있다는 것을 무시할 수 없지만, 관여가 정확히 어떻게 이루어지는지는 아직 모른다. 이 사례는 데카르트의 기계론적 생리학에 비견될 수 있다. 그것에 대해 파스칼은 다음과 같이 논평했다. "데카르트여, 간결하게 말해 봅시다. '이것은 형태와 운동으로 만들어진다.' 그것은 맞는 말입니다. 그러나 형태와 운동에 대해 말한다고 기계가 구성될 리 만무합니다. 그것은 소용없고 불확실하며 괴로운 이야기입니다."[8] 또한, 현실 상황에서 우리는 신뢰를 배반한 사람들을 처벌하기보다 회피하는 편이다(23장 참조).

---

8 이 비판은 파스칼이 데카르트를 부러워했다고 주장할 때 발레리가 염두에 두었던 구절 중 하나였다(16장 참조). 그러나 이 비판이 옳다는 것은 명백해서, 시기의 근거로 삼기 곤란하다!

표 20.1 **해리스 여론조사** (2010년 2월 16일~21일 조사. N은 전국 표집 성인 1,010명, 허용오차=±3.)

"당신은 아래 기관의 운영을 책임지는 사람들을 전적으로 신뢰하는가?"

기관	백분율
군대	59
소기업	50
대학 등 주요 교육기관	35
의료계	34
연방대법원	31
백악관	27
기성 종교	26
법원과 사법체계	24
공립학교	22
텔레비전 뉴스	17
대기업	15
조직 노동	14
언론사	13
법률 회사	13
하원 의회	8
월스트리트	8

신뢰와 기관

시민과 기관은 서로를 신뢰나 불신으로 대할 수 있다. 여러 국가에서 이뤄진 설문 조사는 다양한 기관에 대한 시민의 신뢰 수준을 보여 준다. 대표적 표본이 표 20.1에 나와 있다.

이 여론조사는 내가 본 다른 것들과 마찬가지로 이러한 기관의 **역량**에 대한 신뢰 또는 신임과 **정직**에 대한 신임을 구분하지 않는다(5장의 미덕과 능력에 대한 논의 참조). 이 구별은 근본적이므로, 설문에 대한 답변을 어떻게 해석해야 할지 알기 어렵다. 군대의 역량은 신뢰하지만, 쿠데타를 일으킬까 봐 두려워할 수 있다. 실제로 역량에 대한 신뢰가 두려움에 불을 붙일 수 있다. 또한, 설문에 대한 답변은 행위 증거보다 내재적으로 신뢰성이 떨어진다. 개인은 모은 돈을 현찰로 집에 보관함으로써 은행에 대한 불신을 드러낼 수 있다. 여성들은 강간당한 사실을 신고하지 않음으로써 경찰이나 사법 시스템에 대한 불신을 드러낸다. 일부 노동자는 노동조합 가입을 거부하고, 일부 시민은 TV를 보거나 신문을 읽지 않는다. 이런 기관의 역량이나 정직성을 불신하기 때문이다. 사람들은 투표하지 않음으로써 정치 시스템에 대한 불신을 표현하고, 사적 분쟁 해결을 시도함으로써 변호사에 대한 불신을 드러낸다. 그러나 관여하지 않는 것과 달리, 개인이 기관을 감시함으로써 그것에 대한 불신을 표현하는 것은 더 어려운 일이다. 기관 감시를 자제함으로써 기관을 신뢰하는 것은 한층 더 어려운 일이다.

시민과 기관 사이의 신뢰와 불신의 관계는 양방향으로 작용한다. 공공기관은 시민의 복지 서비스 요구 감시를 자제함으로써 시민을 신뢰할 수도 있고, 불쑥 가정 방문 검사를 하는 식으로 불신을 표할 수도 있다. 납세자 백분율에 따라 국세청에 고용된 사람들의 수는 아마도 시민의 정직성에 대한 정부 신뢰를 나타내는 지표일 것이다. 2001년에 설립된 노르웨이의 관행, 즉 누구나 인터넷을 통해 모든 시민의 소득 및 세금 납부를 볼 수 있게 한 것은 납세자의 정직성에 대한 불신을 반영한 것으로 보인다. 아마도 신고 소득과 생활 수준의 불일치를 관찰할 수 있는 이웃이 그 사실을 세무 당국에 신고할까 봐 두려웠기 때문인지, 이 시스템 아래서 (주민 수가 약 500만 명인 나라에서) 대략 1억 달러의 세금 납부 증가가 있었다. 불신할 만했던 셈이다. 2014년에 시스템이 개정되어, 납세자는 그의 세금 정보에 접근한 사람의 신원을 자동으로 통보받게 되었다. 그러자 추가 납부 세금이 일부 줄었다.

공개적으로 던질 만한 중요한 질문은, 시민에 대한 정부의 신뢰 상 승이 정부에 대한 시민의 신뢰 상승으로 이어지는가, 하는 것이다. 예를 들어 경찰이 시민들에게 덜 적대적으로 느껴지게 처신하면, 시민들이 자진해서 더 많은 정보를 제공할까? 강간당했다는 여성의 주장에 대해 회의적인 태도를 적게 보이게 되면, 신고 건수가 더 증가할까?

참고문헌

신뢰성 있는 사람이 다른 사람을 신뢰하는 사람이라는 증거는 D. Glaeser et al., "Measuring trust", *Quarterly Journal of Economics* 115 (2000), pp. 811~846이 제공해 준다. 뉴욕의 다이아몬드 상인 공 동체는 B. Richman, "How community institutions create economic advantage: Jewish diamond merchants in New York", *Law and Social Inquiry* 31 (2006), pp. 382~420에서 분석했다. 택시 운전사 가 승객의 신뢰성을 판단하기 위해 징후와 신호를 이용하는 것은 D. Gambetta and H. Hamill, *Streetwise* (New York: Russell Sage, 2005) 의 주제이다. 신용 사기를 믿을 만하게 보이게 하는 방법을 분석한, 지 금까지 충분히 주목받지 못했던 저술로 N. Leff, *Swindling and Selling* (New York: Free Press, 1976)이 있다. 일반적인 신탁 게임에 대해서 는 C. Camerer, *Behavioral Game Theory* (New York: Russell Sage, 2004) 2장, 7장을 보라. 선택적 처벌이 있는 신탁 게임은 E. Fehr and B. Rockenbach, "Detrimental effects of sanctions on human altruism",

Nature 422 (2003), pp. 137~140에 보고되어 있다. 왜 투자자들이 반환을 기대할 이유가 없을 때조차 송금하는지에 대해, 사회 규범에 입각한 설명으로 D. Dunning et al., "Trust at zero acquaintance", *Journal of Personality and Social Psychology*, 107 (2014), pp. 122~141이 있다. 옥시토신이 신뢰에 미치는 영향은 M. Kosfeld et al., "Oxytocin increases trust in humans", *Nature* 435 (2005), pp. 673~676에 제시되어 있다. 배반 회피 개념은 I. Bohnet and R. Zeckhauser, "Trust, risk and betrayal", *Journal of Economic Behavior and Organization* 55 (2004), pp. 467~484에서 확증된다. 신뢰와 복수에 대한 연구는 J. F. de Quervain et al. (2004), "The neural basis of altruistic punishment", *Science* 305 (2004), pp. 1254~1258의 것이다.

21장_ 사회 규범

집합의식

사회학자들이 한 공동체의 '집합의식'을 언급할 때가 있다. 그것은 그 공동체 성원들이 (공유하고 있다고 알고 있거나 믿고 있는) 일군의 가치와 믿음이다. 가치 측면에서 집합의식은 도덕 규범과 사회 규범, 그리고 종교적·정치적 이데올로기를 포함한다. 믿음 측면에서 그것은 백인 노예 무역에 대한 소문에서 실업 급여의 부작용에 대한 믿음에 이르기까지, 인과 관계뿐 아니라 사실적 문제에 대한 의견을 포함한다. 이 장에서 나는 사회 규범과 그것의 작동에 대해 다룰 것이다. 다음 장에서는 집합적 또는 더 낮게 말하면 상호행동적 믿음 형성 양식에 대해 검토할 것이다. 내가 가치와 믿음을 다루는 방식에는 이중적 비대칭성이 있다. 한편에서 나는 사회 규범의 출현에 대해서는 별로 말하지 않을 것이다. 그 문제가 흥미롭지 않아서가 아니라 너무 어려운 문제이기 때문이다. 다른 한편 나는 민중적인 혹은 집합적인 믿음의 실체에 대해서도 별로 말하지 않는다. 그것의 내용은 시공간적으로 너무나 다양하다. 반면에 믿음의 출현, 선전, 변동, 그리고 몰락의 메커니즘은 한결 변함이 없다.

사회 규범의 작동

다음 두 진술을 살펴보자.

> 햇빛이 강할 때는 꼭 검은 옷을 입어라.
> 장례식에서는 꼭 검은 옷을 입어라.

첫 번째 지시는 도구적 합리성의 문제이다. 몸과 옷 사이의 공기는 옷 색이 검정일 때 더 빨리 순환하기 때문이다. 두 번째 표현은 사회 규범이다. 그것에는 자명한 도구적 의의가 없다. 사회 규범의 존재와 중요성은 의심될 수 없다. 그것의 작동과 관련된 근접 원인은 어렵지 않게 이해된다. 그러나 그것의 궁극적 기원과 기능은 (있다 해도) 논쟁적인 것으로 남아 있다.

사회 규범은 행동하거나 행동을 자제하라는 지시이다. 어떤 규범은 무조건적이며, 다음 형태를 취한다. "X를 하라, 또는 Y를 하지 마라."[1] 인육을 먹지 마라, 형제자매와 성관계를 맺지 마라, 새치기하지 마라, (어떤 엄마들이 딸에게 말하듯이) 절대 빨간 옷을 입지 마라, 장례식장에

---

1 이하에서, '조건적' 그리고 '무조건적'은 사회 규범의 내용을 지칭한다. 5장에서 언급한 바와 같이, 모든 사회 규범은 그것의 작동이 관찰자의 존재에 달려 있다는 의미에서 조건적이다.

서는 검은 옷을 입어라, 포크와 나이프는 접시에서 제일 바깥쪽에 있는 것부터 시작해서 안쪽으로 사용해 가라, 가장 아픈 환자부터 먼저 치료하라, 는 규범들이 거기에 포함된다. 이와 달리 조건적 규범도 있다. "X를 한다면, Y도 하라" 또는 "남들이 X를 하면, 너는 Y를 하라". 어떤 행동을 하자고 먼저 제안한 사람이 그것을 이행할 책임을 진다는 규범이 많은 집단에 있다.[2] 그 결과 많은 좋은 제안이 제시되지 않는다. 아이가 없는 부부는 먼저 아이를 갖자고 말한 쪽이 양육에서 더 큰 몫을 책임져야 한다는 규범의 압박을 느낀다. 그 결과 아이를 갖고 싶었던 부부가 아이를 낳지 않기도 한다.[3] 사촌에게 크리스마스 카드를 보내라고 내게 지시하는 규범은 없다. 그러나 일단 시작하면, 계속하라는 규범이 있고, 내 사촌에게는 답례하라는 규범이 있게 된다. 그렇지만 조건적이라고 해도, 이런 규범들이 햇볕이 강할 때는 검은 옷을 입으라는 지시처럼 행동이 만들어 낼 어떤 **결과물**에 조건적인 것은 아니다.

군중의 혁명적 행동은 다음과 같은 사회 규범을 따를 수 있다. 파괴하는 것은 정당하지만, 훔치는 것은 아니다. 죽일 수는 있지만, 강간은 하지 않는다. 토크빌은 1789년과 1848년의 혁명에서 그런 규범의 효과에 대해 언급했다. 1789년 혁명과 관련해서, 그는 "무장한 사람들 가운데 누군가가 저열한 행동을 하면, 그는 즉시 동지들에 의해 수감되었다. 이것은 우리 프랑스 인민 특유의 모습이다"라고 적었다. 직접 목격했던 1848년 혁명과 관련해서, 그는 절도 금지가 "그 당시에는 수많은 강도

---

2 이 규범은 초점 추론과 관련이 있을 수 있다.
3 따라서 이 규범은 치킨 게임을 유도한다.

질을 막지는 못했는데, 그 이유는 ⋯ 도덕성의 본연을 조롱하고 **아무도 보지 않으면** 명예를 우습게 취급하는 악당들은 언제 어디서나 발견되기 때문이다"라고 썼다. 다시 말해, 도덕 규범에 동기화된 사람들은 같은 내용을 가진 사회 규범의 집행자로 행동할 수 있다.

예는 뒤에서 더 많이 제시될 것이다. 우선은 사회 규범에 인과적 효력을 부여하는 것이 무엇인지 그리고 그것이 다른 규범과 어떻게 다른지 이야기할 필요가 있다. 첫 번째 질문에 대한 단순한 답은, 사회 규범을 작동시키는 것은 규범 위반에 대한 비공식적 **제재**_sanctions_라는 것이다. 대체로 제재는 직접적 처벌을 통해 또는 사회적 배척으로 인한 기회 상실을 통해 위반자의 물질적 상황에 영향을 준다. 공동체 규범을 위반한 농부는 그의 헛간이 불타거나 양이 살해된 것을 보게 될 수도 있다. 또는 추수 때 도와 달라는 요청을 이웃이 거절하는 일을 겪을 수도 있다. **험담**_gossip_ 메커니즘은 제2의 당사자가 내린 처벌에 제3자의 제재를 추가함으로써 그것을 배가하는 작용을 할 수 있다.

이웃의 소가 반복해서 농장을 침범하면, 소 사육 농부가 무엇을 할지 생각해 보자. 그는 소를 잡아들임으로써, 자신은 혜택을 얻고 이웃은 비용을 치르게 할 것이다. 또는 소를 죽이거나 값어치를 떨어뜨릴 수도 있다(예컨대 수소라면 거세할 수 있다). 그 경우 자신에게는 혜택이 없고, 이웃만 일정 비용을 치를 것이다. 침범한 가축들을 멀리 떨어진 곳으로 쫓아 버릴 수 있다. 그것은 자신과 이웃 모두 일정한 비용을 치르는 일일 것이다. 또는 이웃과의 모든 관계를 끊어 버릴 수도 있다(배척). 그러나 마지막 반응은 미래의 침범을 저지하지 못한다는 점에서 비효율적이다. 첫 번째 반응은 처벌이 아니라 공격적 조치로 보일 수도 있다. 두 번째 반응 그리고 특히 세 번째 반응이 더 적합하다. 두 반응은 처벌자에게도 약간 비용이 소요될 수 있지만, 처벌 의도를 분명하게 드러내 주기 때문이다.

그러나 일반적으로 나는 배척이나 회피가 규범 위반에 대한 가장 중요한 반응이라고 믿는다. 이웃이 반복해서 침범하는 것이 아니라 한 번 약속을 깬 것이라고 해도, 관계를 끊는 것이 더 자연스러운 반응일 수도 있다. 사회 규범이란 위반자의 수치심이나 위반 관찰자의 경멸 같은 감정을 통해서 작동한다는 일반적 생각이 이런 주장을 지지해 준다(8장). 경멸의 행동 경향은 회피 —— 그것은 종종 배척된 사람에게 물질적 손실을 야기한다 —— 이기 때문에, 감정적 반응과 제재 부과 사이에는 연결고리가 있다. 그러나 제재는 그 자체보다 종종 감정의 전달자로서 더 중요하다. 더 나아가서 제재하느라 **제재자**가 치를 비용은 그의 감정의 강렬함을 전달하는 데 특히 중요하다.

사회 규범의 제재 이론은 자명한 문제에 부딪힌다. 제재자에게 처벌의 동기를 불어넣는 것은 무엇인가? 그들에게는 제재 안에 무엇이 있는가? 통상 제재 행위는 제재자에게 비용이 많이 들고 위험한 일이다. 제재자가 서로 이득이 되는 상호행동 기회를 포기하지 않았더라도, 반감 표현이 상대의 분노 그리고 폭력적 반응마저 유발할 수 있다. 자연발생적 반감과 고의적 망신주기 사이에는 중요한 차이가 있다. 후자는 쉽게 역효과를 낳는다. 대상이 창피해하기보다 분노할 수 있다. 사실 반감이 자연발생적일 때조차, 대상은 아마도 그것을 의도적인 망신주기라고 자기에게 유리하게 해석할 수 있고, 그런 해석에 근거해서 반응할 수 있다. 이런 이유로 제재는 위험한 일이다. 그런데도 왜 사람들은 그런 일을 하는가?

하나의 답은, 처벌하지 않는 자가 처벌받을 위험이 있다는 것이다. 이런 일이 일어난다는 것에는 의심의 여지가 없다. 강한 복수 규범을 가진 사회에서는, 복수하지 못한 사람을 기피하지 않는 사람마저 기피 대상이 되게 마련이다. 학생들의 경우, 동급생들이 안 볼 때는 '얼간이'와 사귈 의향을 더 보인다. 얼간이에게 잘 대해 주는 어떤 아이를 괴롭히는 패거리에게 끼기 싫어한다고 해서 괴롭힘 대상이 되지는 않는다. 그러므로 괴롭히는 데 끼는 제3자는 그러지 않으면 처벌받을까 두려워서 그런 것은 아니다. 이 문제는, 최후통첩 게임에서 인색한 제안자를 처벌하지 않고 너무 낮은 액수를 받아들인 응답자를 제3자가 처벌하는지 관찰하는 것을 통해 실험적으로 검증해 볼 수 있다. 제3자가 처벌한다면, 그것은 상당히 놀라운 일일 것이다. 처벌하지 않는 제3자를 제4의 관찰자가 처벌한다면, 그것은 더욱 놀라운 일일 것이다. 본래의 위반으로부터 조금만 떨어져도, 이 메커니즘은 설득력을 잃게 마련이다.[4]

제재의 더 간결하고 적절한 설명은 경멸의 자연발생적 촉발 그리고 그것과 결부된 행동 경향에 근거한 것이다. 사회 규범과 도덕 규범의 차이의 유동성 때문에, 분노도 관련성이 있을 수 있다. 또한, 사회 규범 위반을 **과시하는 것**_flaunting_은 경멸보다는 분노를 촉발할 가능성이 크다. 왜냐하면, 그런 행위는 타자의 반응에 관해 관심 없다고 타자에게 말하는 것이기 때문이다. 이런 자연발생적 행동 경향은 제재에 수반되는 비

---

4 올드 사우스[사우스캐롤라이나 같은 남북 전쟁 이전의 남부 주를 가리키는 말. 루이지애나 같은 딥 사우스와 구별된다.—옮긴이]에서는, 사태가 훨씬 엄혹했다. "또래 압력 때문에, 모든 청년이 [노예] 순찰을 돕고, 교대로 용의자에게 채찍을 휘둘렀다."

용과 위험의 견제를 계속 받지만, 그것을 무시해 버릴 수도 있다. 동급생의 숙제를 도와줄 수 있는 얼간이를 배척하는 것은 대가가 만만치 않다. 그것은 마치 구체제하에서 딸을 부유한 평민과 결혼시키길 거부한 귀족이 상당한 대가를 치러야 했던 것과 같다. 차별 '취향'이 괄시받는 소수자 집단의 성원 또는 여성을 고용하거나 그들에게서 구매하는 것을 거부하는 것으로 나타날 수 있다. 그것은 경제적 효율성 면에서 손해일 것이다. 규범에 반하는 사람들을 조롱하기 위해서 사용되는 '유대인빠'Jew-lover나 '깜둥이빠'nigger-lover 같은 말들이 보여 주듯이, 그런 행동은 특이한 개인적 선호보다는 사회 규범의 작동을 반영할 때가 많다.

직접적 관찰로 얻은 것이든, 풍문 또는 특히 험담을 통해 얻은 것이든, 제재에는 규범 위반 **정보**가 필요하다. 대규모 공동체에서는 그런 정보를 얻기가 어려울 수 있다. 이런 이유로, 전국 선거에서는 투표를 사회 규범으로 강제하기는 어렵다. 이런 어려움을 극복하기 위해 비투표자의 이름을 공시할 수 있다. 대규모 현장 실험에서, 가족이나 이웃에게 투표 참가를 공표하겠다고 약속한 우편물을 받은 사람들 사이에서 상당히 높은 투표율이 관찰되었다. 이 연구에서, 시민들은 투표한 사람과 투표하지 않은 사람에 대한 정보를 자동으로 받았다. 또는, 비투표자 명단을 인터넷에 게시하고, 그 정보를 찾아볼지는 시민들에게 맡기는 방식도 가능하다. 이런 작업은 이미 아르헨티나에서 있었다. 거기서는 비투표에 벌금을 물렸다. 공공연한 "거명, 창피주기, 그리고 비난하기"는 벌금의 **대체물**일 수 있으며, 아마도 더 효율적인 방법일 수 있다.

사회 규범이 아닌 것

사회 규범은 수많은 관련 현상, 예컨대 도덕 규범, 유사도덕 규범, 법 규범 그리고 관습과 구별될 필요가 있다. 분할선이 유동적이긴 하지만, 각 범주에 딱 맞는 사례들이 있다. 도덕 규범과 유사도덕 규범(5장)은 타자가 자신을 보고 있지 않다고 믿을 때조차 행동을 조형하는 힘이 있다. 이와 달리 사회 규범을 유지하는 수치심은 타자가 드러낸 경멸이 촉발한다. 상응하는 행동 경향은 힐난하는 눈초리를 피하는 것이다. 그래서 숨고, 도망치고, 심지어 자살한다.

법 규범은 전문적 대리인들이 강제한다는 점에서 사회 규범과 다르다. 물론 법적 '망신주기'가 없는 것은 아니지만, 그들은 사회적 배척보다는 직접적 처벌을 부과한다. 법 규범과 사회 규범은 아주 여러 가지 방식으로 상호작용한다. 예를 들어 1990년에 루이지애나주 의원들은 국기 소각자들을 비공식적으로 징벌한 사람들에 적용되는 형법적 제재를 완화해 주려고 했다. 1701년 칙령 이후 프랑스에서 귀족에게도 상업 활동(소매는 안 되고 도매만 가능)이 허용되었다. 하지만, 그것을 막는 사회 규범을 극복하는 데 50년 이상이 소요되었다. 어떤 공동체에는 법 규범에 호소하는 것을 반대하는 사회 규범이 있다. 반면에 다른 공동체에서는 사람들이 모자만 건드려도 소송을 건다.

관습, 또는 관습 균형은 타자가 어떤 행동도 하지 않아도 원리적으로 행위자의 단순한 자기 이익을 통해 강제될 수 있다. 18장에서 언급되었듯이, 관습 균형은 아주 자의적인 때가 많다. 학술회의 첫날, 참여자들은 각자 자신의 좌석을 다소간 무작위적으로 고른다. 둘째 날, 하나의 관습이 창출된다. 사람들은 그들이 전날 택한 좌석에 다시 앉는다. 그렇게 하는 것이 자명한(초점적) 분배 메커니즘이기 때문이다. 셋째 날, 관습은 권리로 굳어진다. 다른 사람이 '내' 자리에 앉으면 화를 낸다. 그러나 사회 규범이 자의적 관습을 접착시키고, 그것이 존중되어야 할 가능성을 높인다 하더라도, 꼭 그래야 하는 것은 아니다. 뉴욕 사람들에게는 타임스퀘어에서 신년 이브를 축하하는 관습이 있다. 그러나 어떤 주어진 인물이 등장할지 안 할지 아는 사람이 거의 없다. 따라서 제재할 기회도 없다. 우측통행 규범은 사회 규범이나 법 규범으로 강화되지 않아도, 왼쪽 길로 운전하면 당할 사고 위험이 위반을 강력하게 억제한다.

복잡한 범주는 헌법적 관습 같은 불문不文의 법적·정치적 규범이다.[5] 그것은 법정 판결에서 고려될 수도 있지만, 통상 법적으로 강제되지 않는다. 대신 정치적 제재나 그런 제재에 대한 두려움에 의해서 강제된다. 예컨대 1940년까지 누구도 두 번을 넘어서 대통령직을 역임할 수 없다는 미국의 헌법적 관습은 그렇게 해보려는 사람들은 누구나 선거에서 졌다는 사실에 의해서 강제되었다. 이것이 바로 율리시스 그랜트^{Ulysses} Grant가 3선을 위해 출마하지 않은 이유였다. 여럿 존재하는 그런 규범에는 어느 정도는 사회 규범의 성질도 있다. 전문화된 기구가 아니라 여론의 분산된 힘이 그것을 강제하기 때문이다.[6] 다른 정치적 관습은 반복

---

5 '헌법적 관습/헌법 회의'(constitutional convention)라는 말은 헌법의 완전히 다른 두 가지 측면에 관해서 사용된다. 하나는 성문 헌법을 보완하는 불문율이고 다른 하나는 성문 헌법 채택을 위해서 만들어진 제헌의회이다.

6 미국의 두 사례가 이러한 규범의 힘을 보여 준다. 루스벨트를 지명하지 못한 공화당이 분열된 뒤 그가 3번째 임기를 위해 출마했을 때, 사회 분위기는 술렁댔다. 순회 연설 중에 그는 정신상태에 문제가 있는 한 사람의 총에 맞았다. 총을 쏜 이는 말했다. "내가 총을 쏜 것은 루스벨트가 국가의 위협이기 때문이다. 그는 세 번이나 취임해서는 안 된다. 두 번을 넘어 대통령 임기를 탐해서는 안

된 게임의 균형으로 보는 게 더 낫다. 예를 들어 많은 의회 시스템에서, 행정 각료가 자리를 떠날 때 내부 문건은 봉인되어 수십 년 뒤에나 (역사가들이) 열어 볼 수 있게 하는 관습이 있다. 어떤 행정 각료가 전임자의 문서를 열어 보고 그것을 정치적 실탄으로 쓰고 싶은 유혹을 느낄 수 있지만, 그렇게 하지 못한다. 그렇게 하는 것은 자신의 후계자가 같은 짓을 할 선례가 될 게 너무 뻔한 일이기 때문이다. 이것은 18장에서 말하는 의미의 관습은 아니다. 다른 사람이 자기처럼 하지 않는다면, 행정 각료 각각은 거기서 벗어나는 것을 선호하기 때문이다.

규범과 외부성

다수의 타자에게 작은 부정적 외부성(17장)을 부과하는 사람에 대항하는 규범이 있다. 사람들이 공원에 쓰레기를 버리거나, 거리에 침을 뱉거나, 호수에 오줌을 싸거나, 아니면 통에 동전 하나 넣지 않고 사무실 커피를 마실 때, 그들은 언제나 눈에 띄지 않고 그렇게 한다. 실제로 제재를 두려워하는 것은 아니더라도, 그저 타자에게 나빠 보일 거라는 생각 때문에 남들 앞에서는 그런 행동을 하지 않는다. 이런 종류의 규범은 강한 의미에서, 즉 모든 사람에게 더 좋다는 의미에서 사회적으로 유용하다. 공공장소에 침을 뱉는 것을 막는 규범은 아주 좋은 예이다. 전염병

된다는 것을 경고하기 위해서 나는 그에게 총을 쐈다." 미국의 주 선거인단의 구성원은 모두 그 주의 최다 득표 후보자에게 투표해야 한다는 (여전히 미국의 주 절반에서 불문법인) 규범과 관련해서, 한 관찰자는 "자기 당 후보에 투표하지 않은 선거인은 증오의 대상이 될 것이고, 몹시 격앙된 시기에는 린치 대상이 될 것"이라고 예측했다.

이 어떻게 퍼지는지 알기 전에 침 뱉기는 아무 문제 없이 수용되었고, 타구唾具도 널리 쓰였다. 일단 전염의 메커니즘이 이해되자, "침 뱉지 말 것"이라고 쓰인 표지판이 여러 공공장소에 등장했다. 오늘날 이 규범은 (최소한 몇몇 나라에서는) 표지판을 세울 필요가 없을 정도로 견고하게 자리 잡았다.

이런 예와 관련해서, 우리는 규범이 출현하는 것을 관찰할 수 있고, 그것이 공적인 관심사가 되었기 때문에 등장했다는 것을 어느 정도 자신감 있게 주장할 수 있다. 위해가 인지되고, 법 규범이 창출되고, 사회 규범이 뒤따른다. 부정적 외부성의 인지가 공적 개입이라는 중간 단계 없이 사회 규범을 창출할 수 있는지는 상당히 의문스럽다. 필요하고, 필요하다는 것이 인지되었다는 사실만으로 규범이 자동적으로 만들어지진 않는다. 발전도상 국가에는 산아제한의 사회 규범이 없다. 과잉 방목이나 물고기 남획을 막는 규범은 공유지의 비극을 막기 위해서 자연발생적으로 출현하지 않았다. 항생제 남용은 세균이 더 큰 저항력을 키울 수 있게 하며, 그런 의미에서 타자에게 부정적 외부성을 부과하는 것이다. 그런데도 항생제 사용을 규제하는 규범은 전혀 없다. 공용 해변에서 곡을 연주하는 것이나 공연장에서 휴대전화로 통화하는 것을 막는 규범의 기원은 (내 추측으로는) 관계 당국의 조치이다. 사람들이 서로에게 부정적 외부성을 부과하는 것을 막기 위해서는 외부의 개입이 필요하다는 것을 여기서 또 한 번 보게 된다. 침 뱉는 것을 막는 규범처럼, 법 규범이 사라지거나 더는 강제되지 않아도, 규범에 따른 행위가 지속되는 경우가 있다. 하지만 중국의 '한 자녀' 정책처럼, 규제가 없어져도 행위가 지속될 가능성은 거의 없는 것도 있다.

더 작은 집단에서는 이런 규범이 외적 개입 없이 부과될 수도 있다. 작업장에는 레이트 버스터[7]를 저지하려는 강한 규범이 있는 경우가 많다. 왜냐하면, 그런 사람들의 노력 때문에 경영진이 개수임금個數賃金을 낮출 수 있다고 믿기 때문이다. (이런 경우 외부성은 임금 인하 확률을 높이는 형태를 취한다.) 경영진은 노동자들의 더 열정적인 노력을 끌어내기 위해서 고정 개수임금 정책을 고수하기를 원할 수 있지만, 그렇다고 꼭 그런 효과가 나오는 것은 아니다. 파업 대체 노동자strikebreakers 역시 동료 노동자들에 의해 강하게 제재되는 일이 자주 있다. 이런 두 사례가 하나에 대한 모두의 적대를 보여 준다는 점은 의미심장하다. 과잉 방목 같이 '자연과 대결하는 게임'에서는 연대감 형성이 쉽지 않은 것 같다. 왜냐하면, 무임승차가 배반으로 보이지 않기 때문이다. 개수임금제를 실시하는 회사에서는, 레이트 버스팅을 막는 규범이 출현할 것이다. 그것이 '적'을 이롭게 하는 짓으로 보이기 때문이다. 노동자 협동조합에서는 그런 일이 (시기심이 불붙지 않았다면) 일어날 가능성이 별로 없다.

한 집단의 사람들이 다른 집단의 사람들에게 부과하는 부정적 외부성을 겨냥하는 사회 규범도 있다. 법적으로 허용된 장소에서 하는 흡연조차 반대하는 규범이 그 예이다.[8] 오늘날 여러 서구 사회에서 흡연자 손님은 담배 피워도 괜찮은지 주인에게 물어보지도 않고 그냥 참는 경우가 많다. "어린이 입장 가, 소음은 금지"Children should be seen but not heard

---

7 rate buster. 영미권 회사에서 동료들의 반대에도 불구하고 자신의 능력의 극대치까지 과도하게 일하는 개수임금(노동 시간이 아니라 생산량에 따라 받는 임금) 노동자를 지칭하는 말.—옮긴이
8 가장 중요한 외부성은 담배 연기 흡입(간접흡연)으로 인해 발생한다. 흡연자들이 담배를 끊고 싶은 다른 흡연자에게 부정적 외부성을 부과한다는 주장이 이따금 제기된다. 담배 피우는 모습 자체가 다른 흡연자에게 억제할 수 없는 흡연 욕구를 촉발하는 시각적 단서이기 때문이다.

규범의 기저에는 이른바 '소음 외부성'이 있다. 이런 금지가 부모의 처벌이라는 형태를 넘어서 사회 규범이 되는 두 가지 방식이 있다. 첫째, 어린이가 규범을 위반한 다른 어린이를 배척할 수도 있다. 둘째, 규범을 위반한 아이의 부모를 다른 부모가 배척할 수도 있다. 기차 객실에서 타자에게 '신선한 공기 외부성'을 부과하고 싶은 사람은 '답답한 공기 외부성'을 부과하려는 사람과의 경합에서 이기기 어렵다(파리의 버스에는 이 규범이 의무로 게시되어 있다). 닫힌 창문이 기본 상태로 여겨지고, 따라서 규범적 기준선이 되기 때문이다.

규범과 동조

사회 규범 중에는 **튀지 말라는**, 별것 아닌 듯이 보이지만 사실은 엄중한 금지가 있다. 소도시에 사는 사람이라면 누구나 금방 알아볼 법칙이 있다. 그것은 소도시를 탈출한 사람이 (1933년에) 써 내려간 '얀테의 법칙'이다.

> 뭐라도 된다고 생각하지 마라.
>
> 남들만큼 좋은 사람이라고 생각하지 마라.
>
> 남들보다 똑똑하다고 생각하지 마라.
>
> 남들보다 더 낫다고 생각조차 하지 마라.
>
> 남들보다 더 많이 안다고 생각하지 마라.
>
> 남들보다 더 뛰어나다고 생각하지 마라.
>
> 네가 무언가 해낼 수 있다고 생각하지 마라.

남들 보고 웃지 마라.

남들이 너따위에게 관심 있을 거라 생각하지 마라.

남들에게 뭔가를 가르칠 수 있다고 생각하지 마라.

이런 규범들은 매우 나쁜 사회적 귀결을 낳을 수 있다. 그것은 재능 있는 사람들이 그 재능을 펼치는 것을 가로막으며, 그래도 재능을 펼치는 사람을 마녀로 취급할 수 있기 때문이다. 행운 또한 눈살 찌푸릴 일이 된다. 북로디지아의 벰바 부족에서는, 숲에서 꿀이 가득한 벌집 하나를 발견하는 것은 행운이다. 두 개를 발견하는 것은 아주 좋은 행운이다. 세 개를 발견하는 것은 마녀의 주술이다.

명예 코드

강하지만 종종 섬세한 규범들이 불화, 혈수血讐, 결투, 그리고 더 일반적으로는 복수를 규율한다. 규범은 보복이나 도전을 부르는 행동이 어떤 것인지, 어떤 조건에서 어떤 수단으로 그것을 수행할지, 일차 규범을 이행하지 못한 사람의 운명은 무엇인지 정의한다. 마지막부터 보면, 복수의 실패는 종종 일종의 '시민적 죽음'을 야기한다. 즉, 정상적인 사회관계와 완전히 단절되는 것이다. 가족 안에서조차 그의 의견은 완전히 무시된다. 어쩌다가 집 밖으로 나서면, 조롱이나 그보다 더한 일을 겪게 된다. 견딜 수 없는 수치를 안기는 경멸이 전형적이다.

행위자의 명예를 모욕한 것으로 여겨진 것은 거리가 있어 보이는 일일지라도 무엇이든 보복을 유발할 수 있다. 혁명 이전 파리에서, 동네의 유명한 난봉꾼이었던 세귀르 자작*Vicomte de Ségur*은 운문 풍 경구 쓰기를 좋아했다. 그의 평판을 질투했던 한 경쟁자가 세귀르가 쓴 것을 미묘하게 조롱하는 짧은 운문을 직접 썼다. 복수를 위해 세귀르는 적수의 정부情婦를 유혹했다. 그녀가 임신하자, 그는 적수에 대한 앙갚음에 그녀를 이용한 것이었고, 이제 목적을 이뤘으니 더는 그녀에게 흥미가 없다고 말했다. (그녀는 나중에 아이를 낳다가 죽었다.) 그는 파리로 돌아갔고, 들어주는 누구에게나 그 이야기를 해주었지만, 아무도 그를 비난하지 않았다. 『위험한 관계』*Les liaisons dangereuses*는 이런 현실을 살짝 모방했을 뿐으로 보인다.

19세기 코르시카에는, 복수를 정당화하거나 요구하는 네 가지 사정이 있었다. 여성이 명예를 잃었을 때, 약혼이 깨졌을 때, 가까운 친척이 살해되었을 때, 그리고 위증으로 가족 가운데 하나가 유죄 판결을 받은 때가 그것이다. 한 유명인사가 위증 때문에 살인죄를 뒤집어쓰고 감옥에서 복역하다가 죽은 경우가 있었다. 그의 형제는 산적이 되었고 수년 뒤에 유죄를 위증한 14명 모두를 살해했다. 이런 것은 모두 자신의 명예를 **지키기** 위한 복수 사례들이다. 하지만 명예 체계는 명예를 **얻으려는** 목적으로 하는 행동도 포함한다. 몽테뉴는 "이탈리아인들이 젊은이들의 만용을 꾸짖을 때 하는 말"에 대해 언급한 바 있다. "이탈리아인들은 그런 젊은이들을 **명예에 굶주렸다***bisignosi d'honore*고 말한다."

미국 남부 사람들은 모욕을 인지하면, 북부 사람들보다 더 강하게 반응한다. 그래서 남부는 살인율도 높고, 모독에 대해 폭력적으로 반응하는 것에도 훨씬 더 우호적이다. 한 독창적인 연구에서 실험 보조원들이 피험자와 '고의를 우연으로 가장해서' 부딪히고는 그를 "멍청이"라고 불렀다. 그러자 (분쟁에 대한 반응을 반영하는) 코티솔 수치와 (미래의 공격에 대한 준비를 반영하는) 테스토스테론 수치가 북부 출신 피험자보다 남부 출신 피험자에게서 더 급격히 치솟았다. 또 다른 실험에서 피험자는 이전에 그들이 '부딪혔던' 복도를 계속 걷다가 덩치 큰 축구 선수 같아 보이는 사람(실험 보조원)이 그를 향해 단호한 태도로 걸어오는 것을 보았다. 복도는 탁자로 어질러져 있었고 한 번에 한 사람 지나갈 공간밖에 없어서 치킨 게임 상황이 연출되었다. 남부인은 비켜서기 전까지 북부인보다(9피트) 타자에게 훨씬 더 가깝게(3피트) 걸어갔다.

명예 코드에 어떤 사회적 기능이 있는가? 있다면, 그 기능이 그것의 존재 이유를 설명하는가? 복수 관행이 인구 통제의 유용한 형태라는 생각은 너무 자의적이어서 진지하게 받아들이기 어렵다. 국가기구가 허약한 사회에서는 복수 규범이 조직된 법적 강제의 기능적 등가물을 제공한다는 대안적 관점도 설득력 없기는 마찬가지이다. 이런 규범이 작동하는 지중해 사회와 중동 사회는 다른 사회보다 청년들의 폭력 수준과 사망률이 훨씬 높다.[9] 방금 인용된 몽테뉴가 인용했던 말이 암시하듯이, 복수 규범과 그것을 포괄하는 명예 코드는 끈 것만큼 많은 불을 붙인다. 불화는 그들이 제어하는 것보다 더 많은 분열을 자아낸다.

명예 규범이 인구가 적은 목축 사회에서 진화한 것이라고 주장하는 사람들도 있다. 그런 사회에서는 폭력을 불사한다는 평판은 절도를 막

---

9 적합한 비교는 '자연 상태'의 폭력 수준과의 비교라는 반박이 있을 수 있다. 자연 상태가 배타적인 자기 이익 추구 그리고 국가와 같은 기구(state-like agencies)의 완전한 부재로 정의된다면, 그것은 시기, 악의 또는 분노가 동기화한 폭력을 산출하지 않을 것이다. 약자가 생산한 재화를 강자가 강제로 전유하리라는 예상은 생산의 의욕을 꺾는 효과가 있으며, 그래서 실제 폭력의 발생을 막기도 한다.

는 데 유용하고, 심지어 불가결하기조차 하다는 것이다. 미국 남부에서 명예 문화는 이런 관점에서 설명되어 왔다. 기능적 설명이라는 일반적 문제는 접어 두고라도, 이런 분석에 난관이 되는 예를 하나만 들자. 그 것은 17, 18세기 프랑스 궁정이다. 그곳은 농업사회가 아닌데도 명예 코 드는 그 못지않게 강력했다. 목축 사회보다 도시 귀족층에서의 명예 코 드 연구에 집중했던 사람들 가운데 일부가 내놓은 또 다른 기능적 설명 이 있다. 전쟁의 부재로 귀족들은 그들의 전사적 정신을 유지하기 위해 서 결투가 '필요했다'는 것이다. 필요가 어떻게 스스로 충족되었는지, 그 메커니즘을 밝히지 못한다면, 이런 논증은 쓸모가 없다. 물론 이렇게 논박한다고 해서, 내가 더 나은 설명을 제공할 수 있는 것은 아니다.

예절(Etiquette) 규범

그 외에 일군의 사회 규범이 예법 또는 예절 규칙과 관련된다. 의상 코 드, 언어 코드, 식탁 예절 등등은 세부에 이르기까지 끈질기게 작동해 서 아주 작은 뉘앙스를 놓친 사람조차 배척해 버린다.[10] 모든 사회에서 는 사회적 행사에서 타자와의 적절한 물리적 거리를 규율하는 규범이 존재한다. 어떤 사람의 사적 공간(미국에서는 아마 15인치 정도일 것이다) 안으로 들어가면, 무례한 사람이 되어 기피될 위험이 있다. 그러나 관련 된 개인이 그 규범의 존재나 작동을 인식하지 못할 때가 자주 있다는 점

---

10 귀족 사회에서는, 아주 무례한 일탈조차 때때로 수용된다. 규칙을 몰라서 일탈을 저지른 것이 아 니라 고의로 보일 때 그렇다. 프루스트의 샤를뤼스가 그 예이다.

에서 그것은 통상적이지 않다. 대부분의 예절 규범은 고도로 약호화되어 있고, 종종 명시적으로 제시된다. 친구들이 새 인형 수레에 브레이크가 **없다**고 놀려서 엉엉 울며 집으로 간 다섯 살배기 소녀가 보여 주듯이, 예절 규범은 (대부분) 요령부득이고, 그 귀결은 때로 잔인하다. 혁명 전 파리에서, 부유하지만 귀족 출신은 아닌 한 젊은 장교가 초대장 없이 베르사유의 무도회에 들어가려고 했다. "그는 너무 심한 취급을 받았다. 조롱이 악 중의 악이었던 시대에 조롱을 뒤집어쓴 그는 절망감에 빠져 파리로 돌아오는 길에 자살하고 말았다."

수수께끼는 이런 내재적으로는 사소한 문제가 왜 그토록 중요한가, 하는 것이다. 예절 위반이 지나치게 큰 반감을 촉발한다는 사실은 다음과 같은 근거 없는 믿음 때문일 수 있다. 그것은 사람들이 일관성이 매우 높아서 사소한 규범을 어긴 사람은 더 중요한 규범도 어기기 마련이라는 믿음이다(12장). 또한, 사소한 예절 규범의 위반은 다른 사람들이 생각하는 바를 무시한다는 전혀 사소하지 않은 면을 드러내는 것으로 여겨질 수 있다. 그러나 왜 중요하지 않은 규범이 존재하는지는 설명되지 않은 채 남는다.

흔히 등장하는 것이 기능적 설명이다. 엘리트들 사이에 미묘한 예절 규칙이 존재하는 이유는, 말하자면 외부자가 규칙 준수적 행위를 모방해서 '파티로 치고 들어오는' 것을 어렵게 하기 위해서였다는 식으로 설명된다. 물론 이런 규칙들은 졸부를 깔아뭉개는 **효과**가 있다. 그러나 그것이 그런 규범이 존재하게 된 이유를 설명해 주지는 않는다. 스스로 프롤레타리아가 된 여러 학생이 깨닫게 되었듯이, 그 안에서 태어나지 않은 사람이 노동 계급 안으로 파고 들어가는 것은 매우 어려운 일이다.

예를 들어 1970년대 노르웨이에서 청년 마오주의자들은 왕가를 조롱하는 것이 그들이 들어가려고 애쓴 계급에서 소외되는 확실한 방법이라는 것을 알았다. 그러나 노동 계급의 규범이 외부자가 노동자로 받아들여지기 어렵게 **하려고** 생긴 것이라고 말할 수는 없다. 그런 주장은 엘리트 규범에는 더더욱 적용되지 않는다.

예절 규범은 무거운 비용을 부과하지만, 아무도 혜택을 누릴 수 없다. 18세기 매사추세츠주에서는 사회 규범에 따라 홀아비와 과부는 문상 온 사람들에게 반지, 장갑, 스카프를 제공해야 했으며, 이 모든 것은 영국에서 수입된 것이어야만 했다. 1741년에 매사추세츠 하원은 이런 낭비적인 관행을 끝장내려고 했다. 그래서 스카프와 반지의 배포를 금지했고, 장갑을 받을 수 있는 사람들의 수를 목사와 6명의 상여꾼 그리고 그 외의 6명에 한정했다. 그 법을 지킨 사람은 거의 없었다. 그러나 영국과의 갈등으로 경제 불황이 닥치자, 그것을 반긴 사람들이 꽤 있었다. 동시대인의 말을 빌리자면, 그 이유는 "패션의 폭정에 납치되어 몸값을 치르던 사람들이 상황 때문에 어쩔 수 없이 자유롭게 행동하게 된 것이다. 그런 자유를 그렇게 **저렴하게** 사들이기는 어려웠다". 요즘 중국에서도 많은 가난한 가정이 장례식과 결혼식에서 선물을 제공해야 한다는 매우 공공연한 규범 때문에 파탄에 빠지고 있다. 그들도 그런 행사에서 받는 것이 있긴 하지만, 평균 예식 비용은 선물로 받는 수입의 두 배 이상이다. 그로 인한 '소득 압박'이 자궁 영양결핍 그리고 성장 위축으로 이어진다는 증거가 있다.

학비가 비싼 사립 학교는 학생들에게 교복 착용을 강제하는데, 그것은 아마도 복장에 대한 사회 규범을 따르는 데 드는 비용을 줄이고, 그럼으로써 복장 규범을 감당할 수 있는 사람과 그렇지 않은 사람 사이의 가시적 격차를 제거하려는 것이다. 더 흥미로운 것은 사치규제 법의 배후 동기이다. 이 법은 여러 번 여러 곳에서 제정되었는데, 목적은 평민들이 귀족의 예법을 모방하는 것을 막는 것이었다. 그러나 여기에서도 순전히 비용이 문제였다. 이탈리아 도시 루카에서는, 많은 지참금을 요구하는 사회 규범이 인구를 감소시킬 정도로 위협적이었다. 아버지가 딸이 자격을 갖추도록 해줄 수 없었기 때문이다. 시 정부는 한 사람이 가질 수 있는 고급 드레스 수를 제한하는 조례를 제정했지만, 그것을 집행할 수 없었다. 이런 사례는 사회 규범이 제도가 풀 수 없는 문제의 해결책을 제공한다고 보는 장밋빛 관점을 허문다. 그 반대, 즉 규범은 해로울 수 있고, 제도도 그것을 제어할 수 없는 것이 참일 수 있다.

음주 규범

사회 규범이 한결같이 개인이나 사회의 복지를 끌어올리는 작용을 한다면, 그것이 단기적 혹은 장기적으로 해로운 결과를 낳는 것으로 인식된 과음에 대해 반대할 것이라고 예상할 수 있다. 사실 그런 류의 규범은 많다. 통상 종교와 연결된 몇몇 규범은 완전한 절제를 요구한다. 이슬람과 일부 프로테스탄트 분파는 술을 완전히 금한다. 이와 달리 세속적 규범은 적당한 음주를 권한다. "식간에 술을 마시지 말라"는 이탈리아 규범은 술의 총소비량을 제한하면서 흡수율도 줄이는 이중적 효과가 있으며, 그럼으로써 몸에 미치는 단기적 효과를 완충해 준다. 아이슬란드에서는 아이들 앞에서 마시는 것과 낚시 중에 마시는 것을 금하는 규범이 있다.

그러나 술 관련 규범이 언제나 복지 수준을 높이는 것만은 아니다. 과음을 강권할 뿐 아니라 절제를 비난하는 규범도 있다. 칠레의 마푸체 인디언들은 혼자 마시는 것은 욕하지만, 절제도 욕한다. 그런 행위는 신뢰의 결핍을 보여 주기 때문이다. 전통 프랑스 문화는 술을 입에도 안 대는 사람과 주정뱅이 모두를 비난한다. 이탈리아에서는 술을 자제하는 사람에 대한 불신이 다음과 같은 속담으로 표현된다. "신이시여, 술 안 마시는 사람으로부터 저를 보호하소서." 여러 나라의 청년 하위문화에서 술을 자제하는 사람은 심한 압력과 조롱을 받는다. 역으로 과음을 강권하는 분위기를 가진 사회도 많다. 멕시코와 나이지리아에서는 과음 능력으로 과시되는 마초기질이 찬양 대상이다. 혁명 이전 러시아의 청년 장교 하위문화에서는 과음이 의무적이었다.

절제가 비난받을 때 또는 과음이 사회적으로 강제일 때, 술을 자제하려는 사람은 속임수를 써야 했다. 스웨덴에서는 "셰리주 한잔할래요, 운전할래요?"라는 질문을 흔히 받는다. 주인이 손님에게 음주를 권할 때 받는 사회적 압력을 운전이 덜어 주기 때문에, 술을 끊으려는 알코올 중독자가 운전 핑계를 대던 것이 그렇게 수용된 것이다. 술 마시는 규범은 (음주 운전을 막는) 또 다른 규범에 의해서만 상쇄 가능한 것이다. 이와 비슷하게 행사마다 과음과 만취를 수반하는 공동체 문화에서 벗어나고 싶은 남아메리카 사람들에게는 프로테스탄트로의 개종이 대안이 될 수 있다는 주장도 있다. 이 경우에도 음주 규범은 종교가 뒷받침하는 또 다른 규범에 의해서만 압도된다.

이런 것은 규범의 전략적 사용 사례이다. 역으로 사람들은 규범을 피하려고 전략적으로 행위할 수 있다. 고대 중국인들은 술을 신성한 것으로 간주해서 희생제에서만 마셨다. 결과적으로 그들은 술을 마시고 싶을 때마다 희생제를 지내야 했다. 에스파냐에서는 특정 시간에는 빈속에 술을 마시지 말라는 암묵적인 문화적 금지가 있다. 그래서 술에 음식이 곁들여진다. 두 경우 모두 본래의 인과적 고리의 역전을 보여 준다. X를 할 때만 술을 마시라는 조건적 규범을 준수하는 대신, 술을 마시고 싶을 때는 언제나 X를 한다.

줄서기 규범

줄서기는 규범이 들끓고 있는 사회적 관행이다. 하지만 동시에 줄서기는 내가 논의한 다른 맥락들과 달리 일시적 현상이다. 줄서기 규범에 대해 논의하기 전에 잠시 이 차이를 검토해 보자.

이직률이 높은 공동체에서는 규범이 행동에 많은 영향을 미치지 못하리라는 것을 파악하기는 그리 어렵지 않다. 토크빌에 따르면, "민주주의에 사는 사람들은 너무 이동성이 높아서 일부 집단은 예절 코드를 수립하고 집행할 여유가 없다. 각각의 개인은 따라서 그럭저럭 제가 원하는 대로 처신하고, 예법은 모든 사람이 모방하기 위해 미리 준비된 이상적인 모델을 따르는 것이 아니라 각 개인의 느낌과 생각에 따라 조형되기 때문에 일관성이 떨어질 수밖에 없다". 앞에서 내가 소도시의 규범으로 언급한 '튀지 마라'는 규범에는, 상호행동의 익명성이 커질수록 일탈적 행동에 대한 제재가 누그러질 것이라는 함의가 들어 있다. 이러한 직관에 비추어 볼 때, 공동체가 더 커지고 이동성이 더 높아짐에 따라 **낯선**

사람들 사이의 행위를 규제하는 규범이 출현하는 것을 보게 되는 것은 흥미로운 일이다. 이런 점은 규범을 물질적 제재보다는 감정과 관련해서 해석하는 관점을 강화한다. 대개의 상황에서 줄서기 규범을 위반한 사람에게 실감 나게 제재를 가하기는 어렵다. 하지만 피할 공간이 그렇게 많지는 않다. 그리고 사람들은 거리낌 없이 경멸이나 분개를 표현할 수 있다.

내 보기에, 버스 기다리는 줄 앞에 서 있는 사람에게 가서 그 자리를 돈으로 사는 것을 막는 규범도 있게 마련이다. 그런 규범은 명백히 비효율적이다. 요청받은 사람이 돈을 받은 대신 줄 뒤로 이동하면, 두 사람 모두 혜택을 얻고 아무도 손해를 보지 않는다. 그러나 토크빌에 따르면, 공공연히 부를 과시하는 것을 거부하는 규범은 민주주의 사회에 특징적이다. "이 부유한 시민이 보이는가? … 그의 복장은 소박하고, 태도는 겸손하다. 하지만 그의 집안은 사방이 호사스럽게 장식되어 있다." 줄서기 관행 밑에는, 그것이 희소 재화 분배에 돈이 널리 사용되는 것을 막는 소중한 균형추라는 생각이 깔려 있을 수 있다. 부자가 모든 것을 가지는 걸 막으려면, 몇몇 재화는 부자에게 불리한 메커니즘에 따라 분배되도록 해야 한다. 그리고 줄서기의 기회비용은 부자가 더 크다. 줄서기가 풍토병이었던 공산주의 폴란드에서는, 줄 선 자리를 구매하는 규범이 전혀 없었다. 아마도 이 관행은 앞자리를 다투는 경쟁의 여러 형태 가운데 하나로 여겨졌기 때문일 것이다. 다른 형태로 꼽을 수 있는 것에 줄 설 사람을 고용하거나 여러 줄을 오가며 사람들에게 "자리를 맡아 달라"고 요청하는 것이 있다. 이런 활동을 규제하는 규범이 있었고, 일탈은 제재되었다. 놀라운 규범은 줄 서는 동안 독서하는 것을 막는 규칙이었다. 관찰자에 따르면, "여성들은 사실은 줄 서서 시간을 낭비하고 있다는 말을 은연중에도 듣고 싶지 않았다. 줄에서 책을 읽거나 일을 하면, 그것을 본 다른 사람들이 부지불식간에 자신이 시간을 낭비하고 있다고 느낄 수 있다. 그것에 대한 반응은 일탈자를 꾸짖어서, 그런 생각이 들게 할 일을 없애는 것이다". 추가로, 독서를 하거나 일을 하는 사람은 줄서기 규범을 위반하는 사람을 감시할 의무를 다하지 않게 된다는 것도 있다.

또 다른 종류의 위반은 줄의 앞이든 중간 어디든 누군가가 끼어들 때 발생한다. 이 경우 끼어든 사람 뒤에 선 사람들의 부정적 반응은, 시간 형태의 비용이든 (희소 재화를 구하기 위한 줄서기라면) 물질적 형태의 비용이든, 비용에 대한 고려에서 기인한다. 아니면, 격분이나 분개 때문일 수 있다. 실험에 따르면, 두 요인이 모두 작동하지만, 피험자는 일반적으로 동일 비용을 부과하는 합법적 끼어들기보다 불법적 끼어들기에 더 강한 반응을 보인다. (이 연구가 말해 주는 사실은, 줄에 끼어들라고 요청받은 실험 조력자들이 그 과제를 아주 싫어한다는 것이다.) 끼어든 사람을 거부할 책임은 그 사람 바로 뒤에 있는 사람에게 있다는 규범은 효력이 있을 때가 많다. 자리를 맡아 두는 것을 규율하는 규범도 있다. 내가 다니는 슈퍼마켓의 규범은, 쇼핑 카트를 줄에 세워 두고 선반에서 한 품목 정도 집어 오는 것은 괜찮아도, 여러 개의 품목을 들고 돌아오는 것은 허용되지 않는다는 것이다. 오스트레일리아 축구 대기열에서는, 위치 표식을 떠나는 기간이 2~3시간을 넘지 않는 것이 규범이다. 줄에 표식을 남기고 잠시 집에 가는 것이 사람들 대부분에게 더 효율적일지 모르겠지만, 이런 관행은 줄을 유지하기 위해 남아 있는 사람들에게 불리하므로 평등에 위배된다.

여러 개의 독립적인 줄이 있을 때, '선입선출'先入先出이라는 줄서기 공정성의 근본원리가 위반될 수 있다. 따라서 고객 만족도 보고에 따르면, 복수의 대기열이 있는 버거킹과 맥도날드보다 단일 대기열이 있는 웬디스가 더 만족스럽지만, 평균 대기시간은 웬디스가 전자의 두 배이다. 휴스턴 공항에서 택시 승차장으로 곧장 이동할 수 있는 휴대 수하물 고객과 달리, 위탁 수하물 고객은 짐 찾는 데 걸리는 시간(수하물 컨베이어벨트까지 도보로 1분, 거기서 다시 7분 대기) 때문에 불만이 컸다. 공항 당국은 컨베이어벨트 위치를 바꾸어, 거기까지 걸어가는 데 6분이 걸리게 했다. 그러자 불만은 거의 완전히 사라졌다.

팁 주기 규범

서비스에 팁을 주는 것은 무시할 만한 현상이 아니다. 미국 식당에서 지급되는 팁 총액은 한해 50억 달러에서 270억 달러 사이로 평가된다. 택시 운전사, 이발사 등등에게 지급되는 팁을 더하면 액수는 더 커질 것이다. 종업원이 팁에서 얻는 소득 비중은 8%(국세청 추정치)에서 정찬 전부를 시중을 든 종업원에게 주어진 58%까지 펼쳐진다. 맥락에 따라 팁은 수수께끼로 보이기도 하고, 그렇지 않기도 한다. 당신이 이발할 때마다 매번 같은 미용사에게 간다면, 좋은 서비스를 받기 위해서 팁을 줄 것이다. 당신이 좋아하는 식당에서 식사할 때도 마찬가지이다. 하지만 택시나 다시 방문할 것 같지 않은 식당에서의 식사처럼 일회성 만남에서도 팁을 주는 이유는 좀 헷갈린다. 사실 그런 행위는 두 가지 면에서 수수께끼이다. 한편으로는 양편의 상호행동이 지속적이지 않아서 그것으로 유지될 수 없고, 다른 한편으로는 둘이 처한 상황에 함께 있었던 제3자의 제재로 유지될 수도 없다. 당신이 택시의 유일한 승객이라면, 다른 사람들은 당신이 택시 운전사에게 팁을 제대로 주는지 알 수 있는 위치에 있기 어렵다. 식당의 다른 손님들도 당신이 웨이터에게 팁을 얼마나 주는지 알아채지 못할 것이다.

많은 사람이 주장하듯이, 팁은 종업원에게 보수를 주는 효율적인 방법이다. 서비스의 질을 감독하는 것은 명백히 식당 주인보다 고객에게 더 쉬운 일이기 때문이다. 그러므로 감독 기능을 탈중심화하고 관찰된 수행성과 보상을 연계하는 것이 여러 계약적 관계를 괴롭히는 '주인-대리인 문제'를 극복하는 한 방법(노동자의 태만을 막는 방법)이다(25장). 따라서 팁은 효율성을 끌어올릴 목적으로 맺어진 '은밀한 계약'의 일부라고 할 수 있다. 그러나 샘 골드윈Sam Goldwyn이 지적했듯이, 불문不文 계약은 성문 계약서만 못하다. 사회 규범을 설명하려는 다른 여러 시도처럼 골드윈의 주장은 그저 근거가 빈약한 기능주의적 설명 시도일 뿐이다. 팁을 허용하는 주인과의 경쟁에서 금하는 식당 주인이 질 것이라는 생각은 완전히 억측이다. 어느 쪽이 맞든, 팁이 허용된 식당이라고 할지라도 고객이 그 식당에서 왜 팁을 주는지는 설명되지 않는다. 또한, 경험적으로 평가하더라도 팁은 적절한 효율성 검사를 통과하지 못할 것이다. 예를 들어 팁이 감독하기 쉬운 직업에서 더 많이 나타나는 것은 아닌 것 같다. 종업원들이 팁을 모두 모아 재분배하기도 한다는 사실 또한 효율성 주장의 허약성을 보여 준다. 그러나 종업원들이 모금된 팁에서 가져갈 몫이 거의 없을 정도로 서비스가 형편없는 동료를 배척한다면, 팁 모으기가 간접적으로 효율성 향상에 도움을 줄 수도 있다.

어떤 직업에 팁 규범이 있고 다른 직업에는 없는 이유를 나는 모른다. 그러나 일단 규범이 존재하면, 왜 사람들이 팁을 주는지는 이해할 수 있다. 사람들은 다시 만날 것 같지 않더라도 다른 사람, 예컨대 실망한 택시 운전사가 그들을 못마땅해하는 것을 좋아하지 않는다. 타자의 경멸 섞인 눈길의 대상이 되는 것을 피하려고 한다. 다른 사람들이 경멸을 느낀다는 것을 알거나 그렇게 믿을 이유가 있기만 해도 충분하다. 다른 예를 들자면, 지하철역에 아무도 없거나 기차가 무정차로 운행될 때조차 내가 코를 후비지 않는 이유는 다른 사람들이 그것을 못마땅해할 것이라는 믿음 때문이다.

왜 규범인가?

내가 말했듯이, 행위 규제에 사회 규범이 가진 중요성 그리고 그것이 작동하는 대략의 메커니즘은 별로 이해하기 어렵지 않다. 그러나 나는 우리가 그것의 기원을 잘 이해하고 있다고 생각지 않는다. 두 가지 분리된 문제가 있다. 첫째, 사회 규범을 유지하는 수치와 경멸 같은 서로 연결된 감정의 진화적 기원은 무엇인가? 달리 말하면 도대체 사회 규범은 왜 존재하는가? 둘째, 왜 특정한 규범이 특정한 사회 안에 존재하는가? 그것들은 언제 어떻게 생긴 것이고, 언제 어떻게 사라지는가?

첫 번째 질문에 대한 간단한 답변은, 타자가 우리에 대해 어떻게 생각하는지에 대해 우리가 깊은 관심을 쏟는다는 것이다. 우리는 받아들여지기를 원하고 거부되는 것을 두려워한다. 그러나 이런 답변은 일단 제거했던 질문을 다시 제기할 뿐이다. 왜 우리는 타자가 우리에 대해 어떻게 생각하는지에 대해 관심을 쏟아야만 하는가? 확실히, 몇몇 경우에 평판은 유용하고 배양할 가치가 있다. 그러나 팁을 주지 않아서 택시 운전사가 나를 나쁘게 생각할지 모른다는 생각은, 평판에 관한 관심과 전혀 상관이 없다. 또한, 다른 사람이 나를 나쁘게 생각하는 이유가 사회 규범을 위반했기 때문이니, 다른 사람이 나에 대해 나쁘게 생각하지 않기를 바라는 욕망으로 규범을 설명하려고 하는 것은 상당히 순환적인 논증이다.

두 번째 질문과 관련해서 가장 흔한 답변은 규범이 외부성을 규제한다는 것이다. 내가 그래야만 한다고 주장했듯이, 부정적 외부성을 막는 사회 규범은 통상 외부의 권위에 의해서 도입된다는 점을 덧붙이면, 이런 생각에는 무언가 의미 있는 부분이 있다. 법을 준수하라는 일반적 사회 규범이 있다. 벌금이 비용으로 보이고 감옥이 병원에 있는 것 정도의 낙인으로 여겨진다면, 그런 규범은 존재하지 않을 것이다. 그러나 일반적으로 법 위반에 대한 반응은 객관적으로 동등한 다른 부담과 등가적으로 보이지 않는다. 사람들은 교도소에 가는 것을 부끄러워하고, 될 수 있는 한 그 사실을 숨기려고 한다.[11] 법이 부정적 외부성을 부과하는 행위를 금할 때, 법을 준수하라는 사회 규범은 그런 행위를 막는 규범으로 파급될 수 있다. 그리고 그런 규범은 그것을 낳은 법이 더 이상 작동하지 않을 때조차 존속할 수 있다. 그러나 이런 결과물을 보증 게임(18장)

---

11 노르웨이에서는 음주 운전에 대해 3주 의무 징역형이 있었다. 일부 사람들은 휴가를 갔다 왔다는 거짓말을 그럴듯해 보이게 하려고 교도소에 선탠용 자외선램프를 들고 들어갔다고 한다.

에서의 '좋은 균형'의 출현과 구별하기 어렵다. 국가가 배반자를 처벌하여 협동을 끌어내면, 다음으로 처벌 장치를 해체해도, 사람들이 계속 협동할 수 있다. 사람들 각각이 가장 선호하는 상황은 자신과 다른 모든 사람이 협동하는(무임승차 유혹이 없는) 상황이기 때문이다.

내가 논의한 다른 여러 규범, 예컨대 버스를 기다리는 줄에서 돈을 주고 자리 바꾸는 것을 막는 규범이나 예절 규범 또는 팁 규범과 관련해서, 그것의 출현과 존속에 대한 설명을 내놓는 것은 더 어려운 일이다. 경제학자들이 자주 제시하는 논증 노선의 하나는, 규범의 존속을 균형 행위로 설명하고, 그것의 출현은 사회과학으로서는 할 말이 별로 없는 우연과 역사의 문제로 치부하는 것이다. 이 책의 암묵적 전제는 사회과학과 역사를 나누는 선은 인위적이고 무의미하다는 것이다. 따라서 나는 후자에 동의할 수 없다. 전자에 관한 한, 나는 사회 규범이 전략적 게임에 특징적인 최선의 대응 논리를 보이는 경우는 별로 없다고 주장해 왔다. 다른 사람이 몰래 어떤 규범을 위반하는 것을 관찰했을 때, 위반자를 제재하는 것이 늘 그렇듯이 최선의 대응은 아니다.

참고문헌

이 장은 내가 *The Cement of Society* (Cambridge University Press, 1989)에서 제안한 규범에 대한 해명에 근거하고 있으며 (희망컨대) 그것을 개선했기를 바란다. 그리고 같은 주제에 대한 좀 더 간결한 나의 논문은 "Social norms and economic theory", *Journal of Economic Perspectives* 3 (1989), pp. 99~117이다. 사회 규범에 대한 영향력 있

는 논의로는 J. Coleman, *Foundations of Social Theory* (Cambridge, MA: Harvard University Press, 1990), R. Ellickson, *Order Without Law* (Cambridge MA: Harvard University Press, 1994), 그리고 E. Posner, *Law and Social Norms* (Cambridge, MA: Harvard University Press, 2000)가 있다. 나는 그들 모두에게서 배웠지만, 그들에게 설득되지는 않았다. 포스너에 대한 교훈적 비판에 대해서는 맥아담스R. McAdams의 서평, *Yale Law Journal* 110 (2001), pp. 625~690을 참조하라. 불문헌법적 규범이나 관례에 대한 유용한 논의는 자코넬리J. Jaconelli의 두 논문, "The nature of constitutional convention", *Legal Studies* 24 (1999), pp. 24~46과 "Do constitutional conventions bind?", *Cambridge Law Journal* 64 (2005), pp. 149~176에서 볼 수 있다. 미국의 두 가지 사례는 H. Horwill, *The Usages of the American Constitution* (Oxford University Press, 1925)에서 발췌한 것이다. 얀테의 법칙은 A. Sandemose, *A Fugitive Crosses his Trail* (New York: Knopf, 1936)에서 발췌했다. 위험을 자초하는 것을 막는 규범을 유지하는 주술의 역할은 K. Thomas, *Religion and the Decline of Magic* (Harmondsworth: Penguin, 1973)에서 논의된다. 나는 *Alchemies of the Mind* (Cambridge University Press, 1999) 3장에서 명예와 복수에 대해 논의했다. 세귀르 자작에 관한 이야기는 *Les mémoires de la Comtesse de Boigne* (Paris: Mercure de France, 1999), vol. I, pp. 73~74에서 발췌했다. 이 회고록(*Ibid*., p. 38)은 조롱당해서 수치심에 자살한 청년 장교에 대한 이야기의 출처이기도 하다. 예절 규범은 P. Bourdieu, *Distinction* (Cambridge MA: Harvard University Press, 1987)의 주제인데, 이 저작

은 상당히 기능주의에 경사된 면이 있다. '명예 문화'에 대한 실험적 연구로는 R. Nisbett and D. Cohen, *The Culture of Honor* (Boulder, CO: Westview Press, 1996)가 있다. 음주 규범의 예는 나의 *Strong Feelings* (Cambridge, MA: MIT Press, 1999)에서 가져왔다. 노르웨이에서 스스로 프롤레타리아가 되었던 학생들이 겪은 불운한 행적은 D. Solstad, *Gymnaslaerer Pedersens beretning om den store politiske vekkelsen som har hjemsøkt vårt land* (Oslo: Gyldendal, 1982)라는 멋진 소설에 잘 나타나 있다. 이 소설은 안타깝게도 아직 영어로 번역되지 않았다. 하지만 영어 자막이 달린 영화 버전은 볼 수 있다. 매사추세츠의 장례식 규범에 관한 이야기는 T. H. Breen, *The Marketplace of Revolution* (Oxford University Press, 2005)에 나온다. 루카의 지참금에 관한 이야기는 H. Freudenberger, "Fashion, sumptuary laws, and business", *Business History* 37 (1963), pp. 33~49에서 다뤄진다. 중국의 돈 많이 드는 장례식과 결혼식의 효과는 X. Chen and X. Chang, "Costly posturing: relative status, ceremonies, and early child development in China", *Working Paper* (Yale School of Public Health, 2012)에 기록되어 있다. 공산주의 폴란드에서의 줄서기 규범에 대해서는 J. Hrada, "Consumer shortages in Poland", *Sociological Quarterly* 26 (1985), pp. 387~404를 보라. 일부 다른 예에 대해서는 L. Mann, "Queue culture: the waiting line as a social system", *American Journal of Sociology* 75 (1969), pp. 340~354를 참조하라. 팁 주기 규범을 효율성에 근거해서 설명하는 것은 N. Jacob and A. Page, "Production, information costs and economic organization:

the buyer monitoring case", *American Economic Review* 70 (1980), pp. 476~478에 제시된다. 이런 설명은 M. Conlin, M. Lynn, and T. O'Donoghue, "The norm of restaurant tipping", *Journal of Economic Behavior & Organization* 5 (2003), pp. 297~321에서 비판하고 있는데, 그것이 여기서 개요를 제시한 것에 더 근접한 해명을 제시한다.

22장_집합적 믿음 형성

동조주의에 대한 토크빌의 논의

내가 7장에서 다룬 믿음 형성의 메커니즘은 주로 개인 수준에서 작동하는 것이었다. 즉, 한 인물이 가진 믿음이 타자가 표명하거나 보유한 믿음에서 비롯된 바가 별로 없었다는 것이다. 이 장에서는 몇 가지 집합적 또는 상호행동적 믿음 형성 메커니즘에 대해 논의한다. 둘 간의 구별을 예시하기 위해 미국의 동조주의에 대한 토크빌의 분석을 살펴보자. 그는 한편으로는 미국인들이 같은 생각을 하는 경향이 있는 이유는 그저 그들이 비슷한 조건 아래 살기 때문이라고 설명한다. "조건이 같은 인간은 … 같은 각도에서 사태를 보기 때문에, 그들의 마음은 자연히 유사한 관념에 이끌린다. 그리고 그들 각각은 동시대인들에서 갈라져 나와서 나름의 믿음을 형성할 수도 있지만, 그 모든 것은 부지불식간에 그리고 의도치 않게 상당수의 공통 의견 공유로 끝난다." 그러나 다른 한편으로 그는 동조를 향한 압력에 근거해서 설명한다. "미국에서 다수는 생각의 둘레에 가공할 만한 장벽을 세운다. 작가들은 그렇게 설정된 한계 안에서 자유를 느낀다. 감히 한계 너머로 나아가려고 시도하는 이에게는 재앙이 있을 터이다. **종교재판**_auto-da-fé_을 두려워할 것까지는 없지만, 온갖 종류의 악감정과 일상적 박해에 직면해야 한다."

이 마지막 문구는 사람들이 사회적 압력 때문에 겉으로는 동조해도, 딱히 내면적으로도 동조하는 것은 아님을 암시한다. 또한, 그가 썼듯이, 당신이 일탈적 관점을 가졌다면, "동료들은 당신을 순수하지 못한 사람으로 보고 피할 것이다. 그리고 당신의 순수를 믿는 사람조차도 도리어 자신까지 기피되는 걸 겪지 않기 위해 당신을 포기할 것이다". 또 다른 문구는 동조주의가 사람들의 영혼 깊숙이 침투해서 결국은 다수 의견에 대해 진지한 믿음을 갖게 한다는 것을 시사한다. 두 가지 메커니즘이 제시된다. 하나는 '차가운' 또는 인지적인 것이며, 다른 하나는 '뜨거운' 또는 동기적인 것이다. 한편으로 "모든 사람이 똑같이 계몽될 가능성은 별로 없다. 진리는 다수자 편에 있는 것은 아니다". 다른 한편 "다수가 주권적이어서 … 지성에 대해서까지 엄청난 영향을 내밀하게 행사하는 것이 미국적인 정치적 법칙이다. 압제자에게 더 우월한 지혜가 있다고 인정해 주는 것은 인간의 고질적 습관이기 때문이다".

실험적 발견들

(이 장에서 또 인용하겠지만) 토크빌의 말을 좀 길게 인용했는데, 그 이유는 이 문제에 대한 그의 날카로운 통찰력 때문이다. 그가 확인한 문제 — 외적 동조주의 대^對 내적 동조주의, 그리고 인지적 메커니즘 대^對 동

기적 메커니즘 — 는 오늘날 우리에게서도 자주 나타나는 문제이다. 그것을 다루기 위해 먼저 동조에 대한 고전적 실험 몇 가지를 검토해 보자.

가장 유명한 실험은 A, B 그리고 C 세계의 선 가운데 어떤 것이 주어진 선 D의 길이와 근접하는지 피험자들에게 묻는 것이다. 사적 상황, 이중적 공개 상황, 그리고 단일한 공개 상황, 이렇게 세 상황에서 실험이 이루어졌다. 사적 상황에서 피험자들은 실험자 이외에 다른 사람이 전혀 없을 때 답을 했다. 이런 경우 99%의 사람이 D에 근접한 선은 B라고 답했는데, 그것이 혼동의 여지 없이 옳은 답변임을 말해 준다. 그러나 두 가지 공개 상황에서는 피험자 가운데 상당히 소수만 다수와 다른 답변을 했다. 두 조건 모두에서 여러 명의 타자(실험 도우미들)가 만장일치로 D와 근접한 것은 A라고 말한 다음, 피험자가 답변했다. 피험자가 타자들 앞에서 답을 해야 하는 이중적 공개 조건에서는, 약 1/3이 A가 근접하다는 것에 동의했다.[1] 피험자가 다른 사람들이 말하는 것을 들은 뒤 혼자 있을 때 답을 하는 단일한 공적 조건에서는 동조주의가 약해졌다. 하지만 사라진 것은 아니었다.

이중적 공개 조건에서의 과잉 동조주의는 틀림없이 **거부의 두려움**에서 기인하는 것이었다. 단일한 공개 조건에서의 잔여적 동조주의residual conformism는 **학습**("그렇게 여러 사람이 틀릴 것 같지 않다") 아니면 **인지 부조화 감축**에서 기인하는 것일 텐데, 후자가 더 그럴듯해 보인다. 다수의

---

1 5장에서는 타자 관찰이 공정성의 유사도덕 규범의 매개로 유사 행동을 유발하는 반면, 타자에 의한 관찰이 거부에 대한 두려움을 통해 유사 행동을 촉발할 수 있다는 것을 논했다. 믿음 형성에서는, 타자에 의한 관찰은 거부에 대한 두려움을 통해 동조성을 산출하는 반면, 타자 관찰이 산출한 동조성은 학습 또는 부조화 감축으로 인해 발생한다.

관점이 인지적으로 빈약하다는 것이 주어진 상황에서, 다수에게 사적으로 동조하는 사람들이 합리적 학습에만 근거해서 그럴 것 같지는 않다. 어떤 동기적 요인이 작동하는 것이 틀림없다.

또 다른 실험은 그런 해석을 강화한다. 여기서 피험자들은 더 모호한 과제를 받는다. 즉 어두운 방에서 밝은 광원이 움직인 거리를 찾는 것이다. 광원은 사실 움직이지 않지만, 고립된 피험자는 그것이 4인치가량 움직였다고 판단했다('자동운동 효과'autokinetic effect). 한 실험 도우미가 광원이 15~16인치쯤 움직였다고 말하는 걸 들은 피험자들은 움직인 거리를 8인치쯤으로 추정했다. 두 명의 도우미가 16인치 이동했다고 추정하는 것을 들은 뒤, 피험자들의 추정은 약 14인치가 되었다. 한 도우미의 존재가 추정치를 4인치 증가시켰고, 두 번째 도우미가 다시 6인치를 더 증가시킨 것이다.

베이즈주의 학습 과정(13장)에서 나는 내 지각과 기억을 교정하기 위해 다른 관찰자에 의존할 수 있다. 빛이 움직인 거리 같은 사실에 대한 그들의 평가는 나의 최초 평가 수정에 도움을 줄 수 있다. 그들이 얼마나 영향을 미칠지는 그들의 지각 신뢰도에 대한 나의 믿음과 타자의 수에 달려 있다. 이런 실험에서 피험자는 짐작건대 각각의 실험 도우미에게 같은 신뢰도를 부여할 것이다. 신뢰도가 어느 정도이든, 한 도우미가 16인치라고 말한 것에서 비롯된 피험자 평가의 변화는 두 번째 피험자의 추가로 인한 변화보다 컸어야 한다.[2] 그러나 두 번째 도우미가 첫번째 도우미보다 더 큰 조정을 야기했다. 이것은 베이즈적 발견과 모순된다. 따라서 그것은 합리적 학습으로 간주할 수 없고, 자신이 다수와 불일치한다는 발견이 주는 불편함으로 인한 부조화 감축 효과로 볼 수 있다.

　두 번째 실험에는 그 외의 흥미로운 양상이 더 있다. 이 실험은 실험 도우미들을 점차 소박한 피험자들로 교체하면서 여러 '세대'에 걸쳐 진행되었다. 두 명의 도우미들이 참가하는 2세대 실험에서는, 한 도우미가 1세대 실험에 참여했던 소박한 피험자로 대치되었다. 그리고 3세대 실험에서는 나머지 도우미도 이전 세대의 소박한 피험자로 대치되었다. 이어지는 세대들에서는 모든 참여자가 도우미에게 노출된 소박한 피험자이거나, 그런 피험자에게 다시 노출된 소박한 피험자였다. 각 세대에서 새로 참여하게 된 피험자들은 다른 두 사람 다음에 말을 하도록 실험을 설계했다. 실험 설계자는 인위적으로 높은 추정치가 무한정 유지될 것이라고 예상했지만, 그런 예상은 잘못된 것으로 입증되었다. 3인 집단에서는 대략 6세대 이후 그리고 4인 집단에서는 8세대 이후 추정치가 4인치, 즉 고립된 피험자들이 제시하던 거리 추정치에 수렴했다. 임금님의 새 옷에 대한 믿음은 무한히 영속하지 않았다. 현실에 의해 제대로 뒷받침되지 않는 어떤 문화적 믿음이 오랜 시간 유지된다면, 그것은 현실과의 틈새를 관찰하기 어렵거나 그 틈새가 다른 근거, 가령 종교적 의미 같은 것에 의해 뒷받침되고 있기 때문이다. 사냥이나 낚시에 좋은 지점을 찾기 위해서 제비뽑기를 활용하는, 몇몇 사회에서 실제로 실행되고 있는 관행이 오래 이어져 온 것도 그런 이유 때문이다.

---

2 13장에서 베이즈적 학습을 설명하기 위해 사용된 수치적 예에서, 각각의 새로운 확인 증거는 이전 것보다 더 작은 확률 증가를 가져온다. 이런 '새로운 정보의 한계 가치 감소'는 매우 일반적인 현상이다.

다원적 무지

이 장을 시작하면서 나는 사람들이 주어진 시기에 비슷한 믿음을 갖고 있거나 그렇다고 공언하는 두 가지 이유를 구별했다. 하나는 그들이 비슷한 상황의 영향을 받기 때문이고(상관관계), 다른 하나는 그들이 서로에게 영향을 주기 때문이다(인과관계). 전자의 구체적 사례로는, 앞서거니 뒤서거니 했던 뉴턴과 라이프니츠의 미적분학 발명같이 동시에 일어난 여러 발견을 들 수 있다. 그 경우에 '비슷한 상황'이 정확히 무엇인지는 아무도 모른다고 할지라도, 그런 발상이 "널리 퍼져 있긴 했었다". 같은 발상이 동시에 출현한 또 다른 사례로 '벌거벗은 임금님' 같은 발상을 살펴보자. 한스 크리스티안 안데르센의 이야기는 1837년에 출간되었다. 『미국의 민주주의』 제2권은 1840년에 출간되었다. 토크빌은 다수 의견의 외관상 안정성을 설명하기 위해서 유사한 발상을 내놓았다.

시간, 사건 또는 개별적인 정신적 노력은 몇몇 경우에 그런 것이 일어나고 있다는 표시조차 외부로 드러내지 않은 채 하나의 믿음을 궁극적으로 허물거나 조금씩 파괴할 수 있다. 누구도 운이 다한 믿음과 공개적으로 전투를 치르지 않는다. 그것에 대한 전쟁을 치르기 위해 모일 군대는 없다. 그 믿음의 지지자들은 조용히 하나둘씩 포기하고, 극소수만이 그것에 집착한다. 이런 상황에서도 믿음의 지배는 계속된다. 믿음의 적들은 평화롭게 지내며 그들의 생각을 비밀리에 주고받을 뿐이라서, 거대한 혁명이 이미 일어났다는 것을 확신하는 데는 오랜 시간이 걸린다. 그때까지 그들은 의심만 할 뿐 아무 일도 하지 않는다. 그들은 지켜보며 침묵을 지킨다. 다수는 더는 믿고 있지 않지만, 여전히 믿는 것처럼 보인다. 그리고 텅 빈 유령 같은 여론이 어려움 없이 미래 혁신자들의 피를 식히고 그들을 공손한 침묵으로 이끄는 것이다.

토크빌의 『구체제와 프랑스혁명』(1856)의 한 문단은 종교에 관해서도 유사한 점을 지적한다. 프랑스혁명 과정에서 "오래된 신앙을 간직한 사람들은 그것에 혼자 충성하는 자로 남는 것을 두려워했다. 그것은 이단보다 더 식은땀 나는 고립이었고, 그래서 그들은 믿음을 공유하지도 않으면서 군중의 편에 가담했다. 여전히 한 나라의 일부만의 의견일 뿐인 것이 모두의 의견으로 간주되고, 그때부터는 이런 거짓된 외양에 마지못해 굴복한 사람들에게조차 그것은 불가항력으로 보였다". 그는 『미국의 민주주의』에서 신앙의 거짓된 외양과 관련해서 같은 주장을 했다. "불신자들은 종교를 더는 진정으로 믿지 않지만, 그것이 유용하다고는 생각한다. 종교적 신앙이 풍속에 미치는 힘과 법률에 미치는 영향을 인간적 관점에서 감지한다. 신앙을 잃었지만 … 그는 여전한 신앙인에게서 믿음을 뺏는 건 싫어한다. 다른 한편 여전히 믿고 있는 사람은 모두가 보는 앞에서 자신의 신앙을 내보이길 주저하지 않는다. … 자신의 불신앙을 숨기는 불신자와 신앙을 내보이는 신앙인이 함께 있으면, 여론은 종교에 우호적인 방향으로 흐른다."

이런 문단에서 토크빌은 사람들이 가졌다고 **공언하는**(또는 부인하기를 꺼리는) 믿음에 대해 말하고 있는 것이지, 실제로 진지하게 간직한 믿음에 대해 말하고 있는 것이 아니다. 이런 측면에서 그의 분석은 움직이는 빛 실험 그리고 단일한 공적 조건에서의 선 길이 맞추기 실험에서의 행위와는 다르다.[3] 그러나 이것이 엄정한 구별은 아니다. 내가 여러 곳에서 주장했듯이, 어떤 것이 그 사례에 해당한다고 '믿는' 것이 무엇을 의미하는지가 언제나 명료한 것은 아니기 때문이다. 단일한 공개 조건에서조차 A가 맞는 선이라고 말하는 피험자의 '믿음'은 다소 흐릿한 것일 수 있다. 예를 들어 그들이 자신의 의견 표명에 돈을 걸 의향은 없었을 것이다. 또한, 믿음을 진술했다는 것이 상황에 따라서는 그것을 보증하는 경향을 유도한다(7장).

근대 심리학은 토크빌의 통찰을 '다원적 무지'라는 이름으로 재발견했다. 극단적인 경우, 아무도 어떤 명제를 참이라고 믿지 않지만, 자기 이외의 모든 사람이 그것을 믿는다고 모두가 믿는 것이다. 예를 들어, 모든 사람이 보증 게임 선호를 지니고 있지만, 다른 사람들 모두가 죄수의 딜레마 선호를 지니고 있다고 믿는 사회를 상상해 보자(18장).[4] 그런 사회에서는 아무도 협동하지 않을 것이고, 각자는 타자의 비협동을 자기 믿음의 증거로 받아들일 것이다. 그리고 사회는 나쁜 균형에 빠질 것

---

3 실제로 움직이는 빛 실험은 이중으로 공개적이어서, 불성실의 여지가 없다. 과제 성격의 모호성이 과장된 믿음의 채택에 있어 성실성 또는 유사 성실성을 부추기는 면이 있다. 나는 절차상의 문제로 연속적인 세대 연구가 단일한 공개 조건에서 행해지기는 어려웠을 것이라고 가정한다.

4 토크빌은 프랑스 구체제 아래서 직업 집단들 사이의 관계가 이런 구조였다고 주장했다. "우리 선조들에게는 개인주의라는 단어가 없었다. 이 말은 우리가 쓰려고 우리가 만든 말이다. 선조들 시절에는 집단에 속하지 않고 자신을 절대적으로 고립되었다고 여긴 개인은 없었다. 그러나 프랑스 사회를 구성하는 수많은 작은 집단들 각각은 다른 집단에 대해서는 아무 생각이 없었다. 이런 식으로 말해도 좋다면, 일종의 집합적 개인주의가 있었던 셈이다. 그리고 그것이 우리가 지금 알고 있는 진정한 개인주의를 예비했다. (…) 더 나아가서 그들의 내면 깊숙한 곳을 헤아릴 수 있는 사람이라면, 누구나 알아챘을 것이다. 서로 이렇게 비슷한 바로 그 사람들이 그들을 나누는 사소한 장벽을 공공의 이익과 상식 모두에 반하는 것으로 간주했다는 것을. 그리고 이론이 어떻든 이미 연합을 숭배하고 있다는 것을. 각자는 자기 처지에 몰두한다. 왜냐하면, 남들은 그들 자신의 것으로 두각을 나타내기 때문이다. 그러나 아무도 어떤 식으로든 두드러지거나 평범한 수준 이상으로 올라가지 않으면, 모두가 하나의 덩어리에 합체될 준비가 되어 있다."

이다. 더 현실성 있는 사례는, 사람들 대부분이 제안을 믿지 않지만, 대부분이 믿는다고 믿는 것이다. 이스라엘에서는 거의 60%가 영토 내 팔레스타인 자치에 동의하지만, 그런 입장이 다수파라는 것을 아는 사람은 30%뿐이다. 이런 상황은 당연히 팔레스타인 자치 옹호자들을 낙담에 빠뜨리고, 다수파가 바꾸고 싶은 현상現狀이 유지되게 만든다. 이스라엘-팔레스타인 합동여론 조사에 따르면, 양편 인구의 다수는 1967년 국경으로의 복귀가 쓸 만한 해결책이라고 믿고 있다. 하지만 추측건대, 다수파는 상대방의 소수파만 이런 견해를 가지고 있다고 잘못 믿고 있다. 만약 그렇다면, 이런 어긋남으로 인해 지속적 평화의 전망이 꺾일 것이다.

이런 사례들은 아무도 사적으로는 실제로 믿고 있지 않다는 것을 알면서도, 모든 사람이 공개적으로 어떤 믿음을 공언하는 병리적인 경우와는 다르다. 공산주의는 이런 **위선의 문화**를 적어도 최후의 장로지배gerontocratic 단계에서는 극단적으로 드러냈다. 다원적 무지와 위선의 문화를 유지하는 것은 거부에 대한 두려움 또는 일탈적 관점의 표명에 대한 징벌이라는 동일 메커니즘이다. 차이는 다원적 무지에서는 거부가 수평적이라는 점이다. 즉, 이 경우 거부하는 이들은, 자신이 배척되지 않기 위해서는 일탈자를 배척해야만 한다고 잘못 믿고 있는 동료 시민들이다. 이와는 달리, 위선의 문화를 만드는 것은 수직적으로 부과된 징벌이다. 계획 완수에 대한 열정이나 계급의 적에 대한 증오를 표명하지 않는 사람은 직장을 잃거나 더한 일을 겪게 될 공산이 큰 것이다. 그렇게 내려진 수직적 징벌은 수평적 조치를 끌어들일 수도 있다. 사람들이 일탈자로 처벌받지 않기 위해서 일탈자를 피하거나 징벌할 수 있기 때문이다. 따라서 소련의 1937년 대숙청에 대한 기록에서, "보리스 파스테르나크Boris Pasternak는 카미엔프Lev Kamenev와 지노비예프Grigory Zinoviev 처형을 요구하는 유명 작가들의 집단 청원에 서명하지 않았고, 그로 인해 곤경에 처했다. 그리고 산문 작가 유리 올레샤Yury Olesha는 파스테르나크를 옹호하느라고 곤경에 처했다".

다원적 무지는 또한 '키티 지노비스 살해'에서 나타난 수동적 방관자 증후군 밑에 깔린 메커니즘과도 다르다. 후자(의 양식화된 판본)에서는 각각의 개인은 타자의 수동성으로 자신의 수동성을 정당화한다. 원인은 사회적 압력이나 집단 규범에 동조하려는 욕망일 수 없었다. 왜냐하면, 38명의 방관자는 하나의 공동체를 형성하기에는 서로 너무 고립되어 있었다. 오히려 수동성은 **추론**으로 정당화되는 듯하다. 즉, 모두가 아무 일도 하지 않는 것으로 보아, 심각한 상황일 리 없다. 그리고 '원源자료'(그녀의 비명)가 이런 추론에 묻혀 버린다. 곧, 이 메커니즘을 꼼꼼히 살펴볼 것인데, 여기서는 단지 이 상황이 다원적 무지와 관련되지 않았다는 것을 언급하고 싶을 뿐이다. 각 개인이 사적으로 믿는 것과 그가 다른 사람에게 귀속시키는 믿음 사이에 틈새가 없기 때문이다.

음주 문화는 다원적 무지를 잘 보여 준다. 많은 미국 대학에, 학부생들 특히 남자 학부생들 사이에는 과음 문화가 있다. 학생 대부분이 과음을 불편하게 느끼지만, 그들은 다른 사람들 대부분이 아무렇지도 않게 생각한다는 그릇된 믿음 때문에 그냥 따라 마신다.[5] 그들의 음주 행위

---

5 그러나 술을 마시는 사람이 마시지 않는 사람보다 친구가 많다면, 학생 대부분이 술을 마시지 않는 것과 학생 대부분의 친구 대부분이 술을 마시는 것이 동시에 참일 수 있다.

는 자신의 사적 태도보다 대학생들의 전형적 태도라고 그릇되게 믿고 있는 것에 동조한 것이다. 또 다른 예로 학생들에게 논문을 읽으라고 지시한 실험을 들 수 있다. 이 실험에서 주어진 논문은 고의적으로 투박한 스타일로, 사실상 이해가 불가능하게 쓰인 것이다. 이 논문을 읽은 학생들에게 그 내용을 얼마나 잘 이해했는지 그리고 다른 사람들은 얼마나 잘 이해한다고 생각하는지 물었다. 일부 학생들에게 실험자를 찾아가서 도움을 요청할 수 있게 해주었다. 다른 학생들에게는 그런 선택지를 줄 수 없다고 분명하게 얘기했다. 그런데 앞 조건에서도 실험자를 찾아가 도움을 청한 학생은 없었다. 그런 절차를 밟는 것 때문에 오히려 난처해질 위험이 있다고 생각한 때문이었다. 각각의 학생은 자신의 경우 당황스러울 일을 피한 것이지만, 다른 학생들은 논문을 잘 이해하기 때문에 도움이 필요 없어서 실험자를 찾아가지 않는다고 믿는 것 같다. 이 조건에서 학생들은 타자가 자기보다 논문을 더 잘 이해했다고 믿는 경향을 보였다. 그러나 다른 조건에서는 차이가 사라졌다. 추정컨대, 이런 효과는 '언니 증후군' 때문인 듯하다. 17장에서 언급했듯이, 우리는 모두 자신의 내적 고뇌와 두려움을 잘 인식하고 있지만, 타자의 내면생활에 직접 접근할 수 없다. 그래서 타자가 자신보다 더 성숙하고 침착하다고 보는 경향이 있다.

캠퍼스 음주 연구에서, 시간이 감에 따라 사적 태도, 타자의 태도에 대한 믿음 그리고 행위가 서로 일치하는 방향으로 움직여 가는 것이 관찰된다. 이런 관찰 결과는 다원적 무지의 **안정성**에 의문을 제기한다. 사실 다원적 무지가 사라지는 방식은 두 가지이다. 하나는 타자에 대한 잘못된 믿음이 사실로 실현되는 것이고, 다른 하나는 사람들이 더 이상 거짓된 믿음을 고수하지 않는 것이다. 각 사람이 다른 사람에게 (잘못) 전가한 믿음을 채택한다면, 그런 전가는 사실이 될 것이다. 이런 일이 일어나는 것은 다음 두 가지 인지 부조화를 감축하려고 한 때문일 가능성이 크다. 하나는 다수파와 의견이 다를 때 생기는 불편함으로 인한 인지 부조화이고, 다른 하나는 이렇게 말하며 저렇게 믿는 것의 인지 부조화이다.

다른 한편 상황 자체가 해체될 수도 있다.[6] 집단 성원 가운데 20%가 특정 믿음을 갖고 있지 않다는 것을 행동으로 보여 주고, 나머지 80%는 그들이 비동조자가 되기 위해서는 20%보다 많은 비동조자가 있어야 한다고 생각하면서, 믿는 척 입에 발린 말만 하고 있다고 해보자. 좀 더 구체적으로, 100명의 집단에서 20명이 비동조자이고, 10명은 최소 25명이 비동조자라면 '커밍아웃'할 생각이고, 15명은 최소한 35명이 비동조자라면 그럴 것이고, 55명은 최소 50명이 본색을 드러내면 가담할 것이라고 해보자. 그럴 경우, 이미 말했듯이, 다수파 문화는 안정적이다. 그러나 가장 동조주의적인 개인들 가운데 5명이 떠나거나 죽거나 비동조자 5명으로 대치되었다고 상상해 보자. 그러면 다수파는 해체된다. 25명의 비동조자가 10명이 더 가담할 조건을 창출하고, 그 결과 형성된 35명이 15명을 더 끌어들여, 남아 있는 50명이 가담하는 데 요구되던 문턱을 넘게 된다. 이런 과정은 **동조주의 해체**_unraveling of conformism_라고 지칭하기보다는 **비동조주의의 눈덩이 구르기**_snowballing of nonconformism_로

---

6 움직이는 빛 실험에서, 각 세대의 피험자는 빛이 움직인 거리가 타자에게 들은 것보다 다소 짧다는 평가 조정을 할 때 자신의 '원자료'를 활용한다. 허위 믿음의 소멸은 이런 사실로 인한 해체의 한 형태일 수 있다.

봐야 할 것이다. 우리는 유사한 역동성을 집합행동에서도 관찰하게 될 것이다(23장).

동조주의가 해체되는 방식은 그 외에도 여럿 있다. 선 길이 맞추기 실험에는 안데르센 동화 속의 꼬마가 반영되어 있다. **한 명의** 도우미가 B 길이에 D가 가장 근접한다는 진실된 의견을 말하자, 동조주의는 모두 사라졌다. 또 다른 예로, 종교개혁 이전에 영국과 프랑스 모두에 널리 퍼져 있던, 연주창에 걸린 사람에게 왕이 손을 대면 병이 낫는다는 믿음을 들 수 있다. 이 믿음은 종교개혁 때문에 약해졌다. 왜냐하면, 이제 프랑스의 가톨릭교도와 영국의 국교도는 서로 다른 나라의 치유 증거가 엉터리인지 설명해야 했기 때문이다. 그러나 대규모 집합적 오류의 가능성을 인정하는 것은 위험한 것으로 입증되었다. 왜냐하면, 다른 나라에서 믿음을 뒷받침하는 데 쓰인 이른바 타당하지 못한 증거가 자기 나라에서 거론되는 증거와 별반 다르지 않았기 때문이다.

또 다른 해체의 메커니즘은 여론조사의 공표이다. 1972년 노르웨이에서 있었던 유럽 공동시장(그 당시에는 그렇게 불렀다) 가입에 대한 국민투표 직전에, 정부와 유력 야당과 주요 신문들은 모두 가입에 우호적이었다. 나중에 국민투표 결과가 보여 주었듯이, 국민 다수는 가입에 반대했다. 하지만 그 여론조사가 다수의 반대를 알려 주지 않았다면, 반대자 개개인은 자신이 소수파라고 믿었을 것이다. 여론조사가 없었다면, 가입에 반대한 사람 가운데 일부는 결론이 뻔해 보여서 투표를 하지 않았을 것이고, 그로 인해 국민투표 결과가 달라졌을 가능성이 상당했던 셈이다. 또한, 결정을 내리지 못한 사람들을 설득하기 위해서 결성된 운동은 영향력 없는 소규모로 남았을 것이다. 보통선거가 도입되었으나

아직 여론조사는 발흥하지 않았던 시기에, 정치 문제를 둘러싼 다원적 무지의 범위는 상당히 넓었을 것이다.

선거 역시 다원적 무지 상태를 드러낼 수 있다. 1989년 공산당과 폴란드 야당 사이의 원탁회의에서 합의된 첫 번째 준(準) 자유선거 전에는, 협상에 참여한 양편 사람 대부분은 물론이고 외국 관찰자들도 공산당이 충분한 표를 얻어 권력을 유지할 것이라고 믿었다. 비록 인구의 다수는 체제에 반대했지만, 그들은 자신이 소수파라고 믿었다. 실제로 충분한 정치적 지지를 받을 것이라고 확신하지 않았다면, 공산당이 제도 개혁에 동의했을 가능성은 거의 없다.[7] 6월 4일 야당이 선거를 휩쓸었고, 체제는 붕괴했다. 그리고 그 지역의 다른 나라들에서도 같은 조치가 이어졌다. 나는 23장에서, 나라 안에서 그리고 나라를 넘어서 진행된 눈덩이 구르기 과정의 몇몇 측면을 다시 다룰 것이다.

소문, 공포, 그리고 희망

한스 크리스티안 안데르센의 또 다른 이야기, 「정말이야!」는 일련의 연속적인 과장을 거쳐 "작은 깃털 하나가 금세 다섯 마리 암탉 사건으로 커진" 방식을 보여 준다. 소문 형성과 선전에 관한 연구는 내가 알기로는 그렇게 많이 진전되지 않았다. 일부 예외가 있긴 하지만, 심리학자들도 이 쟁점에 관한 한 큰 진전을 이룩하지 못했다. 그 이유의 일부는 실

---

7 나는 내무부가 이런 믿음을 확인해 보는 여론조사를 실시했다고 추측한다. 그러나 준(準) 전체주의 사회에서 시민들은 익명성이 보장돼도 진짜 의견을 표현하기를 꺼릴 수 있다.

험실 연구로는 소문이 태어나고 퍼지는 긴장되고 밀도 있는 분위기를 만들어 내기 어렵기 때문이다. 예증을 위해, 프랑스인들을 도우려는 음모가 영국에 있다는 소문에 관해 쓰고 있는 1798년의 한 편지를 인용해 보자. "저는 지금 우리 눈 앞에 펼쳐진 사태의 진실이 무엇인지 알기 어렵다는 것에 몹시 넌더리가 나 있습니다. 저는 아주 먼 곳의 간접적인 것인 이상 진지한 보고라고 해도 전달할 수 없었고 —— 그러나 이제 나는 훨씬 더 멀리서 그리고 훨씬 더 적게 보도하는 것이 직접 눈으로 보고 증언하는 것보다 더 안전하다는 것도 압니다 —— 공포가 편견에 작용하는 첫 순간에는 그런 보고조차 신뢰해야만 한다는 것도 알지 못했습니다." 말미의 "공포가 편견에 작용하는"이란 말은 놀라운 통찰력을 제공하지만, 실험실에서 확증될 수는 없다.

또한 내 생각에, 심리학자들은 소문의 기능에 관한 사변적인 생각에 너무 많이 의존한다. 소문이 우주에서 의미와 질서를 찾으려는 욕구에 도움이 되긴 하지만(9장), 주장된 기능 가운데는 상당히 의문스러운 것도 있다. 경제학자들은 소문을 '합리적 무리 짓기'rational herding 또는 '정보 폭포'informational cascades로 보는 경향이 있다. 이런 접근이 때로는 적절하지만, 대부분의 소문에 비합리적인 요소가 있다는 것은 의심의 여지가 없다. 그러므로 나는 주로 역사가들의 연구, 특히 1789년의 '대공포'에 대한 조르주 르페브르Georges Lefebvre의 선구적인 연구에 의존할 것이다.

소문을 정의할 생각은 없지만, 한 가지 언급해 두고 싶은 것은, 소문은 반드시 거짓일 필요는 없지만, 참일 경우에도 우연하게만 참이라는 점이다. 소문의 인과적 기원은 희망과 공포이므로, 그것이 "참된 믿음을 정당화하는 것"으로 규정될 수는 없다. 나는 그것들을 낙관적 범주와 비관적 범주로 나누며, 각각은 희망사고 및 역희망사고와 관련된다.

낙관적 소문

- 삼부회의 소집은 루이 16세가 이미 인민의 요구를 들어주기로 결정했다는 뜻이라는 1789년 봄과 여름 프랑스 시골에 퍼진 소문.
- 주 제헌의회에서 노예 해방을 주요 목표로 삼았다는, 1829년 버지니아 노예들 사이에 퍼진 소문.
- 1845년 갈리시아 농민들 사이에서 퍼진 "최종 해방이 임박했고, 실제로 그들을 해방하는 칙령에 황제들이 이미 서명했지만, 상류층gentry이 그것을 채갔다"는 소문.[8]
- 1814년과 1815년 2번의 패배 이후 나폴레옹이 귀환할 것이라는 추종자들 사이에서 퍼진 소문.
- 1830년과 1848년 프랑스혁명 이후 세금 감면이 임박했다는 소문.
- 1858년 암살 시도 후, 나폴레옹 3세의 반대자들 사이에서 퍼진, 임박한 실각에 대한 소문.
- 1914년 8월 수만 명의 러시아 군인들이 연합군에 합류했다는 소문.
- 진주만 공습 이후, 일본이 석유와 식량 재고가 6개월치뿐이며, 일본과 독

---

8 낙관론의 이 세 사례와는 대조적으로, 선한 통치자와 간신 사이의 갈등을 함축하는 '왕만 알았더라면' 증후군은 적어도 1930년대 스탈린 치하에는 존재하지 않았다. 그 시대의 한 역사가에 따르면, "작은 고양이의 약탈적 행동으로부터 생쥐를 구출하려는 스탈린의 자비로운 의도나 역할에 관한 소문은 마을에 전혀 전파되지 않았다. 대신, 고양이는 고양이고, 일부 고양이는 다른 고양이보다 더 크고 위험하다는 생각을 농민 생쥐는 견지했던 것 같다"라고 하였다. 역시 현실이 소문을 제약한다(7장).

일에 혁명이 임박했다고 미국에 퍼졌던 소문.

- 주식 가치 상승에 대한 소문('비합리적 과열').

비관적 소문

- 기근은 투기꾼들이 만들어 낸 것이라는, 프랑스 구체제에서의 소문.

- 어린이에 대한 세금의 신설에 관한, 프랑스 구체제에서의 소문.

- 곡식이 익기도 전에 수확하러 나선 방랑하는 '산적'에 대한, 1789년 봄과 여름 프랑스 시골의 소문('대공포').

- 1812년 전쟁 중에 워싱턴 D.C.와 메릴랜드에서 노예 반란이 터졌다는 소문.

- 1815년 패배 후, 나폴레옹 반대자들 사이에 퍼진 그의 귀환에 관한 소문.

- 1848년 혁명의 여파로 생긴 사회주의적 평준화에 관한 소문.

- 약탈, 방화 그리고 살인을 저지른 빈곤한 프랑스 노동자들 사이에 있었던, 1848년 3월 독일을 향한 대규모 공격에 관한 소문.

- 1858년 암살 시도 후, 나폴레옹 3세의 지지자들 사이에서 퍼진 임박한 실각에 대한 소문.

- 금융시장의 공황 심리.

- 1935년 인도에서 퍼진 지진이 임박했다는 소문.

- 1914년 독일이 벨기에를 침공했을 때, 지붕 위에서 독일 병사를 저격한 **프랑스 게릴라***franc-tireur*에 대한 독일 쪽의 소문.

- 1914년 벨기에를 침략했을 때, 독일이 저지른 잔학 행위에 관한 벨기에 편의 소문.

- 부농*kulaks* 출신 갱단이 불구의 노동자가 먹는 음식에 쓰레기, 손톱, 철사,

깨진 유리를 던졌다는, 1930년대 모스크바에 퍼진 소문.

• 일본인이 포장한 게살에는 분쇄 유리가 들어 있다는, 1942년 9월에 퍼진 소문.

같은 사건 —— 나폴레옹 1세의 귀환, 나폴레옹 3세의 실각 —— 과 관련해서 낙관적이고 비관적인 소문이 공존하고 있다는 것은 놀라운 일이다. 이들이 서로를 부채질했는지 질문해 볼 만하다. 열거된 것을 보면 비관적 소문이 더 많다는 인상을 받지만, 체계적으로 분석해 보면, 그것은 편향으로 확인된다. 1942년 9월 미국에서 수집된 1,891건의 전쟁 관련 소문 연구에 따르면, 65%는 분노에서, 25%는 두려움에서 유래하고, 희망에서 유래한 것은 단 2%뿐이었다. 첫 번째 범주의 소문은 적이 아니라 동맹국 또는 국내 집단을 겨냥한 것이었다. 그것에는 처칠이 일본과 전쟁을 일으키라고 루스벨트를 협박했다는 소문도 들어 있다. 출항할 일이 없게 하려고, 영국이 미국 항구에서 자신의 배를 파괴했다는 소문도 있었고, 미국 가톨릭 신자들이 징집을 기피하고 있다는 소문도 있었다.[9] 분노가 고무한 소문과 공포가 부추긴 소문 모두 내재적으로 불쾌한 것들이기 때문에, 그런 것이 우세하다는 사실은 놀라운 일이다. 우리는 왜 그렇게 쉽게 최악을 믿는 것일까?[10]

낙관적 소문과 비관적 소문 사이의 양적 대칭에 다음과 같은 질적

---

9 이 소문이 자연발생적인 것인지 적이 고무한 것인지는 나도 모른다. 후자는 두 사회 심리학자의 다음과 같은 진술과 일치한다. "심리적 전쟁터의 무기고에서 가장 치명적인 무기 가운데 하나는 적 집단의 일부가 같은 편 가운데 다른 일부보다 더 고생하고 혜택은 더 적다고 확신하게 만드는 것이다."

비대칭을 추가할 수 있다. 희망이 고무한 소문은 행동의 전제로 사용될 가능성이 작다. 금융시장의 소문을 제외하면, 낙관적 소문은 행위에 영향을 미치지 않는 것으로 보인다. 내가 아는 한, 나폴레옹의 귀환을 희망하고 믿은 이들 가운데 누구도 그에게 합류하려고 하던 일을 접은 사람은 없다. 대조적으로, 이 사건을 믿고 또 두려워했던 사람들은 곡물이 익기 전에 추수하거나, 귀중품을 숨기거나, 징집을 피하려고 결혼하거나, 은행에서 예금을 인출하는 등의 조치를 취했다. 1812년 전쟁 중에 떠돈 노예 반란에 대한 근거 없는 소문 때문에 많은 민병대원이 제 가족을 지키려고 탈영했고, 그것이 미국 패배의 한 원인이었다. 도미니카 공화국에 퍼졌던, 피임약을 암을 비롯한 기타 심각한 질병과 관련지었던 충격적 소문의 영향에 대한 연구에 따르면, 사람들은 신뢰할 수 있는 출처에서 나온 우호적이지 않은 소문 때문에 피임약을 중단하는 경우는 많았지만, 피임약에 우호적인 소문 때문에 사용 가능성을 늘리지는 않았다. 이 두 가지 비대칭성은 풀기가 쉽지 않다. 개인에게는 두 경우 모두에서 희망사고가 흔히 나타나고, 그런 일이 있을 때 행동의 전제로 작용하곤 한다. 그런데 집합적 희망사고는 왜 안 그런지 모르겠다.

소문의 역학이 이 문제의 몇 가지 측면을 밝힐 수 있다. 나는 소문의 기원, 전파 그리고 증폭에 대해 차례로 논의할 것이다.

---

10 한 저자는 "행운보다는 불운과 관련이 있는 미신이 더 많은 것 같다"고 확언하며, 이런 비대칭은 "조심성의 진화적 귀결일 수 있다"고 제안한다. "잠재적 위험을 간파할 수 있다면 생존 가능성이 올라간다"는 것이다. 비대칭이 수수께끼긴 하지만, 그런 설명이 맞는지는 모르겠다. 예를 들어 불운의 숫자 같은 것과 관련된 가짜 위험을 피하는 성향이 생존 가능성을 높이기는 어렵다. 이 저자는 소문과 관련하여 내가 제기하는 다음과 같은 질문에 대해서는 논의하지 않는다. 행운보다 불운과 관련된 미신에 근거해서 행동할 가능성이 더 큰가?

소문의 *기원*은 사건을 의도적 행위주체성이나 객관적 목적론과 관련지어 설명하려는 보편적 경향에 의해 촉진된다(9장). 특정 시간과 장소에서, 기존의 편견, 인지 도식, 문화적 대본이 소문 형성을 촉진할 수 있다. 1789년경 프랑스에서 이런 것들이 방랑하는 산적, 냉혹한 곡물 투기꾼, 증오의 대상인 영주 계급, 그리고 폭압적인 세금 징수원과 엮였다. 회의주의자들이 현실 점검 기능을 하는 큰 도회지보다는 작은 마을이 소문 형성에 유리했다. 교육받지 못한 것도 쉽게 믿는 성향을 부추길 수 있다. 1914년 독일에서는, 1870~71년 보불전쟁기 프랑스 게릴라에 대한 기억이 쉽게 재활성화되었다.

그러나 이것은 단지 촉진 조건일 뿐이다. 여전히 "어떻게 사람들이 의심에서 확증으로 나아간 것일까?"라는 르페브르의 질문이 남아 있다. "다른 사람들보다 더 담대한 몇몇 개인들의 존재"에 의존하는 그의 답변은 개략적인 수준에 머무르고 있다. 그러나 우리는 그의 저작에 등장하는 예에 살을 붙여 볼 수 있다. 격발요인은 우발적일 수도 있고, 고의적일 수도 있다. 석양이 창문에 비친 것을 화재로 착각하는 것, 지나가면서 흘려들은 말의 오해, 너무 진지하게 받아들여진 농담 그리고 인간의 행동으로 오인된 동물의 움직임은 전자에 해당할 것이다.[11] 이에 비해 후자에 해당하는 것으로 구매자를 끌어들이려고 선정적인 소문을 퍼뜨리는 방물장수, 자신을 비중 있는 인물로 만들려는 자기중심적인

---

11 르페브르의 책보다는 소략하지만, 더 통찰력 있는 1차 세계대전의 허위 소문에 관한 연구에서, 마르크 블로흐(Marc Bloch)는 한 사건을 언급한다. 그 사건에서는 독일군 포로가 프랑스 마을 브레느(Braisne)를 자신의 고향 마을 이름인 브레멘(Bremen)으로 잘못 들었는데, 그것이 전쟁 전부터 프랑스에 잠입해 있던 독일 스파이에 대한 소문으로 이어졌다.

사람, 또는 그저 말썽을 피우려고 하는 사람이 있다.[12] 이러한 예에서 엿보이듯이, '소문 형성의 일반이론'의 전망은 밝지 않다. 그러나 프랑스의 7개 지역에서 아무런 현실적 토대 없이 대공포가 **동시에 그리고 독립적으로** 분출했다는 사실은 잘 파악되지 않은 어떤 체계적 힘이 작용했다는 것을 보여 준다.[13]

국가 주도 소문의 사례로는 프랑스 재무 담당관contrôleur-général 오리Orry가 1745년에 내린 포고령이 있다. 그 해에, 그는 더 큰 통계적 노력의 일환으로 지방 관료에게 조세 인상과 징집이 임박했다는 소문을 퍼뜨리라고semer des bruits 지시했다. 나는 이런 요구 뒤의 의도와 그것의 효과를 입수한 자료에 근거해서 따져 볼 수 있었다. 오리가 관료들에게 왕실 수입을 늘리는 데 도움이 될 만한 자원을 찾아보라고 요구한 것으로 보아, 그는 주민들이 개혁조치를 수용할 만한지 알기 위해 분위기를 떠봤던 것 같다. 다시 말해, 세금 인상이 객관적으로 실행할 수 있고 주관적으로 수용 가능한지 살피고자 했던 것이다. 대중의 소요를 극도로 두려워했던 소련 지도자들도 디플레이션이나 해고 같은 조치를 고려하고 있을 때 대중의 반응을 떠보기 위해 소문을 퍼뜨려 보기도 했다.

소문의 **전파**와 **확인**은 여러 형태를 취한다. 인터넷의 도래 이전에는 아마도 입소문이 주 메커니즘이었을 것이다. 몽테뉴는 소문 전달 메커니즘에 대한 최초의 분석이라고 할 만한 것을 제시했다.

---

12 앞서 언급했듯이, 나는 인도 사람들이 그들의 불안을 정당화하기 위해 소문을 퍼뜨렸다는 페스팅거의 주장이 설득력이 떨어진다고 생각한다.

13 1914년 8월 러시아 군대가 연합군에 합류했다는 소문은 프랑스와 영국에서 동시에 그리고 독립적으로 발생했을 것이다. 유일한 차이는 프랑스에서는 러시아 군대가 마르세유에 있다는 소문이 돌았고, 영국에서는 스코틀랜드에 있다는 소문이 돌았다는 것이다.

무無와 사소한 것 사이의 거리는 사소한 것에서 커다란 것 사이의 거리보다 훨씬 크다. 본래의 기이한 일을 흠뻑 들이켠 첫 번째 사람들이 그 이야기를 바깥으로 펼칠 때, 그들이 불러일으킨 반대 때문에 다른 사람들이 받아들이기 어려워하는 부분이 무엇인지 알 수 있다. 그럴 때 그들은 약간 거짓의 뱃밥oakum으로 틈새를 메울 수 있다. (…) 처음에 개인적인 오류가 공적 오류를 창출하지만, 그다음부터는 공적 오류가 개인적 오류를 생성한다. 그리고 그것이 손에서 손으로 전달된다. 전체 이야기의 모양이 잡히고 수정이 가해진다. 그 결과 가장 멀리 떨어진 목격자가 가장 가까이 있던 사람보다 더 사태를 잘 파악한다. 마지막 얘기가 첫 번째 얘기보다 더 믿음직스럽게 들린다. 그것이 자연스러운 진행이다. 무엇인가를 믿는 사람은 누구나 다른 사람에게 그것을 납득시키는 것이 자선행위라고 생각한다. 이런 일을 하는 그가, 자기 이야기에 대한 저항을 극복하는 데 필요한 것이라면 지어서라도 덧붙이는 것을 꺼릴 리 없다.

이 메커니즘은, 소문 전파자가 이야기에 빠져 있는 세부 사항을 채워 회의론을 미연에 방지하려는 욕구에 근거하고 있다. 다른 한편, 소문 수용자가 회의론 표현을 꺼릴 수도 있다. 겁쟁이라는 소리를 듣지 않으려고 위험스러운 해명까지 받아들일 태세인 사람도 있을 수 있다. 대공포 시기에 못 믿겠다는 태도를 보이는 것은, 반혁명을 도우려고 인민을 위급한 상황 한가운데서 잠들게 내버려 두는 것이라는 혐의를 불러들일 수 있었다. 그리고 동시에 상황에 대해 경고하려는 사람들의 자존심을 건드릴 위험도 있다. 벨기에의 프랑스식 게릴라Bellgian francs-tireurs에 관한 한, 그들이 피의 보복의 근거였던 그만큼 그들의 총솜씨가 출중했다는 것은 논쟁의 여지가 없다. 사실 달리 어떻게 독일군의 잔학행위가 정당화될 수 있었겠는가? ("사람들은 자신이 괴롭힌 사람을 미워하기까지 한다"는 세네카의 말을 상기해 보라.) 그리고 귀향하는 상이군인들이 소문을 퍼뜨렸을 때, 감히 누가 그것에 반대되는 이야기를 할 수 있었겠는가?

위 인용문의 몽테뉴 주장은 소문에 대한 **믿음**이 그것을 전달하기 위한 조건이라고 가정한다. 그러나 현장 관찰과 실험은 반드시 그럴 필요는 없음을 시사한다. 근린 공동체에서의 소문 전파 연구에 따르면, 소문을 믿었던 7명 중 5명은 소문을 중계했고, 믿지 않는 23명 중 9명이 전달했다고 한다. 직장에서의 '복수 소문'에 대한 실험적 연구에서는, 더 믿음직스러운 소문이 더 자주 전달되는 것은 아니라는 것이 밝혀졌다. 그러므로 소문의 합리성과 관련해서, 소문의 믿음 내용의 합리성과 소문의 전략적 사용의 합리성을 구분해야 한다. 미국 대통령 선거 운동에서, 상대를 물리치기 위한 소문이 날조되는 일은 흔하다. 프랭클린 루스벨트는 소아마비가 아니라 매독을 앓고 있다는 소문을 이겨 냈고, 버락 오바마Barack Obama는 자신이 무슬림이라거나 미국 시민이 아니라는 소문을 이겨 냈다. 그러나 '치고빠지는'swiftboating 소문이 존 케리John F. Kerry 의 패배에 원인으로 작용했으며, 마이클 듀카키스Michael Dukakis의 선거 패배는 부분적으로는 심리치료를 받은 적 있다는 소문 때문이었다(로널드 레이건은 그를 "병약한 사람"이라고 불렀다). 이런 소문을 전파한 사람들은 그것을 믿지도 않았겠지만, "최종 사용자 —— 유권자 —— 가 그것을 믿을 뿐 아니라 투표의 전제로 삼게 하려고 애썼다"는 것은 확실하다.[14]

르페브르는 대공포에 대한 설명 일부를 다음과 같이 요약했다. "사람들을 겁나게 한 것은 그들 자신이었다."le peuple se faisait peur à lui-meme 도적들이 몰려온다는 믿음 때문에 군대가 진주했고, 멀리 있던 농부들은 그들을 도적 떼로 잘못 보았다. 한 마을의 교회 종이 울리자, 이웃 마을에서 보낸 파견대가 적으로 오인되었다. 1848년에 한 프랑스 마을에 쏜 경고용 대포는 이웃 마을에서는 전투 소음으로 해석되었다. 1848년 3월 프랑스 빈민들이 곧 침공할 것이라는 소문이 독일에 전해졌을 때, 라인강의 프랑스 편에서 일하던 독일인 도로 노동자들은 고향과 가족으로 돌아가기 위해서 급히 강을 건넜다. 멀리서 그것을 지켜보던 또 다른 사람들은 그들이 쳐들어오는 프랑스인들이라고 생각했다.

소문의 **증폭**은 잘 기록되어 있다. 깃털 하나가 암탉 5마리 사건으로 바뀌는 안데르센의 이야기는 소문의 팽창 효과를 과장한 것이 아니다. 1848년 6월 파리 노동자들의 봉기 이후에, 노르망디의 시골길에 두 남자가 나란히 앉아 있는 것이 눈에 띄었다. 이야기가 전달되고 또 전달되는 중에 그 두 남자는 10명, 300명, 600명이 되었다. 그리고 마침내 3,000명의 '수평파'partageux가 약탈하고, 방화하고, 사람들을 죽였다는 이야기가 돌게 되었다. 이들의 위협에 대항하기 위해서 30만 명의 군인이 파견되었다. 조사 결과 드러난 것은 두 사람 가운데 한 사람은 정신병자이고, 다른 한 사람은 그를 돌보던 아버지였다. 같은 시기에 농부들은 아이들을 무섭게 하려고 존재하지도 않는 '도적 떼'를 물리치기 위해 천

---

14 후보의 참모가 그에 대한 긍정적 소문을 만들려고 했던 사례를 하나도 알지 못한다. 증거 없이 최악을 믿는 것은 증거 없이 최선을 믿는 것보다 자연스럽게 다가오는 것 같다.

명도 넘는 무장한 사람들이 곧 나타날 것이라는 황당한 이야기를 지어 냈다. 그러한 과장의 배후에 있는 한 가지 메커니즘은 **극화**dramatize 경향이다. 거의 같은 정도로 사실에 부합하는 두 이야기 가운데 다수가 선택하는 것은 극적 내용이 뛰어난 것이다. 또 다른 메커니즘으로는, 확률 및 위해危害 평가에서의 작은 차이를 전달 과정에서 놓치기 쉽고 그래서 사람들이 버림보다는 반올림을 하는 경향을 들 수 있을 것이다.

정보 폭포

'정보 폭포'로 알려진 메커니즘을 거친 전적으로 합리적인 믿음 형성이 소문을 만들어 낼 수도 있다. 한 집단 안의 각 개인이 어떤 문제에 대한 사적 정보에 접근했다고 해보자. 모두가 순차적으로 그들의 믿음을 형성하고, 각자는 자신의 사적 정보에 의존하는 **동시에** (있다면) 그들의 선행자가 순차적으로 표현한 믿음에 의존한다. 예를 들어 마을 사람들 각각이 인근에 도둑이 들었다는 몇 가지 사적 증거를 가졌을 수 있다. 그리고 다른 사람들에게서 들은 것과 함께 그 증거를 활용해서 의견을 형성할 것이다. 그런 다음 그 의견을 전할 것이다. 당면한 문제가 선호에 대한 것이 아니라 오직 사실적 쟁점에 대한 믿음과 관련된 것이라면, 호명 투표roll-call voting도 같은 역동성을 가질 수 있다. 각각의 의회 성원들은 자신의 정보뿐 아니라 점호에서 그보다 앞선 사람들의 투표에도 의존할 것이다. 세 번째 예로, 어떤 논문에 대한 다른 심사자가 게재 거부 의사를 보였다는 것을 알아 버린(그러나 이유는 모르는) 학술지 심사자를 들 수 있을 것이다.

이런 상황에서 사람들은 타자가 믿음 형성과정을 거쳐 도달한 결론을 자신의 믿음 형성에 대한 간접적 투입요인으로 사용할 수 있다. 타자가 그들의 결론을 형성하기 위해서 사용한 직접적 투입요인(사적 정보)에 대해 모르면서도 말이다. 자신의 선행자가 내린 결론뿐 아니라 그들이 가졌던 '원자료'에 접근할 수 있었다면, 올바른 결론에 도달했을 합리적 개인이 이 경우에는 잘못된 믿음에 이르는 일이 일어날 수도 있다. 심사자 예에서 두 번째 심사자가 첫 번째 심사평을 읽었다면, 편향이나 잘못된 추론을 찾아냈을 수도 있다. 그러나 그가 첫 번째 심사의 결론만 안다면, 그리고 첫 번째 학술지가 아주 명성이 높으면, 그는 자신의 평가와 더불어 첫 번째 심사자의 부정적 의견을 합리적으로 고려해야만 할 것이다. 자신의 평가가 우호적이긴 해도 살짝 그런 정도라면, 그는 게재 거부를 권고하는 것으로 결론을 내릴 것이다. 개인적으로 아주 우호적인 의견을 가진 세 번째 심사자 또한 이전의 두 심사자가 거부 쪽이라는 것을 알게 되었다면 (합리적으로) 거부 편으로 기울 것이다. 그렇지만 결과물은 (학자 공동체의 목적과 관련해서) 준 최적일 것이다. 왜냐하면, 두 번째와 세 번째 심사자는 게재에 우호적이었고, 첫 번째 심사자는 그저 온건한 반대였을 수 있기 때문이다.[15] 심사자들이 역순으로 논문을 읽었다면, 결론은 달랐을 수도 있다(경로 의존성).

---

15 다양한 동조성 감축 관행은 이런 관점에서 이해될 수 있다. (노르웨이의 경우처럼) 대학 시험의 내부 평가자가 학생의 답안지를 외부 평가자에게 보낼 때, 자기가 매긴 성적을 보내지 않는다. 같은 이유로 두 번째 의학적 소견을 구할 때, 두 번째 의사에게 첫 번째 의사가 말했던 것을 이야기해서는 안 된다.

참고문헌

솔로먼 애쉬Solomon Asch가 처음 수행한 선 길이 맞추기 실험은 사회 심리학에 관한 모든 교과서, 예를 들어 E. Aronson, *The Social Animal*, 9th edn (New York: Freeman, 2003)에 설명되어 있다. 움직이는 빛 실험은 R. C. Jacobs and D. T. Campbell, "The perpetuation of an arbitrary tradition through several generations of laboratory microculture", *Journal of Abnormal and Social Psychology* 62 (1961), pp. 649~658에 서술되어 있다. 1967년 국경으로의 복귀에 대한 이스라엘과 팔레스타인의 입장 차에 관한 자료는 J. Shamir and M. Shamir, "Pluralistic ignorance across issues and over time", *Public Opinion Quarterly* 61 (1997), pp. 227~260에 있다. 파스테르나크에 대한 압력 행사는 S. Fitzpatrick, *Everyday Stalinism* (University of Chicago Press, 1999), p. 198을 참조하라. 캠퍼스 내 음주에 대해서는 D. A. Prentice and D. T. Miller, "Pluralistic ignorance and alcohol use on campus: some consequences of misperceiving the social norm", *Journal of Personality and Social Psychology* 64 (1993), pp. 243~256을 보라. 이해할 수 없는 논문을 읽게 된 학생들에 대해서는 D. T. Miller and C. McFarland, "Pluralistic ignorance: when similarity is interpreted as dissimilarity", *Journal of Personality and Social Psychology* 53 (1987), pp. 298~305를 보라. 해체 시나리오는 T. Kuran, *Private Truths, Public Lies* (Cambridge, MA: Harvard University Press, 1995)에 의존하고 있다. 종교개혁이 왕의 치유력에 대

한 믿음에 미치는 영향에 대한 관찰은 M. Bloch, *Les rois thaumaturges* (Paris: Armand Colin, 1961)에 빚지고 있다. 소문 형성에서 '공포가 편견에 작용하는' 것의 영향에 대해 언급한 (한나 그렉Hannah Greg의) 서한은 J. Uglow, *In These Times* (London: Faber and Faber, 2014), p. 229에서 인용한 것이다. 내가 참조한 소문 형성에 대한 주요 연구는 다음과 같다. G. Lefebvre, *La grande peur de 1789* (Paris: Armand Colin, 1988), F. Ploux, *De bouche à oreille: naissance et propagation des rumeurs dans la France du XIXe siècle* (Paris: Aubier, 2003), R. Cenevali, "The 'false French alarm': revolutionary panic in Beden, 1848", *Central European History* 18 (1985), pp. 119~142, M. Bloch, "Réflexions d'un historien sur les fausses nouvelles de guerre", *Revue de synthèse historique* 33 (1921), pp. 13~35 그리고 C. Prochasson and A. Rasmussen (eds.), *Vrai et faux dans la Grande Guerre* (Paris: Éditions La Découverte, 2004). 갈리시아 소농들에 대한 소문은 L. Namier, *1848: The Revolution of the Intellectuals* (Oxford University Press, 1946), p. 15에서 언급된다. 민족적 폭동에 관한 소문에 대한 자세한 목록과 분석은 D. Horowitz, *The Deadly Ethnic Riot* (Berkeley: University of California Press, 2001), pp. 76~78에서 찾아볼 수 있다. 주식 시장에 관한 소문은 A. M. Rose, "Rumor in the stock market", *Public Opinion Quarterly* 15 (1951), pp. 61~86을 참조하라. 2차 세계대전 중의 소문에 관한 연구는 R. Knapp, "A psychology of rumor", *Public Opinion Quarterly* 8 (1944), pp. 22~37을 보라. '불운'과 '행운'에 대한 미신 사이의 비대칭성은 D. Hand, *The Improbability*

Principle (New York: Scientific American, 2014), p. 248에서 언급된다. 선전은 적 집단의 일부가 다른 사람들보다 더 나쁜 대우를 받는다는 것을 확신하게 하는 것을 목표로 한다는 주장은 D. Krech and R. Crutchfield, *Theory and Problems of Social Psychology* (New York: McGraw-Hill, 1948), p. 411에서 가져왔는데, 그것은 F. Heider, *The Psychology of Interpersonal Relations* (Hillsdale NJ: Lawrence Erlbaum, 1958), p. 289를 따른 것이다. 노동자들의 음식에 깨진 유리를 넣는 부농에 대한 소문은 S. Fitzpatrick, *Everyday Stalinism* (University of Chicago Press, 1999), p. 45에 보고되어 있다. 1934년 지진 발생 후 인도에서의 소문에 대한 아주 상세한 목록은 J. Prasad, "A comparative study of rumours and reports on earthquakes", *British Journal of Psychology* 41 (1950), pp. 129~144에 있다. 소련의 국가 주도 소문에 대한 논평은 I. Zempsov, *An Encyclopedia of Soviet Life* (New Brunswick, NJ: Transaction Publishers, 2001)의 '소문' 항목 해제에 의거한 것이다. 1745년 프랑스 법령에 대한 논평은 F. de Dainville, "Un dénombrement inédit au XVIIIe siècle: l'enquête du Contrôleur général Orry — 1745", *Population* 7 (1952), pp. 49~68에 근거한다. 근린 공동체에서의 믿음 전파에 관한 연구로 L. Festinger et al., "A study of a rumor: its origin and spread", *Human Relations* 1 (1948), pp. 464~486이 있다. 복수 소문에 관한 연구로 P. Bordia et al., "Rumor as revenge in the workplace", *Group & Organization Management* 39 (2104), pp. 363~388이 있다. 정보 폭포 메커니즘에 대한 소개로는 S. Bikchandani, D. Hirshleifer, and I. Welch, "Learning from the behavior of others: conformity, fads, and informational cascades", *Journal of Economic Perspectives* 12 (1998), pp. 151~170 이 있다.

23장_ 집합행동

집합행동은 한 집단의 구성원 모두에게 영향을 주는 공적 악재public bads 을 제거하거나 그들 모두에게 편익을 주는 공공재public goods를 창출하기 위해서 그들이 하는 탈중심화된 행동으로 정의될 수 있다. 그런 행동이 모두에게 혜택이 된다고 해도(현상現狀에 대해 **파레토 우위**이다), 참여하거나 기여하는 어떤 개인에게도 자기 이익이 되는 것은 아닐 수 있다. 개인적 선과 집합적 선 사이에 이런 딜레마가 만연하다는 것을 보여 주기 위해서, 나는 세밀한 논의에 앞서 여러 가지 예부터 제시할 것이다.

몇몇 사례에서 성공적인 집합행동은 집단 구성원들 사이의 수평적 상호행동으로부터 출현한다. 몇몇 다른 사례에서는 정부 또는 제도가 구성원들의 선택 집합에 영향을 줌으로써 선택에도 영향을 주는 수직적 조치(보상 또는 처벌)를 통해 파레토 개선적 행동을 증진할 수도 있다. 하지만 모든 수직적 조치가 파레토 개선을 가져오진 않으며, 어떤 조치는 승자와 패자를 낳는다. 패자의 경우, 그들의 실행에 장애가 되는 것은 개별적인 자기 이익이 아니라 집단 이익이다. 다음 두 장에서 그런 류의 사례를 몇 가지 살펴볼 것이다.

몇 가지 집합행동 문제

집합행동 문제는 최소한 물질적 인센티브와 관련해서는 다자간 죄수의 딜레마(18장)이다. 집합행동의 다양성과 편재성을 예시하기 위해서, 나는 여러 가지 예를 제시할 것인데, 그 가운데 몇몇은 앞장에서 언급된 것이거나 뒷장에서 논의될 것들이다. 사례 열거의 기준은 협동 전략이다.[1]

- 선거에서 투표하기.
- 투표 및 토론을 위해 참석한 국회의원.
- 정보를 수집하기 위해 다른 사람을 의지하지 않고 스스로 정보를 얻기 위해 시간을 쓰는 위원회 구성원 또는 시장 거래자('정보 무임승차').
- 반란 운동 가담.
- 노동조합 가입.
- 혁명기 미국에서 수입거부 운동이나 불매 운동에 참여하기.
- 온건한 수준의 임금 인상을 요구하는 산별 노조. (모든 산업의 노동자를 조직하는 포괄적 노동조합은 자기 이익 추구를 타개할 수 있다. 왜냐하면, 높

---

1 단어의 직관적으로 긍정적인 함의에도 불구하고, 여기서 사용된 '협동'은 행동의 바람직함이나 사회적 효용 같은 함의가 없는 기술적 용어이다. 카르텔은 거의 보편적으로, 그리고 노동조합은 이따금씩 일반 이익에 반하는 행동으로 여겨진다. 범죄조직은 밀고에서 생기는 집합행동 문제에 처한다.

은 임금이 유발한 가격 인상의 전반적 영향을 모든 회원이 느끼기 때문이다. 그러나 한 산업의 근로자는 일반적으로 가격 인상이 임금 인상을 상쇄할 만큼 임금 인상 결과——가 있다고 해도——를 그렇게 많이 소비할 수 없게 마련이다.)

- 합의된 가격 카르텔이나 생산량 카르텔을 존중하기.

- 정부 보조금 거부. "민주주의 세기는 시련, 혁신 및 모험의 시기이다. 어렵거나 참신한 사업에 종사하는 많은 사람이 항상 있으며, 그들은 동료 인간들에 의해 방해받지 않고 독립적으로 그런 사업을 한다. 이 사람들은 공공 당국이 공무에 개입해서는 안 된다는 일반적인 원칙을 받아들이지만, 각각은 이 규칙에 대한 예외로서 자신이 특별히 관심 있는 사안에 대해서는 도움을 구하고 그 영역에서는 정부가 계속 활동하게 하는 데 관심을 기울이면서, 다른 영역에서는 정부 행동이 제한되어야 한다고 요구한다. 많은 사람이 동시에 서로 다른 여러 목표에 대해 특수한 관점을 취하기 때문에, 각각은 중앙 권력을 제한하고 싶어 하더라도, 중앙 권력의 범위는 부지불식간에 모든 방향으로 확장된다."(토크빌) 맑스도 비슷한 주장을 했다. "부르주아가 그가 속한 체제의 제도에 대해 가진 태도는 법에 대한 유대인의 태도와 비슷하다. 그는 개별적 사례에서는 가능할 때는 언제나 제도를 회피하지만, 다른 모든 사람은 그것을 준수하기를 원한다."

- 병역 복무. 병역 기피를 위한 무임승차 전략에는 손가락 자르기, 대체복무비 지출, 건강 검진 전 불법 약물 복용, 불필요한 교정 치료 받기, 결혼하기, 대학 진학, 숨기, 출국 등이 있다.

- 정확한 소득 신고와 정시 세금 납부.

- 연방 체제에서 세금과 병사에 대한 각 주의 공평한 기여. 이 문제는 프랑스의 구체제하에서 발생했다. 프랑스는 세금면제를 얻기 위해 계속해서 투쟁했던 세 **신분**(사제, 귀족, 평민)으로 분열되었다.
- 군부의 각 군軍(공군, 해군, 육군)이 전쟁 수행이나 준비를 위한 최선의 방법과 관련해서 자화자찬식 평가보다는 정확한 평가를 제공하기.
- 등대 건설 비용을 부담하는 선주들.
- 두 도시를 연결하는 새로운 도로를 사용하지 않는 자동차 운전자. **브레스의 역설**Braess's paradox은 차량 수가 정해져 있는 경우, 새로운 도로를 이용할 수 있게 하면 평균 운전 시간이 늘어날 수 있다는 것을 보여 준다.[2] 1969년 도로 네트워크에 투자한 이래로 슈투트가르트에서는 새로 지어진 도로 일부가 교통을 위해 폐쇄될 때까지 교통 상황이 개선되지 않았다. 1990년 뉴욕시에서 42번가가 폐쇄되었을 때, 그 지역의 교통 정체가 줄었다(위키피디아).
- 고대 아테네에서, 부유한 시민들이 자발적으로 도시를 위해 공공재를 제공하기evergetism. 이 분야에 대한 가장 유명한 역사가의 말에 따르면, "개별 유명인사들이 관심을 가졌던 것은 이상을 위해 자신을 희생하지 않고 그 대신 다른 사람에게 영광을 돌리는 것이었다". 그런데도 그런 제도가 굳건히 버틴 것은, "모호한 제재에 대한 명료한 두려움과 명료한 제재에 대한 모호한 두려움" 때문이었다.
- 자신의 영지보다 궁정에 머무른 봉건 영주들. 영국에서는 어떤 면에서

---

2 (17장에서 논의된) 더 잘 알려진 문제는 새로운 도로가 더 **많은** 운전자가 자동차를 사용하도록 **고무**할 수 있다는 것이다.

"남작들은 궁전 출입을 중요한 **특권**으로 여겼다. 하지만 다른 면에서 그것은 심한 **짐**으로 여겨질 수도 있었다. 어떤 중대한 사건도 그들의 동의와 조언 없이 처리될 수 없다는 것은 **일반적**으로 그들의 재산과 존엄에 대한 큰 안전판이라 할 만하다. 그러나 그들이 궁정 출입을 통해 직접적 이익을 얻지 못하고, 그 대신 자신의 영지에 있지 못하기 때문에 생기는 큰 불편과 책임을 져야 했다. 그래서 모든 사람이 이런 **각종** 권력 행사에서 면제되는 것을 반겼다. 그 의무를 위한 호출이 그에게 잘 돌아오지 않는 것과 다른 사람들이 그 대신에 부담을 져야 하는 것을 반겼다"(흄). 구체제에 관한 그의 저서에서, 토크빌은 프랑스와 관련하여 반대 주장을 했다. 귀족들이 그의 영지에 머물렀다면, 계급으로서의 귀족은 혜택을 얻었을 것이다. 그러나 개별 귀족은 궁정의 매력에 현혹되었다. "손발을 위한다고 몸통을 희생한 꼴이다."

- 교황이 다른 교황들과 맺은 시간을 넘어선 유대와 군주가 다른 군주들과 맺은 국제적 유대. 교황과 관련하여, 흄은 다음과 같이 썼다. "교황이 그토록 긴 무지의 시대 동안 권력과 허세를 쌓아 올리며 보인 근면함과 인내가 놀랍다. 각 교황은 상상의 신심을 발전시키기 위해 사기란 사기는 다 쳤고, 후임자에게 이득이 될 모든 것을 싸고돌았다. 그렇게 해서 자신이 얻을 혜택이 전혀 없을 때조차도 말이다." 군주들을 보자. 엘리자베스 1세는 그녀의 적인 에스파냐의 왕 펠리페 2세에 반란을 일으킨 네덜란드의 지원 요청을 거절했다. 자신도 군주였던 그녀는 "주권자의 권리를 침해하는 주장을 하는 이들을 의심스럽게 보[았]기" 때문이다.
- 산아제한 가족들.
- 공동체 활동에 참여하기.

- 제때 화장실에 가는 군인. 1차 세계대전 당시 이탈리아 군대에 관한 책에서 군인들이 제멋대로 배변을 할 때 일어나는 일에 관한 이야기를 읽을 수 있다. "믿기지 않겠지만, 사람들은 화장실을 사용하지 않음으로써 — 자신을 포함하여 — 모든 이의 삶을 얼마나 불필요하게 불쾌하게 만들 수 있는지 쳐다볼 수가 없을 지경이었다. 자기 행동의 영향이 얼마나 널리 미치는지 파악할 수 없는 만성적 무능력을 [관찰자는] '이탈리아인의 **멍청한 이기주의**_cretinous egotism_'라고 칭했다."

- 자녀에게 예방접종 하기. 이것은 두 가지 조건이 충족될 때 집합행동 문제를 구성한다. (i) 예방접종이 심각한 부작용을 낳을 위험은 적다. (ii) 거의 모든 사람이 예방접종을 받으면, 예방접종을 받지 않은 사람도 보호받는다.

- 바이러스성이든 세균성이든 일반적 감염에 대한 의사의 항생제 치료 자제. 이것이 항생제의 과다 사용이 집합행동 문제를 일으키는 유일한 메커니즘은 아니다. 다른 메커니즘으로, 의사가 항생제를 예방용으로 과도하게 사용하는 것, 협소 범위 항생제로 충분한데 광범위 항생제를 사용하는 것, 그리고 가축의 성장 향상을 위해 항생제를 사용하는 것을 들 수 있다.

- '바닥을 향한 경쟁'을 방지하기 위해 낮은 법인세를 제안하고 싶은 유혹을 견뎌 내는 국가 또는 (연방 시스템에서의) 주 정부.

- SUV 같은 낭비적인 과시적 소비를 부추기는 사회적 규범을 무시하기.

- 자선을 위한 기부(5장 참조).

- 물 부족 시간에 물 소비를 줄이기(5장 참조).

집합행동의 기술

이하에서, 나는 아무도 그렇게 하지 않을 때조차 협력할 이기적 이유가 '아주 충분한' 행동자는 없다고 가정할 것이다. 이렇게 가정함으로써, 나는 두 가지 흥미로운 사례를 배제한다. 첫째, 한 명의 거대 행동자와 다수의 작은 행동자가 있을 때, 예컨대 한 명의 대형 선주와 다수의 소형 선주가 있을 때, 전자가 자기 이익 때문에 등대 건설에 재정적으로 이바지하리라고 예상되면, 후자는 이바지하지 않으려고 할 수 있다. 한 노동조합이 노동자 다수를 조직하고, 다수의 소규모 노동조합이 나머지 노동자를 조직한 경우, 전자는 자기 이익 때문에 온건한 수준의 임금을 요구할 수 있지만, 후자에 속한 조합 가운데 어느 것에도 자제심을 발휘할 인센티브가 없다. 이 현상을 '소小가 대大를 착취하기'라고 한다. 둘째, 두 거대 행동자가 있다면, 그들의 관계는 치킨 게임(18장)이 될 수 있다. 개별 선주는 상대 선주가 그렇게 하지 않을 것을 확신하는 한에서만 혼자 힘으로 등대를 세울 것이다. 노조의 경우는 다르다. 만일 노조원들이 높은 임금 인상 요구로 인해 발생할 인플레이션을 소비자로서 상당히 부담스러워한다면, 두 대형 노조는 다른 노조가 무엇을 할지와 무관하게 온건한 요구 제기에 관심을 기울일 것이다.

n+1명의 개인으로 이루어진 집단에서, 그림 23.1은 주어진 개인의 보수가 자신과 다른 사람들의 행위의 함수를 따라 어떻게 변하는지 보여 준다.[3] 타자의 행위는 (타자들 가운데) 협동자 수를 측정하는 수평축을 따라 표시된다. 개인이 협동자라면, 세로축을 따라 측정된 그의 효용은 다이어그램에서 R선을 따라 AB로 표시된다. 비협동자의 경우, 효용

그림 23.1 T. Schelling, *Micromotives and Macrobehavior* (New York: Norton, 1978)를 재구성함

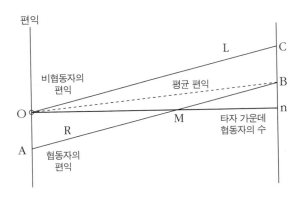

은 L선을 따라 OC로 측정된다. L선과 R선은 일반적인 (양자 간) PD를 정의하는바, 다음과 같은 순서로 세로축과 교차한다. 가장 선호되는 결과는 일방적 비협동(무임승차)이고, 두 번째 좋은 것은 보편적 협동, 세 번째 좋은 것은 보편적 비협동, 그리고 최악의 결과물은 일방적 협동 (착취당함)이다. 양자 게임 사례에서처럼, 비협동이 지배적 전략이다. 왜냐하면, 어느 지점에서나 L선은 R선 위에 있기 때문이다. 그러나 양자 게임의 경우와 달리, 우리는 다수의 협동자 M을 설정할 수 있다. M은 협동함으로써 무임승차자가 있을 때조차 스스로를 더 낫게 만들 수 있으며, 무임승차자까지도 더 나은 상태로 만들 수 있다. 협동자 수의

---

3 나는 개인의 선택이 이진법적인 것처럼(개인은 협력하거나 그렇지 않은 것처럼), 그리고 결과물이 연속변수인 것처럼(깨끗한 공기 같은 공공재는 더 적게 또는 더 많이 공급될 수 있다) 쓸 것이다. 실제로 개인들은 단순히 행위할지뿐 아니라 얼마나 이바지할지도 다르다. 나는 이런 까다로운 문제는 고려하지 않을 것이다. 그리고 어떤 공공재는 '통째로' 다뤄지거나 이산적이다. 개인들이 지역 학교 폐쇄를 막기 위해서 공동으로 로비를 할 경우, 학교는 폐쇄될 수도 있고 계속 유지될 수도 있다. 결과물을 공급 중인 공공재의 연속적으로 변하는 **확률**로 해석하면, 이런 까다로운 문제를 조정할 수 있다.

함수인 선 OB는 모든 사람, 즉 협동자와 비협동자 모두의 평균 편익을 보여 준다. 행위자 수는 일정하므로 OB는 협동이 생산한 **총** 편익도 반영한다.

그림 23.1의 상황은 특수 사례를 반영하고 있다. 즉, L과 R 곡선 사이의 거리로 측정되는 협동 비용이 일정하다고 가정한다. 하지만 더 많은 사람이 협동할수록 협동 비용이 증가하는 경우도 있다. 사람들이 공중파 라디오에 전화 걸기 캠페인에 참여하면, 회선이 혼잡해지고 통화에 걸리는 시간이 길어진다. 그러면 마지막에 참여하는 것은[4] 실제로 평균 편익을 감소시킨다. 왜냐하면, 참여하는 사람들이 치러야 할 비용이 나머지 모든 사람(과 자신들)을 위해 생성한 이익의 합을 초과하기 때문이다. 비용은 처음에는 높다가 나중에는 낮아질 수도 있다. 사람들이 더 많이 시위에 참여함에 따라, 마지막으로 참여하는 것이 실제로 평균 이익을 감소시킬 수 있다. 더 많은 사람이 시위에 참여하게 되면, 새로운 부대를 불러들일 수 없는 한, 경찰력과 보안대는 더 드문드문 배치된다.

또한, 그림 23.1은 L라인이 주어져 있을 때, 협동의 편익이 협동자수의 선형 함수라고 가정한다. 각각의 새로운 협동자는 모든 사람의 복지에 같은 양의 편익을 추가한다. 한계 편익의 증가는 해변의 쓰레기를 청소하는 것으로 예증된다. 마지막 남은 병을 치우는 것은 끝에서 두 번째 병보다 더 큰 미학적 차이가 있다. 한계 이익 감소도 자주 있는 일이

---

4 여기 그리고 다른 곳에서, '첫 번째', '중간' 그리고 '마지막'과 같은 단어는 혁명운동을 수립할 때처럼 후속 협동자들이 참여하는 시점을 지시한다. 그러나 그들은 또한 투표에서처럼 동시적 협동 활동을 지시하는 데 쓰일 수도 있다. 마지막 유권자들이 별로 추가하는 것이 없다고 말하는 것은 모든 사람이 투표하는 상황에서 만들어진 편익이 거의 모든 사람이 투표할 때 생성된 편익과 거의 같다는 것이다.

다. 간단한 예는 중산층 거주 지역 도로에 구멍이 생기면 시청에 전화하는 것이다. 전화를 거는 첫 번째 사람은 구멍이 고쳐질 확률을 0.4로 만들 것이고, 두 번째 사람은 0.7로, 세 번째는 0.8, 네 번째는 0.85, 다섯 번째는 0.88 등등일 것이다. 때로는 첫 번째와 마지막 기여자는 거의 추가하는 바가 없고, 중간 기여자가 더 효과적이다. 소수의 혁명가나 파업 노동자는 큰 차이를 만들지 않으며, 거의 모든 사람이 참여했을 때는 참여하지 않던 소수까지 더 참여하는 것이 별로 중요하지 않다. 아마 이런 패턴이 사회 운동에서는 전형적일 것이다.

협동의 한계 편익은 일정한 협동 범위에서조차 부정적일 수 있다. 일방적 군축은, 침공을 유인할 힘의 공백을 창출한다면, 모든 국가에 더 나쁠 수 있다. 그로 인해 전쟁을 전체 국가로 확산할 수도 있기 때문이다. 고립된 반란 행위는, 당국이 실제 반란세력뿐 아니라 잠재적 반란세력까지 단속할 구실을 줄 수 있다. 역으로 협동자가 너무 많을 때도 있다. 전시에 모든 사람이 입대하겠다고 고집하여, 전쟁 준비에 중요한 산업에 인력이 부족해서 패전한다고 가정해 보자. 나들이 가서 모든 사람이 만찬 준비를 돕겠다고 고집하면, 요리사가 너무 많아져서 수프를 망칠 수 있다.

이러한 얘기에서 알 수 있듯이, 집합행동의 기술은 사례마다 다르다. 다음에서는 그림 23.2에 나타난 사례에 주목할 것이다. 나는 이런 사례가 정책을 바꾸려는 사회 운동의 전형적 사례라고 믿는다. 첫 번째 기여자는 높은 비용이나 위험을 초래하지만, 다른 사람에게는 거의 편익을 만들어 내지 못한다. 사실 그들은 다른 사람들에게 편익을 주기보다는 손해를 입힐 수 있다. 그들의 순 기여는 음의 값이다. 마지막 기여자

그림 23.2

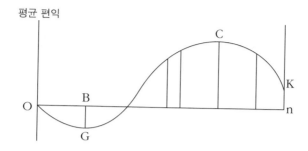

들도 편익을 거의 산출하지 못한다. 경우에 따라서는, 그림에 제시된 바와 같이 편익이 줄 수도 있다. 하지만 대의를 위해 싸우는 모든 사람은 적이 항복할 때까지 상당한 비용이나 위험을 치를 수 있다. 1944년에 프랑스 레지스탕스에 합류했던 사람들은, 독일에는 거의 피해를 입히지 못할 때도 자신은 생명을 잃을 정도의 큰 위험을 무릅써야 했다.

해체

협동은 다양한 방법으로 해체될 수 있다. 예를 들어, 대학교 학과 또는 노동자 단체의 성원이 자기 얘기로 느낄 다음과 같은 우화를 살펴보자. 처음에 집단은 신뢰와 협동을 바탕으로 공동 업무를 비공식적으로 처리한다. 어느 시점에서, **검은 양**이 입회하고, 집단은 변화를 겪는다. 임명되거나 선출된 지도자의 동기에 의문이 제기된다. 절차가 실질보다 우선하게 된다. 사소한 수준의 여러 결정에 대해 상급기관에 항소한다. 조직의 결정과 내부 활동을 소셜 미디어에서 비난한다. 그룹 구성원들 사이에 여행 수당과 같은 혜택을 배정할 때, "모두가 가질 수 없는 것은 아무도 가질 수 없다"는 규범이 제기된다. 신뢰는 의심으로 대체되고, 협동은 기회주의 또는 그보다 더 나쁜 것으로 대체된다. 모든 것이 두 배더 오래 걸리고, 결과는 더 나빠진다. 이런 우화는 보편적 경향은 아니겠지만, 일화에 그치진 않는다.

아래의 공공재 실험(많은 실제 실험의 양식화된 버전)은 협동 해체의 형식적 예시를 제공한다. 각 실험에는 몇 번의 차례가 있으며, 각 차례에는 참가자가 10개의 화폐 단위(MU)를 받고, 세션이 끝나면 현금으로 전환할 수 있다. 그들은 토큰을 보유하고 있거나 공동 기금에 기부할 수 있다. 기부하면 기부금은 배가되지만, 기부하는 것이 이기적인 관점에서도 합리적인 것이 되게 할 정도는 아니다. 그러나 모두가 기부하면, 모두가 이익을 얻는다. 다시 말해서, 구조는 다자간 죄수의 딜레마의 구조이다. 각 차례가 끝나면 참가자들은 다음 차례에 기부할지 그리고 기부한다면 얼마나 할지를 결정하기 전에 기부한 사람의 수와 금액에 대해 듣게 된다. 달리 말하면, 그들은 행동이 아니라 결과물에 대한 지식을 바탕으로 결정을 내린다. 그들은 **누가** 기부했고 누가 안 했는지는 듣지 못하고, 들었다고 하더라도 그 정보를 고려해서 특정 개인을 처벌하거나 할 방법이 없다.

참가자가 4명인 10차례 게임이라고 가정하자. 세 참가자는 처음에는 모든 MU를 기부하고, 그다음 차례에서는 이전 차례에서의 기부금 평균을 기부한다는 의미에서 **완벽한 조건부 협동자**이다. 네 번째 참가자는 **완벽한 이기주의자**이며, 무료 탑승을 좋아하고 아무것도 기부하지 않는다. 게임은 표 23.1에 나타난 것 같은 순서로 진행될 수 있다.

표 23.1

		피험자			
		1	2	3	4	평균
차례	1	10	10	10	0	7.5
	2	7.5	7.5	7.5	0	5.6
	3	5.6	5.6	5.6	0	4.2
	4	4.2	4.2	4.2	0	3.1
	5	3.1	3.1	3.1	0	2.4
	.					
	.					
	10	0.4	0.4	0.4	0	0.3

열 번의 차례가 진행되면, 초기의 높은 기부는 거의 0으로 떨어진다. 네 번째 행위자가 완벽한 조건부 협동자였다면, 협동 해체가 일어나지 않았을 것이다. 무리를 망치는 것은 검은 양이다. 속담이 옳고, 모든 무리에 검은 양이 있다면, 지속적 협동 전망은 어둡다.

그러나 집단 내에 무조건적 협동자가 있다면, 전망이 향상될 수 있다. 표 23.2에 제시된 가상의 실험에서, 세 번째 피험자는 다른 사람들의 행동과 관계없이 항상 10MU를 기부한다. 이 한 마리 '흰 양'과 더불어, 각각의 조건부 협동자('회색 양')가 기부한 금액이 차례당 5MU로 수렴한다. 전체적으로 기부금은 차례당 20MU로, 4명의 완벽한 협동자들이 달성한 것의 절반이지만 표 23.1의 게임 결과물보다 훨씬 많다. 흰 양은 검은 양을 중화하는 것이다.

실험실 밖 몇몇 국가의 노동조합 가입자 감소는 협동 해체 메커니즘으로 인한 것일 수 있다. 미국의 여러 주에서, '일할 권리' 법안은, 노동조합이 노동자의 조합 가입을 요구하거나('클로즈드 숍'closed shop), 노조

표 23.2

	차례	피험자				평균
		1	2	3	4	
차례	1	10	10	10	0	7.5
	2	7.5	7.5	10	0	6.2
	3	6.2	6.2	10	0	5.6
	4	5.6	5.6	10	0	5.3
	5	5.3	5.3	10	0	5.1
	.					
	.					
	10	5	5	10	0	5

가 가입하지 않는 노동자에게 협상 비용을 요구하지 못하게 한다. 이렇게 '공정 배분' 조항이 없으면, 노동자들은 임금인상 협상을 위한 노조의 노력에 무임승차하는 것을 선호할 수 있다. 이 효과가 얼마나 큰지는 논쟁의 여지가 있지만, 상식적으로도 그렇거니와 그것이 무시할 수 없는 요인이라고 주장해 온 학자가 많다.

협동 유지

무임승차 유혹이 도처에 있는 상황에서도, 우리가 관찰하게 되는 상당한 양의 협동은 어떻게 설명될 수 있는가? 무조건적 협동자가 존재하는 것 이외에, 선별적 **보상**과 **처벌**을 통해 이기적인 사람들의 협동을 유지하는 것도 가능하다(18장과 25장 참조). 여기에 보상과 처벌은 폭넓은 의미로 받아들여져야 한다. 즉, 어떤 수단을 쓰든 협동 비용을 낮추고 비협동 비용을 올리는 신중한 행동은 모두 그것에 포함된다. 예컨대 가격에 영향을 주는 것도 거기에 속한다. 처벌뿐 아니라 보상도 **수직적으로**, 즉 국가 또는 조직이 제공하거나, **수평적으로**, 즉 집합행동 문제에 직면한 집단의 다른 구성원이 제공할 수 있다. 수평적 보상은 주변적이므로 여기서는 논의하지 않을 것이다. 그렇다고 해서 동료들로부터 찬양받고 싶은 욕망이 사람들에게 동기를 부여한다는 걸 부인하는 것은 아니다. 오히려 그런 욕망은 무임승차자 문제 극복에 중요한 요소이다. 그러나 일부 실험실 실험에서 이런 효과가 발견되긴 해도, 그런 보상이 '야생에서도' 중요한지는 의문이다. 투표했다거나, 아이스크림 포장지를 쓰레기통에 버렸다거나, 또는 자녀에게 예방접종을 해줬다고, 우리가 그런 사람들을 칭찬하는 것은 아니다.

보상은 노조를 유지하는 데 중요할 수 있다. 그런 보상에는 노조의 여름 캠프 그리고 개인적으로 협상하는 것보다 저렴한 보험 같은 여러 가지 재화의 이용이 있을 것이다. 투표에서의 집합행동 문제는 고대 아테네에서 한 것처럼 투표 참여에 대해 화폐보상을 함으로써 완화될 수 있다.[5] 2006년 11월에 애리조나에서는 투표율을 높이기 위해 무작위 선별된 유권자에게 100만 달러를 상으로 주는 방안에 대한 주민투표가 실시되었다. 이 방안은 약 50만의 찬성과 약 100만의 반대로 부결되었다. 노르웨이의 에베네스Evenes 시청은 1995년에 유사한 정책을 성공적으로 채택했다. 남유럽 여행을 상으로 걸고 투표자 추첨을 하기로 하자, 투표율이 63%에서 71%로 상승했다. 2009년 노르웨이의 훼이란Høyland

---

5 아주 강하진 않아도 어느 정도 시민적 의무감을 지닌 사람들의 투표를 독려하기 위해, 주 정부는 유권자 등록을 더 쉽게 해주고 투표소를 더 많이 제공하는 식으로 투표 비용을 낮춰 줄 수 있다.

시청은 가장 투표율이 높은 선거구에 10만 크로네(약 2만 달러)를 상금으로 수여했다.[6] 총인구가 216명인 웃시라Utsira 시는 92.5%의 투표율을 달성했다. 시장이 관찰한 바와 같이, 투표소 거리가 짧은 것도 한 요인이다. 그는 말하지 않았지만, 투표하지 않는 사람을 알아내고 배척하기 쉬웠던 것도 아마 높은 투표율에 이바지했을 것이다. 이런 종류의 집합적 보상 시스템은 단체 상여금을 사용하는 것과 유사하다. 단체 상여금이 협동 가능성을 높이는 데는, 집단의 크기가 성원들이 서로 주시할 수 있을 정도로 적은 것이 좋다.[7]

처벌은 비협동 행위를 저지하기 위해 널리 사용된다. 수직적 처벌은 구성원에게 벌금을 부과하거나 그를 제명하는 법률 또는 조직 내규에 근거한다. 의회는 정당한 이유 없이 불출석하는 의원에게 벌금을 부과할 수는 있지만, 그런 일은 거의 없다. 사람들이 세금을 낼 뿐 아니라 제때 내는 것은 적어도 일부는 탈세자나 미납자에게 부과될 수 있는 벌금과 징역형 때문이다. 일부 국가에서는 투표가 의무적이다. 예방접종도 종종 권리이기보다는 의무이다. 중국의 한 자녀 정책은, 장성해서 자신

---

6 상금을 받은 선거구는, 우승 확률을 높이기 위해 모든 유권자에게 무료 피자를 제공했다. 그것은, 자기에게 투표하라고 후보자가 유권자들에게 향응을 제공하던 20세기 초와 대조되는, 즐거운 일이다.

7 허접한 경제학자와 정치학자들은 집합행동에 참여하는 사람들에게서 별도의 사적 이익을 찾으려고 애써 왔다. 그들은 투표를 심리적 편익 또는 의무 이행에서 오는 내면의-빛으로 설명했다. 칸트가 지적했듯이, 이 가설을 확정적으로 배제할 수는 없다. 그러나 그렇다고 해서 그런 설명을 채택할 이유는 별로 없다. 5장에서 논의한 것처럼, 내면의-빛 이론은 자선 기부를 설명하기 위해 제기되었다. 이미 5장에서 주장했듯이, 그것의 설명적 장점은 의문스럽다. 마지막으로, 일부 학자들은 사람들이 혁명 운동에 참여하는 동기는 더 나은 사회라는 공공재보다는 혁명 이후 사회에서 지도자가 되는 것 같은 개인적 보상이라고 주장했다. 결론만 말하자면, 나는 이런 주장이 입증되지 않았고 설득력도 없다고 본다.

을 돌봐 줄 자녀를 많이 가지려는 인센티브를 차단하려고 시행되었다. 오염을 유발하는 제품의 사용은 세금 부과로 제한할 수 있다. 독자도 쉽게 여러 가지 예를 떠올릴 수 있으므로, 여기서는 좀 더 복잡한 수평적 처벌의 예를 살펴보려고 한다.

많은 실험이 밝힌 바에 따르면, 공동 피험자에 의한 비협동자 처벌은 협동 해체 방지에 효과적이다. 피험자는 자신의 자산을 (1) 보유하거나 (2) 그 일부를 공동기금에 기부할 수 있을 뿐 아니라 (3) 다른 피험자를 비협동적이라는 이유로 처벌하는 데 쓸 수 있다.[8] 처벌은 목표 인물의 자산을 줄이는 형태를 취하는데, 통상 그렇게 하는 데 드는 비용은 처벌의 비용보다는 적다. 그림 23.3에 표현된 전형적인 공공재 게임에서, 피험자들은 이전 차례에서 만난 익명의 파트너, 무작위로 배정된 개인(이방인), 또는 다시 접촉할 일 없을 무작위로 배정된 개인(완전한 이방인)과 상호행동했다. 비협동자에 대한 처벌을 허용하는 것은 협동 수준에 강력한 영향 — 다소 놀랍게도 파트너에게 가장 큰 영향 — 을 미쳤다. 앞장(21장)에서 나는 처벌이라는 목표에 더 큰 영향을 미치는 것은 처벌 대상이 치를 비용의 크기보다 **처벌자가** 치를 비용의 크기라는 것을 제시했다.[9] 하지만 내가 아는 한, 이 두 변수의 효과를 구별할 수 있는 실험은 진행되지 않았다.[10]

이런 발견이 '야생에서', 즉 실험실 밖에서 어떤 적합성이 있는가?

---

8 그러나 일부 흥미로운 실험에 따르면, 피험자들은 때때로 '착한 사람'(do-gooders)를 처벌하는데, 그 이유는 아마도 그 때문에 다른 사람들이 부끄러워지기 때문인 것 같다.
9 실험이 보여 주듯이, 집단 구성원이 비협동자에게 '반감 점수'를 매길 수 있으면, 협동 해체가 방지될 것이다. 반감 점수의 효과는 금전적 '처벌 점수'보다는 못한데, 그 이유는 반감 점수 매기기에는 비용이 들지 않기 때문일 수 있다.

그림 23.3

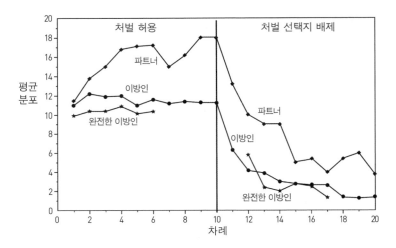

일상생활에서, 우리는 단지 협동성이 부족해서 부적절한 품행을 보인 것만으로 다른 사람을 처벌하지는 않는다.[11] 그 대신 우리는 **반감**을 표하고, 가능하면 마주치지 않으려 하고, 불가피하면 거리를 둔다.[12] 실험실

---

10 그렇게 하려면, 처벌자가 치를 한 조(組)의 비용 벡터 (p, q)와 목표 인물이 치를 벡터 (p+∂, q), ∂ > 0의 영향에 따른 비용을 비교해야만 한다. 처벌자가 비용을 더 많이 치러야 한다면, 처벌하러 나서지 않게 되기 때문에, 처벌자에게는 비용이 p라고 말해도 목표 인물에게는 치를 비용이 p+∂ 라고 거짓되게 말해야만 한다. 그러나 실험자는 피실험자에게 보수 조건에 대해 거짓말하기를 꺼리게 마련이다. 왜냐하면, 그런 식으로 실험한다는 것이 알려지면, 이후 실험에서 지침의 신뢰성이 손상되기 때문이다.

11 애덤 스미스는 이 점을 다음과 같이 주장했다. "자연은 … 인류가 마땅히 받을 보상에 대한 즐거운 생각으로 선행을 할 것을 권유한다. 하지만 그렇게 하지 않을 경우, 상응하는 형벌의 공포로 선행을 보호하고 집행할 필요가 있다고 생각하지는 않았다." 또한, 그는 배은망덕을 처벌할 수는 없다고 주장했다. 그러나 세네카는 마케도니아 사람들은 배은망덕을 처벌하는 법을 가지고 있었다고 주장했는데, 그것은 고대 페르시아에 관한 주장이기도 했다.

12 잘못된 처신을 하는 사람이 권력자라면, 우리가 그들을 회피한다는 사실 자체가 드러나지 않도록 애쓸 것이라고 세네카는 말한다. 기번은, 아우구스투스 황제를 신뢰하는 것은 위험했고, 불신을 드러내는 것은 더 위험했다고 진술했다.

에서, 나쁜 품행을 얼마나 강력하게 처벌할지는 다음 세 요소에 달려 있다. 다른 사람이 얼마나 나쁘게 처신한다고 내가 생각하는가, 그를 처벌하기 위해서 내가 얼마나 비용을 치러야 하는가, 그리고 그가 처벌받음으로써 치를 비용은 얼마인가. 일상적 상호행동에서는, 얼마나 반감을 표할지는 첫 번째 요소에 달려 있다. 물론 도구적인 고려가 중요할 수는 있다. 더욱이, 대상에 대한 반감을 표하기 힘겨운 이유는, 상호행동이 인위적인 실험실에서처럼 익명적이지 않고 대면적이기 때문이다. 집합적 보상 시스템과 단체 상여금에 대한 논평에서 제시했듯이, 무임승차에 대한 대면적 반감의 예상이 협동 해체를 막는다는 것은 의문의 여지가 없다. 내가 답하지 못하는 문제는, 인격적 상호행동이 처벌 성향을 **강화하는지** 아니면 그런 성향의 촉발을 **예방하는지**를 실험적으로 예증할 수 있는가, 하는 것이다.

근대 사회의 중요 집합행동 문제는 세금 납부와 징수 문제이다. 어떻게 해야 시민들은 정직하게 소득을 신고하고 제시간에 세금을 내는가? 입증은 힘들지만, 미국에서는 신고 가능한 소득의 18~19%가 국세청에 보고되지 않아서 연간 4,500~5,000억 달러의 세수 손실이 일어난다고 한다. 이 액수는 연방 정부 교육 예산의 약 4배이다. 그렇다면 정부의 공공연한 강제 처분 수단 이외에 사회 규범과 유사도덕 규범(5장)과 같은 수평적 메커니즘도 법 준수를 유도할 수 있는가?

먼저 유사도덕 규범부터 살펴보자. 대다수 타자가 세금을 정확하게 보고한다고 믿을 수 있다면 — 그런 한에서는 아니다 — 자신도 그렇게 하겠다고 주장하는 사람이 많다. 이들은 조건부 협동자이며, '공정 배분'은 감당하겠지만, 비협동자에게 이용당하지는 않으려고 한다. 이것은 사실일 수 있지만, 이런 믿음은 어디에서 왔으며 얼마나 정확한 것일까? 5장에서 논의된 보고타의 물 절약 캠페인과 성실 납세를 비교해 볼 수 있다. 보고타 사례는, 시민들이 총 물 소비량 데이터를 실시간으로 알 수 있다. 미국 독립 혁명기 수입반대 캠페인에서 "신문은 가상의 낯선 사람들이 적극적으로 서로를 지지하고 있다고 상상할 수 있게 해주었다". 하지만 과소신고된 소득은 비교 가능한 데이터가 없다. 세금을 성실 신고할 만큼 다른 사람들이 탈세를 적게 하는지 알기 위해서, 시민들이 이 문제에 대한 기술적인 계량 경제학 연구를 읽을 가능성은 거의 없다. 21장에서 언급했듯이, 노르웨이 시민은 인터넷을 통해 친구나 이웃의 소득 및 세금 데이터를 엿보고, 그것을 그들의 실제 생활양식과 비교할 수 있다. 또한, 소득세를 별로 안 내거나 전혀 내지 않는 백만장자들을 주기적으로 비난한다. 그러나 이런 정보가 성실 신고의 평균 수준에 대한 합리적 믿음의 근거가 되진 못한다. 훈련되지 않은 사람은 ─ 아마 훈련된 사람조차 ─ 세금으로 조달된 공공재 공급에 대한 데이터에서 성실 납세를 전혀 추론해 낼 수 없다.

　사회 규범은 정직한 소득 신고뿐 아니라 투표에 참여하게 하는 데도 더 효과적이다. 아르헨티나에서는 선거일에 투표하기 귀찮아하는 사람들도 이웃과 친구들이 "투표 안 했더라. 왜 그랬어?" 하고 물을까 걱정돼서 투표한다. 탈세 유혹을 느끼는 노르웨이 사람들은 "작년에 별장을 사더니 비싼 차를 또 샀네?"라며 치받는 질문이 두려워 그렇게 하지 못한다. 또한, 그들은 세무당국에 고발될 가능성이 두렵기도 하다. 이런 두려움을 심을 수 있었다는 면에서 인터넷을 통한 자료 접근 허용은 성공적이었다고 할 수 있다.

눈덩이 구르기

앞에서 나는 집합행동의 해체와 유지 메커니즘에 대해 논의했다. 여기서는 1989년 여름과 가을에 동유럽 전역에서 일어난 비폭력적인 혁명적 집합행동을 예로 해서 **비협동에서 협동으로 눈덩이 굴러가듯이 커지는 과정에 대해 논의한다. 국가 내 그리고 국가 간** 눈덩이 구르기 둘 다 살필 것이다. 후자는 그 자체로 집합행동의 한 형태는 아니었지만, 국가 내부 과정의 촉진 요소였을 수 있다.

내 생각에, 1989년 이전 공산주의 블록의 상황은 소규모 엘리트를 제외한 모든 사람에게 차선이었으며, 더 나은 균형에 도달하기 위해서는 당연히 집합행동이 필요했다. 나치 독일이 점령했던 국가들과는 달리, 공산주의 위성 국가들은 국내외 압제자가 암살되는 것을 본 적이 없다. 아마도 그 이유는 2차 세계대전 동안 서유럽에 있었던 레지스탕스 조직에 해당하는 것이 없었기 때문이거나, 저항세력에 암살 의도가 있어도 대중의 비난이 체제가 아니라 자신들에게 돌려질 것을 우려했기 때문일 것이다. 그래서 체제에 대한 반대는 주로 공개적 시위의 형태를 취했다. 여기서 나는 시위가 눈덩이 구르듯 커지는 양상에 초점을 둘 것이다. 가장 주목할 만한 사례는 1989년 가을 라이프치히의 월요 시위이다. 이 시위는 9월 25일 8천 명(1953년 폭동 이후 최대), 10월 2일 2만 명, 그리고 10월 9일 7만 명으로 증가했다. 광범위한 사람들이 정권을 비난하고 미워했다. 하지만 그런 사실만으로 사람들이 거리에 모이는 것은 아니다. 유사한 시나리오에 따른 행동이 부다페스트에서 먼저 펼쳐졌고, 이어서 프라하에서 펼쳐졌다.

앞서 언급했듯이, 1989년 초 폴란드는 다원적 무지 상태에 있었다. 외국인 관찰자, 공무원과 연대노조 구성원들, 그리고 추정컨대 인구 대다수는 의회에서의 공산당의 다수파 확보를 위한 첫 번째 준準 자유 선거에서 충분히 많은 사람이 공산당에 투표할 것이라고 믿었다(『라디오 자유 유럽 리서치』, 1989년 4월 7일). 그런 믿음은 틀린 것으로 입증되었다. 연대노조는 6월 선거의 자유선거 부문을 휩쓸었다. 원탁회의에서 연대노조의 협상가들이 (그들이 잘못 믿었던 것에 해당하는) 상대적으로 적은 요구만을 했던 이유는 급격한 체제 변동이 소련의 개입을 유발할 것이라는 두려움 때문이었다. (다원적 무지로 인한) 낮은 수준의 요구만으로도 급격한 변화가 일어났고, 소련이 개입하지 않자 다른 국가들, 특히 헝가리는 개략적인 베이즈적 정보 갱신(13장)을 통해 위험에 대한 믿음을 수정할 수 있었다.

국가 간의 경우에는 **정치적 전염과 정치적 눈덩이 구르기를 구분**하는 것이 유용할 것 같다. 여러 유럽 국가에서 유사한 체제 변화를 촉발했던 프랑스의 1848년 2월 혁명은 혁명적 전염의 전형적인 사례였다. 최근에 있었던 '아랍의 봄'도 그런 예이다. 전염의 심리적 메커니즘은 불투명하다. 왜 한 나라의 혁명에 관한 정보가 다른 경제적·사회적·정치적 조건에 처한 나라의 사람들이 거리에 나서게 하는지는 분명치 않다.[13] 따지고 보면, 이집트인들이 튀니지에서 혁명이 벌어진 다음에 그들이 했던 일을, 튀니지 혁명 발발 **이전에** 하지 못하게 막는 물질적 또는 인지적 장애는 전혀 없었다. 튀니지의 사건이 이집트의 사건을 형성했다면,

---

13 중국 당국이 아랍의 봄 관련 뉴스를 금지할 정도로 그것에 겁을 집어먹은 이유는 분명하지 않다.

새로운 정보를 제공하거나 돈, 무기, 지도자 또는 전사를 수출한 덕분은 아니다. 일반적으로 사용되는 '영감을 줌'이라는 문구는 공허하지만, 어떤 인과적 메커니즘이 작동했던 것은 틀림없다.

정치적 눈덩이는 한 국가의 사건이 다른 국가의 시민들이 전에는 얻지 **못했던** 정보를 제공할 때 발생한다. 양식화해서, A, B 그리고 양자에 대해 헤게모니를 행사하는 C, 이렇게 세 국가가 있다고 해보자. A와 B의 시민들은 폭력적인 억압이 두려워서 C에 대항하여 일어나기를 꺼릴 수 있다. 그런데도 A에서 봉기가 발생했는데, C가 그것에 반응하지 않으면, B의 시민은 B 국가에서의 봉기가 일어날 때 C가 개입할 가능성을 하향 조정하는 베이즈적 정보 갱신을 할 수 있다. 냉전 시기 '도미노 이론'은, C가 미국이고 A와 B가 미국의 영향 범위 내에 있는 두 나라라면, A가 공산화되는 것을 미국이 막지 못하면, 그런 사실은 B에서의 반란에 청신호가 된다고 주장했다.

이 이론은 베트남에서의 미국의 전쟁을 정당화하는 역할을 했다. '도미노 이론'이라는 표현은 내가 아는 한 공산주의 세계에서는 사용되지 않았지만, 소련 지도부는 아마도 베를린, 부다페스트, 프라하에서 반란을 진압했을 때 비슷한 용어로 생각했을 것이다. 폴란드와 헝가리가 A와 B의 역할을 하고 소련이 C의 역할을 했던 1989년에, 폴란드에 대한 불개입은 집합행동 참여의 예상 비용을 낮춤으로써 헝가리의 이행에 청신호로 작용했다. 더 나아가서 베이즈적 정보 갱신을 몇 단계 더 진행하면, 헝가리에 대한 소련의 수동성은 아마도 동독과 체코슬로바키아에서의 참여 예상 비용도 낮추었을 것이다.

개인이 거리에 나설지를 결정할 때, 참여의 사적 비용과 위험이 고려되겠지만, 다른 동기화 역시 중요하다. 그런 동기화를 양과 질이라는 **이중적 이질성**과 관련해서 분류할 것이다. 행위자들은 서로 질적으로 다른 동기를 가질 수 있다. 그런 동기에 드는 것으로 개인적 참여 비용과 위험, 결과주의적 도덕 규범과 비결과주의적 도덕 규범, 사회 규범, 그리고 유사도덕 규범이 있다.[14] 앞서 언급했듯이 규범의 촉발에는 양적 임계치가 있을 수도 있다. 결과주의적 도덕 규범은 공리주의에서 다양한 정도의 이타주의까지 펼쳐진다. 사람들이 타자의 복지에 관심을 가지면 가질수록, 더욱 위험을 감수할 의향을 가지게 되며, '수적인 안전'에 미치지 못한 단계에서 일찍 시위에 참여할 것이다. 사회 규범과 관련해서는, 한 명의 친구 또는 한 사람의 이웃이 그의 수동성에 대해 반감을 표현한 것만으로도 운동에 참가하는 사람이 있는 반면, 많은 사람들의 지속적인 압력이 있어야 참가하는 사람도 있다. 유사도덕 규범과 관련해서는, 백 명의 타자가 행진에 참여하면 자신도 참여하는 사람이 있는 반면, 군중이 천 명으로 커질 때까지 기다리는 사람도 있다. 비결과주의적 도덕 규범의 촉발은 물론 임계치와 무관하다. 다른 극단에는, 개인 비용과 위험에만 관심이 있어서 집합행동에 절대 참여하지 않는 사람도 있다.

지금까지의 얘기를 배경에 깔고, 눈덩이 구르기의 일반적인 시나리

---

14 앞서 언급했듯이, 정권 교체 운동에 참여한 사람들이 새로운 정권의 지도자로서 얻을 수 있는 물질적 편익으로 동기화되었을 가능성은 없다. 또한, 일부 학자들은 '과정 편익' 또는 '행위주체성 편익'과 같은 여타 동기 부여 요소를 제안했는데, 그것은 집합적 운동에 참여하는 데서 얻는 즐거움이나 자신의 운명을 통제하고 있다는 고양된 느낌에서 얻는 즐거움을 뜻한다. 일단 운동이 진행되면 이런 편익이 중요성을 가질 수 있지만, 그것을 얻을 것이라는 기대가 행위자의 참가 동기가 될 수 있다는 것은 설득력이 없어 보인다.

오를 그려 보자.

1. 일상적 칸트주의자. 성자, 영웅, 그리고 살짝 미친 사람들이 결과에 관계 없이 집합행동을 개시한다.

2. 첫 번째 집단이 충분히 커서, 개인적 참여가 행위자의 비용과 위험을 공제하고도 긍정적 기대 편익을 산출할 정도라면, 그리고 그러할 때, 결과주의적 규범에 의해 동기화된 사람들이 등장한다.

3. 유사도덕 규범에 동기화된 일부 사람들은 (1)+(2)의 관찰가능한 부분 집합이 특정한 수적 임계치 p를 초과할 때 합류한다.

4. 사회 규범에 동기화된 일부 사람들은 그들을 관찰하는 (1)+(2)의 부분 집합이 특정 임계치 q를 초과할 때 참여할 것이다.

5. 유사도덕 규범에 동기화된 또 다른 사람들은 그들이 관찰한 (1)+(2)+(3)+(4)의 부분 집합이 p보다 큰 임계치 p*를 초과할 때 참여할 것이다.

6. 사회 규범에 동기화된 또 다른 사람들은 그들을 관찰하는 (1)+(2)+(3)+(4)의 부분 집합이 q보다 큰 임계치 q*를 초과할 때 참여할 것이다.

7. 기타 등등.

모집단 내의 동기화와 임계치의 분포에 따라, 과정이 (1)을 넘어서지 못하고 열기가 금세 다 빠져 버리거나, 끝내 모든 사람이 참여하는 데까지 도달할 수도 있다.

역사가나 다른 학자들이 이런 종류의 전체 과정을 재구성할 수는 없을 것이다. 미시 메커니즘은 기록될 수 있지만, 그런 메커니즘들 사이의 상대적 중요성이나 한 메커니즘이 다른 메커니즘을 촉발하는 조건을 창출하는 방식은 증거 없이 확립될 수 없는데, 그런 증거를 그들이 얻을 가능성은 미약하다.

참고문헌

선택적 보상이 유발한 협동을 강조하는 집합행동에 관한 고전적 연구는 M. Olson, *The Logic of Collective Action* (Cambridge MA: Harvard University Press, 1965)이다. 보시[evergetisem]의 예는 *Le pain et le cirque* (Paris: Seuil, 1976)에서 발췌했고, 엘리자베스 1세와 펠리페 2세 사이의 연대에 대한 관찰은 A. Somerset, *Elizabeth I* (New York: Anchor Books, 1991), p. 289에서 가져왔다. 이탈리아 화장실의 예는 M. Thompson, *The White War* (New York: Basic Books, 2010), p. 151에서 발췌했다. 예방접종의 예는 P. Fine and J. Clarkson, "Individual versus public priorities in the determination of optimal vaccination policies", *American Journal of Epidemiology* 124 (1986), pp. 1012~1020에서 가져왔다. 항생제 남용에 관한 자료는 E. Kades, "Preserving a precious resource: rationalizing the use of antibiotics", *Northwestern University Law Review* 99 (2005), pp. 611~675에 있다. 협력 유지 또는 해체에 관한 페어[Ernst Fehr]와 그의 동료들의 많은 실험 가운데 일부는 E. Fehr and S. Gächter, "Cooperation and punishment in public goods experiments", *American Economic Review* 90 (2000), pp. 980~994에서 논의된다. 그리고 같은 저자가 쓴 "Altruistic punishment in humans", *Nature* 415 (2002), pp. 137~140도 보라. 그림 23.3은 H. Gintis et al., "Moral sentiments and material interests: origins, evidence, and consequences", in H. Gintis et al. (eds.), *Moral Sentiments and Material Interests* (Cambridge MA: MIT Press, 2006)에서 허가를 받고 가져왔다. 클로즈드 숍이 노동조합에 미치는 영향에 대한 증거는 D. Ellwood and G. Fine, "The impact of right-to-work laws on union bargaining", *Journal of Political Economy* 95 (1987), pp. 250~273에서 논의된다. 선행자 처벌은 B. Herrmann, C. Thöni, and S. Gächter, "Anti-social punishment across societies", *Science* 319 (2008), pp. 1362~1367에 정리되어 있다. 반감disapproval과 처벌의 차이는 A. Leibbrand and R. López-Pérez, "Different carrots and different sticks: do we reward and punish differently than we approve and disapprove?", *Theory and Decision* 76 (2014), pp. 95~118의 주제이다. 미국의 수입 및 소비 반대 운동은 T. Green, *The Market Place of Revolution* (Oxford University Press, 2004)에서 연구되었다. 노르웨이의 소득 및 세금 데이터에 대한 인터넷을 통한 공개적 접근 및 그 결과는 J. Slemrod, T. Thoresen, and E. Bø, "Taxes on the internet: deterrence effects of public disclosure"(2013)에서 논의되며, 다음 웹사이트에서 볼 수 있다. www.cesifo-group.de/ifoHome/publications/workingpapers/CESifoWP/CESifoWPdetails?wp_id=19075157. 동유럽에서의 눈덩이 구르기 효과는 R. Petersen, *Resistance and Rebellion* (Cambridge University Press, 2001) 8장에서 더 자세히 연구된다. 여기서 내가 근거하고 있는 양적 임계치 모델은 M. Granovetter, "Threshold models of collective behavior", *American Journal of Sociology* 83 (1978), pp. 1420~1443에서 가져온 것이며, 이 문제는 T. Kuran, *Private Truths, Public Lies* (Cambridge MA: Harvard University Press, 1995)에서 더 탐구된다.

24장_ 집합적 의사결정

한 집단 —— 가족에서 전체 사회에 이르기까지 —— 의 구성원에게는 모두에게 구속력 있는 결정을 내림으로써 공동의 관심사를 규율할 필요가 자주 있다. 갈수기 물 관리 문제를 다시 한번 살펴보자(5장). 때때로 이런 집합행동 문제는 탈중심화된 결정을 통해 해결된다. 이 결정에는 도덕 규범, 유사도덕 규범, 사회 규범들이 결합해서 작용한다.[1] 그러나 시 위원회가, 물 공급에 한계를 정하거나 잔디에 물 주기나 수영장 물 채우기 같은 특정 용도의 사용을 금함으로써, 물 소비를 줄여야 하는 때도 자주 있다. 집합행동이 실패할 때, 집합적 의사결정이 요청되는 것이다.

또 다른 예로 전국적 투표 실행을 보자. 투표하기와 집에 있기 사이의 선택은 고전적 집합행동 문제이다. 개별 시민의 목소리가 결과물에 차이를 낼 수 없다는 것을 안다면, 기권하는 것이 개인의 이익에 부합한다. 그러나 모든 사람이 기권하거나 투표율이 너무 낮으면, (거의) 모든

---

1 보고타 시청은 유사도덕 규범을 촉발하는 데 필요한 **정보 제공**에 적극적 역할을 했다(5장).

사람의 이익을 거슬러 민주주의 자체가 독재나 과두제로 대치될 위험이 있다. 많은 민주주의 국가에서 투표는 사실 50%에서 80%에 이르는데, 이는 시민의 탈중심화된 결정 결과로서는 존경할 만한 수준이다. 몇몇 사람이 자문할 수 있다. "그러나 모든 사람이 기권하면 어떤가?" 또 다른 사람은 자답할 수 있다. "남들이 대부분 투표에 신경을 쓰니 나도 그래야 공정하지." 여전히 또 다른 사람은 따져 본다. "민주주의의 활력에 내 투표가 미치는 영향은 미미할지라도, 내 투표가 영향을 미친 다른 시민들이 배가되어 나간다면, 중요할 수도 있지." 작은 마을이라면 "내가 투표하러 가지 않으면, 이웃들이 알아채고 싫어할 것"을 걱정하는 사람도 일부 있을 것이다.

단일하든 몇 가지가 결합했든 이런 동기화가 너무 허약한 것으로 입증된다면, 투표율은 파국적으로 낮아질 것이며, 그것은 부분적으로 자기 강화적 과정을 겪을 것이다. ("투표에 신경 쓰는 사람 별로 없는데, 내가 왜?") 이런 과정을 뒤집기 위해서는, 의회가 투표를 의무화하고, 투표하지 않는 사람에게 벌금을 부과하는 법률을 발의하고, 유권자의 승인을 얻기 위해서 그것을 국민투표에 부쳐야 할 수도 있다. 투표가 의무화되어야 하는지에 대한 투표에서 시민들은 의무성이 없는 통상적인 선거 때 투표를 고민할 때와는 전혀 다른 선택에 직면한다. 선택지는 '투표한다' 대 '투표하지 않는다'가 아니라 '모두가 투표한다' 대 '모두에게 투표하지 않을 자유가 있다'가 된다.[2] 첫 번째 선택에서 두 번째 선택지를

---

2 달리 말하면, "나는 집에 남아 있지만, 다른 사람들은 투표해야 한다"는 선택지는 국민투표에 들어갈 수 없다.

선호하는 사람들 가운데 다수가 두 번째 선택에서는 첫 번째 선택지를 선호한다면, 그들은 투표 의무화를 **집합적으로 결정**할 것이며, 그것은 일종의 집합적 자기 후견주의collective self-paternalism라고 할 수 있다. 실험 결과에 따르면, 무임승차 행위가 다수결에 의해서 배제되면, 사람들은 미래 세대를 위해서 개인적 희생을 할 의향마저 보인다.

집합적 의사결정은 **정책 선택**에 관한 것이다. 집합적 의사결정 과정에 들어가기 전에, 각 성원은 어떤 **정책 선호**를 가진다. 그것은 그의 기본 선호로부터 도출되는데, 기본 선호는 수단-목적 관계에 대한 **사실적 믿음** 및 **인과적 믿음**과 결부돼 있다. 집합적 의사결정의 기본 목표는 개인들의 정책 선호를 곧 논의하게 될 세 가지 메커니즘 가운데 하나에 의해 **총합하는**aggregate 것이다.[3] 총합은 개인적 정책 선호의 **변형**을 낳을 수도 있고, 개인이 그의 정책 선호를 **허위재현**할 유인요인을 창출할 수도 있다. 선호의 총합, 변형, 그리고 허위재현 사이의 상호작용은 상당한 복잡성을 만들어 낼 수 있다.

내가 논의할 여러 사례에서, 개인들로 이뤄진 작은 집단이 더 큰 규모의 집단에 대해 구속력 있는 결정을 내린다. 때로 그들은 더 큰 집단의 대표나 협상자로서 그렇게 하라는 위임을 받는다. 그런 경우, 그들은 자신의 결정은 그들의 구성자constituency에 의해 비준되어야 한다는 것을 알고 있고, 만족스러운 결과를 내지 못하면 재선되지 않을 것임을 알고 있으며, 그런 사실에 의해 제약을 받는다. 더 큰 집단이 혁명이 아니

---

3 '총합 메커니즘'이라는 문구는 일반적으로 투표 절차에 사용되지만, 여기서는 처음에 다른 선호를 가졌던 행동자들이 상호행동을 통해 그들 모두에게 구속력 있는 결정을 내리게 되는 모든 과정을 지시하기 위해 사용될 것이다.

고는 자신의 삶을 조형하는 결정을 내리는 사람들에게 영향력을 미칠 힘이 없는 때도 있다. 그러나 그럴 때조차 우리는 엘리트 내부에서의 집합적 의사결정에 관해 얘기해야 할 수도 있다. 스탈린 몰락 뒤에는 공산당 집행 위원회Politburo에 의한 집단 지도체제가 뒤따랐다. 1973년에서 1980년까지 권력을 행사한 칠레 군부junta는 그 내부에 고도로 구조화된 집합적 의사결정 양식을 갖추고 있었다.

내가 검토하려고 하는 세 가지 총합 메커니즘은 **논증, 협상, 그리고 투표**이다. 나는 이 세 가지밖에 없다고 본다. 물론 몇몇 경우에 경계선이 흐려지긴 한다. 이 장의 끝에서 나는 논증과 협상 사이의 구별이 깨지는 사례를 몇 가지 언급할 것이다.

세 방법 모두 행위자가 몇 명인지 상관없이 집합적 의사결정에 사용될 수 있다. 그러나 협상에 관한 논의는 2인 협상 사례에 한정할 것이다. 분명 연립 정부 구성 또는 탄소 배출량의 국가별 할당 같은 다자간 협상들이 있다. 하지만 그 과정이 잘 해명된 것은 아니다. 3인 협상 게임에서는, 본질적으로 모든 전략 조합은 게임이론적 균형이다. 몇몇 2인 사례에서는, 협상만이 유효하다. 두 명의 행위자가 논증을 통해 합의에 도달할 수 없는 경우, 당연히 투표는 문제를 해결할 수 없고, 협상 절차만 남는다.

먼저 세 절차의 예를 몇 가지 들어 보자. 순수한 논증은 만장일치가 요구되는 배심원단에서 관찰된다(또는 최소한 그것이 규칙일 것으로 가정된다). 여기에서조차 어떤 배심원은 배심 작업에서 벗어나 일상생활로 복귀하고 싶은 조바심이 적다는 것을 무기 삼아 은밀한 협상을 할 수 있다.[4] 결정이 이루어져야 할 때는 언제나 시간이 문제가 되기 때문에, 그리고 과정에 참여한 사람들은 미래를 다른 비율로 할인하기 때문에, 사실 이런 사례는 상당히 전형적이다.

순수한 협상은 '돈 나누기' 순차 게임이 잘 보여 준다. 이 게임에서는 참가자들이 순차적으로 제안과 역제안을 한다. 결과물은 협상 메커니즘과 당사자 각각의 협상력, 즉 그들이 하는 위협과 약속을 신빙성 있게 해줄 자원에 의해 결정된다. 그 과정은 그림 19.2에 잘 표현되어 있다.

순수한 투표는 집합적 의사결정에 대한 루소적 구상이다. 시민들은 웅변과 선동에 오염되지 않기 위해서 서로 고립된 상태에서 그들의 선호를 형성한다. 그들은 서로 고립된 상태에서 투표하기 때문에 표 거래도 배제된다. 실제 정치 체제에서, 이런 이상은 전혀 실현되지 않는다. 아마도 과학 아카데미 회원 선출같이 판돈이 작은 결정에서나 이런 이상이 실현될 것이다. 사실 과학 아카데미의 주요 기능이 신입 회원 선출이기도 하다.

이런 방법들이 적용되는 결정은 매우 다양하다. 아래에서는 나는 자녀 양육권을 두고 협상하는 부모에서부터 공항 위치에 대한 투표에 이르기까지 다양한 예를 제시할 것이다. 가장 놀라운 것은 아마도 세 절차 모두 종교 교리에 대한 갈등을 해결하거나 해결하기 위해 사용되었다는 것이다. 지고 존재에 대한 기독교적 정의는 AD 325년 니케아에 모인 주교들의 다수결 **투표**로 정해졌다. 1561년 프랑스의 섭정 여왕 캐서린은 푸아시Poissy에서 콜로키움을 개최했고, 그곳에서 개신교와 가톨릭의

---

4 영국의 초기 배심원 재판에서, 배심원들이 만장일치로 결정을 내릴 때까지 굶겼던 (또는 음식을 자기 돈으로 사 먹게 한) 관행은 몇몇 사람에게 다른 사람들보다 더 큰 협상력을 부여했을 수 있다.

지도자들이 화체설transubstantiation에 대해 **논쟁했다**. 어느 시점에선가 그들은 합의에 도달하는 것처럼 보였지만, 결국 실패했다. 당시 격화되고 있던 종교 전쟁은 1593년 나바르의 앙리(뒤에 앙리 4세가 된다)와 4명의 주교 사이의 **협상**으로 해결되었다. 앙리는 여러 가지 가톨릭 교리를 받아들였지만, 연옥의 교리는 거부했고, 교회의 예배 시간이 아닐 때도 성만찬 빵에 그리스도가 영속적으로 '실제 임재'한다는 것에 대해서는 유보를 표했다. 헨리 8세가 가톨릭과 단절하기 전에 열린 1532년 캔터베리에서의 주교 소집에서, 개혁가와 전통주의자들은 **차액 등분**splitting the difference 같은 협상기법을 함께 사용했다. 흄에 따르면, "두 종파는 여러 조항을 번갈아 공유함으로써 공평한 분할을 한 것으로 보인다".

세 방법 가운데 하나만 관련되는 사례 이외에, 혼합 사례도 많다.

협상 없이 논증과 투표가 혼합된 예로는 대학 학과에서의 고용과 종신고용 심사를 들 수 있다. 이 과정은 통상 먼저 후보자의 장점에 대한 숙의가 있고 다음에 투표가 이어지는 식으로 이루어지는 편이다. 이상이 현실과 늘 조응하는 것은 아니지만, 이따금 그렇기도 하다. 좋은 학과에서는 결탁을 막는 규범이 있고, 해명하지 못할 투표에 반대하는 규범이 그것을 강화한다.

투표 없이 논증과 협상이 혼합된 사례로는 임금 단체 협상을 들 수 있다. 노조와 경영진이 회사의 수입을 어떻게 나눌지 결정할 때, 마치 협상만 진행되고 있는 것처럼 보인다. 그러나 더 자세히 들여다보면, 언제나 회사의 재정 건전성이나 노동 생산성 같은 사실적 문제에 대한 논증이 상당히 많이 이루어진다.

협상과 투표의 혼합은 1950년대 영국 임금 위원회와 이사회에서 제도화되었다. 대부분 투표로 결정되지는 않지만, 투표할 수 있다는 것이 임금 협상을 압박했다. 결정적 요인은 동수의 고용주 및 노동자 대표와 함께 홀수의 독립 성원이 협상탁자에 앉아 있다는 것이다. 독립 성원 그룹이 협상 과정에서 다른 두 집단의 중재자 역할을 하지만, 협상이 합의에 이르지 못하면 이 집단 성원이 홀수여서 임금 수준이 투표로 결정될 것임을 보증하는 역할도 한다.

위원회, 의회, 또는 전체 인구집단 가운데 어느 수준에서 일어나든, 정치적 의사결정은 세 절차 모두와 관련된 경우가 잦다.[5] 이 사실 또한 가능한 빠른 결정을 내릴 필요에 따른 것이다. 긴급한 결정이 필요한 쟁점이 제기되었지만, 참여자들이 만장일치에 도달할 때까지 숙고할 시간이 없을 때, 투표가 사용되곤 한다. 더 단조롭게 말한다면, 참여자들이 만장일치를 추구할 정도의 동기가 없을 때 투표한다. 결정이 다른 참여자들보다 일부 참여자에게 더 긴급하다면, 협상 가능성이 등장한다. 더 기다릴 여유가 있는 사람들이 이른 결정의 대가로 양보를 요구할 수 있기 때문이다. 상임위원회나 상설 의회에서, 협상은 결탁을 통해서도 일어난다. 결탁은 동등한 강도의 선호를 가졌으면서 서로 맞교환할 만한 쟁점들이 있을 때 일어난다. 그 외에 입법협상 메커니즘으로 필리버스터와 '공석空席의 정치'를 들 수 있다. 후자는 한 집단이 다른 수단으로는 획득할 수 없는 것을 얻기 위해서 정족수 규칙을 이용하는 것이다.

그런 경우, 협상력의 원천은 의회 자체 안에서 창출된다. 결정자가

---

5 총선조차도 협상의 여지가 있을 수 있다. 공개 투표라면, 유권자와 후보는 표 가격을 흥정할 수도 있다.

의회와 독립적으로 존재하는 자원 — 돈과 인력 — 에 의존하는 경우도 있다. 1789년 프랑스 제헌의회에서의 논쟁은 왕의 군대와 파리 군중사이에 걸쳐 있었다. 1989년에 폴란드의 유사 제헌적 또는 선^先 제헌적 원탁회의는 소련의 개입주의 그리고 총파업 및 경제적 마비의 전망 사이에 걸쳐 있었다. 한 투표가 다른 투표 약속을 지킬 수 없다면, 결탁이 그렇듯이 돈을 약속할 수 있다. 예컨대 재선거 캠페인 목적의 정당 기금 배분 같은 것이 그런 것이다.

이런 논의에서 명백해지듯이, 집합적 의사결정의 세 양식은 앞에서부터 순차적으로 제기된다는 의미에서 이상적인 순서의 세 단계로 보일 수도 있다. 모두에게 타당한 이유를 논거로 삼는다는 의미에서 논증은 내재적으로 만장일치를 겨냥하지만, 그런 목표가 성취되는 일은 거의 없다. 쟁점을 해소하기 위해서는 투표가 필요하다. 투표는 결정해야 할 쟁점이 여럿인 개인들 사이에서 일어나기 때문에, 자연스럽게 결탁형태의 협상을 불러들인다.

논증

논증은 이유를 제시하여 설득하려고 애쓰는 것이다. 아테네의 페리클레스 연설 이래로, 이런 양식의 의사결정은 민주주의 정치와 밀접히 연결되어 왔다.

우리들 공적 인간도 정치 외에 돌봐야 할 사적 일들이 있다. 그리고 우리들 일반 시민도 생업에 부심한다. 그럼에도 불구하고, 여전히 우리는 공적 사무의 공적 판관이다. 다른 어떤 나라와도 다르게 우리는 이런 의무에 참여하지 않는 시민들을 야심이 없다고 하지 않고 쓸모없다고 여긴다. 그리고 우리는 우리가 발의하지 않은 제안도 판단할 수 있다. 우리는 토론을 행동을 막는 걸림돌로 보지 않고 현명한 행동으로 나아가기 위한 불가결한 예비과정으로 생각한다.

공적 토론 제도와 "현명한 행동" 사이의 연계는 어느 정도 간접적일 수 있다. 공적 정황setting의 주된 효과는 이익에 노골적으로 호소하는 것을 배제하는 것일 때가 많다. 공적 토론에서 "우리는 이것을 해야 한다. 왜냐하면 그것이 나에게 좋기 때문이다"라고 말하는 화자는 아무도 설득할 수 없을 것이다. 그리고 더 나아가서 비공식적인 제재를 받고 배척되어 장래에도 영향력을 행사할 수 없게 될 것이다. 전적으로 이익에 의해 동기화된 사람도 공적 정황에서는 좀 더 공평한 가치가 그들이 제시하는 정책 제안의 동기가 되고 있다고 내세워야 하고, 그런 만큼 공적 정황에 의해 제약된다. 기만이 자기기만과 다른 것과 마찬가지로, 이런 선호의 **허위재현** 과정은 **변환**(9장)과 다르다. 그가 자기 이익이 이유라도 되는 양 변조해서 제시하게 되는 원인은 자부심 욕구보다는 화자의 이익이다. 그는 이익을 위해서 남들이 허위재현을 눈치채기 어렵게 만들 것이다. 그래서 그는 자기 이익과 완벽하게 일치하는 것에서 약간 (그러나 너무 많이는 아니게) 벗어난 정책을 공평한 표현으로 주장한다. 허위재현은 사실 너무 빤하면 역효과를 낸다. 이런 '불완전 제약' 외에도, 화자들은 '일관성 제약'에 종속된다. 일단 화자가 기회주의적 근거에 입각해서 공평한 주장을 하고 난 뒤에는, 그것이 더 이상 자신의 이익과 맞지 않게 되더라도, 그것을 쉽게 포기할 수 없다. 그래서 **기본 선호를 위장할 필요** 때문에 정책 선호의 전환이 일어날 수 있다. 거기엔 '위선의 문명화 효과'the civilizing force of hypocrisy라고 할 만한 것이 작용하는 것 같다.[6] 바리새파가 좋은 시민을 만든다고 썼을 때, 17세기 미국의 선교사 로저 윌리엄스Roger Williams는 이런 점을 냉정하게 표현했던 셈이다.

불완전 제약을 예증하기 위해서, 여러 나라에서 선거권 기준으로 사용된 소유권 문제부터 살필 것이다. 확실히 사람들은 이런 원리를 지지하기 위해 '공평한' 논증을 제시할 것이다. 연방의회에서 매디슨은 상원의원에 대해 엄격한 재산 자격을 요구하는 것이 인민에 대항해서 특권층을 보호하기보다 인민을 그 자신으로부터 보호하는 장치라고 주장했다. 그러나 이미 지적했듯이, 부자들의 자기 이익과 너무 잘 맞아떨어지는 그런 논증에는 내재적으로 의심스러운 점이 있다. 그럴 때는 재산과 상관관계는 **높지만 불완전한 문해력**literacy으로 방향을 돌려서, 그것을 '공평한' 기준으로 삼는 것이 유용하다. 미국 역사의 여러 단계에서 문해력은 여타 목표, 예컨대 흑인이나 가톨릭 신도를 정치적으로 배제하려는 욕망 같은 공공연히 주장할 수 없는 목표를 정당화하는 대리기준 역할을 했다. 미국 이민 정책은 문해력을 공적으로 내세울 수 없는 기준의 대리자로 사용했다. 이민자를 거르는 기준을 모국어 문해력으로 하

---

6 위선적 믿음의 외적 표현이 내면의 지지를 유발할 수 있는가? 헨리 8세 치세의 이단 박해에 대해 논평하면서, 흄은 다음과 같이 말했다. 그 관행이 "실제로 회심자들보다 위선자들을 만들기 위해 고안된 것 같다. 그러나 경험이 가르쳐 주듯이, 위선의 습관은 종종 현실로 바뀐다. 그리고 부모의 가식을 모르는 아이들은 적어도 더 정통적 교의를 따라 행복하게 교육받을 수 있다". 내 보기에, 이 주장의 앞보다는 뒤가 더 설득력 있다. 박해 상황에서는 피해자에게 시치미 뗄 이유가 있기 때문이다(9장).

자는 제안은 통상 널리 수용된 공평한 절차인 개인적 공적에 따른 선별 방식으로 정당화되었다. 그러나 문해력 주창자의 진짜 동기는 편견 아니면 집단 이익이었다. 애국주의적 본토주의자들은 보통 중부 유럽이나 남동 유럽 출신 문맹 이민자들을 배제하기를 원했다. 노동 부문은 비숙련 노동자들의 유입이 임금하락을 유발하는 것을 두려워했다.

일관성 제약을 예증하기 위해서, 임금 협상에 사용된 몇 가지 주장을 인용하겠다. 이 장의 뒷부분에서 알 수 있듯이, 임금 협상의 결과물은 종종 협상에 쓸 수 있는 당사자의 권력 자원에 의해 결정된다. 그러나 공정성 규범의 영향을 받을 수도 있다. 한 당사자가 어떤 규범을 기회주의적 이유로 채택할 수는 있지만, 그러다가 그것에 붙박일 수도 있다. 따라서 노동조합이 기업이 얻은 우발적 이익을 노동자와 공유해야 한다는 규범을 인용하여 임금 인상을 주장하면, 우발적 손실도 함께 분담해야 한다는 주장에 반박하기 어려울 수 있다. 반대로, 대공황 때 임금을 깎기 위해 지급 능력 부족을 내세웠던 회사는 대공황이 끝나자 후회했다. 1930년대 스웨덴 금속노동자 임금이 건설 산업보다 뒤졌을 때, 그들은 차이를 줄이기 위해 연대 임금 정책에 호소했다. 그것은 성공적인 주장이었지만, 나중에 금속노동자 임금이 높이 치솟자, 그들은 연대에 호소했던 과거사에 얽매일 수밖에 없었다.

논증이란 **결국은** 이익을 증진하는 다소간 섬세한 방식에 불과하다고 생각하는 것은 명백히 잘못이다. 만일 그렇다면, 아무도 현혹되지 않을 것이고, 따라서 허위재현도 아무 의미가 없을 것이다. 화자의 동기가 공공선을 증진하려는 성실한 욕망이라면, 주장과 토의가 정책 선호 변화를 유도함으로써 공중의 믿음을 변화시킬 수 있다. 이것은 특히 집단의 여러 성원이 다양한 정보에 접할 때 쉽게 일어난다. 그렇게 지식을 모아 결정의 질을 개선할 수 있다.[7] 대의제 조직이라면, 폭넓고 다양한 배경을 가진 대표자들을 선출하는 것이 중요하다. 예를 들어 국회에서 활동할 대표자를 선출할 때 이런 점을 고려하면, 문턱이 낮거나 아예 없는 비례 투표를 지지할 것이다.[8] 사람들은 또한 선거구 대표자가 그 지역 사회 거주자일 것을 요구할 것이다.

아마도 좀 더 드문 경우이겠지만, 사람들은 아마도 기본 선호에 대해 논증하고 토의한 결과 그것을 바꿀 수도 있다. 종종 변화는 사례들 사이의 숨은 유사성이 발견되거나 피상적 유사성이 폭로됨으로써 일어난다. 예를 들어 많은 사람이 이식을 목적으로 한 '사망자 신체기관'의 의무적 활용에 반대한다. 그런 사람은, 가족이 종교적인 이유로 이런 절차에 반대한다면 그들의 감정이 존중되어야 한다, 고 믿는다. 이런 생각에 반대하는 사람은, 설령 가족이 종교적 이유로 부검을 반대해도, 사인이 의심스러울 경우 부검이 의무적이라는 점을 지적할 것이다. 죽음의 원인을 규명하기 위해 몸에 칼을 댈 수 있다면, 생명을 살릴 목적으로 그런 조치를 하는 것은 수용되어야 한다는 것이다. 일반적 원리가 특수한 사례에 대한 직관과 모순되는 것으로 보일 때도 변화가 일어난다. 어떤 사람이 공리적 이유로 사망자 신체기관의 의무적 활용을 수용할 수도 있다. 하지만 그는 그런 주장의 함의가 다른 사람 다섯을 살리기 위

---

7 그러나 이런 개선이 더 쉽게 일어나려면, 그들이 단순히 원자료를 기반으로 도달한 결론들을 모으기보다 원자료 자체를 모아야 한다는 것을 기억하라(22장).

8 다른 고려 사항, 특히 효율적인 정부 구성 욕구는 다수결 투표 또는 임계치가 높은 비례 투표에 우호적일 것이다. 정부 구성이 이차적 고려 사항인 제헌의회 구성을 위한 선거에서는 비례 투표로 대표를 선출하는 경향이 있다.

해 어떤 사람을 무작위로 죽여서 그의 심장, 신장, 폐 그리고 간을 활용하는 것을 정당화하는 데 이르게 되면 주저할 것이다.[9] 결과적으로 처음에 명확한 한정 없이 제기된 공리주의는 비결과주의적 가치를 고려하기 위해 수정될 수도 있다.

그러나 논증의 이점이 **청중 앞에서 말함**의 효과로 약해질 수도 있다. 공적 정신을 가진 개인도 자존심 면에서 남과 다를 것이 없다. 따라서 자기 생각을 바꾸었다는 것을 공적으로 인정하는 것은 꺼릴 것이다. 3장에서 언급했듯이, 이것이야말로 매디슨이 나중에 말해 주었던바, 연방의회가 비공개로 개최되어야 하고 내부에서 있었던 논의에 대해 대표자들이 함구해야 했던 주된 이유였다. 그러나 그의 주장은 공중 앞에서 공개적으로 이루어지는 의회 토의를 지지하는 전통적 주장과 충돌한다. 많은 입법 결정이 입법자의 단기적 이익에 강력한 영향력을 미친다. 의사결정 과정이 공적인 시선에서 면제되면, 공동 이익에 대한 논증은 적나라한 이익 협상으로 쉽게 전락할 수 있다. 공중이 진행 상황을 따라가고 선거를 관찰하게 되면, 그런 자기 본위의 책략에 한계가 그어진다. 그리고 그것의 부산물로 공공선이 증진된다. 벤담이 썼듯이, "정치 권력이 마주할 유혹의 수가 많을수록, 권력자들에게 유혹에 저항할 강력한 이유를 제공하는 일은 더욱 절실해진다. 그런 이유 가운데 가장

---

9 공리주의자는 이런 함의가 따르는 것을 부정하는 경향이 있다. 그들은 통상 '무작위 기증자'로 선정될 수 있다는 것을 아는 것이 낳을 공포와 불확실성의 부정적 효과가 그런 의료 실무의 혜택이 상쇄될 수 있는 것보다 크다고 주장한다. 그러나 그들은 그렇다는 것을 어떻게 아는가? 나는, 그들이 비용의 입증으로부터 그런 절차의 거부로 이행하는 순행 추론을 하기보다는 그런 실무의 자명한 수용 불가능성으로부터 공리적 이유로 배제해야 할 만큼의 비용이 그것에 있다는 쪽으로 나아가는 역행 추론을 하는 것은 아닌지, 의심스럽다.

항상적이고 보편적인 것은 공중의 감독이다". 또는 미국 판사 루이스 브랜다이스Louis Brandeis가 말했듯이, "햇볕은 최고의 살균제이다".

이런 언급들은 논증 과정 안에 내장된 긴장을 지적한다. 토의가 공개적으로 개최되면, 논증의 질이 나빠질 수 있다. 하지만 논증이 닫힌 문 안에서 진행되면, 협상으로 전락할 수 있다. 그러나 결정되어야 하는 문제에 사적 이익이 작동할 여지가 적으면, 긴장은 약해질 것이다. 제헌의회는 보통의 의회보다 자기 본위적 결정에 끌릴 위험이 적다. 그 이유는 대표자들이 더 공평하게 동기화되기 때문이 아니라, 그들의 이익이 당면 쟁점에 덜 얽혀 있기 때문이다(또는 덜 얽힌 그만큼 그렇다).

투표

논증이 정책에 대한 합의를 생성하지 못할 때는, 투표가 필요하다. 투표 시스템은 아주 다양하다. 통상적인 투표에서, 변이를 낳는 요인에는 투표권, 피선거권, 투표 양식(비밀 투표 대 공개 투표), 결정에 필요한 다수결, 어떤 국민투표 시스템의 경우 정족수가 포함된다. 의회 투표에서, 주요 차원은 정족수와 다수결 규모, 그리고 호명 투표와 거수(그리고 '함성'이나 '앉기와 서기' 같은 유사 절차)의 선택이다. 의회에서는 비밀 투표가 드물지만, 없는 것은 아니다. 1789~1843년 사이의 프랑스 의회와 1948~1988년 이탈리아에서 있었다. 대부분의 의회에서 의장은 비밀 투표로 선출된다. 비밀 투표는 어떤 참관인도 허용되지 않는 폐쇄적 진행과는 구별되어야 한다. 후자는 공개 투표와 결합할 수도 있는데, 그때 공개 투표의 역할은 의회 성원들이 결탁 약속의 신빙성을 확보할 수 있게 해주는 것이다. 비밀 투표로는 그런 신빙성 획득이 불가능하다. 이와 달리 진행이 공중에게 공개되면, 특정 쟁점에 대한 그들의 선호에 반해서 대표가 투표하는 것을 보게 된 몇몇 참관인들은, 그 대신 다른 쟁점에서 얻을 수 있게 된 이득을 관찰할 수 없으므로, 대표들에 대해 부정적 반응을 보일 것이다.

아래에서 나는 다수결 투표에 논의를 한정할 것이다. 이것이 보편적 관행은 아니라고 할지라도, 3/5이나 2/3 같은 더 엄격한 다수결 채택 결정 자체가 단순 다수결에 의해 이루어져야만 하는 듯하기 때문이다. 미래의 개헌에 대해 가중 다수결qualified majority을 부과하게 마련인 제헌의회는 자신의 절차는 거의 변함없이 단순 다수제 투표를 따른다.[10] 제헌의회가 무지의 베일 뒤에서 그들이 다수결 투표로 결정할 것임을 만장일치로 결정한다는 이상화된 모델은, 일단 베일이 걷히고 실제 헌법 제정에 들어가면 별로 적합성이 없다. 여기서는, 기권이나 '공석에 의한 정치'가 소수파가 출석해서 반대투표를 했다면 통과되었을 결정을 막기 위해서 사용될 수 있다는 정도만 언급하고 정족수 문제에 대한 논의를 그치도록 하자.

유권자들은 궁극적 목표뿐 아니라 믿음도 다를 수 있다(나중에 논의할 1789년 프랑스의 양원제에 관한 토론 예를 보라). 목표와 믿음 가운데 하

---

10 1996년 남아프리카공화국 헌법의 제정은 부분적 예외이다. 채택에 필요한 가중 다수결 요건은 1993년 임시 헌법에 명시되어 있었지만, 임시 헌법 자체는 투표가 아니라 협상에 의해 채택되었다. 또 다른 예외는 1814년 노르웨이 헌법 제정이다. 의회는 2/3 이상의 표결을 얻은 제안이 확실히 채택되며 다음 회기에는 개정되지 않는다고 결정했다. 따라서 헌법기초자들은 제헌의회가 일반적으로 따르는 원칙에서 벗어난 것이다. 헌법에서 주어진 조항의 효과는 종종 다른 조항에 달려 있기 때문에, 모든 것이 정리될 때까지는 아무것도 정리되지 않는다.

나는 비슷하고, 다른 하나는 다를 수 있다. 실제로 관찰되고 총합된 것은 정책 선호이기 때문에, 그것의 형성과정으로 들어가 합쳐져 버린 두 요소를 분리하기는 어렵다. 그럼에도 불구하고, 우리는 (동일 목표를 가정하는) 믿음의 총합과 (동일 믿음을 가정하는) 기본 선호의 총합에 다수결 투표가 미치는 효과를 추상적으로 규정해 볼 수 있다. 토크빌에 따르면, 민주주의(대규모의 유권자의 다수결 투표)는 공공 정책의 **목적** 결정에는 최선의 시스템이지만, 그런 목적을 위한 **수단** 결정으로는 형편없는 시스템이다. 민주적인 공직자는 "심각한 실수를 저지를지는 몰라도", "줄곧 다수파에 적대적인 노선을 채택하는 일은 절대 하지 않는다"[11] 일찍이 제임스 해링턴James Harrington이 고찰했듯이, 사람들은 미친 군주처럼 "자신을 바다에 던지지는" 않는다.

먼저 믿음 총합에 대해 생각해 보자. 선거권 확대와 선거권 제한 가운데 어느 것이 올바른 믿음에 도달하는 데 더 좋은 절차인지 — 다수가 소수보다 현명한지 — 에 관해서는 긴 토의의 역사가 있다. 아리스토텔레스에 따르면, 이것은 양(정치과정 참여자 수)과 질(참여자의 능력)을 견주는 문제이다.

질은 국가를 구성하는 계급들 가운데 하나 안에 존재할 것이고, 양은 또 다른 계급 안에 있다. 예컨대 하층민은 귀족보다 많고, 빈자는 부자보다 많다. 그러나 더 수가 많은 계급이 질에서 뒤처지는 그만큼 양에서 앞서지 못할

---

11 그러나 그는 **심각한 실수를 저지를 우발적** 경향이 비민주적 체제의 **체계적** 편향보다 더 심각한 것은 아닌지 묻지 않았다. 토크빌은 지리적 상황이 유리한 덕분에 미국은 실수를 저지를 여력이 있다고 주장했는데, 그것은 다른 국가에는 맞지 않는 이야기일 것이다.

수 있다. 그러므로 이 두 요소는 서로의 비교 속에서 판단되어야만 한다. 따라서 다수 빈자가 언급된 비율로 [그들의 질적 열등함을 상쇄할 만큼] 뛰어난 곳에서는 민주주의가 존재하는 것이 당연하다.

근대적 언어로 표현하면, 쟁점은 콩도르세Marquis de Condorcet의 '배심원 정리'Condorcet's jury theorem로 진술될 수 있다. 어떤 배심원단의 성원이, 피고가 실제로 검사가 주장하는 짓을 저질렀는지에 대해 각자의 (독립적인) 믿음을 진술한다고 해보자. 그리고 그들 각자가 옳을 확률이 50%가 넘는다고 해보자. 콩도르세는 다수결로 결정하고, 그들이 독립적으로 의견을 형성한다면, 그들이 올바른 결정을 내릴 확률은 배심원단의 규모가 커질수록 높아지고,[12] 규모가 무한히 커지면 확실성에 수렴할 것임을 보여 주었다. 또한, 주어진 크기의 배심원단이 옳은 결정을 내릴 확률은 각각의 배심원이 옳을 확률이 올라감에 따라 올라간다.[13] 그러므로 아리스토텔레스가 제시했듯이, 사람들은 결과물을 개선하기 위해서 배심원의 수를 늘릴 수도 있고, 그들의 자격 규정을 엄격히 할 수도 있다.[14]

아리스토텔레스의 논의에서 더 나아가 보자. 가중 다수결 규정은 사

---

12 다음 문단에서 논의될 내용과 달리, 개별 투표자가 옳을 가능성 정도는 투표자 수 증가의 영향을 받지 않는다고 가정된다.

13 가령 60% 정도의 가중 다수결을 요구하면, 다수결이 옳을 확률이 올라간다. 그러나 그런 경우, 피고의 유죄나 무죄 모두 필요한 다수결을 얻지 못하는 '불일치 배심'이 될 수도 있다.

14 또한, 투표자의 믿음이 실제로 서로 독립적일 가능성을 높여서 콩도르세 정리의 조건을 확보해 보려고 할 수 있다. 이러한 관점에서 보면, 심의 전에 토의를 금지하고자 했던 루소의 제안이 의미 있는 것 같다. 하지만 심의가 믿음의 질을 개선한다면, 그것이 각자의 독립성을 떨어뜨린다는 루소식 주장은 반박 근거가 될 수 없다. 정리가 뜻하는 바는 다수결 투표가 좋은 결과물을 산출하기 위한 충분조건이기는 하지만, 필요조건은 아니라는 것이다.

회경제적 지위보다 사람 수와 직접적 함수관계에 있다는 것을 관찰할 수 있다. 사회과학의 언어로 표현하면, 투표자의 역량은 '외생적'으로 주어진 것이 아니라 체제에 '내생적'이다. 사람들이 민주주의와 과두제, 이 두 정치 체제 가운데 하나를 선택해야 한다고 가정해 보자. 두 경우 모두 다수결에 의해서 결정하지만, 선거권의 범위는 다를 것이다. 민주주의에서는 투표자가 무지한 상태에 머무르기를 합리적으로 결정할 수 있다. 각자가 결과물에 미치는 영향이 적기 때문이다.[15] 과두제에서는 투표자가 정보 수집에 더 큰 노력을 기울일 것이다. 그들 각자의 영향력이 크기 때문이다.

벤담이 언급했듯이, 이런 논증은 의회에서의 투표에도 적용된다. "투표자의 수가 커질수록 개별 투표의 비중과 가치는 작아지고, 투표자가 보기에도 값어치가 떨어지며, 진짜 목표에 맞게 투표하든 그냥 표를 던지든, 그것을 장담할 때 투표자에게 주어질 인센티브도 줄어든다." "지혜의 확률은 구성원의 수와 함께 커지기" 때문에, 의회(그가 염두에 둔 것은 1789년 프랑스 제헌의회였다) 규모가 커야 한다는 논증에 답하면서, 그는 다음과 같이 썼다. "같은 이유로 자신의 계몽된 능력을 행사할 동기의 힘은 줄어들기 때문에, 그것의 장점은 상쇄되어 버린다." 이런 질-양 맞교환에서, 다수결 투표가 올바른 믿음을 산출할 확률을 최대화하는 최적 규모의 유권자수가 있을 것이다.[16] 최적이 효과적으로 결정될

---

15 투표하겠다는 결정 자체가 비합리적일 수도 있기 때문에(14장), 시민들이 문제가 되는 쟁점에 대한 정보의 수집에 대한 투자가 비합리적인 것은 아닌지 물을 수 있다. 그러나 현재 맥락에서 더 중요한 문제는, 마치 선거가 임박한 것으로 보이면 더 많은 투표자가 나타나듯이, 선거권이 폭넓을 때보다 제한적이면 정보 수집에 더 많이 투자하는가 하는 것이다.

수 있는지는 또 다른 문제라고 하더라도 말이다.

다음으로 투표에 의한 선호 총합을 살펴보자. 가장 채택되었으면 하는 제안이나 가장 선출되었으면 하는 후보에게 투표하지 않을 유인요인이 사람들에게 있을 수 있다. 비밀 투표가 아니라 공개 투표를 선택하면, 이런 현상이 더 쉽게 일어난다. 고대 아테네에서 의회의 결정은 대부분 거수로 행해졌다. 그 결과 어떤 시민들은 마음먹은 대로 투표하기 겁이 났을 수 있다. 투키디데스Thucydides는 그래서 다음과 같이 말했다. "[시칠리아 원정을 찬성한] 다수파의 열정 때문에, 그것이 내키지 않던 소수는 반대에 손을 들면 비애국적으로 보일까 두려웠다." '서기 대 앉기' 같은 다른 방법과 대신 호명 투표를 선택하는 것이 투표자를 위협할 수도 있다. 파리의 제헌의회(1789~91)와 프랑크푸르트 제헌의회(1848)에서, 급진파는 늘 그렇듯이 중요 사안에 대해 호명 투표를 요구했다. 그것은 투표자가 어디에 투표했는지 정리한 명단을 유포하겠다는 암묵적인 때로는 명시적인 위협이었다. 그렇게 되면 급진적 제안에 반대표를 던진 사람들은 민중의 폭력에 노출될 것이기 때문이다. 개인들이 어떻게 투표했는지 확인하기 어려운 '서기와 앉기' 시스템 아래서라면 다수결이 분명했을 일조차, 호명 투표를 하면 결과가 뒤집힐 수 있다.

허위재현은 비밀 투표에서도 생길 수 있다. 본질적으로 어떤 선거 시스템에서든, 투표자가 1순위 선택지에 투표하지 않고 그렇지 않은 선

---

16 추상적으로는, 최적이 양극단 —— 한 명의 개인 또는 성인 전부 —— 가운데 하나일 수도 있다. 합리적 가정 아래서는, '내부 최댓값'(interior maximum)이 있을 가능성이 상당히 크다. 최적 규모가 작으면, 그들이 분파적 이익을 대변하지 않도록 보증하기 위해 전체 시민 가운데서 무작위로 투표자를 선택할 수도 있다. 이런 관점에서 보면, 투표는 권리가 아니라 기능일 것이다.

택지에 투표하는 것이 더 선호하는 결과물을 가져올 수 있는 상황이 생길 수 있다. (후보나 제안이 무작위 장치에 의해서 선택되고, 무작위 장치가 여러 대안 사이의 비율을 각 대안을 선호하는 투표자 비율과 동등하게 정하는 경우는 예외이다. 이런 경우에는, '사표'死票 문제가 생기지 않는다. 이런 시스템의 불이익은 명백해서, 그것이 왜 채택되지 않는지도 설명해 준다.) 1순위 선택지가 너무 크게 이기는 것은 원하지 않기 때문에 반대투표를 할 수도 있다. 예를 들어 17장에서 나는 사회당원이 당 노선을 더 왼쪽으로 이끌기 위해서 공산당에 투표하는 현상에 대해 논했다. 1순위 선택지가 선택되지 않는 것이 확실하면, 이길 가능성이 어느 정도 있는 것 가운데 최선의 대안에 투표할 수 있다. 어떤 투표 시스템은 다른 투표자가 선호하는 후보나 제안을 자신의 진짜 선호에 따른 후보나 제안보다 덜 우호적으로 평가할 유인요인을 만들어 낼 수 있다(예는 나중에 제시할 것이다). 또는 자신이 선호하는 안이 더 잘 선택되는 것만을 목적으로 하는 새 대안을 도입하려는 유인요인을 창출할 수 있다.

투표는 개인적 결정과 어떻게 다른가

개인 결정은 행위자 욕망과 믿음에 근거한다. 나는 지금까지 행위자는 자신이 원하는 것과 믿는 것을 **안다**고 가정해 왔다. 달리 말하면, 그의 결정의 전제는 **확정적**이다. 물론 결정 자체는 불확정적이다. 이때 불확정적이라는 것이 그가 전혀 결정을 내리지 않는다는 의미가 아니라 전제에 입각할 때 결정 내용이 유일한 것으로 정해지지 않았다는 의미이다. 예를 들어, 불확실성 상태에서는, 행위자가 무엇을 할지 몰라서 동전을 던져 결정할 수 있다. 과반수 투표에 기반을 둔 집단적 결정은, 은유적으로 말하면 집단이 **무엇을 원하는지** 그리고 **무엇을 믿는지 모른다는**, 한층 근본적 의미에서 불확정적일 수 있다. 이 표현은 은유이다. 왜냐하면, 개인만이 원하는 것과 믿음을 가질 수 있기 때문이다. 그러나 다수의 선호와 신념을 결정함으로써 욕구와 믿음을 집단에 귀속하는 것은 자연스럽고 무해한 발상으로 보인다. 그러나 1785년과 1837년 이래로, 다수의 선호와 다수의 믿음이라는 관념은 불확정적일 수 있다는 것이 밝혀져 있다. 그런 상황은 발견자들의 이름을 따서 **콩도르세 역설** 그리고 **푸아송 역설**이라고 불린다.[17]

콩도르세 역설은 다수결 투표의 결과물이 불확정적일 때 발생한다. 시의회에 대략 비슷한 크기의 세 분파가 있다고 해보자. 그들은 각기 재계, 산업 노동자, 그리고 사회복지 전문가 집단을 대의한다. 의회는 실내 수영장 건설, 지역 관현악단 지원, 골프장 건설 사이에서 하나를 골라야 한다. 이런 집단의 고정관념에 근거해서, 그들이 (오랜 토의 끝에) 순위를 매긴 선택지가 표 24.1과 같다고 해보자.

대안들이 서로 짝을 지어 투표로 서로 맞서게 된다면, 재계와 노동자가 형성할 다수파는 관현악단보다는 골프장을 선호하고, 재계와 전문가가 형성할 다수파는 수영장보다 관현악단을 선호하고, 전문가와 노동자가 형성할 다수파는 골프장보다 수영장을 선호할 것이다. 따라

---

17 내가 푸아송 역설(Poisson paradox)이라고 부르는 것은 '교리적 역설'(doctrinal paradox) 또는 '담론적 딜레마'(discursive dilemma)라고 불리는 경우가 더 많다. 이 두 용어는 1980년대와 1990년대에 그것을 재발견한 법학자와 철학자들이 만든 말이다. 이들보다 먼저 1921년에 푸아송 역설을 재발견한 사람은 이탈리아 법학자 바까(Vacca)이다.

표 24.1

	재계	노동자	전문가
골프장	1	2	3
관현악단	2	3	1
수영장	3	1	2

서 '사회적 선호'는 **비이행적** 혹은 **순환적**이다. 개인적 선택의 경우에는 이행성이 합리성의 요구조건이었다(13장). 현재 맥락에서는 문제가 합리성이라기보다 확정성이다. 시의원들이 근거로 삼을 것이 표 24.1의 순위가 전부라면, 그들이 어떻게 결정을 내릴 수 있을지 알기 어렵다. 투표는 시의회가 합의에 도달할 수 없어서 하는 것이므로, 더 많은 토의가 도움이 되지는 않을 것이다. 다양한 집단이 어떤 선택지를 다른 것보다 더 선호하는 강도를 측정할 수 있거나 선택지가, 객관적 욕구를 얼마나 충족하는지 측정할 수 있다면, 한 선택지가 다른 것보다 분명하게 우위에 있다고 말할 수 있을 것이다. 그러나 개인을 넘어서서 선호강도나 욕구 만족도를 비교하게 해주는 일반적 절차는 없다. 그들이 0~10 척도에 따라 등급을 매김으로써, 선택지에 대해 어느 정도나 가치를 부여하는지 개인에게 묻겠다는 것은 맥을 잘못 짚은 것이다. 한편으로 우리는 주어진 점수가 세 집단의 성원들 사이에서 같은 것을 뜻하는지 알 수 없다. 다른 한편 그들에게 선택지에 등급을 매기라고 요구하는 것은 예를 들어 1순위 선택지에는 10점을 부여하고, 다른 선택지들에는 0점을 부여하는 식으로 자신의 선호강도를 허위재현할 유인요인을 제공하는

것이다.

이런 '순환적인 사회적 선호'가 실제로 얼마나 중요한지는 불분명하다. 개별 선호가 '단봉적'單峰的이라면 이런 일은 일어날 수 없다. 이때 '단봉적'이 뜻하는 바는, 각 개인의 선호가 가장 선호하는 정책을 향해서 서서히 증가하고 그것에서 벗어나면 꾸준히 감소하는 식으로 선택지를 '최고'에서 '최저'까지 등급화할 수 있다는 것이다. 많은 경우, 이런 선호는 합당한 것이다. 한 개인이 선호하는 세율이 20%라면, 그는 18%보다 19%, 22%보다 21%를 선호할 것이다. 그럴 경우, 의회가 두 손 들고는 '인민의 의지'가 없으니 결정도 없다고 선언하는 일도 없다. 사실 현상 유지도 선택지의 하나라면, 이런 발상은 일관성이 없다. 기본값 그대로든(현상 유지), 전통적 투표 절차의 채택에 의해서든, 그도 아니면 의제의 조작에 의해서든, 언제나 어떤 결정이 이뤄진다.

그러나 결정이 이뤄졌다는 사실이 어떤 자의적이지 않은 방식으로 인민의 의지 또는 '일반' 의지가 구현되었다는 것을 함축하지는 않는다. 표 24.1에 주어진 것과 같은 (성실한) 선호들의 배치 상태에서 일반의지라는 관념은 무의미하다. 그렇다면 이런 배치 상태는 얼마나 자주 생기는가? 정치학자들은 수많은 예를 제시해 왔다. 또 다른 이들은 이른바 그 예라는 것이 잘못 서술된 것이며, 좀 더 꼼꼼히 살펴보면 이런 특정한 순환적 다수파 주장은 반박된다고 주장해 왔다. 하지만 나는 순환적 선호의 진짜 사례 둘을 제시해 볼 것이다.

1992년 10월 8일 노르웨이 의회는 오슬로 지역의 미래 공항이 가르데르모엔Gardermoen에 지어져야만 한다고 결정했다(나는 이 선택지를 대안 G라고 부를 것이다). 다른 선택지로는 호빌Hobøl(이 선택지는 대안 H라고 부를 것이다) 그리고 가르데르모엔과 기존 공항인 포르네부^{Fornebu}를 결합하는 해결책이 있었다(이 선택지를 대안 D라고 부를 것이다). 선택지들은 함께 제시된 것이 아니라 순차적으로 고려되었다. 일단 하나의 선택지가 투표에서 다수를 얻으면 그것이 채택되었다. 이런 순차적 투표가 의회의 전통적 투표 시스템이긴 했지만, 다른 시스템도 가능했다. 예를 들어, 하나의 승자가 남을 때까지 선택지를 서로 견주며 짝으로 투표할 수도 있었다. 곧 살펴보겠지만, 연속 투표에서는 선택지가 어떤 순서로 투표에 부쳐졌는지가 결정적일 수 있다.

정당이 **표현한** 선호는, 사소한 예외가 있지만, 대표자들의 투표와 일치했으며, 다음과 같았다.

노동당 (대표자 63명) : G > D > H

사회당 좌파, 기독교 민주당, 그리고 농민당 연합 (대표자 42명) : D > H > G

보수당 (대표자 37명) : H > G > D

진보당 (대표자 22명) : H > D > G

무당파 (1명) : G > H > D

이것이 **성실한** 선호라고 가정하면, 사회적 선호는 순환적이다. D는 H를 105 대 60으로 이기고, H는 G를 101 대 64로 이기고, G는 D를 101 대 64로 이긴다. 투표 이전에 의회는 대안들이 논의될 순서에 대해서 투표를 했다. 노동당은 G-D-H를 제안한 반면, 의장은 D-H-G를 제안했다. 제안들이 서로 견주어졌고, 노동당의 제안이 채택되었다. 의장의 제안이 이겼다면, 노동당은 아마 D에 투표했을 것이다. 왜냐하면, 그렇지 않을 경우, D를 다수로 모아 내지 못해서 최하순위 제안인 H가 채택될지도 모르기 때문이다. 채택된 순서에 따라 보수당도 유사한 곤경에 처했다. 결국, 보수당은 G에 투표할 것이다. 왜냐하면, 그들이 G에 투표하지 않으면 최하순위 제안인 D가 이길 것이기 때문이다. 노동당이 D가 자신의 2순위 선택지라는 것을 성실하게 드러내지 않고, G에 반대하는 투표를 하는 것이 D의 채택으로 이어질 것이라고 보수당이 믿게 하는 한에서 그럴 수 있다는 것이 추상적으로는 가능하다고 할지라도, 그것이 작동하리라는 증거는 전혀 없다. 사실 그런 경우라면, 사회적 선호는 순환적인 것이 아니다. H가 D와 G 모두를 이길 수 있기 때문이다.

두 번째 예는, 순환적 선호가 허위재현이 자아낸 인위적 구성물에 지나지 않는다는 주장을 상당히 강력하게 반박한다. 그것의 맥락은 2차 세계대전 이후 미국 군인들의 제대 순서를 결정하는 문제이다. 먼저 제대하는 것은 희소 재화였고, 그래서 공정하게 배분되어야 했다. 기준을 정하기 위해서, 군대는 징집병에 대해 대규모 조사를 시행했다. 쌍으로 이루어진 비교라서 기준들이 서로 맞선 조사에서 나온 순위는 집합적 비일관성을 드러냈다. 55%는 전투에는 나가지 않았지만 두 아이를 가진 기혼 남성이 두 차례 전투에 참여한 독신남보다 먼저 제대해야 한다고 생각했다. 52%는 18개월 해외 근무를 두 아이보다 더 중요하게 생각했다. 그리고 60%는 두 번의 전투 참여를 18개월 해외 근무보다 더 가치 있다고 평가했다. 하지만 응답자들이 그들의 선호를 허위재현했을 가능성은 아주 낮다.[18]

푸아송 역설. 법적 결정에 대한 통계 분석에 관한 책에서, 프랑스 수학자 푸아송은 다음과 같은 각주를 호기심 삼아 삽입했던 듯하다.

두 사람이 절도 혐의로 기소되었다. 두 사람을 각기 피에르와 폴이라고 하자. 피에르가 유죄인가 하는 질문에 4명의 배심원이 '예'라고 답했고, 다른 세 명도 '예'라고 답했고, 나머지 5명은 '아니오'라고 답했다. 피고는 7표 대 5표의 과반수로 유죄 선고를 받았다. 폴이 유죄냐는 질문에 첫 4명의 배심원은 '예'라고 답했고, 피에르를 유죄라고 했던 다른 세 사람은 폴에 대해 '아니오'라고 답했고, 나머지 다섯 명은 '예'라고 했다. 따라서 피에르는 9표 대 3표의 다수결로 유죄 선고를 받았다. 다음으로 절도가 여러 사람에 의해서 저질러졌는지 물었다. 이 질문에 그렇다고 답할 경우, 더 심각한 처벌을 받게 된다. 이전의 투표에 이어, 첫 4명의 배심원은 '예'라고 말하고, 나머지 8명은 폴이나 피에르가 무죄라고 선고했다. 그렇다고 해서 배심원의 투표에 모순이 있는 것은 아니다. 배심원의 결정은 둘 다 절도에 유죄이지만, 여러 명이 절도를 저지른 것은 아니라는 것이다.

배심원단은 두 가지 절차를 통해 공범 관계에 관해 결정 내릴 수 있었다. 그들이 이 문제에 직접 투표했다면, 다수의견은 무죄Not Guilty였을 것이다. 그들이 각 개인의 유죄 여부에 대해 투표한 다음, 두 투표로부터 논리적 결론을 도출했다면, 다수의견은 유죄Guilty였을 것이다. 전자는 흔히 '결론-기반' 절차, 후자는 '전제-기반' 절차라고 불린다. 둘 다

---

18 내가 그 결과를 가져온 연구의 저자들은, 문제가 개인적으로 일관성 없는 등급 매기기에 있다는 것을 암시하면서, "이런 얽히고설킨 가설적 선택에서 높은 수준의 내적 일관성은 기대하기 거의 불가능하다"고 말한다. 다수가 200% 이상을 추가했다면, 이 제안은 정당화되었을 것이다. 이들이 167%에 불과했기 때문에, 순위가 개별적으로는 일관성이 있지만, 집단적으로는 비이행성이 초래됐을 가능성이 크다. 이 연구는 선호 총합 그리고 그것의 취약한 일관성에 대한 케네스 애로 (Kenneth Arrow)의 선구적 연구 2년 전인 1949년에 발표되었다.

똑같이 그럴듯해 보이기 때문에, 배심원은 자기 생각이 무엇인지 모른다고 말할 수도 있다. 푸아송은 이 역설을 단순한 심심파적으로 여겼지만, 그것은 꽤 자주 일어나는 일이며, 주로 다중 판사 재판multi-judge courts의 심의에서 자주 발생한다.

유사한 역설이, 집단이 믿음과 선호를 총합해야만 할 때 일어날 수 있다. 일례로, 1789년 프랑스 제헌의회에서의 단원제 대 양원제를 둘러싼 토론을 살펴보자. 크게 봐서 의회는 대충 비슷한 규모의 세 집단을 포함하고 있었다. 반동적 우익은 시계를 거꾸로 돌려 절대왕정으로 돌아가기를 원했다. 온건 중간파는 의회에 대해 강한 견제권을 가진 입헌군주제를 원했다. 그리고 좌파는 의회에 대해 약한 견제권을 가진 입헌군주제를 원했다. 양원제 쟁점과 관련된 파벌구성은 아주 단순화하면 표 24.2와 같았다.

결국, 반동 세력과 급진파의 동맹으로 양원제는 폐기되었다. 일반적인 수준에서 보면 이런 현상은 서로 상쇄하는 선호 차이와 믿음 차이에 기초한 정책 합의의 사례일 텐데, 그런 사례는 매우 흔하다. 화자가 공동선에 의해서만 동기화되고 논증을 경청할 의지를 보이는 '이상적 대화 상황' 속에서 등장하는 것과는 명백히 다른 종류의 토대 위에서 사람

표 24.2

	기본 선호	믿음	정책 선호
반동적 우익	체제의 불안정화	양원제는 체제를 안정화할 것이다	단원제
온건파	체제의 안정화	양원제는 체제를 안정화할 것이다	양원제
급진파	체제의 안정화	양원제는 체제를 불안정화할 것이다	단원제

들은 만장일치를 성취하기도 하는 것이다.[19]

내 식으로 토론을 정리해 보면, 한 다수파는 양원제가 체제를 안정화할 것이라고 **믿었다**. 또 하나의 (다른) 다수파가 체제를 안정화하기를 **원했다**(표 24.2를 보라). 집합적 결정이, 먼저 (성실한) 다수결 투표에 의해 믿음을 총합하고, 이어서 (성실한) 다수결 투표에 의해 기본 선호를 총합한 다음, 끝으로 총합된 믿음에 따라서 총합된 선호를 가장 잘 실현할 행동을 취하는 식으로 이루어졌다면, **양원제**가 선택되었을 것이다.[20] 실제 결정은 결론을 내기 위한 직접 투표로 이루어졌다. 그리고 **단원제**가 채택되었다.

내가 아는 한, 의회는 항상 제안에 대해 직접 투표하고, 제안의 전제나 '이유'에 대해서 투표하는 일은 전혀 없다.[21] 내가 이미 언급했듯이, 더 작은 집단은 두 절차 가운데 어느 하나도 사용하지 않는다. 푸아송 역설이 혼합된 신념-선호 총합에서 발생할 수 있는 현실적 사례로는 기준 금리의 변경(또는 유지)를 결정하는 중앙은행위원회를 들 수 있다. 각 위원은 경제 상태에 대한 사실적 믿음과 인플레이션과 실업의 맞교

---

19 이런 결과는 1791년 5월 프랑스 의회에서 발생했다. 제헌의회 의원에게 일반적인 제1차 입법부 피선거권을 박탈하는 법안 투표에 급진파, 온건파, 반동 세력 모두가 단합했다. 급진파의 목표는 자코뱅 클럽에 유리하게 입법부를 약화하는 것이고, 반동 세력의 목표는 왕에게 유리하게 입법부를 약화하는 것이었다. 투표는 만장일치였는데, 그 이유는 온건 중간파가 '무사심에 취해서'(5장) 장래의 입법부에서 자신들이 할 역할을 '열렬히' 부인했기 때문이다.

20 이런 결과물이 나오는 것을 막기 위해, 반동들은 양원제가 체제를 불안정하게 만든다는 믿음을 거짓으로 진술했을 수 있다. 그럼으로써 믿음에 있어서 다수파를 창출하고 그런 다음 단원제 선택에서 다수파가 되었다.

21 1882년 12월 2일, 하원은 법 자체에 대한 투표 후 입법 사유에 대한 투표를 요구하는 결의안을 채택했다. 로버트(Henry Martyn Robert)의 『의사 규칙』(*Rules of Order*)에 따르면, "일반적으로 동의(動議) 자체에 동의 채택 이유를 포함하는 것은 바람직하지 않다".

환에 대한 규범적 견해를 가지고 있다. 최종 결정은 위원회가 결론-기반 절차를 활용할지 아니면 전제-기반 절차를 사용할지에 달려 있다.

협상

협상은 협동과 갈등의 혼합 상황에서 발생한다. 두 당사자는 협동함으로써 서로를 더 나아지게 할 수 있는 상황에 있다. 그러나 많은 협정이 양 당사자 모두의 처지를 개선하지만, 편익은 불균등하게 배분한다. 따라서 각 당사자는 협동적 협정을 자신에게 유리하게 이끌기 위해 노력할 것이다. 협상의 기본 딜레마는 교섭자가 자신에게 유리한 합의를 얻기 위해 사용하는 여러 전술과 전략이 합의를 지연시키는 경향이 있고, 나눠 먹을 파이 크기의 축소라는 또 다른 협상 비용을 부과하는 것이다. 한 학자의 말에 따르면, "협상은 협상의 목표인 잠재적 이득을 제거하는 내재적 경향이 있다". 중요한 예는 오직 파업을 견딜 목적으로만 대량의 재고를 쌓는 경향을 가진 기업들이다.

위협과 약속은 협상의 주요 도구이다. 한 배우자는 다른 배우자가 공동양육권에 합의하지 않으면 단독양육권 소송을 제기하겠다고 위협할수 있다. 임금 협상에서 노동자들은 파업, 준법 노동 또는 초과 근무 거부 등으로 위협할 수 있고, 고용주는 직장 폐쇄나 공장 폐쇄로 위협할수 있다. 회사 경영진은 노동자가 더 열심히 일하지 않으면 해고하겠다고 위협할 수 있다. 한 나라는 영토를 양보하지 않으면 다른 나라를 침략하겠다고 위협할 수 있다. 제헌의회에서 한 지역 단위의 대표자는 의회가 그 단위에 유리한 대의제 양식을 채택하지 않으면 퇴장하겠다고 위협할 수 있다. 미국 상원의원은 대통령의 지명 철회를 이끌어 내기 위해 필리버스터로 위협할 수도 있다. 하원은 대통령이 입법을 막기 위해 거부권을 행사한다면 예산 투표를 거부하겠다고 위협할 수도 있다.

약속의 측면을 보면, 투표로 결정하는 한 집단의 한 성원은, 어떤 동료가 자신에게 중요한 문제를 위해 투표해 준다면, 자신도 그 동료에게 중요한 제안을 위해 투표하겠다고 약속할 수 있다(결탁). 주택 판매자는 구매자가 그가 요구하는 가격에 응하지 않으면 재협상하지 않을 것이라고 약속할 수 있다. 이와 마찬가지로, 유괴범은 몸값을 내면 희생자를 풀어 주지, 계속 데리고 있으면서 새로운 요구를 하진 않겠다고 약속할 수 있다. 역으로 정부는, 테러리스트가 납치한 희생자들을 풀어 준다면, 동료 테러리스트를 석방하겠다고 약속할 수 있다. 납치된 희생자는 자신을 풀어 주면 경찰에게 유괴범의 신상에 대해 아무 말 하지 않겠다고 약속할 수 있다. 죄수의 딜레마 상황에 있는 사람은 타자가 협동한다면 자신도 협동하겠다고 약속할 수 있다.

효력이 있으려면, 즉 행위를 바꾸려면, 위협과 약속이 **신빙성 있어야만** 한다. 위협이나 약속의 표적이 된 인물은, 그가 동조하지 않으면 **위협이 실행되거나**, 동조하면 약속이 **지켜질 것**이라고 믿어야 한다. 가장 간단한 예로, 이런 믿음은 그것이 위협을 실행할 사람에게 이익이 된다는 사실에 근거한다. 내가 내 집에 들어온 무장하지 않은 도둑을 놀라게 한다면, 그리고 그가 떠나지 않으면 경찰을 부르겠다고 위협한다면, 그는 위협에 굴복하지 않을 경우 위협을 실행하는 것이 내 이익에 부합할 것을 알기 때문에 굴복할 것이다. (그가 무장했다면, 위협은 신빙성이 없을 것이다.) 토머스 셸링이 제시한 고전적 예에 따르면, 납치범에게 나를 풀어 주면 당신의 신분을 밝히지 않겠다고 약속한 것이 신빙성 있으려면, 그가 만일 체포되어서 공개하면 내게 피해를 줄 확실한 정보를 그에게 제공해야 한다.

어떤 인물이 약속을 지키거나 위협을 실행하는 것이 자신의 이익에 도움이 되지 않을 때조차 그렇게 하는 것을 규칙으로 삼을 수도 있다. 그렇게 함으로써, 그는 장기적으로 유용한 **평판**을 쌓을 수 있다. **비합리성**도 협상에 요긴할 수 있다. (그러나 다른 사람이 그렇게 인식하는 경우에만 그렇다). 주어진 상황에서, 협상 탁자를 박차고 나가겠다는 위협은 화가 나 있으면 신빙성 있지만, 아니면 그렇지 않다. 협상자가 무엇이 자기 이익인지 모른다면(그렇게 인식된다면), 그의 **무능력**도 도움이 될 수 있다. 행위자는 **신빙성에 투자**할 수도 있다. 케네디 대통령은 피그스 만(코치노스 만)에서 낭패를 본 이후 그렇게 주장했다. "우리는 우리의 힘이 신빙성 있어 보이게 하는 데 문제가 있다. 그런 일이 베트남에서 일어나고 있다." 베트남 전쟁에 대한 대부분의 설명은 미국 행정부가 줄곧 도미노 이론을 믿었다는 점을 언급한다. 그러나 라오스를 비롯한 인근 국가의 공산주의 세력에 대항해서 미국이 개입하겠다는 위협은 남베트남을 포기하는 한 신빙성 있을 수 없었다. 케네디의 논평은 도미노 이론 맹신에 근거한 설명을 비트는 것이다. 그의 말은 베트남 전쟁이 신빙성을 **유지하려고** 한 것만은 아니고 **창출하기** 위해 개시된 것임을 함축하기 때문이다.

신빙성 없는 약속과 위협의 예 몇 가지를 살펴보자. 약속부터 보면, 1789년 가을 프랑스 제헌의회에서 있었던 실패한 결탁 시도가 있다. 온건파인 무니에Jean-Joseph Mounier와 급진파 3인(바르나브Antoine Barnave, 뒤

포르Adrien Duport, 라메트Alexandre Lameth) 사이에 세 번의 회합이 있었는데, 그때 급진파 3인은 다음과 같은 제안을 했다. 그들은 무니에에게 왕의 절대적 거부권과 양원제 모두를 줄 테니, 그 대가로 왕은 의회 해산권을 포기하고, 상원에 대해서는 일시적인 거부권만을 가지며, 개헌을 위한 주기적 회합 개최를 요구했다. 무니에는 3인이 그런 약속을 제공할 능력이 있다고 믿을 수 없다며, 제안을 즉각 거부했다. 왜냐하면, 그 당시 의회에는 단일 분파로 투표할 수 있을 만큼 훈련된 집단 형성에 기초한 근대적인 의미의 정당이 없었기 때문이다.

다른 예로, 민주주의 이행에서 이전 시기 지도자에 대한 소추 면제 약속 문제를 살펴보자. 1983년 아르헨티나에서, 1984년 우루과이에서, 그리고 1989년 폴란드와 헝가리에서 이런 약속이 제시되었고 수용되었지만 깨졌다. (남미에서는 군부가 쿠데타 위협으로 약속 준수를 강요했다.) 되돌아보면, 장군들과 정당 지도자들은 이런 약속이 신빙성이 없다는 것을 간파했어야 했다. 협상에 들어오는 지도자들이, 법원과 입법부가 약속을 존중하리라고 보증할 수는 없기 때문이다. 폴란드 원탁회의에서 상대방과 협상하는 일을 맡은 사람들은 연대노조 좌파에 속해 있었는데, 그들은 **약속은 지켜져야 한다**_pacta sunt servanda_고 주장했다. 하지만 연대노조 우파가 권력을 잡자 서약은 무시되었다. 2003년에 시작된 콜롬비아의 불법무장단체 해산 과정에서, 정부 측 협상가들이 했던 몇 가지 약속은 나중에 법원이 파기해 버렸다.

25장에서 나는 개정하기 어려운 성문 헌법의 결여 때문에 18세기 영국 의회가 미국 식민지에 믿을 만한 약속을 하는 것이 불가능했던 이유에 대해 논의할 것이다. 또한, 1688년 명예혁명 이전 영국 군주들은 채권자에게 믿을 만한 이행 약속을 할 능력이 없어서 어려움을 겪었다는 주장이 있다. 결과적으로, 그들은 채무 불이행 위험을 보상하기 위해 더 높은 이자로 대출해야만 했다. 1717년 감채기금減債基金, the Sinking Fund을 설립하면서, 로버트 월폴Robert Walpole은 "기금에 대한 의무 인가를 미래의 재무장관이 깰 수 없는 것으로 간주하는 일종의 '기본법'으로 구성한다고 발표했다". 어떤 정부도 미래 정부를 구속할 수 없으므로, 그의 서약은 공허한 것이었다. 1733년 기금의 잉여금을 그의 예산 계정으로 이체함으로써 월폴 자신이 이 계약을 위반한 최초의 수상이 되었다. 프랑스의 왕들 역시 '전능해서 무능'했다. 루이 15세의 가장 유능한 장관이었던 마쇼Jean-Baptiste de Machault d'Arnouville는 감채기금 설립을 시도했다. 그러나 그는 긴급 상황에 이 기금을 약탈적으로 사용하는 것을 막을 수 없었기 때문에, 채권자들의 신뢰를 얻을 수 없었다.

일상생활에서도 신빙성 없는 **위협** 사례는 다반사이다. 부모는 누구나 알고 있듯이, 아이가 어떤 행동을 하거나 하지 않은 것에 부모가 가혹한 처벌을 내리겠다고 선포하면, 아이는 그걸 엄포로 보고 대드는 경우가 많다. 일반적으로, 위협이 뜨거운 열정의 소산이고 위협 대상이 그런 열정이 곧 시든다는 것을 안다면, 위협은 무시될 것이다. 스피로 애그뉴Spiro Agnew가 사임할 때까지, 리처드 닉슨을 탄핵하겠다는 위협은 신빙성이 없었다. 탄핵의 귀결을 수용하기 어렵게 보였던 탓이다. 1986년 로널드 레이건의 미사일 방어 시스템 구축 위협은 본질적으로 신빙성 없는 것이었다. 유일한 예외는 레이캬비크에서 그와 회담했던 미하일 고르바초프Mikhail Gorbachev였다. 회담에 참석했고, 그들의 만남을 기록한 역사가는 이렇게 썼다. "레이건은 너무나 그것을 건설하고 싶었고,

고르바초프는 너무나 그것을 막고 싶었다. 실제로는 현실성이 전혀 없는 일이었지만, 실제로는 그들에게만 현실로 가정되었고, 그래서 그들에게만 현실이었다." 그들의 상황은 내가 반복해서 인용했던 구절, 즉 사람들은 두려워하는 것과 희망하는 것 모두를 쉽게 믿는다는 말의 완벽한 예시이다. 미국과 소련이 상대방의 공격에 대해 핵무기로 반격하겠다는 위협의 신빙성 문제는 까다로운 철학적 문제를 제기하지만, 경험적 해결에는 도움이 되지 않는다. 공화당 지도자들은 몇 가지 요구를 들어주지 않으면 정부 폐쇄를 하겠다고 위협했지만, 클린턴Bill Clinton 대통령과 오바마 대통령은 그런 엄포에 대항했다. 우주 전체에 대한 북한의 위협은, 명백히 내부 소비 전용이 아니라면 믿기지 않는 일이다.

이제 두 가지 예를 더 자세히 살펴보자. 하나는 회사와 노동조합 사이의 임금 협상이고,[22] 다른 하나는 자녀 양육권을 둘러싼 부모 사이의 협상이다.

임금 협상 합의의 중요한 결정요인은 당사자들이 가진 **외부 선택지와 내부 선택지**이다. 임금 협상에서 노동자는 길 건너 회사에서 받을 수 있는 것보다 더 낮은 임금 제안을 수용하지 않을 것이다. 이것이 노동자의 외부 선택지이다. 다른 **지역**으로 이사 가서 받을 수 있는 임금은 이사 비용이 많이 들기 때문에 고용주가 제안하는 임금의 하한선을 제공하지 않는다. 다른 **산업**에서 노동자에게 지급되는 임금도, 노동자가 해당 산업에서 일자리를 얻을 수 있는 자격이 없으면, 하한선을 구성하지 않

---

22 여기에서 나는 먼저 서구식 임금 협상을 고찰할 것이다. 이 장의 끝에서, 중국에서 출현하고 있는 임금 협상 시스템에 대해 논의할 것이다.

는다. 그럼에도 불구하고, 그것은 사회 규범을 통해 협상 결과물에 영향을 줄 수 있다. 회사 역시 외부 선택지를 갖는다. 회사는 작업을 중단할 수도 있고, 공장을 잔존가치 가격으로 팔아치울 수도 있다.[23] 이런 외부 선택지는 당사자 간의 관계 결렬이 **확정된** 후 당사자에게 남은 대안의 가치를 대변한다.

회사와 노동자에게는 **내부 선택지**도 있다. 파업이나 공장 폐쇄로 인한 **일시적** 관계 결렬 동안 당사자가 보유한 자원이 그것이다. 토크빌은 1830년경 프랑스에서 "다른 사람들이 자신의 노동에 대한 정당한 보상이라고 생각되는 것을 주려고 하지 않을 때, 거의 모든 노동자가 자신의 노동 제공을 보류할 수 있는 약간의 안전한 자원[소규모 토지]을 가지고 있다"고 지적했다. 지금은 노동자들에게 가장 중요한 내부 선택지는 파업기금이다. 고용주에게 그것은 재고 규모이다. 영국의 탄광 노조를 해체하기 위해, 마거릿 대처는 탄광 고용주에게 1년치 석탄을 재고로 축적할 것을 권장했다. 노동자 대부분이 가족이 없는 젊은 남녀이거나 주택 모기지 부담이 크지 않으면, 그들의 내부 선택지가 향상된다. 자본 집약적 기술보다는 노동 집약적 기술을 채택한 회사가 내부 선택지 면에서 더 유리하다. 통상 자본 집약적 기술은 높은 수준의 이자를 지급해야 한다는 부담이 있기 때문이다.[24]

---

23 공장을 영구적으로 폐쇄하겠다는 위협은 신빙성이 없어 보인다. 하지만, 그것이 1956년 달링턴 공장의 노동자들이 노조를 조직했을 때 로저 밀리켄(Roger Milliken)이 한 일이다. 나는 그가 그렇게 하겠다고 위협했는지는 모른다.

24 그러므로 맑스가 말한 것처럼 기계가 "파업을 억제하는 가장 강력한 무기"라는 것은 사실이 아니다. 미국 철강 산업의 몰락은 '인질 자본'(hostage capital)에 대한 투자의 두려움으로 설명되어 왔다.

협상 결과물은 행위자의 '형식적 선호'(5장) —— 시간 할인과 위험 태도 —— 에도 영향을 받는다. 일반적으로 말해서, 참을성이 없고 위험을 회피하는 행위자가 불리하다. 이 경우 조급함은 순수한 시간 할인 때문이 아니라 파업 중에 근로자를 지원할 소규모 토지 또는 파업기금의 부족과 같은 희소성(6장 참조) 때문이다. 참을성 없는 행위자는 파이를 더 빨리 얻기 위해 제 몫을 일부 포기할 의향이 있으며, 그 때문에 더 참을성 있는 행위자보다 작은 몫을 얻는다. 위험 회피 성향이 높은 노동자는 더 많은 임금을 위해서 더 큰 실업 위험을 감당하려고 하지 않는다. 결과물은 사회 규범 또는 도덕 규범에 의해서도 영향을 받을 수 있다. 이윤은 높지만 임금은 인상하지 않는 회사는 공정하게 행동하는 것으로 보이지 않고, 그로 인해 강력한 분노를 자아낼 수 있다. 내부 선택지가 개선되지 않았다고 가정될 때도, 이런 감정의 영향으로 노동자는 파업 실행을 위협할 수 있다. 다른 회사 일자리가 외부 선택지를 구성하지 않을 때조차, 다른 회사 임금과의 비교는 공정성 인식 형성에 중요하다. 회사가 노동자에게 임금 C를 지급할 때, 법정 최저 임금이 A에서 B로 증가하면 C > B일 때조차 임금이 C에서 D로 증가할 수 있다.

자녀를 하나 또는 여럿 둔 부부가 이혼할 때 자녀 양육권에 합의하지 못할 수 있다. 법원에 가기 전에 개인 협상을 시도할 수 있다. 나는 아래 논의에서 자녀가 둘인데 하나는 아들이고 다른 하나는 딸이며, 부모가 양육권 분배에 대해 다음과 같이 순위를 매기고 있다고 가정할 것이다.

아버지: 두 아이 모두의 양육권이 아들만의 양육권보다 선호되고, 아들만의 양육권이 딸만의 양육권보다 선호되고, 딸만의 양육권은 모든 양육권을 잃

는 것보다 선호된다. 이런 선택지의 기수적 선호를 u_1, u_2, u_3 그리고 u_4로 표시한다.

어머니: 두 아이 모두의 양육권이 딸만의 양육권보다 선호되고, 딸만의 양육권이 아들만의 양육권보다 선호되고, 아들만의 양육권은 모든 양육권을 잃는 것보다 선호된다. 이런 선택지의 기수적 선호를 v_1, v_2, v_3 그리고 v_4로 표시한다.

부모가 협상에서 합의하지 못하면, 법정에 간다. 법적 결정의 예상 결과물은 그들의 외부 선택지 또는 소위 **위협 지점**이라는 것으로 대표된다. 그들의 사적 협상은 이제 '법의 그늘 속에서' 진행된다. 즉, 부모 중 누구도 자신의 효용이 법원이 부과한 해결책의 기대 효용보다 낮은 양육권 협정을 수용하지 않을 것이다. 법원이 두 아이에 대한 단독양육권을 부모 가운데 한편에게 줄 가능성이 동등하다고 그들이 믿을 구체적 조건을 가정해 보자.[25] 이런 해결책의 기대 효용은 아버지의 경우 $(u_1+u_4)/2$이고, 어머니의 경우는 $(v_1+v_4)/2$일 것이다(기수적 효용은 확률적으로 선형적이라는 점을 밝힌 12장 내용을 상기하라). 더 나아가서 있을 수 있는 협정 각각의 효용은 그림 24.1과 같다고 가정하자.

협상 이론에서, 4개의 꼭짓점을 연결하는 선은 다양한 양육권 **확률**에 따라 부모가 갖게 될 효용을 나타낸다. 예를 들어, "아버지가 두 아이 양육권을 얻는다"와 "아버지가 아들, 엄마가 딸 양육권을 얻는다" 사이

---

25 이런 일은, 예를 들어, 법정이 두 해결책 사이에서 동전을 던져야 한다고 법이 말하거나, 부모 모두 양육권에 똑같이 적합하다고 믿는 드문 사건에서 일어난다. 많은 실제 사례에서는, 자신이 단독양육권을 얻는다고 생각하는 아버지의 확률과 어머니의 확률의 합은 100%를 초과할 것이다.

그림 24.1

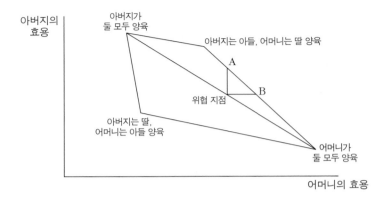

의 중간 지점은 부모가 두 선택지를 두고 동전을 던질 때 기대되는 효용을 나타낸다. 두말할 나위 없이, 이런 일은 부모 간의 실제 협상에서 전혀 일어나지 않는다. 그것은 단지 상황을 수학적으로 다루기 쉽게 만드는 장치일 뿐이다. 더 현실적인 가정은 부모가 자녀 양육권과 재산 분할에 대해 동시에 협상하는 것이다. 그럴 때, 선의 중간 지점은 어머니가 딸 양육권을 얻기 위해 아버지에게 재정적 **측면 보상**_side payment_을 한 상황을 나타낼 수 있다. 꼭짓점이 대변하는 '순수' 해解 가운데 어떤 것도 부모 모두가 수용할 수 없을 것이다. 왜냐하면, 부모 중 한 사람은 항상 법정으로 가는 것을 선호하기 때문이다. 상호 간에 수용 가능한 유일한 결과물은 **AB** 라인의 '혼합 해'이다. 왜냐하면, 이 선 위에 있는 가능한 모든 양육 및 재정 조정은 법원에 갈 때보다 부모 모두에게 효용이 더 높기 때문이다.[26]

　이 분석은 관련된 일부 쟁점에 대해 개략적인 직관적 이해를 제공할 뿐, 쟁점 전반을 포획하는 건 아니다. 특히, 내부 선택지, 즉 협상 및 소송

중에 발생하는 것을 분석할 여지가 없다. 한 부모에게 더 큰 재정 자원이 있으면, 그는(더 드물지만 그녀는) 비싼 변호사와 전문가 증인을 고용할 수 있다. 더욱이 괴롭고 질질 끄는 양육권 소송으로 인해 아이가 입을 피해에 대해 부모 A가 부모 B보다 더 많이 걱정한다면, 부모 A는 양육권을 기꺼이 포기할 수도 있다. 솔로몬 왕은 그럴 때 부모 A에게 양육권을 주겠지만, 법원은 이런 요소를 고려할 수 없다.[27]

조바심과 위험 회피와 같이 협상의 결과물을 조형하는 주관적 정신상태는 직접적으로 관찰할 수 없다. 따라서 협상자는 언어적·비언어적 행위로 그런 정신상태를 허위재현하는 것에 관심을 기울인다. 결탁에서는 양측이 상대에게 더 큰 양보를 강요하려고, 자기가 포기해야 하는 것의 중요성을 과장한다. 노동자들이 작업장에서의 비싼 안전장비의 중요성을 크게 강조한다면, 그것은 그런 것 없이 지내는 대가로 큰 폭의 임금인상을 정당화하려는 술책이다. 기만하려는 시도가 너무 뻔하면, 잘 작동하지 않는 경우가 많다. 이혼하는 부부 가운데 한편이 재정협상에 유리하게 진행하려고 자녀 양육권에 큰 관심이 있다는 듯이 군다면, 다른 편은 결혼 생활이 깨지기 전에는 아이에 관해 전혀 관심이 없었다는 것을 기록한 자료를 제출하거나, 최근에 여행 부담이 큰 직장 제안을 수용한 사실을 제시할 수도 있다. 그러나 선견지명이 있는 부모는 이런 문제를 예상하고 결혼 생활이 깨졌다는 것을 상대방이 깨닫기 전에 아이에 관한 관심을 주장하기 위한 밑 작업을 할 수도 있다.

---

26 대체로 부적합한 다양한 수학 이론이 이런 조합 가운데 어떤 것이 선택될지 여러모로 예측한다.
27 만일 그렇게 되고 그렇게 된다는 것이 알려지면, 부모 B도 양육권을 포기하고 싶을 수 있다.

논증에 참여한 당사자들처럼, 협상자들에게도 자신의 이익을 **원칙**에 따른 것으로 허위재현할 유인요인이 있을 수 있다. 그렇지만 허위재현 뒤에 있는 이유는 다양하게 구성된다. 논증 당사자들은 자신의 제안이 노골적인 이익에 근거하고 있다는 불명예opprobrium를 막고 싶어 한다. 협상에서는, 이익의 표명에 어떤 불명예도 따라붙지 않는다. 회사와 노동자는 이윤과 임금에 관심을 가진 것으로 가정되지, 공공선에 관심을 가진 것으로 가정되지 않는다. 그런데도 협상가는 그의 요구를 원칙에 맞추는 것에서 전략적 이득을 얻을 수 있다. 그들은 원칙에 기반을 둔 요구를 철회할 때는 그저 이익이 문제일 때보다 더 대단한 양보를 했으니 상대방의 더 큰 양보를 기대할 만하지 않느냐고 주장할 수 있다. 그러나 각자가 모두 이런 전술을 채택한다면, 협상은 깨질 것이다.

배출권 할당에 관한 협상은 이런 문제에 취약하다. 국가는 자신의 물질적 이익과 맞는 원칙에 끌릴 수 있기 때문이다. 한 연구는 다음 네 가지 원칙에 주목한다.

- **평등주의 규칙**은 일인당 배출량 동일 원칙을 제시한다. 그것이 뜻하는 바는, 지구 인구 가운데 x%를 가진 국가는 x%의 온실가스를 배출할 지구적 자격을 갖는다는 것이다.
- **주권 규칙**은 현재 배출량의 동일 비율 감소 원칙을 제시한다. 그것이 뜻하는 바는, 온실가스 배출량이 지구 배출량의 x%에 해당하는 국가는 x%의 지구적 배출 자격을 갖는다는 것이다.
- **오염원 부담 규칙**은 저감 비용과 배출량 사이의 동등한 비율 원칙을 제시한다. 그것이 뜻하는 바는, 온실가스 배출량이 지구 배출량의 x%에 해당

하는 국가는 x%의 지구적 저감 비용을 부담해야 한다는 것이다.

- **부담 능력 규칙**은 저감 비용과 GDP 사이의 동등한 비율 원칙을 제시한다. 그것이 뜻하는 바는, GDP가 지구 총생산의 x%에 해당하는 국가가 x%의 지구적 저감 비용을 부담해야 한다는 것이다.

이 연구의 저자들은 먼저 러시아, 유럽 연합, 중국 그리고 미국이 각 원칙에 따를 때 부담할 비용을 산정했다. 그런 다음 기후 정책 관련 요원들 사이에서 수행된 설문 조사 결과를 보고했다. 그들이 했던 설문 조사는 이런 국가 또는 국가 집단이 네 개의 형평성 규칙 가운데 어떤 것을 얼마나 지지할지 평가하는 것이었다. 그들은 유럽 연합, 미국 그리고 러시아는 자신들이 최소한의 비용을 부담할 형평성 원칙을 지지할 것이라고 보았다. 중국의 경우는 결과가 모호했다. 원칙의 이런 전략적 활용은 **논쟁과 협상의 구별**을 흐린다.

구별은 하나의 진술이 **위협**이나 **경고**로 이해되어야 하는지 불명확할 때도 흐려진다. 나는 B가 X를 하지 않으면, A가 B에 해를 끼칠 것이라는 A의 진술을 위협으로 이해한다. 그리고 B가 X를 하면 나쁜 일이 B에 발생하지만, 그것이 A의 행동의 결과는 아니라는 A의 진술을 경고로 이해한다.[28] 또한 나는 B가 X를 한다면 A가 B를 도울 것이라는 A의 진술을 약속으로 이해한다. 그리고 B가 X를 한다면, B에게 좋은 일이 일어날 것이지만, 그것이 A의 행동의 결과가 아니라는 A의 진술을 보증으

---

28 일부 작가들은 신빙성 있는 위협과 신빙성 없는 위협에 대한 나의 구별법 대신 경고-위협 대립 쌍을 사용한다.

로 이해한다.

중국, 특히 광저우에서 떠오르고 있는 임금 협상 시스템은 위협과 경고 사이의 모호함을 보여 준다. 중국 노동법에 따르면, 개별 중국 노동자는 파업이 허용된다. 적어도 이론상으로, 그들은 파업 기간에도 임금을 받으며, 파업을 위한 조퇴로 처벌받지 않는다. 노동자 집단은 노동조합을 구성하고 지도자를 선출할 수 있다. 그러나 서구 노동조합에 해당하는 중국 조직은 서구와 달리 파업을 위협 수단으로 쓸 수 없다.[29] 이런 장애를 우회하기 위해서, 노조 지도자들은 경영진에게 임금이나 노동 조건이 너무 불만족스러워서 노동자들의 요구가 충족되지 않으면 파업이 일어날 것이라고 경고한다. 또한, 2010년 노동 조건에 절망해서 14명의 근로자가 자살한 센젠深圳의 폭스콘 같은 다른 공장에서 벌어진 유명한 사건을 언급하며, 유사한 사건이 자신의 공장에서 발생할 수도 있다고 넌지시 말한다. 이것들은 단순한 사실적 진술이며, 진위로 평가된다. 반면에 위협은 신빙성이 있는가 없는가에 따라 평가된다.[30] 물론 실제로 노동자들이 하는 일은 노조 지도자의 통제 아래 있다. 그는 그들의 마음의 상태에 영향을 줄 수 있는 위치에 있기 때문이다.

경고로 위장한 위협의 또 다른 사례는, 1789년 7월 9일 베르사유에서 열린 제헌의회에서 있었던 일이다. 미라보 백작은 군대가 의회 주변

---

29 서구에서도 합법적인 일을 하겠다고 위협하거나 약속하는 것은 불법이다. 법은 어떤 여성이 정부의 아내에게 그들이 불륜관계라는 것을 말하는 것을 막지 않는다. 그러나 그녀가 돈을 주지 않으면 그렇게 하겠다고 위협하는 것은 협박이고 불법이다. 유권자는 출마한 후보 가운데 누구에게나 자유롭게 투표할 수 있지만, 돈을 대가로 그 가운데 하나에 투표하겠다고 약속할 수는 없다.
30 서구 노동조합 지도자들도 자신의 위협을 경고로 위장할 수도 있지만, 그렇게 한다면 그 이유는 법적인 것이 아니라 전략적인 것이다.

에 집결한 직후 루이 16세에게 이렇게 연설했다. "토론의 장소 가까이 왔고 인민의 이익뿐 아니라 열정마저 공유한 프랑스 군인들은, 서약이 그들을 군인으로 만들었다는 것은 잊을 수 있지만, 자연이 그들을 인간으로 만들었다는 것은 기억할 것입니다." 이 진술은 엄밀히 말해서 위협이 아니라 경고였다. 그러나 자연이 그들을 인간으로 만들었다는 것을 그가 군인들에게 **상기시킬** 것이라고 주장했다면 ── 그랬다면 그는 반역죄 혐의를 뒤집어쓸 수도 있었다 ── 그 말은 위협이었을 것이다. 연설은 군대 전체에 즉시 퍼져 나갔고, **자기실현적 경고**가 되었다. 위협은 아니었지만, 위협과 다름없었던 셈이다.[31]

상원에서 각 주를 대의하는 문제를 둘러싸고 이루어진 연방 회의에서의 토론을 추가적인 예로 살펴보자. 논전의 뼈대는, 작은 주가 요구한 대로 모든 주가 동등한 대표를 가질지, 또는 큰 주가 요구한 대로 인구비례로 대표할지였다. 1787년 6월 30일, 동등한 대의를 적극적으로 표명한 주인 델라웨어의 대의원 베드퍼드Gunning Bedford는 다음과 같이 주장했다. "큰 주들이 감히 동맹을 해체하지는 않을 것입니다. 그들이 그런다면, 작은 주들은 그들의 손을 잡고 의롭게 행동할 더 큰 명예와 선의를 가진 **외국 동맹국을 찾을** 것입니다. 이런 말로 그가 겁을 주려고 하거나 경고하려는 것이 아닙니다. 그것은 연방 시스템을 파괴하지 않는 연

---

31 그와 유사하게, 암브로시우스 주교가 발렌티아누스 황제의 대사에게 다음과 같이 말한 바 있다. "그가 흥분시킨 것은 아니지만, 사람들의 분노를 달래는 것은 오직 하느님의 능력에 달려 있었다. 그는 피와 혼란의 장면을 비난하지만, 그것은 쉽게 일어날 일이었다." 기번은 이런 말이 "진지한 내전 선언으로 해석될 수 있다"고 주장했다. 기번은 레츠의 추기경이 (아마도 암브로시우스 주교에게서 영감을 받아) 프랑스의 섭정 여왕이었던 오스트리아의 안(Anne)에게 했던 비슷하게 모호한 진술도 언급한다.

방 권력 확대를 통해 피하지 않는다면 닥치게 될 자연적 귀결입니다."

이것은 "자연적 귀결"이란 언급 밑에 신빙성 있는 위협을 깔고 있는 인화성 발언이다. 7월 5일, 펜실베이니아의 모리스^{Gouverneur Morris}가 반격했다.

> 더 큰 주들이 동의할 것이고 더 작은 주는 거부할 것이라고 가정합시다. 그리고 그 귀결을 따라가 봅시다. 더 작은 주들에서 시스템의 반대자들은 잠시 파티를 열고 소란을 피우겠지만, 그들과 다른 주들을 연결하는 이익, 혈연 그리고 공통 관습의 결속은 너무 강력해서 쉽게 끊어질 수 없습니다. 특히 뉴저지의 많은 사람이 펜실베이니아와 뉴욕의 감성을 따를 것을 그는 확신했습니다. 이 나라는 연합해야 합니다. 설득으로 연합하지 못하면, 칼이 하게 될 것입니다. 그는 이런 심사숙고가 마땅한 무게를 인정받을 것을 간청했습니다. 폭동을 지켜보며 느낄 공포를 차마 묘사할 수 없습니다. 폭동이 이어지는 기간보다 그 결과가 더 나쁠 것입니다. 그러면, 더 강한 파당은 약한 파당을 반역자로 만들 것입니다. 교수대와 고삐가 칼의 작업을 완료합니다. 혼란 상황에 즉각 참여하기에 외국 세력이 얼마나 멀리 떨어져 있는지 그는 말하지 않았습니다. 그들을 초대할 것이라는 위협은 폐기된 것 같습니다.

이 진술은 경고인 동시에 위협으로 읽을 수 있다. 일부 대표단은 이를 위협으로 느꼈다. 모리스를 대신하여 노스캐롤라이나의 윌리엄슨^{Hugh Williamson}이 했던 한발 물러서는 말이 그것을 시사한다. 그는 "모리스 씨의 말이 작은 주들을 향해 칼을 뽑아 들어야만 한다는 뜻이라고 생각하지 않습니다. 그는 단지 미합중국이 무정부 상태에 빠지면 있을 수 있는 귀결에 대해 지적했을 뿐입니다"라고 말했다. 달리 말하면 모리스는 위협을 한 것이 아니라 예견되는 귀결을 지적했을 뿐이라는 것이다. 같은 날인 7월 5일에 베드퍼드 또한 다음과 같이 분명하게 말함으로써 한 걸음 물러섰다.

> 그는 작은 주들이 외국 세력의 원조와 중재를 간청할 것이라는 뜻으로 말한 것은 아닐 것입니다. 그가 말하고자 한 것은 큰 주들의 법적 결정에 의하지 않는 한, 연방 협약은 해소된 것으로 간주되지 않는다는 것입니다. 그 경우, 그들 편에서 저지른 신념 위반의 귀결로 그리고 작은 주들이 그들의 참여를 완수하려고 하는 것 때문에, 이 나라에 바라는 것이 있는 외국 세력이 작은 주들과 손을 잡는 것이 이익이 된다는 것을 알게 될 것입니다. 그것이 그들에게는 정의를 구현한다는 구실도 될 것입니다.[32]

중국의 임금 협상과 미라보 백작이 왕에게 한 연설에서, 경고의 언어에 의존하는 것은 아마 위협이 불법적이고 심지어 반역적이기도 하다는 사실에 기인한다. 필라델피아의 경우에는 대놓고 위협하는 것에 결부된 사회적 불명예 때문일 것이다. 여러 대표자가 적나라한 이익에 기초한 주장을 했던 작은 비공개 의회에서조차, 위협은 도리를 벗어난 일이었다.

---

32 내가 고딕체로 표시한 베드퍼드의 첫 번째 진술에서는 동맹국과의 동맹 주도권이 미국의 주들에 있지만, 두 번째 진술에서는 외국에 전가된다.

협상 상황에서는 각각의 편이 서로 다른 목표를 가진 여러 집단으로 이루어질 수 있다. 따라서 권위주의 체제로부터 민주주의 체제로의 타협적 이행에서, 야당뿐 아니라 정부도 강경파와 온건파로 분할된다. 그리고 강경파는 타협에 더 큰 거부감을 보인다. 따라서 양측의 온건파 사이의 협상에서 각 편은 자신이 양보할 수 있는 범위에 한계가 있다고 주장하기 위해서 자기 진영의 강경파를 거론한다. 즉, 그들은 어떤 특정한 행동을 이행하겠다고 위협하지 않고, 자신의 동맹세력인 강경파가 저지를지도 모르는 일에 대해 경고할 뿐이다. 같은 원칙이 국제관계에도 적용된다. 리처드 닉슨은 회고록에서 이승만 대통령이 미국과 독립적으로 행동하는 경향에서 느낀 좌절감이 그에게 이승만이 한 다음과 같은 말에 의해 누그러졌다고 썼다. "한국이 독립적으로 행동하는 것에 관해 내가 말했던 모든 말은 미국을 돕기 위한 것이었습니다. … 미국이 이승만을 통제한다고 공산당이 확신하는 순간, 당신은 **가장 효과적인 협상 지점** 가운데 하나를 잃게 될 것입니다. … 공산주의자들은 미국이 너무 평화를 원하므로 당신이 그것을 위해 무엇이든 할 것이라고 생각합니다. … 그러나 그들은 나에 관한 한 그렇게 생각하지 않습니다. 이런 측면에서 그들의 의심을 없애려고 하는 것은 당신이 잘못하는 것이라고 나는 믿습니다."(강조는 인용자)

요약

이 장의 다양한 갈래의 논의를 모아 보면, 집합적 의사결정 과정은 그림 24.2와 같이 재현될 수 있다. 요점은 아마 집합적 의사결정 메커니즘 각

그림 24.2

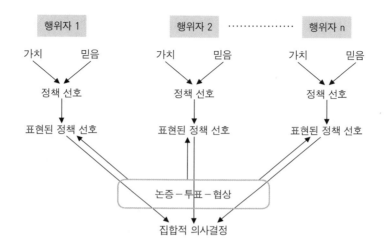

각 —— 논증, 투표, 그리고 협상 —— 이 자신의 선호 가운데 어떤 측면을 허위재현할 유인요인을 창출한다는 점일 것이다. 달리 말하면, **총합 메커니즘은 투입요소를 메커니즘 자체에 맞추는 작용을 한다.** 표현된 정책 선호는 진짜 정책 선호와 표현된 정책 선호를 총합하는 메커니즘 양자의 함수이다. 허위재현이 얼마나 복지에 이바지하는지, 그 효과는 분명치 않다. 위선이 가진 문명화의 힘 덕분에, 그 효과는 사회적으로 혜택이 될 수도 있다. 다른 사례에서 이런 전술의 일반화된 활용은 모두가 패자가 되는 죄수의 딜레마 유형의 상황을 창출하기도 한다.

참고문헌

미래 세대를 위해 개인의 이익을 기꺼이 희생하려는 의지를 보여 주는 실험은 L. Putterman et al., "Cooperating with the future", *Nature* 511 (2014), pp. 220~223에서 서술된다. 논증과 투표에 대해서는 나의 *Securities Against Misrule* (Cambridge University Press, 2013) 2 장에서 그리고 협상에 대해서는 나의 *Cement of Society* (Cambridge University Press, 1989)에서 더 길게 논의된다. 몇몇 측면에서 집합행동과 집합적 의사결정 사이의 중간에 위치한 메커니즘에 대해서는 E. Ostrom, *Governing the Commons: The Evolution of Institutions for Collective Action* (Cambridge University Press, 1990)을 보라. 이따금 기발하긴 하지만 전체적으로는 논증과 투표에 대한 빛나는 논의를 하는 것은 J. Bentham, *Political Tactics* (Oxford University Press, 1999) 이다. (프랑스어에서 번역해서) 벤담이 인용하는 구절은 마찬가지로 흥미로운 *Rights, Representation, and Reform* (Oxford University Press, 2002), p. 35와 p. 122에 있다. "영국 임금 위원회의 관행에 대해서는 F. Bayliss, "The independent members of the British Wages Councils and Boards", *British Journal of Sociology* 8 (1957) pp. 1~25를 보라. 논증에 대한 (규범적 분석이 아닌) 가장 좋은 서술적 연구는 아리스토텔레스의 『수사학』 그리고 C. Perelman and L. Olbrechts-Tyteca, *The New Rhetoric* (Notre Dame, IN: University of Notre Dame Press, 1969)이다. 의회에서 비밀 투표를 하는 이탈리아 관행은 "Secret voting in the Italian Parliament", J. Elster (ed.), *Publicity and Secrecy in Votes and Debates* (Cambridge University Press, 2015)가 잘 설명하고 있다. 숙고가 유도하는 허위재현에 대해서는 나의 *Alchemies of the Mind* (Cambridge University Press, 1999) 5장을 보라. 마르키 드 콩도

르세의 이름을 딴 역설은 그가 1785년에 쓴 *Essai sur l'application de l'analyse à la probabilité des décisions rendues à la pluralité des voix*에서 처음 언급되었다. G. Mackie, *Democracy Defended* (Cambridge University Press, 2003)는 순환적인 사회적 선호에 대한 광범위한 분석을 담고 있다. 또한, 이 저술에는 입법부에서의 순환성에 대한 거의 모든 예는 증거에 대한 잘못된 독해에 근거한다는 주장도 들어 있다. 오슬로 공항의 예는 A. Hylland, "The Condorcet paradox in theory and practice", in J. Elster et al. (eds.), *Understanding Choice, Explaining Behavior: Essays in Honour of Ole-Jørgen Skog* (Oslo Academic Press, 2006)에서 가져왔다. 미국 군인의 제대 문제는 S. Stouffer (ed.), *The American Soldier*, vol. II (Princeton University Press, 1949), 11장에서 발췌했다. 수학자 푸아송의 이름을 딴 역설은 그의 1837년 저서 *Recherches sur la probabilité des jugements en matières criminelles et matière civile*에서 처음으로 언급되었다. 투표로 인한 허위재현은 M. Balinski and I. Laraki, *Majority Judgment* (Cambridge, MA: MIT Press, 2010)를 보라. 이 저작은 또한 투표 이론의 주류 패러다임에 중요한 도전을 한다. 1789년 양원제에 대한 투표는 J. Egret, *La révolution des notables* (Paris: Armand Colin, 1950)를 보라. 콩도르세의 배심원 정리에 대한 논의는 D. Karotkin and J. Paroush, "Optimum committee size: quality-versus-quantity dilemma", *Social Choice and Welfare* 20 (2003), pp. 429~441에 근거한다. 비밀 투표의 역사에 대해 제대로 다룬 연구는 H. Buchstein, *Öffentliche und geheime Stimmangabe* (Baden-Baden: Nomos, 2000)이다. 1964

년 민권법에 관한 주석은 H. Brady and J. Ferejohn, "Congress and civil rights policy: an examination of endogenous preferences", in I. Katznelson and B. Weingast (eds.), *Preferences and Situations* (New York: Russell Sage, 2005)에서 대체로 말 그대로 발췌했다. 협상에 관한 영향력 있는 작업으로는 T. Schelling, *The Strategy of Conflict* (Cambridge, MA: Harvard University Press, 1960)가 있다. 협상이 협상 목표인 이득을 제거하는 경향이 있다는 주장은 L. Johansen, "The bargaining society and the inefficiency of bargaining", *Kyklos* 32 (1979), pp. 497~522에서 제기된다. 실제 협상 과정을 연구한 고전적인 저작은 H. Raiffa, *The Art and Science of Negotiation* (Cambridge, MA : Harvard University Press, 1982)이다. 명예혁명 덕분에 영국 군주들이 신뢰성 있는 약속을 할 수 있게 되었다는 주장은 D. North and B. Weingast, "Constitutions and commitment", *Journal of Economic History* 43 (1989), pp. 803~832에서 다뤄진다. 그리고 D. Coffman, A. Leonard, and L. Neal, *Questioning Credible Commitment* (Cambridge University Press, 2013)에서 비판적으로 검토된다. 루이 15세의 마쇼 장관에 대한 언급은 M. Marion, *Machault d'Arnouville* (Paris: Hachette, 1891), p. 365에서 가져왔다. 협상 이론의 비공식적 제시로는 A. Muthoo, "A non-technical introduction to bargaining theory", *World Economics* 1 (2000), pp. 145~166이 있다. 협상에 대해서는 나의 *The Cement of Society* 2장에서 그리고 임금 협상과 아동 양육권 문제에 대해서는 나의 *Solomonic Judgments* (Cambridge University Press, 1989), 3장에서 논의했다. 로버트 월폴과 감채기금에

대해서는 P. Langford, *Public Life and the Propertied Englishman* (Oxford University Press, 1991), p. 155를 보라. 레이캬비크에서 있었던 레이건-고르바초프 회담에 대해서는 K. Adelman, *Reagan at Reykvavik: 48 Hours that Ended the Cold War* (New York: Broadside Books, 2014)를 보라. 협상으로 인한 허위재현은 J. Sobel, "Distortion of utilities and the bargaining problem", *Econometrica* 49 (1981), pp. 597~617을 보라. 이익이 기후 변화 교섭에서 원칙으로 허위재현되는 문제에 대해서는 A. Lange et al., "On the self-interested use of equity in international climate negotiations", *European Economic Review* 54 (2010), pp. 359~375를 참조하라. 투표 및 협상에서 허위재현 쟁점의 중요성에 대한 회의적이고 상식적인 논평에 대해서는 L. Johansen, "The theory of public goods: misplaced emphasis?", *Journal of Public Economics* 7 (1977), pp. 147~152를 보라.

25장_ 제도와 헌법

주인-대리인 문제

기관에는 회원이나 직원이 있을 수 있다. 노동자 협동조합에서 그렇듯이, 회원은 직원이 될 수 있다. 회원들은 앞장에서 논의한 논증, 협상 그리고 투표 과정을 통해 수평적으로 상호행동한다. 직원과 상사 사이의 수직적 관계는 성격이 다르다. 단순화를 위해 조직에 한 명의 임원('주인')과 많은 직원('대리인')이 있다고 가정하자. 협동조합에서 직원들은 집합적으로 주인이며 개별적으로 대리인 역할을 한다. 때에 따라서는 주인과 대리인이 서로 다른 관심사를 갖는 경우 주인-대리인 문제가 발생한다. 노동자는 적당한 작업 속도에 관심을 기울이지만, 관리자는 그들이 더 강한 노력을 기울이길 바랄 것이다.

이와 유사하게, 정부 기관의 장은 일반인으로부터 뇌물을 받거나 요구하지 않는다는 의미에서 직원의 정직함에 관심이 있다. 그는 또한 효율성에도 관심이 있다. 그래야 공공 부문의 규모를 최소한으로 유지할 수 있다. 직원은 두 가지 측면에서 정반대 방향의 관심을 가질 수 있다. 그들이 경제적 자기 이익에 의해서만 동기화될 경우, 처벌을 피할 수만 있다면, 뇌물을 받을 것이다. 권력에 관심이 큰 대리인들은 자기 부서의 규모를 늘리고 부하의 수를 늘리고 싶다. 다시금 감시의 어려움이 문제가 된다. 주인은 때로 뇌물을 받는 대리인을 적발할 수도 있지만, 그것이 그가 일반적으로 의지할 방법은 아니다. 공공 계약에 대한 경쟁 입찰 같은 방법을 통해 그는 부패의 기회를 줄이려고 해볼 수도 있다. 그러나 대리인이 특정 공급 업체에 유리하게 계약을 조정해 놓으면, 이런 예방조치는 아무 소용이 없다. 대리인이 정보에 대해 거의 독점적인 권한을 가지기 때문에, 주인은 더 많은 채용 요구 가운데 어떤 것이 정당하고 어떤 것이 부당한지 알 수 없다. 냉전 시대에 미국의 국방 부서는 소비에트 연방의 경제력과 군사력에 대한 과장된 추정을 근거로 막대한 군비 확장을 정당화했다.

부하만이 조직의 노선에서 어긋날 인센티브를 가진 것은 아니다. 미국 대학 총장들은 자신에게 막대한 급여를 책정하거나 조직의 비용으로 집을 새로 단장했다는 것이 밝혀지면 물러나야만 했다. 한 부통령(스피로 애그뉴)은 부패 사실이 드러나서 사임했다. 클렙토크라시 —— 도적의 지배 —— 는 전 세계적으로 아주 익숙한 현상이었다. 그들은 어떤 의미에서는 주인이지만, 그러한 지도자들 역시 감시 대상이 될 수 있다. 그러나 감독자들(유권자, 이사회, 주주, 세계은행 또는 국제통화기금)은 종종 최고 경영자나 국가수반의 행위를 규제하는 데 있어 심각한 실패를 겪어 왔다. 다른 경우와 마찬가지로, 그들에게는 과잉을 정정하는 데 필요한 정보 또는 그렇게 할 인센티브가 없었다.

노동자 협동조합에서는 주인으로서의 노동자와 대리인으로서의 노동자 사이에 갈등이 생길 수 있다. 1863년 사회과학 총회에서 했던 연설에서 제임스 케이 셔틀워스 경Sir James Kay Shuttleworth은 랭커셔 면화 협동공장과 관련해 다음과 같이 말했다.

[그런 다음] 강력한 의문이 생겼다 ── 주주들은 이 공장에서 보통의 이윤을 넘어서는 어떤 편익을 가져야 하는가? 그런 조직에서 실제로 제시된 첫 번째 주장은 공장에서 노동자를 선발할 때 주주 가족들에게 우선권을 줘야 한다는 것이었다. (…) 그는 자신의 사업에서 이런 운영방식이 실패한 것을 봤었다. 주주 가족이 공장 취업에 더 유리한 것마저 협동 원리에 따른 것이라며, 그것을 운영방식에 도입하려는 욕망이 있다. 그렇게 하는 것의 직접적 효과는 이런 것이다. 즉, 면화 공장에 필수적인 엄격한 노동규율과 기계 작동에 대한 면밀한 주의력 대신에(그리고 그는 군대 규율보다 엄격한 것이 면화 공장 규율이라는 언급을 했던 것도 같다), 분기별로 또는 반년마다 열리는 회의에서 감독관에 대해 짜증 섞인 불만이 격렬하게 터져 나오는 것이다. 감히 주주인 노동자를 해고했던 감독관은 다음 회의에서 해고될 것이다.

협동조합에서 자주 발생하는 또 다른 문제는 수요가 적은 시기에 회원을 정리해고하지 않는다는 것이다. 1878년 울버햄프턴 플레이트-로크스미스의 몰락과 관련해서 한 동시대인은 다음과 같이 논평했다.

개인 제조업체가 사업을 수행했다면, 아마도 그는 판금 수요 감소 때문에 수익에 도움이 안 되는 노동자는 정리해고했을 것이다. 그리고 버틸 만한 사업 분야를 발전시켜 나갔을 것이다. 그러나 이것은 조합을 설립한 노동자 집단과 관련된 것이며, 그들은 그만한 규모의 희생을 감당할 준비가 되어 있지 않았다. 대신 그들은 수요가 되살아날 것이라는 희망 속에서 재고를 쌓아 가며 일을 했다. 그들의 자원이 고갈되기 전에 수요가 되살아나지 않았기 때문에, 그들은 슬픔에 빠질 수밖에 없었다. 그들의 부채는 몇 곱절 늘었고, 최고의 노동자들은 떨어져 나갔다.

대리인의 기회주의적이거나 그 외의 바람직하지 않은 행위에 주인이 할 수 있는 대응으로는 다음과 같은 세 가지 주된 방법이 있다. 나쁜 짓을 할 기회를 제한하기, 그들의 행위를 감독하기monitoring, 그리고 주인에게 맞춰서 행위할 인센티브를 제공하기. 첫 번째 해법은 이행하기 어렵다. 효율적 행동을 위해서는 대리인에게 일정한 독립성과 자유가 필요하다. 적용과 관리가 필요한 직업에서 노예를 활용하는 경우는 거의 없다. 대리인이 주인의 목표를 달성하기 위해 자유롭게 활동하면서도 자기 목표는 전혀 추구할 수 없게 상황을 짜는 것은, 불가능할 것이다. 그런 상황에 근접하기 위해서는, 뇌물을 받기 어려울 정도로 짧은 시간 동안만 대리인에게 의사결정을 맡겨야 한다. 배심원 제도와 (본래의 구상에 따른) 미국의 선거인단 제도는 (여러 근거 중에서도) 이런 근거에서 정당화되었다. 로마 제국과 중국 제국에서 시행된 (종종 재선 금지 규정과 함께 적용된) 선출직 공무원의 짧은 임기와 임명직 공무원의 빈번한 순환 근무는 부패의 기회를 줄이기 위한 것이었다. 강력한 은유 두 가지가 있다. 하나는 존 릴번John Lilburne이 '신 모델 군대'New Model Army의 사병私兵들에게 했던 말이다. "관직 때문에 뇌물이 오가고 승진 때문에 부패가 생기지 않게 하려면, 너무 오래 조정자[대표자] 자리를 차지하고 있는 사람들을 참아 넘겨서는 안 된다. 고인 물은 애초에 그리 깨끗하지 않고 조만간 썩기 마련이다." 다른 하나는 제임스 2세 지지파였던 존 바이런John Byron이 묘사했듯이, 호선互選 조직은 "정기적인 선거로 청소해야 할 필요가 있는 정체된 웅덩이"라는 것이다. 그러나 짧은 임기는 효율성 비용이 매우 심각하다. 공직자가 업무를 잘 수행할 만큼 일에 익숙해질 때, 그 자리에서 떠나야만 할 수도 있다.[1] 많은 근대 정부에서, 장관의 이직률은 실제 수치나 예상 수치 모두 너무 높아서 그들의 시간 지평은 선거주기로 인한 정상적 임기 단축 효과 이상으로 짧아져 있다.

역사적으로 대리인의 태만뿐 아니라 절도를 방지하기 위해서 취해진 흔한 방법은 그들의 행동을 **감독하는** 것이다. 전통적으로 그것은 작업반장의 과제였다. 하지만 작업반장이 노동자들에게 뇌물을 요구하지는 않는지, 자신의 재정적 또는 성적 욕구를 채우려고 권한을 남용하지는 않는지 경영자가 어떻게 확신할 수 있는가? 19세기 작업장에서는 '작업반장의 폭정'이 횡행하곤 했다. 백화점에서는 매장 감독이 비슷한 힘을 행사했다. 그런 경우, 경비원은 누가 경계해야 하는가? 또한, 주인이 대리인을 감독하는 것은 은근한 불신 때문인데, 그런 불신은 자기실현적인 것이 될 수도 있다. 감독은 쉽게 원한, 사기 저하 그리고 낮은 생산성을 야기하기 때문이다. 마지막으로 감시는 비용이 많이 든다. 1989

---

1 로마 제국과 중국 제국은 모두 이런 문제로 취약해지지 않을 두 가지 절차를 채택했다. 중국에서는 '상피(相避) 규칙'에 따라 공직자가 연고지에서 일하는 것을 금지했다. 정부는 한 지방의 반란을 진압할 때 다른 지방의 군대를 이용했다. 로마에서는 기마 궁수들은 팔미라에서 모집했지만, 배치는 사하라에 했다. 1989년 6월 4일, 중국 정부도 비슷한 전략을 사용했다.

년의 기사에 따르면, 미국의 비농업 민간 부문 취업자의 7%가 감독관 또는 조사관으로 고용된 사람들이라고 한다(나는 더 최근 데이터를 찾을 수 없었다).

인센티브에 의존하는 것이 더 유망해 보일 수도 있다. 그 경우 주인은 행동이 아니라 결과물만 검토하면 되기 때문이다. 이런 이유로, 인센티브 시스템(주인의 목표에 대한 기여도에 따라 개인 또는 집단에 보상하기)은 종종 만병통치약으로 여겨져 왔다. 가장 직접적인 적용방식은 개수율을 사용하는 회사와 기관이다. 축구 코치가 골 득점에 따라 선수에게 보상하고, 행정부는 사형집행 횟수에 따라 법원에 보상할 수도 있다.[2] 노르웨이 대학은 한때 박사학위 후보자가 학위 취득에 성공하는 수만큼 교수나 학과에 보너스를 주었고, 여학생을 맡으면 더 큰 보너스를 주었다. 동료 심사 학술지에 게재된 논문 수에 따라 개별 교수의 급여가 인상되고, 학과는 더 많은 교수직을 확보하게 된다. 대학 예산은 상하이 대학의 평가 순위에 의해, 병원의 예산은 외과 수술 성공률이나 병상 회전율에 의해, 경찰의 예산은 보고된 범죄 수나 해결된 범죄 비율에 따라 일부 결정될 수 있다. 일부 조직은 특히 승진 대상자를 결정하기 위해 회원들 사이 사이의 토너먼트(승자독식 경기)를 이용한다. 이런 예는 무한정 있다.

기관은 주인의 목표에 순응하도록 만들기 위해 **부정적 인센티브**를 쓸 수도 있다. 신병훈련소는 전형적인 예이다. 교실에서는 부정적 인센

---

2 기번에 따르면, 발렌스(Valens) 황제 통치 아래서 판사들은 "제국 법원이 그들의 근면함과 분별력을 각 재판소에서 판결한 처형 건수에 따라 평가한다는 것을 쉽게 알아냈다". 현대 사회에서 할당량은 법적 인센티브 시스템에서 나타나는 아주 흔한 병리인 것 같다.

티브뿐 아니라 긍정적 인센티브도 사용된다. 프랑스에서는 성적에 따라 학생들이 매주 교실에서 자리를 이동한다(또는 이동했다). 성적이 좋은 학생들은 앞으로 이동하고, 나쁜 학생은 뒤로 이동하는데, 이는 당근과 채찍을 결합한 형태이다. 한 현장 실험에서는, 성적이 오른 학생들('향상자')에게는 긍정적 인센티브를 제공했고, 성적을 유지한 사람들('유지자')에게는 부정적 인센티브를 제공했다. 향상자는 0점으로 학기를 시작하고 과제를 할 때마다 점수를 추가하는 반면, 유지자는 학기 초에 수업에서 받을 수 있는 최대 점수를 받은 다음 과제에서 점수를 잃을 때마다 총점에서 점수를 빼는 식이었다. 손실 회피 이론(14장)과 일치하게도, 유지자들의 수행성이 (약간) 더 나았다.

인센티브 시스템은 다음과 같이 설정된 예에서처럼 주인과 대리인 사이 또는 대리인들 사이의 이익을 조율하는 데 성공할 수 있다. 대리인의 노력이 훌륭한지 저급한지에 따라 주인의 자산 가치가 올라가거나 내려가는 상황을 가정해 보자. 주인은 공공 안전의 향상을 공약으로 내걸고 재선에 도전하는 시장이다. 재선의 가능성 전망은 대리자인 경찰청장이 열심히 노력하면 높아진다. 노력은 대리인에게는 비용이 드는 일이므로, 인센티브를 통해 끌어내야 한다. 자산 가치의 고점과 저점이 각각 30,000달러와 10,000달러라고 가정하자. 대리인이 열심히 노력할 때와 그렇지 않을 때 치를 비용이 각각 8,000달러와 4,000달러이다(해고를 피하려면, 약간의 노력은 기울여야 한다[3]). 큰 노력으로 높은 가치의

---

3 그 최소한의 노력은 관찰 가능해야만 한다. 이것은 현실적인 가정이다. 대리인이 일상적 의무를 수행하는지 관찰하는 것은 쉬운 일이다. 그러나 그가 주도권을 보이는지 관찰하는 것은 그렇지 않다.

결과가 실현될 확률은 80%이고, 적은 노력은 30%이다. 주인이 재선될 경우 상여금 B를 제안했다고 가정하자. 대리인이 적은 노력을 기울였는데도 시장이 재선할 경우, 그의 편익은 0.3B−4,000이다. (주인은 행동이 아니라 결과물만 관찰할 수 있으니, 대리인은 게으름을 피웠을 때도 보너스를 받을 가능성이 있다.) 큰 노력을 기울일 때 편익은 0.8B−8,000이다. 간단한 계산만으로도 상여금이 8천 달러를 초과할 때만 힘든 노력으로 대리인이 얻을 편익이 낮은 노력의 편익을 초과한다는 것을 알 수 있다. 주인이 상여금을 지급하면, 그의 순 편익은 18,000달러(0.8×30,000 + 0.2×10,000 − 8,000)이다. 지급하지 않을 경우, 16,000달러(0.3×30,000 + 0.7×10,000)이다. 따라서 그는 상여금을 지급할 인센티브가 있으며, 그것은 다시 대리인에게 열심히 일할 인센티브를 제공한다. 두 당사자 모두 이익을 얻는다.

이 경우, 한 명의 주인과 한 명의 대리인만 있다. 많은 중요 사례에서, 주인은 여러 대리인 가운데 하나를 택해야만 한다. 대리인들 각각이 주인의 결정 근거가 되는 사실이 무엇인지에 대한 사적 정보를 가지고 있다면, 주인의 과제는 대리인이 구두로가 아니라 그들이 내린 선택을 통해서 그 사적 정보를 공개할 인센티브를 창출하는 것이다. 그것의 완전하지는 않지만 오래된 예는 솔로몬의 심판이다.

그런데 창녀였던 여자 둘이 왕에게 나와 섰다. 그 가운데 한 여자가 말을 꺼냈다. "임금님, 이 여자와 저는 한 집에 살고 있습니다. 제가 아이를 낳을 때, 이 여자도 집에 있었습니다. 그런데 제가 해산한 지 사흘째 되던 날 이 여자도 아이를 낳았습니다. 집에는 우리 둘만 있었습니다. 그런데 그날 밤, 이 여자는 자기의 아들을 깔아뭉개어 죽였습니다. 그러고 나서 이 여자는 한밤 중에 일어나 이 계집종이 잠자는 사이에 제 곁에 있던 제 아들을 가져가 버 렸습니다. 제 아들을 가져다 자기 품에 두고 죽은 자기 아들을 제 품에 놓 고 간 것입니다. 제가 아침에 일어나 젖을 먹이려다 보니 아이는 죽어 있었 습니다. 날이 밝아서야 그 아이가 제 몸에서 난 아이가 아닌 것을 알았습니 다." 그러자 다른 여자가 "무슨 말을 하느냐? 산 아이는 내 아이이고 죽은 아이가 네 아이이다" 하고 우겼다. 첫 번째 여자도 "천만에! 죽은 아이가 네 아이이고 산 아이는 내 아이이다" 하고 우겼다. 그렇게 그들은 왕 앞에서 말 싸움을 벌였다. 그때 왕이 입을 열었다. "한 사람은 '산 이 아이가 내 아들이 고 죽은 아이는 네 아들이다' 하고 또 한 사람은 '아니다. 죽은 아이는 네 아 들이고 내 아들이 산 아이이다' 하는구나." 그러면서 왕은 칼 하나를 가져오 라고 하였다. 신하들이 왕 앞으로 칼을 내오자 왕은 명령을 내렸다. "그 산 아이를 둘로 나누어 반쪽은 이 여자에게 또 반쪽은 저 여자에게 주어라." 그 러자 산 아이의 어머니는 제 자식을 생각하여 가슴이 미어지는 듯하여 왕 에게 아뢰었다. "임금님, 산 아이를 저 여자에게 주시고 아이를 죽이지만은 마십시오." 그러나 다른 여자는 "어차피 내 아이도 네 아이도 아니다. 그러 니 아이를 나누어 갖자" 하였다. 그러자 왕의 분부가 떨어졌다. "산 아이를 죽이지 말고 처음 여자에게 내주어라. 그가 참 어머니이다." (『공동번역 성 경, 열왕기상』, 3장. 번역은 약간 수정)

이 예는 기술적인 의미에서 불완전하다. 왜냐하면, 허위 청구인에게 참된 청구인을 흉내 낼 유인요인이 있기 때문이다. 그녀는 솔로몬에게 아무런 유용한 정보도 남기지 않을 것이다.[4] 현대 인센티브 이론은 허위 청구자로부터 참된 청구자를, '나쁜 유형'으로부터 '좋은 유형'을 **식별해** 내는 메커니즘을 만들어 이 문제를 극복하려고 시도한다. 이 쟁점의 첫 번째 분석 중 하나에서 볼 수 있듯이, 고용주는 교육 연한을 생산성 지표로 사용할 수 있다. 교육이 생산성을 높이기 때문이 **아니라**, 생산성 높은 개인은 교육받는 것이 그렇게 힘들지 않기 때문이다. 일화에 의하면, 영국 공무원의 인사를 이 원칙에 따른 적이 있었다고 한다. 만약 그리스어와 라틴어로 시를 지을 수 있는 능력을 3년 안에 습득할 수 있다면, 그는(거의 드물게 그녀는) 제국의 어느 지역을 통치할 자격을 부여받았다. 기꺼이 교육을 받으려는 지원자의 태도 자체가 **그 자신을** '좋은 유형'과 '나쁜 유형'으로 **골라내는** 기준이 된다. 마찬가지로, 저위험 운전자는 고위험 운전자보다 공제액을 내게 될 위험이 적기 때문에 공제액은 높아도 보험료는 낮은 보험 상품을 선택하게 되는데, 바로 그 선택이 그가 어떤 유형의 운전자인지를 알리는 역할을 할 수 있다.

이제 논의하겠지만, 인센티브 제도는 때로 실패한다. 실패에는 세 가지 주요 원인이 있다. 첫째, 인센티브는 의도한 것과 반대되는 합리적 행위를 유발할 수 있다. 둘째, 인센티브 틀이 선호에 영향을 주지 않는다는 것이 표준적(보통 암묵적) 가정이지만, 인센티브가 그런 가정을 깨고 대리인의 선호를 바꿀 수 있다. 마지막으로, 인센티브는 사람들이 그것에 합리적으로 반응한다는 또 다른 표준적 가정을 깨뜨리는 비이성적 행위를 유발할 수 있다.

---

4 이와 유사하게, 18세기 미국에 널리 퍼져 있던 규범, 즉 공직을 추구한다는 것 자체가 그것에 합당하지 않다는 것을 보여 주는 지표라는 생각 때문에 유권자들은 아무런 유용한 정보도 얻지 못했다.

개인 인센티브는 집단 성과를 희생할 수 있다. 축구 선수 개개인이 자신이 득점한 골 수에 따라 보상을 받게 되면, 득점하기 좋은 위치에 있는 사람에게 공을 패스하기보다 원거리나 각도가 나쁜 상태에서 슛하는 것을 선호하게 된다. 축구팀은 규모가 작아서, 구성원들이 서로를 감독할 수 있다. 그들은 득점할 포지션에 있는 선수에게 볼을 패스하지 않은 선수를 징벌하기 위해 득점한 위치에 있는 그에게 패스하지 않을 것이다. 팁을 모두 모아서 나누는 웨이터들 경우처럼(23장), 팀별 상여금은 제 몫을 다하지 않는 선수를 감독할 인센티브를 창출할 수 있다. 그러나 이런 수정된 메커니즘을 전혀 사용할 수 없는 때도 있다. 인센티브 기반의 경쟁 환경에서, 주인이 정보 공유에 대해 혜택을 줄 때조차 대리인들은 서로 정보를 공유하지 않을 수 있다.

인센티브 시스템 때문에 움직이는 표적이 생길 수 있다면, **역효과가** 발생할 수 있다. 인센티브 시스템 덕분에 직원들이 더 열심히 일하게 되면, 그들은 더 높은 수준의 노력이 새 기준이 되지 않을까 두려워할 수 있다. 23장에서 언급했듯이, 그것은 레이트 버스팅에 대항하는 규범을 불러들일 수도 있다. 프랑스 국립과학연구위원회(CNRS) 소속의 사회과학 및 인문학 연구자들은 그들이 보기에 지나치게 개인주의적이고 결과지향적인 보상체계에 대해 유사한 방식으로 반응했다. 그들은 종신직이고 교육 의무도 없지만, 연구비 신청 결과는 연구에 대한 평가에 따른다. 따라서 기준 상향은 위협적이다. 이탈리아 학계의 같은 학문분과도 그렇지만, CNRS의 이들 부문에도 **탁월성에 대항하는 규범**이 스며 있다.

더 일반적이고 중요한 문제는, 부정행위에서 허점 악용에 이르기까지 다양한 방식으로 **시스템을 농락할** 기회가 ── 전부는 아니라고 하지만 ── 많은 인센티브 틀 안에 있게 마련이라는 것이다.[5] 몇 가지 예를 들어 보자.

- 소련 잡지 『악어』의 유명한 풍자만화는 거대한 못 한 개를 만들어서 (무게로 지정된) 할당량을 채우는 못 공장을 보여 준다.
- 자신의 노력으로 승진 경쟁에서 이길 수 없다면, 언제든 경쟁자에게 딴지를 걸 수 있다.
- 이식 성공률에 의해서 평가를 받는 이식 센터는 항원 불일치 환자를 걸러 내는 데 더 많은 예산을 할당할 것이다.
- 영국 병원에서는 환자가 진료를 받기까지 4시간 넘게 기다려서는 안 되기 때문에, 환자를 구급차 안에서 대기시키곤 한다. 병원 건물에 들어갈 때까지는 시간 측정이 시작되지 않기 때문이다.
- 일부 영국 병원 관리자는 환자가 언제 휴가를 갈 계획인지 문의한 다음, 그 기간에 예약을 제안한다. 의학적 이유로 휴가를 취소하는 환자는 거의 없으므로, 예약을 연기하는 쪽이 많다. 환자가 연기를 요구한 것이므로, 그들은 대기자 수 통계에서 빠진다.
- '코딩 크리프'.[6] 수술 전 환자들에게서 상당히 높은 비율로 어떤 중대한 위험 요소가 기록된다면, 그 병동의 기대 사망률은 상승한다. 그러면 그 병동의 실제 사망률은 기대 사망률 범위 내에 있거나 그 이하로 떨어질

---

5 대리인에게 **정보**를 제공하는 것도 왜곡 효과(perverse effect)를 낳을 수 있다. 베트남의 미국 장교들이 남베트남 군대에 베트콩의 위치 정보를 제공하면, 남베트남 군대는 게릴라를 피해 가기 위해서 그 정보를 이용하기도 했다.

가능성이 커진다.

- 졸업시험에서 좋은 성적을 받은 학생 수로 평가를 받게 되자, 영국의 학교들은 졸업시험 응시를 제한하는 방식으로 대응했고, 그로 인해 지역의 소소한 범죄가 증가했다.

- 동료 심사를 거친 논문 출판 실적에 따라 학자에게 보상을 제공하는 시스템으로 인해 '최소 출판 가능 단위'smallest publishable unit, 즉 쪼개서 따로따로 출판할 수 있는 논문의 가장 작은 부분이라는 개념이 생겼다.

- 시카고에서 이뤄진 한 연구에 따르면, 교육청이 학생들의 시험 점수에 근거해서 학교를 처벌하자, 그것의 효과는 교사가 학생의 성적 향상을 위해 노력하는 것이 아니라 보고할 점수를 위조하는 것으로 나타났다.

- 교수나 학과가 얼마나 많은 박사 학위를 수여했는지에 따라 보상을 받게 되면, 물이 가장 낮은 곳으로 흘러가듯이, 학문적 기준도 낮아지는 경향을 보인다. 낙오아동 방지법No Child Left Behind Act도 유사한 왜곡 효과를 나타냈다.

- 뉴욕 경찰청은 중범죄를 범죄 통계치에 포함되지 않는 경범죄로 재분류했다.

얼마든지 추가할 수 있는 이런 예들은, 수행 목표performance target는

---

6 coding creep는 병원이 보험사에 의료비를 과잉 청구하는 '업코딩'(upcoding)의 한 방법이다. 주로 규정 위반 없이 약간의 수치 조정이나 추가 기록을 통해서 살금살금 과잉 청구하는 기법을 가리킨다. 이어지는 설명에서 보듯이, 수술 대기 환자의 위험성을 '충실하게' 기록하여 그것에 근거해서 더 비용이 드는 의료 행위를 진행하고 의료비를 청구하면, 실제 위험은 기껏해야 그 범위 안에 있거나 그 이하가 될 것이므로 병원에는 이득이 된다. 그러나 그 방법이 위험의 과장이나 그것에 기초한 과잉진료라고 판정하기 어렵게 교묘하게 이뤄지기 때문에, 'creep'라고 표현하는 것으로 보인다.—옮긴이

좋은 하인이긴 해도 좋은 주인은 아니라는 말을 확증한다.[7]

논란의 여지가 많은 문제는, 주인이 긍정적 인센티브를 사용하는 것이 대리인의 내재적 동기화를 침식하고 **선호를 변화시킬** 수 있는가 하는 것이다. 이런 효과는 어떤 맥락에서 그럴듯하게 작동하지만 —— 그러므로 침대를 정돈했거나 숙제를 했다고 자녀에게 돈을 주어서는 안 된다 —— 제도적 설정에서도 중요한지는 분명하지 않다. **부정적** 인센티브는 표적인 개인의 선호도를 확실히 바꿀 수 있다. 이 효과는 2장에서 논의한 '폭정의 심리학'의 소규모 판본이다. 사람들은 감독받기를 싫어하는 것과 같은 이유로 부정적 인센티브를 미워할 수 있다. 단기적으로는 고분고분함이 늘지만, 장기적으로는 주도 능력이 약해진다.

마지막으로 행동경제학이 밝히지 못한 여러 이유 가운데 하나 때문에 대리인이 합리적으로 반응하지 않으면 인센티브 체제는 실패할 것이다. 밝혀져 있듯이, 사람들 대부분이 자신의 운전능력을 평균 이상이라고 믿는다면, 운전자 스스로 고위험 운전자나 저위험자로 분류하고 그것에 근거해서 인센티브를 주는 체제는 무너진다. 성과급은 건강 부문에서 널리 사용되는 인센티브지만, 영향력은 별로 없다. 그 이유는 프로그램이 제대로 설계되지 않았고, 사람들 —— 의사를 포함해서 —— 이 인센티브에 반응하는 방식의 심리학적 지식이 별로 반영되지 않았기 때문일 것이다. 한 연구는 유방 조영술을 받는 여성의 수를 늘리기 위해 고안된 프로그램을 조사했고, 그런 프로그램의 성공률을 낮추는 7가지

---

7 공직자들이 내가 '동생 증후군'(13장)이라고 부른 것에 빠지고 사람들이 인센티브에 반응한다는 사실을 소홀히 하면 조직적 실패가 일어날 수 있다. 이것은 사람들이 인센티브에 여러 가지 방식으로 대응할 수 있다는 사실을 무시하는 것보다 더 조잡한 실수이다.

심리적 메커니즘을 확인했다. 실패한 프로그램의 하나는 인센티브 삼아 일반적 환급액을 정해진 비율로 올려 주는 것, 예컨대 방문당 환급액을 100불에서 106불로 올려 주는 것이었다. 100불과 106불 사이의 차이를 과소평가하는 비이성적 경향 때문에, 이런 환급액 변화가 주는 심리적 영향이 미미하다는 것을, 이 계획의 설계자들은 무시했다.[8] 이 연구의 수행자들은 행동경제학적 요소들을 통합하려는 시도가 실제로는 역효과를 낳을 수 있다는 아이러니를 발견한 것이다. 교실에서 부정적 및 긍정적 인센티브 사용에 대한 논의에서 언급했듯이, 손실 회피 때문에 부정적 인센티브가 더 효과적일 수 있다. 의사에 대한 인센티브 지급을 원천 징수(인지된 소득 손실)로 짤 수도 있고 보너스(인지된 이익)로 짤 수도 있다면, 성과 향상을 위해서는 앞의 틀을 사용해야 한다. 하지만 또 다른 부정적 인센티브 사례에서 그렇듯이, 의사를 화나게 할 위험이 인센티브에서 얻을 수 있는 이득을 압도할 가능성도 있다.

헌법

헌법은 두 가지 전망 속에서 연구될 수 있다. 하나는 상류의upstream 원인을 이해하는 것이고 다른 하나는 하류의downstream 영향을 이해하는 것이다. 나는 전자에 대한 몇 가지 논평에서 시작할 것이다.

헌법 제정은 집합행동 문제(23장)가 될 수 있으며, 여러 사회 집단이

---

8 더 생생한 예로는, 통상 100~150달러 사이 가격의 스테레오 플레이어 품질 차이를 신중하게 평가하는 사람은 대개 20,000달러 자동차에 100달러짜리 플레이어가 장착되었는지 아니면 150달러짜리가 장착되었는지에 관심을 두지 않는다는 것을 들 수 있다.

공동의 세금 정책에 동의해야 할 경우라면 더욱 그렇다. 1787년 이전 미국에서는 각 주 그리고 1789년 이전 프랑스에서는 각 신분은 세금으로 조성된 ― 물리적 인프라, 법과 질서, 국방 같은 ― 공공재의 혜택은 받고 싶어도 세금은 가능한 한 적게 내고자 했다. 미국에서는 많은 주가 공동의 대의를 위한 분담금을 내라는 대륙회의의 요청을 거부했다. 프랑스에서는 귀족과 제3신분의 많은 구성원이 세금 면제를 받고자 했고, 그것을 성취했다. 상당한 혼란을 거쳐, 각각 1789년과 1791년에 발효된 헌법은 중앙집권적 조세 구조를 부과했다.

연방 협정은 "상원과 하원의 의원은 자신의 봉사에 대해 미국 재무부가 지급하는 법적으로 확정된 보상을 받을 것"을 헌법에 명시함으로써 또 다른 집합행동 문제를 극복했다. 대륙회의에 파견된 대표의 여행 및 숙박 비용은 연합 규약에 따라 개별 주가 지급했다. 그래서 주들은 종종 돈을 절약하기 위해 대표를 보내지 않거나 2명(최소 규모의 대표단)을 보냈다. 두 명으로 구성된 대표단은 그 둘이 의견이 어긋나면 투표에 참여할 수 없었기 때문에 대표단 기능이 마비되곤 했다. 그래서 토머스 제퍼슨은 조지 워싱턴에게 보내는 1784년 3월 15일 편지에 다음과 같이 썼다. "의회가 무기력한 상태에 있는 것이 당신에게 새롭지는 않으리라 짐작됩니다. 우리에게는 9개의 주만 있으며, 그 가운데 8개는 두 명으로 된 대표단에 의해 대의됩니다. 그리고 물론 모든 중요한 문제에 대해서는 주들뿐 아니라 구성원들의 만장일치가 필요합니다. 중요한 문제에는 얻을 수 없는 만장일치 말입니다. 결과적으로 우리는 애써도 성사되지 않을 일에 시간과 노동을 허비하고 있습니다. 홀수로 구성된 대표단이 대의하는 13개 주 아니고서는 중요한 지점에서 한 걸음도 앞으로 나갈 수 없을 것입니다."

헌법 제정은 또한 사회적 대리인에 활기를 불어넣을 수 있는 다채로운 동기들, 특히 이익, 열정 그리고 이성 사이의 상호 작용(4장)을 잘 보여 준다.

열정은 헌법이 위기와 격동의 시대에 제정되기 마련이라는 사실과 관련된다. 이런 상황에 포함되는 것으로 전쟁(1814년의 노르웨이와 프랑스, 1차 세계대전 이후의 독일·체코슬로바키아·폴란드, 그리고 2차 세계대전 이후의 독일·이탈리아·일본·프랑스), 혁명(1848년의 프랑스와 독일), 독재정권의 몰락(1974년의 그리스와 포르투갈, 1976년 스페인, 1996년 남아프리카공화국, 그리고 1980년대의 여러 남미 국가들), 쿠데타에 대한 두려움(1958년 프랑스), 체제 붕괴(1989년 이후 동유럽) 그리고 금융 위기(1787년 미국, 1789년 프랑스, 2010년 헝가리, 2011년 아이슬란드)가 있다. 8장에서 언급했듯이, **두려움**과 **열정** 같은 감정이 촉발되었다. 아이슬란드에서 가장 두드러진 감정은 금융 위기에 책임이 있다고 여겨진 은행에 대한 분노였다.

이성 —— 장기적인 공적 이익을 향한 공평하고 합리적인 관심 —— 은 열정에 의해서 촉진되기도 하고 방해를 받기도 한다. 4장에서 나는 라브뤼예르를 인용했다. "이성을 극복하는 것보다 열정에게 쉬운 일은 없다. 열정의 가장 큰 승리는 이익을 정복하는 것이다." 연장선상에서 **이성이 열정과 동맹을 맺지 않는 한**, 이성을 극복하는 것보다 이익에 쉬운 일은 없다는 추론을 덧붙일 필요가 있다. 칸트가 지적했듯이, 열광enthusiasm이 이런 동맹을 만들어 낼 수 있다. 그러나 그가 관찰했듯이, 열정은 합리적 믿음 형성에 장애가 될 수 있다(8장 참조). 행위자들이 열광에 빠져 희망사고와 긴급성 메커니즘이 작동하면, 그들은 목표를 가로막는 장애, 냉정하고 신중하게 성찰하면 뻔히 보였을 장애를 무시할 수 있다. 2011년 아이슬란드에서는, 금융 위기에 대응해 무엇이든 해야 한다는 충동 때문에 완전히 새로운 헌법을 만드는 것이 과연 최선인가 하는 질문은 봉쇄되었다. 헌법기초자들조차 자신들이 내린 이성적 결정을 무시할 수 있다. 예컨대 1789년 프랑스의 헌법기초자들과 1814년 노르웨이 헌법기초자들 모두 채택하기 전에 초안을 여러 차례 투표에 부쳐야 한다는 자체 규칙을 무시했다. 콘스탄티누스 황제 치세에서 선출된 감독의 거주를 강제하기 위해 취한 조치에 대해 기번은 "이런 규제를 요구한 바로 그 열정 때문에, 규제는 효과를 발휘할 수 없게 된다"라고 말했다.

열정과 이성의 동맹이 어떤 이익을 무시할 수는 있다. 그렇다고 해서 그 이익이 완전히 제거되는 것은 아니다. 근대 헌법 제정에서는, **정당** 이익이 선거법을 짜는 데 결정적일 때가 빈번했다. 초기에는 **계급** 이익이 종종 참정권과 자격조건 제한을 조형했다. 남부 주와 북부 주의 **경제적** 이익은 연방 협정 최종 문서의 최소한 12개 조항을 조형했다. 개인적 이익이 작용하는 사례도 이따금 있다. 1992년 체코 헌법에 상원을 창설한 것은 원칙에 근거한 것이 아니라 해체된 체코슬로바키아 연방 상원으로 재임했던 체코 의원들에게 자리를 마련해 주기 위해서였다.

이제 헌법 본문의 구조와 효과를 살펴보자. 헌법은 권력 분립을 확립한다. 그것은 어떤 단일한 정치적 행동자에게 모든 권력이 집중되는 것을 막는다. 단일한 행동자는 개인일 수도 있고, 소집단일 수도 있고, 전체 인민일 수도 있다. 그들의 제약되지 않은 권력을 지칭하는 고전적

용어는 폭정(절대 군주제), 과두제, 폭민 지배이다.[9] 여기서는 근대 민주주의 헌법만 고려할 것이다. 그것은 대체로 네 부분으로 구성된다. 첫째, 헌법은 정부 기구를 규정하고 규제한다. 둘째, 헌법은 시민의 권리 그리고 때로는 시민의 의무를 명시한다. 셋째, 헌법은 개정 규칙을 정해 둔다. 마지막으로, 그들은 비상 상황에서 헌법 또는 그 일부의 작동을 정지하기 위한 절차를 규정한다.

정부 기구에는 많은 톱니와 바퀴뿐 아니라 여러 개의 나사못과 나사 머리가 있다. 핵심 제도는 입법, 행정 그리고 사법 기관이다. 벤담이 주장했듯이, 선거구민도 그런 기관 가운데 하나로 포함해야 한다. 포함되어야 할 다른 중요한 제도로 감사원national audit office과 중앙은행도 있다. 이 기관들과 관련된 여러 조항은 예컨대 다음과 같은 기능을 규정한다. 조폐권, 과세권, 통화량 결정권, 조약 체결권, 입법권, 민사 및 형사 사건 재판권, 투표권 등등.

여타 조항은 다른 기관과의 관계와 관련된다. 그런 관계는 아마 두 묶음으로 구별할 수 있다. 한 묶음은 한 기관이 다른 기관의 영역을 침범하는 것을 막는 것을 목표로 한다. 스웨덴에서는, 정부가 통화 정책에 관해서 중앙은행에 지시할 수 없다. 일부 국가에서는 검찰에 대한 지시도 금지된다. 사법 박탈권에 대한 금지는 입법부가 사법부를 침해하는 것을 방지한다. 반대로 프랑스에서는 '판사의 통치'le governement des juges 가 두려워서 2세기 동안 입법에 대한 사법 심사를 차단했다. 다른 묶음

---

9 흄은 모든 무질서를 주권자 탓으로 돌리는 경향에 반대하며 다음과 같이 썼다. "인민의 위대함과 광기가 일으키는 소동은 군주의 폭정만큼 인간 사회에 악한 사태는 아니지만, 모든 면에서 잘 규율된 헌법이 폭정 못지않게 신중하게 막아 주어야 할 일인 듯하다."

은 기관들의 상호견제로 이뤄진다. 한 기관은 다른 기관이 공식적인 위헌적 결정을 내리지 않도록 견제하거나, 한 기관의 구성원이 그들이 생각하기에 실질적으로 나쁜 결정을 다른 기관이 내리지 않도록 견제할 수 있다. 그것의 두 형태가 사법 심사와 양원제이다.[10]

모든 근대 헌법(오스트레일리아 제외)은 권리 장전을 포함하거나 적어도 권리를 열거한다. 공민권 및 참정권은 대체로 수직적으로 정의된다. 즉, 정부가 시민들에 대해 특정 행동을 취하는 것을 금지하는 식이다. 남아프리카에서만 헌법의 수평적 적용을 분명하게 약속한다. 이런 '제1세대 권리' 외에도 근대 헌법은 점점 '제2세대 권리'(경제적, 사회적 그리고 문화적 권리)와 더 넓은 범위의 '제3세대 권리'(예: 발전권)까지 포괄해 가고 있다. 정부 기구와 관련된 헌법 조항은 (일반적 규칙으로) 매우 분명하게 공식화되어 있어서, 무엇을 할 수 있고, 무엇을 할 수 없으며, 무엇을 해야만 하는지 모호하지 않다. 하지만 권리를 확인하는 조항이 행동으로까지 이어지려면 (다시 일반 규칙으로) 성문법이나 헌법적 해석을 거쳐서만 한다. 이 문제는 뒤에서 다시 다룰 것이다.

---

10 두 번째 묶음이 첫 번째와 깔끔하게 구별되는 것은 아니다. 우선, 기관 B가 위헌으로 행동했다는 이유로 기관 A가 그 기관을 견제한다면, 그런 활동은 기관 A[기관 B의 오식으로 보임.—옮긴이] 또는 다른 기관 C의 헌법적 권한을 침해한 것일 수 있다. 다음으로 견제와 침해를 나누는 선은 상대적이다. 연방정부 고위직 임명에 대해 거부권을 행사할 수 있는 미국 상원의 권리는 일반적으로 행정부에 대한 바람직한 견제로 제시되는 반면, (때로 과거에 주장된) 그들의 해임에 대한 거부권은 부적절한 침해로 간주되었다. 다른 국가의 헌법에서는 첫 번째 권리조차도 침해로 간주한다. 사법 심사는 입법부의 영역에 대한 침해라는 부정적 평가를 받기도 하고, 입법부 활동에 대한 견제라는 긍정적 평가를 받기도 한다. 이 모호성은 광범위하다. 벤담을 좇아서 하원이 전능해야 한다고 생각하는 사람에게는, 하원 권력에 대한 어떤 견제도 침해이다. 그런 견해는 넓게 펼쳐진 다양한 견해들 가운데 한쪽 극단이다. 하원을 — 상원, 대통령, 그리고 대법원이 — 삼중으로 견제할 수 있게 해주는 미국 헌법은 또 다른 극단에 있다고 할 수 있다.

사실 모든 헌법은 자신의 개정 절차를 포함하고 있다. 토크빌은 1830년 프랑스 헌장에 개정 조항이 포함되어 있지 않다는 사실을 발견하고는, 그런 사실에서 사법 심사 — '판사의 통치' — 는 너무 위험하다는 결론을 끌어냈다. "프랑스의 법원이 그들이 보기에 어떤 법이 위헌적이라는 이유로 그 법에 복종하지 않는다면, 헌법적 권력은 그들의 손 안에 있는 것이다. 왜냐하면, 그들만이 누구도 조문을 바꿀 수 없는 헌법에 대한 해석 권한을 가지기 때문이다." 전혀 수정할 수 없는 헌법이 이외에 또 있었을지 모르지만, 그런 것이 비중 있는 헌법은 아닐 것이다. 그 밖에 일부 헌법에 수정될 수 없는 개별 조항이 들어 있기도 한다.

상식적으로 생각할 때, 헌법은 개정 가능해야 한다. 같은 선상에서 개정을 상대적으로 어렵게 해야 한다는 것도 상식적이다. 헌법이 일반 법처럼 개정하기 쉽다면, 위헌적 법률 채택을 위해 먼저 개헌을 해서 그 법을 합헌으로 만들고, 그런 다음 그것을 채택할 것이다. 그러나 일반적으로 말해서, 법률 시스템은 행위자가 한 단계에서 금지된 것을 두 단계로 수행할 수 있게 해주진 않는다.[11] 사소한 예외를 제외하면, 일반 법률을 변경하는 것보다 헌법을 수정하는 것이 항상 더 어려운 것이 사실

---

11 이 원칙은 위반된 적이 있다. "헨리 6세가 23세 때, 1년 이상 주지사로 복무하는 것을 금지하는 법이 … 제정되었는데, 그 법에 왕이 면직을 시킬 수 없게 하는 조항이 삽입되었다. 이 법이 왕의 특권에서 면제되어야 할 간명한 이유가 제시되었을 것이다. 그러나 … 헨리 7세의 통치 기간에, 이 사건은 재무부의 모든 판사 앞에서 재판을 받았다. 그리고 그들은 위에서 언급한 엄격한 조항에도 불구하고, 왕은 법령을 폐지할 수 있다는 판결을 내렸다. 왕은 먼저 금지 조항을 폐지한 다음, 법령 자체를 폐지할 수 있다는 것이다. 이런 판사들의 견해는 터무니없어 보이지만, 의심할 수 없는 법으로 통과되었다."(흄) 다른 두 가지 사례는 (타키투스가 보고했던바) 티베리우스가 그의 적 세야누스(Sejanus)의 딸을 죽이기로 한 결정과 (2009년 8월 19일 『보스턴 글로브』가 보도한) 이란의 아야톨라(Ayatollahs)가 젊은 여성을 처형하기로 한 결정이었다. 두 사례 모두에서, 처녀를 처형하는 것은 불법이었지만, 그런 논란을 피하려고 먼저 그 여성들을 강간했다.

이다. **지연**과 **가중 다수결**supermajority 요구가 가장 중요한 장치이다. 개헌을 어렵게 만들기 위해서 다양한 요구가 헌법에 규정된다. 개헌안은 제안되고서 1개월까지는 토론되어야 하거나(불가리아), 2번의 독회와 2번의 투표가 시행되어야 하거나(브라질), 한 의회는 제안만 할 수 있고 채택은 그 이후 총선을 거친 다음 의회에서 이뤄지기도 하고(벨기에와 노르웨이), 하원에 이어 상원을 차례로 통과해야 하기도 한다(덴마크, 에스토니아, 핀란드, 아이슬란드, 스웨덴). 가중 다수결은 2/3가 가장 일반적이긴 하지만, 3/5에서 3/4까지 다양하다. 핀란드, 에스토니아 및 불가리아에서는 지연 시간과 가중 다수결 사이에 맞교환이 있다. 앞의 두 나라에서는 대다수(핀란드의 경우 5/6, 에스토니아의 경우 4/5)가 헌법이 신속히 개정될 필요가 있다고 선언하면, 정상적인 소요 시간을 단축할 수 있는 **신속회부 절차**에 부칠 수 있다. 그런 다음, 개정에는 또 다른 다수(두 나라 모두 2/3)가 투표하면 된다. 불가리아에는 3/4의 정상 가중다수를 2/3로 줄일 수 있지만, 그 경우 지연 시간이 긴 **완행회부 절차**가 있다. 노르웨이의 헌법도 맞교환이 있다고 볼 수 있다. 정상적 개정은 지연과 2/3의 가중 다수결이 필요하지만, 국제기구에 대한 특정 권한을 위임하는 데는 지연이 없는 대신 3/4의 가중 다수결이 요구된다.

헌법은 자신의 개정을 규율하는 것처럼, 비상사태 동안 자신의 부분적 작동 정지를 규율하곤 한다. 정지의 대상은 헌법 본문이 규율하는 다른 세 부분, 즉 정부 기관, 개인 권리 그리고 개정 절차 가운데 하나 또는 그 이상이다. 정지 **범위**를 결정하는 것 이외에도, 헌법은 정지 **근거**, 정지를 결정할 수 있는 **기관** 그리고 정지 **종료** 절차를 명문화한다. 헌법 개정과 정지의 중요한 차이점은 후자는 헌법 자체 안에 근거를 두고 있지 않다는 점이다. 그 차이가 절대적인 것은 아니다. 1962년 드골은 비헌법적인 국민투표로 프랑스 헌법을 조용히 수정했다. 그렇지만 **불가항력**일 경우, 헌법을 우회하는 일은 상당히 흔하다. 1793년 프랑스 헌법은 제정되자마자 혁명 정부를 위해서 정지되었지만, 조문상 근거는 없었다. 생-쥐스트Louis Saint-Just는 다음과 같이 주장했다. "공화국 자체가 존재하게 된 상황에서, 헌법을 수립할 수는 없다. 사람들은 헌법 자체를 통해서 헌법을 파괴할 것이다." 또 하나의 유명한 예는 1862년 링컨 대통령의 인신보호청원habeas corpus 정지, 즉 헌법은 의회에 귀속된다는 결정이다. 자신에 대한 비판에 대한 그의 반응 —— "하나의 법 빼곤 모든 법이 집행되지 않는 것인가? 위반을 피하려다가 정부 자체가 망가지는 것은 아닐까?" —— 은 생-쥐스트를 연상시키며, 이어서 로버트 잭슨Robert Jackson 대법관의 격언도 생각나게 한다. "권리 장전은 자살 협정이 아니다."

이런 개괄을 통해 이 책의 목적과 가장 큰 관련성을 가진 질문을 다루기 위한 배경지식을 얻을 수 있거니와, 그 질문은 이런 것이다. **헌법은 인과적 효력을 어떻게 획득하는가?** 그것은 그저 '모래 밧줄'(크롬웰)이거나 '양피지 장벽'(매디슨) 아닌가? 왜 정부는 쉽게 넘을 수 있는 분필로 그린 원에서 못 벗어나는 속담 속의 닭처럼 처신하는가? 1799년 프랑스 헌법의 저자 또는 발의자에 따르면, "헌법은 짧고 모호해야 한다. 그것은 정부의 행동을 방해하지 않도록 제정되어야 한다."Il faut qu'une constitution soit courte et unscure. Elle doit être faytre de manière à ne pas gêner l'action du gouvernement. 근대적 관점에서 보면, 헌법의 주요 기능은 물론 정부를 제약하는 것이다. 문제는 어떻게 해야 그럴 수 있는가, 하는 것이다.

사실 위의 질문은 너무 좁게 설정된 것이다. 헌법은 일부 측면에서 정부를 무력화할 뿐 아니라, 정부가 무언가를 할 수 있게 하는 역할도 한다. 엄격한(수정하기 어려운) 헌법이 없으면 한 나라의 정부는 신빙성 있는 약속을 할 수 없을 것이다. 이것이 18세기 영국 의회의 주요 문제였다. 영국은 미국 식민지에 앞으로는 세금을 부과하지 않을 것이라는 확실한 약속을 할 수 없었다. 1776년 제임스 캐넌James Cannon은 다음과 같이 썼다. "우리의 자유를 미래에도 향유할 수 있을지 희망과 불안을 오가는 불확실성에 시달리지 않게 해줄 헌법에 근거한 계획을, 대영제국이 제시할 수 있음을 입증하라고 요청하는 바이다. … 대영제국의 헌법[sic]에 의거해서는, 현재 의회가 미래에 대해 어떤 구속력 있는 법률을 제정할 수는 없다. … 약속 이행을 명기할 수 없는 권력에 편의적으로 의존하는 것이 지혜로운가, 도대체 안전하기는 한 것인가?" 또한, 엄격한 헌법은 정부가 시민들이 가진 것을 압수할 수 있다는 싸늘한 공포를 없애 줌으로써, 그들이 장기적인 경제 계획을 수립할 수 있게 해준다. 그러나 상당히 정확한 이런 관찰이 전제하는 것은 헌법이 개정하기 어려울 뿐 아니라 집행력과 신빙성 또한 제공한다는 것이다. 문제는 어떻게 이런 속성을 획득하는가, 하는 것이다.

입법부 또는 행정부의 위헌적 행동을 방지하기 위해 사법 심사가 거의 보편적으로 채택되기 전에는, 다양한 방법이 제안되거나 채택되거나 준수되었다. 크롬웰은 행정부 권한을 침해하는 일에 대한 거부권을 행정부에 줄 것을 제안했다. 1789~91년 프랑스 제헌의회의 몇몇 대표, 특히 무니에와 미라보 같은 대표들은 모든 법률에 대한 거부권을 행정부에 주겠다고 제안했다. 19세기 프랑스(사실에 의해)와 스웨덴(법에 의해)은 국회 의장에게 위헌으로 판단되는 법안을 표결에 부치는 것을 막을 권리를 주었다. 이러한 각각의 해결책은 일부가 나름의 대의를 가지고 판단할 수 있게 해주는 것에 해당한다. 1900년경 영국의 법률 이론가 앨버트 다이시A. V. Dicey는 프랑스 법률이 합헌성 통제를 결여하고 있다고 논평하면서 다음과 같이 썼다. "프랑스 [제3공화정의] 헌법에 따르면, 입법부의 조치에 내려진 제한은 현실적으로 법률이 아니다. 왜냐하면, 그것은 최종적으로는 법원에 의해서 집행되는 규칙이 아니기 때문이다. 그것의 진정한 성격은 정치적 도덕성의 격률이다. 그것이 가진 힘이 어떤 것이든 그것은 헌법에 형식적으로 새겨져 있다는 것과 그 결과 형성된 여론의 지지로부터 도출되는 것이다."

그러나 그 힘은 그리 크지 않을 수 있다. 시민들은 내용이 받아들일 만하다면, 위헌적인 제안도 별로 개의치 않는다는 증거가 있다. 데이비드 흄은 영국의 (불문) 헌법에 반하는 것이라고 할 만한 왕의 특권 행사에 대해 다음과 같이 말했다.

1662년에 찰스[찰스 2세]는 그의 지상권至上權과 정지명령권 모두를 내세움으로써 종교적 자유와 관용 일반을 허용했다. 그리고 1672년 그는 같은 칙령을 갱신했다. 비록 그의 의회는 두 번 다 철회를 권고했다. 결국, 법이 특권에 대해 거둔 승리는 위대하고 기억할 만한 것인 듯하다. 그렇지만, 일반적으로 정지명령권의 행사가 동의할 만하고 유용할 경우, 권력 자체에 의문이 제기되는 일은 별로 없다는 점은 언급해 둘 필요가 있다. 반면에 권력 행사가 예외에 책임이 있다고 생각된 경우, 사람들은 그것에 반대할 뿐 아니라 그것이 토대가 된 특권의 합법성마저 거부하기 시작한다.

이런 주장은 1962년 드골에 의해 확증된다. 그는 비헌법적 절차에 의한 국민투표를 통해서 국민이 대통령을 직접 선출하도록 하는 헌법을 바꾸었다. 유권자 대다수는 잘못된 절차를 택한 그를 처벌하기 위해서 제안에 반대하는 쪽이 아니라 찬성하는 쪽에 투표했다. '반대'에 투표한 사람들도 대부분 절차가 아니라 내용적인 이유에서 그렇게 투표했다. 프랑스 정치에서 일어난 또 다른 위헌성의 사례로는 1849년 5월 29일 루이 보나파르트 대통령이 로마 공화국을 물리치고 교황권을 회복하기 위해 프랑스군에게 로마로의 진군 명령을 내린 일이다. 1848년 헌법에 따르면, "프랑스 공화국은 … 결코 인민의 자유에 대항하여 군대를 사용하지 않는다". 따라서 이 조치는 명백한 헌법 위반이었다. 국회에서 급진파 의원 레드뤼-롤랭Alexandre Ledru-Rollin은 6월 11일에 "헌법이 위반되었다. 우리는 모든 수단을 다해서, 무력을 통해서라도 헌법을 수호할 것이다"라고 발언했다. 그것에 대해 국회 의장 뒤팽은 "국회에서 누군가가 무력에 의해서 헌법을 수호하자고 말하는 때보다 더 심한 추문을 겪으며 헌법이 위반되는 경우는 없다"고 답했다. 레드뤼-롤랭이 6월 13일 무장 시위 참여를 호소했지만, 고작 수천 명이 비무장 상태로 모였을 뿐이었으며, 금세 무력에 의해 해산되었다.

이 문제에 대한 근대적 해결책은 헌법재판소나 대법원에 위임된 사법 심사로 법률의 합헌성을 평가하는 것이다. 그러나 논란의 여지 없는 사법 심사 권한을 가진 법원의 존재가 성문 헌법의 인과적 효력 문제를 해결하지는 못한다. 헌법 자체와 마찬가지로 **법원의 판결도 종이 쪼가리에 불과하다**. 일반적으로 사법 심사를 실행한 법원이 자신의 결정을 집행할 경찰력을 가진 것은 아니다. (중요한 경제적 귀결을 가진 문제에 대해 내리는 결정을 지원할 별도의 예산을 가진 것도 아니다.) 미국 연방대법원은 그들의 결정을 집행할 연방 보안관을 보내도록 대통령에게 요청할 수 있다. 하지만 우스터 대對 조지아 재판(1833)에서 잭슨Andrew Jackson이 그랬듯이, 대통령은 그런 요청을 거부할 수 있다. 출처가 의심스럽긴 하지만 잭슨 대통령은 "아무튼 존 마셜John Marshall(대법원장)이 판결을 내렸으니, 이제 그가 그것을 집행하면 되겠지요"라고 말했다는 이야기가 전해지고 있다. 혹은 판결은 "여전히 출산 중"이라고 말했다고도 한다. 아이젠하워Dwight D. Eisenhower 대통령이 리틀 록에 연방군을 보내지 않았다면, 브라운 대對 교육위원회 판결(1954)은 집행되지 않았을 것이다. 헌법재판소 결정의 미이행은 남아프리카공화국과 러시아에서도 있었던 일이다.

미국의 경우, 연방대법원에 대한 반대는 주와 연방정부, 특히 남부 주와 연방정부 사이의 갈등에 뿌리를 두고 있다. 말하자면 현대 프랑스나 노르웨이에서 판결에 대한 방해 공작 비슷한 시도가 있을 것이라고 상상하기는 어렵다. 입법에 대한 사전 심사, 즉 법률 공포 이전의 입법 심사는 실제로 생각할 수조차 없다. 사후 심사, 즉 특정 소송에서 유발된 심사의 경우, 당국의 지출이 매우 커지는 판결은 "우리는 돈이 없다"는 성실할 수도 있고 불성실할 수도 있는 답변에 직면할 것이다. 특히 경제적·사회적·문화적 권리 집행에 비용이 많이 들겠지만, 공민권 및 참정권의 집행에도 상당한 경비가 필요할 수 있다. 이러한 이유로, 정부는 예를 들어 교도소 과밀을 줄이라는 법원의 명령에 따르기를 거부할 수 있다.

마지막 예는 헌법이 인과적 효력을 갖지 못한 또 다른 이유를 소개하는 데 사용될 수 있다. 몽테스키외는 구체제의 법원, 즉 **고등법원**의 자의적 관행을 비판하며 다음과 같이 말했다. 판사들은 "법의 강압이나 가혹함을 누그러뜨릴 줄 모르는, 법문法文을 읊는 입la bouche de la loi, 그저 수동적인 존재에 불과하다". 그의 진술에 대한 한 가지 해석은 헌법을 포함해서 법은 항상 판사에 의해 판결되어야만 확정적 의미를 획득한다는 것이다. 일부 헌법 조문은 의문의 여지 없이 이런 특성을 가지며, 특히 정부 기구를 규정하는 조문이 그렇다. 이런 조항들은 정부의 행동을 엄격히 제약한다. 이와 대조적으로, 개인의 권리를 명시한 조문은 악명 높을 정도로 모호하다. 미국 수정헌법 제8조는 "잔인하고 상례적이지 않은 형벌" 사용을 금지한다. 누군가는 이 조항에 근거해서 수용소의 ── 한 감방을 두 명이 나눠 쓰는 ── '2인 수감'double-celling이 금지되어야 하는 것 아닌지, 하는 의문이 제기될 수 있다. 로즈 대 채프먼 사건(1981)에서 대법원의 다수는 그렇지 않다고 봤고, 마셜 대법원장은 소수 의견에 그쳤다.

수정헌법 제8조 자체가 '2인 수감' 문제에 대해 명료한 해결을 전혀 제공하지 않는다는 것은 아주 명확해 보인다. 다수파와 소수파의 의견은 방대한 선행 법이론 체계에 기초해서 형성된다. 그리고 그 대부분은 헌법 본문과 마찬가지로 희미한 관계를 맺고 있으며, 상례에서 벗어난 잔인한 처벌을 구성하는 것에 대한 개인적 생각에 근거하고 있다. 다수파와 소수파 모두 국가가 "성숙해 가는 사회의 진보를 특징짓는 품위의 진화적 표준"을 침해하는 처벌을 부과할 수 없음을 긍정하는 이전 결정을 인용했음에도 불구하고, 그들은 공유된 전제로부터 정반대되는 결론을 도출했다. 로 대 웨이드(1971)에서 연방대법원은 미심쩍게도 헌법

안에서 프라이버시의 권리를 찾고 프라이버시 권리 안에서 낙태권을 찾았다. '실질적인 적법 절차'라는 개념 또한 마찬가지로 헌법적 전거가 취약하다. 수정헌법 제1조의 '언론'에 해당하는 것이 무엇인지에 대한, 그리고 제2조에서 나오는 무기 소지가 정확히 어떤 권리인지에 대한 연방대법원의 판결도 마찬가지이다(9장 참조).

비슷한 창의적 판결이 다른 나라에도 많이 있다. 여기서는 콜롬비아 헌법재판소의 두 결정을 살펴볼 것이다. 먼저, 개인 약물 소비를 허용하는 판결 C-221/1994와 안전띠 의무 착용 판결인 C-309/1997을 비교해 보자. 두 경우 모두, 문제는 법률이 개인을 그 자신으로부터 보호하기 위해 개인 자율성을 제한할 수 있는가, 하는 것이었다. 첫 번째 재판에서, 법원은 그것이 가능하지 않다고 확인했지만, 두 번째 재판에서는 가능하다고 봤다. 첫 번째 결정에서는 국가가 약물 소비를 줄이고자 한다면 교육 같은 덜 제한적인 수단을 써야 한다는 논증을 폈다. 이런 생각은 현실과 너무 괴리가 커서, 법원이 이데올로기에 사로잡혀 있다고 결론 내릴 수 있다. 운전자는 안전띠를 사용하도록 '교육받을' 수 없는가?

다음으로, 우리베Álvaro Uribe 대통령에게 두 번째 임기를 승인한 결정 C-1040/2005와 세 번째 임기를 거부한 결정 C-141/2010을 비교해 보자. 첫 번째 판결에서 콜롬비아 헌법재판소는 헌법의 '개정'과 한 헌법의 다른 헌법으로의 '대체'를 구별했다. 헌재는 의회에 대체권을 불허하고 개정권은 인정했다. 그리고 연임 제한의 연장은 개정일 뿐이라고 판결했다. 하지만 2010년 판결에서는, 임기의 재연장과 관련해서 헌법 개정을 위한 국민투표 실시를 요구하는 법률을 배척했다. 재판소의 영어

웹사이트에서 두 가지 결정은 다음과 같이 대조된다. "[2005] 판결은 의회를 통한 수정안 통과의 모든 절차적 측면을 상세하게 심사한다. 그러나 가장 중요한 양상은 특정 사례에 '대체 이론'을 적용한 방식이다. 5년 후, 3차 연속 임기를 허용하는 또 다른 헌법 개정안에 직면하여 법원은 그것에 반대하는 판결을 내렸다. 첫 번째 연임은 대체가 아니지만, 두 번째 연임은 그렇다." 이런 구별은 자의적인 것 같다. 판결의 배후 동기는 아마도 우리베 대통령을 권좌에서 몰아내려는 판사들의 욕망일 것이다.

이 예들이 보여 주듯이, 헌법에 있는 많은 권리 조항의 추상적이고 모호한 언어 때문에, 몽테뉴가 말했듯이(9장) 그런 조항들은 정말로 "우리의 관심사에 적응할" 수 있다. **결론이 전제를 생성한다.** 그런 것이 사실인 만큼(정확히 어느 만큼인지는 모르지만), 헌법은 독립적인 인과적 효력을 갖지 못한다.[12] 그렇지 않은 경우에도, 그리고 판사들이 미리 결정된 결론에 도달하기 위해 전제를 비틀기보다 자신의 장점을 발휘해서 판결을 내리기 위해 최선을 다하더라도, 그들을 제약하는 것은 헌법 자체보다는 선행 헌법 이론이다. 게다가 그 선행 헌법 이론은, 내가 지적했듯이, 헌법 본문과 매우 빈약한 관계에 있다. 우리가 오늘날 겪고 있는 것과는 완전히 다른 헌법 이론 창출의 누적 효과와 더불어, 진보와 보수를 오가는 스윙 보트 판사의 죽음과 교체로 인해, 많은 핵심 판결이 다

---

12 '텍스트의 평범한 의미'를 존중하자는 해석적 규범조차 항상 명확한 답을 주진 않는다. 1993년 봄 동안 하나의 의견으로 결정된 21개의 대법원 사건에서, 다수파와 소수파 사이의 갈등은 적어도 부분적으로는 문제가 되는 법령의 **평범한 의미**에 대한 불일치에서 비롯되었다.

르게 내려진 반사실적 세계를 우리는 어렵지 않게 상상해 볼 수 있다.[13] 그럴 때도 헌법 자체는 같은 것일 것이다.

지금까지 나는 헌법의 권리 조항이 가진 인과적 효력에 초점을 두었다. 정부 기구를 규율하는 일부 조항은 확실히 기회에 영향을 미치고, 아마도 욕망에 영향을 미침으로써 인과적 효력을 발휘할 것이다(이런 구별에 대해서는 10장 참조).

기회와 관련하여, 1789년에 제안되어 1992년에 채택된 수정헌법 제27조는 다음과 같다. "상원 의원과 하원 의원의 업무에 대한 급여를 변경하는 법은, 다음 하원 의원 선거가 시행될 때까지 그 효력이 발생하지 아니한다." 제27조의 채택 이전에는 의원들의 자기 거래self-dealing를 견제하는 것은 재선 욕망과 급여 인상 투표 자체가 재선에 방해될 것이라는 믿음이었다.[14] 행정부가 의회를 해산하고 새로운 선거를 요구하는 것을 헌법이 허용하지 않는다면, 헌법은 화살통에서 화살을 제거한 것이다.

욕망과 관련하여 양원제 문제를 보자. 상원 의원의 뛰어난 덕성과 능력 덕분이든, 절차가 늦춰진다는 단순한 사실로 인해 감정을 가라앉힐 수 있었던 덕분이든, 현명한 결정을 내리는 데는 양원제가 더 낫다는 상투적인 주장이 있다. 나는 이 주장된 효과를 입증하는 경험적 분석을 접해 본 적은 없다. 오히려 미국의 몇 가지 중대한 예들은 그런 주장에 대

---

13 1941년까지 (5 대 4로 결정되는) 스윙 투표는 드물었다. 하지만 그 이후로는, 약 16%의 사건만이 한 번에 다수결로 결정되었다.
14 1816년에, 입법자들이 임금 인상에 투표했을 때, 시민들의 분노가 너무 강력해서 서둘러 급여법을 폐지했음에도 불구하고 의원들의 거의 2/3가 재선에 실패했다.

한 의심을 불러일으킨다. 1798년에 소요 법Sedition Acts은 상원을 여유 있게 통과했지만, 하원에서는 44 대 41로 겨우 다수표를 얻었다. 그런 다음 배심원에 의한 재판이 끝난 후에 판사에 의한 재판으로 대체되었다. 많은 법학자가, 당시 사법 심사 제도가 있었다면 그 법에 위헌 판결이 내려졌으리라고 생각한다. 1964년 통킹만 결의안은 416 대 0으로 하원을 통과했고, 88 대 2로 상원을 통과했다. "2002년 이라크 결의안에 반하는 군사력 사용 승인"은 297 대 133으로 하원을 통과했고, 77 대 23으로 상원을 통과했다. 이런 사건 가운데 어느 것에서도 상원은 흥분된 히스테리적 분위기에 대해 강한 저항을 피력하지 않았다. 이 세 가지 결정은 대체로 지혜의 정반대를 구현한 것으로 여겨진다. 또한, 미국 연방대법원은 충동적 결정에 브레이크 역할을 한다고 여겨진다. 그렇기 때문에 재패니스 아메리칸을 구금하기로 한 루스벨트 행정부의 명령을 연방대법원이 6 대 3으로 승인했다는 것은 언급해 둘 필요가 있다.[15]

일부 사례가 보여 주듯이, 헌법도 인센티브 시스템처럼 **농락당할 수** 있다.

미국 헌법 제3조 1항 따르면, "연방대법원 및 하급 법원의 판사는 중대한 죄과가 없는 한 그 직을 보유하며, 그 직무에 대하여는 정기적으로 보수를 받으며, 그 보수는 재임 중에 감액되지 아니한다". 연방의회에서 매디슨은, 의회가 판사를 위협할 뿐 아니라 뇌물을 줄 수 있으므로 재임 기간에 판사의 급여를 깎아서는 안 되지만 **올려서도** 안 된다고 주장했다. 그는 이런 법 조항이 멀쩡하게 작동할 때조차 의회가 일부 판사의

---

15 2001년 애국자 법은 하원에서 357 대 66, 상원에서 98 대 1로 통과되었다.

급여를 다른 판사의 급여보다 적게 올리는 식의 장난을 칠 수 있다는 사실을 간과했다. 1964년, 워런Earl Warren이 수장이었던 연방대법원에 적대적이었던 의회는 연방 하급 판사의 급여는 7,500달러 인상했지만 대법관 급여는 4,500달러만 인상했다. 그 이후 1969년 워런이 은퇴하기까지 급여는 인상되지 않았다.

1912년 수정헌법 제17조가 채택될 때까지, 미 상원 의원은 간접선거에 의해 선출되었다. 예닐곱 개 주에서는 사람들이 의원을 선출하면, 의원들이 상원 의원을 선출했다. 그러나 영국의 법학자 제임스 브라이스James Bryce가 설명했듯이, 다음과 같은 일이 있었다.

1904년 오리건 주에서 헌법에 포함된 입법 절차에 따라 통과된 법률에 따르면, 정당이 예비 선거에서 연방 상원 의원 후보자를 지명하고, 차기 주 의원 선거에서 지명된 자들 가운데 하나를 투표로 선출한다. 이와 함께 주 의회 입후보자도 자신의 지명과 관련해서 다음 두 가지 가운데 하나를 선포할 수 있다는 규정도 함께 법제화되었다. (1) 선출될 경우, 대중으로부터 가장 많은 표를 얻어서 당선된 의원을 연방 상원 의원으로 투표함으로써 '인민의 선택'을 존중하겠다. 또는 (2) 대중의 투표를 단순히 '추천'으로 간주하겠다. 그도 아니면, 아예 선언하지 않을 수도 있었다. 1908년에 주 의회 의원 당선자 가운데 다수는 (1)을 선언했다. 약속을 이행해야 한다는 압박감을 느꼈던 그들은 대중들에게서 가장 많은 표를 얻은 의원을 상원 의원으로 선출했다. 그는 민주당원이었고, 그들은 공화당원이었는데도 말이다. 따라서 인민은 제 뜻을 실현하고, 연방 헌법은 형식적으로는 위배되지 않은 셈이다.

1958년 프랑스 헌법에 따르면, "[하원과 상원] 의원은 투표권을 직접 행사해야 한다. 기관 법은 예외적 경우에 한 해 위임 투표를 승인할 수 있다. 이 경우, 위임은 한 번만 가능하다". 대다수의 하원 의원과 상원 의원은 선거 사무소를 전국 단위 이외에 하나 이상의 지역에 두기 때문에 (위임 누적cumul des mandats), 이러한 제약에 반대할 동기가 있었으며, 실제로 그 제도를 시작부터 쉽게 농락할 수 있었다. 그들은 처음에 명료하게 공식화되었던 예외에 '불가항력'이라는 모호한 예외를 추가한 것이다. 어떤 사례가 예외에 해당하는지 결정하는 것은 의회 사무국bureaux에 맡겨졌고, 대표자 대부분이 이따금 필요한 결석의 허용 여부에 큰 관심을 가졌기 때문에, 허가는 쉽게 주어졌다. 1961년에 헌법위원회에 자문을 구하자, 위원회는 순진한 것인지 냉소적인 것인지 알 수 없지만, 사무국이 헌법의 '엄격한 적용'을 보증해 줄 것을 신뢰할 수 있다고 답했다. 실제로, 예외가 규칙보다 훨씬 더 많은 것으로 입증되었다. 이 사례는 오리건 주 사례에 대한 브라이스의 진술을 다시 한번 확인해 준다. "엄격한 성문 헌법조차 실제 정치 세력 관계 아래서 구부러지거나 뒤틀리는 것을 막는 것은" 어려운 일이다.

나는 지금까지 헌법이 어떻게 해서 그것의 제정자들이 원했던 효과를 산출할 수 없는지 논의했다. 정반대 사례인 헌법의 의도하지 않은 귀결에 대해서도 살펴볼 수 있다. 관련해서 두 가지 무해한 조항의 연결이 부조리하거나 바람직하지 않은 귀결을 낳는 세 경우에 대해 논의할 것이다.

미국 헌법 제I.3.4조에 따르면, "미국의 부통령은 상원의 의장이 된다". 제I.3.6조에 따르면, 상원은 "모든 탄핵을 시도할 유일한 권한을 가지고 있다". 그러므로 부통령이 탄핵을 당한다면, 그는 자신의 재판을 주재하게 된다. 이런 상황은 일어나지 않았지만, 스피로 애그뉴의 사례는 그런 일에서 그리 멀지 않은 일이었다. 프랑스 헌법에 따르면, 퇴임한 대통령은 자동적으로 헌법위원회의 종신회원이 된다. 니콜라 사르코지 대통령이 그렇게 했듯이, 전직 대통령의 재출마를 막을 수 있는 것은 아무것도 없으며, 그가 재선에 성공해도 헌법 규정은 그가 헌법위원회에서 사임할 것을 요구하지 않기 때문에, 그는 이론상으로는 행정부 수반이자 최고 사법 기관의 성원이 되는 변칙적인 위치에 있을 수 있다.

이것들은 이론적인 위험이다. 개별적으로는 순진해 보이는 두 조항의 연결이 엄청난 귀결을 야기한 경우가 바이마르 헌법에서 나타났다. 제48조에 따르면, "공공 안전이 심각하게 위협받거나 교란될 경우, 제국 대통령은 필요하다면 군대를 동원해서라도 법과 질서를 재정립하는 데 필요한 조치를 취할 수 있다. (…) 제국 대통령은 해당 조의 1항과 2항에 근거한 모든 조치에 대해 즉시 제국의회에 통보해야만 한다. 제국의회가 요구하면, 해당 조치들은 즉시 중지되어야 한다". 마지막 조항의 의도는 아마도 대통령의 재량권을 견제하는 것이었을 것이다. 그러나 그것은 다음과 같은 제25조에 의해 무력화된다. "제국 대통령은 제국의회를 해산할 수 있다. 단 같은 이유로는 한 번만 해산할 수 있다. 새로운 선거는 해산 뒤 최소한 60일 이내에 치러야 한다." 제국의회가 제48조에 따라 취해진 조치를 철폐하기 위한 표결을 시도한다면, 대통령은 제25조를 이용해서 의회를 해산하겠다고 위협할 수 있었다(그리고 실제로 그렇게 했다). 이 메커니즘이 히틀러에게 권력의 길을 열어 주었다.

더 역설적인 경우는 '정부의 행동에 대한 간섭'을 의도하지 않았던 헌법이 체제 변동 후에 갑자기 인과적 효력을 발휘하는 것이다. 말하자면 사후의 생을 얻은 셈이다. 체코슬로바키아에서 1968년 헌법은 그 나라 역사상 처음으로 체코 지역과 슬로바키아 지역을 위한 별도의 의회(민족 위원회)를 설립하는 동시에 양원제적 연방의회 안에 있는 이들 공화국에 대해 강력한 권력을 가진 연방 국가 구조를 도입했다. 모든 공산주의 헌법과 마찬가지로 이것도 사문화되었다. 민족 위원회는 소집조차 되지 않았다. 그러나 1990년 이후의 탈공산주의 헌법 논쟁은 이 문서에 의해 틀이 짜였다. 강력한 슬로바키아 자치권은 이제 개혁의 주요 걸림돌이 되었다. 개헌은 비례적으로 선출된 하원과 상원의 체코와 슬로바키아 부문 각각에서 3/5의 다수파가 필요했다. 체코 인구는 슬로바키아 인구의 두 배였지만, 부문은 각각 75석을 갖는다. 변화를 막은 31명의 슬로바키아 상원 의원 ── 유권자의 1/5을 대의하는 ── 의 힘이 1992년 연방 붕괴의 주요 원인이었다. 하벨 대통령은 자신의 거대한 도덕적 권위를 사용하여 단원제 의회를 선출할 수도 있었다. 그러나 그는 기존의 의회를 지켰고, 그 덕분에 많은 공산주의자를 숙청했지만, 양원 구조는 유지되었다.

헌법은 인과적 효력을 갖지 못할 수도 있고, 의도치 않은 인과적 효과를 발휘할 수도 있다. 그렇지만 이런 사실 때문에 많은 헌법 조문의 실제적이고 예측 가능한 중요성이 흐려져서는 안 된다. 헌법이 의회에서 특정 지역의 과잉 대표를 보장할 때, 많은 사람이 그렇듯이, 그렇지 않았을 경우보다 더 많은 길과 다리를 얻을 수 있을 거라는 기대를 품을 수 있다. 정부가 통화 정책에 대해 중앙은행에 지시하는 것을 헌법이 금지하면, 그렇지 않은 경우보다 인플레이션이 낮아질 가능성이 크다. 물론 그 때문에 실업률이 더 높아질 수 있다. 언론의 자유와 자유 선거를 헌법이 보장하면, 정부는 언론에 폭로되면 다음 선거 패배를 초래할 잘못된 처신을 하지 않으려고 할 것이다.[16] 헌법이 특허를 승인하고 소급 입법을 금지하면, 더 높은 경제 성장이 있을 것이다. 공민권과 참정권은 어떤 헌법적 관할권도 취소할 수 없는 자유의 고갱이를 창출한다. 헌법은 중요하다. 하지만 많은 헌법 설계자와 학자들이 믿었던 것만큼 또는 그들이 우리더러 믿으라고 한 만큼 중요하지는 않다.

참고문헌

개인 및 조직 인센티브를 조정하는 문제는 J.-J. Laffont and J. Tirole, *A Theory of Incentives in Procurement and Regulation* (Cambridge, MA: MIT Press, 1994)의 주제이다. 부패에 관한 포괄적인 편람으로 A. Heidenheimer, M. Johnston, and V. LeVine (eds.), *Political Corruption* (New Brunswick, NJ: Transaction Publishers, 1989)이 있다. 19세기 영국 협동조합에 대한 것은 B. Jones, *Cooperative Production* (Oxford University Press, 1894; New York: Kelley, 1968)을 참조했다. 정부의 높은 이직률에 대한 논평은 A. King and I. Crewe, *The Blunders*

---

16 그러나 정부는 종이나 인쇄 잉크 배급으로 그리고 정부를 지원하는 신문에 대한 우선적 할당으로 헌법이 보장한 언론 자유를 **농락**할 수 있다. 1793년 영국 법무부장관은 에드먼드 버크(Edmund Burke)에 대한 공격의 충격을 줄이려고 했다. 그래서 그는 저자에게 그의 저술을 비싼 판형으로 출판하라고 이야기했다. 그것은 "그의 저술이 그것을 속 시원하게 생각할 계급에서만 팔리게 하려고"였다. 그렇지 않으면, 그는 기소해야만 했다. 또한, 정부는 자신에게 반대하는 투표를 할 가능성이 있는 유권자 집단이 불편해할 투표 시간과 장소를 택함으로써 자유 선거를 농락할 수도 있다. 나는 10장에서 그런 예를 하나 들었다.

of our Governments (London: Oneworld Publications, 2013) 제22장에서 가져왔다. 기업의 신뢰와 인센티브의 상대적 중요성은 E. Fehr and A. Falk, "Psychological foundation of incentives", *European Economic Review* 46 (2002), pp. 687~724에서 논의된다. "향상자"와 "유지자"에 관한 연구는 T. Docan, "Positive and negative incentives in the classroom", *Journal of Scholarship of Teaching and Learning* 6 (2006), pp. 21~40이다. 시장과 시 경찰의 서장과 관련된 인센티브 사례는 G. Miller and A. Whitford, "The principal's moral hazard: constraints on the use of incentives in hierarchy", *Journal of Public Administration Research and Theory* 17 (2007), pp. 213~233을 약간의 수정을 거쳐 가져왔다. 인센티브 시스템을 농락하기에 대한 두 가지 유용한 연구는 Z. Radnor, "Muddled, massaging, manoeuvring or manipulated? A typology of organisational gaming", *International Journal of Productivity and Performance Management* 57 (2008), pp. 316~328 그리고 D. Pitches, A. Burls, and A. Fry-Smith, "Snakes, ladders, and spin", *British Medical Journal* 327 (2003), pp. 1436~1439이다. 탁월성에 대한 이탈리아의 규범은 D. Gambetta and G. Origgi, "The LL game: the curious preference for low quality and its norms", *Politics, Philosophy & Economics* 12 (2013), pp. 3~23에 제시되고 설명된다. 같은 문제에 대한 프랑스의 해당 내용은 F. Tagliatesta (파스칼 엥겔Pascal Engel의 가명), *Instructions aux académiques* (Rouen : Christophe Chomant, 2005)에 나와 있다. 성과급 제도의 효과 연구는 I. Siva, "Using the lessons of behavioral economics to design more effective pay-for-performance programs", *American Journal of Managed Care* 16 (2010), pp. 497~503이 있다. 헌법과 헌법 제정에 관한 논의는 나의 *Securities Against Misrule* (Cambridge University Press, 2013) 4장에 근거하고 있다. 연방대법원 판결에서 부동표의 수에 대해서는 C. Sunstein, "Unanimity and disagreement in the Supreme Court" (unpublished manuscript, 2014)를 보라.

결론 : 사회과학은 가능한가?

반계몽주의

앞 장들에 의지하고 때때로 새로운 것을 추가해 가면서, 사회과학을 어떻게 해야 하고, 어떻게 해서는 안 되는지에 대한 내 생각을 제시할 것이다. 뒤의 문제에서 시작할 것이며, 그러기 위해 나는 사회과학에서의 **연성 및 경성 반계몽주의**soft and hard obscurantism를 비판할 것이며, 인문학에서의 연성 반계몽주의는 좀 더 간결하게 비판할 것이다. 비판은 두 겹으로 이뤄진다. 한편, 반계몽주의는 엄청난 **낭비**를 일으킨다. 그 때문에 학생들, 학자 그리고 전문가들은 사회적으로 더 유용하고 자신에게 더 충실한 일에 인생을 바칠 수 있었을 때, 허튼 생각을 배우고, 가르치고, 연습하면서 세월과 경력을 허비한다.[1] 다른 한편 반계몽주의는 고통이

---

[1] 2008년 10월 11일부터 17일까지 『이코노미스트』 편집자가 받은 한 편지를 참조하라. "과학과 의학 분야 직업을 선택했다면 [금융업계의 유혹에 빠졌던] 이 젊은이들이 무슨 일을 해낼 수 있었는지 상상해 보십시오."

나 경제적 손실을 야기하는 행동의 지적 전제를 창출함으로써 **피해를** 줄 수 있다. 이러한 근거에 따라 반계몽주의 이론을 비판하는 것 외에, 더 잠정적이긴 하지만 나는 그런 이론들이 출현하고 지속하는 원인을 설명해 보려 할 것이다.

논증의 예고편 삼아, 두 가지 구별요소를 서로 교차시켜서 만들어진 칸을 채워 보려고 한다(표 C1 참조). 이러한 이론과 그 효과에 대해 선별적으로 그리고 대체로 간략하게 논의하겠다.

낭비를 기록하기 위해서는 지적 비판만으로 충분하다. 나는 연성 반계몽주의에 대한 그리고 몇몇 형태의 경성 반계몽주의에 대한 나의 반박에 대해 확신을 품고 있다. 나는 특히 — 존재한 적이 없고 존재하지도 않을 이상적으로 합리적인 행위자 가정에 근거한 — 공상과학소설science-fiction식 경제학과 정치학을 비판하기에 충분한 지식을 가지고 있다. 그래서 그것에 대해 길게 비판할 생각이다. 회귀 분석에 대한 나의 반박은 더 유능한 학자들의 비판에 근거한 간접적인 것이 될 것이다. 논증이 아니라 권위에 호소하는 것은 그럴 만한 이유가 있을 때도 통상 학문적 죄악으로 여겨지는 법이다. 그래서 판돈이 크긴 하지만, 그것에 나의 평판을 기꺼이 걸어 볼 것이다.

피해를 자료로 입증하려면 인과 분석이 필요하다. 내 주장을 제대로 구체성 있게 제시한 것은 아니지만, 일단 그 방향으로 나아가 볼 것이다. 어떤 피해는 쉽게 입증해 볼 수 있지만, 어떤 피해는 확실치 않다. 예를 들어 SF식 경제이론에 대한 믿음이 최근 금융 위기에 대해 인과적 책임이 있는지, 또는 지적 교의로서 맑스주의가 그 이름으로 저질러진 가공할 일들에 인과적으로 책임이 있는지는 명확하지 않다. 나는 행위

표 C1

	경성 반계몽주의	연성 반계몽주의
낭비	SF경제학 SF정치학 여러 가지 회귀 분석 행위자 기반 모델 진화론적 모델	기능주의적 설명 구조주의 정신분석학 유추적 사고 맑스주의
피해	베트남 전쟁 롱텀캐피털매니지먼트(Long-Term Capital Management) 2007년 금융 위기 사형제와 총기 소지를 옹호하는 통계적 주장	정신분석학 반(反)정신의학 맑스주의

자 기반 모델과 진화론적 모델에 대한 나의 회의주의적 입장을 정당화
하려고 애쓰지 않을 것이다. 다만 전자는 점점 더 불투명해져 가는 것을
감당하지 못하는 듯하고, 후자는 경험적 적합성이 별로 없다는 점을 지
적해 두고자 한다.

　내가 여기서 하듯이 이중 전선에서 싸우는 것은 어렵다. 토크빌은
다음과 같이 썼다. "1789년 제헌의회는 귀족지배 그리고 전제주의와 싸
우기 위해 마련된 것이어서 그런 적들에 대항하는 데도 매우 활력적이
었다. 그러나 무정부주의와 싸우는 데는 별로 그렇지 [못]했다. 제헌의
회는 무정부주의와의 전투에 준비된 것은 아니었다. … 한 인간이 반대
되는 두 방향을 향해 번갈아 가면서 격렬한 노력을 기울일 능력을 보유
한 것은 매우 드문 일이거니와, 의회의 경우에는 거의 불가능한 일이다.
한 방향을 향해 격렬한 노력을 착수하는 데 쏟은 에너지는 그와 다른 방
향으로 나아가는 것을 방해했다." 내 경우, 연성 반계몽주의를 공격하는

데 수년에 걸쳐 에너지를 쏟은 탓에 반대 방향으로 나아가는 것이 어려웠다. 프랑스혁명은 또 다른 현상을 보여 준다. 중도층은 극단주의자 가운데 한 집단에 의해서 다른 극단주의자 집단과 동맹하고 있다는 비난에 계속 시달리거나, 각각의 극단주의 집단이 상대편과 싸울 때 그들을 동맹자로 끌어들이려고 했다. 이런 일들은 나도 경험한 것들이었다.

연성 반계몽주의

철학의 사소한 하위분과로 헛소리학*bullshittology*이 있다. 그것은 연성 반계몽주의를 만들어 내는 학문적 글들을 다룬다. 내 생각에, 헛소리에 대한 연구는 철학이 아니라 인지심리학과 과학사회학 내에서 주된 자리를 차지해야 한다. 개념적 분석이 중요하지만, 그보다 더 시급한 과제는 학자연하며 저지르는 허튼짓의 놀라운 증가를 **기록하고 설명하는** 것이다.

연성 반계몽주의 가운데 일부는 진리를 목표로 한다. 그러나 진리에 도달하는 데 요구되는 규범, 즉 인과성에 초점을 맞추기, 선의의 비판자devil's advocate 역할을 하기, 그리고 반증 가능한 가설을 생성하기 같은 규범을 존중하지 않는다. 다른 일부는 진리를 목표로 하지 않고, 종종 그런 것이 있다는 생각 자체를 경멸한다. 그런 이들은 앨리스가 "문제는 당신이 단어들의 의미를 너무나 딴판으로 만드는 데 있어요"라고 했을 때, 험프티 덤프티가 했던 답변을 인준한다는 것이다. 즉, "문제는 누가 주인이 되느냐지. 그게 다야." 어떤 이론이 성공할지를 결정하는 것은 진리가 아니라 **권력**이다. 추정컨대, 진리를 존중하지 않는 이런 자들은 논증이 아니라 조롱을 통해서만 자극을 줄 수 있다. 앨런 소칼Alan Sokal은 이런 짓을 가장 효과적으로 달성했다. 그는 인상적인 전문용어로 가득 차 있지만 아무 의미도 없는 양자 중력 해석에 관한 논문을 반계몽주의적 학술지에 제출해서 게재를 유도했다. 그러나 이런 종류의 장난질은 딱 한 번만 써먹을 수 있다. 나는 표 C1에 이런 극단적 반계몽주의자들을 포함하지는 않았으며, 이어지는 논의에서도 그런 이들은 무시할 것이다.[2]

9장에서, 나는 많은 학자가 ── 그들이 연구하는 여러 주제와 마찬가지로 ── 사회적 우주 안에서 질서와 의미를 찾는 데 거의 강박적으로 몰두한다고 주장했다. 앨버트 허시먼Albert Hirschman이 말한 것처럼, 그들은 사회에 **솔기가 없다**고 상상한다. 그런 상상 속에는 우발적 혜택, 우연의 일치 그리고 무고한 실수의 여지가 없다. 앞장들에서 나는 행위에 대한 과잉해석의 예를 두 가지 언급했다. 하나는 감옥 시스템을 '압제자 없는 압제'(9장)로 분석하는 것이고, 다른 하나는 엘리트 규범을 외부인과 졸부를 배제하기 위한 효과적 수단으로 설명하는 것(21장)이다. 뒤의 예를 잘 설명하기 위해서, 다음과 같은 충분히 일어날 만한 일을 사실이라고 가정해 보자. 즉, 지식인들이 문법이나 철자를 일부러 틀리게 하는 식으로 말장난을 하면, 그로 인해 규칙을 **추종하면** 엘리트 집단에 접근할 수 있다고 생각하고 애쓰는 예비 지식인들은 기가 꺾인다.

---

2 그들이 누구인지, 분과와 이름을 얘기하겠다. 분과로는 해체론, 포스트모더니즘, 하위주체 이론(subaltern theory), 탈식민주의 이론, 퀴어 이론, 젠더 이론이 포함된다. 일부를 거명하자면, 자크 데리다(Jacques Derrida), 브뤼노 라투르(Bruno Latour), 가야트리 스피박(Gayatri Spivak), 알랭 바디우(Alain Badiou), 슬라보예 지젝(Slavoj Žižek), 호미 바바(Homi Bhabha), 주디스 버틀러(Judith Butler)이다.

하지만 이런 관찰을 통해 모방자에게 미치는 영향이 지식인의 장난스러운 태도를 **설명한**다고 추론할 수는 없다. 이전 장들에서 나는 반복해서 그런 기능주의적 설명을 비난했다. 9장에서 나는 그런 식의 설명에 빠져드는 경향 자체를 설명하려는 시도도 했다. 왜 그런 식으로 설명하는지를 설명함으로써 그런 설명을 반박할 수는 없다고 할지라도, 일단 지적 근거에 입각한 반박이 이뤄지면, 왜 그런 설명이 제기되었는지 묻는 것도 정당성을 얻는다. 그것이 더 큰 부류의 한 사례라면 특히 그렇다. 잠시 뒤에 나는 '설명의 설명'이라는 쟁점으로 돌아갈 것이다.

인문학과 관련하여, 나는 저자의 의도를 추론하기 위해서 텍스트가 독자에게 주는 자의적 인상에 의존하는 텍스트 해석을 인용했다(16장). 그것에 보들레르의 소네트 「고양이」Les Chats에 대한 유명한 구조주의적 해석을 예로 추가할 것이다. 이 시의 여섯 번째 줄에서 우리는 제목의 '고양이'가 "침묵과 어둠의 공포를 찾았다"cherchent le silence et l'horreur des ténèbres는 것을 읽는다. "'고양이'라는 단어는 시에서 다시 등장하지 않을 뿐 아니라, 첫 마찰음 [ch]조차도 한 단어 'cherchent'에서만 나타난다. 그것은 중복 등장의 방식으로 고양이의 첫 번째 행동을 지시한다. 뒤의 뒷부분에서는 이 무성 마찰음은 주의 깊게 회피된다"라고 그 저자들은 단언한다. 저자들은 무성 마찰음의 **부재**가 고의적 **회피**라는 것을 어떻게 알 수 있는가? 부재의 의의는 무엇인가? 다른 모든 부재를 열거할 수 있는가? 마찰음의 '중복 등장'의 의의는 무엇인가?

이 연구의 저자 중 한 사람은 클로드 레비-스트로스Claude Lévi-strauss이다. 그는 신화에 대한 구조 분석과 '신화소'mythemes라는 발상으로도 유명하다. 음소가 단어를 만들어 내기 위해서 조합될 수 있는 것처럼,

신화소도 다양한 방식으로 조합되어 신화를 산출할 수 있는 기본 구성 요소들이다. (이 연구의 다른 저자는 저명한 음운학자인 로만 야콥슨Roman Jakobson이다.) 레비-스트로스는 이런 발상을 오이디푸스 신화에 처음 적용한 뒤, 남미 인디언의 신화에 관한 4권짜리 저서『신화학』을 썼다. 그가 펼친 해석의 자의성은 세계 지도자들의 이름에서 그들이 적그리스도임을 드러내는 '짐승의 수' 666을 찾아냈다고 주장하는 수비학적 연구(2차 세계대전 중에는 히틀러와 처칠 모두가 짐승이라고 주장되었다)에 필적한다. 레비-스트로스에게 자신의 분석 노선을 따른 제자가 있었는지, 레비-스트로스 후임 교수 가운데 한 사람에게 물었던 적이 있다. 그는 "아니다. 그만 그런 것을 할 수 있었을 뿐이다"라고 답했다. 하지만 과학은 상호주관성과 반복가능성을 요구한다.

정신분석학도 부분적으로 같은 이유로 과학적 지위가 부족하다. 2009년부터 '심리학: 현실 점검'이라는 제목이 붙은『자연』*Nature*의 편집지침은 다음과 같이 정신분석을 평가한다. "지그문트 프로이트의 독창적인 작품을 읽는 사람은 그의 산문의 아름다움, 그의 주장의 우아함 그리고 직관의 예민함에 매혹될 수 있다. 그러나 과학에 뿌리내린 사람들은 본질적으로 아무런 경험적 증거도 없이 이론을 가다듬어 가는 그의 방종함에 충격을 받을 것이다. 이것이 프로이트식 정신분석학이 이미 오래전부터 시대에 뒤떨어지게 된 이유 가운데 하나이다. 수년이 걸리기도 하는 치료에 드는 막대한 비용은 치료 효과에 대한 증거에 의해 뒷받침되지 못한다." 프로이트는 인간의 마음에 대한 우리의 이해에 소중한 도움을 주었지만(4장 참조), 그와 그의 추종자들의 작품 대부분은 이런 반박을 이겨 내기 어렵다. 문제는 경험적 증거가 부족할 뿐만 아니라 방어 메커니즘과 같은 개념에서 보듯이 개념적 합의도 부족하다는 것이다. 한 저자는 밝힌다. "12명의 정신분석학자를 검토했는데, 그들에게서 서로 구별되는 27가지 방어 메커니즘을 찾을 수 있었다. 그런데 그 가운데 7가지만 12명의 작가 중 11명이 언급한 것이었다. [또 다른 저자는] 정신분석학을 활용한 저자들 17명을 검토했고, 그들에게서 … 방어 메커니즘에 대한 37가지 서로 다른 용어를 식별했다. 이 37가지 메커니즘 중 5가지만 … 17명의 저자 중 15명에 의해 인용되었고, 37가지 용어 중 14가지만 17명의 저자 중 5명에 의해 인용되었다."

9장에서 나는 유추에 의한 추리가 다른 사회 행위자들과 마찬가지로 사회과학자들도 빠져드는 유혹이라고 지적한 바 있다. 거기서 제시한 여러 간단한 예에 추가할 만한 것으로, 왜 기독교가 여러 나라에서 각기 다른 형태를 취하는지에 대한 맑스와 토크빌의 설명이 있다. 맑스는 금과 은의 축장蓄藏은 개신교와 관련이 있다고 주장하는 동시에, 그것이 본질에 있어 가톨릭적 관행이었다는 일관성 없는 주장을 한다. 한편으로는 "금과 은을 쌓아 올리는 것은 그것을 부의 물질적 대표이자 일반적 형태로 생각한 것에서 진정한 자극을 얻은 것이다. 돈의 숭배에는 나름의 금욕주의, 자기 부정, 자기 희생, 즉 절약과 검소, 세속적이고 일시적이며 덧없는 쾌락에 대한 경멸이 있다. 영원한 보화를 뒤쫓아 가는 것이다. 그런 점에 영국의 청교도, 네덜란드 개신교, 그리고 돈벌이 사이에는 모종의 연관성이 있다". 그리고 다른 한편으로는 "화폐 체계는 본질적으로 가톨릭적이고, 신용 체계는 본질적으로 개신교적이다. '스코틀랜드인들은 금을 싫어한다.' 지폐 형태 속에서 상품의 화폐적 실존은 사회적 삶만을 가진다. 축복을 내리는 것은 신앙이다". 모든 것은 다른 모든 것과 약간씩 다르므로, 맑스는 신용과 달리 금과 은은 축장 가능한 것이라는 사실에 주목하거나, 금이나 은과 달리 신용은 신앙에 의존할 수 있다는 사실에 초점을 맞출 수 있었다.

토크빌은 다음과 같은 일반적 원칙을 정식화했다. "인간 정신이 제 성향을 따라가게 내버려 두어 보라. 그러면 정치 사회와 하느님 나라에 똑같은 규칙을 부과할 것이다. 만일 이런 식으로 말해도 좋다면, 인간 정신은 천상을 지상에 짜 맞추려고 할 것이다." 예컨대 로마 제국의 몰락 이후 일어난 사회의 분열에 종교의 분열이 조응했다. 그러므로 "신성이 나뉠 수 없다면, 그것은 배가되고 말 것이다. 그리고 그 대리자들은 한정 없이 확대될 수 있다. 기독교인 대부분이 천사와 성인에게 표하는 경의는 우상 숭배와 다를 게 없어졌다". 하지만 다른 데서, 토크빌은 민주주의에서 나타나는 반대 경향에 대해 말한다. 평등은 "이차적 대리자들에는 관심이 없고 우선 주권적 지배자에 주목한다". 그러면서 그 또한 일관성 없게 평등이 이차적 존재들을 배가하는 바로 그 종교인 가톨릭과 친화성이 있다고 주장한다. 맑스의 저술에서 그렇듯이, 사회 구조와 종교적 교리 사이의 내재적 연관을 보여 주기 위한 이런 노력은 자의적이다. 천국과 지상을 조화시키는 방법은 여러 가지가 있다. 한 종교에 국한해서 볼 때도, 조화에 대한 열망보다 훨씬 더 중요한 이유는 많다. 그러므로 조화는 사후적으로 형성된 것으로 생각하는 것, 즉 다른 근거로 만들어졌거나 부과된 선택을 안정화한 것으로 보는 것이 더 설득력 있다.[3] 한 고전 고대 역사가가 썼듯이, "제국이 통일성을 위해 필요로 했던 가짜 창문이 일신교였다는 믿음은 낡은 사회학적 미신이다"(가짜 창문이라는 파스칼의 발상에 대해서는 16장 참조).

이 예들이 보여 주듯이, 맑스와 토크빌은 **유추의 유혹**에 취약했다. 토크빌과 달리 맑스는 **기능주의적 유혹**에도 굴복했다. 9장에서 언급했듯이 토크빌은 **행위주체성 유혹**에도 넘어갔다. 이들은 인간의 마음이 자연스럽게 이끌리는 유혹들이다. 사회과학자의 임무는 그것에 굴하지 않으며 저항하고 설명하는 것이다. 경성 반계몽주의에 대한 논의로 넘어가는 참에, 기능주의적 설명이 경성 변종과 연성 변종 양편에 걸쳐 있다는 점을 살펴보자. 이 점과 관련해서 표 C1의 유형론은 다소 오해를 유발할 여지가 있다. 3장에서, 나는 뒤에서 다룰 '합리적 선택 기능주의'의 예를 인용했는데, 남인도의 결혼 및 이주 패턴에 관한 연구에서도 예를 가져올 수 있다. 이 연구의 저자들은 남인도 여성들이 고향에서 멀리 떨어진 지역으로 시집가서 정착하는 경향이 있음을 발견했다. 그리고 여성의 고향과 새로 정착한 지역의 강우 패턴에는 (별로) 상관관계가 없었다. 이 덕분에 확대가족 안에서 **위험의 다변화**가 이루어진다. 가뭄으로 피해를 본 지역에 거주하는 가족 구성원이 그런 영향을 덜 받는 지역의 가족으로부터 도움을 받을 수 있게 된다. 이 흥미로운 사실로부터, 저자들은 "소득 위험을 완화하고 소비 수준의 평활화를 촉진하려고 암묵적으로 맺어진 가계 사이의 계약적 약정"이 존재한다고 결론 내린다. 어

---

3 또한, 맑스와 토크빌은 서로 다른 사회에는 왜 서로 다른 종교가 있는지 설명하려고 시도했을 뿐 아니라 그와 별도로 도대체 왜 종교가 존재하는지에 대해 설명을 제시했다. 맑스는 종교가 "인민의 아편"이라고 말했다. 하지만, 사람들을 진정시켜서 반란을 일으키는 것을 막기 위해서 지배 계급이 이 약물을 발명했는지, 또는 사람들 스스로 현세의 불행을 보상하기 위해 내세에 대한 이론을 만들었는지, 분명하게 설명하지 않았다. 토크빌은 이런 두 관점 가운데 후자를 택해서 전통 사회의 종교를 설명하고자 했다. 그리고 민주주의 사회에서는, 시민들이 통치자 부재를 보완할 종교가 필요하다고 느낀다고 주장했다(2장). 정확하든 그렇지 않든, 이러한 제안은 유추에 근거한 논증처럼 자의적이지는 않다.

떻게 **암묵적 계약**이 무엇인가를 **목표로 할 수 있는지**는 수수께끼이다. 저자들은 여성이 자신의 선택에 대해 내거는 **명시적 이유**에 관한 증거를 찾지 않고, 그 대신 그들은 그럴듯한 기능주의적 이야기를 들려준다.[4]

합리적 선택 이론: 도구 상자인가, 장난감 상자인가?

게임이론을 포함한 합리적 선택 이론은 엄청난 개념적 가치를 가지고 있다. 내 생각에, 그것은 사회과학의 역사에서 가장 큰 돌파구였다. 그림 10.1에 나와 있는 **제약 아래서의 최대화**라는 발상은 간단하고 통일적이며 강력한 도구이다. 한계 효용의 감소 또는 한계 생산성의 감소라는 발상은 최대화가 **한계 효용을 균등화하는** 형태를 취할 것을 암시한다. 게임이론은 "나는 그가 내가 생각한다고 생각하는 것을 생각한다…"라는 식의 무한 회귀를 **균형** 개념으로 대체함으로써 이전에는 극복할 수 없었다고 여겨지던 난관을 극복했다. 그렇게 함으로써 왜 차선의 상태가 **나쁜 균형**으로 지속하는지 이해할 수 있게 되었다. 이 모든 경우에, 형식적 모델화는 모호한 전(前)분석적 직관을 극히 명료한 이해로 전환할 수 있었다. 나는 13장과 18장에 그런 예를 여럿 보여 주었다.

어떤 상황에서는, 이론이 상당한 설명력과 예측력을 보인다. 흄의 『영국사』에 나오는 예를 통해서 설명부터 먼저 살펴보자. 그는, 일부 초

---

4 이 연구의 저자가 1급 경제학자는 아니다. 그러나 케네스 애로 같은 독보적인 천재조차도 사회 규범은 "시장 실패를 보완하기 위한 사회의 반응"이라고 주장했다. 내가 입증하고자 했던 사실, 즉 많은 사회 규범은 해롭다는 사실과 별도로, 유익한 사회 규범조차 추가적 논증 없이 그 유익한 점 때문에 존재하게 되었다고 설명될 수 없다.

기 교황들이 친척 간 이혼과 혼인을 7촌까지 매우 엄격하게 규율하는 규정을 만든 이유가 그들이 베푼 시혜로부터 이득을 얻기 위한 것이라고 주장했다. 25장에서 언급했듯이, 그는 귀족들이 궁정보다는 영지에 머무르는 경향은 귀족 전체의 이익은 침해하지만, 개별 귀족으로서는 합리적 행위라고 주장했다. 끝으로 흄이 보기에, 모든 왕위 계승권자를 위험한 경쟁자로 생각한 엘리자베스 1세는 후계자를 지명하지 않는 신중함을 보였다. 이런 식의 상식적인 합리적 선택 설명이 무한정 제시될 수 있다는 것은 분명하다.

다음으로 예측에 대해 살펴보자. 과세 일정에서의 **작은 변화의 단기적 효과** 같은 것을 예측해야 하는 재무부와 중앙은행의 공직자에게, 합리적 선택 이론은 없어서는 안 될 효과적인 도구이다. 소비자는 가격 인센티브에 반응하기 때문에 주세 5% 인상이 소비에 미치는 영향을 상당히 정확하게 예측할 수 있다. 사람들이 한계점에서 균등화한다면, 소득 일부를 다른 상품 소비에 쓸 것이다. 그러나 나는 가격이 **두 배** 오를 때의 영향은 오히려 예측하기가 훨씬 어렵다고 본다. 주세 인상이 촉발한 밀수와 밀주 증가량은 잘 알 수 없는 여러 요인에 달려 있기 때문이다. 중독성 약물의 합법화와 관련해 반복되는 논쟁에서, 반대자들과 지지자들이 각기 주장하는 개혁의 부정적 또는 긍정적 효과는 대체로 검증 불가능한 것들이다. 그런데도 그렇게 주장하는 이유는 부분적으론 합법화의 효과로 약물 구매가 쉬워질 때 **선호가** 어떻게 바뀔지에 달려 있기 때문이다. 하지만 합리적 선택 이론은 선호를 설명할 수 없다.

합리적 선택 이론이 도구 상자가 못 되고 장난감 상자가 되면, 경성 반계몽주의로 변한다.[5] 이제 살펴볼 예들은 **수학적 정교함, 개념적 순진**

함, 그리고 경험적 엉성함의 기묘한 조합을 보여 준다. 요즘은 수준 미달의 저작이 어떤 분야에서나 나타나기 때문에, 나는 동료들로부터 높은 찬사를 받는 노벨 경제학상 또는 존 베이츠 클라크 메달을 수상한 경제학자들의 글에 초점을 맞출 것이다. 나는 이런 학자들이 행한 모든 작업이 반계몽주의적이라고 주장하는 것은 아니다. 단지 **주요 학술지나 주요 출판사가 그들의 반계몽주의적인 저술을 출판하여 그 직업 전체가 길을 잃었다**는 것이다. 만약 내 뜻대로 책의 부피를 더 늘릴 수 있다면, 나는 데이비드 프리드먼David A. Freedman의 예를 따를 것이다. 그는 통계적 모델에 대한 저서의 부록으로 경제학과 정치학의 유명 학술지에 실린 네 편의 논문을 재수록했다. 그렇게 한 이유는 그가 해당 논문들에 대해 했던 비판이 원문 전체 안에서도 정당한지 독자가 확인할 수 있게 해주기 위해서였다. (나는 그가 한 일에 대해 뒤에서 더 논의할 것이다.) 하지만 현 상황에서 나는 원문에서 일부를 인용하는 것에 만족할 것이고, 원본 출판물을 찾아보는 일은 독자의 몫에 맡긴다.

이 책의 앞부분에서 나는 경성 반계몽주의의 여러 예를 언급했다.

- 젊은이들이 시간 할인율을 감축하기 위해서 대학에 입학한다는 주장 (3장).
- 자선 기부와 전국 선거에서의 투표는 그것이 행위자 안에서 자아내는

---

5 많은 합리적 선택 모델은 AD 1세기경 알렉산드리아의 헤론(Heron of Alexandria)이 발명한 증기기관과 같다. 그것은 장난감이지, 생산적인 용도로 사용할 수 있는 도구로 생각되지 않았다. 그런데도 그는 그것을 성전 문을 여는 데 실제로 사용하려고 했다. 하지만 모델 수준에서 생각한 것과 달리, 장치의 엔진은 작동할 만큼은 달궈지지 않았다.

'내면의-빛'에 의해 설명될 수 있다는 주장(5장).

- 사회적 행위자는 미래의 세계 상태에 대해 잘 정돈되고 안정적인 주관적 확률을 가지고 있다는 주장(6장).
- 무의식이 단기적 이익과 장기적 비용 사이에서 시점 간 맞교환을 할 수 있다는 주장(7장).
- 식당의 팁은, 주인(고용주)이 대리인(웨이터)을 직접 감독하는 것이 너무 비용이 많이 들 때, 효율적인 감독을 위해 도입된 것으로 설명할 수 있다는 주장(21장).
- 혁명적인 집합행동 참여자를 동기화한 것은 혁명 이후 사회에서 그들이 지도자로서 누릴 수 있을 사적 혜택이라는 주장(23장).

　나는 이 가운데 첫 번째와 마지막을 더 자세히 살피고, 다른 예를 추가로 다룬 다음, 일반적 비판을 제기할 것이다.

　13장에서 제시된 합리적 선택 모델에서 선호는 **선택되지 않고 주어진다**. 선호는 확실히 행동, 신념 형성 및 정보 수집이 합리적이었는지 평가할 수 있는 척도를 제공한다는 점에서 **합리적 선택**의 결과가 아니다. 그러나 몇몇 경제학자는 사람들이 자신의 복지를 최대화하기 위해서 형식적 선호(4장) ── 이타주의, 시간 할인, 위험 태도 ── 를 합리적으로 선택한다고 주장했다. 미래를 너무 많이 할인하지 않고, 지나치게 위험 회피적이거나 위험 추구적이지 않다면, (더 오래 살거나, 덜 이혼하는 등) 사람들의 삶은 더 나아지리라는 것은 충분히 납득할 만한 일이다. 이타주의가 같은 효과를 낼 수 있을지는 논쟁의 여지가 꽤 있다. 앞에서 나는 몽테뉴의 다음과 같은 말을 인용했었다. "조금도 남을 위해서 살지 않는 사람은 자신을 위해 산다고 하기도 어렵다." 어떤 형식적 선호는 (대략) 최적으로 규정될 수 있을 텐데, 경제학자는 '최적성'이라는 단어를 볼 때, 그것을 쉽게 '합리성'으로 읽는 경향이 있다. 여기서, 시간 할인율이 내생적이고, 최적이며, 사실상 합리적으로 선택되었다고 주장하는 논문을 살펴보자.

이 모델의 기본 가정은 "미래의 가치에 대한 평가를 높이기 위해 노력하는 것도 사람들이 가진 선택지의 하나이다"는 것과 "상상력에 더 많은 자원을 사용하는 것은 미래의 즐거움을 더욱 근접한 것으로 느끼게 하고 그럼으로써 그것의 [현재] 가치를 높이게 된다"는 것이다. 예를 들어, "사람은 자신의 노년에 대비해야 할 필요성을 인식하기 위해서 자신이 나이 든 부모와 더 많은 시간을 보낼 것"이라는 것이다. 같은 선상에서 "학교 교육은 성인 생활의 상황과 어려움에 대한 이미지를 알려주기 때문에 … 교육받은 사람들은 미래의 즐거움을 아직 멀리 있는 일로 밀쳐 내지 않을 수 있다"는 것이다. 실제로 이 논문의 저자들은 이런 학교 **효과**가 고등 교육을 추구하는 **동기**를 부여할 수 있다고 주장한다. "사람들 일부가 학업을 이어 가기로 선택한 이유가 더 큰 인내심 때문"이라는 것이다. 더 나아가서 개인들이 내세에 관한 정보에 투자하면, 그것이 지상의 삶에 대해 파급 효과를 발휘한다고 본다. "자본의 미래 지향성이 '일반적인' 그만큼 —— 그것은 여러 시점의 미래에서 일어날 사건을 상상할 수 있게 도와준다 —— 죽음 이후의 효용[sic]이 더 높아지게 되고, 그러면 죽기 **이전**의 소비마저 늘어나게 될 것"이라는 것이다.

6장 끝부분에서, 나는 이런 논증에 대해 개념적으로 반박했다. 그 핵심은, 사람들이 이미 미래에 관심을 가진 상태가 아니라면 '미래 자본'future capital에 투자하지 않을 것이다, 라는 것이다. 여기서 나는 3장에서 했던 더 기본적인 반박, 즉 의도와 결과의 구별 무시에 대해 다시 이야기하고자 한다. 부모와 함께 시간을 보내는 사람들은, 노년기를 대비해야 할 필요성을 깨닫는다는 것, 그리고 그 결과 인생 전체를 개선하기 위해 저축 결정을 내린다는 것은 맞는 말일 수 있다. 그러나 이 두 가지 인과적 주장은 미래를 더 중요하게 생각하는 법을 배우기 위해서 부모와 함께 시간 보내기를 **의도적으로 선택했다**는 증거가 못 된다. 사실, 그런 발상은 터무니없는 것이다.

이제 민주주의 이행에 게임이론적 토대를 제공하고자 한 논문을 살펴보자. 나는 이 논문에서 논의된 모든 문제를 다루지 않고, 그것의 기본적 개념틀과 그것의 경험적 근거 또는 근거 결여에 대해서만 언급할 것이다.

논문 저자들은 계급 투쟁 문제를 부자와 빈자 사이의 갈등으로 환원하고, 예컨대 가난한 농민과 가난한 도시 노동자 사이의 이익갈등 가능성은 무시한다. 전자는 높은 식료품 가격을 원하고, 후자는 낮은 가격을 원하는데, 이런 현상은 19세기 영국의 지주와 산업자본가 사이의 갈등과 유사한 것이다. 하지만 나도 이런 쟁점을 더 따지지 않고, 두 계급 모델을 주어진 것으로 받아들일 것이다. 저자들은 또한 모든 행위자가 같은 선호를 가졌고, 보유 자본의 크기만 다르다고 가정한다. 그리고 모든 가난한 행위자의 보유 자본 규모가 같고, 부자도 모두 그렇다고 가정한다. 이미 두 가지 가정을 받아들였는데, 이런 단순화를 못 받아들일 이유는 없지 않은가? 그러나 행위자들이 미래를 지수적으로 할인한다는 가정까지 받아들이고 싶지 않다. 이 가정은 행위자들이 합리적이라는 가설에 비춰 보면, 수학적으로 편리하고 겉보기에 정당해 보이지만, 경험적 근거가 거의 없는 가정이다. 이런 가정에 대한 비판을 저자도 잘 알고 있는 한, 그런 비판에 맞서 정당화하거나 옹호하지도 않고 가정을 채택하는 것은 무신경한 태도이다.

다른 쟁점에 비하면, 지수적 할인 가정은 그나마 사소한 문제이다. 더 골치 아픈 쟁점은, 어떤 주어진 기간의 총 생산성 A는 A가 (1-s)의 확률로 높다거나 s의 확률로 낮다는 가정에 입각해서 모델화된다는 발상이다. 나는 이 가정의 명백히 이분법적인 특성은 무시하고, 그것의 해석에 초점을 맞출 것이다. 소득 수준은 '추계적'stochastic이라고 저자들이 주장할 때, 나는 그들이 이 용어를 암 발병과 같은 우연의 작용과 관련된 과정이라는 사전적 의미로 사용한다고 가정한다. 비록 오늘날 과학자들은 주어진 기간 동안 주어진 사람에게 주어진 종류의 암이 발병할 확률을 정량화할 수 있다고 하더라도, 당사자는 위험의 크기에 대해 전혀 생각하지 못했을 것 ── 그리고 100년 전에는 전혀 생각할 수 없었을 것 ── 이다. 하지만 저자들은 이와 달리 s값에 대한 지식을 **행위자**에게 귀속시킬 것이다. 그래야 "상태 A가 드러나기 전이라고 하더라도 혁명 후에 가난한 행위자들이 가질 수 있는 … 할인된 기대가치의 현재값"을 계산할 수 있기 때문이다. 저자들은 특정 판본의 합리적 기대 이론에 입각해서 이런 귀속을 방어할 것이다(6장). 하지만 어떻게 하든, 그런 귀속을 방어할 수는 없다. 말하자면, 1789년 프랑스 농촌의 빈민이나 1848년 도시 빈민이 **총** 생산성이 높을 가능성과 낮을 가능성에 대한 정확한 확률을 부여할 수 있었다는 식의 발상은 SF 같은 이야기일 뿐이다.

게임이론적 혁명 모델이 출발하기 위해서는 각각의 계급 ── 부자와 빈자 —— 을 **일원화된 행동자**로 간주해야 한다. 저자들은 무임승차 문제를 제기하지만, "혁명은 가난한 행위자들에게 사적 편익을 창출하기 때문에 집합행동 문제는 없다"고 주장한다. 각주에서 그들은 다음과 같이 말한다. "정치 체제를 변화시키는 혁명은 공공재 창출 문제처럼 보이지만, 기존의 경험적 문헌들은 혁명적 지도자들이 잠재적 혁명가들에게 사적 재화를 제공하는 데 집중한다는 가정을 뒷받침한다(Gordon Tullock 1971 참조)." 털록의 논문을 참조하는 것은 이상하다. 왜냐하면, 그의 논문은 실제 혁명과 관련된 **아무런 경험적 증거도** 제시하거나 인용하지 않기 때문이다. 털록은 단지 "[혁명가들이] 일반적으로 혁명이 수립할 새로운 사회상태에서 좋은 지위를 가질 것을 기대한다는 **인상**, 더 나아가서 혁명 지도자들은 추종자들도 그런 견해를 가지도록 지속적으로 장려한다는 **인상**"(강조는 엘스터)을 받았다고 주장할 뿐이다. '경험적 연구 문헌'의 결정적 일부로 이런 30년 전에 쓰인 탁상공론을 인용하는 것은 너무 허약한 것이라서 사실은 아무런 근거도 제시하지 못한 셈이다. 저자들은 이런 인용 대신 일차적인 경험적 출처를 인용해야 했다. 1789년 7월 하순에 귀족의 성들을 불태움으로써 8월 4일의 봉건제 폐지를 촉발한 프랑스 농민들의 동기는 지도자 자리를 차지하는 것은 아니었으며, 1989년 10월 라이프치히 거리에 쏟아져 나온 동독인들 또는 2011년 1월 타흐리르 광장에 모인 이집트인들의 동기도 그러했다. 일부 혁명가가 기회주의자라는 것은 의문의 여지가 없지만, 자기 이익을 계산했다면 많은 사람이 전혀 받아들일 수 없는 위험을 감수한다는 것 또한 너무나도 명백한 일이다.

마지막으로, 나는 높은 평가를 받는 게임이론 교과서에 등장하는 경성 반계몽주의 사례를 하나 인용할 것이다. 여기서 저자들은 혼합 전략의 범위를 논의한다(18장 참조). 그들은 '키티 지노비스' 사례를 인용하면서 사람들이 인과적 메커니즘에 호소함으로써 혼합 전략의 관념을 정당화하려고 할 수 있다고 주장한다. 그들은 이렇게 말한다. "혼합 전략은 이런 맥락에서 매우 호소력 있다. 사람들은 고립되어 있고, 각자는 다른 사람들이 무엇을 할지 추측해 본다. 각자 생각하는 것이다, 아마 경찰을 불러야 하겠지 … 하지만 다른 누군가 전화하겠지 … 그러나 그들이 안 하면 어쩌지? 그리고 각자 이런 사고 연쇄 속에서 생각할 수 있는 마지막 것을 하고, 어떤 지점에서 이런 생각을 중단한다. 그러나 우리는 그 마지막 것이 무엇인지 예측할 도리가 없다. 혼합 전략은 임의의 지점에서 중단되는 추측작업의 연쇄라는 발상의 의미를 음미할 수 있게 해준다." 여기까진 괜찮다.

그러나 저자는 간단한 오류를 범하고야 만다. 모든 사람에게 행동하지 않을 확률 p가 있다는 올바른 전제로부터, 그들은 각 사람이 **같은** 확률로 행동하지 않을 그런 확률 p가 있다는 잘못된 결론에 도달한다. 더 나아가서 — 이것이 정당화되지 않은 두 번째 단계인데 — 그들은 모두 확률 p로 행동하지 않을 때, 그들의 선택은 **균형**을 형성한다고 가정한다. 즉, 확률 p로 경찰에게 전화를 거는 다른 모든 사람에 대한 각자에게 최선의 대응은 확률 p로 경찰에 전화를 거는 것이다. 이런 모델은 일견 매력적인 면이 있다. 그것은 놀랍게도 직관과 반대되는 사실을 예측한다. 그것은 내가 여러 번 언급했던바, 방관자의 수가 증가하면 적어도 그들 가운데 한 사람이 개입할 가능성도 내려간다는 것이다. 구체적으로 보면, "[집단의 크기를] 2명에서 무한대로 증가시키면, 한 사람도 돕지 않을 확률이 0.64에서 0.8로 증가한다." 그러나 부조리한 가정으로부터 정확한 예측을 얻는다고 해서 부조리가 없어지는 것은 아니다. 주장된 설명은 단지 그저 그럴-법한 이야기일 뿐이다.

이 책 전체에서 인용되는 이런저런 예에 기초해서, 경성 반계몽주의의 몇 가지 특징적인 절차에 대한 선별적 목록을 제시한다면, 다음과 같다.

- 증거를 일화, 지어낸 이야기, '인상', 그리고 입증되지 않은 역사적 주장의 형태로 아무렇게나 인용하기.
- 결과의 경험적 연관성을 본질적으로 무의미하게 만드는 엄청난 단순화의 채택.
- 사회적 행위자에게 그가 분명히 가지고 있지 않은 정신 **메커니즘**(지수적 할인, 합리적 기대, 베이즈적 정보갱신) 또는 자신이 가질 수 없는 정신 **상태**(잘 정의된 주관적 확률 또는 완전한 선호 순서)를 귀속하기.
- 수학적 부록의 여러 면에 걸쳐 이루어지는 계산 또는 경제학자도 숙달되는 데 몇 년 걸리는 계산을 **실시간으로** 수행해 내는 **능력** 같은, 명백히 사회적 행위자가 갖고 있지 않은 정신적 능력을 그에게 부여하기.
- 현재와 미래의 비용 및 편익을 비교할 수 있는 능력처럼 의식적 마음에만 속하는 능력을 무의식에 부여하기.
- 관찰된 결과를 바탕으로 의도를 전가하기.
- 관찰된 결과를 바탕으로 합리성을 전가하기(합리적 선택 기능주의).
- 행위자가 믿음을 지지할 증거가 아니라 믿음을 가짐으로써 생길 귀결을 따져서 최적의 믿음을 선택한다고 가정하기.

- 행위자가 자신의 선호를 합리적으로 선택한다고 가정하기.

- 비합리적 행위를 합리적인 것으로 제시하기.

- 무사심한 행동을 자기 이익 추구로 제시하기.

- 마치-합리성을 강조하고 가정의 현실성이 핵심 이슈라는 것을 부인하는 시카고 스타일의 도구적 설명 철학을 고수하기.

마지막에 언급한 것이 가장 일반적이며 아마도 가장 중요한 절차일 것이다. 11장에서 나는 밀턴 프리드먼의 마치-합리성을 떠받치는 유추 기반 논증을 인용하고 비판했으며, 그런 논증이 결핍한 것을 찾아냈다. 1장과 11장에서, 나는 비의도적 강화와 선택 메커니즘이 합리성을 모방할 수 있다는 주장을 검토했으며, 그것에 빠진 점도 밝혔다. 마치-합리성의 옹호자는 메커니즘이 모사한다고 하는 모델이 **극히 정확하고 정밀하다**는 사실을 제대로 다뤄야만 한다. 시장 경쟁은 대체로 이윤을 최대화하지 못하는 회사를 업계에서 퇴출하는 경향이 있다는 주장은 참일 수도 있고 아닐 수도 있다. 그러나 참이라고 해도 그것이 경제학 학술지 여러 면을 꽉 채우는 모델을 지지하는 것은 아니다. 5천 마리의 원숭이가 백만 년 넘게 타자를 무작위로 친다고 해도 셰익스피어 희곡 전체는 고사하고 그것의 1막 1장도 찍어 낼 수 없다.[6]

---

6 이것은 두말할 나위 없이 수사적 진술일 뿐이다. 그러나 "프리드먼이 … 오래전 제안했던 시행착오 방법을 통해 최적 행위의 근삿값, 즉 '주먹구구'라 해도 그래도 그런대로 괜찮은 근삿값을 소비자가 찾을 수" 있는지 검토했던 한 논문이 발견한 것은, "개인적 학습 방법은 소비자가 좋은 규칙을 찾기 위해 엄청난 시간을 소비할 수 있는 한에서만 합당한 조사 규칙을 제대로 확인할 수 있다"는 사실이었다.

회귀 분석

이 절에서 나는 종종 고^故 데이비드 프리드먼의 저작을 언급할 것이다. 그는 손쉽게 기계적으로 적용된 회귀 분석에 대해 무자비하게 비판했고, 그 때문에 '통계의 양심'이란 말을 듣기도 했다. 그의 비판을 평가할 수 있는 학문적 역량이 내게는 없지만 ─ 내게 그런 역량이 있다면, 그를 목발로 삼을 필요도 없을 것이다 ─ 그것은 내가 오랜 학문적 경력 속에서 관찰한 많은 일과 일치한다.

'통계 모델과 발품 팔기'라는 영향력 있는 논문에서 프리드먼은 자신의 일반적 입장을 다음과 같이 밝힌다.

> 다음과 같은 4점 척도가 유용할 수도 있겠다. 1. 회귀 분석은 (다른 것과 마찬가지로) 불완전하고 때로는 잘못될 수 있지만, 그래도 대체로 쓸만하다. 2. 회귀 분석은 숙련된 실무자가 다루면 종종 쓸만하지만, 일상적인 용도에는 적합하지 않다. 3. 회귀 분석은 쓸만할 수도 있지만, 아직은 그렇지 않다. 4. 회귀 분석은 쓸만하지 않다. 교과서, 법정 증언 그리고 신문 인터뷰는 회귀 분석을 범주 1에 넣을 듯하다. 범주 4는 너무 비관주의적인 것 같다. 좋은 예를 찾기 쉽지 않지만, 내 견해는 범주 2와 3으로 묶을 수 있을 것 같다.[7]

---

7 다양한 청중에게 데이터 분석에 대한 반대 의견을 제시했을 때, 나에 대한 비판가들은 대개 척도 (1) 지점을 자기 자리로 삼았다.

회귀 분석에는 거의 무한한 수의 잠재적 유혹, 함정 그리고 오류가 있다. 몇 가지 예를 들자면 다음과 같다. 데이터 발굴(적합한 결과가 나올 때까지 독립 변수 쇼핑하기), 곡선 적합curve-fitting(적합한 결과를 산출하는 함수 형태 쇼핑하기), 독립 또는 종속 변수 측정의 자의성, 표본 이질성, '특이값'outliers 배제 또는 포함, 선별 편향, 시차 변수의 사용, 상관관계와 인과관계를 구별하는 문제, 그리고 인과관계의 방향을 식별하는 문제.[8] 또한, 데이터의 **질** 보장이라는 아주 중요한 과제를 위해, 학자들이 — 의식적이든 무의식적이든 — 저항하게 마련인 '발품 파는' 성가신 작업에 참여해야 한다. (내가 가장 잘 알려진 것 중 몇 가지만 언급할) 이런 문제는 교과서적으로 다루기에, 심지어 고급과정으로 다루기에도 어려울 만큼 너무 많고 다양하다. '견고성'robustness 검증 같은 일반적인 절차가 있지만, 실행할 검증의 수와 다양성은 판단과 경험의 문제이다. 학자들은 무엇이 쓸만한지 알 때까지 시행착오를 거쳐 배워야만 할 따름이다. 회귀 분석은 과학이 아니며 — 때로 주장되는 것처럼 — 기예나 기교craft도 아니다. 그것을 인도하는 것은 기계적으로 적용될 수 있는 공식적인 규칙이 아니라 엘리트 학자들이 공유하는 비공식적 규범이다. 기교를 제대로 배우기 위해서 실무자는 수백, 아니 수천의 응용 작업을 해봐야만 한다. 반대 가설을 검증하고 배제하는 과정은 무턱대고 외운다고 되지 않는 섬세한 기술이다.

---

8 통계적 모델화에 대해 일찍감치 집요하게 비판했던 이는 케인스이다. 케인스가 네덜란드 경제학자 틴베르겐을 비판한 이유는, 그가 "검증 대상인 이론이 너무 안 맞지는 않는 시차를 찾으려고 안절부절하고" (요즘은 그렇게 불리는) 곡선-적합을 시도했기 때문이었다. 또한, 내가 언급한 바와 같이, 케인스는 행위자가 기대 효용을 최대화한다는 가정을 비판했다. 다시 말해, 그는 여기서 논의한 경성 반계몽주의의 두 형태에 대해 반대했던 셈이다.

더 중요한 것은, 아마도 예외적으로 재능 있는 학자가 아닌 한, 기교의 숙달에 너무 많은 시간이 걸리고 부담이 커서, 광범위한 분야의 경험적 탐구에서 실질적인 지식을 획득할 기회를 뺏길 정도라는 것이다.[9] 그런데 실질적 지식이 없어서는 안 될 때가 빈번하다. 내가 위에서 열거한 다양한 문제 중에서, 허위 상관관계로부터 인과관계의 구별이라는 결정적으로 중요한 문제를 다루기 위해서는 해당 분야에 아주 익숙해야 한다. 그래야 회귀 방정식 관련해서 가능한 수많은 변수 가운데 어떤 것을 통제할지 알 수 있기 때문이다. 간단한 예로, 기하학에 익숙하지 않은 사람이 직사각형 둘레의 함수로 면적을 추정하려고 한다고 해보자. 20개의 전형적인 직사각형을 그린 다음 회귀 분석을 해보면, 상관 계수 0.98이 나온다. 비슷한 예에서, 그는 무작위로 선별된 원통과 원뿔의 표면적을 반지름과 높이의 함수로 추정하고 유의한 관계를 찾을 수 있다. 두 경우 모두 상관관계는 허위이고 비예측적이다. 확실히 이런 예에서, 정확한 이해는 논리의 문제이지 인과성 문제는 아니다. 그런 예는 — 수학적이든 인과적이든 — 실질적 지식이 없는 상태에서 상관관계를 기계적으로 탐색하는 것은 허튼짓이 된다는 것을 보여 주는 데 도움이 될 뿐이다.

추정컨대, 경험적 사회과학에서 무시될 수 없을 정도로 큰 부분을 이루고 있는 것은 절반쯤 손질된 경험적 자료에 적용된 절반쯤 이해된

---

9 생물학자 스튜어트 파이어슈틴(Stuart Firestein)이 『이코노미스트』(2013년 11월 9일)에 보낸 편지에서 했던 다음과 같은 주장은 그의 분야보다 사회과학에 훨씬 더 강력하게 적용될 수 있다. "과학자들이 정교한 통계학자가 되어야 한다고 요구하는 것은 통계학자가 유능한 분자 생물학자 또는 전자 물리학자가 되기를 요구하는 것만큼이나 어리석습니다. 둘은 한 사람이 모두 통달하기 어려운 전문적 능력입니다."

통계이론이다. 나는 이 주장을 뒷받침하기 위해, 데이비드 프리드먼이 주요 학술지에 실린 6개의 논문을 자세히 분석한 것을 참조할 것이다. 넷은 『미국 정치학 리뷰』*American Political Science Review*, 하나는 『계간 경제학』*Quarterly Journal of Economics*, 그리고 하나는 『미국 사회학 리뷰』*American Sociological Review*에 게재된 것이다. 그가 발견한 실수와 혼란 — 그 가운데 일부는 심지어 나조차 파악할 수 있을 정도로 초보적이다 — 의 수는 엄청나다. "수준 이하는 어디나 있다"며, 그의 비판을 무시하고 싶은 유혹을 느낄 수 있다. 그러나 프리드먼은 3개의 논문에 대해 언급하면서 그것들이 "최고가 아니지만, 최악과도 거리가 멀다. 실제로 그 가운데 하나는 『미국 정치학 리뷰』 1988년도 최우수 논문상을 받기도 했다". 수준 이하의 논문이 해당 분야 최고의 학술지에서 동료 평가를 통과할 수 있을 뿐 아니라, "올해 최고"로 평가된다면, 앞에서 내가 의문을 제기했듯이, 우리의 직업이 방향을 잃은 것은 아닌지 물어봐야 한다.

다음으로 데이터 발굴을 피할 방도에 대한 프리드먼의 논평을 참조해 보자. 제한된 경험에 근거한 것이지만, 학자들이 정직하고 카드 같은 것을 멋대로 조작하지 않더라도, 자신이 맞다고 생각하는 가설에 우호적인 정의와 측정을 무의식적으로 선호한다고, 나는 자신 있게 말할 수 있다.[10] 이 경향을 확인하기 위해, 학자는 반복 검증 또는 교차 검증을 해 볼 수 있다('표본 외 검증').[11] 프리드먼에 따르면, 전자는 "의료 및 건강

---

10 문제는 어떤 개인적 편향 없이도 발생할 수 있다. 두 학자에 따르면, "한 연구자가 신중하게 데이터를 발굴할 필요는 없다. 여러 연구자가 대안적 예측 인자를 독립적으로 고찰하고 오직 유의미한 결과만 발표되는 것으로 충분하다."
11 그러나 같은 학자들이 다음과 같이 언급하기도 했다. "사이비 표본 외 검증 결과를 논문에 제시한 연구자라면, 그가 결과를 보여 주지 않은 채 다른 예측 인자를 가지고 실험하지 않았다는 것을

과학에서 일반적이며, 사회과학에서는 드물다." 후자는 다음과 같은 형식을 취한다. "데이터의 절반을 냉장 보관하고, 어떤 모델이 알맞은지 결정한 후에만 그것을 살펴본다. 그것은 사실 반복 검증만큼 좋은 것은 아니지만, 아무것도 안 하는 것보다는 훨씬 낫다. 교차 검증은 어떤 분야에서는 표준이지만, 다른 분야에서는 그렇지 않다." 내가 수집할 수 있는 한, 이 방법은 응용 사회과학에서 표준이 아니다. 그것은 교과서가 권장하지 않으며, 학술지 편집자가 요구하는 것도 아니다. 대안적인 형태의 자기 구속 ── 너무 유토피아적이어서 진지하게 고려할 수 없는 ── 은 가설을 검증하기에 앞서서 검증할 가설을 인터넷에 게시하는 것이다.

프리드먼의 엄격함이 모든 사람에게 즐거운 것은 아니다. 프리드먼의 비판에 대해 모델 제작자들이 보인 반응에 대해 그는 다음과 같은 일종의 신나는 풍자만평 ── 좋은 풍자만평이 모두 그렇듯이, 이것도 대상의 중요한 특질을 드러낸다 ── 으로 대응했다. 그것을 보자.

모델 제작자들의 답변

우리도 다 안다. 완벽한 것은 없다. 선형성은 좋은 첫 근삿값이어야 한다. 로그 선형성도 좋은 첫 근사값이어야 한다. 가정은 적절하다. 가정은 중요하지 않다. 가정은 보수적이다. 가정이 잘못되었다는 것은 증명할 수 없다. 편

보증해 줄 수 있는 것은 아무것도 없다. 나는, 이런 절차가 무의식적 조작보다는 의식적 조작을 유발하며, 그렇기 때문에 쉽게 일어나는 일은 아니라고 추측한다. 이런 추측이 정확하더라도 앞서 언급된 집합적 데이터 발굴 문제까지 해결하는 것은 아니다. 그러나 여기서 나의 주요 초점은 치료제의 효과가 아니라 문제에 있다.

향은 기각된다. 우리는 편향을 모델화할 수 있다. 우리는 다른 사람들이 하는 일을 할 뿐이다. 이제 우리는 더 세련된 기법을 사용한다. 우리가 하지 않으면, 다른 사람이 할 것이다. 당신은 무엇을 하겠는가? 의사 결정자는 우리가 없을 때보다 우리와 함께 있을 때 더 나아야 한다. 우리 모두 정신적 모델을 가지고 있고, 모델을 사용하지 않는 것도 하나의 모델이다. 모델은 완전히 쓸모없진 않다. 데이터를 가지고 할 수 있는 한 최선을 다해야 한다. 전진하기 위해서는 가정을 해야 한다. 모델에 불신의 편익을 주어야 한다. 도대체 피해갈 데가 어디인가?

곧 피해 문제로 돌아갈 것이다. 그 전에 먼저 통계 분석에서 자의성과 주관성의 범위를 축소하는 두 가지 절차, 즉 무작위화와 '도구변수' 사용을 논의함으로써 이 절을 마무리하고자 한다.

응용 정책 분석에서, 우리는 "과거에 무엇이 효과가 있었는가"가 아니라 "무엇이 효과가 있을까"에 답하려고 한다. 앞의 질문은 회귀 분석으로 해결할 수 있다. 예컨대 특정 국가 내에서 지역사회별로 다른 아동 사망률(종속 변수)을 보고 그것의 원인(독립 변수)을 확인하려고 할 수 있다. 후자의 질문은 우선 (예를 들어) 모기장을 무료 배포함으로써 아동의 사망률을 줄일 수 있지 않을까, 하는 추정작업을 하고, 이어서 주어진 국가 내에서 모기장이 제공될 지역사회(치료군)와 그렇지 않을 지역사회(대조군)를 무작위로 선택한다. 그리고 마지막으로 치료군의 아동 사망률이 대조군보다 유의미하게 낮은지 관찰한다. (사람들은 무료로 얻는 재화를 소중히 여기지 않을 수도 있어서, 효과가 있을지는 확실치 않다.) 만일 유의미한 차이가 있다면, 모든 지역사회에 모기장을 일반적으로 공급해야 한다고 결론 내릴 수 있다. 그뿐 아니라, 무작위화가 다른 원인을 효과적으로 배제했으므로 낮은 사망률을 **설명하는** 것은 모기장이라고 결론 내릴 수 있다. 정책 관점에서, 이런 접근법의 한계는 모기장 제공을 다른 나라까지 일반화하라고 권고할 수 없다는 것이다. 설명의 관점에서, 한계는 이런 처방이 결과물에 **어떻게** 영향을 주었는지 아무 것도 말해 주지 않는다는 것이다. 인과적 설명은 블랙박스이다(2장). 처방이 효과를 발휘한 인과 메커니즘을 파악한다면, 다른 국가에서도 그 것의 유용성을 평가하기 더 좋은 위치에 있게 되기 때문에, 두 가지 한계는 서로 관련된다. 더 일반적인 한계는 자명하게도 그 방법을 사용하여 **과거에 있었던** 사건을 설명할 수 없다는 것이다.

도구변수의 사용은 마지막에 언급된 한계를 극복하며 그러면서 표준적 회귀 분석의 한계도 극복하는 것으로 여겨진다. 간략히 말해서, 이 절차는 **자연적 실험**에 의존한다. 예를 들어, 주어진 범죄에 대해 판사와 배심원 가운데 어느 쪽이 형사 재판 피고인에게 무죄를 선고할 가능성이 더 큰가, 하는 물음을 살펴보자. 두 절차가 모두 사용되는 국가에서는 간단한 회귀 분석으로 문제를 풀어 볼 수 있다. 그러나 판사나 배심원이 피고인의 나이, 성별, 인종 또는 외모 같은 요인에 의해 불균등하게 영향을 받을 수 있다. 그 외에 이론적으로는 선고에만 영향을 미쳐야 하지만 평결에도 작용하는 감경 또는 가중 처벌 요인의 존재 그리고 유죄인 한에서 피고인이 받는 판결 등 요인도 작용한다. 나는 그런 요인들을 통제하는 데 필요한 자료를 사람들이 수집할 수 있다고 생각하지 않는다. 어떤 경우에도 또 다른 요인이 있을 수 있다. 프랑스에서는 1941년의 자연적 실험을 통해 판사들이 배심원보다 더 가혹하다고 꽤 분명하게 결론 내려졌다. 그해 비시 정부는 배심원 수를 12명에서 6명으로 줄이고 3명의 전문 치안 판사로 보충했다. 1941년에 24.7%였던 무죄율이 1942년에는 8.4%로 하락했다. 새로운 법이 하락의 원인이었을 가능성이 매우 크다.[12]

최근 연구는 도구변수를 사용하여 기발하면서 그럴듯한 인과관계를 많이 입증해 왔다. 그러나 이 연구는 유감스러운 편향을 지니고 있다. 왜냐하면, 지적 또는 사회적으로 내재적인 중요성을 띤 사례보다 **자연적 실험이 발생했던** 사례가 학자들의 관심을 끄는 경향이 있기 때문이다. 내가 24장에서 수행 목표에 대해 사용한 문구, 즉 하인으로는 좋지만, 주인으로는 나쁘다는 말을 자연적 실험에도 적용할 수 있다. 하인을 찾을 수 없으면, 학자들은 스스로 발품을 팔아야 한다.

낭비와 피해

나는 반계몽주의가 낭비와 피해 모두를 초래할 수 있다고 앞에서 말했다. 둘의 구별은 그렇게 별 의미 없을 수도 있다. 낭비가 대규모로 일어나면, 기회비용으로 인해 피해 방지가 방지될 것이기 때문이다. 그렇지만, 나는 **낭비**를 반계몽주의 이론을 **가르치고 실천하는** 것으로 인한 사회적 비용으로 이해한다. 그것은 직접 비용(교사와 실무자의 급여 그리고 학생의 학비) 또는 기회비용(교사, 실무자 그리고 학생이 다른 활동을 통해서

---

12 무죄율의 축소가 개혁의 배후에 있는 주된 동기이기도 했다. 그것을 정당화하기 위해서, 법무부 장관 조제프 바르텔레미(Joseph Barthélemy)는 "그것이 배심원을 제압하지는 않지만, 그들의 어금니는 짧게 될 것이다"라고 말했다.

할 수 있었던 기여)으로 정의할 수 있다. 여기서는 좀더 실체가 분명한 직접 비용을 정의에 활용할 것이다. 나는 **피해**를 주로 반계몽주의적 이론을 따라 조언을 하는 전문가들이 다른 사람들에게 끼친 고통이나 손실로 정의한다. 또한, 좀 더 사변적인 맥락에서 맑스주의 같은 정치 이론의 지지자들도 피해를 주었다고 말할 수 있는지 논의할 것이다.

원칙적으로, **연성** 반계몽주의의 가르침으로 인한 사회적 낭비를 정량화하는 것이 불가능하지는 않다. 최소한, 연성 반계몽주의 이론에 바탕해서 연구를 수행한 학자의 수를 추정하고, 그것에 대학교수의 평균 급여를 곱하면 된다. 몇 년 전, 나는 노르웨이 언론매체에 출연해서 노르웨이에서의 연성 반계몽주의의 사회적 비용을 즉석에서 적당히 계산해서는 매년 1,500만 달러(교사 200명)라고 주장했다가 논란에 휘말린 적이 있다. 경성 반계몽주의에 대해 유사한 계산을 하는 것이 더 어렵다. 왜냐하면, 그런 작업을 하는 학자들은 유용한 작업도 많이 하기 때문이다. 이들은 연성 반계몽주의자들과 달리 나쁘게뿐 아니라 좋게도 사용할 수 있는 **기술**을 가지고 있다. SF 경제학 종사자는 막대한 사회적 비용을 절약할 경매 시스템을 설계할 수도 있다.

이것은 대단치 않은 문제이긴 하다. 이 문제를 따지느니, 여러 형태의 현대 예술이 산출하는 쓰레기를 개탄하고 싶은 사람도 있을 것이다. 그런 것에는 예술작품을 보살피기보다 그것에 뭔가를 추가해야만 한다고 생각하는 전시기획자를 고용하는 데 드는 비용도 포함될 것이다.[13]

---

13 아름다운 로마네스크 기둥이 있는 프랑스 건물을 방문한 적이 있다. 그런데 전시기획자가 분위기를 위해 조명을 어둡게 하여 조각의 중요한 세부가 보이질 않았다.

개탄스럽기로 말하자면, 어린 소녀를 겨냥한 현대 사회의 엄청난 양의 광고 또한 그렇다. 이런 광고로 인해 소녀들이 외모에 비합리적인 중요성을 부여하게 되었다. (그것의 결과는 돈 낭비에 그치지 않고, 외모 표준에 맞춰서 살지 않았던 이들에게 미치는 피해로 나아간다.) 내가 아는 어떤 사회도 이런 종류의 경박하고, 유행에 휩쓸리고, 비싸고, 무의미한 활동에서 면제된 적이 없다. 그것에 대해 불평하는 것은 날씨에 대해 불평하는 것과 다를 게 없다.

피해는 훨씬 심각한 문제이다. 의사들은 항상 우선 **해를 끼쳐선 안 된다**_primum non nocere_고 배운다. 19세기 중반까지 대부분의 의료가 **의원성 질병** — 질병 완화를 위한 치료로 질병이 유발되는 것 — 을 야기했지만, 그런 의료 관행은 상당 정도 무지했던 탓으로 돌려졌다. 하지만 그런 변명은 불완전하다. 왜냐하면, 많은 경우 의사는 자신이 모른다는 것을 알아야만 했기 때문이다. 16세기에 몽테뉴는 증거 기반 의료의 결핍을 완벽하게 알고 있었다. "병세가 호전되어도, 질병이 그런 경과를 보인 것인지, 우연인지, 환자가 그날 먹거나 마시거나 만진 어떤 것이 만들어 낸 것인지 의사가 어떻게 확신할 수 있는가? 또한, 그 증거가 확고해도, 그것은 몇 번이나 반복된 것인가? 얼마나 자주 우연히 접한 증거를 하나로 묶어야 그것을 하나의 규칙으로 정립할 수 있는가?"

몽테뉴는 세 마리의 **검은 짐승**이 있다고 보았다. 의사, 변호사 그리고 학자가 그들이다. 대체로 변호사가 끼치는 피해는 그들이 반계몽주의적 이론에 의존한 때문은 아니므로, 여기서는 무시하겠다. 하지만 그런 의존 때문에 **판사**가 끼친 피해의 사례는 논의할 것이다. 학자들과 관련해서는, 몽테뉴가 했던 격언이 이 책에 영감을 주었다. "상당히 그럴듯한 주장에 따르면, 무지에는 지식에 선행하는 유치원식 무지 외에도 지식에 후행하는 박사의 무지가 있다고 한다."[14]

이제 좀 더 간결한 사례에서 시작해서 안다는 생각이 피해의 원인이 되는 몇 가지 방식에 대해 논의할 것이다.

정신분석학은 확실히 시간과 돈을 낭비하게 한다. 앞서 인용한 『자연』의 편집자 서문은 "입증된 효력에 비해서 지출 — 치료는 수년간 연장되기도 한다 — 이 너무 엄청나다"고 지적했다. 하지만 실제 상황은 더 나쁘다. 정신분석가나 정신 역학적(넓은 의미의 프로이트주의적) 치료사가 피해를 주었다는 증거는 상당히 많다. 그들이 끼친 피해는 주로 정신병과 일탈 행위에 대한 잘못된 인과관계 파악에서 기인한다. 1인당 피해액은 프랑스인이 가장 크고, 총 피해액은 아마 미국인이 가장 클 것이다.

정신분석학에서 영감을 얻은 몇몇 이론은 자녀의 문제에 '냉정한' 어머니 또는 자녀 곁을 지키지 않는 어머니를 비난했다. (이런 이론들은 프로이트의 잘 알려진 여성 혐오와 관련이 있을 수 있지만, 없을 수도 있다.) 어떤 저자들은 정신분열증이 '정신분열생성적'schizophrenogenic 어머니 때문에 발생한다고 주장했고, 또 다른 저자들은 어른의 정서적 문제의 기원은 어린 시절 어머니가 집에 있지 않고 일을 했던 것일 수 있다고

---

14 파스칼은 몽테뉴를 확장해서 다음과 같이 웅변적으로 말한다. "지식에는 두 가지 극단이 있다. 하나는 태어날 때 모든 사람이 처한 순수한 자연적인 무지이다. 다른 하나는 인간의 모든 지식을 주파한 위대한 정신이 도달하는 극단이다. 그런 정신은 자신이 아무것도 모르고 출발했던 무지의 자리로 돌아왔다는 것만을 안다. 그러나 그것은 자신을 아는 현명한 무지이다. 중간쯤 서 있는 사람은 다른 무지에는 이르지 못한 채 자연적 무지만을 자신 뒤에 남겨 놓는다. 그들은 제대로 된 지식의 겉만 핥고는 모든 것을 망친다. 그들은 세상을 뒤집어엎고 모든 것을 그릇되게 생각한다."

주장했다.[15] 그 외의 또 다른 저자들은 '냉장고 어머니'refrigerator mother가 자폐증에 대한 책임이 있다고 말한다. 지면 제약으로, 마지막 예로 논의를 한정하자.

자폐증은 천 명당 1~2명 정도 발생하는 신경발달 장애이다. 정신분석의 영향을 많이 받았을 뿐, 의학이나 심리학으로 훈련을 받은 적은 없는 오스트리아 철학자 브루노 베텔하임Bruno Bettelheim은 1967년에 『텅 빈 요새: 유아 자폐증과 자아의 탄생』을 출판했다. 그 책에서 그는 자폐증이 냉정한 부모 때문에 발병한다고 주장했다. 그의 견해로는, "유아 자폐증의 촉진 요인은 자녀가 존재하지 않았으면 하는 부모의 소망이다". 그는 완전히 허풍쟁이였지만, 시카고 대학의 교수가 되었고, 미국 과학예술원 회원으로 선출되었다. 그리고 현명한 인도주의적 심리학자라는 합당하지 않은 평판을 얻었다. 1970년대와 1980년대에, 자폐증에 대한 그의 견해는 서구 사회에 큰 영향을 미쳤으며, 그 때문에 헤아릴 수 없이 많은 부모가 자녀의 질병에 관해 책임이 있다고 생각했고, 그래서 심각한 죄책감에 시달렸다. 이런 피해에 대한 책임은 미국의 심리학회의 문 앞에 똑바로 놓여야 한다. 그를 인증했던 동료들이 무엇이 과학에 해당하는지에 대해 가장 기본적인 관념을 가졌더라면, 그는 돌팔이들 대부분이 처했던 운명으로 고통받았을 것이다.

---

15 이 주장은, 존 볼비(John Bowlby)와 콘라트 로렌츠(Konrad Lorenz)가 서로를 지원하며 했던 작업의 결과물인 '애착 이론'의 핵심이다. 그 이론은 사변적이라는 비판을 많이 받았다. 볼비는 다음과 같은 논평을 남겼는데, 그것은 시사하는 바가 매우 뚜렷하다. "내 이론을 무너뜨리는 데 관심이 큰 두 집단이 있다. 그중 하나는 공산주의자들이다. 그들이 그러는 이유는 명백하다. 그들은 일할 여성이 필요하고, 따라서 아이들은 다른 사람이 돌봐야 하기 때문이다. 직업을 가진 여성들이 두 번째 집단이다. 그들은 사실 가족에 소홀하다. 그러나 그것을 끝까지 인정하지 않는다."

베텔하임은 이제 미국에서는 완전히 신뢰를 잃었다. 하지만 아르헨티나와 더불어 오늘날 정신분석학의 주요 성채인 프랑스에서는 자폐증에 대한 그의 견해가 여전히 영향력을 행사하고 있다. 이 증후군의 생리적·유전적 뿌리가 수십 년 전에 밝혀졌지만, 2012년에야 비로소 프랑스 보건당국은 정신분석적 치료가 자폐증에 "권장되지 않는다"고 주장한 것이다. 이 결정은 영화 「벽」*Le Mur*을 둘러싸고 벌어진 격렬한 논쟁에 이어진 것이었다. 이 영화는 11명의 프랑스 정신분석가와의 인터뷰를 보여 주는데, 그 가운데 예닐곱 명은 초超 반계몽주의 학파인 자크 라캉과 멜라니 클라인Melanie Klein과 가까운 이들이었다. 분석가들은 엄청나게 무책임한 인상을 주었다. 그 가운데 한 사람은 이렇게 말했다. "내가 옆에서 계속 졸고 있는 동안 아이가 세션 내내 아무것도 하지 않아도 나는 상관없다. 정신분석가로서 작업에서 나는 이런 일[sic]에 익숙하다." 이 지경인데도, 하급 법원은 일부 정신분석가의 요청을 받아들여 영화 상영을 금지했고, 이 판결은 2014년에야 비로소 취소되었다.

정신분석학을 이론적 배경으로 둔 프랑스 심리학자와 정신의학자들은 메타돈을 헤로인 중독자 치료에 사용하기를 여러 해 동안 거부했다. 정신 차리기 전까지 정신분석학의 영향을 받았던 한 프랑스 정신의학자는 "돌이켜 보면, 도덕화, 편견, 무지, 그리고 특별한 관심의 무게에 짓눌려서 정신분석학이 여러 해 동안 약물 중독자의 효과적 치료 확립을 방해해 온 것은 분명하다. 거의 20년 동안 버텼던 이 저항의 벽이 없었다면, 프랑스에서만 만 명 이상의 생명을 구할 수 있었을 것이다"라고 말했다. 딱 떨어지게 만 명은 아닐 가능성이 크지만, 프랑스 정신분석학 공동체가 끼친 피해에 대한 이런 분석에는 의심의 여지가 없다. 중독자의 금단 증상은 통상 실존적 불안으로 해석되고 치료되었다. 저자의 동료는 프랑스의 메타돈 치료 지연에 대해 반성하면서, 다음과 같이 말했다. "프랑스인들은 영어를 읽고 미국 문헌을 연구하는 데 신경을 쓰지 않았기 때문에, 라캉과 더불어 그들이 이론Theory에 있어서 세계 지도자라고 생각했다."[16]

프로이트주의의 또 다른 후손인 '억압된 기억 증후군' 이론 또한 큰 피해를 주었다. 이 이론을 탄핵하기 위해 최선을 다한 학자에 따르면, 주장된 기억 가운데 많은 것이 억압된 것이 아니라 그저 허위일 뿐이다.

피해자와 증인이 그들의 기억을 참이라고 믿는다고 하더라도, 그들의 기억이 거짓이거나 부정확할 수 있다는 사실은 법률 체계와 범죄 피해자를 상담하고 치료하는 사람들에게 중요한 함의를 갖는다. 일부 심리치료사들은 암시 기법을 사용한다("성적 학대를 기억하지는 못하지만, 당신에게는 증상이 있으니, 누가 그 일을 했을지 상상해 보십시오"라는 식이다). 이런 암시는 환자를 거짓 믿음과 기억으로 이끌고, 환자 자신과 피고로 지목된 사람에게 엄청난 타격을 줄 수 있다. 일리노이의 한 사례에서, 정신의학자인 베넷 브라운Bennett Braun은 환자 패트리샤 버거스Patricia Burgus에게 고소당했는데, 그 이유는 그가 마약과 최면술을 사용하여, 환자가 300인의 성격을 가졌고, 인육으로 만든 미트로프를 먹었고, 사탄 숭배의 대제사장이라고 믿게 만들었기 때문이었다. 뜻만 좋은 치료사들이 질병보다 더 나빠진 상태로

---

16 이 책을 읽는 대부분의 영미 독자들이 자신들의 공동체는 그런 반계몽주의에 면역되어 있다고 느낀다면, 베텔하임에 대해 성찰해 보고, 오늘날 누가 그의 망토를 걸치고 있는지 자문해 봐야 할 것이다.

이끌 '치료법'을 사용해서 수천 명으로 추정되는 사람들에게 유사한 방식으로 피해를 입혔다.

　　법정의 전문가 증인으로 심리역학적 전통에서 훈련된 심리학자를 부르면, 커다란 피해가 생길 수 있다. 아버지가 딸을 성적으로 학대했다는 혐의로 기소된 어떤 노르웨이 사건에서, 한 전문 심리학자는, 딸의 진술을 근거로 삼긴 했지만, 딸이 그린 울타리로 둘러싸인 집 안의 날카로운 기둥이 성적 의미를 품은 것일 가능성이 있다는 증언을 했다(『아프텐포스텐』*Aftenposten*, 오슬로, 1999년 10월 9일 기사). 더 나아가서 그녀는 울타리에 있는 기둥의 수가 아마도 아동이 학대를 당한 횟수를 나타내는 것일 가능성이 있다고 단언했다. 아이 아버지는 2주 동안 구치소의 보안실에 수감되었다. 그는 근친상간 혐의에 대해 무죄를 선고받았지만, 그의 인생은 망가졌다. 나중에 딸은 그것이 모두 지어낸 이야기라고 자백했다.

　　연성 반계몽주의가 끼칠 수 있는 피해의 추가적인 예는 추측에 근거한 것이지만, 나는 그것이 탐구할 가치가 있다고 생각한다. 내가 염두에 두고 있는 것은 1970년대의 반정신의학 운동의 영향이다. 그것을 주도하고 영감을 불어넣은 것은 미셸 푸코, 로널드 랭Ronald Laing, 토머스 사스Thomas Szasz, 프랑코 바사글리아Franco Basaglia 등등이다. 베텔하임과 마찬가지로 이 저자들은 많은 정신병의 '견고한'(유전적 또는 신경학적) 근거를 부정한다는 점에서 분명히 반계몽주의적이다. 내 생각에, 이 '운동'(실제로 조직된 운동은 아니었다)과 여러 나라에서의 대규모 정신병동의 해체 사이에는 어떤 연관이 있다는 것은 논란의 여지가 없다. 운동이 그 과정의 원인이었는지, 아니면 둘이 공통의 원인 — '60년대 정신' 같은 것 — 의 결과였는지는 여전히 확정되지 않았다. 일부 수감자들은 이런 변화로 혜택을 입었지만, 반면에 일부 만성적 환자들이 괴로움을 겪었다는 것은 논쟁의 여지가 없는 것 같다. 순효과가 긍정적인지 부정적인지는 여전히 확정되지 않았다.

연성 반계몽주의의 효과와 관련해서 내가 들 마지막 예는 상당히 사변적이고, 따라서 아마 경험적 조사에 입각해서 다루기 어려울 것이다. 내가 염두에 둔 것은 후계자들이 발전시킨 것이 아닌, 맑스 자신의 이론이다. 맑스는 소련과 중국의 지도자들이 그의 이름으로 저지른 모든 행동에 대해 인과적 책임이 없다는 것은 명백하다. 항상 융통성이 있는 '맑스주의' 교리에 대한 그들의 언급은 대부분 그들이 어쨌든 하고 싶었던 것, 본질적으로 권력 장악의 합리화였다. 내가 생각하고 있는 주된 예외는 공산주의 사회가 역사의 (단어의 이중적 의미에서) **종언**이라는 발상에 대한 맑스의 철저한 헌신에서 비롯된다. 레닌, 스탈린, 그리고 마오쩌둥이 이 목적론적인 역사 개념을 받아들였던 그만큼(그것이 어느 정도인지는 아마 알 수 없겠지만), 영원한 공산주의의 지복至福을 위해 수백만의 생명을 기꺼이 희생시킬 수 있었을 것이다.

경성 반계몽주의로 인한 피해는 쉽게 확정하기 어렵다. 나는 세 가지 사례를 살펴볼 것이다. 그것은 베트남 전쟁 수행에 반계몽주의적 사회과학이 미친 영향, 반계몽주의적 통계 분석이 미국 연방대법원의 판결에 미친 영향, 그리고 반계몽주의적 경제 모델이 최근 금융 위기에 미친 영향이다.

베트남 전쟁으로 인해 미군 5만 8천 명, 베트남 군인과 민간인 약 백만 명, 그리고 라오스와 캄보디아의 민간인 수십만 명이 죽었다. 미국의 재정 비용은 7천억 달러로 추산된다. 베트남은 물리적으로 황폐해졌다. 이런 손실이 경성 반계몽주의의 책임이라면, 그것에 대한 기소는 충격적일 것이다. 이 문제는 너무 복잡해서 분명한 대답을 허용하지 않는다. 전쟁에서의 주요 실수는 잘못된 유추, 베트남 민족주의에 대한 무지, 국제 공산주의가 단일 연합체라는 믿음, 지적 결함이 있는 도미노 이론의 고수, 남베트남 군대에 대한 희망사고, 그리고 미국 선거에 대한 고려에서 비롯된 것이지, 경성 반계몽주의에서 비롯된 것은 아니다. 그러나 마치 빛이 있는 유일한 장소가 거기이기 때문에 가로등 아래서만 잃어버린 열쇠를 찾았던 속담 속의 술꾼처럼, 의사 결정자와 자문가들은 정량화에 대한 집착 때문에 올바른 장소를 찾지 못했다.

정량화는 사실, 확률 그리고 효용으로 확장되었다. 로버트 맥나마라(국방부 장관), 존 맥노턴John McNaughton(국방부 차관), 맥조지 번디(국가안보 보좌관), 윌리엄 번디William Bundy(국무부 극동 담당 차관) 그리고 월트 로스토(맥조지 번디의 후임 국가안보 보좌관)가 했던 진술을 몇 가지 인용해 보자.

"[베트남에 군대를 투입하겠다는] 이 결정이 없으면 전체 프로그램이 미적지근해질 것으로 생각합니다. 이 결정으로 병력 투입이 이뤄질 필요가 없을 확률이 거의 반반[sic]이 되었다고 믿습니다." (맥조지 번디, 1961년 11월)

"우리가 가지고 있는 모든 양적 측정은 우리가 전쟁에서 이겼음을 보여 줍니다." (맥나마라, 1962년 말)

"우리는 지속적인 보복 정책이 베트남 안에서의 경쟁의 진행을 바꾸는 데 성공할 것이라고 단정할 수 없습니다. 실패할지 모르고, 확실하게 확률을 추정할 수도 없습니다 — 아마도 25%에서 75% 사이 어디쯤일 것입니다. 우리가 말할 수 있는 것은 실패하더라도 정책이 가치가 있다는 것입니다. 최소한 우리가 할 수 있는 모든 것을 하지 않았다는 비난을 완화할 것이며, 이 비난은 우리 자신을 포함해서 많은 국가에서 중요합니다." (맥조지 번디, 1965년 2월)

미국의 목표는 다음과 같이 정의되었습니다. "70% — (보증자로서의 우리의 평판에) 굴욕적인 미국의 패배를 피하기. 20 % — SVN[남 베트남]과 인접 지역을 중국이 장악하는 것을 막기. 10 % — SVN 사람들이 더 낫고 자유로운 삶을 누릴 수 있게 해주기." (맥노턴, 1965년 3월)

"현재 상황이 나빠져서, 하노이가 담판에 나서도록 베트콩의 확장을 막을 수 있는 확률이 20%를 넘지 않는다고 가정한다면, 주요 미군의 대규모 추가 투입은 성공 확률을 30% 이상 올려 주지 않을 것이며, 미국이 진짜로 비참하게 패배할 압도적 위험을 감수하는 것이라고 믿는다. 하지만 우리는 그와 같은 패배가 대규모 추가 투입 없는 패배보다 더 나쁠 것이라고 믿는다." (윌리엄 번디, 1965년 6월)

맥노턴은 "[2십만 명~4십만 명의 추가] 군인으로 승리할 확률은 1966년에 20%, 1967년에 40%, 그리고 선거가 있는 1968년에는 60%일 것이다"라고 생각했다. "하나의 가치 척도로 다양한 결과물이 어느 정도나 바람직한지 어떻게 평가했던 것일까? 맥노턴은 다음과 같이 자문했다. '2십만~4십만 수준의 증원으로도 결론이 안 나는 상황보다 7만 5천 수준의 증원으로 붕괴하는 것이 더 나쁜가? 아마 그럴 것이다.'" (1965년 7월)

"공산주의자들은 현재 한 달에 인구의 3%에 이르는 비율로 민심을 얻기 위한 전투에서 지고 있다." (로스토, 1968년 11월)

II부 서론에서 주장했듯이, 이런 평가의 정확성은 의심스럽다. 물론 평가가 행동의 전제로 활용되었는지 아니면 다른 이유로 내려진 결정에 대한 합리화인지 구별하기 어렵다. 어느 경우든, 그것은 베트남의 역사, 문화 및 언어를 아는 사람들이 제공한 비정량적 자문을 무력하게 만들었다.

통계 분석이 일으킬 수 있는 또 다른 피해를 보기 위해 시카고풍 경제학이 사형과 총기 규제에 관한 법률에 미치는 영향을 살펴보자. 개요에 따르면, "1975년 국가 시계열 데이터에 대한 아이작 에를리히Isaac Ehrlich의 분석은 사형집행 1회 실행이 8명의 생명을 구했다고 주장했다. 로버트 보크Robert Bork 법무부 차관은 1년 후 에를리히의 연구를 연방대법원 재판에서 인용했으며, 대법원은 경험적 증거에 의존하지 않는다고 주장했으면서도, 그레그 대對 조지아 및 관련 사건에서 다양한 사형법률을 지지함으로써 사형집행 판결 유예를 중단했다". 그러나 에를리히의 작업은 나중에 잘못된 것으로 밝혀졌다. 총을 보이지 않게 소지할 수 있는 권리가 생명을 구한다는 존 로트John Lott의 주장 — 부시 행정부의 법무부 장관인 존 애슈크로프트John Ashcroft가 인용했다 — 도 미심쩍을 뿐 아니라 이데올로기에 주도된 것으로 보인다. 로트의 연구에 대해 한 학자는 다음과 같이 논평한다. "결함 있는 연구가 학계에서 살아남았다는 것이 그렇게 중요한 일이 아닐 수도 있다. 그러나 결함 있는 연구의 영향을 받은 잘못된 정책의 악영향은 여러 세대를 괴롭힐 수 있다." 달리 말하면, 낭비에는 아량을 베풀 수 있지만, 피해를 그냥 받아넘겨서는 안 된다.

금융 위기와 관련하여, 투자자에게 45억 달러의 손실을 입혔던 1998년 롱텀캐피털매니지먼트의 파산에서 또는 현재 진행 중인 금융 위기에서, 모델 설계자의 오만이 얼마나 큰 영향을 미쳤는지를 자세히 다룬 연구가 있는지 모르겠다. 노벨상을 수상한 모델에 대한 근거 없는 신뢰보다는 탐욕, 단기 실적주의 그리고 규제 완화가 더 중요한 요인이었을 것이다. 하지만 일부 펀드 매니저들이 그런 경제학자들의 모델을 인용하며 2007년 이후 발생했던 것 같은 규모의 위기가 일어날 확률은 10만 년에 한 번이라고 고객들에게 말했었던 것은 분명한 사실이다. 물론 이런 펀드 매니저들이 실제로 모델을 **믿었고** 결정이나 자문의 전제로 활용했는지는 여전히 해명되어야 한다. 결국, '대마불사大馬不死인 한' 그들은 모델이 잘못된 것일 때도 잃을 게 별로 없고, 모델이 잘못된 것이 아니라면 얻을 것이 많다(가장 적합한 것the fittest이 아니라 '가장 뚱뚱한 것the fattest의 생존'이라고 불리는 메커니즘). 그들은 무능하지 않고 부정직하며, 멍청한 것이 아니라 교활했을 수 있다. 그렇기는 해도, 시장의 효율성에 대한 과도한 믿음이 위기를 유발하는 데 어떤 역할도 하지 않았다고 믿기는 어렵다. 자산 가치에 반영된 정보는 공공재이므로, 누구도 그런 정보를 생산할 인센티브는 없다. 이 무임승차 문제가 자산 실사 대신 논란을 일으킨 기계적인 자산 다각화를 산출한 것이다.

반계몽주의를 설명하기

연성 및 경성 반계몽주의가 끼친 피해에 대해 앞에서 했던 몇 가지 논평
은 추측 — 즉 사실의 진술보다는 연구 프로그램의 소묘 — 에 불과했
다. 이런 특징 규정은 이 절에도 마찬가지로 적용된다. 반계몽주의의 출
현에 대해 내가 제시할 심리적 설명과 그것이 지속하는 이유에 대해 제
안한 사회학적 설명은 모두 잘해야 강력하게 시사적일 뿐, 확정적이지
않다.

　9장에서, 나는 학자들이 때때로 길을 잘못 드는 것은 모든 인류가 가
진 강력한 경향, 즉 세상의 의미와 질서를 찾는 경향을 가진 때문이라고
주장했다. 이 경향 때문에 행위주체성, 객관적 목적론 그리고 유추도 찾
게 된다. 자세히 설명하기 전에, 다른 학자들을 비판하는 장이지만, 나
자신의 실패부터 이야기하는 것이 적절해 보인다. 나는 1970년대에 세
차례에 걸쳐 유추 그리고 심지어 목적론의 유혹에까지 빠졌던 것 같다.
1971년 노르웨이어로 쓴 저서에서, 나는 기술 변화의 예측 불가능성과
괴델의 불완전성 정리의 병행성을 그려 보았다. 내가 재직하던 대학의
논리학자가 눈썹을 치켜뜰 때, 나는 유추의 어리석음을 깨달았다. 1975
년 프랑스어로 쓴 저서에서, 나는 자크 라캉이 했던 맑스의 잉여가치
Mehrwert 개념과 프로이트의 잉여향유Mehr von Lust 개념 사이의 유추를 찬
성하며 인용했다. 나는 별다른 도움 없이 그런 비교가 얼마나 어리석은
지 금세 깨달았다. 1979년 저서에서, 나는 대표자들을 소환할 가능성이

없는 주기적 선거 체제는 "유권자들이 자신을 구속하고 자신의 충동성으로부터 스스로를 보호하는 방법[으로] 해석될 수 있다"고 주장했다. 어떤 유권자도 그런 류의 일은 하지 않는다는 것은 말할 필요도 없는 일이다. 이런 사례에서, 내 추리의 결함은 개인과 집단의 자기 구속력 사이의 잘못 설정된 유추나 객관적 목적론에서 기인했다. 혼란을 없애기 위해 나는 역사학 교수의 도움을 받았다. 그는 나에게 직설적으로 말했다. "정치에서 사람들은 결코 자신을 구속하려고 하지 않는다. 단지 다른 사람을 구속하려고 할 뿐이다." 아이러니는 내가 이런 '해석'을 제안한 책이 무엇보다 기능주의적 설명에 대해 성전聖戰을 치르던 『오뒷세우스와 세이렌』이라는 것이다.

9장에서 논한 바와 같이, 행위주체성, 객관적 목적론, 또는 유추에 의한 설명은 설명의 '아하'click 체험 ── 파인만의 책 제목이기도 한 『발견하는 즐거움』*The pleasure of finding things out* ── 과 쉽게 혼동되는 두뇌 속의 '아하' 체험을 낳을 수 있다.[17] 모종의 '아하'를 자아내고 싶은 것이 동전 던지기에서 앞과 뒤가 나온 무작위 순서에서도 사람들이 패턴을 찾는 이유일 수 있다. 무작위성 인지에 관한 고전적 연구에서, 우리는 "동전 하나를 6번 던져서 (동전의 방향과 주조 내용을 무시하면) 나올 수 있는 20가지 순서 중에서, 우리에게 진정으로 무작위적으로 보이는 것은 '앞뒤뒤앞뒤앞'(HTTHTH)뿐이다. 그리고 네 번만 던져서 나온 배열에는 무작위적으로 보이는 것이 없다". 앞서 간단히 언급했듯이, 이런 허위

---

17 이 책에는 '화물숭배 과학'에 관한 강의가 포함되어 있는데, 그것은 반계몽주의의 심리적 뿌리에 관한 훌륭한 연구이다.

패턴을 찾는 과정에는 왼쪽 뇌 반구가 관여한다고 한다.

패턴을 찾는 경향은 분명 반계몽주의의 필요조건이긴 하지만 충분 조건은 아니다. 우리 모두에게 그런 경향이 있지만, 우리 모두 반계몽주의자인 것은 아니다. 상식에서 어긋난 것을 말하고 쓸 잠재력이 우리 모두에게 있지만, 어떤 인물만 그것을 발휘하는 이유는 무엇인가? 아니면, 우리가 늘 그러지는 않게 해주는 것은 무엇인가? 9장에서 인용한 연구에 따르면, 목적론적 설명은 기본 설정인 듯하다. 신경과학자에 따르면, 뇌 연구는 과도한 패턴 추구와 그것이 어떤 한계를 넘지 않는 현상 모두를 설명할 수 있다. 끊임없이 쏟아지는 정보 모두에 일관된 얼개를 부과하는 기능이 좌반구에 있다. 그것은 오른쪽 반구에 의해 수정된다. 그것은 선의의 비판자 역할을 하고, 좌반구가 구성한 것이 경계를 넘어서면 그 구성을 해체한다. 매력적이긴 해도 나는 이런 사변적 논의를 추구하는 것을 좋아하지 않는다. 추상적으로는, 결론으로 비약하려는 경향과 이런 경향이 폭주할 때 그것을 교정하는 경향 모두가 자연 선별에 유리하다는 주장은 그럴듯해 보인다. 하지만 안락의자에 앉아서 하는 이런 파편적 추론으로는 반계몽주의를 설명할 수 없다. 인과 사슬의 중간 고리가 너무 많이 빠져 있다.

경성 및 연성 반계몽주의는 내가 앨버트 허시먼을 인용해서 **솔기 없**는 특성이라 부른 것을 공통되게 가지고 있다. 어떤 형태의 연성 반계몽주의에서는, 서구, 자본주의, 남성 그리고 이성애의 지배가 모든 사회적 현상을 **남김없이** 설명한다. 어떤 형태의 경성 반계몽주의에서는, 합리적 선택과 자기 이익이 모든 현상을 **남김없이** 설명한다. 이 두 진술은 다소 과장되지만 난폭한 것은 아니다. 그런 진술은 위대한 통일 이론을 찾고,

이론에 들어맞지 않는 까다로운 사실은 무시하는 인간 마음의 경향을 암시한다. 그것은 이 책에서 내가 주창한 조금씩 전진해 나가는 메커니즘 접근법에 맞지 않는 사고방식이다. 그러나 이런 경향에 대한 진화론적 설명은, 설령 있다 해도 나로서는 생각나는 것이 없고, 심지어 설득력 있는 그럴-법한 이야기도 생각나지 않는다.

이제 반계몽주의의 **출현**에서 그것의 **지속성**으로 주제를 바꾸어 보자. 그럴 때, 우리는 과학이 결국은 타당성 없는 이론을 솎아 내는 조직된 회의주의의 한 형태라는 주장을 대면해야 한다. 인문학에는 어디서나 그리고 영미권 바깥의 사회과학에는, 연성 반계몽주의가 강력하게 살아 있고 약화 조짐이 전혀 없다. 이런 영향권 안에서, 경성 반계몽주의가 경제학과 정치학에서는 외관상 난공불락의 지위를 성취했고, 사회학에서는 그보다는 약한 지위를 성취했다. 프톨레마이오스적 천문학 체계, 플로지스톤 이론, 골상학, (생명) 자연발생설 그리고 라마르크주의는 자연과학에서 결국 솎아 내졌다. 사회과학은 왜 그토록 다른가?

'결국'이라는 단어에 희망을 둘 수도 있다. 어쨌든 목적론적인 아리스토텔레스 물리학은 누군가가 창밖을 내다볼 때까지 2천 년 동안 서구 사상을 지배했다. 멘델레예프Dmitry Mendeleev가 쓸어버릴 때까지 수천 년 동안 존속했고, 프랜시스 베이컨과 뉴턴마저 믿고 따랐던 연금술 이론은 유추('교감')를 광범위하게 활용했다. 자연선별 이론의 공동 발명가인 앨프리드 월리스Alfred Wallace는 심령술을 믿었다. 아마도 25세기쯤 되면, 사회과학은 반계몽주의에서 완전히 벗어날 것이다. 그렇다고 해도 그때까지는 왜 반계몽주의가 사그라들 조짐조차 보이지 않는지, 이해할 필요가 있다.

내가 언급한 이론들 가운데 플로지스톤 이론, 골상학, 자연발생설 그리고 라마르크주의는 사실에 의해 반박되었다. 프톨레마이오스 체계는 '외양을 구하는 데', 즉 사실을 수용하는 데 필요한 복잡한 설명 구조의 무게와 더 간단한 대안적 이론의 제안으로 바스러졌다. 대부분의 사회과학 이론은 사실에 의해 반박될 위험이 거의 없다. 이 점은 연성 반계몽주의에 대해서는 명백히 참이지만, 경성 반계몽주의에 대해서도 그 못지않게 참이다. 2013년에 노벨 경제학상이 터무니없게도 최근 경제 거품을 예측한 경제학자와 그것을 부인한 다른 경제학자에게 공동으로 수여되었을 때 드러났듯이, 경합하고 있는 경제학 학파들은 **중요 쟁점에 대해 전혀 동의하지 않는다**. 통계학에서도 베이즈주의자와 빈도주의자 사이의 전투는 끝이 없는 것 같다. 노벨 물리학상은 경쟁 관계에 있는 이론의 귀결이 아니라 예측을 확증한 과학자들에게만 수여된다. 이것이 스티븐 호킹Stephen Hawking이나 초 끈 이론가 에드워드 위튼 Edward Witten이 노벨상을 받지 못한 이유이다. 경제학으로 알프레드 노벨 기념 메달을 받은 많은 경제학자가 합리적 선택 이론과 통계적 모델화 안에서 작업한다. 그러나 **그들 가운데 누구도 경험적 예측의 검증 덕분에 수상하지는 않았다**.[18] 아이러니하게도, 그런 근거로 상을 받은 경우는 대니얼 카너먼이다. 그는 행동경제학, 특히 손실 회피의 발견으로 상을 탔다.[19]

---

18 한 경제학자는 '레몬 시장' 이론으로 상을 받았는데, 그것은 나중에 행동경제학자들에 의해서 기각되었다(*disconfirmed*). 그 이론은 사람들이 중고차처럼 레몬으로 보이는 것은 사지 않으리라 예측했지만, '승자의 저주'(14장)는 그들이 산다는 것을 보여 준다. 이 경제학자는 나중에 행동경제학을 받아들였다.

경험적 반박에 타격을 받지 않는 것이 반계몽주의 지속의 필요조건일 것이다. 그러나 그것이 충분조건은 아니다. 나는 약간의 설명력을 더해 줄 5가지 사회학적 메커니즘을 제시할 것이다.

반계몽주의를 유지하는 첫 번째 메커니즘은 **마음 구속***mind binding*이다. 이 개념은 중국의 전족*foot binding*에 대한 유추를 통해 구상된 개념이다. 전족은 수백 년 동안 이어진 나쁜 균형이었다.[20] 어떤 부모도 전족하지 않은 여자와 아들을 결혼시키지 않기 때문에, 딸 가진 부모는 그런 관행을 준수하는 것이 이익이었다. 무자비하고 끔찍하게 고통스럽지만, 그런 관행은 어떤 개별 가족에게도 일방적으로 이탈할 인센티브가 없기 때문에 유지되었다. 미국 학계의 상황을 관찰해 본 바로는, 경제학과 그리고 점점 더 정치학과도 이런 종류의 나쁜 균형에 빠진 것으로 보인다. 이런 학과들이 학생에게 가하는 마음 구속은 적어도 부분적으로는 '결혼할 만한' —— 고용할 만한 —— 후보자를 배출해야 할 필요가 있다는 인식 때문이다. 필수교과 가운데 경제사나 정치사 비중을 높이고 게임이론과 데이터 분석 수업 부담을 줄여 주는 학과는 박사졸업생들을 일류 대학에 취직시키기 어려울 것이다.[21]

---

19 나는 예측의 검증이 유일한 기준이 되어야 한다고 생각하지는 않는다. 메커니즘의 도구상자에 뭔가를 추가하는 것도 마찬가지로 가치 있다. 노벨 경제학상 수상자 중에서는 토머스 셸링이 탁월한 예이다.

20 이 유추는 의사(疑似) 과학(9장)의 제1 법칙의 한 사례가 아니라, 전족과 마음 구속의 형식적 구조가 같다는 사실을 반영한다. 그 형식적 구조는 어떤 행위자도 나쁜 균형으로부터 일방적으로 이탈할 인센티브를 가지고 있지 않다는 것이다.

21 앞에서 나는 검증된 예측이 없는 물리 이론의 예로 끈 이론을 언급했다. 끈 이론가와 입자 이론가가 섞여서 근무하는 학과는, 모든 입자 이론가가 끈 이론에 동의해야 하는 학과보다 건강할 것으로 생각된다. 이것이 예컨대 끈 이론의 공동 발명가인 가브리엘레 베네치아노(Gabriele Veneziano)의 견해이다. 그러나 끈 이론의 지배는 나쁜 균형으로 자리 잡았다. '결혼할 만한' 미

두 번째 메커니즘은 다원적 무지를 통해 발생한다(22장). 경제 및 통계 모델의 경우, 학자들 대부분이 모델에 따른 절차의 타당성에 대해 은근히 걱정하지만, 동료들 대부분이 타당성을 굳게 확신하고 있는 것으로 보이기 때문에 침묵을 지킨다면, 바로 그것이야말로 다원적 무지 상황에 해당한다. 여기에 작동하는 메커니즘은 몇 가지가 있다. 내 경험이 분명하게 말해 주는 바는, 자신의 판단에 대한 학자의 자신감은 다른 학자들 다수가 달리 생각한다는 사실에 의해 쉽게 깨질 수 있다는 것이다. **분명히 나보다 더 똑똑한 이 모든 사람이 어떻게 잘못 생각할 수 있겠는가?** 흔들리지 않는 자신감을 가진 학자조차도 배척과 경력상의 장애를 생각해서 거리낌 없이 발언하지 않는다. 그러나 내게 더 관심이 가는 것은 기회주의보다는 자기 불신이다.

세 번째 메커니즘은 인용 순위에 근거해서 대학, 학과 또는 개별 학자에게 기금을 할당하는 데서 생긴다. 여러 필자가 이런 체제의 왜곡되고 병리적인 특징에 대해 논평했지만, 내가 아는 한, 그것이 반계몽주의를 유지하는 효과를 발휘한다는 점에 대해서는 언급하지 않았다. 주어진 분야에서 반계몽주의적 학자 집단이 임계치에 도달하면, 해당 집단 내 인용 지수가 기금과 직위를 주장하는 데 사용될 수 있다. 그리고 그렇게 해서 얻어진 기금과 지위는 해당 분야에 대한 그들의 장악력을 굳혀 줄 것이다.

국 박사 후보, 즉 연구중심 대학에 입자 이론가로 고용될 만한 후보자는 끈 이론에 입각해서 작업해야 한다. 끈 이론의 명성은 아마도 수학적 복잡성과 아름다움 때문일 것이다. 위튼은 수학에서 가장 권위 있는 상인 필즈 메달을 받았다. 하지만 노벨 **물리학상** 위원회는 물리학답게 이 이론의 이런 특징을 올바르게 무시한다.

넷째, 반계몽주의는 솔직한 비판을 가로막는 학계의 비공식적 사회 규범("보트를 흔들지 마시오")에 의해 유지된다. 내가 여러 번 연성 및 경성 반계몽주의로 비판했던 노르웨이에서, 나는 정기적으로 거만하고 (때로는 무지하며) "가치 다원주의의 가치"를 인정하지 않는다는 비난을 받는다. 그런 비난의 표적이 되는 것에 대한 두려움이 정기적으로 만나는 동료를 수준 이하의 연구를 수행한다고 고발하는 불편한 상황과 더불어 반계몽주의가 계속 번성하게 되는 가장 중요한 이유일 것이다.

마지막으로, 비-반계몽주의적non-obscurantist 학자의 자기 이익이 반계몽주의를 유지한다. 반계몽주의에 대한 효과적 공격을 위해서는, 그것이 문서로 잘 정리되고 논쟁도 정연하게 이루어져야 한다. 단순한 혹평은 무의미하며 때로는 초점을 잃은 것이다. 그러나 학자들은 다른 사람들의 결함을 드러내는 것보다 긍정적인 결과를 얻는 데 더 큰 개인적인 관심이 있다. 과학의 보상 시스템이 그렇기 때문일 뿐 아니라, 긍정적 결과를 얻는 것에 본질적으로 더 만족하기 때문이다. 따라서 자기-이익을 따라, 많은 학자가 자신의 주된 작업에서 시간을 내기를 망설이며, 청소는 다른 사람이 하기를 희망한다. 또 다른 나쁜 균형의 무대가 설치되는 것이다. 예외가 있긴 하다. 브라이언 배리Brian Barry, 로빈 도스Robyn Dawes, 데이비드 프리드먼은 반계몽주의적 작업을 한줄 한줄, 등식 하나하나 비판함으로써 사심 없는 공적 서비스를 수행했다. 존경받는 경제학자 아리엘 루빈스타인Ariel Rubinstein은 주류 경제학에는 희귀한 내부자 비판을 제시했다. 예컨대 그는 '마치-합리성'에 대해 "'마치'라는 표현이 경제 모델의 토대가 되는 강한 가정에 대한 책임을 회피하는 방법이라는 것은 결국 [그에게] 명백하다"고 논평했다. 그의 관점에서

"경제는 문화이지 과학이 아니다."[22] 그러나 이런 작업이 얼마나 중요하든, 그것은 고립적인 노력이다.

미시 메커니즘

나는 연성 반계몽주의에 관해 더 말하지는 않겠다. 그리고 경성 반계몽주의에 대해, 더 온건하면서 더 강건한 대안의 개요를 그려 보고자 한다. 이전 장에서 언급한 내용에 대해 약간의 세부를 더할 것이지만 주된 목적은 종합적 진술이다. 합리적 선택 모델과 통계 모델을 통째로 버려서는 안 되는 이유에 대해 간단히 논평한 뒤에, 나는 미시 및 거시 메커니즘, 고전적 작가들에게서 배우는 것의 중요성, 그리고 역사에서 배우는 것의 중요성에 대해 논의할 것이다.

첫째, 단순한 데 머무른다면, 합리적 선택 이론과 통계 분석은 꼭 필요한 도구이다. 단순성을 정의할 수는 없지만, 몇 가지 지침을 제공할 수는 있다. 합리적 선택 이론이 유용할 가능성이 가장 클 때는, 행위자가 직접 접근할 수 없는 세계의 양상에 대한 명료한 믿음을 가졌다고 생각

---

22 로버트 스키델스키(Robert Skidelsky)라는 또 다른 비판가는 경제학이 "전투적 종파의 사제인 경제학자를 동반하는 탈기독교 신학의 한 형태"라고 확언했다. 그는 루빈스타인처럼 회원증을 소지한 수리경제학자가 아니기 때문에, 일자리 걱정 없이 이렇게 내놓고 말할 수 있다. (노벨상을 수상한) 수리경제학자인 조지프 스티글리츠(Joseph Stiglitz)는, 경제학자들은 반증된 주장을 반복하는데도 어째서 경력 단절을 겪지 않느냐는 질문을 사적 만찬에서 받았다. 전해진 바에 의하면, 그는 다음과 같이 답했다. "당신 말이 맞습니다. 하지만 당신이 왜 그렇게 의아해하는지 이해가 가지 않네요. 당신도 ─ 대부분의 경제학자들처럼 ─ 경제학이 사실은 하나의 종교라고 가정해야 합니다. 그렇다면, 잦은 반증에도 불구하고 그들이 자기 관점을 포기하지 않고 고수한다는 사실이 당신에게 의아스러울 이유가 있나요?" 스티글리츠가 정말 이런 견해를 갖고 있다면, 그는 만찬 대화에서 그것을 피력하지 않고 지붕 위에 올라가서 외쳐야만 할 것이다.

되지 않는 상황이다. 거시 경제적 그리고 거시 사회적 사실, 다른 행위자의 선호와 믿음, 그리고 그들이 모르는 사람들의 행동이 그런 것에 포함된다. 사람들은 대부분 다른 사람이 자선 단체에 기부하는 금액이 얼마인지, 그리고 자신의 소득을 제대로 신고하는지 알지 못하기 때문에, 그들이 했다는 기부와 신고를 내시 균형$^{Nash\ equilibrium}$ —— 타자의 최선의 대응에 대한 최선의 대응 —— 으로 설명하는 것은 설득력이 없다.

필자는 통계 모델화에 대해서는 잘 알지 못하므로, 다른 사람들의 작업을 인용할 수밖에 없다. 모델화가 복잡한 것이 좋은 것이 아니라는 경고가 있다. "중간값과 평균(그리고 기본적인 교차표)으로 설득되지 않는 상황이면, 그 주장은 별 가치가 없다"는 것이다. 또 다른 경고에 따르면, "설명 변수가 3개 이상인 통계적 특정화는 의미가 없다". 이런 관점에서 보면, 최대 12개의 독립 변수를 가진 '대표본'$^{large-N}$ 국가 간 회귀 분석은 정말 무의미하다. 염두에 두어야 할 가장 중요한 점은 회귀 분석을 넘어설 필요가 있다는 것이며, 데이비드 프리드먼의 말을 빌리자면, "모델이 새로운 현상을 예측하는가? 그것이 개입 결과를 예측하는가? 예측은 맞는가?" 질문하는 것이다.

2장에서 나는 법칙에 의한 설명보다는 메커니즘에 의한 설명을 옹호했다. 나는 먼저 미시 메커니즘 그리고 이어서 거시 메커니즘에 관해 설명하겠다.

내가 논의한 미시 메커니즘들 가운데 많은 것은 행동경제학자들에 의해 연구되었고, 그 가운데 일부는 그들이 발견한 것이다. 다음과 같은 메커니즘이 특히 중요하다.

- 손실 회피

- 쌍곡선형 할인

- 결정 근시안(선택 괄호 치기)

- 매몰 비용 오류

- 이타적 처벌

- 흥분-평정 및 평정-흥분 공감 격차

- 맞교환 회피

- 믿음과 선호를 유발하는 정박 효과

- 대표성 어림법과 가용성 어림법

- 확률 무시

- 지속기간 무시

- 확실성 효과

- 대조 효과와 파급 효과

- 동기화된 추론

- 부당한 처우에 대한 감정적 반응

- 전문가 판단과 전문가 예측의 결함

- 주술적 사고

- 이유 기반 선택

- 허위 패턴 추구

종합하면, 이들과 곧 다뤄질 여타 메커니즘들이 합리적 선택 이론의 대안을 구성한다. 그것이 연역적 연결로 일관성 있는 체계를 형성하진 않는다. 대신 ── 일주일이 멀다 하고 인터넷에 새로운 효과가 발표되던 ── 메커니즘의 축적이 시사하는 바는, 우리의 믿음, 선호, 감정 및 선택이 서로 관련 없는 정신적 기벽들의 묶음으로 조형된다는 것이다. 우리가 그런 존재라면, 그런 것이긴 하다. 그러나 내가 14장에서 언급했듯이, 우리가 합리적이기를 원한다는 사실은 그런 기벽을 거슬러 작용할 힘을 제공한다. 더욱이 판돈이 충분히 크면, 우리의 자기 이익이 교정방안을 제공할 수도 있다.[23] 학습은 시간이 걸려도 일부 변칙적인 행위를 솎아 낼 수 있고, 선별이 그런 행위 경향이 가장 강한 사람들을 제거할 수 있다. 그렇다고 해도 메커니즘 가운데 많은 것이 견고하게 버틸 것이고, 사회적 행위 설명에 엄청나게 중요할 것이란 사실은 별로 의심할 필요가 없다.

실험 설정에는 명심해야 할 다음과 같은 몇 가지 인위적 양상이 있다.

- 물질적(금전적) 보상과 처벌의 사용은 실험실 밖에서는 드문 일이다. 일상생활에서 우리는 용인 또는 불용을 표명하고 표적이 되는 인물을 찾거나 회피하는 경향이 있다.
- 확률적 위험 아래서 피험자가 결정을 내리는 방식을 끌어내기 위해서 고안된 몇몇 실험에서는, 피험자에게 가능한 결과물과 그것의 발생 확률이 고지된다. 일상생활에서 사람들은 결과물이 무엇이고 그것이 어느 정도 일어날 가능성이 있는지 스스로 알아내야 한다.
- (밀그램 실험처럼) 감정적 부담이 큰 실험을 수행하는 것은 오늘날 학자

---

23 어쨌든 제1세계 연구 예산을 써서 제3세계 사회에서 판돈이 큰 상황에 대한 실험을 수행하여 발견한 사실은, 사람들이 불공평하게 이용당하느니 포기하고 말겠다 했을 때의 판돈이 한 달 월급만큼은 된다는 것이었다.

들에게는 금지된 일이다. 사탕을 받거나 공중전화에 이미 동전이 들어 있음을 발견할 때 피험자가 느끼는 가벼운 긍정적 감정이 행동에 미친 효과에 근거한 추론은 정당화되기 어렵다.

- 사회적으로 유도된 동기가 아니라 피험자의 내재적 동기를 알기 위해서 는, 피험자 사이의 익명성과 피해자와 실험자 사이의 익명성이 확보되 어야 한다. 하지만 이를 위해서 꼼꼼한 노력을 기울여도, '실험실 밖 익명 성'anonymity in the wild이 워낙 드물어서 결과 해석이 매우 어렵다.

- 실용적인 이유로, 실험자는 다른 피험자가 부당한 행위를 하면 어떻게 **반 응하는지** 관찰하는 것보다 그런 행위에 어떻게 **반응할 것인지** 피험자에 게 물어보는 것을 선호한다.[24] 그러나 그런 질문에 대한 응답은 타당하지 않을 것이다. 예컨대 분노와 분개는 가설적 피해보다는 다른 사람들이 실제로 저지른 피해에 의해 더 쉽게 유발된다. 두 상황을 비교하기 위해 고안된 실험을 보면, 피험자들은 가설적 사례에 더 낮은 수준의 처벌을 부과한다.

- 실험실 안에서 많은 사회적 행위를 형성하는 지속적인 개방적 상호행동 을 재창출하는 것은 사실상 불가능하다. 실험실 행동을 무한 반복 게임 으로 **모델링**하는 것은 쉽지만, 모델은 앞서 논의한 문제들을 갖고 있다.

---

24 우선, 피험자들은 불공정한 제안을 하려고 하지 않는다. 그 이유는 거절당할 것이라고 예상하기 때문이며, 그렇게 되면 그들이 실제로 거절당했는지 그리고 어떻게 거절당했는지 확인하는 것은 어려워지기 때문이다. 다음으로, 여러 가지 실제 제안에 대한 반응을 끌어내는 것은 가설적 제안 을 담은 단일 목록을 피험자에게 주는 것보다 비용이 더 많이 든다. 첫 번째 문제는 피험자가 실 제 사람과 거래하고 있다고 생각해서 생기는 것이므로, 컴퓨터에서 생성된 제안에 응답하도록 함으로써 극복될 수 있다. 실험의 익명성을 감안할 때 이것은 쉽게 달성할 수 있다. 그러나 이러 한 관행에 반대하는 규범이 행동경제학 공동체에서 등장하고 있는 듯하다. 그 이유는 대부분의 피험자가 모집되는 학생 집단에 그런 관행이 널리 알려지게 되면, 실험을 신뢰할 수 없게 되기 때 문이다.

• 피험자가 관찰되지 않고 있을 때조차도, 실험적 상황은 피험자가 '하리라고 가정된 것'(무자비하게 경쟁적으로 또는 협동적이고 이타적으로 행위하는 것)을 하게 만드는 원인이 된다. 실험 상황을 '월스트리트 게임' 또는 '공동체 게임'으로 이름 붙이는 것만으로도 행위는 영향을 받는다.

행동경제학자들은 이러한 쟁점을 알고 있으며, 때로는 '실험실 바깥'의 증거를 제시하여 그들의 발견이 인공적인 실험 조건에 기인하는 것이 아님을 보여 주려고 한다. 그러나 가설 연역적 방법(1장)으로 평가한 **증거**와 규정된 메커니즘에 부합하는 **일화**를 구별하는 것이 중요하다. 두 가지 예를 보자.

실험실 밖에서 매몰 비용 오류의 현실을 보여 주기 위해, 학자들은 때때로 영국 프랑스 합작이었던 콩코드 비행기와 도버해협 해저터널 프로젝트를 강행한 결정, 또는 프랑스 그리고 그것을 이어 미국이 베트남에서 치른 전쟁의 씁쓸한 결말을 인용한다. 그러나 (1) 대안적 설명을 배척하고 (2) 추가적인 의미를 연역하고 확증하는 추가 단계로 나가는 경우는 별로 없다. 예를 들어 콩코드와 관련하여 비행기의 예상 비용이 치솟고 음속돌파음이 상업적 생존력을 위협할 정도로 나쁘다는 것이 입증된 1964년에 영국은 프로젝트를 폐기하고 싶었다. 그러나 영국 정부가 일방적으로 취소하면, 프랑스는 유럽 법원을 통해 영국으로부터 2억 파운드의 보상금을 받아 갔을 것이다. 그래서 결국 영국 정부는 사업을 계속하기로 결정했다. 당시 항공장관 로이 젠킨스Roy Jenkins의 전기작가에 따르면, 이 가능성으로 인해 "계속하는 것보다 취소하는 것이 더 비싸졌다". 물론 **프랑스인들**도 매몰 비용 오류의 피해자였다.[25]

이 문제를 '규범 이론'norm theory에 근거한 연구에 근거해서 좀 더 상세히 밝혀 보자. 이 연구의 저자에 따르면,

한 사건의 비규범성 지각과 그것에 대한 정서적 반응의 강도 사이에는 상관관계가 존재한다. 정서적 반응이 후회든 공포든 분노든 마찬가지이다. 이런 상관관계는 정의를 위한 다른 원칙의 위반을 초래할 수 있다. 몇 년 전 국제적인 관심을 끌었던 예는 파리의 한 유대인 회당 폭파 사건이다. 회당 근처에서 우연히 개를 산책시키고 있던 사람 몇몇이 폭발로 사망했다. 이 사건을 비난하면서, 정부 관리는 '무고한 행인'의 비극이라고 짚어 말했다. 다른 피해자들은 결백하지 않다는 (의도하지는 않았겠지만) 뻔한 함의를 지닌 관리의 당혹스러운 논평은 일반적 직관, 즉 의도된 표적이 아닌 사람의 죽음이 표적의 죽음보다 더 가슴 아프다는 생각을 반영한다.

"정부 관리" —— 사실 당시 총리인 레몽 바르Raymond Barre이다 ——의 진술은 실제로 규범 이론에 입각한 설명과 일치한다. 그러나 반유대주의적 편견에 입각한 설명과도 일치한다. 바르가 반유대주의적 편견을 지녔다는 증거는 꽤 있다. 그는 1942년 프랑스 유대인 검거에서 했던 역할로 유명한 모리스 파퐁Maurice Papon을 강력하게 옹호했고, 1977년에는 1972년 이래의 반인종주의 입법을 무력화하는 명령(나중에 국무

---

25 베트남에서 미국과 프랑스가 치른 전쟁도 매몰 비용 오류의 예로 자주 인용된다. 베트남에서의 프랑스 전쟁 역사가에 의하면, 민간 지도자들과 군 지도자들은 "승리 없는 철군은 대의를 지키다가 죽은 프랑스인들에 대한 기억을 모독하는 것"이라는 '상투적 논법'을 펼쳤다. 미국에서도 비슷한 맥락의 발언이 있었지만, 내가 받은 인상으로는 미국 쪽이 빈도도 더 적고/적거나 진지함도 떨어진다.

원Conseil d'État에 의해 폐지되었다)에 서명했다. 또한, 바르의 실제 논평은 저자가 옮겨 놓은 말보다 더 심한 말이었다. 그는 "유대교 회당으로 가는 유대인들을 타격하려고 의도했고, 길을 건너는 무고한 프랑스 시민을 타격했던 끔찍한 공격"이라고 말했다. 사실, 문제의 유대인 역시 프랑스인이었다. 내가 보기에, 이런 표현은 반유대주의에 입각한 설명을 뒷받침한다. 바르가, 유대인 피해자들이 무고하지 않고, 그들은 프랑스인이 아니라는 뜻을 '의도하지는' 않았을지 모르지만, 편견은 종종 무의식 수준에서 작동한다(2부 서론 참조).

일부 행동경제학자들은 실험실 결과와 현장 연구를 더 체계적인 방식으로 통합하려고 한다. 내가 모델로 제안하려는 한 예에서, 학자들이 한 팀이 되어 현장 연구의 후속 작업으로 공정성의 자기 위안적 역할에 대한 실험을 수행했다. 실험에서, 피험자들에게 불법 행위 사건a tort case의 원고 또는 피고 역할을 배정했고, 화해 협상 시도를 요청했다. 또한, 판사가 줄 상賞을 예측하고, 원고에게 공정한 법정 밖 합의로 간주되는 것의 평가를 요청했으며, 답변의 정확성에 따라 보상을 지급했다. 원고는 피고보다 더 높은 상을 예상했고, 원고-피고로 짝 지어진 피험자들은 예측과 평가가 서로 비슷할수록 화해할 가능성도 더 컸다. 다시 말해서, 상이 크든 작든 그것에 대한 자기 위안적 평가는 협상으로 합의에 도달하려는 피험자들의 의지를 약하게 만들었다.[26] 저자들은 실험을 약간 변형해서 피험자들이 '무지의 베일 뒤에서', 즉 자신의 역할이 부여되기 전에 평가와 예측도 하게 했다. 그리고 그것에 의지해서 저자들은

---

26 12장에서 나는 양육권 소송과 관련해서 비슷한 관찰을 했다.

이것이 단순한 상관관계가 아니라 인과적 효과라는 것을 확인했다. 변형된 조건에서는 피험자 쌍의 6%가 조정에 실패했다. 반면에, 피험자가 자신의 이익이 무엇인지 아는 상황에서는 실패한 피험자 쌍이 26%에 이르렀다.

현장 연구에서 저자들은 펜실베이니아의 500개 교육구에서 교사 조합과 교육위원회 사이의 협상을 검토했다. 양측은 모두 준거 집단과 관련하여 임금이 공정하다고 주장했다. 노조가 인용한 교육구의 급여는 교육위원회가 인용한 교육구의 급여보다 평균적으로 약 2.4%, 또는 711달러 높았는데, 이는 자기 위안적 편향이 작동했음을 암시한다. 더욱이 노조가 인용한 준거 급여와 교육위원회가 인용한 준거 급여가 같은 교육구와 비교할 때, 전자가 인용한 준거 급여가 후자가 인용한 준거 급여보다 1,000달러 이상 높은 지역에서 파업이 49% 더 자주 발생했다. 이 정도로는, 당사자들의 공격성 또는 교섭 행동을 정당화하기 위한 극단적 준거 집단 선택 같은 제3의 변수에 근거해서 차이를 설명하는 것을 배제할 수 없다. 그러나 실험실 실험은 준거 집단이 자기 위안적으로 선택되며, 그런 선택이 파업에 직접적인 인과적 영향을 미친다는 것을 강력히 시사한다.

물론 행동경제학이 미시 메커니즘 연구의 유일한 원천은 아니다. 더 전통적인 심리학적 접근법으로 자기기만(7장), 감정이 신념, 선호, 행동에 미치는 영향(8장)을 논의했고, 9장에서는 인지 부조화와 유도저항을 비롯한 여러 메커니즘에 대해 논의했다. 그리고 나는 더 짧막하긴 하지만 메커니즘의 출처로 역사학자, 소설가, 그리고 모럴리스트를 인용했다. 일화와 증거를 구별할 필요성에 대한 경고는 분명히 이러한 출처에도 적용된다. 1장에서 나는 브로드웨이에서의 기립 박수를 예로 해서, 어떻게 그런 행위가 부조화 감축과 **일치한다**는 것을 관찰하는 것을 넘어서 그것이 그런 메커니즘에 의해서 **설명된다**고 주장하는 데까지 나아갈 수 있는지를 예증했다.

거시 메커니즘

거시 메커니즘은 간단히 말해서 많은 사람들에게서 동시에 촉발된 대규모 미시 메커니즘a micro-mechanism writ large이라고 할 수 있다.[27] 예를 들어, 고도로 위계적이고 불평등한 사회의 안정성을 설명하기 위해, 위계의 맨 아래 있는 계급의 적응적 선호형성 경향을 인용할 수 있다. 그러나 거시 메커니즘에 대한 이런 총괄적 관점은 그렇게 만족스럽지는 않다. 왜 그런지 보기 위해, 잔인한 압제가 신민들의 두려움을 압도할 정도로 강력한 증오를 야기한 사회를 생각해 보자. 그런 상황이라고 해서 신민이 무기를 드는 것은 아니다. 한 개인이 할 수 있는 일은 별로 없을 뿐 아니라, 그는 얼마나 많은 사람이 자기처럼 느끼고 투쟁에 동참할지 알 수 없다. 일찌감치 다원적 무지라는 발상을 제시하는 듯한 논의를 펼치며, 세네카는 다음과 같이 같이 썼다. "일전에 상원에 제출된 제안 가운데 옷차림으로 노예와 자유인을 식별하자는 것이 있었다. 그 제안대로 해서 노예들이 우리가 얼마나 되는지 헤아릴 수 있게 되었다면, 얼마나 큰 위험이 닥쳤을지 뻔한 일이다."[28] 숫자는 힘이 될 수 있지만, 잠재

---

27 사실, 기립 박수가 이런 사례이다.

적 반란자들이 자신들이 얼마나 있는지 알 때만, 그리고 다른 사람들 역시 그들이 어느 정도라고 보는지 추정할 수 있을 때만 그렇다.

거시 메커니즘에 대한 더 유용한 발상은 분리된 개별 반응의 집계보다는 행위자들의 **상호 행동과 상호의존성**을 기반으로 한다. 선별 효과(11장), '동생' 증후군(17장), 다원적 무지, 그리고 '언니' 증후군(22장)뿐만 아니라 순차적 해체 그리고 눈덩이 구르기(23장)는 이런 의미에서 거시 메커니즘을 구성한다. 다음은 그것을 특정하기 위한 시도이다.

- 사회적 행위자는 **선호와 믿음**을 가지고 있다.
- 선호는 **결과물**(세계의 상태) 또는 **행동**에 대한 것으로 정의될 수 있다.
- 행동에 대한 선호를 유발할 수 있는 것으로는, 결과물에 대한 선호(비용과 편익) 또는 사회 규범, 유사도덕 규범, 탈존재론적 도덕 규범 같은 비결과주의적 지침을 들 수 있다.
- X를 하는 것에 대한 선호는 **조건부**일 수 있다. 그것은 행위자가 관찰한 X를 수행하는 다른 행위자의 수(결과주의적 도덕 규범이나 유사도덕 규범을 촉발한다) 또는 행위자가 X를 하는 것을 관찰할 수 있는 위치에 있는 다른 행위자의 수(사회 규범을 촉발한다)에 달려 있다.

---

28 세네카는 또한 혜택을 받았을 때 감사를 표하지 않는 사람들을 처벌하자는 제안을 논의하면서, 다음과 같이 썼다. "감사할 줄 모르는 인간이 얼마나 되는지 공개적으로 알려지는 것은 권할 만한 일이 아니다. 죄인의 수가 죄의 치욕도 없애 버릴 것이다." 마찬가지로, 실업자 수를 공개하는 것이 실업의 낙인을 없애고 일자리를 찾으려는 동기를 줄인다는 주장도 있다. (공식 통계보다 친구와 이웃의 실업률이 사람들에게 더 많은 영향을 줄 수 있지만, 후자 또한 중요할 수 있다.) 따라서 외부 충격으로 대량 실업이 일어나면, 그런 사람이 아주 많다는 사실을 모두 알게 되기 때문에, 실업자 가운데 다수에게서 재취업 인센티브가 줄어든다. 그로 인해 경제 상황이 개선되어도 실업이 지속될 수 있다(이력현상hysteresis).

- 개인의 선호와 믿음은 함께 행동을 유도한다. 동시에, 이미 언급했듯이, 선호는 관찰이 유도한 믿음에 의존할 수도 있다.
- 행위자는 다른 행위자들의 신념과 선호를 관찰할 수 없는 반면에, 그들의 (발언을 포함한) 행동 또는 무행동을 관찰할 수 있고, 그것에 근거해서 그들의 신념과 선호를 추론할 수 있다.
- 이런 신념과 선호의 추론은 잘못된 것일 수도 있지만, 행위자는 그것을 추가 행동의 전제로 사용할 수 있다. 여러 사람이 그렇게 할 때, 그들의 행동은 그 전제를 확증할 수도 있고 그렇지 않을 수도 있다.
- 개별 행동을 관찰할 수 없을 때조차도, 행위자는 행동의 총합적 결과물이나 평균적 행동 성향을 관찰할 수는 있다. 그리고 이 정보를 추가적 행동의 토대로 삼을 수 있다.
- 행위자는 다른 행위자들에 대한 믿음을 형성하는 것과 동시에, 그들도 내 행동을 관찰한 것을 근거로 나에 대한 믿음을 형성한다는 것을 안다.
- 행위자는 그런 믿음에 대해 선호를 가질 수도 있기 때문에(그는 나쁜 사람으로 여겨지고 싶지 않을 수도 있다), 다른 사람의 믿음에 대한 그의 믿음이 그의 행동을 조형할 수 있다.
- 당국은 처벌과 보상을 사용하여 개인적 선호를 직접 변경할 수 있다. 당국은 또한 간접적으로 그렇게 할 수 있다. 즉 조건부 선호를 촉발할 정보를 모아서 제공하거나 개별화해서 제공할 수 있다.

종합하면, 이런 관계들이 행동과 행동을 자제하는 결정이 설명해 줄 **중첩된 믿음과 선호의 네트워크**networks of nested beliefs and preferences를 창출한다.

고전

이 책을 통해서 나는 고전적인 저자들, 사회과학이 전문화된 학문 분야가 되기 전에 사회 문제에 관해 글을 썼던 여러 남성과 두 여성(제인 오스틴과 조지 엘리엇)을 자주 인용했다. 그들의 통찰에 기대되는 것은 당연한 일이다. 지난 세기나 지난 10년이 심리학적·사회학적 메커니즘을 규명하는 데 특별히 유리한 시대일 이유는 전혀 없다. 고전을 무시하는 것은 우리에게 손해, 그것도 아주 심각한 손해일 뿐이다.

　물론 자연과학처럼 사회과학도 법칙에 기초한다면, 관념사의 관점이 아닌 한, 고전을 읽을 이유는 별로 없을 것이다. 앨프리드 화이트헤드Alfred Whitehead는 "창업자를 잊어버리는 것을 망설이는 과학은 사라졌다"고 말했다. 그의 진술은 너무 강하지만 ── 다윈은 여전히 읽을 가치가 있다 ── 본질적으로 정확하다. 과거의 발견이 일단 쉽게 교과서 자료로 동화되면, 우리가 그 노력 자체를 이해하고자 할 때를 제외하고는, 종종 더듬거리며 혼란을 겪었던 최초의 노력을 다시 찾아갈 필요는 없다. 이와는 대조적으로, 사회과학은 **메커니즘의 축적을 통해 진보한다**. 도구상자에 추가된 새로운 메커니즘이 이전 메커니즘을 대체하지 않는다.

　내가 인용한 몇 가지 고전에 대해 몇 마디 하고자 한다.

　자기가 살던 로마 세계에서 가장 부유했던 (아들) 세네카는 네로의 가정교사였으며, 69세에 네로의 명령에 따라 자살했다. **미셸 드 몽테뉴**는 프랑스 종교 전쟁 중에 보르도 시장이었으며 (나중에 앙리 4세가 된) 나바르의 앙리와 긴밀한 관계를 맺었지만, 생애 대부분을 신사 지주로 살았다.[29] **블레즈 파스칼**은 그 시대 최고의 지성 가운데 한 사람이었다.

그는 수학과 물리학에서 얀센주의 신학에 이르기까지 다양한 관심사를 가지고 있었다.

라 로슈푸코 공작은 1650년경 프랑스 귀족들의 음모조직인 '프롱드'Fronde에 깊이 관여한 전투적인 인물이었다. 라 브뤼예르는 루이 14세의 궁정에서 왕자와 공주의 가정교사였다. 새뮤얼 존슨은 그의 시대의 가장 저명한 문필가였고, 지금까지 쓰인 것 가운데 가장 유명한 전기의 대상이 된 인물이었다. 데이비드 흄은 고정된 직업을 갖진 않았지만, 그의 『영국사』 판매로 상당한 부를 얻었다. 에드워드 기번은 그의 작업에 집중할 독립적 재원이 있었던 국회의원이었다. 애덤 스미스는 글래스고 대학의 도덕 철학 교수였고, 당시 귀족 청년의 가정교사였으며, 스코틀랜드의 관세청장이었다. 흄, 기번, 스미스는 유럽 대륙, 특히 프랑스를 광범위하게 여행하면서 당대 최고의 지식인들을 만났다. 제러미 벤담도 혁명 당시 프랑스 정치인들과 긴밀한 관계를 유지했고, 영국에서는 다양한 개혁 프로젝트에 지속적으로 깊이 관여했다. 제인 오스틴은 그녀가 묘사한 시골 생활에 틀어박혀 짧은 생을 살았지만, 곤충학자와 같은 꼼꼼함으로 인간 행위의 가장 세밀한 뉘앙스까지 포착해 냈다. 스탕달(본명은 앙리 벨Marie-Henri Beyle)은 나폴레옹의 이탈리아, 독일 및 러시아 원정에 참여했으며, 나중에 외교관으로 활동했다. 알렉시 드 토크빌은 변호사로 훈련을 받았고, 1848년 프랑스혁명의 면밀한 관찰자였으며, 나중에 프랑스 국회의원이자 외무부 장관을 역임했다. 20세기의 가장 위대

---

29 그는 라틴어와 로만어 고전, 특히 세네카와 플루타르코스에 아주 익숙했다. 그의 아버지는 어린 시절 몽테뉴가 심지어 가족 성원이나 하인하고도 라틴어로만 대화하라고 엄히 지시했다. 그래서 하인도 라틴어를 할 줄 아는 사람 중에서 뽑았다.

한 소설의 저자인 **마르셀 프루스트**는 그의 삶의 대부분을 살롱을 방문하며 보냈다. 그는 거기서 일어나는 일을 현미경적 세부까지 관찰했을 뿐 아니라 그 밑에 깔린 심리적 메커니즘을 식별해 냈다.

내가 이렇게 간단한 묘사로나마 강조하고 싶은 것은, 이런 작가들이 광범위한 경험에 힘입어 인간의 본성과 사회적 삶을 깊이 이해했다는 것이다. 일부는 널리 여행했고, 정치 및 군사 업무에 적극적으로 참여했으며, 위험한 일을 겪었다. 다른 일부는 세속에서 벗어난 삶을 살았지만, 관찰력과 분석력으로 시골과 살롱 범위를 훌쩍 넘어서는 메커니즘을 식별해 냈다. 그들의 통찰력 가운데 일부는 수 세기 또는 수천 년 후에 사회과학자들에 의해 재발견되었다. 그런 예로 다음과 같은 것을 들 수 있다. 다원적 무지(세네카, 토크빌), '백곰 효과'(몽테뉴), '소유 효과와 대조 효과'(몽테뉴와 흄), 자신의 감정에 대한 오해(오스틴), 적응적 선호(프랑스 모럴리스트들, 토크빌), 초점 게임(파스칼), 주술적 사고(프루스트), 정보수집에서의 무임승차 문제(벤담), 여러 형태의 죄수의 딜레마(흄, 맑스, 토크빌), 인지 부조화(몽테뉴, 프루스트). 분명 이런 선례들을 과잉 해석할 위험은 있다. 작가가 그 의미와 중요성을 인식하지 않고 지나가면서 언급했을 때는 우선순위 부여에 주의를 기울여야 한다.[30] 흄과 애덤 스미스에게서 쌍곡선형 시간 할인의 예견을 찾으려는 시도는 억지스러워 보인다. 그러나 내가 인용한 발상 가운데 일부는 매우 정확하

---

30 1831년 스코틀랜드 지주 패트릭 매튜스(Patrick Matthews)는 『군함용 목재와 수목 재배』(*On Naval Timber and Arboriculture*)라는 책을 발간했다. 이 저술의 내용은 다윈이 지적했듯이, "자연선별 이론을 완벽하게 예견하고 있다". 그러나 이런 원형적 자연선별 이론이 책의 부록으로 격하되었다는 사실은, 저자가 자신의 발견이 가진 중요성을 이해하지 못했음을 보여 준다.

게 진술되었다. 그런 진술이 간결한 이유는 그들이 사회과학에 이바지하는 데 관심이 없었던 때문이다.

학자들이 미처 주목하지 못한 다른 통찰들도 있는 듯하다. 세네카, 기번, 그리고 토크빌은, 내가 폭정의 심리학이라고 부른 것에 대해 자세히 논의했지만, 근대 학자들에게 의미 있는 주제가 되지 못했다. 아마도 그 이유는 그들이 선호의 안정성을 가정하는 경향이 있기 때문일 것이다. 또한, 심리학자들은 동기 변환에 대한 프루스트의 관찰, 예컨대 "우리는 상상력을 활용해서 자신의 일차적 동기를 더 수용하기 좋은 대안적 동기로 대치한다"는 식의 관찰을 확장해 나가지 않았다. 복수의 자연발생적 행동 경향은 한 눈에는 한 눈이 아닌, "한 눈에는 두 눈"(세네카, 애덤 스미스)일 수 있다는 발상은 실험실에서 처벌을 연구한 행동경제학자의 관심을 끌지는 않았던 것 같다. "사람들은 자기가 상처를 준 사람을 증오하기까지 한다"는 세네카와 프랑스 도덕주의자들의 중심적 발상을 그들은 받아들이지 않았다. 어떤 것을 사건으로 만들기를 원하는 것과 사건이기를 바라는 것 사이의 구별(세네카와 애덤 스미스)도 논의되지 않고 있다. 토크빌의 인지적 근시안과 동기적 근시안의 구별도 마찬가지 처지이다. 양원제의 주창자들은, 사람들이 열정을 막기 위해 마련한 예방책마저 열정에 의해 무너질 수 있다는 기번의 관찰을 유용하게 생각할 수 있다. 물론 반대를 증명하기는 어렵다. 특히 문헌에 대한 내 지식이 모자라기 때문에, 이 단락의 일부 또는 모든 주장이 잘못되었을 수 있다. 그러나 이런 발상들이 현대 학문 풍토 안에서 받아 마땅한 자리를 차지하지 못하고 있다는 나의 주장은 견고한 땅에 발을 디디고 있다.

역사가

나는 어떤 사회과학자에게도 최상의 훈련은 역사서를 광범위하고 깊게 읽는 것이며, 그럴 때 저술 선택의 기준은 주제의 중요성이나 관련성보다는 논증의 내재적 질이라고 믿는다. 다음은 내가 제안하고 싶은 몇 가지 저술들이다.[31] 제임스 피츠제임스 스티븐James Fitzjames Stephen의 『영국 형법사』, E. P. 톰슨E. P. Thompson의 『영국 노동계급의 형성』, 생트 크루아G. E. M. de Ste. Croix의 『고대 그리스 세계의 계급 투쟁』, 조지프 레벤슨Joseph Levenson의 『유교 중국과 그 현대적 운명』, 폴 벤느Paul Veyne의 『빵과 원형 경기장』과 후속 논문 모음인 『그리스-로마 제국』, G. 르페브르의 『대공포』, 키스 토머스Keith Thomas의 『종교와 마법의 쇠퇴』, 토크빌의 『구체제와 혁명』, 마르셀 마리옹Marcel Marion의 구체제에 관한 두 권의 책인 『1715년 이후 프랑스 금융사』 제1권과 『마쇼 다르누빌*Machault d'Arnouville*』, 고든 우드Gordon Wood의 『미국 혁명의 급진주의』, 장 에그레 Jean Egret의 『혁명 전 프랑스』, 앨런 테일러Alan Taylor의 『내부의 적』, 매우 다른 주제를 다룬 마르크 블로흐Marc Bloch의 두 책인 『기적을 행하는 왕』과 『프랑스 농촌사의 기본성격』, 베트남 전쟁에 관한 뛰어난 두 책인 H. R. 맥매스터H. R. McMaster의 『직무 유기』와 가드너Lloyd Gardner의 『지불과 대가』, 폴 랭퍼드Paul Langford의 『공적 삶과 영국의 유산계급, 1689-1798』, 마틴 오스트발트Martin Ostwald의 『인민주권으로부터 법의 주권으로』, J. R. 폴J. R. Pole의 『영국의 정치 대의제와 미국 공화국의 기원』,

---

31 이 목록은 내가 잘 다루는 두 언어로 된 저술만 거론한다는 점에서 다소 편협하다.

제니 어글로Jenny Uglow의 『이런 시대에: 나폴레옹 전쟁기 영국에서의 삶, 1793-1815』, 제프리 파커Geoffrey Parker의 『경솔한 왕』, 피터 노빅Peter Novick의 신랄한 두 저서 (미국 역사학자들의 객관성 추구를 다룬)『고귀한 꿈』과 『미국적 삶에서의 홀로코스트』. 이런 작가들이나 이들 수준의 다른 작가들의 공통점은, 사실 규명에서의 확고한 권위, 잠재적 일반화와 그런 일반화에 대한 반례 모두에 대한 깊은 안목, 이 둘을 결합해 낸다는 점이다. '완강한 변칙'은 물론이고 '진실을 밝혀 주는 세부'를 짚어 내는 그들의 해박함 덕분에, 일반화 추구자들은 지적 자극과 현실 점검 모두를 얻을 수 있다.

훌륭한 '사례 연구'의 저자들도 마찬가지로 그렇다. 그 가운데 가장 위대한 저술의 하나는 토크빌의 『미국의 민주주의』이다. 이 범주에 깔끔하게 들어맞진 않지만, 내 보기에 조지프 슘페터Joseph Schumpeter의 『자본주의, 사회주의, 민주주의』도 여기에 포함된다. 겉보기엔 특이하지만 꼽을 만한 후보로는 아서 영Arthur Young의 『1787년, 1788년, 1789년의 프랑스 여행』이 있다. 이런 책들은 전체 사회나 체제의 '초상화'이면서 모두 비교연구의 관점을 가지고 있다. 마르크 블로흐의 『봉건사회』도 여기에 속한다. 알렉산드르 지노비예프Alexandre Zinoviev의 『한심한 고지高地』는 딱히 전후 소련 공산주의의 초상화는 아니지만, 그 말의 제대로 된 의미에서 ── 비본질적 요소를 없애고 과장을 통해 핵심 기능을 분리해 내는 ── 풍자화이다. 그것은 프랜시스 스퍼퍼드Francis Spufford의 『적색 풍요』와 S. 피츠패트릭S. Fitzpatrick의 『일상의 스탈린주의』에 의해 잘 보완된다. 제3제국에 대한 리처드 에번스Richard Evans의 3부작은 로버트 팩스턴Robert Paxton이 『파시즘이란 무엇인가?』에서 더 포괄적으로 작업했던 것을 나치즘이라는 특수한 체제에 대해 수행했다. 리처드 보스워스Richard Bosworth의 『무솔리니』와 『무솔리니의 이탈리아』를 에번스의 저서와 함께 읽으면, 악이 실재하지만 대체로 저질인 체제와 악이 그 핵심에 도사린 체제 사이의 차이에 대해 놀라운 통찰력을 제공한다.

단연 걸작인, 여러 권으로 된 두 저술로는 흄의 『영국사』와 기번의 (이미 고전의 반열에 오른) 『로마제국 쇠망사』가 있다. 물론 흄은 전문 역사학자는 아니었으며 자료 대부분을 2차 사료에서 가져왔다. 그러나 6권의 저술에 붙은 부록은 그가 여러 설명을 서로 대립시켜 보면서 각각의 설명의 내재적인 설득력을 검토하는 데 그가 얼마나 부심했는지 보여 준다. 이런 작업을 위해 그는 기적에 대한 자신의 저술에서 전개한 것과 같은 방법을 일부 사용하기도 했다. 『영국사』는 정치 심리학의 선구적 노력으로서 중요성을 가지며, 그의 시대에는 전문 역사가였던 기번만이 견줄 만하거나 능가할 만한 작품이다. 흄과 기번은 인간 동기화의 다양성과 복잡성에 관해 개방적이었다. 그들은 또한 프로그램으로 거른 듯이 상투적 표현이 전혀 없다. 기번의 반어법은 피터 노빅의 반어처럼 아주 상쾌하다.

모두 함께 모아서

훌륭한 학자는 지능, 창의성, 끈기(엉덩이 힘) 그리고 지적 정직성이 있어야 한다. (행운 역시 도움이 된다.) 수학과 물리학이 아니라면, 평균은 돼야 하지만, 높은 수준의 지능이 꼭 필요한 것은 아니다. 창의성은 연상을 형성할 만한 무의식의 내적 능력 —— 이 덕분에 아침에 일어나면 문제의 해결책이 생겨난다 ─ 그리고 이런 연상 관계가 맺어질 만한 요소들의 축적에 의존하는 것 같다. 그리고 그런 누적은 고전과 역사서를 폭넓게 읽는 데 달려 있다. 고전은 심심치 않게 명시적 메커니즘을, 그 것도 상당히 정교한 형태로 제시한다. 역사가들은 종종 인간 행동과 사회 조직의 다양성을 보여 주는 것 외에도 묵시적이거나 잠재적인 메커니즘을 제공한다. 심리학과 행동경제학은 아무도 생각하지 못한 발상을 내놓을 뿐 아니라 메커니즘을 정련하여 검증 가능한 가설로 변환할 수 있다. 세부 사항에 필요한 주의를 기울이기 위해서는 끈기가 필요하다. 학자는 '고통을 감당할 수 있는 무한한 능력'을 갖추어야 한다고 요구하는 것은 지나친 일이다. 그 말은 천재의 정의로나 쓰인 말이었다. 그러나 학자는 발품 파는 부지런함이 있어야 한다. 지적 정직성은 수학과 물리학에서는 별로 중요하지 않을 수 있다. 공식적 증거와 반복 가능한 실험은 그런 자질을 가졌는지에 달린 것은 것은 아니기 때문이다. 그러나 연역적 논리와 견고한 사실이 부과하는 제약이 부족한 분야에서는 정직(그리고 겸손)이 중요하다. 누군가 내게 어떻게 그런 자질을 얻을 수 있는지 묻는다면, 나는 몽테뉴를 읽으라고 말할 것이다.

참고문헌

나는 R. Bates et al., *Analytic Narratives* (Princeton University Press 1998)에 대한 서평에서 처음으로 경성 반계몽주의에 대한 비판을 시도한 이래 지속적으로 그렇게 해왔다. 그 서평은 "Rational-choice history: a case of excessive ambition?", *American Political Science*

Review 94 (2000), pp. 685~695이고, 그것에 대해 저자의 반박이 있었다. (나중에 나는 내 논문 제목의 물음표를 제거했다). 최근에 나는 "Excessive ambitions", *Capitalism and Society* 4(2) (2009), Article 1에서 경성 반계몽주의를, 그리고 경성과 연성의 여러 유형에 대해서는 "Hard and soft obscurantism in the humanities and social sciences", *Diogenes* 58 (2102), pp. 159~170에서 다뤘다. 이 중 첫 번째에 대해서는 합리적 선택 모델화의 경우 피에르-앙드레 치아포리 Pierre-André Chiappori 그리고 데이터 분석의 경우 데이비드 헨드리 David Hendry 같은 저명한 연구자들이 뜨거운 반박을 제기했다. 헛소리학을 창설한 논문은 H. Frankfurt, "On bullshit", *Raritan Quarterly Review* 6 (1986), pp. 81~100이다. 연성 반계몽주의에 대한 유용한 분석으로는 F. Buekens and M. Boudry, "The dark side of the loon: explaining the temptations of obscurantism", *Theoria* 81 (2014), pp. 126~142가 있다. 보들레르 시의 분석은 R. Jakobson and C. Lévi-Strauss, "Les Chats de Charles Baudelaire", *L'Homme* 2 (1962), pp. 5~21에 있다. 방어 메커니즘의 목록은 G. Vaillant, *Ego Mechanisms of Defense* (Washington, DC: American Psychiatric Association Press 1992)에서 발췌했다. 제국과 일신교의 유추에 대한 언급은 P. Veyne, *L'empire gréco-romain* (Paris: Seuil, 2005)에서 가져왔다. 남인도에서의 결혼과 이주 패턴에 관한 연구는 M. Rozensweig and O. Stark, *Journal of Political Economy* 97 (1989), pp. 905~926의 것이다. 사회 규범에 대한 케네스 애로의 발언은 그의 논문 "Political and economic evaluation of social effects and externalities", in M. Intriligator (ed.), *Frontiers*

of Quantitative Economics (Amsterdam: North-Holland, 1971), pp.
3~25에 있다. 내생적 시간 할인에 관한 연구는 G. Becker and C.
Mulligan, "The endogenous determination of time preference",
Quarterly Journal of Economics 112 (1997), pp. 729~758을 보라.
내생적 이타주의에 관한 연구는 C. Mulligan, *Parental Priorities and
Economic Inequality* (University of Chicago Press, 1997)의 것이다.
내생적 위험 태도에 관한 연구로 I. Palacios-Huerta and T. Santos,
"A theory of markets, institutions, and endogenous preferences",
Journal of Public Economics 88 (2004), pp. 601~627이 있다. 혁명
적 이행에 관한 연구는 D. Acemoglu and J. Robinson, "A theory of
political transitions", *American Economic Review* 91 (2001), pp.
938~963을 보라. 이런 연구가 언급한 고든 털록Gordon Tullock의 기사
는 "The paradox of revolution", *Public Choice* 11 (1971), pp. 89~99
이다. '키티 지노비스' 사례에 대한 혼합 전략 분석은 A. Dixit and S.
Skeath, *Games of Strategy* (New York: Norton, 2004)의 것이다. 데이
비드 프리드먼의 두 권의 뛰어난 저술로 *Statistical Models* (Cambridge
University Press, 2005)와 *Statistical Models and Causal Inference: A
Dialogue with the Social Sciences* (Cambridge University Press, 2010)
가 있다. 앞의 책은 주요 사회과학 학술지의 4개 논문 전문을 싣고 또
비판하고 있다. 뒤의 책은 "Statistical models and shoe leather"에 대
한 그의 논문을 수록하고 있다. 같은 노선을 따르는 또 다른 중요한 기
고문은 C. Achen, "Towards a New Political Methodology", *Annual
Review of Political Science* 5 (2002), pp. 423~450이다. 시행착오를

통해 최적의 규칙을 배우는 데 필요한 시간의 산정은 T. Allen and C. Carroll, "Individual learning about consumption", *Macroeconomic Dynamics* 5 (2001), pp. 255~271을 보라. 인용된 자료 발굴 및 표본 외 검증과 관련해 인용된 연구는 A. Inoue and L. Kilian, "In-sample or out-of-sample tests of predictability: which one should we use?", *Econometric Reviews* 23 (2004), pp. 371~402이다. 통제된 무작위화에 대한 입문서로는 A. Banerjee and E. Duflo, *Poor Economics* (New York: Public Affairs, 2012)가 있다. 도구변수에 대한 입문적 논문으로는 A. Sovey and D. Green, "Instrumental variables estimation in political science: a reader's guide", *American Journal of Political Science* 55 (2010), pp. 188~200이 있다. 브루노 베텔하임의 삶과 일에 대한 충격적인 해명으로 R. Pollak, *The Creation of Dr. B.: A Biography of Bruno Bettelheim* (New York: Touchstone Books, 1997)을 보라. 애착 이론에 대한 비판적이고 역사적인 논의는 M. Vicedo, *The Nature and Nurture of Love: From Imprinting to Attachment in Cold War America* (University of Chicago Press, 2013)를 보라. 존 볼비의 말은 이 책을 따른 것이다. 프로이트의 여성 혐오는 그의 *Gesammelte Werke* (Frankfurt am Main : Fischer, 1947) vol. XII, p. 176, vol. XV, p. 142와 p. 144를 보라. 정신분석학의 지적 단점과 치료에서의 단점에 관한 훌륭한 연구로는 J. van Rillaer, *Les illusions de la psychanalyse* (Brussels: Éditions Mardaga, 1980)가 있다. 정신분석학이 약물 중독자의 치료를 어떻게 방해했는지에 대한 연구는 J.-J. Deglon, "Comment les théories psychanalytiques ont bloqué le traitement efficace des toxicomanes et contribué à la mort de milliers d'individus", in C. Meyer (ed.), *Le livre noir de la psychanalyse* (Paris: Éditions des Arènes, 2010), pp. 516~541을 보라. 정신분열증 및 자폐증 치료에 대한 이론의 부정적인 영향은 V. Gueritault, "Les mères, forcément coupables", *Ibid.*, pp. 544~572 에서 논의되었다. 억압된 기억 증후군에 대해 인용된 문장은 E. Loftus, "Our changeable memories: legal and practical implications", *Nature Reviews Neuroscience* 4 (2003), pp. 231~234에서 가져왔다. 베트남 전쟁에 대한 나의 논평은 H. R. MacMaster, *Dereliction of Duty* (New York: Harper, 1997), L. Gardner, *Pay any Price: Lyndon Johnson and the Wars for Vietnam* (Chicago: Elephant Paperbacks, 1997), 그리고 Kai Bird, *The Color of Truth: McGeorge Bundy and William Bundy* (New York: Touchstone Books, 1998)에 근거한 것이다. 권총과 사형제의 효과에 대한 잘못된 주장을 비판한 것으로는 I. Ayres and J. Donohue, "Shooting down the 'more guns, less crime' hypothesis", *Stanford Law Review* 55 (2003), pp. 1193~1312, 그리고 J. Donohue and J. Wolfers, "Uses and abuses of empirical evidence in the death penalty debate", *Stanford Law Review* 58 (2005), pp. 791~846이 있다. 권총에 관한 존 로트의 주장에 대한 논평은 하셈 데즈박스Hashem Dezhbakhs가 했던 것이다. 그것을 인용하면서 에어스I. Ayres와 도나휴J. Donohue는 "사형에 대한 논쟁에도 똑같이 적용할 수 있다"고 덧붙였다. 자산의 기계적 다각화의 위험과 비용에 대해서는 A. Bhidé, "In praise of more primitive finance", *The Economist's*

Voice, February 2009, pp. 1~8을 보라. 뇌의 좌반구와 우반구 역할에 대한 논쟁은 V. S. Ramachandran and S. Blakeslee, *Phantoms in the Brain* (New York: Quill, 1998)에서 가져온 것이다. 끈 이론이 검증된 예측 없이도 큰 위신을 얻은 이유에 대해서는 L. Smolin, *The Trouble with Physics* (Boston: Houghton Mifflin, 2007)를 참조하라. 전족에 대해서는 G. Mackie, "Ending footbinding and infibulation: A convention account", *American Sociological Review* 61 (1996), pp. 999~1017을 보라. 연성 반계몽주의의 폭로라는 귀중한 공공 서비스는 Robyn Dawes, *House of Cards: Psychology and Psychotherapy Built on Myths* (New York: The Free Press, 1996), 그리고 Brian Barry, *Culture and Equality: An Egalitarian Critique of Multiculturalism* (Cambridge MA: Harvard University Press, 2002)에 의해 이뤄졌다. 아리엘 루빈스타인이 했던 경제이론에 대한 내부자적 비판은 *Economic Fables* (Cambridge: Open Book, 2012)에 있다. 경제학이 과학이 아닌 문화라는 관찰은 그의 "Comment on neuroeconomics", *Economics and Philosophy* 24 (2008), pp. 485~494에 수록되어 있다. 조지프 스티글리츠의 발언은 "Truth, balance, and freedom", in A. Bilgrami and J. Cole (eds.), *Who's Afraid of Academic Freedom?* (New York: Columbia University Press, 2015), pp. 20~21에 보고된 바이다. 콩코드 프로젝트에 대한 논평은 J. Campbell, *Roy Jenkins* (London: Jonathan Cape, 2014), p. 248에 있다. '프랑스 공무원'의 행동에 대한 논평은 D. Kahneman and D. Miller, "Norm theory", *Psychological Review* 93 (1986), pp. 136~153에서 따왔다. 내가 모델로 제시한 공정성과

협상에 관한 논문은 L. Babcock and G. Loewenstein, "Explaining bargaining impasse: the role of self-serving biases", *Journal of Economic Perspectives* 11 (1997), pp. 109~126에 요약되어 있다.

옮긴이 후기

1.

내가 엘스터 저서의 옮긴이라는 것을 가까운 동학同學들은 의아스럽게 생각할 것 같다. 엘스터의 이 책은 상당히 '전투적인' 면모를 가진 저술이다. 그는 결론 장에서 사회 이론 내부의 여러 반계몽주의적 경향을 비판한다. 그러면서 자크 데리다, 브뤼노 라투르, 가야트리 스피박, 알랭 바디우, 슬라보예 지젝, 호미 K. 바바, 주디스 버틀러 등은 아예 공들여 비판할 가치도 없는 이론가 취급을 한다(결론 장 전체와 결론 장의 각주 2 참조). 이렇게 거명된 이론가 모두에 관심을 기울인 것은 아니지만, 그들 가운데 상당수는 나의 학문적 관심 범위 안에 있었고, 그들의 저술을 읽느라 상당한 시간을 보냈다. 그렇기 때문에, 동학들은 내가 엘스터의 책을 번역하기보다 지젝이나 버틀러의 책을 번역하는 것을 더 자연스럽게 받아들일 것이다. 그런데도 엘스터의 책을 번역하게 된 데는 인격적인 계기도 있고, 교수라는 직업적 계기 그리고 그것과 연관된 이론적 계기도 있었다. 다소 길어질지 모르지만, 이 세 가지 계기에 대해 말해 보고자 한다.

2.

나는 첫 연구년 기간인 2005년 가을 학기와 이듬해 봄 학기를 캐나다 밴쿠버의 브리티시컬럼비아 대학(UBC) 방문 학자로 보냈다. 연구년 출장이 미리 정해진 프로젝트와 관련된 것은 아니어서, 내게는 상당히 자유로운 독서의 시간이 열렸다. 연구년 기간에 세운 목표 중에는 자유로운 독서 이외에 금연도 있었다. UBC에 도착해서 1년 생활을 위한 준비를 대략 마무리하자, 나는 UBC 도서관으로 갔다. 대출증을 만들고, 무슨 책을 읽을까, 하는 한가한 마음으로 검색용 컴퓨터 앞에 앉았다.

머리에 떠오른 것은 한국을 떠나기 직전에 후배 학자가 추천한 이탈리아 학자 조르조 아감벤Giorgio Agamben이어서 그의 저서를 검색해 보았다. 그런데 UBC 도서관의 아감벤 저서는 전부 대출 중이었고, 대출 예약도 여러 명이었다. 이어서 검색한 것은 학문적이기보다는 내 개인적 관심사인 '금연'과 관련된 것이었다.

금연 관련 연구를 찾으려고 addiction을 검색창에 입력했더니 수천 개의 논문과 수백 권의 책이 나왔고, 그 대부분이 의학 문헌으로 보였다. 검색을 좁히려고 sociology를 검색어에 추가해 보았다. 그러자 논문도 몇십 편 수준이고 책도 십여 권 정도에 불과했다. 사회학자들 가운데 중독에 관심을 가진 사람은 별로 없는 셈이다. 검색된 목록의 낯선 저자들 사이에서 욘 엘스터라는 이름이 보였다. 검색 결과 내에서 내가 이미 알고 있는 사회학자는 엘스터뿐이었다. 그래서 그의 『강렬한 느낌』*Strong Feelings: Emotion, Addiction, and Human Behavior*, Cambridge, 1999과 그가 편집한 책, 『탐닉』*Getting Hooked: Rationality and Addiction*, Cambridge, 1999을 빌려서 집으로 돌아왔다. 그때까지 내가 알던 엘스터에 대한 이미지에 비추어 볼 때 신선하게 다가오는 책들이기도 했기 때문이다.

3.

1980년대 대학과 대학원을 다닌 사회과학 전공자는 맑스주의에 상당히 큰 영향을 받았다. 1980년대는 냉전 시기를 통해 억압된 지식이었던 맑스주의에 대한 맹렬한 추격 학습의 시대였다. 맑스는 물론이고 레닌이나 스탈린, 그람시와 마오에 대한 연구가 일었고, 비판이론은 물론이고, 종속이론과 세계체제론도 연구되었으며, 1980년대 말에는 주체사상도 열심히 논의되었다. 이런 흐름 가운데 68혁명 이후 서유럽에서 영향력이 컸던 알튀세르 류의 맑스주의(이른바 구조주의적 맑스주의)도 널리 수용되었다. 그리고 그 끝물로 구조주의적 맑스주의에 비판적인 분석 맑스주의analytical Marxism도 소개되었는데, 엘스터는 이 분석 맑스주의의 대표적 주자로서 우리 학계에 알려졌다.

1940년생의 노르웨이 출신 사회학자 엘스터의 지적 여정은 1980년대 한국 사회과학계에서 일군의 학자들이 걸어간 경로와 그렇게 동떨어진 것은 아니다. 간단한 연대기적 사실과 몇 가지 단편적 정보만으로도 그것을 짐작할 수 있다. 그는 이 책에서 1970년대 초반 노르웨이의 좌파 학생운동에 대해 이따금 언급한다. 그가 28세였을 때 서구 사회를 휩쓴 사건이 68혁명이었다. 같은 시기에 그는 오슬로의 한 출판사에서 『헤겔과 맑스에 대한 에세이』*Essays og Hegel og Marx*, Oslo: Pax, 1969를 출간한 것으로 알려져 있다. 그 역시 노르웨이 학생운동이나 맑스주의 학습 그리고 68혁명의 분위기 속에 있었다고 할 수 있다.

68혁명 이후 파리로 유학을 간 그는, 레이몽 부동Raymond Boudon의 지도 아래서 맑스의 이론을 주제로 박사학위논문을 썼다("Production et Reproduction: Essai sur Marx", Ph. D. Dissertation, University of Paris, V). 이 학위논문을 구해 보기는 어렵지만, 그 내용이 1986년에 출간된 『맑스를 이해하기』(진석용 옮김, 나남, 2015) 안으로 흡수되어 들어갔으리라고 짐작할 수 있다. 그의 『맑스를 이해하기』 배경에는 68혁명 전후로 프랑스 지성계를 지배한 라캉, 레비-스트로스, 푸코에 대한 이론적 불만이 깔려 있지만, 그보다 더 선명한 것은 알튀세르 같은 프랑스 맑스주의에 대한 불만이었다. 청년기의 오리엔테이션으로부터 완전히 벗어나는 학자는 별로 없다. 엘스터도 마찬가지이다. 그의 『맑스를 이해하기』를 주도하는 주제, 즉 맑스주의 안에 스민 기능주의functionalism에 대한 전투를 그친 적이 없다. 그 주제는 이 책에도 여전히 관찰될 뿐 아니라, 훨씬 확대된 방식으로 수행된다.

되돌아보면 알튀세르 학습이 거의 유행이나 다름없던 1980년대 말에 대학원을 다녔고, 그의 이론을 원용하여 석사학위논문을 썼던 나는 시대 분위기를 따라 엘스터를 열심히 읽지도 않으면서 그의 이론에 대해 막연한 반감을 품었었다. 하지만 개인적 동기로 UBC에서 시작된 엘스터 독서를 통해서 나는, 그의 관심사가 독단적 맑스주의에 대한 비판에 한정되지 않고, 합리성 문제라는 더 폭넓은 영역으로 확산해 있다는 것을 알게 되었다.

빌려 온 두 책을 읽으면서 철학의 오랜 주제이자, 합리성과 비합리성에 대한 논의의 중심에 있는 '아크라시아'*akrasia* 또는 '의지박약' 문제에 대해 좀 더 깊이 공부하게 되었고, 조지 아인슬리, 조지 로엔스틴, 토머스 셸링 같은 이론가와 친숙해졌다. 금연이라는 주제를 통해서 나는 엘스터와 새롭게 만났고, 또 그를 통해서 합리성 문제라는 폭넓은 주제와 접속한 것이다. 그것도 내가 익숙하게 알고 있었던, 막스 베버*Max Weber*의 합리화 이론이나 위르겐 하버마스*Jürgen Habermas*의 소통적 합리성 이론과는 상당히 다른 접근법으로 말이다.

4.

10월부터는 일주일 내내 주룩주룩 비가 내리기도 하고, 11월부터는 점심 먹고 돌아서면 어둑해지는 밴쿠버의 겨울을, 이미 언급한 엘스터의 책 이외에 그의 『오뒷세우스와 세이렌』*Ulysses and the Sirens*, Cambridge, 1979, 『신 포도: 합리성의 전복에 대한 연구』*Sour Grapes: Studies in The Subversion of Rationality*, Cambridge, 1983, 『솔로몬의 재판: 합리성의 한계에 대한 연구』*Solomonic Judgments: Studies in the Limitation of Rationality*, Cambridge, 1989, 그리고 『마음의 연금술: 합리성과 감정』*Alchemies of the Mind: Rationality and the Emotions*, Cambridge, 1999을 읽으며 보냈다. 그리고 귀국해서는 엘스터에 대한 강의를 개설하기로 마음먹었다. 거기엔 몇 가지 동기가 있었다. 개인적으로 금연이라는 매우 '실용적' 동기가 나의 엘스터 독서의 계기였다. 금연의 실패는 의지박약 문제이고, 의지박약이란 나의 삶을 개선할 방법이 없거나 모르는 것이 아니라 그것을 알면서도 실행하지 못하는 상태이다. 엘스터는 그런 의지박약에 대한 철학적 논의 이외에 '선택의 다발 짓기'나 '심리적 도미노 형성', 또는 '자기 구속'(즉, 서약 전략)과 같은 구체적인 의지박약 극복 방안 그리고 그런 방안과 연관이 있는 사회적 제도들에 대한 논의를 제시한다(이 책의 6장과 15장 참조). 바로 이런 측면이 담배를 끊으려는 내 자신에게 그러했듯이, 학생들에게도 교육적 가치를 지닌다고 판단되었다.

사회과학의 많은 이론은 사회(조직이나 제도) 그리고 사회적으로 활동하는 개인들, 또는 그들의 특정한 행동을 설명하고자 한다. 하지만 그런 설명을 학생들에게 수업을 통해서 전달해 보면, 학생들은 별로 관심을 보이지 않는다. 근대 대학은 과학적 지식, 즉 사건이나 사태에 대한 객관적으로 타당한 명제적 지식이나 인과적 또는 법칙적 설명을 생산하고 전달하기 위한 기관 그리고 그런 지식의 생산 방법을 전수하는 기관으로 정립되었다.

그런데 정작 그런 대학에 다니는 학생들은 세계에 대한 객관적 이해나 설명 또는 그런 설명에 동원가능한 개념과 이론에 대해 별로 관심이 없다. 그들에게 관심이 있는 것은 과학적 지식knowledge이 아니라 삶을 운영할 기예art 또는 지혜wisdom이다. 그들은, 삶은 살 만한 가치가 있는가, 인간은 우주 속에서 어떤 의미를 갖는가, 에 관한 답을 대학에서 구할 수 있다고 생각하지는 않는다. 막스 베버가 『직업으로서의 학문』에서 걱정한 사태, 즉 대학 강단에 선 사람에게서 예언자를 구하는 분위기는 이제 사라져 버렸다. 하지만 대학생들은, 적어도 그들의 일부는 어떻게 살아야 하는가, 혹은 무엇을 할 것인가에 대한 답을 대학에서 찾으려고 한다. 그런데 내가 공부해 온 지식 대부분은 그런 것에 답을 주지 않는다.

그런 의미에서 근대적 학문 이상과 그 대학에 진학한 학생들의 욕구 사이에는 상당한 거리가 있다 하겠다. 이 틈새를 메우는 것이 서점가를 점령한 자기계발서들이다. 미셸 푸코는 이런 자기계발서들의 기원이라고 할 만한 것들을 탐색한 바 있다. 그는 '자아의 기술'the technologies of self 이라는 주제로 사람들이 자신의 삶을 조절하고 통제하는 기술과 담론의 역사를 고찰했다. 바로 이런 주제, 자아를 가다듬는 실천, 자기 배려와 훈육의 방법론, 삶을 기르는 기술(양생과 섭생의 기예), 근대 지식 체계가 학문 바깥으로 밀어낸 이런 주제들이 바로 내가 가르치는 대학생들이 원하는 지식 즉, 규범적·처방적·실용적 지식이었다.

그런데 대학 강단에서 가르쳐지는 대부분의 지식과 달리 합리성에 대한 논의는 대학생들의 욕구에 어느 정도 부합한다. 물론 합리성에 대한 논의도 여느 사회과학적 지식처럼 설명을 추구하지만 그것은 동시에 강력하게 규범적이고 처방적이기도 한데, 그 이유는 우리 모두 합리적이기를 '원하기' 때문이다. 그런 의미에서 합리성에 대한 논의는 삶의 기예와 연결될 수 있는 근대적 형태의 지식인 동시에 주체화의 문턱이 낮은 지식이라고 할 수 있다.

5.

사실 현대 경제학의 성과를 두루 섭렵하고 선택적으로 수용하는 엘스터를 공부하면서, 그리고 그것과 전혀 다른 맥락에서 푸코(관련해서 아감벤도 참조할 만하다. 특히 그의 『왕국과 영광』은 '경제' 개념의 계보학이라고 할 수 있다)를 공부하면서 깨달은 것이 있다면, 사회과학의 영역에서 경제학이 유난히 강력한 '권력'을 가질 수 있었던 이유였다. 경제학은 필자가 전공한 사회학보다 훨씬 규범적이고 처방적인 학문이다. 행동경제학을 통해서 많이 교정되었다고 해도, 경제학은 인간이 효율성을 추구하는 것을 넘어서서 효용 최대화를 추구한다고 가정하거나, 그것을 추구하지 않는다면 비합리적이라고 규정한다. 물론 경제학의 가정은 그것을 둘러싸고 경제학 내부에서도 이데올로기적이고 규범적인 투쟁을 야기한다. 그럼에도 불구하고 경제학은 어떤 학파든 매우 강력하게 처방적이다. 수요 공급 법칙이든, 한계 효용 체감의 법칙이든, 또는 손실회피 이론이든, 아니면 필립스 곡선이든, 무차별 곡선이든, 경제학은 우리가 '어떻게 행동할지'(이자율을 올릴지 내릴지, 복수의 상품을 어떻게 나누어 소비할지, 공급량을 어느 선까지 확대할지 등등)를 강하게 함축하고 호소한다.

푸코의 논의를 따르면, 경제학은 우리가 흔히 권력으로 생각하는 사법적 권력(금지하고 통제하는 권력)이 아니라 '조절하고 부양하고 유도하는 권력'으로 작용한다. 따라서 정부는 사회를 경제적으로 통치할 수 있다. 비용과 효율을 따져서 정부 정책을 선택하고 실행할 수 있으며, 사회구성원의 특정한 행동을 사법적 수단으로 통제하기보다 이익을 통해 유인하는 방식으로 통치할 수 있다. 가령 기근이 닥치면, 곡식 가격이 오른다. 국가는 그럴 때 곡물 가격을 통제하고 곡식을 숨기는 이들을 색출할 수 있다. 하지만 그렇게 하면 가격 급등에 대한 기대와 처벌의 두려움 때문에 곡물은 시장에서 더 사라지고, 그로 인해 식량 부족이 심각해져서 폭동이 일어날 수도 있다. 하지만 최초의 근대 경제학자인 중농주의자들이 주장했듯이, 경제적으로 통치하는 국가는 곡물 가격 상승을 일정 기간 방임한다. 그리고 그런 가격 상승이 곡물 수입업자들의 활동을 자극하도록 유도한다(그들의 활동에 장애가 될 것을 제거해 준다). 그러면 곡물이 수입되어 공급이 늘고, 그에 따라 가격 상승을 예상하고 숨겨 둔 곡물마저 모두 시장으로 나와서 기근이 해결되는 것이다.

이런 식의 경제적 통치가 유도하려는 개인의 활동 자체도 경제적인 자기 통치의 원리를 따른다. 오늘날 신자유주의라고 불리는 것은 국가 정책을 시장원리에 더 강하게 복속시키고, 경제적 조절 양식을 경제 영역을 넘어서 가족, 교육, 법, 종교, 소비 등 모든 삶의 영역으로 확장하려는 시도라고 할 수 있다. 가령 신자유주의의 관점에서 보면, 개인의 육체도 자본이다. 따라서 자신의 신체를 도야하는 활동body building도 수익을 염두에 둔 투자 행위로 파악된다. 오늘날 많은 체육관이 피트니스 클럽Fitness Club이란 이름을 달고 있는 것은 신체를 가다듬고 단련하는 활동이 자기 함양이나 심미적 쾌락의 추구보다는 무엇인가에 맞춰져fit 있다는 것, 즉 기능성과 수익성 추구를 원리로 삼고 있다는 것을 암시한다. 바로 이렇게 개인 삶의 거의 모든 부면에 대해 활동의 원리와 처방을 제공할 수 있다는 점이 바로 신자유주의의 성공 이유이며, 경제학 일반의 성공 이유인 셈이다. 그리고 경제학적인 또는 신자유주의적인 자기 통치와 싸우기 위해, 푸코가 그것과 다른 전통에 속한 자기 통치의 양식을 그토록 열렬히 탐색했던 이유도 거기에 있다.

엘스터가 제기하는 합리성에 대한 논의는 경제학의 성과를 충분히 수용하지만, 동시에 그것의 한계를 지적하면서 논의의 폭을 넓히고 깊이를 더했다고 할 수 있다. 확실히 엘스터는 푸코처럼 또 다른 자기 통치의 길을 찾아 나서지는 않는다. 그러나 그는 경제학을 사선으로 비스듬하게 관통하면서 자기 통치의 양식을 모색한 것으로 해석될 수 있다. 이런 방식은 푸코와는 다른 장점이 있다. 엘스터의 방식은 지금 세계의 주류적 자기 통치 양식을 해체하고 재구성하는 것이기 때문에 설득력을 얻기 쉽다. 늘 그렇듯이 이미 알고 있는 것들 위에 올라타는 것이 더 높이 더 멀리 보기 위한 좋은 방안이다.

6.

엘스터를 중심으로 합리성 강의를 하는 것이 학생들에게 실천적 지식을 제공할 수 있다고 판단해서 그래서 강의를 개설하자고 마음먹고 나니, 적합한 교재 문제에 부딪혔다. 가장 좋은 방안은 아무래도 엘스터의 논의가 중심에 놓이게 되겠지만, 어쨌든 합리성 이론을 다룬 교재를 한 권 쓰는 것이었다. 그것은 지금도 내 능력에 부치는 일이지만, 강의를 처음 개설한 2007년 당시에는 아예 불가능한 일이었다. 그래서 엘스터가 자신의 여러 저술 그리고 그것과 관련된 기존 논의들을 나름의 방식으로 종합하고 있는 저서를 택했다. 그 책이 바로 『사회과학을 위한 너트와 볼트』*Nuts and Bolts for the Social Sciences*, Cambridge, 1989 (이하 『너트와 볼트』)였다. 그래서 방학 중에 이 책을 초역해서 학생들에게 교재로 배포하고 수업을 진행했다. 그러나 이 책은 본문이 170면 정도라 한 학기 교재용으로는 소략한 편이었다. 아무튼, 그것을 교재로 2번 수업을 개설했고, 초역한 김에 이 책을 완역해서 출판해 보자는 생각을 하게 됐다.

사실 번역 문제는 인문사회과학 전공자에게는 누구나 약간의 고민 거리로 다가오는 문제이다. 번역은 학문 세계에 일종의 공공재를 공급하는 일이다. 그렇기 때문에 대부분의 공공재가 겪는 문제에 처하기 마련이다. 누구나 각자의 분야에서 번역되면 동학과 후학의 학습을 촉진할 수 있는 좋은 저서를 적어도 몇 권은 알고 있다. 그래서 그런 저술이 번역되기를 바란다. 하지만 자신이 나서서 직접 번역하는 일은 내켜하지 않는다. 이 책의 23장 집합행동에서 엘스터는 공공재를 창출하기 위한 집합행동이 어떤 조건에서 가능한지 설명하고 있는데, 번역과 관련해서 비협동자에 가까운 내가 번역이라는 협동작업에 나서게 된 '조건'은 살면서 겪는 여러 가지 일들이 그렇듯이 인격적 계기, 이 경우에는 어떤 구체적인 타자에 대한 존경심과 관련된다.

저명한 막스 베버 연구자인 전성우 선생님께 오래전에 학회 뒷자리에서 이런 말씀을 드린 적이 있다. "한국 사회학회가 사회학의 명저 한 50권만이라도, 아니 20권만이라도 제대로 번역하는 사업을 추진해서 성과를 내면, 후학들의 공부에 큰 도움이 될 것입니다. 그러니 선생님께서 학회 임원들에게 이야기해서 그런 사업을 한번 추진해 주시면 좋겠습니다." 그러자 전성우 선생님은 "어쭙잖은 논문 쓰지 말고, 막스 베버 번역이라도 제대로 하라는 이야기구먼…" 하시며, 껄껄 웃으셨다. 그 이후 전성우 선생님은 꾸준히 막스 베버의 저작을 번역하고 있다. 그래서 전성우 선생님께서 내게 번역서를 보내 주시면, 모난 입으로 부담을 드린 것 같은 죄송한 마음이 들었다. 하지만 그런 마음을 담기에 『너트와 볼트』는 이미 말했듯이 소략한 책이었고, 그래서 번역에 망설임이 있었다.

7.

학과 사정을 고려해서 강의를 개설하다 보니, 엘스터 그리고 합리성 강의에 몇 년 걸렸다. 그러다가 2007년에 출간된 엘스터의 『사회적 행위를 설명하기: 사회과학을 위한 더 많은 너트와 볼트』*Explaining Social Behavior: More Nuts and Bolts for the Social Sciences*, 1st Edition를 2014년경에 뒤늦게 구해서 읽게 되었다. 『과거를 청산하기: 역사적 관점에서 본 이행적 정의』*Closing the Books: Transitional Justice in Historical Perspective*, Cambridge, 2004 이후에 출간된 엘스터의 저작을 따라 읽지 않은 탓인데, 내가 2007년 엘스터 강의를 시작할 때 이미 『사회적 행위를 설명하기』가 출간되었다는 사실을 몰랐던 것이 좀 창피했다.

새로운 책은 480면이 넘는 두툼한 책이었다. 엘스터 편에서도 이전 저작에 대해 나와 마찬가지 불만, 너무 소략하고 허술한 책이라는 불만을 가졌다는 것을 보여 주는 듯했다. 내용이 충분히 풍성해지고 최신 연구 경향을 더 많이 수용하고 있어서 교재로 쓰기에 상당히 좋아 보였다. 한 학기 교재로 쓰기에 모자랐던 이전 저작과 반대로 한 학기에 소화하기에 버거운 분량이 문제라면 문제였지만, 그래도 초역을 해서 강의 교재로 쓰기로 마음먹었다.

작업은 더디게 진행되었다. 연구든, 번역이든, 저술이든 모두 장기적인, 적어도 중기적인 계획을 요구한다. 그리고 나를 포함한 많은 학자의 고질병은 장기적 계획을 세우지 못하는 것이 아니라 장기적 계획을 자주 갈아치운다는 데 있다. 이럭저럭 초역을 마치고, 강의를 개설한 것은 2017년이었다. 그러니 그래도 이 계획은 더디더라도 버텨 낸 편에

속했던 셈이다. 그리고 이번에는 지체 없이 완역해서 출간까지 내달리기로 했다.

하지만 세상일이 간단치 않았다. 엘스터가 『사회적 행위를 설명하기』의 개정판을 2015년에 출간했다는 것을 2017년 겨울에 엘스터 강의를 마치고 기말시험 채점을 하던 중에 알게 되었다. 개정판이 출간되었는데, 그것도 모르고 나는 열심히 1판을 번역했고 그것으로 수업을 했던 셈이다. 한편으로는 왜 이렇게 정보 수집이 허술했는지 부끄러웠고, 다른 한편 허탈했다. 개정판을 구해서 읽어 보고, 세 가지를 느꼈다. 첫째, 1판과 개정판 사이에 상당한 차이가 있다. 둘째, 개정판이 1판을 상당 정도 개선한 것이 분명했다. 이제 1판이 가진 독립적 가치는 매우 제한적이었다. 끝으로, 개정판을 번역한다면, 이미 초역한 1판을 활용한다고 해도 1판 번역보다 한결 힘든 작업이 될 것이다. 엘스터 자신이 언급하듯이, 개정판에는 1판 이후 엘스터의 독서 경험이 녹아 있는데, 그로 인해 대폭 늘어난 인용문들이 번역하기에는 하나같이 까다로워 보였다.

더불어 추정할 수 있는 것도 있었다. 그것은 엘스터가 이 책에 유난한 집착이 있다는 것이다. 엘스터가 어떤 책을 대폭 증보하고 이어서 개정판까지 낸 책은 이 책이 유일하다. 그렇게 생각하니 번역을 포기하면 모르되, 서둘러 번역해서 출간하지 않는다면, 재개정판이 나오지 않으리란 보장도 없는 듯했다. 그래서 많이 망설였다. 1판의 초역을 해둔 것이 아까웠지만, 생각해 보면 『너트와 볼트』의 초역도 부지불식간에 폐기된 셈이었다. 그런데 두 번째였던 1판 초역도 내던지고, 세 번째로 개정판 번역에 나설 만큼 『사회적 행위를 설명하기』가 걸작인가 싶기도 했다. 그래도 번역을 하기로 했다. 매몰 비용 오류에 빠지는 심정을 떨치지 못하면서도 말이다.

8.

엘스터가 왜 『사회적 행위를 설명하기』에 집착 또는 애착을 가진 것일까? 질문에 답하기 위해서 이 책의 구성부터 살펴보자. 개정판은 1부 설명과 메커니즘, 2부 마음, 3부 행동, 4부 상호행동, 그리고 결론으로 구성된다. 이에 비해 『너트와 볼트』는 1부 서론(메커니즘), 2부 인간 행동, 3부 상호행동으로 구성된다. 그리고 『사회적 행위를 설명하기』의 1판은 1부 설명과 메커니즘, 2부 마음, 3부 행동, 4부 자연과학으로부터의 교훈, 5부 상호행동으로 구성된다. 확실히 개정판의 구성이 1판이나 그 이전의 『너트와 볼트』보다 '아름다운' 것은 분명하다. 과학 이론적 전투를 개시하는 1부와 그런 전투를 통한 고지 점령을 선포하는 결론이, 마음에서 행동으로 그리고 행동에서 상호행동으로, 변증법적 전개의 분위기를 지닌 사회 이론을 에워싸는 구성이기 때문이다. 이에 비해 『너트와 볼트』의 구성은 어설프고, 1판의 구성은 외삽적으로 보이는 4부 때문에 통합성이 떨어져 보인다. 엘스터는 이 책을 완성도 높은 경지까지 끌어가고 싶고, 실제로 어느 정도 그렇게 한 것으로 보인다.

이런 구성을 통해서 엘스터는 두 가지를 성취한다. 하나는 사회적 행동에 초점을 두고 사회 이론을 구축하는 것이다. 그는 자신의 연구를 종합할 수 있는 틀을 이 책에서 마련한다. 합리성을 중심으로, 마음(2부)-행동(3부)-상호행동(4부)의 연속선상에 자신의 사회 이론과 자신이 보기에 타당하고 유용하다고 판단되는 이론을 재구성하여 배열하는 것이 그것이다(그에 따라 마음의 합리성, 행동의 합리성, 상호행동의 합리성이 차례로 주제화된다). 다른 하나는 그가 보기에 잘못된 사회 이론을 비판하는 작업이다. 이 작업을 위한 중심 개념이 '설명'이다. 그는 설명이 과학적인 사회 이론의 이상이자 과제라고 주장한다. 그는 사회과학에서 가능한 설명이 무엇인지를 규정한 다음 그런 과제를 감당할 수 있는 제대로 된 사회 이론 구축을 방해하고, 엉터리 설명을 제공해 온 사회 이론을 비판하고자 하는 것이다.

엘스터가 『사회적 행위를 설명하기』에 얼마만큼의 애착을 지녔든, 사회 이론적 관점에서 이 책의 의도는 상당한 타당성을 가지고 있으며, 상당한 학습 가치 또한 가지고 있다. 우선 전자, 즉 저술 의도와 관련해서 상기해야 할 것은, 사회세계는 전문가연하면서 엉터리 설명을 휘두르는 협잡꾼으로 가득 차 있다는 것이다. 그러므로 일반인이라면 그런 '헛소리'bullshit에 휘둘리지 않기 위해서, 그리고 사회과학자라면 그런 '헛소리'를 하지 않기 위해서, 그런 것에 속지 않을 훈련된 감수성을 배양하는 것은 매우 중요한 일이다.

후자와 관련해서 보면, 엘스터의 논의는 지난 몇십 년 동안 사회과학에서 일어난 혁신의 중요한 전선 하나를 잘 드러내고 전달하는 이점이 있다. 이 책이 소개하는 게임이론, 베이즈적 통계학, 사회심리학, 그리고 사회심리학과 경제학의 혼성으로 형성된 행동경제학만큼 혁신적인 분야는 별로 없었기 때문이다. 그것을 입증하는 것은 이런 학문이 만들어 낸 개념들이 얼마나 일상적 언어로까지 정착했는가이다. 오늘날 대학 교육을 받은 사람들 대부분이 '죄수의 딜레마', '내시 균형', '무임승차', '애쉬의 동조 실험', '밀그램의 권위 실험', '귀인', '대표성 어림법 heuristic', '소유효과'endowment effect, '승자의 저주' 같은 개념을 잘 이해하고 있거나 최소한 들어 본 적이 있을 것이다.

20세기 후반에 이렇게 상식의 문턱을 넘나들 정도로 저명한 개념을 사회학이 만들어 냈는가 되돌아보면, 몇 가지 떠오르는 것이 없는 것은 아니다. 로버트 K. 머튼의 '자기실현적 예언'이나 '마태 효과' 같은 개념, 일탈이론에서 제기된 '낙인 이론', 부르디외의 '아비투스'와 '문화자본', 세계체제론이 제기한 '중심/주변 분화'나 '헤게모니' 같은 개념들이 떠오르긴 하지만, 그렇게 풍요롭다는 인상을 주진 않는다. 그런 의미에서 현대 지식의 최전선에서 이뤄진 논의를 대량 학습할 수 있으며, 그것의 과학적 가치를 잘 음미하고 있는 엘스터의 저술은 학습 가치를 가졌다고 할 수 있다.

9.

하지만 애초 나의 관심사, 학생들에게 합리성 개념을 중심으로 자기 배려의 기예를 전달하고자 한 목표의 관점에서 보면, 엘스터가 반계몽주의적 사회과학 이론과 치르고 있는 전쟁의 가치를 그렇게 높게 평가하기 어렵다. 엘스터가 이 전쟁에 헌신하는 모습은, 사회과학자로서 용맹하고, 동업자로서는 관전할 만한 것이지만, 그로 인해 잃는 대가가 없는 것은 아니다. 그 가운데 가장 중요한 것은 그가 합리성 개념을 지나치게 설명적 개념으로 이끄는 것이다. 그는 이렇게 말한다.

욕망과 선호는 합리성이냐 비합리성이냐 하는 평가에 종속되지 않는다. (…) 희망사고는 비합리적이지만, 다른 변환인 신 포도는 그렇지 않다는 점이 곤혹스러울 수 있다. 둘 다 행위자의 '배후에서' 작동하는 인과 메커니즘에 의해 유도되니, 둘 다 비합리적이지 않은가? 답은 합리성을 어떻게 정의하느냐에 달려 있다. 어떤 사람은 두 변환의 **타율적** 특성을 강조하면서 신 포도 메커니즘도 희망사고 못지않게 비합리적이라는 방식으로 합리성을 정의할 수 있다. 그러나 내가 합리성의 개념을 활용하려는 이유인 설명이라는 목적에 비춰 볼 때, 나는 이 제안이 도움이 되지 않는다고 믿는다. 합리성 가정은 주어진 경우에 합리적 믿음으로 간주될 만한 것이 무엇인지 선명하게 예측해 줄 수 있지만, 자율성 가정은 그럴 수 없다. (9장)

엘스터의 말을 이해하기 위해서, 어떤 여성을 짝사랑하는 남자를 가정해 보자. 짝사랑 상태가 괴로운 남성은 그녀의 말과 행위라는 증거에 입각해 형성된 믿음, 즉 그녀가 자신을 사랑하지 않는다는 믿음과 그녀가 자신을 사랑해 주었으면 하는 욕망의 충돌 속에서 욕망을 고수하고 욕망의 힘으로 믿음을 바꿀 수 있다. 즉 그녀가 나를 사랑한다는 새로운 믿음을 형성할 수 있으며, 그런 경우를 희망사고라고 한다. 이와 달리 믿음을 수용하고 그로부터 생기는 고통을 없애기 위해서, 그녀를 더 이상 욕망하지 않는 방향으로 나갈 수 있다. 그녀의 품성이나 미모를 깎아내려서 사랑할 가치가 없는 여성으로 만드는 것이 대표적인 방식일 것이다. 그것이 '신 포도'이다. 엘스터는 이 둘 가운데 희망사고는 비합리적이지만, 신 포도는 비합리적이라고 보지 않는다. 그 이유는 믿음과 달리 욕망과 선호를 합리성 평가에 종속시키지 않기 때문이고, 그 이유는 합리성을 설명적 개념으로 사용하고자 하기 때문이다.

그러나 자아의 기술이라는 관점에서 보면, 마음의 합리성이 매우 중요하다. 그리고 마음의 합리성은 선호와 욕망의 내생성endogeneity과 자율성 그리고 더 강한 기준을 추가한다면 여러 선호와 욕망 전체의 내적 정합성을 토대로 한다(경제학이 주장하는 선호의 이행성은 이런 정합성을 일부 표현한다). 우리는 타율적인 '원인'에 의해서 행동할 때 합리적일 수 없고, 자율적인 '이유'를 가지고 행동할 때 합리적일 수 있다. 따라서 신 포도 현상, 즉 선호 역전의 현상은 자아의 기예라는 관점에서 볼 때, 희망사고 못지않게 비판적으로 대결해야 할 비합리적 현상이다. 엘스터의 이론의 가치를 행동의 합리성이라는 관점, 그것이 가진 규범적이고 처방적인 가치의 관점에서 파악했던 입장에서 본다면, 엘스터가 설명이라는 과학적 이상을 위해 조정한 합리성 개념은 불만스러울 수밖에 없다. 그는 이 책에서 『신 포도』에서 보였던 초기 입장으로부터 이탈한 것인데, 나에게는 그것이 이론적 진보로 여겨지진 않는다.

10.

욕망과 선호를 합리성 평가의 외부로 던져 놓는 것은, 물론 다른 의도에서 출발한 것이지만 엘스터가 대부분의 경제학자와 공유하는 이론 전략이다. 그런데 이런 개념 전략이 가진 이론적 의미는 매우 큰 것이다. 앞서 지적했듯이 『사회적 행위를 설명하기』는 사회적 행위를 마음, 행동, 상호행동으로 단계적으로 상승시켜 나간다. 마치 레고블록을 쌓듯이, 더 단순한 요소로부터 복잡한 요소들로 논의를 확장해 나간다. 그런

데 그럴 수 있는 것은 선호나 욕망을 합리성 평가 외부에 놓는 전략에 힘입은 것이다.

선호나 욕망을 '형성'이라는 관점에서 보면, 마음, 행동, 상호행동 순으로 구성된 『사회적 행위를 설명하기』의 논리적 외관이 깨진다. 모든 선호와 욕망은 상호행동 속에서 형성되는 것이기 때문이다. 이 점을 엘스터 역시 의식하고 있다. "각자의 선호는 모든 사람의 행동에 의존한다. 이런 상호의존성은 아마도 사회적 상호행동과 관련해서 가장 제대로 알려지지 않은 측면일 것이다. 나는 이 문제의 여러 측면을 여러 곳에서, 특히 21장에서 다루지만, 포괄적 해명을 제시하진 못한다."(4부 서론) 하지만 포괄적 해명을 계속해서 시도하지 않을 이유가 무엇인가? 그리고 만일 그런 시도를 진지하게 계속한다면, 엘스터가 설정한 개념 구도가 견딜 수 없을 것이다. 오히려 논리적 전개는 상호행동-마음-행동의 순이거나, 셋이 순환적 관계를 구성하는 것이어야 할 것이다. 그리고 이런 개념 구도를 따르는 사회 이론들이, 그것도 매우 유력한 이론들이 없는 것이 아니다. 예컨대 상징적 상호작용론이 그렇고, 하버마스의 소통이론이 그러하며, 악셀 호네트의 인정이론도 그런 것에 속한다. 더불어 이런 문제를 논의하기 위해서는 욕망, 충동, 동기와 주체 사이의 관련을 집요하게 따져 묻는 정신분석학에 대해서도 엘스터보다 한결 진지한 태도로 임할 필요가 있다.

관련해서 엘스터 이론의 한계를 좀 더 살펴보자. 그가 위의 인용문에서 거론하고 있는 21장은 사회 규범을 다룬다. 이 장은 합리적 선택 이론이나 게임이론에 입각해서 설명하기 어려운 현상을 잘 분석하고 있다. 가령 서양인들이 식당 종업원이나 택시 운전사에게 팁을 주는 문화를 생각해 보라. 이런 현상을 합리적 선택이나 게임이론으로 설명하는 것은 불가능하며, 그렇게 하려는 시도는 엘스터가 지적하듯이 '해낼 수 없는 일을 할 수 있다고 자임하는 것'일 뿐이다. 하지만 바로 이렇게 엘스터가 설명하기 어려운 것으로 다룬 것들의 역사적 변동을 '설명'하지는 않더라도 '체계적으로 기술하는' 작업을 할 수는 있으며, 그 영역은 엘스터가 다룬 사회 규범에 한정되지 않은 문화와 담론 그리고 세계관으로 확장될 수 있다. 아마도 이런 관점에서 본다면, 엘스터가 비판했던 푸코의 작업, 담론의 우주 속에서 벌어진 변전에 대한 고고학과 계보학은 그가 설정한 것보다 더 의미 있는 것으로 나타날 것이다.

11.

이미 지적한 이론적 취약성은 물론이고, 아예 관점을 바꾸어 사회에 대한 포괄적인 이론을 구축하려는 입장에서 보면, 엘스터가 설정한 개념 구도보다는 차라리 니클라스 루만의 작업 같은 것이 더 매력적이며, 선택보다는 진화가 더 현실에 부합하는 방식으로 사회를 서술하는 것으로 보일 수 있다. 하지만 루만처럼 인간을 생물체계, 의식체계, 그리고 사회체계의 아말감으로 파악하고 탈중심화하는 이론, 다시 말해 포스트휴먼적이라고까지 할 수 있는 이론은 우리들의 일상적 직관, 우리가 자신의 삶을 운영하고 타자와 함께 수행하는 상호행동에 하나의 요소로 자신을 투입하는 사회적 행위자라는 직관으로부터 너무 거리가 멀다. 그런 이론을 통해 사회를 더 잘 기술하게 된다고 하더라도, 그것을 개인적 삶에 대한 규범적이고 처방적인 지식으로 이어 가는 것은 난감

한 일로 다가온다(아마 그럴 이유도 필요도 없다는 답이 루만에게서 나올 것이다).

확실히 개념 전략과 이론 내부에는 결단이 내장되어 있다. 어떤 이론이 우리에게 열어 주는 인식 지평은 선택과 결단에 매개된다. 체계이론이든, 소통이론이든, 합리적 선택 이론이든, 모두 합리성을 중심 주제로 삼지만, 전체 이론을 향도하는 중심 개념에 의해 이론은 전혀 다르게 조직되고 사회세계의 양상도 달리 묘사된다. 그러므로 애초에 나를 엘스터로 이끈 문제의식의 타당성 여부가 엘스터의 논의를 학습할 가치가 있는 이론의 범주 안에 넣는 것을 정당화할 수 있는지 정할 것이다. 요컨대 근대적 조건 속에서(합리적 존재이고자 하는 것이 문화적으로 정당화되고, 그것이 우리의 욕망으로까지 정착한 조건 속에서) 일상적 삶을 운영하는 기예의 형성은 얼마나 필요하고 중요한 과제인지가 관건이다. 나는 그것이 내 삶의 운영 그리고 교사로서의 나의 삶의 조건에 비추어(즉, 내 학생들에게 가르치는 과정에서 받게 된 반응을 통해서) 타당성을 갖추고 있다고 직관적으로 느낀다.

나의 직관이 옳다면, 그것과 관련해서 엘스터는 다뤄 볼 만한 이론가, 엘스터 자신의 표현을 따른다면, 어떤 국지적 최댓값이라고 할 수 있다. 관련해서 엘스터가 몇몇 뛰어난 작가나 예술가를 두고 했던 다음과 같은 말을 보자.

합리적 창작은 (…) 가장 가까운 언덕 꼭대기에 오르는 것에 관한 것이다. 다른 언덕들 위로 우뚝 솟은 언덕을 찾는 과제는 합리성의 범위 안에 있지 않다. 그러나 미세 조정 과정으로 환원한다고 해도, 저자의 합리성은 중요하다. '소소한 걸작'ᵃ minor masterpiece 같은 표현이 암시하듯이, 더 높은 언덕 경사면에 머무르는 것보다는 낮은 언덕 꼭대기를 찾아내는 것이 더 낫다. (16장)

예술의 영역에서처럼 사회 이론 가운데 어떤 것도 "다른 언덕들 위로 우뚝 솟은 언덕", 즉 전역적 최대값에 도달하지 못한다. 간혹 그렇다고 주장하는 이론들이 있다. 아마도 근대 사회과학에서 그것의 가장 현저한 예는 맑스주의일 것이다. 그러나 지금 우리는 모두 맑스주의가 낮은 언덕 꼭대기 가운데 하나라는 것을 알고 있다(혹자는 그런 꼭대기도 아니라고 주장한다). 맑스주의와 마찬가지로 어떤 사회 이론도 전역적 최댓값은 아닐 것이다. 그러나 전역적 최댓값의 부재가 우리를 허무주의로 떨어뜨리는 것은 아니다. 여전히 낮은 언덕 꼭대기, 즉 국지적 최댓값에 도달했는지는 이론의 가치와 관련해서 중요하다. 왜냐하면, 더 높은 언덕의 경사면보다 낮은 언덕 꼭대기가 가지는 고유한 이점이 있기 때문이다. 사회 이론의 경우 그 이점은 우리에게 조망능력을 준다는 것이다. 엘스터는 그런 것을 주며, 그런 의미에서 이 책은 그의 '소소한 걸작'이다.

12.

끝으로 이 책을 번역하는 과정에서 도움을 준 이들에게 깊은 감사를 전한다. 가장 고마운 이는 네 번에 걸쳐 한신대 사회학과에서 개설된 합리성 강의를 수강했던 학생들이다. 그들은 오타와 비문이 많은 초역의 교재였지만, 열심히 읽고 공부했으며, 엘스터의 책과 내 강의가 쓸모 있는 것이라는 느낌을 내게 불어넣어 주었다. 앞서 말했듯이, 한양대 사회학과 명예교수 전성우 선생님께 감사드린다. 책 번역 과정을 정서적으로 돌봐 준 아내 정민승에게도 고마움을 전한다. 그리고 1판의 초고를 꼼꼼히 읽고 논평해 준 둘째 딸 김혜진에게도 고마운 마음을 전한다. 개정판 번역의 막바지 작업에 집중적으로 매달린 2019년 12월과 2020년 1월에는 SNS를 통해서 번역 문제에 대해 '절친들'과 대화를 많이 나눴다. 자연과학과 관련해서는 충북대 물리교육과의 오원근 교수와 서강대 물리학과 정현식 교수가 많은 도움을 주었다. 경제학 관련해서는 경북대 경제통상학부의 신정완 교수가 많이 도와주었다. 의료 관련 용어 등에 대해서는 의사 노준영의 도움이 컸다. 그리고 그 외의 여러 문학적 표현 등에 대해서 기자 박태서 그리고 외교관 김문환의 도움이 컸다. 그들은 세세한 검토와 더불어 심리적 지지를 아끼지 않았다. 상업성 떨어지는 번역서의 출간에 기꺼이 나서 준 그린비 출판사의 유재건 사장님과 직원들께도 깊이 감사드린다.

2020년 7월

옮긴이 김종엽

찾아보기

지은이 **욘 엘스터** Jon Elster

세계적인 사회학자·정치학자·사회이론가로, 1940년 노르웨이에서 태어났다. 파리 데카르트 대학에서 레이몽 아롱의 지도 아래 박사 학위를 취득했고, 분석 맑스주의 운동에 참여했다. 오슬로 대학과 시카고 대학, 이어서 컬럼비아 대학에 재직했으며, 2006년 이래로 콜레주 드 프랑스의 교수이다. 저서로는 『논리와 사회』(*Logic and Society*, 1978), 『오뒷세우스와 세이렌: 합리성과 비합리성에 관한 연구』(*Ulysses and the Sirens: Studies in Rationality and Irrationality*, 1979), 『신 포도: 합리성의 전복에 관한 연구』(*Sour Grapes: Studies in the Subversion of Rationality*, 1983), 『맑스를 이해하기』(*An Introduction to Karl Marx*, 1986), 『솔로몬의 재판: 합리성의 한계에 관한 연구』(*Solomonic Judgments: Studies in the Limitations of Rationality*, 1989), 『국지적 정의』(*Local Justice*, 1992), 『마음의 연금술: 합리성과 감정』(*Alchemies of the Mind: Rationality and the Emotions*, 1999), 『강렬한 느낌: 감정, 중독, 그리고 인간 행위』(*Strong Feelings: Emotion, Addiction, and Human Behavior*, 1999), 『풀려난 오뒷세우스: 합리성, 사전조치, 그리고 제약에 관한 연구』(*Ulysses Unbound: Studies in Rationality, Precommitment, and Constraints*, 2000), 『과거를 청산하기: 역사적 관점에서 본 이행적 정의』(*Closing the Books: Transitional Justice in Historical Perspective*, 2004), 『자신을 거슬러 행동하기』(*Agir contre soi*, 2007), 『알렉시 드 토크빌: 최초의 사회과학자』(*Alexis de Tocqueville: The First Social Scientist*, 2009) 등이 있다.

옮긴이 **김종엽**

1963년 경남 김해에서 태어나 서울대학교 사회학과와 동 대학원을 졸업했다. 현재 한신대 사회학과 교수로 재직중이며, 계간 『창작과비평』 편집위원으로 활동 중이다. 지은 책으로 『웃음의 해석학, 행복의 정치학』, 『연대와 열광』, 『에밀 뒤르켐을 위하여』, 『시대 유감』, 『우리는 다시 디즈니의 주문에 걸리고』, 『좌충右돌』, 『분단체제와 87년체제』, 『세월호 이후의 사회과학』(공저), 『입시는 우리를 어떻게 바꾸어놓았는가』(공저), 『백년의 변혁: 3.1에서 촛불까지』(공저) 등이 있고, 옮긴 책으로 『토템과 타부』, 『여자에겐 보내지 않은 편지가 있다』가 있다. 엮은 책으로는 『87년체제론』, 『한국현대 생활문화사』 등이 있다.